O Treinamento dos Doze

A. B. Bruce

Santo André • 2016

Copyright © 2005 por Arte Editorial
Título original em inglês *The Training of the Twelve*
Traduzido da 4ª edição, revisada.

Tradução: Daniel de Oliveira
Revisão: Onélia de Lima Salum Andrade
Carlos Alberto Buczynski
Projeto Gráfico: Magno Paganelli

2ª Edição - 2016

Esta obra foi impressa no Brasil com qualidade
de impressão e acabamento da Geográfica

Printed in Brazil

Qualquer comentário ou dúvidas sobre
este produto escreva para:
produtos@geografica.com.br

B886t   Bruce, A.B.
        O treinamento dos doze / A. B. Bruce – 2. ed. Santo André:
Geográfica, 2016.

        480p. ; 14x21cm.
        ISBN 978-85-8064-187-5

        1. Religião. 2. Teologia dogmática. 3. Cristianismo.4.
Apóstolo. I. Título

CDU 232.9

Catalogação na publicação: Leandro Augusto dos Santos Lima – CRB 10/1273

*Este produto possui 480 páginas impressas em papel polen 70g
e em formato 16x23cm(esta medida pode variar em até 0,5cm)*

código 044033 - CNPJ 44.197.044/0001 - S.A.C. 0800-773-6511

Sumário

Prefácio à segunda edição 7

1. O começo Jo 1.29-51 11

2. Pescadores de homens Mt 4.18-22; Mc 1.16-20; Lc 5.1-11 19

3. Mateus, o publicano Mt 9.9-13; Mc 2.15-17; Lc 5.27-32 27

4. Os doze Mt 10.1-4; Mc 3.13-19; Lc 6.12-16; At 1.13 37

5. Ouvindo e vendo Lc 1.1-4; Mt 13.16-17; Lc 10.23,24; Mt 5-7;
Lc 6.17-49; Mt 13.1-52; Mt 8.16,17; Mc 4.33,34 47

6. Lições sobre oração Mt 6.5-13; 7.7-11; Lc 11.1-13; 18.1-5 57

7. Lições sobre liberdade religiosa: a natureza da verdadeira santidade 73

   Seção I – Jejum Mt 9.14-17; Mc 2.16-22; Lc 5.33-39 73

   Seção II – Abluções rituais Mt 15.1-20; Mc 7.1-23; Lc 11.37-41 81

   Seção III – Observância do sábado Mt 12.1-14; Mc 2.23-3.1-6;
   Lc 6.1-11; 13.10-16; 14.1-6; Jo 5.1-18; 9.13-17 88

8. Primeiras tentativas de evangelismo 99

   Seção I – A missão Mt 10; Mc 6.7-13,30-32; Lc 9.1-11 99

   Seção II – As Instruções *107*

9. A crise da Galileia 117

   Seção I – O milagre Jo 6.1-15; Mt 14.12-21; Mc 6.33-34; Lc 9.11-17 . . . 117

   Seção II – A tempestade Mt 14.24-33; Mc 6.45-52; Jo 6.16-21 123

   Seção III – O sermão Jo 6.32-58 129

   Seção IV – A avaliação Jo 6.66-71 137

10. O fermento dos fariseus e saduceus Mt 16.1-12; Mc 8.10-21 147

11. A confissão de Pedro: opinião corrente e verdade eterna Mt 16.13-20;
Mc 8.27-30; Lc 9.18-21 153

12. Primeira lição sobre a cruz 161

   Seção 1 – Primeiro anúncio da morte de Cristo Mt 16.21-28; Mc 8.31-38; Lc 9.22-27 . . 161

   Seção II – Carregar a cruz, a lei do discipulado Mt 16.24-28; Mc 8.34-38; Lc 9.23-27 . . 168

13. A transfiguração Mt 17.1-13; Mc 9.2-13; Lc 9.28-36 175

14. Treinamento em temperamento: discurso sobre humildade 183

   Seção I – Como esta criança! Mt 18.1-14; Mc 9.33-37, 42-50; Lc 9.46-48 . . . 183

   Seção II – Disciplina na Igreja Mt 18.15-20 190

   Seção III – Perdoando as injúrias Mt 18.21-35 196

   Seção IV – O tributo do templo: uma ilustração do sermão Mt 17.24-27 203

   Seção 5 - O exorcista proibido: outra ilustração do Sermão Mc 9.38-41; Lc 9.49,50 . . 209

15. Os filhos do trovão Lc 9.51-56 219

16. Na Pereia: a doutrina do autossacrifício 227

Seção I – *Conselhos de perfeição* Mt 19.1-26; Mc 10.1-27; Lc 18.15-27 227

Seção II – *As recompensas do autossacrifício* Mt 19.27-30; Mc 10.28-31; Lc 18.28-30 . . . 237

Seção III – *O primeiro último e o último primeiro* Mt 19.30; 20.1-20; Mc 10.31 245

17. Os filhos de Zebedeu de novo: segunda lição sobre a doutrina da cruz Mt 20.17-28;
Mc 10.32-45; Lc 18.31-34 253

18. A unção em Betânia: terceira lição sobre a doutrina da cruz Mt 26.6-13;
Mc 14.3-9; Jo 12.1-8 267

19. Primeiros frutos entre os gentios Jo 12.20-23 285

20. Jerusalém, Jerusalém! Discurso sobre as últimas coisas Mt 21-25; Mc 11-13;
Lc 19.29-48; 20-21 293

21. O Mestre que serve: outra lição sobre humildade 305

Seção I – *O lava-pés* Jo 13.1-11 305

Seção II – *A explicação* Jo 13.12-20 312

22. *In memoriam*: quarta lição sobre a doutrina da cruz Mt 26.26-29; Mc 14.22-25;
Lc 22.17-20 (1Co 11.23-26) 319

23. Judas Iscariotes Mt 26.20-23; Mc 14.17-21; Lc 22.21-23; Jo 13.21-30 329

24. O pai agonizante e os pequeninos 337

Seção I – *Palavras de consolo e conselho para os filhos que sofrem* Jo 13.31-35; 14.1-4; 15-21 . . 337

Seção II – *As perguntas dos filhos e o adeus* Jo 13.36 – 38; 14.5-7, 8-14, 22-31 . . . 346

25. Recomendação aos futuros apóstolos 363

Seção I – *A videira e os seus ramos* Jo 15.1-15 363

Seção II – *Tribulações apostólicas e encorajamentos* Jo 15.18-27; 16.1-15 373

Seção III – *O pouco de tempo e o fim do discurso* Jo 16.16-33 383

26. A oração intercessora Jo 17 395

APÊNDICE AOS CAPÍTULOS 24-26 407

27. O rebanho disperso 409

Seção I – *"Então todos os discípulos o abandonaram e fugiram"* Mt 26.36-41,55,56,69-75;
Jo 18.15-18 409

Seção II – *Peneirado como trigo* Lc 22.31,32 415

Seção III – *Pedro e João* Jo 18.15-18; 19.25-27 422

28. O pastor restaurado 429

Seção I — *Notícias muito boas para serem verdadeiras* Mt 28.17; Mc 16.11-15;
Lc 24.11, 13-22, 36-42; Jo 20.20, 24-29 429

Seção II — *Os olhos dos discípulos se abriram* Mc 16.14; Lc 24.25-32, 44-46;
Jo 20.20-23 437

Seção III — *A dúvida de Tomé* Jo 20.24-29 444

29. Os subpastores admoestados 453

Seção I — *Dever pastoral* Jo 21.15-17 453

Seção II — *O pastor dos pastores* Jo 21.19-22 461

30. Poder do alto Mt 28.18-20; Mc 16.15; Lc 24.4 7-53; At 1.1-8 469

31. Aguardando At 1.12-14 475

ÍNDICE DE PASSAGENS DOS EVANGELHOS 483

Prefácio à segunda edição

Quando fui informado pelo editor de que uma segunda edição de *O Treinamento dos Doze*, publicado pela primeira vez em 1871, era necessária, fui obrigado a considerar a questão de quais alterações deveriam ser feitas em uma obra que, embora escrita com cuidado, era visivelmente, segundo meu julgamento maduro, marcada pela imperfeição. Duas alternativas me pareceram óbvias. A primeira era refazer toda a obra, para dar a ela um aspecto mais crítico e científico, e tratar de forma mais direta das controvérsias atuais a respeito das origens do cristianismo. A outra era deixar o livro substancialmente como estava, com sua forma popular, e limitar as alterações a detalhes susceptíveis de melhora sem mudança do plano. Após um pouco de hesitação, decidi-me pela segunda, pelos seguintes motivos. Expressões de opiniões que chegaram a mim de muitas e diversas partes me convenceram de que o livro tinha sido apreciado e sido útil, e daí concluí que, apesar de suas falhas, podia continuar sendo útil em sua forma primitiva. Então, considerando como é difícil em qualquer coisa servir a dois senhores ou atingir dois objetivos ao mesmo tempo, eu vi que seguir a primeira alternativa era o mesmo que escrever um outro livro, o que podia ser feito, se necessário, independentemente de *O Treinamento dos Doze*. Eu confesso ter em mente um vago esboço de uma obra deste tipo, que pode ser escrita ou não. A escola crítica de Tübinguen, cujos trabalhos os leitores de língua inglesa estão conhecendo agora por meio de traduções, sustenta que o cristianismo católico foi o resultado de uma conciliação entre duas tendências radicalmente opostas, representadas respectivamente pelos apóstolos originais e por Paulo; essas duas tendências eram a exclusividade judaica por um lado, e o universalismo paulino por outro. Os Doze dizem: cristianismo para judeus, e todos que estão dispostos a se tornarem judeus pela aceitação dos costumes judaicos; Paulo diz: cristianismo para o mundo inteiro, e nas mesmas condições. Sem dúvida, o material estudado em *O Treinamento dos Doze* deve, pelo tipo de questão, ter relação com essa hipótese do conflito do Dr. Barr e seus amigos. Surge a pergunta: O que se devia esperar das pessoas que estiveram com Jesus? E a reflexão sobre essa questão seria parte importante dessa obra polêmica que eu tenho em vista. Outro capítulo pode estudar a parte atribuída a Pedro nos Atos dos Apóstolos (que é, segundo a mesma escola crítica, uma parte forjada para ele pelo autor com um propósito apologético), procurando principalmente determinar a probabilidade de que ele tivesse desempenhado esse papel – probabilidade em vista de suas idiossincrasias, ou do treinamento que recebeu. Outro tópico apropriado seria o caráter do apóstolo João, como registrado nos evangelhos sinóticos, em sua relação com as questões da autoria do quarto evangelho, e a hostilidade a Paulo e seu universalismo supostamente manifestada no Apocalipse. Em tal obra seria considerado ainda o material que trata do mesmo tema em outras partes do NT, especialmente em Gálatas. Por fim, pode ser apropriado, em tal obra, discutir a questão: Até onde os evangelhos sinóticos – as principais fontes de informação sobre o ensino e a atividade pública de Cristo – mostram sinais da influência de tendências polemizantes ou conciliatórias? Por exemplo: que base há para a afirmação de que a missão dos setenta é uma invenção, no interesse do universalismo paulino, para jogar os apóstolos originais na sombra? Na presente obra, eu não tentei desenvolver o argumento aqui esquematizado, mas só indiquei os lugares em que os diferentes pontos do argumento podem aparecer, e a forma em que podem ser usados. A hipótese do conflito não foi desconsiderada ao escrever o livro no início, mas eu não estava tão familiarizado com a literatura sobre ela, nem tão consciente de sua importância como estou agora. Ao preparar esta nova edição, não desconsiderei nenhuma sugestão feita por críticos amigáveis que pudesse fazê-lo mais aceitável e útil. Em particular, mantive firmemente em vista a redução da parte homilética, embora esteja consciente de que para alguns possa ter deixado ainda muito, mas eu espero que não demais, para a maioria dos leitores. Eu tive que lembrar-me de que, enquanto alguns amigos pediam mais condensação, outros reclamavam que havia condensação demais. Na minha leitura de livros sobre a história do Evangelho, pude observar que é possível se ser tão breve e esquemático a ponto de perder não só as conexões latentes de pensamento, mas até os próprios pensamentos. Nem todas as mudanças foram na direção da redução. Enquanto muitos parágrafos foram eliminados ou reduzidos em volume, outros novos foram adicionados, e em um ou dois casos páginas inteiras foram reescritas. Entre as adições mais importantes podem ser mencionadas uma nota, no fim do capítulo, sobre os discurso de despedida, analisando o discurso em suas partes constituintes; e um parágrafo de conclusão no fim do livro, resumindo as instruções que os doze tinham recebido de Jesus durante o tempo em que estiveram com Ele. Além dessas, uma caracte-

PREFÁCIO À SEGUNDA EDIÇÃO

rística desta edição é uma série de notas de rodapé referentes a algumas das principais publicações recentes, britânicas e estrangeiras, cujo conteúdo se relaciona mais ou menos com a história do Evangelho, como as obras de Kaim, Pfleiderer, Golani, Farrar, Sanday e a Religião Sobrenatural. As notas referentes à obra de Sanday tratam da importante questão da medida em que temos, no Evangelho de João, um registro confiável das palavras ditas por Jesus aos seus discípulos na véspera de sua paixão. Além do índice de passagens estudadas que apareceu na primeira edição, esta edição contém um índice de conteúdo cuidadosamente preparado no fim, que, espera-se, aumentará em muito a utilidade da obra. Para tornar mais aparente a relação dos assuntos tratados com o treinamento dos discípulos, eu mudei, em diversos lugares, títulos de capítulos, ou forneci títulos alternativos.

Com essas explicações, apresento esta nova edição, agradecido pela boa recepção que a obra já tem recebido, e na esperança de que, com a bênção divina, ela possa continuar a ser útil como uma tentativa de ilustrar um tema tão interessante e importante.

A.B.BRUCE

1
O começo
João 1.29-51

A passagem da história do Evangelho indicada acima possui interesse peculiar para o começo de todas as coisas que se tornaram grandes. Aqui nos são mostradas a igreja nascente em seu berço, as pequenas fontes do Rio da Vida, as mais antigas florações da fé cristã, a humilde origem do poderoso império do Senhor Jesus Cristo.

Todo começo é mais ou menos obscuro na aparência, mas nenhum jamais foi tão obscuro como o do cristianismo. Que acontecimento insignificante na história da Igreja, para não dizer do mundo, esse primeiro encontro de Jesus de Nazaré com cinco homens humildes, André, Pedro, Filipe, Natanael e um outro não nomeado! Na verdade, parece quase trivial demais para ter um lugar na narrativa evangélica. Porque não temos aqui um solene chamado formal para o grande ofício do apostolado, ou mesmo o começo de um discipulado ininterrupto, mas, no máximo, temos o começo de uma familiarização com e de fé em Jesus por parte de alguns indivíduos que depois se tornaram-se seguidores constantes de sua pessoa, e, por fim, apóstolos de sua religião. Consequentemente, não encontramos nenhuma menção, nos três primeiros evangelhos, dos eventos aqui registrados.

Longe de ser uma surpresa esse silêncio dos evangelistas sinóticos, poderíamos nos perguntar como aconteceu que João, o autor do quarto evangelho, após o intervalo de tantos anos, pensou que valia a pena relatar incidentes tão insignificantes, especialmente tão perto das sublimes frases com as quais seu evangelho começa. Mas somos impedidos de fazer tais perguntas incrédulas pela reflexão de que fatos objetivamente insignificantes podem ser muito importantes para os sentimentos dos envolvidos neles. Que dizer se o próprio João era um daqueles que, naquela ocasião, conheceram a Jesus? Isso faria uma enorme diferença entre ele e os outros evangelistas, que poderiam saber dos incidentes aqui relatados, se é que sabiam, só de segunda mão. Se for esse o caso, não seria surpreendente que, no final da vida, João se lembrasse com emoção da primeira vez em que viu a Palavra Encarnada, e tenha considerado as menores lembranças daquela ocasião como extremamente preciosas. Primeiros encontros são tão sagrados como os últimos, especialmente quando seguidos por uma história grandiosa, e acompanhados, como geralmente acontece, com presságios proféticos do futuro.[1] Esses presságios não faltaram na ocasião do primeiro encontro de Jesus com os cinco discípulos. O Batista não deu, nessa ocasião, pela primeira vez, a Jesus o nome de "Cordeiro de Deus", uma descrição exata de sua missão e destino terrenos? Não foi a pergunta cheia de dúvida de Natanael – "Pode alguma coisa boa vir de Nazaré?" – uma sinistra indicação de um conflito com a descrença durante a espera pelo Messias? E que feliz presságio do início de uma era de milagres a ser forjada pela graça e poder divinos estava contido na promessa de Jesus para o israelita piedoso, embora hesitante no início: "Vocês verão o céu aberto, e os anjos de Deus subindo e descendo sobre o Filho do Homem!"

Que João, o escritor do quarto evangelho, realmente era o quinto discípulo não nomeado pode ser dado como certo. Esse é o seu estilo por todo o evangelho; quando alude a si mesmo, ele usa uma perífrase, ou deixa, como aqui, uma lacuna onde seu nome deveria estar. Um dos dois discípulos que ouviram o Batista chamar Jesus de Cordeiro de Deus foi o próprio evangelista, e André, o irmão de Simão Pedro, era o outro (v.41).

A impressão produzida em nossas mentes por essas historietas da infância do Evangelho deve ser fraca, de fato, quando comparada com as emoções despertadas pela lembrança delas no coração do idoso apóstolo por quem elas foram registradas. Não seria, entretanto, creditado seja à nossa inteligência, seja à nossa piedade se pudéssemos estudar essa página da história evangélica friamente, como se fosse completamente desprovida de interesse. Deveríamos nos aplicar ao estudo das narrativas simples com um pouco do sentimento com que homens fazem peregrinações a lugares sagrados; porque, de fato, o lugar é terra santa.

O cenário dos eventos de que estamos tratando é a região da Pereia, nas margens do Jordão, na parte baixa de seu curso. Todos os que aparecem na cena eram naturais da Galileia, e sua presença aqui é devida à fama do notável homem cujo ofício era ser o precursor do Cristo. João, apelidado de o Batista, que tinha passado sua juventude no deserto como um eremita, vivendo de gafanhotos e mel silvestre e vestindo uma roupa de pelos de camelo, tinha saído de seu isolamento e apareceu entre os homens como um profeta de Deus. O tema de sua profecia era: "Arrependam-se, pois o Reino de Deus está

---

[1] *Omnia principiis inesse solent.* – Ovid. *Fast.* I. 178. "Todas as coisas costumam estar contidas nos inícios."

se aproximando." Em pouco tempo, muitos foram atraídos de todas as partes para vê-lo e ouvi-lo. Daqueles que se ajuntaram para ouvir sua pregação, a maioria voltou como veio; mas não poucos ficaram muito impressionados e, confessando os seus pecados, passaram pelo rito do batismo nas águas do Jordão. Dos que foram batizados, um número selecionado formou um círculo de discípulos ao redor da pessoa do Batista, entre os quais estavam pelo menos dois, e, muito provavelmente, todos os cinco homens mencionados pelo evangelista. Contato anterior com o Batista tinha despertado nesses discípulos o desejo de ver Jesus, e os tinha preparado para crer nele. Em suas mensagens ao povo ao seu redor, João tinha feito muitas alusões àquele que viria depois dele. Ele falou desse que viria em uma linguagem adequada para despertar grandes expectativas. Ele chamou a si mesmo, com referência ao que viria, uma mera voz no deserto, clamando: "Prepare o caminho do Senhor." Em outra ocasião, ele disse: "Eu batizo com água, mas entre vocês está alguém que vocês não conhecem. Ele é aquele que vem depois de mim, e não sou digno de desamarrar as correias de suas sandálias." Esse personagem magnífico não era nenhum outro senão o Messias, o Filho de Deus, o Rei de Israel.

Era de se esperar que tais discursos resultassem, e essa era a intenção do homem de Deus que os pronunciava, em que os discípulos do Batista o deixassem e seguissem a Jesus. E nós vemos aqui o processo de transição de fato começando. Não afirmamos que as pessoas aqui nomeadas definitivamente deixaram a companhia do Batista nessa ocasião para tornarem-se daí em diante seguidores regulares de Jesus. Mas começa agora um contato que acabará nisso. A noiva foi apresentada ao noivo, e o casamento acontecerá no tempo certo; não para desgosto, mas para alegria do amigo do noivo.[2]

Quão facilmente e naturalmente a noiva mística, como representada por esses cinco discípulos, passa a conhecer seu noivo celestial! O relato de seu encontro é idílico em sua simplicidade, e um comentário só atrapalharia. Não há necessidade de uma apresentação formal: todos eles se apresentam. Nem João e André foram formalmente apresentados a Jesus pelo Batista; ao contrário, eles mesmos se apresentaram. A exclamação do profeta do deserto, ao ver Jesus: "Eis o Cordeiro de Deus, que tira o pecado do mundo!", repetida no dia seguinte em uma forma abreviada, era a declaração involuntária de alguém absorvido em seus próprios pensamentos, antes que uma declaração de alguém que estava fazendo com que seus discípulos o deixassem e fossem até aquele de quem ele falava. Os dois discípulos, por outro lado, ao irem após a

---

[2] Jo 3.29.

personagem cuja presença tinha sido tão marcantemente anunciada, não estavam obedecendo a uma ordem dada por seu antigo mestre, mas estavam simplesmente seguindo os impulsos de sentimentos que tinham sido despertados em seus corações por tudo o que tinham ouvido dizer sobre Jesus, tanto na ocasião quanto em ocasiões anteriores. Eles não precisavam de uma ordem para travar conhecimento com uma pessoa em quem eles se sentiam tão profundamente interessados: tudo o que precisavam saber era que este era ele. Eles estavam tão ansiosos para ver o Rei Messiânico quanto o mundo está para ver o rosto de um príncipe secular.

É natural que esquadrinhemos a narrativa evangélica atrás de informações sobre o caráter daqueles que, na forma em que são tão singularmente descritos, pela primeira vez encontraram Jesus. Pouco é dito dos cinco discípulos, mas há o bastante para mostrar que todos eles eram homens piedosos. O que eles encontraram em seu novo amigo indica o que eles queriam encontrar. Eles obviamente pertenciam ao seleto grupo que esperava a consolação de Israel e ansiosamente procuravam por aquele que cumpriria as promessas de Deus e realizaria as esperanças de todas as almas devotas. Além dessa indicação geral de caráter, suprimida em sua confissão de fé comum, uns poucos fatos são afirmados a respeito desses primeiros cristãos em Jesus, que nos fazem conhecê-los um pouco melhor. Dois deles certamente, todos eles provavelmente, tinham sido discípulos do Batista. Esse fato é decisivo quanto à sua seriedade moral. Desse ambiente provavelmente só poderiam vir pessoas espiritualmente sérias. Porque se os seguidores de João eram em tudo iguais a ele, eram pessoas que tinham fome e sede de verdadeira justiça, incomodados com a justiça então em voga; eles disseram "Amém", em seus corações, à exposição fulminante do pregador do vazio da profissão de fé da época e da inutilidade das boas obras então valorizadas e ansiavam por uma santidade diferente daquela da superstição e ostentação farisaica; sua consciência reconhecia a verdade do oráculo profético: "Somos todos como uma coisa impura, e toda a nossa justiça são como trapos imundos; e todos desvanecemos como uma folha, e nossa iniquidade nos tem levado como o vento"; e eles oravam fervorosamente pelo reavivamento da verdadeira religião, pela vinda do reino divino, pelo advento do Rei Messiânico com a pá em sua mão para separar a palha do trigo e para corrigir tudo o que estivesse errado. Estes, sem dúvida, eram os sentimentos daqueles que tiveram a honra de serem os primeiros discípulos de Cristo.

Simão, o mais conhecido de todos os doze, como Pedro, nos é apresentado aqui, através do discernimento profético de Jesus, pelo lado bom de seu caráter como o homem de rocha. Quando esse discípulo foi levado por seu irmão André à presença de seu futuro Mestre, Jesus, nos é dito: "Olhou para ele e disse: Tu és Simão, filho de Jonas. Tu serás chamado Cefas" – Cefas, em siríaco, significa, como o evangelista explica, o mesmo que Pedro significa em grego. O olhar penetrante de Cristo viu nesse discípulo capacidades latentes de fé e devoção, os rudimentos de força e poder supremos.

Que tipo de homem era Filipe, o evangelista não nos diz diretamente, mas simplesmente de onde ele veio. Da passagem atual, e de outras informações nos evangelhos, tem-se concluído que ele era caracteristicamente cauteloso e vagaroso para chegar a uma decisão; e, como prova disso, se faz referência à "circunstancialidade fleumática"[3] com a qual ele descreveu para Natanael a pessoa que ele tinha acabado de conhecer (v.45). Mas essas palavras de Filipe, e tudo o que lemos dele em outras passagens, nos sugerem antes a imagem de alguém seriamente interessado na verdade, que pesquisou profundamente as Escrituras e se familiarizou com o Messias da promessa e da profecia e para quem o conhecimento da verdade era o *summum bonum* ("sumo bem"). Na solicitude mostrada pelo discípulo em ganhar seu amigo para a mesma fé, reconhecemos o simpático e generoso espírito, característico dos pesquisadores sérios, que mais tarde se revelou nele quando se tornou o portador do pedido, de gregos devotos, de permissão de ver a Jesus (Jo 12.22).

As informações sobre Natanael, conhecido de Filipe, são mais detalhadas e mais interessantes que no caso de qualquer outro dos cinco; e é surpreendente que devesse ser dito tanto, nesse lugar, sobre alguém de quem nós, de outra forma, nada sabemos. Nem é muito certo que ele fizesse parte do círculo dos doze, embora haja a probabilidade de que ele seja identificado com o Bartolomeu das listas sinóticas – nesse caso, seu nome completo seria Bartolomeu, filho de Tolmai. Um argumento forte para isso é que o nome Bartolomeu vem imediatamente após o de Filipe nas listas dos apóstolos.[4] Sendo esse o caso ou não, sabemos pela maior autoridade que Natanael era um homem de grande excelência moral. Logo que o viu Jesus exclamou: "Aí está um verdadeiro israelita, em quem não há falsidade." As palavras sugerem a ideia de alguém cujo coração era puro; em quem não havia duplicidade, intenção impura, orgulho ou paixão ímpia: um homem de espírito gentil e meditativo, em cuja mente o céu é refletido como o céu azul se reflete na superfície de um lago

---

[3] Luthardt, *Das Johan. Evang.* I.102.
[4] Ewald acentua bastante esse ponto como prova da identidade dos dois. *Geschichte Christus*, p.327. Em Atos 1.13, Tomé vem entre Filipe e Bartolomeu.

O Treinamento dos Doze

em um calmo dia de verão. Ele era um homem muito dado a hábitos de devoção: tinha-se dedicado a exercícios espirituais debaixo de uma figueira, logo antes de se encontrar com Jesus. Podemos concluir, então, da profunda impressão causada em sua mente pelas palavras de Jesus – "Eu o vi quando você ainda estava debaixo da figueira, antes de Filipe o chamar." – que Natanael parece ter entendido essas palavras como significando: "Eu vi dentro do seu coração e soube como você estava ocupado; por isso, eu disse que você era um verdadeiro israelita." Ele aceitou a afirmação feita a ele por Jesus como uma evidência de conhecimento sobrenatural e, portanto, imediatamente confessou: "Mestre, Tu és o Filho de Deus; Tu és o *Rei* de Israel" – "o Rei dessa comunidade sagrada da qual tu dizes que eu sou um cidadão."

É notável que esse homem, tão altamente equipado com as disposições morais necessárias par ver a Deus, tenha sido o único dos cinco que manifestou alguma hesitação em receber a Jesus como o Cristo. Quando Filipe lhe disse que tinha encontrado o Messias em Jesus de Nazaré, ele perguntou incrédulo: "Nazaré? Pode vir alguma coisa boa de lá?" Dificilmente se espera um preconceito desses em alguém tão bondoso e amigável; e, todavia, pensando bem, nós o percebemos ser bastante característico. O preconceito de Natanael surgia não do orgulho, como no caso do povo da Judeia, que desprezava os galileus em geral, mas da humildade. Ele também era galileu e, portanto, também era desprezado pelos judeus como eram os nazarenos. Seu pensamento era: "Sem dúvida, o Messias nunca viria de um povo pobre e desprezado como nós – de Nazaré ou qualquer cidade ou povoado da Galileia!"[5] Ele timidamente permitiu que sua mente fosse influenciada por uma opinião corrente originada de sentimentos pelos quais não tinha simpatia; um erro comum de homens cuja piedade, embora pura e sincera, aceita demais a autoridade humana, e assim tornam-se escravos de sentimentos bastante indignos deles.

Ao mesmo tempo que Natanael não estava livre de preconceitos, mostrou sua sinceridade ao estar disposto a removê-los. Ele foi e viu. Essa abertura para se deixar convencer é a marca da integridade moral. A pessoa sincera não dogmatiza, mas investiga e, portanto, sempre chega ao lugar certo no final. A pessoa de coração mau e desonesto, pelo contrário, não vai e vê. Crendo ser do seu interesse continuar com suas ideias, ela cuidadosamente evita olhar em algo que talvez não confirme suas conclusões prévias. Ela pode, de fato, *professar* um desejo de investigar, como alguns israelitas dos quais lemos nesse mes-

---

[5] Stanley pensa que Natanael estava separando Nazaré do resto da Galileia como uma cidade de fama particularmente ruim. Neste caso, o argumento seria *a fortiori*: "Pode alguma coisa boa vir da Galileia, e principalmente de Nazaré, infame até mesmo lá?"

mo evangelho, de tipo diferente de Natanael, mas que compartilhavam com ele o preconceito contra a Galileia. "Verifique, e descobrirá..." disseram esses falsos israelitas, replicando à ingênua pergunta do honesto, mas tímido, Nicodemos: "A nossa lei condena alguém, sem primeiro ouvi-lo para saber o que ele está fazendo?" "Verifique e descobrirá..." eles disseram, apelando para a verificação e convidando à investigação; mas acrescentaram: "...da Galileia não surge profeta" (Jo 7.52)[6] – uma afirmação que, na verdade, proibia a investigação e a fazia desnecessária. "Verifique e descobrirá; mas lhe dizemos, de antemão, que você não pode chegar a nenhuma outra conclusão além da nossa; estamos avisando-o, será melhor para você."

Era esse o caráter dos primeiros homens que creram em Cristo. Qual era o peso e valor de sua crença? À primeira vista, a fé dos cinco discípulos, deixando de lado a breve hesitação de Natanael, parece anormalmente repentina e madura. Eles creram em Jesus imediatamente e expressaram sua fé em termos que parecem apropriados somente a um entendimento cristão avançado. Nesta passagem do Evangelho de João, vemos que Jesus foi chamado não só de Cristo, o Messias, o Rei de Israel, mas de Filho de Deus e Cordeiro de Deus – nomes que expressam, para nós, as doutrinas cardeais do Cristianismo, a encarnação e a expiação.

A pressa e a maturidade que parecem caracterizar a fé dos primeiros cinco irmãos são só aparências superficiais. Quanto à primeira: esses homens acreditavam que o Messias viria em algum tempo; e eles desejavam muito que fosse nessa ocasião, porque sentiam que ele era muito necessário. Eram homens que esperavam pela consolação de Israel e estavam preparados, a qualquer momento, para testemunhar o advento do Consolador. Então, o Batista tinha dito a eles que o Cristo tinha vindo, e esse seria encontrado na pessoa daquele a quem ele havia batizado, e cujo batismo tinha sido acompanhado com sinais tão notáveis dos céus; e, no que o Batista tinha dito, eles implicita-mente acreditavam. Finalmente, a impressão produzida em suas mentes pelo porte de Jesus, quando eles se encontraram, tendia a confirmar o testemunho de João, sendo completamente digno do Cristo.

A aparência de *maturidade* na fé dos cinco irmãos é igualmente superficial. Quanto ao nome Cordeiro de Deus, foi dado a Jesus por João, não por eles. Ele era, por assim dizer, o nome *de batismo* que o pregador do arrependimento tinha aprendido por meditação, ou por revelação especial, para dar ao Cristo. O que o nome realmente significava mesmo ele só vagamente compre-

---

[6] A ARA tem: "Examina, e verás que da Galileia não se levanta profeta."

O Treinamento dos Doze

endia; a própria repetição dele mostra que era só um aprendiz lutando para dominar a lição; e nós sabemos que o que João entendeu só em parte, os homens a quem ele apresentou Jesus, então e por muito tempo depois, não entenderam de jeito nenhum.[7]

O título Filho de Deus foi dado a Jesus por um dos cinco discípulos, bem como pelo Batista, um título que até os apóstolos, anos depois, acharam suficiente para expressar sua fé madura a respeito da pessoa de seu Senhor. Mas não se deve concluir que o nome fosse usado por eles no início com a mesma plenitude de significado que no fim. Era um nome que podia ser usado em um sentido muito inferior ao que ele é capaz de transmitir, e que transmitiu na pregação apostólica – meramente como um dos títulos do Antigo Testamento para o Messias, um sinônimo de Cristo. Foi, sem dúvida, nesse sentido rudimentar que Natanael aplicou a designação a ele, a quem também chamou de o Rei de Israel.

A fé desses irmãos era, portanto, exatamente a que esperaríamos em iniciantes. Em essência, ela significava isto: que eles reconheciam em Jesus o Profeta Divino, o Rei, o Filho da profecia do Antigo Testamento; e seu valor encontrava-se exatamente nisso, que, mesmo sendo imperfeita, ela os colocou em contato e íntima comunhão com ele, em cuja companhia eles deveriam ver coisas maiores do que quando começaram a crer, uma verdade após a outra assumindo seu lugar no firmamento de suas mentes, como as estrelas aparecendo no céu da tarde quando a luz do dia vai desaparecendo.

---

[7] O uso deste título por João num período tão antigo certamente surpreende. E, mesmo assim, não é mais surpreendente encontrar uma passagem como Isaías 53, *seja qual for* a sua interpretação, em um livro do Antigo Testamento? E, estando lá, por que se espantar quanto ao fato de que este título estivesse na boca de João? Que João tenha entendido o pleno significado de suas palavras não temos obrigação de crer ou razão para isso. Por que a declaração não seria um mistério para ele como, segundo o apóstolo Pedro, declarações semelhantes o eram para profetas mais antigos?

2

Pescadores de homens

Mt 4.18-22; Mc 1.16-20; Lc 5.1-11

Os doze chegaram ao seu relacionamento íntimo com Jesus pouco a pouco; três estágios na história de sua comunhão com ele podem ser identificados. No primeiro estágio, eles eram simplesmente crentes nele como o Cristo e seus companheiros só em ocasiões convenientes e particularmente festivas. Desse estágio mais antigo na relação dos discípulos com seu Mestre temos algumas lembranças, nos quatro primeiros capítulos do Evangelho de João, que nos dizem como alguns deles tiveram o primeiro contato com Jesus, e os representam quando o acompanham a um casamento em Caná (Jo 22.1), em uma páscoa em Jerusalém (Jo 2.13,17,22.), em uma visita ao local do ministério do Batista (Jo 3.22) e na jornada de retorno através de Samaria vindo do sul da Galileia (Jo 4.1-27,31,43-45).

No segundo estágio, a comunhão com Cristo assumiu a forma de uma assistência ininterrupta a Sua pessoa, envolvendo total, ou, pelo menos, constante, abandono de ocupações seculares.[8] As narrativas deste capítulo nos mostram alguns dos discípulos entrando em seu segundo estágio de discipulado. Das quatro pessoas aqui nomeadas, reconhecemos três: Pedro, André e João, como velhos conhecidos, que já passaram pelo primeiro estágio de discipulado. Um deles, Tiago, o irmão de João, nós encontramos pela primeira vez, fato que sugere a observação de que, em alguns casos, o primeiro e o segundo estágios podem ter sido misturados – profissões de fé em Jesus como o Cristo são imediatamente seguidas pela renúncia a ocupações seculares com o fim de acompanhá-lo. Tais casos, entretanto, foram provavelmente excepcionais e poucos. Os doze entraram no último e mais alto estágio do discipulado quando foram separados por seu Mestre da massa de seus seguidores e formaram um grupo seleto, para serem treinados para a grande obra do apostolado. Esse importante evento provavelmente não aconteceu até todos os membros do círculo apostólico terem estado, por algum tempo, próximos da pessoa de Jesus.

---

[8] Total no caso de Mateus, é claro; no caso dos pescadores, não necessariamente.

A partir dos registros evangélicos, pode-se concluir que Jesus começou, já num período bem antigo de seu ministério, a reunir ao redor de si um grupo de discípulos, com o objetivo de preparar uma operação para levar adiante a obra do reino divino. Os dois pares de irmãos receberam seu chamado no começo do primeiro ministério na Galileia, no qual o primeiro ato foi a escolha de Cafarnaum como centro de operações e lugar comum de residência (Mt 4.13) e, quando pensamos na obra para a qual eles foram chamados, vemos que o chamado não podia vir cedo demais. Os doze deveriam ser testemunhas de Cristo no mundo após ele mesmo tê-lo deixado; devia ser seu dever particular dar ao mundo um fiel relato das palavras e atos de seu Mestre, uma imagem correta de seu caráter, uma verdadeiro reflexo de seu espírito.[9] Esse serviço obviamente só podia ser feito por pessoas que tivessem sido, tanto quanto possível, testemunhas oculares e servos da Palavra Encarnada desde o início. Então, enquanto não temos, exceto nos casos de Pedro, Tiago, João, André e Mateus, nos evangelhos, detalhes a respeito do chamado daqueles que depois se tornaram apóstolos, devemos assumir que todos eles ocorreram no primeiro ano do ministério público do Salvador.

Que esses chamados foram feitos visando a um objetivo ulterior, até mesmo ao apostolado, é claro a partir dos termos notáveis em que o mais antigo deles foi expresso. "Sigam-me", disse Jesus aos pescadores de Betsaida, "e farei de vocês pescadores de homens". Essas palavras (cuja originalidade as marca como um genuíno dito de Jesus) mostram que o grande Fundador da fé desejava não só ter discípulos, mas ter perto de si homens a quem ele podia treinar para fazer outros discípulos: lançar a rede da verdade divina ao mar do mundo, e puxar para a terra das praias do reino divino uma grande multidão de almas crentes. Tanto a partir de suas palavras, como a partir de seus atos, podemos ver que ele dava muita importância àquela parte de seu trabalho que consistia em treinar os doze. Na oração intercessora (Jo 17.6), por exemplo, ele fala do treinamento que ele tinha dado àqueles homens como se tivesse sido a parte principal de seu ministério terreno. E, em certo sentido, era isso mesmo. A educação cuidadosa e meticulosa garantia que a influência do Professor sobre o mundo seria permanente; que seu reino seria fundado na rocha de profunda e indestrutível convicção nas mentes de poucos, não nas areias instáveis das impressões evanescentes e superficiais das mentes de muitos. Considerando este reino, como nosso Senhor mesmo nos ensinou a fazer

---

[9] Não se afirma aqui que os evangelhos, como nós os temos, foram escritos por apóstolos. A afirmação no texto implica só que o ensino dos apóstolos, oral ou escrito, foi a fonte última das tradições evangélicas registradas nos evangelhos.

(Mc 4.26), como algo introduzido no mundo como uma semente lançada no solo e deixada para crescer segundo leis naturais, podemos dizer que, se não fosse pelos doze, a doutrina, as obras e a imagem de Jesus poderiam ter desaparecido da memória humana, nada ficando senão uma vaga tradição mítica, sem nenhum valor histórico e de pouca influência prática.

Aqueles de quem tanto dependia, claramente, deviam possuir qualificações muito extraordinárias. Os espelhos devem ser muito bem polidos para que sejam designados para refletir a imagem de Cristo! Os apóstolos da religião cristã devem ser homens de rara capacidade espiritual. Trata-se de uma religião *católica* (universal), destinada a todas as nações; portanto, seus apóstolos devem ser livres da estreiteza judaica e ter compaixão tão grande quanto o mundo. É uma religião *espiritual*, destinada a, em pouco tempo, tornar antiquado o cerimonialismo judaico; portanto, seus apóstolos devem ser emancipados na consciência do jugo das ordenanças.[10] É, além disso, uma religião que deve proclamar a cruz, anteriormente um instrumento de crueldade e sinal de infâmia, como a esperança da redenção do mundo e o símbolo de tudo aquilo que é nobre e heroico na conduta; portanto, seus arautos devem ser superiores a todas as noções convencionais de dignidade humana e divina, capazes de gloriar-se na cruz de Cristo e dispostos a carregar a cruz eles mesmos. O caráter apostólico, em resumo, deve combinar liberdade de consciência, grandeza de coração e uma mente esclarecida, e tudo no mais alto grau.

Os humildes pescadores da Galileia tinham muito a aprender antes que pudessem satisfazer essas altas exigências; tanto que o tempo de seu aprendizado para sua obra apostólica, mesmo considerando-o bem do começo do ministério de Cristo, parece muito curto. Eles eram de fato homens piedosos, que já tinham mostrado a sinceridade de sua piedade ao abandonar tudo por causa de seu Mestre. Mas, no tempo de seu chamado, eles eram muito ignorantes, de mente estreita, supersticiosos, cheios de preconceitos judaicos, equívocos e animosidades. Tinham muito o que desaprender do que era ruim, bem como muito o que aprender do que era bom, e foram lentos, tanto em aprender, como em desaprender. Velhas crenças que já dominavam suas mentes dificultavam a comunicação de novas ideias religiosas. Homens de coração bom e honesto, o solo de sua natureza estava pronto para produzir uma rica colheita; mas ele era duro, e precisava de muito cultivo trabalhoso antes que desse seus frutos. Então, mais uma vez, eles eram homens pobres, de humilde

---

[10] Universalidade e espiritualidade são admitidas pela Escola de Tübingen como atributos da religião de Jesus como apresentada por ele mesmo. Esse é um fato importante com respeito a sua hipótese do conflito.

O TREINAMENTO DOS DOZE

nascimento, de baixa posição na sociedade, de profissão simples, que nunca tinham sentido a influência estimulante de uma educação liberal, ou das relações sociais com pessoas cultas.[11]

Encontrar-nos-emos com muita evidência da condição espiritual grosseira dos doze, mesmo muito depois do período em que foram chamados para seguir a Jesus, à medida que continuarmos nosso estudo. Enquanto isso, podemos descobrir significativas indicações da imaturidade religiosa de pelo menos um dos discípulos – Simão, filho de Jonas – no relato de Lucas dos incidentes ligados ao seu chamado. Pressionado pela multidão que tinha se reunido na praia do lago para ouvi-lo pregar, Jesus entrou em um barco (um de dois que estavam disponíveis), que, por acaso, era de Simão, e pediu-lhe que se distanciasse um pouco da praia; sentou-se e ensinou o povo a partir do barco. Quando acabou de falar, Jesus disse ao proprietário do barco: "Vá para onde as águas são mais fundas... Lancem as redes para a pesca." Seus esforços anteriores para a pesca tinham sido sem sucesso; mas Simão e seu irmão fizeram como Jesus os instruiu, e foram recompensados com uma pesca extraordinária, que pareceu a eles e aos seus companheiros de pesca, João e Tiago, como nada menos que milagrosa. Simão, o mais impressionável e o mais espontâneo dos quatro, expressou seus sentimentos com palavras e gestos característicos. Ele prostrou-se aos pés de Jesus, dizendo: "Afasta-te de mim, Senhor, porque sou um homem pecador!"

Essa exclamação abre uma janela para a alma de quem a pronunciou através da qual podemos ver seu estado espiritual. Observamos em Pedro, nessa época, aquela mistura de bem e de mal, de natureza e graça, que tão frequentemente reaparece em seu caráter na história posterior. Entre os bons elementos identificáveis estão um temor reverente na presença do Poder Divino, uma pronta disposição para se lembrar do pecado, revelando sensibilidade de consciência, e uma sincera auto-humilhação por causa do favor imerecido. Valiosas qualidades de caráter; mas elas não existiam em Pedro sem mistura. Com elas estavam associados um terror supersticioso diante do sobrenatural e um medo servil de Deus. A presença do primeiro elemento está implicada na exortação tranquilizadora dirigida ao discípulo por Jesus: "Não tenha medo; de agora em diante você será pescador de homens." Servil medo de Deus é ainda mais manifesto em suas próprias palavras: "Afasta-te de mim, Senhor."

---

[11] Por toda essa obra, é dado grande destaque aos defeitos morais e espirituais dos doze. Mas protestamos, desde o início, contra a inferência de que continuaram permanentemente desqualificados para a tarefa de serem os apóstolos da religião universal, a religião da humanidade. Tudo pode ser esperado de homens que podiam abandonar tudo para estarem com Cristo.

Bastante impressionado com o conhecimento sobre-humano de Jesus revelado a respeito da grande pesca, ele vê Jesus no momento como um ser sobrenatural, e, como tal, fica aterrorizado diante dele, como alguém de quem não é seguro ficar perto, especialmente para um mísero e mortal pecador como ele. Esse estado mental mostra o quão inadequado Pedro é, por enquanto, para ser um apóstolo que engrandece a graça de Deus até para o principal dos pecadores. Sua piedade, suficientemente forte e decidida, não é do tipo cristão; ela é legalista; pode-se quase dizer que é pagã em espírito.

Com todas as suas imperfeições, que eram grandes e muitas, esses humildes pescadores da Galileia tinham, desde o início de sua carreira, uma grande virtude em destaque, que, embora possa coexistir com muitos defeitos, é a virtude cardeal da ética cristã e o verdadeiro precursor do supremo sucesso. Eles eram movidos por uma devoção a Jesus e ao reino celestial que os fazia capazes de qualquer sacrifício. Crendo que aquele que lhes ordenou que o seguissem fosse o Cristo, que vem para estabelecer o reino de Deus sobre a terra, eles "imediatamente" deixaram suas redes e se juntaram a ele, para serem, daí em diante, seus companheiros em todas as suas viagens. O ato foi reconhecido pelo próprio Jesus como meritório; e não podemos, sem injustiça, tentar menosprezá-lo, atribuindo-o à preguiça, descontentamento ou ambição. A narrativa bíblica mostra que os quatro irmãos não eram preguiçosos, e sim homens que trabalhavam muito. Nem estavam descontentes, se por nenhuma outra razão, pelo fato de que não tinham motivo para descontentamento. A família de Tiago e João, pelo menos, parece que vivia em situação confortável; porque Marcos relata que, quando chamados por Jesus, eles deixaram seu pai Zebedeu no barco com os empregados, e o seguiram. Mas ambição não era um dos seus motivos? Bem, devemos admitir que os doze, e especialmente Tiago e João, de forma alguma estavam livres de paixões ambiciosas, como veremos mais tarde. Mas, em qualquer medida que a ambição possa ter influenciado seus motivos no futuro, não foi isso que determinou que deixassem suas redes. A ambição precisa de uma tentação; ela não se associa a uma causa que é obscura e difícil, e cujo sucesso é duvidoso; ela intervém quando o sucesso está garantido, e quando o movimento que ela ajuda está nas vésperas de sua glorificação. A causa de Jesus ainda não tinha chegado a esse estágio.

Só uma acusação pode ser feita contra aqueles homens, e isso de forma justa e sem manchar a memória deles. Eles eram *entusiastas*: seus corações estavam em chamas e, como um mundo descrente poderia dizer, suas cabeças estavam voltadas para um sonho sobre um reino divino a ser estabelecido em Israel, tendo Jesus de Nazaré como rei. Esse sonho os dominava, e imperiosamente controlava suas mentes e moldava seus destinos, compelindo-os, como Abraão, a deixar seus parentes, sua terra e avançar para o que bem podia parecer, de antemão, ser um empreendimento condenado ao fracasso. Ótimo para o mundo que eles estivessem possuídos pela ideia do Reino! Porque não empreenderam algo condenado ao fracasso, quando abandonaram suas redes. O Reino que buscavam mostrou-se ser tão real quanto a terra de Canaã, embora não tão completamente como eles tinham imaginado. Os pescadores da Galileia tornaram-se pescadores de homens numa escala elevada e, com a ajuda de Deus, reuniram na igreja todos os que deviam ser salvos. Em um sentido, eles ainda estavam lançando suas redes no mar do mundo e, por seu testemunho sobre Jesus nos evangelhos e nas epístolas, estão trazendo multidões para tornarem-se discípulos dele, entre cujos primeiros seguidores tiveram a felicidade de ser contados.

Os quatro, os doze abandonaram *tudo* e seguiram seu Mestre. Esse "tudo", em algum caso, envolveu esposa e filhos? Isso aconteceu em pelo menos um caso – o de Pedro; porque os evangelhos contam que a sogra dele foi curada de uma febre pelo poder miraculoso de Cristo (Mt 8.14; Mc 1.29-31; Lc 4.38,39). De uma passagem na primeira epístola de Paulo aos coríntios, parece que Pedro não era o único apóstolo casado (1Co 9.5). Da mesma passagem aprendemos ainda que abandonar esposa por causa de Cristo não significava uma deserção literal. Pedro, o apóstolo, levava sua esposa com ele, e Pedro, o discípulo, pode, algumas vezes, ter feito o mesmo. A probabilidade é que discípulos casados, como soldados casados, levavam suas esposas com eles ou as deixavam em casa, conforme as circunstâncias exigissem ou permitissem. Mulheres, inclusive mulheres casadas, algumas vezes seguiam Jesus; e a esposa de Simão, ou de qualquer outro discípulo casado, pode ocasionalmente ter sido uma dessas. Em um período avançado na história, encontramos a *mãe* de Tiago e de João na companhia de Cristo, longe de casa; e, onde mães estavam, esposas, se quisessem, podiam estar também. A igreja nascente, em seu estado original, nômade ou itinerante, parece ter sido um grupo variado de peregrinos, no qual todo tipo de pessoas, quanto a sexo, posição social e caráter moral, estavam unidas, o elo de ligação sendo a ardente devoção à pessoa de Jesus.

Essa igreja itinerante não era uma sociedade regularmente organizada, da qual era necessário ser um membro constante para exercer o verdadeiro discipulado. Exceto no caso dos doze, seguir a Jesus de um lugar para outro era opcional, não compulsório; e, na maioria dos casos, provavelmente era só ocasional.[12] Esta era a consequência natural da fé, quando o objeto de fé, o centro do círculo, estava ele próprio em movimento. Os crentes naturalmente desejariam ver tanto das obras de Cristo e ouvir tantas de suas palavras quanto possível. Quando o objeto da fé deixou a terra, e sua presença tornou-se espiritual, toda ocasião para tal discipulado itinerante acabou. Para estar na presença dele daí em diante, as pessoas só precisam abandonar os seus *pecados*.

---

[12] As palavras registradas em Lucas 22.28, como ditas por Jesus aos discípulos na noite anterior a sua morte: "Vocês são os que têm permanecido ao meu lado durante as minhas provações", podem ser entendidas como prova tanto da contínua presença dos *doze* com Jesus como da data antiga de seu começo. O dito tem o evidente objetivo de dar testemunho da fidelidade dos discípulos, mas indiretamente testemunha outras coisas também. Eles tinham estado com seu Mestre, se não como um corpo constituído de doze, pelo menos como indivíduos, desde a época em que ele começou a ter "provações", que foi muito cedo, e eles tinham estado com ele durante todas elas.

3

Mateus, o publicano

Mt 9.9-13; Mc 2.15-17; Lc 5.27-32

O chamado de Mateus ilustra de forma notável uma característica muito proeminente da atividade pública de Jesus, a saber, seu completo desrespeito aos princípios da sabedoria mundana. Um discípulo publicano, muito mais um apóstolo publicano, não podia deixar de ser um escândalo para o preconceito judaico, e portanto de ser, pelo menos na ocasião, uma fonte de fraqueza antes que de força. Todavia, mesmo que perfeitamente consciente desse fato, Jesus convidou para a comunhão íntima do discipulado alguém que tinha tido a profissão de coletor de impostos e, mais tarde, o escolheu para ser um dos doze. Seu procedimento, nesse caso, é ainda mais notável quando contrastado com a maneira com que ele tratou outros com vantagens exteriores para recomendá-los favoravelmente, e que mostraram sua prontidão para segui-lo ou voluntariamente se tornarem seus discípulos; temos um exemplo no escriba que veio e disse: "Mestre, eu te seguirei por onde quer que fores" (Mt 8.18-20). Esse homem, cuja posição social e realizações profissionais pareciam recomendá-lo como uma aquisição muito desejável, o "Mestre" deliberadamente afugentou com uma descrição tenebrosa de sua própria condição de destituído, dizendo: "As raposas têm suas tocas e as aves do céu têm seus ninhos[13], mas o Filho do Homem não tem onde repousar a cabeça."

A visão de Jesus era única, bem como onisciente: Ele via o coração e só respeitava a competência espiritual. Ele não tinha fé em nenhum discipulado baseado em mal-entendidos e objetivos egoístas; e, por outro lado, não tinha nenhum medo dos inconvenientes surgidos das ligações externas ou da história passada de crentes verdadeiros; ele era inteiramente indiferente aos antecedentes das pessoas. Confiante no poder da verdade, escolheu as coisa sem valor do mundo em preferência às coisas tidas em estima, seguro de que, no final, elas venceriam. Consciente de que ele e seus discípulos seriam desprezados e rejeitados pelos homens por um tempo, foi tranquilamente pelo seu caminho, escolhendo como seus companheiros e representantes "quem ele

---

[13] Mais corretamente, poleiros, ou alojamentos.

queria", sem se preocupar com o protesto de sua geração – *como alguém que sabia que sua obra tinha a ver com todas as nações e com todos os tempos.*

O discípulo publicano tem dois nomes nos evangelhos. No primeiro Evangelho, ele é chamado de Mateus, enquanto que, no segundo e no terceiro, ele é chamado de Levi. Que se trata da mesma pessoa, entendemos que seja ponto pacífico.[14] É dificilmente concebível que dois publicanos tenham sido chamados para serem discípulos no mesmo lugar e ocasião, e com todas as circunstâncias associadas, e todas notavelmente similares. Não deve ser motivo de surpresa a identidade não ter sido citada, já que o fato de os dois nomes pertencerem a um indivíduo seria tão familiar aos primeiros leitores dos evangelhos a ponto de tornar tal informação desnecessária.

Não é improvável que Levi fosse o nome desse discípulo antes de seu chamado, e que Mateus fosse seu nome como discípulo – o novo nome sendo então um símbolo e memorial da mudança mais importante no coração e na vida. Mudanças emblemáticas semelhantes de nomes eram comuns no começo do Evangelho. Simão filho de Jonas foi transformado em Pedro, Saulo de Tarso tornou-se Paulo, e José, o cipriota, recebeu dos apóstolos o belo nome cristão, bem merecido, de Barnabé (filho da consolação ou da profecia), por sua filantropia, magnanimidade e sabedoria espiritual.

Mateus parece ter trabalhado como coletor de impostos, no tempo em que foi chamado, na cidade de Cafarnaum, que Jesus tinha adotado como seu lugar de residência. Porque foi enquanto Jesus estava em casa, em "sua cidade" (Mt 9.1), como Cafarnaum veio a ser chamada, é que o homem paralítico foi trazido a ele para ser curado; e por todos os evangelistas (Mt 9.9; Mc 2.13; Lc 5.27) somos informados de que foi enquanto saía da casa onde o milagre aconteceu que ele viu Mateus e lhe disse: "Siga-me." A inferência a ser tirada desses fatos é clara, e é também importante, pois ajuda a explicar o caráter aparentemente repentino do chamado e a prontidão com que foi respondido. Se Jesus e seu novo discípulo eram da mesma cidade, tinham tido oportunidade de se verem anteriormente.

A ocasião do chamado de Mateus não pode ser estabelecida com precisão, mas há um bom motivo para colocá-lo antes do Sermão do Monte, do qual o Evangelho de Mateus contém o relato mais completo. Esse fato sozinho é por si mesmo forte evidência em favor desse arranjo cronológico, porque não era provável um relato tão completo vir de alguém que não o ouviu. Um

---

[14] Ewald (*Christus*, pp. 364, 367) nega a identidade, e afirma que Levi não era um dos doze; todavia, ele aceita a muito menos segura identidade entre Natanael e Bartolomeu.

exame do terceiro evangelho converte essa probabilidade em certeza. Lucas prefixa ao seu relato abreviado do sermão uma informação sobre a constituição da comunidade apostólica, e fala de Jesus indo "com eles" (Lc 6.13-17) – os doze, cujos nomes ele tinha acabado de dar – para o lugar onde o sermão foi pregado. Sem dúvida, o ato de constituição deve ter sido precedido por atos separados de chamado, e pelo chamado de Mateus em particular, que consequentemente é relatado pelo evangelista em uma passagem anterior de seu evangelho (Lc 5.27). É verdade que a posição do chamado na narrativa de Lucas em si não prova nada, já que Mateus relata seu próprio chamado após o sermão, e, além disso, nem um nem outro adere sistematicamente ao princípio cronológico de arranjo na construção de seu relato. Baseamos nossa conclusão na pressuposição de que, quando qualquer dos evangelistas afirma dar a ordem da sequência, sua afirmação é confiável; e sobre as observações de que Lucas manifestamente se compromete com um princípio cronológico ao fazer a ordenação dos doze anteceder a pregação do Sermão do Monte, e que o arranjo de Mateus na parte inicial de seu evangelho é tão manifestamente não cronológico, seu material é reunido com base no princípio tópico – capítulos 5-7, mostrando Jesus como um grande Mestre de ética; 8 e 9, como operador de milagres; 10, como um Mestre escolhendo, instruindo e enviando uma missão evangelística dos doze discípulos; 11, como um crítico de seus contemporâneos e como o sustentador de suas próprias prerrogativas; 12, como exposto às contradições da descrença; 13, como ensinando doutrinas do reino por meio de parábolas.

Passando desses pontos secundários para o chamado em si, observamos que as narrativas do evento são muito breves e fragmentárias. Não há insinuação de qualquer contato anterior que pudesse ter preparado Mateus para agir de acordo com o convite dirigido a ele por Jesus. Não se deve inferir no entanto que não existisse conhecimento nenhum, como podemos perceber do caso dos quatro pescadores, cujo chamado é narrado com igual aspereza nos evangelhos sinóticos, enquanto sabemos pelo Evangelho de João que pelo menos três deles já tinham um conhecimento anterior de Jesus. A verdade é que, considerando-se os dois chamados, os evangelistas concentraram-se somente na *crise,* deixando no silêncio toda a fase preparatória, e não achando necessário informar leitores inteligentes de que, é claro, nem o publicano nem qualquer outro discípulo seguiu cegamente alguém de quem nada sabia, só porque lhe foi pedido ou ordenado que o seguisse. O fato já afirmado de que Mateus, enquanto publicano, residia em Cafarnaum deixa absolutamente certo que ele

O TREINAMENTO DOS DOZE

conhecia Jesus antes que fosse chamado. Ninguém podia morar naquela cidade naqueles dias sem ouvir falar das "obras poderosas" feita em e ao redor dela. Os céus tinham-se aberto bem em cima de Cafarnaum, à vista de todos, e os anjos em multidão tinham descido sobre o Filho do Homem. Leprosos eram purificados, demônios eram expulsos, cegos recuperavam a visão, paralíticos recuperavam o uso de seus membros; uma mulher tinha sido curada de uma doença crônica, uma outra, filha de um cidadão importante – Jairo, chefe da sinagoga –, tinha sido trazida de volta à vida. Essas coisas eram feitas em público, causavam uma grande agitação e eram muito comentadas. Os evangelistas relatam como "Todos ficaram tão admirados que perguntavam uns aos outros: O que é isto? Um novo ensino – e com autoridade! Até aos espíritos imundos ele dá ordens, e eles lhe obedecem!" (Mc 1.27); como eles glorificavam a Deus, dizendo: "Nunca vimos nada igual" (Mc 2.12) ou "Hoje vimos coisas extraordinárias!". O próprio Mateus conclui seu relato da ressurreição da filha de Jairo com a observação: "A notícia deste acontecimento espalhou-se por toda aquela região." (Mt 9.26)

Nós não afirmamos que todos esses milagres foram feitos antes do chamado do publicano, mas alguns certamente o foram. Comparando um evangelho com outro, para determinar a sequência histórica,[15] vemos que a maior de todas essas obras poderosas, a que é mencionada por último, embora narrada por Mateus após seu chamado, na realidade ocorreu antes. Que efeito poderoso, então, esse feito maravilhoso teve na preparação do coletor de impostos para o reconhecer, na palavra solenemente pronunciada, "Siga-me", uma ordem daquele que era senhor tanto dos mortos como dos vivos, e para render à Sua ordem pronta e decidida obediência!

Ao creditar a Mateus algum conhecimento prévio de Cristo, fazemos sua conversão ao discipulado parecer razoável sem diminuir seu valor moral. Não era de se esperar que ele se tornasse um seguidor de Jesus só porque ele tinha ouvido falar de, ou mesmo visto, seus milagres. Os milagres por si só não poderiam transformar ninguém em um crente, senão todo o povo de Cafarnaum teria crido. Quão diferente era a realidade; nós lemos sobre a lamentação posterior feita por Jesus a respeito daquelas cidades junto às praias do mar de Genesaré, onde a maioria de seus prodígios foram feitos, e de *Cafarnaum em particular*. Dessa cidade, ele disse com amargura: "E você, Cafarnaum, será elevada até ao céu? Não, você descerá até o Hades! Se os milagres que em você foram realizados tivessem sido realizados em Sodoma, ela teria permanecido

---

[15] Veja Ebrard, *Gospel History*, sobre a questão da seqüência.

até hoje."[16] A queixa de Cristo contra os habitantes dessas cidades favorecidas é que não *se arrependeram*, isto é, não fizeram do reino dos céus seu bem maior, seu objetivo final. Eles se maravilharam suficientemente com seus milagres, falaram muito sobre eles, e foram atrás dele para ver mais obras do mesmo tipo, e sentiram repetidamente a sensação de admiração; porém, logo depois, caíram de novo em sua velha estupidez e indiferença, e continuaram moralmente como antes que ele aparecesse entre eles, não filhos do reino, mas filhos deste mundo.

Não foi assim com o coletor de impostos. Ele não só se admirou e falou, mas também "se arrependeu". Se ele tinha mais do que se arrepender do que seus vizinhos, não sabemos. É verdade que pertencia à classe de homens que, vistos pela ótica imaginativa do preconceito popular, eram todos igualmente maus, e muitos deles eram realmente culpados de fraude e extorsão; mas ele pode ter sido uma exceção. Sua festa de despedida mostra que ele possuía recursos, mas não podemos concluir com certeza que tinham sido adquiridos desonestamente. Só podemos dizer uma coisa: é que, se o discípulo tinha sido ganancioso, o espírito da cobiça agora tinha sido exorcizado; se ele tinha sido culpado de oprimir o pobre, ele agora detestava tal atitude. Ele se tinha cansado de coletar impostos de uma população relutante e estava feliz por seguir alguém que tinha vindo carregar os fardos em vez de colocá-los sobre os outros, perdoar dívidas em lugar de exigi-las com rigor. E assim aconteceu que a voz de Jesus agiu sobre seu coração como uma fórmula mágica: "Levi levantou-se, deixou tudo e o seguiu."

Essa grande decisão, segundo contam todos os evangelistas, foi seguida, logo depois, por uma festa na casa de Mateus, na qual Jesus estava presente.[17] Por Lucas ficamos sabendo que essa festa teve todas as características de uma grande ocasião e que foi dada em honra de Jesus. A honra, entretanto, era do tipo que poucos apreciariam, porque outros convidados eram peculiares. "...foram comer com ele e seus discípulos muitos publicanos e pecadores" (Mt 9.10). Então, sendo-o de fato ou assim considerados, havia na festa muitos "pecadores" em grau superlativo (Lc 5.29).

Essa festa foi, em nossa opinião, tão rica em significado moral quanto foi rico o banquete servido. Para o anfitrião, sem dúvida, era uma festa de

---

[16] Mt 11.23. É quase certo que a leitura $\mu\eta$ $\upsilon\psi\omega\theta\eta\sigma\eta$, adotada na NVI, seja a correta. Ela coloca a palavra profética de Cristo em íntima correspondência com Is 14.13-15, da qual é uma alusão óbvia: "Você, que dizia no seu coração: Subirei aos céus... Mas às profundezas do Sheol você será levado..."

[17] Mateus diz modestamente: "*em* casa" (9.10).

jubileu, comemorativa de sua emancipação da escravidão, de uma sociedade repugnante e do pecado, ou, de qualquer forma, da tentação para pecar, e de sua entrada na livre e abençoada vida de comunhão com Jesus. Foi um tipo de poema, dizendo a Mateus o que os versos conhecidos de Doddrige dizem a muitos outros, talvez não tão bem:

"Ó dia feliz, que fixou minha escolha
em ti, meu Salvador e meu Deus!
Bem, que esse coração luminoso regozije,
E conte sua euforia perplexa!

Isto feito; feita a grande transação:
Eu sou do meu Senhor e o meu Senhor é meu;
Ele me atraiu, e eu o segui,
Encantado para confessar a divina voz."

A festa era também, como já foi dito, uma homenagem a Jesus. Mateus fez essa esplêndida festa em honra de seu novo Mestre, como Maria de Betânia derramou seu precioso unguento. Essa era a forma de aqueles a quem muita graça é mostrada e dada mostrarem seu amor agradecido em atos com a marca do que um filósofo grego chamou de magnificência,[18] e mesquinhos chamam desperdício; e seja quem for que reprove esses atos de devoção, Jesus sempre os aceitou com prazer.

A festa do ex-publicano parece ainda ter tido um caráter de uma festa de despedida de seus colegas publicanos. Ele e eles seguiriam caminhos diferentes daí em diante, e ele se separaria de seus velhos colegas em paz.

Podemos crer ainda que Mateus usou a festa como um meio para fazer com que seus vizinhos e amigos conhecessem Jesus, tentando, com o zelo característico de um novo discípulo, levar outros a darem o passo que ele mesmo tinha dado, ou, pelo menos, esperando que alguns pecadores presentes pudessem passar dos caminhos maus para os caminhos da justiça. E quem sabe se não foi exatamente nesta festa, ou em alguma ocasião do mesmo tipo, que foram produzidas as graciosas impressões cujo resultado foi aquela afetuosa manifestação de gratidão impronunciável naquela outra festa, na casa de Simão, na qual não foram admitidos nem publicanos nem pecadores?

A festa de Mateus foi, assim, vista de dentro, uma festa muito alegre, inocente e até edificante. Mas, ai! Vista de fora, através de janelas manchadas,

---

[18] μεγαλοπρεπεια – Aristóteles, *Ethic. Nicomach.* IV.2

ela tinha um aspecto diferente: era, de fato, nada menos que escandalosa. Alguns fariseus observaram o grupo reunindo-se ou dispersando-se, notaram suas características e fizeram, conforme seu costume, sinistras reflexões. Aparecendo uma oportunidade, trouxeram aos discípulos de Jesus a pergunta simultaneamente lisonjeira e reprovadora: "Por que o mestre de vocês come com publicanos e pecadores?" Os questionadores eram, na maioria, membros locais da seita dos fariseus, porque Lucas os chama de *"seus* escribas e fariseus" (Lc 5.30), o que implica que Cafarnaum era importante o suficiente para ser honrada com a presença de gente que representava essa facção religiosa. De forma alguma é improvável, entretanto, que, entre os espectadores antipáticos, estivessem alguns fariseus até de Jerusalém, a sede do governo eclesiástico, já nos passos do Profeta de Nazaré, observando seus atos, como observaram os do Batista antes dele. As notícias dos prodigiosos atos de Cristo logo se espalharam por todo o país, e atraíram espectadores de todo lugar – de Decápolis, Jerusalém, Judeia, Pereia, bem como da Galileia (Mt 4.25): e podemos estar certos de que os escribas e fariseus da cidade santa não foram os últimos a ir e ver, pois devemos reconhecer que eles desempenhavam o dever da espionagem religiosa com uma diligência exemplar.

A presença de homens mal-intencionados pertencentes à ordem dos fariseus era quase uma característica permanente no ministério público de Cristo. Mas isto nunca o atrapalhou. Ele foi seu caminho tranquilamente, desempenhando sua função; e, quando sua conduta era questionada, estava sempre pronto com uma resposta conclusiva. Entre as suas mais chocantes respostas ou defesas àqueles que o examinavam, estavam aquelas em que ele se defendia por misturar-se com publicanos e pecadores. Elas são três no total, ditas em muitas ocasiões: a primeira, na festa de Mateus; a segunda, na casa de Simão, o fariseu (Lc 7.36); e a terceira, uma ocasião não muito bem definida, quando alguns escribas e fariseus fizeram contra ele uma grave acusação: "Este homem recebe pecadores e come com eles" (Lc 15.2). Esses argumentos para amar o não-amado e o moralmente indigno de amor são cheios de verdade e graça, poesia e empatia e não sem um toque de sátira calma e original dirigida contra os censores hipócritas. O primeiro pode ser identificado como o argumento *profissional*, e nesse sentido: "Eu freqüento os antros de pecadores porque sou um *médico*, e eles estão doentes e precisam de cura. Onde um médico deveria estar senão entre seus pacientes? Onde, senão entre aqueles mais gravemente afligidos?" O segundo pode ser descrito como um argumento *político*; seu significado é: "É boa política ser amigo de pecadores que têm muito para ser perdoado; porque, quando eles são restaurados para o caminho da virtude

O Treinamento dos Doze

e piedade, como é grande o seu amor! Veja aquela mulher arrependida, chorando de tristeza e também de alegria, e banhando os pés de seu Salvador com suas lágrimas. Essas lágrimas são refrescantes para o meu coração, como uma fonte de água no deserto árido da indiferença e formalismo farisaico." O terceiro pode ser chamado de argumento do *instinto natural*, e diz: "Eu recebo pecadores e como com eles, e procuro dessa forma sua restauração moral, pela mesma razão que move o pastor a ir atrás de uma ovelha perdida, deixando seu rebanho não perdido no deserto, porque é natural procurar o perdido, e ter mais alegria em achar coisas do que em possuir coisas que nunca foram perdidas. Pessoas que não entendem esse sentimento são solitárias no universo; porque os anjos no céu, pais, esposas, pastores, todos os que têm coração humano sobre a terra, o entendem bem e agem de acordo todo dia."

Em todos esses raciocínios, Jesus argumentava com seus acusadores nas próprias premissas deles, aceitando o que pensavam de si mesmos (que seriam justos) e da classe com a qual eles consideravam desonroso se associar (que seria pecadora). Mas ele tomava o cuidado, ao mesmo tempo, de deixar transparecer que seu julgamento acerca dos dois grupos não coincidia com o de seus interrogadores. Isso ele fez por ocasião da festa de Mateus, ao convidá-los a estudarem o texto: "Desejo misericórdia, não sacrifício", insinuando, com essa citação, que, enquanto eram muito religiosos, os fariseus eram também muito desumanos, cheios de orgulho, preconceito, severidade e ódio; e, falando a verdade, que esse caráter era, na opinião de Deus, muito mais detestável que o daqueles que eram entregues aos grosseiros vícios da multidão, para não falar daqueles que eram "pecadores", principalmente na imaginação farisaica, e entre aspas.

As últimas palavras de Nosso Senhor para as pessoas que questionaram sua conduta nessa época não eram simplesmente apologéticas, mas críticas. "Eu não vim, disse ele, chamar justos, mas pecadores"[19], insinuando o propósito de deixar o autojustificado sozinho e chamar ao arrependimento e às alegrias do reino aqueles que não eram demasiado autossatisfeitos para rejeitar os benefícios oferecidos, e para quem a festa do evangelho seria um verdadeiro banquete. A palavra, na verdade, continha um sinal importante de uma revolução religiosa em aproximação, na qual o último se tornaria o primeiro e o primeiro, último; párias judeus, cães gentios feitos participantes das alegrias do reino e os "justos" deixados de fora. Foi um dos ditos fecundos pelo qual Jesus fez conhecido àqueles que podiam entender que sua religião era univer-

---

[19] ειϛ μετανοιαν parece ser genuíno só em Lucas, e as palavras expressam só uma parte do significado de Cristo. Ele chamou as pessoas não só ao arrependimento, mas à participação em todas as bênçãos do reino.

sal, uma religião para a humanidade, um evangelho para todas as pessoas, porque era um evangelho para pecadores. E o que esse dito declarava em palavras, a conduta que ele defendia o proclamava ainda mais fortemente em atos. Era uma coisa odiosa aquela simpatia amorosa por "publicanos e pecadores" – o instinto farisaico a entendeu assim e justificadamente soou o alarme. Ela significava morte para os monopólios da graça e para o orgulho e exclusivismo judaicos – todos são iguais aos olhos de Deus e são acolhidos para a salvação nos mesmos termos. Na verdade, esse é um anúncio do programa paulino de um evangelho universal, ao qual, segundo uma certa escola de teólogos, os doze se opuseram com tanta força quanto os próprios fariseus. Estranho que os homens que estiveram com Jesus fossem tão obtusos a ponto de não entender, mesmo no fim, o que estava envolvido na comunhão de seu Mestre com o humilde e o perdido! Teria sido Buda mais feliz com seus discípulos que Jesus com os seus? Buda disse: "Minha lei é uma lei da graça para todos", criticando diretamente o preconceito bramânico de castas; e os seus seguidores entenderam que isso significava que o budismo era uma religião missionária, uma religião até para sudras e, portanto, para toda a humanidade!

4
Os doze
Mt 10.1-4; Mc 3.13-19; Lc 6.12-16; At 1.13

A seleção feita por Jesus dos doze a partir de um grupo de discípulos que tinham pouco a pouco se reunido ao seu redor é um importante marco na história do Evangelho. Ela divide o ministério de Nosso Senhor em duas partes, quase iguais, provavelmente, quanto à duração, mas desiguais quanto à extensão e importância da obra realizada em cada uma. No período inicial, Jesus trabalhou sozinho; seus atos milagrosos eram, na maioria, confinados a uma área limitada, e seu ensino era, em geral, de um tipo elementar. Mas na época em que os doze foram escolhidos, a obra do reino tinha assumido dimensões que exigiam organização e divisão do trabalho; o ensino de Jesus estava começando a se tornar mais profundo e mais elaborado, e suas atividades misericordiosas estavam tendo um alcance cada vez maior.

É possível que a escolha de um número limitado para serem seus companheiros constantes e chegados se tivesse tornado uma necessidade para Cristo por causa de seu próprio sucesso em fazer discípulos. Seus seguidores, nós imaginamos, tinham-se tornado um grupo tão grande, a ponto de ser um empecilho e um impedimento para seus movimentos, especialmente nas longas jornadas que marcam a segunda parte de seu ministério. Era impossível que todos os que criam pudessem, daí em diante, passar a segui-lo, no sentido literal, para onde quer que ele fosse: o número maior só poderia ser agora de seguidores ocasionais. Mas era seu desejo que um número selecionado de homens devesse estar com ele em todos os momentos e em todos os lugares – seus companheiros de viagem em todas as suas peregrinações, testemunhando toda a sua obra e atendendo as suas necessidades diárias. E, assim, nas graciosas palavras de Marcos: "Jesus subiu a um monte e chamou a si aqueles que ele quis, os quais vieram para junto dele. Escolheu doze... para que estivessem com ele."[20]

Esses doze, entretanto, como nós sabemos, deveriam ser mais que companheiros de viagem ou criados do Senhor Jesus Cristo. Eles deviam ser, nesse

---

[20] Mc 3.13. O verbo εποιησεν, "fez" (NVI, *escolheu*), é usado aqui no mesmo sentido que em Hb 3.2, "Ele foi fiel àquele que o fez" (τω ποιησαντι αυτον). Lá é traduzido por "constituído", na NVI.

O Treinamento dos Doze

meio tempo, estudantes da doutrina cristã, e ocasionais companheiros de trabalho na obra do Reino, representantes escolhidos e treinados para propagar a fé depois que ele próprio tivesse deixado a terra. Da época em que foram escolhidos, de fato, os doze entraram em um aprendizado regular para o grande ofício do apostolado, no curso do qual deviam aprender, na privacidade de uma comunhão íntima e diária com seu Mestre, o que deviam ser, fazer, crer e ensinar como suas testemunhas e embaixadores no mundo. Daí em diante o treinamento desses homens devia ser uma parte constante e proeminente da obra pessoal de Cristo. Devia ser a sua ocupação dizer a eles na escuridão o que eles deviam depois falar à luz do dia e sussurrar em seus ouvidos o que, anos depois, eles deviam proclamar dos telhados (Mt 10.27).

A ocasião dessa escolha, embora não absolutamente determinada, é fixada em relação a certos acontecimentos importantes na história do Evangelho. João fala dos doze como um grupo organizado por ocasião da alimentação dos cinco mil e do discurso sobre o pão da vida na sinagoga de Cafarnaum, pregado logo depois do milagre mencionado. Desse fato sabemos que os doze foram escolhidos pelo menos um ano antes da crucificação; porque o milagre da alimentação aconteceu, segundo o quarto evangelista, pouco antes da época da páscoa (Jo 4.4). Das palavras ditas por Jesus aos homens a quem ele tinha escolhido, justificando a aparente dúvida sobre a fidelidade deles após a multidão tê-lo abandonado: "Não fui eu que os escolhi, os doze? Todavia, um de vocês é um diabo!" (Jo 6.70), podemos concluir que a escolha não era um evento recente. Os doze tinham estado juntos por tempo suficiente para dar ao falso discípulo oportunidade para mostrar seu real caráter.

Voltando-nos agora para os evangelistas sinóticos, descobrimos que eles localizam a escolha com referência a dois outros eventos mais importantes. Mateus fala pela primeira vez dos doze como um grupo distinto por ocasião da sua *missão na Galileia*. Ele não diz, entretanto, que eles foram escolhidos imediatamente antes de, e com referência direta a, essa missão. Ele fala, ao contrário, como se a fraternidade apostólica já existisse antes; suas palavras são: "Chamando seus doze discípulos." Lucas, por outro lado, dá um registro formal da escolha, como um prefácio ao relato do *Sermão do Monte*, falando de forma a dar a impressão de que um acontecimento precedeu imediatamente o outro.[21] Finalmente, a narrativa de Marcos confirma a opinião sugerida por essas observações sobre Mateus e Lucas, a saber, que os doze foram chamados pouco

---

[21] Lucas 6.13, comparado com 17, onde Lucas apresenta o nome "apóstolo" como se tendo originado com Cristo: "a quem também designou apóstolos" (v. 13).

antes de o Sermão do Monte ser pregado, e um tempo considerável antes que eles saíssem em sua missão de cura e pregação. Lá nós lemos: "Jesus subiu a um monte (τò ὄρος)[22] e chamou a si aqueles que ele quis" – a ênfase é evidentemente sobre aquilo que Jesus fez pouco antes de proferir seu grande discurso. Marcos continua: "Escolheu doze... para que estivessem com ele, os enviasse a pregar e tivessem autoridade para expulsar demônios." Aqui se faz alusão à *intenção* da parte de Cristo de enviar seus discípulos em uma missão, mas a intenção não é representada como realizada imediatamente. Nem se pode dizer que está em vista uma realização imediata, embora não expressa; porque o evangelista dá um relato da missão como realizada capítulos depois em seu evangelho, começando com as palavras: "Chamando os doze para junto de si, enviou-os..." (Mc 6.7).

Pode ser considerado então, como suficientemente certo, que o chamado dos doze foi um prelúdio à pregação do grande sermão do reino, na fundação do qual eles deveriam mais tarde tomar parte de forma tão destacada. Em que período exatamente, no ministério de Nosso Senhor, o sermão deve ser colocado não podemos determinar com segurança. Nossa opinião, entretanto, é que o Sermão do Monte foi pregado perto do final do primeiro ministério extenso de Cristo na Galileia, durante o intervalo entre as duas visitas a Jerusalém por ocasião das festas mencionadas no segundo e quinto capítulos do Evangelho de João.[23]

O *número* do grupo apostólico é significativo e, sem dúvida, foi uma questão de escolha, não menos que a composição do grupo. Um grande número de homens elegíveis podia facilmente ter sido encontrado em um círculo de discípulos que mais tarde supriu não menos que setenta auxiliares para a obra evangelística;[24] e um número menor podia ter servido a todos os objetivos do momento ou futuros do apostolado. O número doze foi recomendado por razões simbólicas óbvias. Ele adequadamente expressava em números o que Jesus se considerava ser, e o que ele tinha vindo fazer, e assim dava apoio à fé e um estímulo à devoção de seus seguidores. Ele significativamente insinuava que Jesus era o divino Rei Messiânico de Israel, vindo para estabelecer o reino cujo advento tinha sido predito por profetas em linguagem intensa, inspi-

---

[22] Essa expressão é usada por todos os sinóticos. Parece indicar uma região montanhosa antes que um monte em particular.

[23] Assim pensa Ebrard, *Gosp. Hist.* Ewald situa a escolha após a festa de João 5.

[24] Esta missão dos setenta é vista por Baur, e outros da mesma escola, como pura invenção do terceiro evangelista, tentando deixar os doze na sombra, e servir a causa do universalismo paulino. Essa opinião é inteiramente arbitrária; mas, mesmo supondo que devêssemos concordar, ainda seria verdadeiro, como afirmado no texto, que Cristo poderia ter tido mais que doze apóstolos, caso quisesse.

O TREINAMENTO DOS DOZE

rada pelos dias prósperos da história de Israel, quando a comunidade teocrática existia em sua integridade, e todas as tribos da nação escolhida estavam unidas sob a casa real de Davi. Que o número doze devia ter tal significado místico, sabemos pelas próprias palavras do Cristo aos apóstolos em uma ocasião posterior, quando, descrevendo para eles as recompensas que os esperavam no reino por serviços e sacrifícios passados, ele disse: "Digo-lhes a verdade: por ocasião da regeneração de todas as coisas, quando o Filho do Homem se assentar em seu trono glorioso, vocês que me seguiram também se assentarão em doze tronos, para julgar as doze tribos de Israel."[25] É possível que os apóstolos estivessem bem conscientes do significado místico de seu número, e acharam nele um encorajamento para a esperança cara e ilusória de que o reino vindouro não devia ser somente uma realização espiritual das promessas, mas uma restauração literal de Israel à integridade e independência política. O risco de tal incompreensão era uma das desvantagens ligadas ao número doze, mas não foi considerado por Jesus uma razão suficiente para fixar um outro. Seu método de procedimento nisto, como em todas as coisas, era agir de acordo com aquilo que em, si mesmo, era verdadeiro e certo e então corrigir mal-entendidos à medida que surgissem.

Do número do grupo apostólico, passamos para as pessoas que o compõem. Sete dos doze – os primeiros sete na lista de Marcos e Lucas, assumindo a identidade de Bartolomeu e Natanael – são pessoas já nossas conhecidas. Dois dos cinco que restaram – o primeiro e o último – nós conheceremos bem à medida que avançarmos. Tomé, chamado Dídimo, ou o Gêmeo, aparecerá diante de nós como um homem de coração emotivo, mas de temperamento melancólico, pronto para morrer com seu Senhor, mas lento para crer em sua ressurreição. Judas Iscariotes é conhecido por todo mundo como o Traidor. Ele aparece pela primeira vez, nessas listas dos apóstolos, com o infame título estampado na testa: "Judas Iscariotes, que o traiu." A presença de um homem capaz de traição no grupo dos discípulos escolhidos é um mistério que não tentaremos entender agora. Sobre Judas, aqui apenas fazemos essa observação histórica. Ele parece ter sido o único entre os doze que não era galileu. Ele tem o sobrenome, aparentemente em função de seu lugar de nascimento, de o homem de Keriot; e, pelo livro de Josué, ficamos sabendo que havia uma cidade com esse nome na fronteira sul da tribo de Judá.[26]

---

[25] Mt 19.28. Keim entende que o número doze tem um significado simbólico, como afirmado no texto, contra Schleiermacher, que o considera puramente acidental. *Geschichte Jesu von Nazara*, ii.304.

[26] Js 15.24. Veja Renan, *Vie de Jésus*, p. 160 (13ª ed.). Ewald (*Christus*, p. 398) pensa que Queriote é Cartá, na tribo de Zebulom (Js 21.34). Se Judas era da tribo de Judá, ele pode ter-se tornado discípulo no tempo da visita de Cristo ao Jordão, mencionada em João 3.22.

Os três nomes que restam são completamente obscuros. Por razões conhecidas dos eruditos bíblicos, tenta-se frequentemente identificar Tiago de Alfeu com Tiago, irmão ou parente do Senhor. O próximo nas listas de Mateus e Marcos é considerado por muitos como um irmão desse Tiago e, portanto, outro irmão de Jesus. Essa opinião é baseada no fato de que, em lugar do Tadeu dos dois primeiros evangelhos, encontramos, na lista de Lucas, o nome Judas "de Tiago". A elipse, nessa designação, geralmente é preenchida com a palavra "irmão", e entende-se que o Tiago mencionado seja Tiago filho de Alfeu. Por mais atraentes que sejam essas conclusões, dificilmente podemos considerá-las comprovadas, e devemos nos contentar em afirmar que entre os doze havia um segundo Tiago, além do irmão de João e filho de Zebedeu, e também um segundo Judas, que aparece novamente como interlocutor no diálogo de despedida entre Jesus e seus discípulos na noite anterior a sua crucificação, cuidadosamente distinguido pelo evangelista do traidor pela observação parentética: "não o Iscariotes" (Jo 14.22). Esse Judas, sendo o mesmo que Labeu Tadeu, foi chamado de "o discípulo com três nomes".[27]

O discípulo a quem temos reservado o último lugar, como aquele que está no início de todas as listas, se chamava Simão. Esse segundo Simão é tão obscuro quanto o primeiro é celebrado, porque ele nunca é mencionado na história do Evangelho. Exceto nas listas; todavia, por pouco que seja conhecido, o epíteto ligado ao seu nome transmite uma informação curiosa e interessante. Ele é chamado de cananeu, que é uma designação política, não geográfica, como se vê pela palavra grega colocada no lugar dessa hebraica por Lucas, que o chama de "Simão, o zelote". Esse epíteto o liga seguramente ao famoso partido que surgiu na revolta sob Judas nos dias do recenseamento (At 5.37), uns vinte anos antes do início do ministério de Cristo, quando a Judeia e Samaria foram colocadas sob governo direto de Roma, e o censo da população foi feito com vistas à subsequente taxação. Que fenômeno singular é a presença de um ex-zelote entre os discípulos de Jesus! Dois homens não poderiam diferir mais amplamente, em seu espírito, objetivos e meios, que Judas da Galileia e Jesus de Nazaré. Um era um descontente com a política; o outro se dobraria ao jugo e daria a César o que é de César. O primeiro lutava pela restauração do reino a Israel, adotando como seu lema: "Nosso único Senhor e Mestre é Deus"; o segundo queria fundar um reino não nacional, mas universal, não "deste mundo", mas puramente espiritual. Os meios empregados pelos dois eram tão diferentes como seus objetivos. Um recorria às armas car-

---

[27] Ewald (*Christus*, p.399) pensa que Labeu e Judas são pessoas diferentes e supõe que o primeiro morreu durante a vida de Cristo, e que Judas foi escolhido em seu lugar.

O Treinamento dos Doze

nais da guerra, a espada e a adaga; o outro apoiava-se somente na gentil mas onipotente força da verdade.

O que levou Simão a trocar Judas por Jesus nós não sabemos; mas ele fez uma troca na qual levou vantagem, visto que o partido que ele abandonou estava destinado, anos depois, a trazer a ruína sobre si mesmo e sobre seu país por causa de seu patriotismo fanático, imprudente e inútil. Embora a insurreição de Judas tivesse sido esmagada, o fogo do descontentamento ainda ardia no peito de seus seguidores; e, por fim, explodiu em uma labareda de uma nova rebelião, que levou a uma luta de morte com o poder gigantesco de Roma e terminou na destruição da capital judaica e a dispersão do povo judeu.

A escolha desse discípulo para ser um apóstolo nos dá mais uma ilustração do desrespeito de Cristo pela sabedoria "prudente". Não era seguro fazer de um ex-zelote um apóstolo, porque ele podia fazer de Jesus e seus seguidores objetos de suspeita política. Mas o autor de nossa fé estava disposto a assumir o risco. Ele esperava ganhar muitos discípulos das classes perigosas, bem como das desprezadas, e ele as teria, também, representadas entre os doze.

É uma surpresa agradável pensar em Simão, o zelote, e Mateus, o publicano, vindos de áreas tão opostas, encontrando-se em íntima comunhão no pequeno grupo dos doze. Nas pessoas desses dois discípulos os extremos se encontram – o coletor de impostos e o inimigo de impostos: o judeu não-patriota, que se degradava tornando-se servo de um governo estrangeiro, e o judeu patriota, que se esfolava debaixo do jugo e suspirava por liberdade. Essa união de opostos não foi acidental, mas foi planejada por Jesus como uma profecia do futuro. Ele queria que os doze fossem a igreja em miniatura ou embrião; e assim os escolheu como para insinuar que, como entre eles distinções entre publicanos e zelotes eram desconhecidas, assim também na igreja do futuro não deveria haver nem grego nem judeu, circuncisão nem incircuncisão, escravo ou livre, mas só Cristo – tudo em cada um, e em cada um de todos.

Esses são os nomes dos doze como aparecem nas listas. Quanto à ordem em que estão arranjados, um exame minucioso das listas revela que elas contêm três grupos de quatro, em cada um dos quais os mesmos nomes são achados, embora varie a ordem deles. O primeiro grupo inclui os mais conhecidos, o segundo, os um pouco menos conhecidos e o terceiro, os menos conhecidos de todos, ou, no caso do traidor, um muito conhecido. Pedro, a figura mais proeminente entre os doze, está no começo de todas as listas e Judas Iscariotes, no fim, cuidadosamente apontado, como já observamos, como o traidor. A lista dos apóstolos, conforme a ordem em Mateus, e tomando emprestados epítetos característicos da história do Evangelho em geral, é como segue:

PRIMEIRO GRUPO

Simão Pedro.............................o homem de rocha.
André......................................irmão de Pedro.
Tiago e João............................filhos de Zebedeu e filhos do trovão.

SEGUNDO GRUPO

Filipe......................................o pesquisador cuidadoso.
Bartolomeu ou Natanael.........o israelita sem falsidade.
Tomé.......................................o melancólico.
Mateus....................................o publicano
                                      (só chamado assim por si mesmo).

TERCEIRO GRUPO

Tiago (filho) de Alfeu...............(Tiago, o mais jovem? Mc 15.40)
Labeu, Tadeu, Judas de Tiago...o discípulo com três nomes
Simão......................................o zelote.
Judas, o homem de Queriote....o traidor.

Esses foram os homens que Jesus escolheu para estarem com ele enquanto estava sobre a terra e para continuar sua obra depois que a deixasse. Esses são os homens a quem a igreja celebra como o "glorioso grupo dos apóstolos". O louvor é merecido; mas a glória dos doze não era deste mundo. De um ponto de vista humano, eles eram um grupo, na verdade, muito insignificante – um bando de galileus pobres, iletrados e provincianos, sem nenhuma importância social, que dificilmente seriam escolhidos por alguém que valorizasse muito a prudência. Por que Jesus escolheu esses homens? Ele foi guiado por sentimentos de antagonismo em relação aos que possuíam vantagens sociais, ou de parcialidade com os de sua própria classe social? Não; sua escolha foi baseada em verdadeira sabedoria. Se escolheu principalmente galileus, não foi por preconceito contra os do sul; se, como alguns pensam, ele escolheu dois ou até quatro[28] de seu parentesco, não foi por nepotismo; se escolheu homens humildes, rudes e incultos, não foi por estar animado por qualquer ciúme banal de conhecimento, cultura ou berço de ouro. Se qualquer rabi, homem rico ou governante se tivesse disposto a se entregar sem reservas ao serviço do reino, nenhuma objeção lhe teria sido feita por causa de suas habilidades, pos-

---

[28] Mateus ou Levi, sendo filho de Alfeu, seria um irmão de Tiago, e Simão, o zelote, seria o Simão mencionado em Mateus 13.55.

O TREINAMENTO DOS DOZE

ses ou títulos. O caso de Saulo de Tarso, o discípulo de Gamaliel, prova a verdade dessa afirmação. Até o próprio Gamaliel teria sido aceito, caso se tivesse sujeitado a tornar-se discípulo do inculto nazareno. Mas, que pena! Nem ele nem ninguém de sua ordem teria condescendido tanto e, assim, o desprezado não teve chance de mostrar sua disposição em aceitar como discípulos e escolher como apóstolos gente como eles.

A verdade é que Jesus foi obrigado a se contentar em ter como apóstolos pescadores, publicanos e antigos zelotes. Eles foram o melhor que se pôde arranjar. Aqueles que se consideravam melhores eram muito orgulhosos para se tornarem discípulos e, assim, se excluíram do que todo mundo agora vê como a elevada honra de serem os príncipes escolhidos do reino. A aristocracia civil e religiosa se orgulhou de sua descrença (Jo 7.48). Os cidadãos de Jerusalém se sentiram, por um momento, interessados no jovem zeloso que tinha purificado o templo com um chicote; mas sua fé era superficial e sua atitude era de condescendência; por isso, Jesus não se confiava a eles, pois sabia o que havia neles (Jo 2.23-25). Uns poucos de alta posição eram sinceros simpatizantes, mas não estavam tão decididos em sua adesão a ponto de poderem ser escolhidos para apóstolos. Nicodemos mal podia falar uma tímida palavra de defesa em favor de Cristo, e José de Arimatéia era discípulo "secretamente", por medo dos judeus. Dificilmente essas seriam pessoas para enviar como missionários da cruz – homens tão presos a ligações sociais e estruturas partidárias e assim escravizados pelo medo do homem. Os apóstolos do cristianismo deveriam ser feitos de material mais sólido.

E, dessa maneira, Jesus foi obrigado a recorrer aos rústicos, simples, sinceros e enérgicos homens da Galileia. E ele estava bastante contente com sua escolha, e devotamente agradeceu ao Pai por ter dado a si mesmo gente como eles. Se erudição, posto, riqueza, refinamento livremente se oferecessem ao seu serviço, ele não os desprezaria; mas preferiu homens dedicados, que não tinham nenhuma dessas vantagens, a não dedicados que as tinham todas. E por um bom motivo; importava pouco, exceto aos olhos do preconceito da época, qual tinha sido a posição social ou mesmo a história anterior dos doze, desde que fossem espiritualmente qualificados para a obra a que tinham sido chamados. O que importa, no final, não é o que está fora do homem, mas dentro dele. John Bunyan teve um nascimento humilde, profissão simples e, até sua conversão, tinha péssimos hábitos; mas era, por natureza, um homem de gênio e, por graça, um homem de Deus, e ele teria sido – ele foi, de fato – um apóstolo bastante eficiente.

Pode-se objetar que, de forma alguma, todos os doze eram dotados como Bunyan; alguns deles, se podem ser julgados com base na obscuridade que envolve seus nomes e o silêncio da história a respeito deles, não se destacavam por grandes habilidades ou por uma grande carreira e, de fato, eram quase inúteis. Como essa objeção virtualmente contesta a sabedoria da escolha de Cristo, devemos examinar o quanto ela é verdadeira.[29] Apresentamos as seguintes considerações sobre essa opinião:

1. Que alguns dos apóstolos fossem comparativamente obscuros, inferiores, não pode ser negado; mas até o mais obscuro deles pode ter sido o mais útil como *testemunha* daquele que eles tinham acompanhado desde o início. Não é preciso um *grande* homem para dar um bom testemunho, e ser testemunha dos fatos cristãos era a principal ocupação dos apóstolos. Que até o mais humilde deles fez um importante trabalho nessa questão não temos dúvida, embora nada seja dito deles nos registros apostólicos. Não se poderia esperar que uma história tão fragmentária e tão breve como a dada por Lucas mencionasse outros que não os principais atores, especialmente quando refletimos sobre quão poucas das personagens que aparecem em cena em qualquer crise particular nos assuntos humanos são destacadamente notadas até em histórias bem detalhadas. O propósito da história é alcançado pelo registro de palavras e feitos dos homens representativos, e muitos que agiram nobremente em sua época são deixados no esquecimento. Os membros menos destacados do grupo apostólico merecem o benefício dessa reflexão.

2. Três homens destacados, ou mesmo dois (Pedro e João), dos doze, é uma boa proporção; há poucas sociedades em que a excelência superior tem uma proporção tão alta em relação à mediocridade tolerável. Talvez o número de "colunas"[30] fosse tão grande quanto o desejado. Longe de lamentar que todos não fossem um Pedro ou um João, deveria ser motivo de ação de graças que houvesse diversidade de dons entre os primeiros pregadores do evangelho. Como regra geral, não é bom quando todos são líderes. Pessoas comuns são tão necessárias quanto grandes homens; porque a natureza humana é unilateral, e homens de pouca expressão têm suas virtudes e dons peculiares e podem fazer algumas coisas melhor que seus irmãos mais festejados.

---

[29] Kaim diz que Jesus, de uma forma genuinamente humana (*ächt menschlich*), se enganou com seus discípulos, em certa medida. Eles não se mostraram ser os homens que ele esperava. Essa observação é feita com referência à missão da Galileia. *Geschichte Jesu von Nazara*, ii.332.

[30] Esse título é dado a Pedro, Tiago e João por Paulo em sua Epístola aos Gálatas (2.9). Daí, na literatura da escola de Tübingen, dedicada à manutenção da teoria do conflito, esses três são chamados de "apóstolos-coluna".

O TREINAMENTO DOS DOZE

3. Devemos ter em mente o quão pouco sabemos a respeito de qualquer dos apóstolos. É um costume dos biógrafos de hoje, escrevendo para um público mórbida ou preguiçosamente curioso, entrar nos menores detalhes de acontecimentos externos ou peculiaridades pessoais a respeito de seus heróis. Desse fundo de detalhismo idólatra não há nenhum traço nas narrativas dos evangelhos. Os escritores dos evangelhos não foram afetados pela mania biográfica. Além disso, os apóstolos não eram o seu tema. Cristo era o herói deles; e seu único desejo era contar o que eles sabiam sobre ele. Eles fitaram com firmeza o Sol da justiça, e por causa de seu brilho, perderam de vista as estrelas ao redor. Se eles eram estrelas de primeira magnitude, ou de segunda ou terceira fazia pouca diferença.

5
Ouvindo e vendo

Lc 1.1-4; Mt 13.16-17; Lc 10.23,24; Mt 5-7; Lc
6.17-49; Mt 13.1-52; Mt 8.16,17; Mc 4.33,34

No treinamento dos doze para a obra do apostolado, ouvir e ver as palavras e obras de Cristo necessariamente ocupava um lugar importante. Olho e ouvido testemunhando fatos de uma vida sem igual era uma preparação indispensável para uma futura testemunha. Os apóstolos podiam assegurar as credenciais para sua história maravilhosa somente se eles pudessem prefaciá-la com o protesto: "Nós lhes proclamamos o que vimos e ouvimos." Ninguém acreditaria na história deles, salvo aqueles que, no mínimo, ficassem satisfeitos com o fato de que ela era contada por homens que tinham estado com Jesus. Daí o terceiro evangelista, ele mesmo não sendo um apóstolo, mas só um companheiro de apóstolo, apresentar seu evangelho com toda a confiança a seu amigo Teófilo como uma história genuína, e não mera coleção de fábulas, porque seu conteúdo foi atestado por homens que "desde o início, foram testemunhas oculares e servos da palavra".

No período inicial de seu discipulado, ouvir e ver parece ter sido a ocupação principal dos doze. Eles eram então como crianças nascidas em um novo mundo, cujo primeiro e de forma alguma o menos importante curso de lições consiste no uso de seus sentidos na observação dos maravilhosos objetos dos quais estão cercados.

As coisas que os doze viram e ouviram eram suficientemente maravilhosas. O grande ator no estupendo drama teve o cuidado de inculcar, em seus seguidores, a magnitude do privilégio que tinham. "Felizes", ele lhes disse em uma ocasião, "são os olhos que veem o que vocês veem. Pois eu lhes digo que muitos profetas e reis desejaram ver o que vocês estão vendo, mas não viram; e ouvir as coisas que vocês estão ouvindo, mas não ouviram" (Lc 10.23,24)[31]. Todavia, algumas gerações de Israel tinham visto coisas muito notáveis: uma tinha visto as maravilhas do êxodo e as coisas grandiosas da proclamação da lei

---

[31] Os autores da Revised Version fizeram muitas mudanças na A.V. (versões da Bíblia em inglês usadas no original desta obra), traduzindo rigorosamente os tempos, e especialmente os aoristos, que, na versão antiga, são frequentemente tratados como perfeitos. Eles podem ter levado isso muito longe, mas, em geral, prestaram um bom serviço.

no Sinai; outra, os milagres realizados por Elias e Eliseu; e sucessivas gerações tinham tido o privilégio de ouvir os não menos maravilhosos oráculos de Deus ditos por Davi, Salomão, Isaías e os outros profetas. Mas as coisas testemunhadas pelos doze eclipsavam as maravilhas de todas as épocas passadas; porque um maior do que Moisés, ou Elias, ou Davi, ou Salomão, ou Isaías estava aqui, e a promessa feita a Natanael estava sendo cumprida. Os céus tinham sido abertos, e os anjos de Deus – os espíritos de sabedoria, poder e amor – estavam subindo e descendo sobre o Filho do Homem.

Podemos fazer aqui um rápido panorama da *mirabilia* que foi o privilégio peculiar dos doze ver e ouvir, mais ou menos durante todo o período de seu discipulado, e especialmente logo após terem sido escolhidos. Esses podem ser reunidos em dois tópicos: a Doutrina do Reino e a Obra Filantrópica do Reino.

1. Antes de o ministério de Jesus ter começado, Seu precursor tinha aparecido no deserto da Judeia, pregando e dizendo: "Arrependam-se, pois o reino do céu está próximo"; e algum tempo depois de terem sido escolhidos, os doze discípulos foram mandados para as cidades e povoados da Galileia para repetir a mensagem do Batista. Mas o próprio Jesus fez algo mais que proclamar o advento do reino. Ele expôs a natureza do reino divino, descreveu o caráter de seus cidadãos e fez separação entre membros genuínos e falsos da santa comunidade. Isso ele fez parcialmente no que é chamado Sermão do Monte, pregado logo após a eleição dos doze; e parcialmente em algumas parábolas pronunciadas no mesmo período.[32]

No grande discurso proferido no alto do monte, as qualificações para cidadania no reino dos céus foram expostas, primeiro positivamente, e depois comparativamente. A verdade positiva foi resumida em sete frases de ouro chamadas de Bem-aventuranças, nas quais a felicidade do reino foi representada como totalmente independente das condições externas com as quais a felicidade terrena está associada. Os abençoados, segundo o pregador, eram o pobre, o faminto, o que chora, os que sofrem por causa da justiça. Eles eram em si uma bênção e uma fonte de bênção para a raça humana: o sal da terra, a luz do mundo elevava-se acima dos outros em espírito e caráter, para levá-los para cima e guiá-los para a glória de Deus.

Depois, com mais detalhes, Jesus exibiu a justiça do reino e de seus verdadeiros cidadãos, em contraste com a que prevalecia. "Se a justiça de vo-

---

[32] Que a eleição dos doze precedeu a proclamação das parábolas é claro a partir de Marcos 4.10: "Quando ele ficou sozinho, *os doze* e os outros que estavam ao seu redor lhe fizeram perguntas acerca das parábolas."

cês", ele prosseguiu dizendo com ênfase solene, "não for muito superior à dos fariseus e mestres da lei, de modo nenhum entrarão no Reino dos céus"; e então ele ilustrou e reforçou a proposição geral com uma descrição detalhada da falsidade em seus aspectos moral e religioso: seu modo de interpretar a lei moral, e sua forma de desempenhar os deveres da piedade, tais como oração, esmolas e jejum. Em um aspecto ele caracterizou a justiça farisaica como superficial e técnica; em outro, como ostentosa, autocomplacente e severa. Em contraste com isso, ele descreveu a *ética* do reino como um riacho de vida, tendo a caridade como seu manancial; uma moralidade do coração, não só da conduta externa; uma moralidade também ampla e universal, ultrapassando todas as barreiras arbitrárias construídas pelo pedantismo legal e egoísmo natural. Ele apresenta a *religião* do reino como humilde, reservada, dedicada em simplicidade de coração a Deus e às coisas celestiais; tendo a fé em Deus como um bondoso Pai como sua raiz, e contentamento, alegria e liberdade das preocupações do mundo como seus frutos; e, finalmente, como reservada em seu comportamento para com o profano, embora contrária à severidade no julgar, na verdade, não julgando de jeito nenhum, deixando todo julgamento dos homens para Deus.

O discurso, do qual demos um esboço rápido, causou uma poderosa impressão sobre sua audiência. "As multidões estavam maravilhadas com o seu ensino, porque ele as ensinava como quem tem autoridade (a autoridade da sabedoria e da verdade), e não como os mestres da lei", que tinham só a autoridade do ofício. Não é provável que a multidão ou os doze tenham entendido o sermão; porque ele foi, ao mesmo tempo, profundo e elevado, e suas mentes estavam *pré*-ocupadas com muitas ideias diferentes sobre o reino vindouro, embora o rumo de tudo que tinha sido dito fosse claro e simples. O reino do qual Jesus era tanto Rei como Legislador não devia ser um reino deste mundo: ele não devia estar aqui ou ali no espaço, mas dentro do coração do homem; não devia ser o monopólio de qualquer classe ou nação, mas aberto a todos os que possuíssem as capacidades espirituais necessárias *em termos iguais*. Nunca é dito, de fato, no sermão, que qualificações rituais, tais como circuncisão, não fossem indispensáveis para admissão no reino. Mas a circuncisão é ignorada aqui como foi ignorada em todo o ensino de Jesus. Ela é tratada como simplesmente algo fora de lugar, que não pode ser adaptada ao esquema da doutrina exposta; uma incongruência cuja simples menção criaria uma sensação do grotesco. Que é exatamente assim, qualquer um pode comprovar pelo simples fato de imaginar por um momento que entre as Bem-aventuranças fosse encontrada uma assim: "Bem-aventurados os circuncidados, porque nenhum incircunsiso entrará no reino dos céus." Esse significativo silêncio a respeito do selo do pacto nacional não podia deixar de ter seu efeito na mente dos discípulos, como uma indicação de eventual envelhecimento.

As pesadas verdades assim ensinadas na forma didática de um discurso ético, Jesus procurou, em outras ocasiões, popularizar por meio de *parábolas*. No curso de seu ministério, ele pronunciou muitos ditos parabólicos, tendo a parábola como a forma favorita de instrução. De trinta[33] parábolas preservadas nos evangelhos, a maioria é de tipo ocasional, e são mais bem entendidas quando vistas em ligação com as circunstâncias que as exigiram. Mas há um grupo especial de oito que parece ter sido contado aproximadamente no mesmo período e ter sido designado para servir a um objetivo, a saber, mostrar, em quadros simples, as destacadas características do reino dos céus em sua natureza e progresso e em suas relações com as diversas classes de homens. Uma dessas, a parábola do semeador, aparentemente a primeira contada, mostra a diferente recepção dada à palavra do reino por várias classes de ouvintes, e o variado efeito em suas vidas. Duas – as parábolas do joio e da rede lançada ao mar – descrevem a mistura de bom e mau que deve existir no reino até o fim, quando a grande separação final acontecerá. Outro par de parábolas curtas – as do tesouro escondido em um campo e a da pérola preciosa – expõem a incomparável importância do reino, e da cidadania nele. Outras duas – a da semente do grão de mostarda e do fermento escondido em três medidas de farinha – explicam como o reino avança de um começo pequeno para um fim grandioso. Uma oitava parábola, encontrada só no Evangelho de Marcos, ensina que o crescimento no reino divino procede por estágios, análogo ao talo, depois a espiga, e então o grão cheio na espiga, no crescimento do grão (Mc 4.26).

Essas parábolas, a maioria delas, foram contadas diante de uma audiência variada; e, de uma resposta de Jesus a uma pergunta feita pelos discípulos, parece que eram dirigidas principalmente à população inculta. A pergunta foi: "Por que falas ao povo por parábolas?" E a resposta: "A vocês foi dado o conhecimento dos mistérios do Reino dos céus, mas a eles, não", parece implicar que, no caso dos doze, tais visões elementares da verdade – esses sermões infantis, por assim dizer – podiam ser dispensados. Jesus, entretanto, não quis dizer mais que isto: para eles as parábolas não eram tão importantes quanto para os ouvintes comuns, sendo só um dos diversos meios de graça através do qual eles deveriam, por fim, se tornar escribas instruídos no reino, conhecedo-

---

[33] Esse número é apenas aproximado. O número de parábolas varia de escritor para escritor, segundo sua definição de parábola e segundo o método de tratar o conjunto.

res de todos os seus mistérios e capazes, como um sábio chefe de família, de tirar de seus tesouros coisas novas e velhas (Mt 13.52); enquanto, para a multidão, as parábolas eram indispensáveis, por serem sua única chance de captar um pequeno relance dos mistérios do reino.

Que os doze não estavam *acima* das parábolas é claro a partir do fato de que eles pediram e receberam explicações delas, em particular, de seu Mestre: de todas, provavelmente, embora a interpretação de duas somente, as do semeador e do joio, tivesse sido preservada nos evangelhos (Mc 4.34). Eles eram ainda só crianças; as parábolas eram imagens encantadoras para eles, mas imagens de algo que eles não sabiam o que era. Mesmo após terem recebido explicações privadas de seu significado, não eram provavelmente muito mais sábios que antes, embora dissessem estar satisfeitos (Mt 13.51). O que diziam era, sem dúvida, sincero: falavam como sentiam; mas falavam como crianças, entendiam como crianças, pensavam como crianças e tinham muito que aprender ainda desses mistérios divinos.

Quando as crianças cresceram até a maioridade espiritual e entenderam plenamente esses mistérios, valorizaram muito a felicidade que tiveram em anos anteriores: terem tido o privilégio de ouvir as parábolas de Jesus. Temos um interessante memorial da profunda impressão produzida em suas mentes por essas imagens simples do reino, na meditação com que o primeiro evangelista fecha seu relato do ensino de Cristo por meio de parábolas. "Jesus falou todas essas coisas à multidão por parábolas... cumprindo-se, assim, o que fora dito pelo profeta: Abrirei a minha boca em parábolas, proclamarei coisas ocultas desde a criação do mundo" (Mt 13.34,35). A citação (do Salmo 78) significativamente diverge tanto do original hebraico como da versão Septuaginta.[34] Mateus conscientemente adaptou as palavras de forma a expressar a absoluta originalidade do ensino no qual ele achou seu cumprimento. Enquanto o salmista pronunciava ditos obscuros dos tempos antigos da história de Israel, Jesus, nas parábolas, tinha dito coisas que tinham estado escondidas desde a criação. Nem era isso um exagero da parte do evangelista. Mesmo que o uso de parábolas como veículo de instrução fosse tudo menos novo, as verdades expressas nas parábolas eram completamente novas. Elas eram de fato as verdades eternas do reino divino, mas, até os dias de Jesus, não tinham sido anunciadas. Coisas terrenas sempre tinham sido adequadas para representar coisas celestiais; mas, até o grande Mestre aparecer, ninguém tinha jamais pensado em ligá-las, de

---

[34] ερευξομαι κεκρυμμενα απο καταβολης κοσμου (Matt.); φθεγξομαι προβληματα απ αρχης (Sept.)

O Treinamento dos Doze

forma que uma se tornasse o espelho da outra, revelando as profundidades de Deus ao olho comum: assim como ninguém antes de Isaque Newton tinha pensado em ligar a queda de uma maçã com a revolução dos corpos celestes, embora maçãs tenham caído no chão desde a criação do mundo.

2. As coisas que os discípulos tiveram a felicidade de ver, referentes à obra filantrópica do reino, foram, se possível, ainda mais maravilhosas do que as que ouviram na companhia de Cristo. Eles foram testemunhas oculares dos eventos que Jesus mandou os mensageiros de João reportar ao seu mestre na prisão como inquestionável evidência de que ele era o Cristo que devia vir (Mt 11.2). Na presença deles, como espectadores, cegos passaram a ver, aleijados andaram, leprosos foram purificados, surdos recuperaram a audição, mortos foram trazidos de volta à vida. A realização dessas obras tão maravilhosas foi, durante um tempo, a ocupação diária de Cristo. Ele andava pela Galileia e outros distritos "fazendo o bem e curando todos os oprimidos pelo Diabo" (At 10.38). Os "milagres" registrados em detalhe nos evangelhos não dão qualquer ideia da extensão em que foram realizados esses prodígios.

O leproso purificado na descida da montanha, quando o grande sermão foi pregado, o servo paralítico do centurião romano restaurado à saúde e vigor, a sogra de Pedro curada de uma febre, o endemoninhado liberto na sinagoga de Cafarnaum, o filho da viúva ressuscitado enquanto estava sendo levado para o enterro – esses, e outros iguais, são só uma pequena amostra selecionada de uma multidão inumerável de feitos não menos notáveis, quer sejam vistos como milagres, quer como atos de bondade. A verdade dessa afirmação se vê nos parágrafos de frequência recorrente nos evangelhos, que relatam não milagres individuais, mas um número indefinido deles tomados *en masse*. Um exemplo desses parágrafos é o seguinte, repassando em poucas palavras as obras feitas por Jesus no fim de um dia cheio: "Ao anoitecer, depois do pôr-do-sol, o povo levou a Jesus todos os doentes e os endemoninhados. Toda a cidade se reuniu à porta da casa, e Jesus curou muitos que sofriam de várias doenças. Também expulsou muitos demônios" (Mc 1.32-34). Isso foi o que aconteceu em uma única tarde de sábado em Cafarnaum, logo após a pregação do Sermão do Monte; e tais cenas parecem ter sido comuns nessa época: porque lemos, um pouco mais à frente, nesse mesmo evangelho, que "ele disse aos discípulos que lhe preparassem um pequeno barco, para evitar que o compri-missem. Pois ele havia curado a muitos, de modo que os que sofriam de doen-ças ficavam se empurrando para conseguir tocar nele" (Mc 3.9). E, de novo,

Marcos nos fala de como "Jesus entrou numa casa, e novamente reuniu-se ali uma multidão, de modo que ele e os seus discípulos não conseguiam nem comer" (Mc 3.20).

O que se pode concluir de tais passagens, quanto à vasta extensão da obra de Cristo entre os sofredores, vem das impressões que elas fizeram na mente tanto de amigos quanto de inimigos. Os mal-intencionados ficaram tão chocados com o que viram, que acharam necessário arranjar uma teoria para explicar a poderosa influência exercida por Jesus na cura física e especialmente nas doenças mentais. Eles disseram: "Ele está com Belzebu! Pelo príncipe dos demônios é que ele expulsa demônios." Essa era uma teoria deficiente, como Jesus demonstrou; mas era pelo menos uma evidência conclusiva de que demônios eram expulsos, e em grande número.

Os pensamentos dos bem-intencionados sobre as obras de Cristo eram vários, mas todos os que foram registrados envolvem um testemunho de sua vasta atividade e extraordinário zelo. Alguns, obviamente parentes, o consideraram louco, imaginando que o entusiasmo tinha perturbado sua mente e, por compaixão, tentaram salvá-lo de se prejudicar pelo excessivo esforço de fazer o bem aos outros (Mc 3.21). Os sentimentos das pessoas que tinham sido beneficiadas eram mais devotos. "Vendo isso a multidão ficou cheia de temor e glorificou a Deus, que dera tal autoridade aos homens" (Mt 9.8); e naturalmente não estavam inclinados a criticar um "entusiasmo de benevolência" do qual eles mesmos eram o objeto.

As impressões dos doze, com referência às obras de seu Mestre, não foram registradas; mas de sua posterior reflexão como apóstolos temos uma interessante amostra nas observações anexadas pelo primeiro evangelista ao seu relato das negociações daquela noite de sábado em Cafarnaum, já aludidas. O devoto Mateus, conforme seu costume, viu nessas obras maravilhosas o cumprimento do Antigo Testamento; e a passagem cujo cumprimento ele achou nelas foi a daquele comovente oráculo de Isaías: "Certamente ele tomou sobre si as nossas enfermidades e sobre si levou as nossas doenças", que, afastando-se da Septuaginta, ele adaptou ao seu propósito, traduzindo: "Ele tomou sobre si as nossas enfermidades e sobre si levou as nossas doenças" (Mt 8.17). Os tradutores da Septuaginta entenderam que o texto se referia às doenças espirituais dos homens – seus pecados,[35] mas Mateus não achou que era nem aplicação errada nem degradação das palavras encontrar nelas uma profecia da profunda simpatia do Messias por todos os que sofriam de qualquer doença, fosse

---

[35] ουτος τας αμαρτιας ημων φερει.

espiritual, mental, ou meramente física. Ele não sabia como melhor expressar a intensa compaixão de seu Senhor para com os sofredores, senão representando-o, na linguagem profética, como tomando suas doenças sobre si mesmo. Nem foi infiel ao pensamento do profeta ao aplicá-lo dessa maneira. Ele só colocou o fundamento de uma inferência *a fortiori* para uma ainda mais intensa simpatia da parte do Salvador pelos espiritualmente doentes, porque seguramente aquele que assim cuidava dos corpos dos homens cuidaria muito mais de suas almas. Sem dúvida, pode, com segurança, ser antecipado que aquele que era tão destacado como operador de curas de doenças físicas se tornaria ainda mais famoso como o que salvaria do pecado.

As obras que os doze tiveram o privilégio de ver eram muito dignas de serem vistas e totalmente dignas do Rei Messiânico. Elas serviram para demonstrar que o Rei e o reino não estavam só vindo, mas vêm; porque o que podia sinalizar mais sua presença que misericórdia gotejando como a "chuva suave caindo do céu sobre a terra embaixo"? João, de fato, parece ter pensado de outra forma, quando mandou perguntar a Jesus se ele era o Cristo que havia de vir. Ele desejava, imaginamos, uma ação de julgamento sobre os impenitentes como uma prova mais confiável do advento do Messias do que esses milagres de misericórdia. A fraqueza profética da queixa e o ar da prisão tiraram o melhor de seu julgamento e de seu coração, e ele, como Jonas, ficou de péssimo humor, ficou indignado com Deus, não porque ele fosse muito rigoroso, mas antes porque ele era muito bondoso, muito pronto a perdoar.

O menor no reino dos céus é incapaz agora de se ofender com essas obras de nosso Senhor por causa de sua misericórdia. A ofensa em nossos dias encontra-se em outra direção. Homens tropeçam no caráter milagroso das coisas vistas pelos discípulos e registradas pelos evangelistas. Misericórdia, eles dizem, é divina, mas milagres são impossíveis; e eles pensam que fazem bem em ser céticos. Uma exceção é feita, de fato, em favor de alguns dos milagres de cura, porque não se considera impossível que eles possam incluir-se no curso da natureza e, assim, deixar de pertencer à categoria do milagroso. A "Terapêutica moral" poderia explicá-los – um departamento da ciência médica que Mattew Arnold pensa ainda não ter estudado o suficiente.[36] Todos os outros milagres além daqueles feitos pela terapêutica moral são considerados fábulas. Mas por que não estender o domínio do moral sobre o físico, e dizer sem qualificação: "A misericórdia é divina, portanto obras como aquelas feitas por Jesus eram de se esperar?" Era assim que pensavam os escritores dos evan-

---

[36] *Literature and Dogma*, p.143, ed. 4.

gelhos. Eles se admiravam não com o caráter sobrenatural dos milagres de cura de Cristo, mas com a insondável profundidade da compaixão divina que eles revelavam. Não há sinal de gosto pelo fantástico seja nos evangelhos, seja nas epístolas. Os discípulos podem ter experimentado esse sentimento quando a era de milagres primeiro irrompeu diante de sua vista admirada, mas eles o perderam completamente na época em que os livros do Novo Testamento começaram a ser escritos.[37] Por todo o Novo Testamento milagres são mencionados em um tom sóbrio e quase trivial. Qual seria a explicação disto? A explicação é que os apóstolos tinham visto milagres demais enquanto estavam com Jesus para ainda se emocionar com eles. Seu senso de espanto tinha se atenuado por ter sido saciado. Mas embora deixassem de se maravilhar com o poder de seu Senhor, nunca deixaram de se admirar com Sua graça. O amor de Cristo permaneceu para eles, por toda a vida, algo que ultrapassava o conhecimento; e quanto mais viviam, mais cordialmente reconheciam a verdade das palavras de seu Mestre: "Felizes são os olhos que veem o que vocês veem".

---

[37] Isaac Taylor, em *The Restoration of Belief*, acha, nesse fato, um argumento para a realidade dos milagres, argumentando que o tom calmo e comum com que milagres são mencionados nas epístolas pode ser explicado somente por serem um fato muito destacado naquela época (veja pp.128-211).

6
Lições sobre oração
Mt 6.5-13; 7.7-11; Lc 11.1-13; 18.1-5

Seria uma surpresa se, entre os muitos assuntos sobre os quais Jesus deu instruções a seus discípulos, a oração não tivesse ocupado um lugar proeminente. A oração é uma necessidade da vida espiritual, e todos os que seriamente tentam orar logo sentem a necessidade de uma instrução sobre como fazê-lo. E que tema ocuparia mais os pensamentos de um Mestre que foi, ele mesmo, enfaticamente um homem de oração, passando às vezes toda a noite em comunhão de oração com o Pai celestial (Mc 1.35; Lc 6.12; Mt 14.23)?

Descobrimos, consequentemente, que a oração era um assunto sobre o qual Jesus falava muito diante de seus discípulos. No Sermão do Monte, por exemplo, ele dedicou ao assunto um trecho, no qual advertiu seus ouvintes contra a ostentação farisaica e a repetição pagã, e recitou uma forma de devoção como um modelo de simplicidade, abrangência e brevidade (Mt 6.5-13). Em outras ocasiões, ele dirigiu a atenção para a necessidade, para uma oração aceitável e eficaz, da perseverança (Lc 11.1-13, 18.1-5), concórdia (Mt 18.19), fé robusta (Mt 21.22) e grande expectativa (Jo 16.23,24).

A passagem citada do capítulo 11 do Evangelho de Lucas dá um relato do que pode ser visto como a mais completa e abrangente de todas as lições comunicadas por Jesus aos seus discípulos sobre esse importante assunto. As circunstâncias em que esta lição foi dada são interessantes. A lição sobre a oração era, em si mesma, uma resposta à oração. Um discípulo, com toda a probabilidade um dos doze,[38] após ouvir a oração de Jesus, fez o pedido: "Senhor, ensina-nos a orar, como João ensinou aos discípulos dele." O pedido e a ocasião, considerados juntos, nos transmitem incidentalmente duas informações. Com base na ocasião, ficamos sabendo que Jesus, além de orar muito sozinho, também orava em companhia de seus discípulos, praticando a oração em família como um chefe de casa, bem como oração secreta em comunhão pessoal com Deus, seu Pai. O pedido nos diz que as orações sociais de Jesus

---

[38] Os doze não são mencionados; mas a lição deve, por sua natureza, ter sido dada a um círculo fechado de discípulos.

eram mais impressionantes. Ao ouvi-las, os discípulos se tornavam bastante conscientes de sua própria incapacidade e, após o "amém", estavam instintivamente prontos para fazer o pedido "Senhor, ensina-nos a orar", como se envergonhados de fazer qualquer outra tentativa em suas próprias, fracas, vagas e gaguejantes palavras.

Quando essa lição foi dada não sabemos, porque Lucas introduz sua narrativa da forma mais indefinida, sem registrar nem tempo nem lugar. A referência a João no tempo passado parece indicar uma data posterior a sua morte; mas o modo de expressão seria suficientemente explicado pela suposição de que o discípulo que fez o pedido teria sido anteriormente um discípulo do Batista.[39] Nem pode qualquer inferência segura ser tirada do conteúdo da lição. É uma lição que pode ter sido dada aos doze em qualquer tempo durante seu discipulado, na medida em que tivesse a ver com suas necessidades espirituais. É uma lição para crianças, para menores espirituais, para cristãos no estágio inicial da vida espiritual, de mente confusa, emudecidos, deprimidos, incapazes de orar por falta de pensamento claro, palavras adequadas e, acima de tudo, de fé que sabe como aguardar com esperança; e ela resolve essas carências sugerindo temas, suprindo formas de linguagem e equipando sua fé fraca com os apoios de argumentos válidos para a perseverança. Era este o estado dos doze durante todo o tempo que estiveram com Jesus; até que ele subiu ao céu, e poder desceu do céu para eles, trazendo consigo uma língua leve e um coração grandioso. Durante todo o período de seu discipulado, eles precisaram ser estimulados à oração, assim como uma mãe amamenta seu filho, e de exortações no hábito de orar, exatamente como os mais humildes seguidores de Cristo. Longe de estarem livres de tais fraquezas, os doze podem até tê-las experimentado em alto grau. As alturas correspondem às profundezas na experiência religiosa. Homens que estão destinados a serem apóstolos devem, como discípulos, saber mais que a maioria da condição caótica e indizível, e da grande, fatigante, mas muito salutar ocupação de esperar em Deus por luz, verdade e graça, seriamente desejada, mas por muito tempo retida.

Felizmente para a igreja, seus primeiros ministros necessitaram dessa lição sobre oração; porque chega a hora, no caso da maioria, se não de todos os que são espiritualmente honestos, quando uma orientação sobre esse assunto é muito oportuna. Na primavera da vida espiritual, o belo desabrochar da piedade, os cristãos podem ser capazes de orar com fluência e fervor, desemba-

---

[39] O pedido, nesse caso, pode ser parafraseado assim: "Senhor, ensina-nos (tu também) a orar, como João nos ensinou quando éramos discípulos *dele*."

raçados da ausência de palavras, pensamentos e sentimentos de um certo tipo. Mas esse estágio feliz logo passa e é sucedido por um em que a oração frequentemente se torna uma luta desesperada, um gemido não articulado, uma espera silenciosa, calma e desanimada por Deus, da parte de pessoas que são tentadas a duvidar se Deus de fato ouve a oração, se a oração não é completamente inútil. As três carências contempladas e supridas por essa lição – carência de ideias, de palavras e de fé – são tão comuns quanto são graves. Quanto tempo leva a maioria para preencher mesmo a mais simples das petições do Pai Nosso com significados definidos! A segunda petição, por exemplo, "Venha o teu Reino", só pode ser apresentada com perfeita inteligência por aqueles que têm formado para si mesmos uma concepção clara da comunidade espiritual ideal. Quão difícil e, portanto, quão raro descobrir palavras aceitáveis para pensamentos preciosos vagarosamente alcançados! Quantos, que nunca têm conseguido nada sobre que seus corações foram colocados sem precisar pedir por isso frequentemente, e esperar por muito tempo (uma experiência comum), em desespero, têm sido tentados pela demora a desistir de pedir! E não é de espantar; porque demora é difícil de suportar em qualquer caso, especialmente quando tem a ver com bênçãos espirituais, que são de fato, e Cristo, aqui, assume que são, os principais objetos de desejo de uma pessoa cristã. Almas devotas não seriam totalmente confundidas pela demora, ou até recusa, referente a meros bens temporais; porque eles sabem que tais coisas, como saúde, riqueza, esposa, filhos, casa, posição, não são incondicionalmente bons e que podem, algumas vezes, não obtê-los, ou não obtê-los fácil e rapidamente. Mas é mais desconcertante desejar-se com todo o coração o Espírito Santo e todavia ter a impressão de lhe ser negada a dádiva sem preço; orar por luz e receber, em lugar disso, trevas profundas; por fé e ser atormentado com dúvidas que abalam convicções em seus fundamentos; por santidade, e ter a lama da corrupção agitada pela tentação do fundo do poço da vida eterna no coração. Todavia, tudo isso, como todo cristão experiente sabe, é parte da disciplina pela qual os alunos da escola de Cristo têm de passar antes que o desejo de seu coração seja cumprido.[40]

A lição sobre oração ensinada por Cristo, em resposta a um pedido, consiste de duas partes, em uma das quais pensamentos e palavras são postos na boca de discípulos imaturos, enquanto a outra oferece ajudas para a fé em Deus como o que responde à oração. Há primeiro um modelo de oração e então um argumento reforçando a perseverança na oração.

---

[40] Pode-se lembrar do bem conhecido hino de Newton, que começa assim: "Pedi ao Senhor que eu pudesse crescer em fé, e amor, e toda a graça." (nº 25, F. C. Hymn-Book)

O modelo de oração, geralmente chamado de Pai Nosso, que aparece no Sermão do Monte como exemplo de forma correta de oração, é dado aqui como um sumário dos tópicos gerais sob os quais petições especiais podem ser incluídas. Podemos chamar esse modelo de *alfabeto* de toda oração possível. Ele abrange os elementos de todo anseio espiritual, resumidos em poucas sentenças escolhidas, para o benefício daqueles que podem não ser capazes de transformar toda a sua aspiração combativa em linguagem articulada. Ela contém ao todo seis petições, das quais três – as primeiras três, como veremos – referem-se à glória de Deus e as outras três ao bem-estar do homem. Somos ensinados a orar primeiro pelo advento do reino divino, na forma da reverência universal pelo nome divino e universal obediência à vontade divina e então, em segundo lugar, pelo pão diário, pelo perdão e pela proteção do mal para nós mesmos. O todo se dirige a Deus como Pai, e supõe-se que isso venha de como entendem sua comunhão uns com os outros, como membros de uma família divina e, portanto dizem: "Pai nosso". A oração não termina, como nossas orações agora geralmente o fazem, com a fórmula: "por Cristo"; nem poderia, sendo coerente com a suposição de que procedia de Jesus. Nenhuma oração dada por ele para uso de seus discípulos, antes de sua morte, podia ter tal final, porque o apelo que ela contém não seria inteligível para eles antes daquele acontecimento. Os doze não sabiam ainda o que "por (*sache*) Cristo" significava, nem saberiam até depois da ascensão de seu Senhor, e de o Espírito ter descido e ter lhes revelado o verdadeiro significado dos fatos da história terrena de Cristo. Daí, encontramos Jesus, na véspera de sua paixão, dizendo aos seus discípulos que, até aquela ocasião, eles nada tinham pedido em seu nome e apresentando o uso de seu nome como um apelo a ser ouvido, como um dos privilégios que teriam no futuro. Ele disse: "Até agora vocês não pediram nada em meu nome. Peçam e receberão, para que a alegria de vocês seja completa" (Jo 16.24); e, em outra parte de seu discurso: "E eu farei o que vocês pedirem em meu nome, para que o Pai seja glorificado no Filho" (Jo 14.13).

Em que extensão os discípulos depois fizeram uso desse incrivelmente simples e todavia profundamente significativo modelo, nós não sabemos; mas pode-se supor que eles tinham o hábito de repeti-lo como os discípulos do Batista podiam repetir os modelos ensinados a eles por *seu* mestre. Não há, entretanto, nenhum motivo para pensar que o "Pai Nosso", embora de valor permanente como uma parte do ensino de Cristo, fosse designado para ser um método estereotipado e obrigatório de dirigir-se ao Pai nos céus. Ele devia ser uma ajuda para discípulos inexperientes, não uma regra imposta sobre os apóstolos.[41] Mesmo após terem atingido maturidade espiritual, os doze podiam usar esse modelo se quisessem, e possivelmente, às vezes, o fizeram, mas Jesus esperava que, na época em que se tornassem mestres na igreja, deveriam ter superado a necessidade dele como uma ajuda para a devoção. Cheios do Espírito, com um grande coração, maduros em entendimento espiritual, eles deviam então ser capazes de orar como seu Senhor tinha orado quando ainda estava com eles; e, enquanto as seis petições da oração-modelo ainda entrariam em todas as suas súplicas ao trono da graça, elas assim fariam só como o alfabeto de uma língua entra nas mais extensas e eloquentes declarações de um falante, que nunca pensa nos fonemas dos quais as palavras que ele fala são compostas.[42]

Ao sustentar o caráter provisório, *pro tempore*, do Pai Nosso, na medida em que se refere aos doze, não damos ênfase ao fato, já notado, de que a oração não termina com a frase "por Cristo". Essa falta poderia facilmente ser suprida depois, mentalmente ou oralmente, não sendo uma razão válida para a frase não ser usada. A mesma observação vale para nosso uso dessa oração. Deixar de usá-la só porque o apelo costumeiro de conclusão está faltando é argumento tão fraco, por um lado, como a excessiva repetição dela, por outro. O Pai Nosso não é uma peça de deísmo indigno de um cristão, nem um encantamento mágico como o "Pater Noster" da devoção católico-romana. O crente mais avançado frequentemente achará alívio e descanso para seu espírito ao voltar a essas simples e sublimes frases, enquanto mentalmente está entendendo as múltiplas particularidades que cada uma delas inclui; e ele é só um principiante na arte da oração, e na vida espiritual em geral, cujas devoções consistem exclusivamente, ou mesmo principalmente, em repetir as palavras que Jesus colocou na boca de discípulos imaturos.

A opinião agora defendida a respeito do propósito do Pai Nosso está em harmonia com o espírito de todo o ensino de Cristo. Formas litúrgicas e formalismo religioso em geral eram muito mais compatíveis com a estrita escola ascética do Batista do que com a livre escola de Jesus. Nosso Senhor evidentemente dava pouca importância a formas de oração não mais que a jejuns fixos periódicos, senão ele não teria esperado até que lhe pedissem um modelo, mas teria feito provisão sistemática para as carências de seus seguidores, assim como o

---

[41] Jeremy Taylor, em seu *Apology for Authorized and Set Forms of Liturgy*, não faz distinção entre discípulos e apóstolos. Quando se faz essa distinção, boa parte de seu argumento cai. *Vid.* §§ 86-112.

[42] Keim tem a mesma opinião: ele pensa que a *Mustergebet* não era para ser uma *Alltagsgebet*, e como prova apresenta o fato de que nenhum vestígio de seu uso aparece na história da vida do próprio Cristo, nos tempos da igreja de Jerusalém, nas lembranças do apóstolo Paulo e que, só no segundo século, ela começou a ser objeto de um uso regular "ja mechanisch". *Jesu von Nazara*, 2.280.

O TREINAMENTO DOS DOZE

Batista fez, compilando, por assim dizer, um livro de devoção, ou compondo uma liturgia. É evidente, mesmo a partir das presentes instruções sobre o assunto da oração, que Jesus considerava o modelo que ele apresentou de importância bastante secundária: um mero remédio temporário para um mal menor, a falta de expressão, até o mal maior, falta de fé, poder ser curado; porque a parte maior da lição é dedicada ao propósito de suprir um antídoto para a descrença.[43]

---

[43] A partir do objetivo do Pai Nosso, como agora explicado, podemos determinar o lugar e uso apropriado de todas as formas fixas de devoção. Formas litúrgicas são para uso privado antes que público, para aqueles que estão em um estágio árido da vida espiritual antes que para aqueles que têm atingido o poder e a expressão da maturidade espiritual. Ao uso privado de tais fórmulas por pessoas que desejam orar, mas não podem fazê-lo, nenhuma objeção razoável pode ser feita. A vantagem justifica o uso. O cristão menos experiente pode pedir ao mais experiente para ensiná-lo a orar, e o mais experiente pode replicar: "Ore dessa forma". Se nós podemos ler e repetir os hinos dos poetas cristãos para dar expressão a emoções que são comuns a nós e a eles, mas que não podemos, como eles, expressar adequadamente, por que não podemos ler e repetir as orações dos santos com um objetivo semelhante? O superficial, que não tem suficiente seriedade e sinceridade para saber o que é gaguejar, pode desprezar tais ajudas como próprias de crianças, e aqueles que ainda estão no primeiro entusiasmo do fervor religioso podem evitar formas escritas como frias e mortas, embora clássicas. Bem, quem não precisa de tais auxílios que não os use; mas o tempo pode vir, mesmo para o fervoroso, quando, perdida a emoção, deficiente na experiência, desencorajado pelo fracasso, desapontado nas esperanças juvenis, atormentado por dúvidas especulativas sobre a utilidade e a racionalidade da oração vindo sobre a alma como vento frio no inverno de sua história religiosa, ele pode ficar muito contente de ler sobre formas de devoção que, por sua simplicidade e dignidade, servem para inspirar um sentimento de realidade e para produzir um efeito suavizador e sedativo sobre seu espírito doente e inquieto. A todo o que está em tal situação difícil, nós, respeitando o exemplo de Cristo, devemos recomendar que não se deve exigir que continuem sem oração porque não podem orar sem um livro.

Mas, quando passamos para a igreja, a situação é outra. Lá devemos achar pastores capazes de fazer, cada um por seus companheiros de adoração, o que Cristo fez por seus discípulos e de orar com a liberdade e o poder que os discípulos posteriormente conseguiram. Pode-se afirmar, de fato, que isso, embora desejável, não corresponde à realidade. Um autor recente, defendendo a introdução de formas escritas de oração na Igreja Presbiteriana, diz: "Eu estou convencido de que um relatório *verbatim* de todas as orações públicas feitas na Escócia, em cada domingo do ano, fixaria a questão para sempre na cabeça de qualquer pessoa que fosse capaz de fazer um julgamento racional sobre tal assunto."* Espera-se que essa seja uma visão exagerada da incapacidade ministerial existente; mas, admitindo-se sua precisão, é correto perguntar se o remédio proposto não seria pior que a doença e o ganho em justeza mais que equilibrado por uma perda na qualidade mais importante do fervor. Isso podemos dizer, mesmo não estando dispostos a afirmar a superioridade do princípio em oposição às formas litúrgicas, mas antes concordar com os sentimentos moderados de Richard Baxter, quando ele diz: "Não consigo concordar com aqueles que pensam que Deus não accitará quem ora usando o Livro de Oração Comum e que tais formas sejam uma adoração autoinventada que Deus rejeita. Nem posso também concordar com aqueles que dizem o mesmo de orações extemporâneas."** No tempo de Baxter, a controvérsia religiosa estava no auge e opiniões contrárias eram afirmadas de forma extrema. O eclesiástico zombava das efusões extemporâneas dos puritanos; os puritanos iam muito longe em sua oposição à oração litúrgica a ponto de sustentar que o Pai Nosso não devia ser repetido. Baxter, não sendo um partidário, mas um amante da verdade, não simpatizava com nenhum dos lados, mas achava que era mais uma questão de política que de princípio, a ser resolvida, não por raciocínio abstrato, mas por uma

A segunda parte dessa lição sobre oração pretende transmitir a mesma moral que aquela prefixada à parábola do juiz injusto – "que eles deviam orar sempre e nunca desanimar". A suposta causa de desânimo também é a mesma: mesma demora da parte de Deus em responder a nossas orações. Isso não é, de fato, afirmado tão claramente na primeira lição como na segunda. A parábola do vizinho mesquinho não é adaptada para transmitir a ideia de uma longa

calma consideração do que, no todo, seria mais edificante; deste ponto de vista, seu julgamento e sua prática estavam do lado da oração extemporânea.

Vendo a questão, com Baxter, como política, estamos totalmente convencidos de que a prática existente dos presbiterianos e de outras igrejas pode ser justificada em bases tão boas que devia fazê-los satisfeitos, para dizer o mínimo, com seu próprio jeito e indispostos para imitar aqueles que são diferentes nesse assunto. Os ministros religiosos, como os apóstolos, devem ser capazes de dispensar formas litúrgicas; e a melhor forma de assegurar que possuirão essa habilidade é deixá-los com seus próprios recursos, e com Deus, e assim converter o ideal em uma exigência aplicável a todos, sem exceções. O pleno benefício de um sistema não pode ser obtido a menos que seja rigidamente imposto; e, enquanto tal imposição pode envolver desvantagens ocasionais, o relaxamento da regra provavelmente produziria maior dano para a igreja. A concessão feita à timidez, inexperiência ou incapacidade extraordinária seria utilizada com abuso pelo preguiçoso e descuidado; e muitos continuariam permanentemente em um estado semelhante ao dos discípulos, que, se levados a despertar o dom de Deus que há neles, ou a procurar seriamente os dons e graças não possuídas, podem cedo atingir a liberdade e poder apostólicos. O mesmo pode ser dito da pregação. Em casos particulares, congregações podem se beneficiar por permitir ao pregador usar materiais de instrução externos; mas, sob tal permissão, quantos se contentariam com a leitura de sermões em livros ou de manuscritos comprados aos montes; quem, sob um sistema que visa aproveitar ao máximo o talento individual, e, portanto, exige que todos os mestres da verdade deem aos seus ouvintes o benefício de seus próprios pensamentos, pela prática atingiria grande medida de poder na pregação.

No todo, portanto, a Igreja Presbiteriana tem razão de estar satisfeita com seu atual sistema de adoração pública, qualquer que seja a razão que possa existir para insatisfação com o estado atual de adoração em casos particulares. O ideal é bom, mesmo que a realidade esteja longe dele. O objetivo e efeito do sistema litúrgico é fazer a massa de adoradores tão independente quanto possível do ministro individual; o objetivo, se não o efeito de nosso sistema, é fazer os ministros individuais tão valiosos quanto possível para os adoradores, para sua instrução e edificação. Um sistema pode assegurar solenidade e decência uniformes, mas o outro sistema pode assegurar as qualidades mais importantes de fervor, energia e vida; e nós cremos, seja o que for que críticos exigentes possam alegar, que ele, em medida considerável, os assegura. No mínimo, o método não litúrgico garante que a adoração da igreja será um verdadeiro reflexo de sua vida e, portanto, mesmo que pobre, pelo menos sincera. Homens que pregam seus próprios sermões e oram suas próprias orações têm mais probabilidade de pregar e orar o que eles creem e vivem do que aqueles que só leem textos escritos por outros. Só resta acrescentar que, mesmo não tendo objeção, em princípio, contra a tentativa de amalgamar os dois métodos para obter o melhor de ambos – um esquema favorecido por alguns irmãos respeitados em todas as igrejas –, confessamos fortes dúvidas, pelas razões acima explicadas, quanto à utilidade de tal tentativa. [Mantemos o que foi dito acima, como na segunda edição. Nossa impressão atual, entretanto, é que uma mistura do sistema litúrgico, com formas fixas, com o método extemporâneo livre, não é impraticável e pode dar melhor resultado que qualquer dos dois separadamente. – Nota à terceira edição.]

*The Reform of the Church of Scotland, por Robert Lee, D.D., p.76.

**A vida de Baxter, baseada em seus próprios manuscritos originais, lib. I § 213.

O Treinamento dos Doze

demora; porque o favor pedido, se concedido de alguma forma, deve ser concedido em pouquíssimos minutos. Mas o lapso de tempo entre a apresentação e o atendimento de nossos pedidos está implicado e pressuposto como algo já sabido. É pela demora que Deus parece dizer a nós o que o vizinho mesquinho disse ao seu amigo, e que somos tentados a pensar que oramos em vão.

Ambas as parábolas contadas por Cristo para inculcar perseverança na oração procuram alcançar seu objetivo mostrando o poder da importunação nas circunstâncias mais desesperadas. Os dois personagens a quem se recorreu eram ambos maus – um é mesquinho e o outro, injusto; e de nenhum se deve ganhar qualquer coisa, exceto a manipulação de seu egoísmo. E o significado da parábola, em cada caso, é que a importunação tem um poder de aborrecimento que a capacita a conseguir o que quer.

É importante observar, de novo, o que deve ser o assunto principal da oração com referência ao argumento a ser considerado agora. Cristo afirma que seus discípulos colocaram seu coração na santificação pessoal.[44] Isso fica claro na frase de conclusão do discurso: "quanto mais o Pai que está nos céus dará o Espírito Santo a quem o pedir"; Jesus toma como certo que as pessoas a quem ele se dirige aqui buscam primeiro o reino de Deus e sua justiça. Portanto, embora acrescente uma petição pelo pão diário na oração-modelo, ele deixa esse tema de fora na parte posterior de seu discurso; isso não só porque, por hipótese, ele não é o objeto central de anseio, como também para todos os que dão ao reino de Deus o primeiro lugar em suas preocupações, alimento e vestuário vêm junto.[45]

Para aqueles que não desejam o Espírito Santo acima de todas as coisas, Jesus não tem nada a dizer. Ele não os encoraja a esperar que receberão qualquer coisa do Senhor; menos ainda, a justiça do reino, santificação pessoal. Ele considera as orações de uma pessoa indecisa, que tem dois objetivos principais em vista, como uma imitação vazia – meras palavras, que nunca são ouvidas no céu.

Sendo a demora a suposta causa do desânimo e o suposto objeto do desejo, o Espírito Santo, a situação espiritual contemplada no argumento é determinada com certeza. O objetivo do Mestre é socorrer e encorajar aqueles que sentem que a obra da graça vai devagar dentro deles, e se perguntam por

---

[44] O tema de oração suposto em Lucas 18 é o interesse geral do reino divino sobre a terra.

[45] Em Mt 7.11, que corresponde a Lc 11.13, o termo que expressa o pedido é αγαθα, "coisas boas", em lugar de πνευμα αγιον. O caráter paulino da última expressão é entendido como um dos muitos traços da influência do apóstolo sobre o terceiro evangelista. A doutrina de que o Espírito Santo é a base imanente da santidade cristã é enfaticamente paulina. Mas a doutrina da santificação *gradual* não é proeminente no paulinismo.

que é assim, e suspiram com tristeza porque é assim. Imaginamos ter sido esse o estado dos doze quando essa lição lhes foi dada. Eles tinham-se tornado dolorosamente conscientes da incapacidade de desempenhar corretamente seus deveres devocionais, entenderam aquela incapacidade como indicação de sua condição espiritual geral e, como resultado, ficaram muito deprimidos.

O argumento com o qual Jesus procurou dar a seus desencorajados discípulos esperança e confiança quanto ao atendimento final de seus pedidos é caracterizado pela audácia, genialidade, sabedoria e força lógica. Sua audácia se mostra na escolha das ilustrações. Jesus tem uma tal confiança na excelência de sua causa, que trata do caso de maneira tão desvantajosa para si mesmo quanto possível, ao selecionar como ilustração não bons exemplos de homens, mas pessoas antes abaixo que acima do padrão comum da virtude humana. Um homem a quem um vizinho recorresse em uma hora qualquer da noite pedindo ajuda numa emergência real, tal como a suposta na parábola, ou em um caso de doença repentina, o mandasse embora com essa resposta: "Não me incomode. A porta já está fechada, e eu e meus filhos já estamos deitados. Não posso me levantar e lhe dar o que me pede", com justiça incorreria no desprezo de seus conhecidos e se tornaria, entre eles, um símbolo de tudo o que é mesquinho e sem coração. A mesma prontidão, para tomar um caso extremo, ocorre no segundo argumento, tirado da conduta de pais para com seus filhos. Ele começa assim: "*qual* pai, entre vocês, se o filho lhe pedir pão..." Jesus não se preocupa com qual pai pode ser selecionado; ele está disposto a tomar quem ele quiser: ele vai escolher o pior com a mesma prontidão que o melhor; sim, mais prontamente ainda, porque o argumento não se volta para a bondade do pai, mas antes para sua falta de bondade, já que pretende mostrar que nenhuma bondade especial é exigida para impedir os pais de fazerem o que seria um ultraje contra a afeição natural e revoltante para os sentimentos de toda a humanidade.

O caráter genial, agradável, do argumento mostra-se na percepção e simpatia manifestada nele. Jesus sabe os duros pensamentos que os homens pensam de Deus sob o peso de desejos não realizados; como eles duvidam de sua bondade e o julgam indiferente, sem coração e injusto. Ele mostra seu íntimo conhecimento de suas imaginações secretas pelos casos que apresenta; porque o amigo sem piedade e o pai desnaturado, e podemos acrescentar, o juiz injusto, não são imagens reais do que Deus é, ou do que ele gostaria que crêssemos que Deus é, mas certamente do que até pessoas piedosas às vezes pensam que Deus é.[46] E ele não pode só saber, mas também simpatizar. Diferentemente

---

[46] Veja o livro de Jó, *passim*, e Sl 73,77 etc.

dos amigos de Jó, ele não culpa aqueles que alimentam pensamentos de dúvida e aparentemente profanos, não os censura por causa de impaciência, desconfiança e desânimo. Ele trata com eles como homens cercados pela hesitação, necessitando de simpatia, conselho e ajuda. E, ao supri-los, ele desce ao nível de sentimento deles, e tenta mostrar que, mesmo se as coisas fossem como parecem, não haveria motivo para desespero. Ele argumenta, a partir do que eles pensam de Deus, que eles ainda deviam ter esperança nele. Na verdade, é isto o que ele diz: "Suponha que Deus é o que você pensa, indiferente e sem coração, mesmo assim continue orando; veja, no caso que eu trago, o que a perseverança pode fazer. Peça como o homem que quer pães pede, então você receberá dele no momento o que parece indiferença aos seus pedidos. As aparências, eu garanto, podem ser muito desfavoráveis, mas elas não podem ser mais do que no caso do sujeito da parábola; e, todavia, você pode observar como ele continua e não se desanima muito facilmente".

Jesus mostra sua sabedoria ao tratar com as dúvidas de seus discípulos, evitando toda explicação elaborada das causas ou razões da demora na resposta à oração, e usando só argumentos adaptados à capacidade de pessoas fracas na fé e no entendimento espiritual. Ele não tenta mostrar por que a santificação é uma tarefa vagarosa e tediosa, e não um ato instantâneo: por que o Espírito é dado gradualmente e em medida limitada, não de uma vez e sem medida. Ele simplesmente insiste com seus ouvintes que perseverem em buscar o Espírito Santo, assegurando-lhes que, apesar da dolorosa demora, seus pedidos serão atendidos no fim. Ele não lhes ensina nenhuma filosofia de espera em Deus, mas só lhes conta que eles não esperarão em vão.

Esse método o Mestre seguiu não por necessidade, mas por escolha, porque, embora nenhuma tentativa fosse feita para explicar a demora divina na providência e na graça, não era porque a explicação fosse impossível. Havia muitas coisas que Cristo podia ter dito aos seus discípulos nessa ocasião se eles pudessem suportar, algumas das quais eles mesmos disseram mais tarde, quando o Espírito da Verdade veio e os guiou a toda verdade, e os familiarizou com o segredo do caminho de Deus. Ele podia ter lhes indicado, por exemplo, que a demora de que reclamavam estava de acordo com a analogia da natureza, na qual crescimento gradual é a lei universal; que tempo era necessário para a produção de frutos maduros do Espírito, exatamente da mesma forma como para a produção dos frutos maduros do campo ou do pomar; que não era de se admirar que os frutos espirituais fossem peculiarmente vagarosos na maturação, como era uma lei do crescimento que quanto mais alto um produto está na escala do ser, mais vagaroso é o processo pelo qual ele é produzido;[47] que uma santificação instantânea, embora possível, seria tanto um milagre, no sentido de uma afastamento da natureza, como foi a imediata transformação da água em vinho, no casamento em Caná; que, se a santificação instantânea fosse a regra em lugar de uma rara exceção, o reino da graça se tornaria muito parecido com os mundos imaginários dos sonhos de crianças, nos quais árvores, frutos e palácios aparecem completamente desenvolvidos, maduros e mobiliados em um momento, como por encantamento, e muito diferente da realidade, do mundo real, com que os homens tratam, no qual a demora, crescimento e lei fixa são características invariáveis.

Jesus poderia ter procurado mais reconciliar seus discípulos com a demora elogiando a virtude da paciência. Muito poderia ser dito sobre esse tópico. Poderia ser mostrado que um caráter não pode ser perfeito se a virtude da paciência não tem lugar nele e que o método gradual de santificação é o mais bem adaptado ao seu desenvolvimento, por proporcionar um grande campo para seu exercício. Podia ser indicado o quanto o usufruto de qualquer coisa boa é aumentado pelo fato de se ter esperado por ela; como o triunfo da fé é proporcional ao teste; como, nas singulares palavras de alguém que aprendeu a sabedoria nesse assunto por sua própria experiência e pela época em que viveu, "é conveniente que vejamos e sintamos a forma e a costura de cada peça da roupa de casamento, e a estrutura, a moldura e o ajuste da coroa de glória para a cabeça do cidadão do céu"; como "o repetido sentimento e a experiência frequente da graça nos altos e baixos do caminho, as quedas e ascensões do viajante, as revoluções e mudanças da condição espiritual, a lua nova, a lua escurecida, a lua cheia no refluir do Espírito, desperta no coração dos santos, em seu caminho para o campo, o doce aroma da mais pura rosa e lírio de Saron"; como "quando viajantes à noite falam de seus caminhos enlameados e dos louvores de seu guia e, terminada a batalha, soldados, contando seus feridos, elogiam o valor, a habilidade, a coragem de seu líder e capitão", assim "é conveniente que os soldados glorificados possam carregar as cargas da experiência da graça livre para os céus com eles, e lá falar de sua caminhada e de seu país e dos louvores daquele que os redimiu de todas as nações, povos e línguas".[48]

Tais considerações, embora justas, teriam sido um desperdício para os homens na condição espiritual dos discípulos. Crianças não têm simpatia por crescimento em nenhum mundo, seja o da natureza ou o da graça. Nada lhes

---

[47] Essa ideia é bem trabalhada em um sermão de H. W. Beecher com o título "Esperando pelo Senhor", *Sermons*, v.1.

[48] Samuel Rutherford, *Trial and Triumph*, Sermão 18.

agrada, a não ser que uma bolota se torne instantaneamente um carvalho e que, logo depois, o broto vire uma fruta madura. Então é inútil falar da utilidade da paciência para o inexperiente, porque o valor moral da disciplina do teste não pode ser apreciado até que o teste tenha passado. Portanto, como afirmado antes, Jesus absteve-se inteiramente de reflexões do tipo sugerido, e adotou um estilo simples e popular de raciocínio que até uma criança poderia entender.

O raciocínio de Jesus, mesmo que muito simples, é muito convincente e conclusivo. O primeiro argumento – contido na parábola do vizinho mesquinho – é adequado para inspirar esperança em Deus, mesmo na hora mais tenebrosa, quando ele parece indiferente ao nosso choro, ou positivamente indisposto a ajudar, e assim nos leva a continuar pedindo. "Como o homem que queria os pães bateu cada vez mais alto, com uma importunação que não sabia o que era vergonha[49] e não aceitaria um não como resposta e portanto, conseguiu o que queria, o amigo egoísta ficando, no fim, contente de se levantar e servi-lo apenas por interesse em seu próprio conforto, sendo simplesmente impossível dormir com aquele barulho; *assim* (este é o sentido do argumento), continue batendo na porta dos céus, e você obterá o que deseja nem que seja só para se ficar livre de você. Veja, nessa parábola, que poder a importunação tem, mesmo na hora menos promissora – meia-noite – e com a pessoa menos receptiva, que prefere seu próprio conforto ao bem-estar de um amigo: peça, portanto, persistentemente, e você também receberá; procure e você encontrará; bata, e a porta será aberta para você".

Em um ponto, de fato, esse mais patético e simpático argumento parece ser fraco. O suplicante da parábola tinha o amigo egoísta em seu poder por ser capaz de aborrecê-lo e impedi-lo de dormir. Ora, o desanimado discípulo a quem Jesus confortaria pode responder: "Que poder eu tenho para aborrecer a *Deus*, que habita nas alturas, muito além do meu alcance, em felicidade imperturbável? 'Se tão-somente eu soubesse onde encontrá-lo e como ir a sua habitação! Mas se vou para o oriente, lá ele não está; se vou para o ocidente, não o encontro. Quando ele está em ação no norte, não o enxergo; quando vai para o sul, nem sombra dele eu vejo!'" (Jó 23.3,8,9). Essa é uma objeção que dificilmente escaparia ao sutil espírito de desânimo, e deve-se admitir que não é frívola. Há realmente uma falha na analogia nesse ponto. Nós podemos aborrecer um homem, como o vizinho mesquinho já deitado, ou o juiz injusto, mas não podemos aborrecer a Deus. A parábola não sugere a verdadeira explicação da demora divina, ou do sucesso final da importunação. Ela mera-

---

[49] A palavra grega é αναιδειαν = sem vergonha.

LIÇÕES SOBRE ORAÇÃO

mente prova, por uma situação simples, que demora e aparente rejeição, de qualquer causa que possa surgir, não é necessariamente final e, portanto, não pode ser um bom motivo para desistir de pedir.

Esse é um verdadeiro, se não um grande serviço prestado. Mas o discípulo que duvida, além de descobrir com precisão característica o que a parábola deixa de provar, pode não ser capaz de aproveitar o que ela prova. O que ele deve fazer então? Recorrer à forte declaração com que Jesus continua a parábola: "Por isso, *eu* lhes digo." Aqui, para você que duvida, está um dito oracular daquele que pode falar com autoridade; aquele que esteve no seio do Deus eterno, e veio para revelar a intimidade do seu coração aos homens que tateiam na escuridão da natureza à procura dele, se, por acaso, o puderem encontrar. Quando ele se dirige a você em termos tão enfáticos e solenes como estes: "Por isso lhes digo: Peçam, e lhes será dado; busquem, e encontrarão; batam, e a porta lhes será aberta", você pode resolver a questão com base na palavra dele, pelo menos *pro tempore*. Mesmo aqueles que duvidam da racionalidade da oração, por causa da constância das leis naturais e a imutabilidade dos propósitos divinos, podem confiar na palavra de Cristo de que a oração não é vã, mesmo em relação ao pão diário, para não falar de questões superiores, até que cheguem a uma maior certeza sobre o assunto do que fingem ter no momento. Esses podem, se quiserem, desprezar a parábola como infantil, ou como transmitindo ideias antropomórficas grosseiras sobre o Ser Divino, mas eles não podem desprezar as declarações deliberadas daquele a quem mesmo eles reconhecem como o mais sábio e o melhor dos homens.

O segundo argumento empregado por Jesus para insistir na perseverança em oração é do tipo de uma *reductio ad absurdum*, terminando com uma conclusão *a fortiori*. Este é o argumento: "Se Deus recusou ouvir as orações de seus filhos, ou, pior ainda, se ele zombou deles ao dar-lhes algo só superficialmente semelhante ao que pediram, só para causar um desapontamento mais amargo quando o engano foi descoberto, então ele não seria só tão mau quanto, mas muito pior que até o mais depravado ser humano. Porque – pegue pais ao acaso – qual deles, se um filho lhe pedisse pão, daria a ele uma pedra? Ou, se lhe pedisse um peixe, lhe daria uma serpente? Ou, se lhe pedisse um ovo, lhe ofereceria um escorpião? A própria suposição é monstruosa. A natureza humana está profundamente corrompida pelo mal moral; há, em particular, um mau espírito de egoísmo no coração que entra em conflito com os afetos generosos e leva os homens, muitas vezes, a fazerem coisas egoístas e antinaturais. Mas a média dos homens não é diabólica; e nada menos que um espírito diabólico de malícia poderia levar um pai a zombar da miséria de uma criança, ou deliberadamente dar-lhe coisas cheias de dano mortal. Se, então, pais terrenos, embora maus em muitas de suas disposições, dão, na medida em que sabem, coisas boas e presentes aos seus filhos e fugiriam horrorizados de qualquer outro tipo de comportamento, deve-se acreditar que o Ser Divino, que a Providência pode fazer o que só demônios pensariam em fazer? Pelo contrário: o que dificilmente é possível para um homem é para Deus completamente impossível, e o que todos os que não são monstros de iniquidade farão, Deus fará muito mais. Ele, com toda certeza, dará bons presentes, e só bons presentes, a seus filhos que pedem; muito particularmente ele dará seu melhor presente, que seus verdadeiros filhos desejam acima de todas as coisas, o Espírito Santo, o iluminador e o santificador. Portanto, novamente eu digo a vocês: Peçam, e lhes será dado; busquem, e encontrarão; batam, e a porta lhes será aberta."

Todavia, pode-se entender pelo próprio fato de que Cristo menciona o caso de uma pedra dada em lugar de pão, uma serpente por um peixe, ou escorpião por um ovo, que Deus parece pelo menos algumas vezes, tratar assim seus filhos. Chegou o tempo quando os doze pensaram que tinham sido tratados assim em referência ao próprio assunto no qual estavam mais profundamente interessados, depois de sua própria santificação pessoal, a saber, a restauração do reino a Israel. Mas a experiência deles ilustra a verdade geral, que, quando aquele que ouve a oração parece tratar de forma artificial com seus servos, é porque cometeram um erro sobre a natureza do que pediam, não sabendo o que pediam. Eles pediram uma pedra, pensando que era pão, e então o verdadeiro pão parece uma pedra; pediram uma sombra, pensando que era substância, e então uma substância parece uma sombra. O reino pelo qual os doze oravam era uma sombra, daí seu desapontamento e desespero quando Jesus foi morto: o ovo da esperança, que sua imaginação crédula vinha chocando, produziu o escorpião da cruz, e eles imaginaram que Deus tinha zombado deles e os enganado. Mas eles viveram para ver que Deus era verdadeiro e bom e que haviam enganado a si mesmos, e que tudo o que Cristo lhes tinha dito se havia cumprido. E todos os que esperam em Deus, no fim, fazem uma descoberta igual e se unem no testemunho de que "O Senhor é bom para com aqueles cuja esperança está nele, para com aqueles que o buscam" (Lm 3.25).

Por esses motivos, todos os homens devem orar e não desanimar. A oração é racional, mesmo se o Ser Divino fosse como a média dos homens, dispostos a fazer o bem quando o interesse próprio não está no caminho – o credo do paganismo. É ainda mais manifestamente racional se, como Cristo ensinou e os cristãos creem, Deus seja melhor que o melhor dos homens – o único Ser supremamente bom – o *Pai* nos céus. Só em qualquer de dois casos a oração seria realmente irracional: se Deus não fosse nenhum ser vivo – o credo dos ateístas, com quem Cristo não tem argumento; ou se ele fosse um ser capaz de fazer coisas com as quais até homens maus se horrorizariam, isto é, um ser de natureza diabólica – a crença, espera-se, de nenhum ser humano.

7
Lições sobre liberdade religiosa: a natureza da verdadeira santidade
Seção I – Jejum
Mt 9.14-17; Mc 2.16-22; Lc 5.33-39

Nós aprendemos no último capítulo como Jesus ensinou seus discípulos a orar, e vamos estudar agora como ele os ensinou a viver.

A *ratio vivendi* de Cristo era caracteristicamente simples; seus traços principais eram o desrespeito por regras mecânicas detalhadas e o hábito de recorrer, em todas as coisas, aos grandes princípios da moralidade e da piedade.

A efetivação prática dessa regra de vida levou a considerável divergência dos costumes prevalecentes. Em três aspectos especialmente, segundo registram os evangelhos, foram Nosso Senhor e seus discípulos culpáveis, e de fato culpados, da ofensa de inconformismo. Eles se distanciaram da prática existente em questões de jejum, purificações cerimoniais como prescritas pelos anciãos e santificação do sábado. O primeiro eles negligenciaram em grande parte; o segundo, completamente; o terceiro eles não negligenciaram, mas sua forma de observar o descanso semanal era em espírito totalmente, e em detalhe amplamente, diferente daquela que estava em voga.

Essas divergências dos costumes estabelecidos são historicamente interessantes, como pequeno começo de uma grande revolução moral e religiosa. Isso porque, ao ensinar esses novos hábitos aos seus discípulos, Jesus estava inaugurando um processo de emancipação espiritual que resultaria na completa libertação dos apóstolos, e, através deles, da igreja cristã, do pesado jugo das ordenanças mosaicas e do ainda mais torturante cativeiro de uma "conversação vã recebida dos pais por tradição".

As divergências em questão têm muito interesse biográfico também com referência à experiência religiosa dos doze. Isso porque é uma crise grave na vida de um homem quando começa a se separar, nos menores detalhes, das opiniões e práticas religiosas de seu tempo. Os primeiros passos no processo de mudança geralmente são os mais difíceis, os mais perigosos e os mais decisivos. Nesses aspectos, aprender a liberdade espiritual é como aprender a nadar. Todo especialista na arte aquática se lembra das dificuldades que experimentou em suas primeiras tentativas – quão difícil ele achou manter braços e per-

O TREINAMENTO DOS DOZE

nas em movimento; como ele se debateu e afundou; como ele teve medo de ir além da profundidade adequada e ir parar no fundo. Desses temores iniciais ele agora pode rir; todavia, não foram completamente sem motivo, porque o novato corre algum risco de se afogar, embora o lugar de banho seja só uma piscina rasa ou represa construída por estudantes em um riacho que passa por um pequeno vale, longe dos grandes rios e do grande mar.

É bom tanto para jovens nadadores como para aprendizes em liberdade religiosa quando fazem suas primeiras tentativas em companhia de um amigo experiente, que possa resgatá-los caso fiquem em perigo. Um tal amigo os doze tinham em Cristo, cuja presença não era só uma salvaguarda contra todos os riscos espirituais internos, mas um escudo contra todos os ataques que podiam vir de fora. Ataques que deviam ser esperados. O inconformismo geralmente ofende a muitos, e expõe a parte ofensiva ao questionamento pelo menos, e frequentemente a alguma coisa mais séria. O costume é um deus para a multidão, e ninguém pode negar homenagem ao ídolo impunemente. Os doze, desse modo, incorreram de fato nas penalidades usuais ligadas à discordância. Sua conduta foi questionada e censurada em todos os momentos de distanciamento dos usos e costumes. Se tivessem sido deixados por si mesmos, teriam feito uma pobre defesa das ações impugnadas, porque eles não entendiam os princípios sobre os quais a nova prática estava baseada, mas simplesmente agiam como eram orientados. Mas em Jesus eles tinham um amigo que entendia aqueles princípios e que estava sempre pronto para atribuir bons motivos a tudo que ele mesmo fazia, e para tudo que ensinava seus seguidores a fazer. Os motivos com os quais ele defendia os doze contra os defensores do uso prevalecente eram especialmente bons e fortes; e constituíam, no conjunto, uma defesa do inconformismo não menos notável que aquela que ele fez para bondosamente receber publicanos e pecadores,[50] consistindo, como essa, de três linhas de defesa correspondendo às acusações que tinham de ser enfrentadas. Essa defesa pretendemos considerar agora em três divisões; na primeira, abordaremos o tema do *jejum*.

Pelo relato de Mateus ficamos sabendo que a conduta dos discípulos de Cristo ao negligenciar o jejum foi criticada pelos discípulos de João Batista. Lemos: "Então os discípulos de João – aqueles que, por acaso, estavam por perto – vieram perguntar-lhe: Por que nós e os fariseus jejuamos, mas os teus discípulos não?"[51] Dessa pergunta aprendemos incidentalmente que, na ques-

---

[50] Essa questão foi discutida neste livro.

[51] Mt 9.14. De Marcos e Lucas pode-se concluir que alguns fariseus também estavam interrogando, mas isso não é afirmado, nem é provável.

tão do jejum, a escola do Batista e a seita dos fariseus estavam de acordo em sua prática geral. Como Jesus disse aos fariseus em uma data posterior, João veio em seu próprio "caminho" de justiça legal (Mt 21.32). Mas esse era um caso de encontro de extremos, porque dois partidos religiosos não podiam ser mais separados em alguns aspectos do que esses dois. A diferença, porém, encontrava-se antes nos motivos do que nos atos externos de sua vida religiosa. Os dois faziam as mesmas coisas – jejuavam, praticavam abluções rituais, faziam muitas orações – só que as faziam com intenção diferente. João e seus discípulos desempenhavam seus deveres religiosos com simplicidade, sinceridade piedosa e zelo moral; os fariseus, como uma classe, faziam todas as suas obras ostentosamente, hipocritamente e como questão de rotina mecânica.

Da mesma pergunta aprendemos ainda que os discípulos de João, bem como os fariseus, eram muito zelosos na prática do jejum. Eles jejuavam *frequentemente, muito* (πυκνὰ Lucas; πολλὰ Mateus). Essa afirmação sabemos também ser estritamente verdadeira quanto aos fariseus, que tinham grandes pretensões de piedade. Além do jejum anual no grande dia da expiação, apontado pela lei de Moisés, e dos quatro jejuns que se tinham tornado costumeiros no tempo do profeta Zacarias – no quarto, quinto, sétimo e décimo meses do ano judaico –, os judeus mais rigorosos jejuavam duas vezes por semana, na segunda e na quinta.[52] Esse jejum praticado duas vezes por semana é mencionado na parábola do Fariseu e do Publicano (Lc 18.12). Não se deve entender, é claro, que a prática dos discípulos do Batista coincidisse, nesse aspecto, com a seita mais rigorosa do partido farisaico. O sistema de jejum deles pode ter sido organizado em um plano independente, com diferentes arranjos quanto a tempo e ocasião. O fato conhecido, em parte com base em seu próprio testemunho, é que, como os fariseus, os discípulos de João jejuavam frequentemente, se não nos mesmos dias e pelos mesmos motivos.

Não fica claro quais sentimentos levaram à pergunta feita pelos discípulos de João a Jesus. Não é impossível que estivesse operando o espírito de partidarismo, porque rivalidade e ciúmes não eram desconhecidos, mesmo no ambiente do precursor (Jo 3.26). Nesse caso, a referência à prática farisaica pode ser explicada por um desejo de esmagar os discípulos de Jesus com números e colocá-los, por assim dizer, em uma minoria sem esperança na questão. É mais provável, entretanto, que o sentimento principal na mente dos interrogadores fosse de surpresa, que a respeito do jejum eles estivessem mais próximos de uma seita cujos adeptos eram estigmatizados por seu próprio

---

[52] Veja Buxtorf, *De Synagoga Judaica*, c. xxx; também Zc 8.19.

O Treinamento dos Doze

mestre como uma "raça de víboras", que dos seguidores daquele a quem seu mestre tratou com carinho e por quem expressou a mais profunda veneração. Nesse caso, o objetivo da pergunta era conseguir informação e instrução. Reforça essa opinião o fato de que a pergunta tenha sido feita a Jesus. Se o objetivo fosse debate, eles se teriam dirigido aos discípulos.

Se os seguidores de João vieram procurando instrução, não foram desapontados. Jesus replicou à pergunta deles, notável ao mesmo tempo pela originalidade, objetividade e empatia, estabelecendo, em vívido estilo parabólico, os grandes princípios pelos quais a conduta de seus discípulos podia ser justificada, e pelos quais ele desejava que a conduta de todos os que levassem seu nome fosse regulada. Sobre essa réplica deve-se observar, em primeiro lugar, que é de um tipo puramente defensivo. Jesus não censura os discípulos de João por causa do jejum, mas se contenta em defender seus próprios discípulos, censurados por não jejuarem. Ele não se sente levado a desacreditar um partido para justificar o outro, mas assume a posição de alguém que diz: "Jejuar pode ser certo para vocês, os seguidores de João; não jejuar é igualmente certo para meus seguidores." Quão grato aos sentimentos de Cristo deve ter sido que ele pudesse assumir essa atitude tolerante sobre uma questão na qual o nome de João estava envolvido! Isso porque ele tinha um profundo respeito pelo precursor e sua obra, e sempre falava dele nos termos mais generosos de apreciação, ora chamando-o de candeia que queima e irradia luz (Jo 5.35), ora declarando-o não só um profeta, mas algo mais (Mt 11.7-15). E podemos notar, de passagem, que João retribuiu esses sentimentos bondosos e que não tinha simpatia pelos ciúmes banais em que seus discípulos algumas vezes incorriam. Os dois grandes, ambos censurados por motivos diferentes por seus degenerados contemporâneos, sempre falaram um do outro aos seus discípulos em termos de respeito cortês; a luz menor magnanimamente confessando sua inferioridade, a maior magnificando o valor de seu humilde servo-companheiro. Que contraste revigorante era assim apresentado com as paixões medíocres da inveja, preconceito e detração, tão comuns em outros lugares, sob cuja influência maligna homens de quem coisas melhores podiam ter sido esperadas falaram de João como de um louco e de Jesus, como imoral e profano (Mt 11.16,19)!

Passando da forma para a substância da réplica, notamos que, com o objetivo de defender seus discípulos, Jesus se valeu de uma metáfora sugerida por uma memorável palavra dita sobre ele mesmo, em um período anterior, pelo mestre daqueles que agora o examinavam. A certos discípulos que reclamaram que alguns o estavam abandonando e indo para Jesus, João, de fato, tinha dito: "Jesus é o noivo, eu sou o amigo do noivo; portanto, é correto que me abandonem e vão para Jesus" (Jo 3.29). Jesus agora toma as palavras do Batista e as usa com o objetivo de defender a forma de vida levada por seus discípulos. Sua réplica, livremente parafraseada, é a seguinte: "Eu *sou* o noivo, como seu mestre disse; é correto que os convidados do noivo venham a mim, e também é correto que, quando eles vêm, adaptem seu modo de vida a suas novas circunstâncias. Portanto, eles fazem bem em não jejuar, porque jejuar é expressão de tristeza, e como eles estariam tristes em minha companhia? As pessoas não ficam tristes em uma festa de casamento. *Virão* dias quando os convidados do noivo ficarão tristes, porque o noivo não estará sempre com eles; e, na hora tenebrosa de sua partida, será natural e oportuno para eles jejuar, porque então estarão com disposição para o jejum – chorando, lamentando-se, tristes e desconsolados".

O princípio por trás dessa representação vívida é que o jejum não deve ser uma questão de regra mecânica fixa, mas deve ter relação com o estado de espírito; ou, mais claramente, que se deve jejuar quando se está triste, ou próximo disso – absorto, preocupado – como em algumas grandes crises na vida de um indivíduo ou comunidade, tal como aquela na vida de Pedro, quando ele foi afligido pela importante questão da admissão de gentios na igreja, ou tais como as da história da comunidade cristã em Antioquia, quando estavam para ordenar os primeiros missionários para o mundo pagão. A doutrina de Cristo, claramente e distintamente indicada aqui, é que o jejum em qualquer outra situação é forçado, artificial, irreal; uma coisa que as pessoas podem ser levadas a fazer por simples formalidade, mas que não fazem de coração e alma. "Podem vocês fazer os convidados do noivo jejuar enquanto o noivo está com eles?"[53] Ele perguntou, praticamente afirmando que era impossível.

Por essa regra os discípulos de Nosso Senhor estavam justificados, e, mesmo assim, os de João não foram condenados. Admitiu-se que para eles era natural jejuar, pois estavam lamentando, melancólicos e insatisfeitos. Eles não tinham encontrado o Desejado de todas as nações, a Esperança do futuro, o Noivo da alma. Eles só sabiam que tudo estava errado; e, do seu jeito lamentoso e desesperado, tinham prazer em jejuar, em usar um vestuário grosseiro, e morar em lugares e regiões desoladas, vivendo como eremitas, fazendo um protesto prático contra uma época ímpia. A mensagem de que o reino estava próximo tinha, de fato, sido pregada a eles também; mas, como proclamado por João, o anúncio era de *más* notícias, não boas notícias, e os fazia ansiosos e

---

[53] Lucas 5.34, μη δυνασθε... ποιησαι νηστευειν.

O TREINAMENTO DOS DOZE

deprimidos; não, alegres. Pessoas nesse estado só podiam jejuar; embora, se eles acertaram em *continuar* naquele estado após o noivo ter vindo e ter sido apresentado a eles como tal por seu próprio mestre, é outra questão. A tristeza deles era teimosa, inútil, sem motivo, quando já tinha aparecido quem devia tirar o pecado do mundo.

Jesus ainda tinha mais a dizer em resposta ao que lhe tinha sido perguntado. Coisas novas e diferentes precisavam de defesa múltipla e, portanto, à bela analogia dos convidados do noivo ele adicionou duas outras parábolas igualmente sugestivas: a do *remendo novo em roupa velha* e a do *vinho novo em odre velho*. O objetivo dessas parábolas é muito parecido com o da primeira parte de sua resposta, isto é, reforçar a *lei da adequação* em relação ao jejum e assuntos relacionados; ou seja, mostrar que, em todo serviço religioso *voluntário*, em que estamos livres para orientar nossa própria conduta, o ato externo deve corresponder à condição interna da mente e que nenhuma tentativa deve ser feita para forçar atos ou hábitos particulares em pessoas, sem referência a essa correspondência. "Nas coisas naturais", ele queria dizer, "observamos essa lei da adequação. Ninguém coloca um pedaço de pano não trabalhado[54] em uma roupa velha. Nem se coloca vinho novo em odres velhos, e isso não só por causa da adequação, mas para evitar más consequências. Isso porque, se a regra da adequação for desrespeitada, a roupa remendada se rasgará pela contração do pano novo;[55] e os odres velhos se romperão sob a força da fermentação do liquor novo, e o vinho será derramado e perdido".

O pano velho e os odres velhos, nessas metáforas, representam as velhas modas ascéticas em religião; o pano novo e o vinho novo representam a nova vida alegre em Cristo, que aqueles que tenazmente se apegam às velhas modas não possuem. As parábolas foram primeiramente aplicadas à própria época de Cristo, mas podem ser aplicadas a todas as épocas de transição; na verdade, elas têm uma nova ilustração em quase toda geração.

A força dessas parábolas caseiras como argumentos na defesa do abandono de costumes comuns em matéria de religião pode ser evitada de duas formas: Primeiro, sua relevância pode ser negada, isto é, pode ser negado que as crenças religiosas sejam de tal natureza a exigir formas congeniais de expressão, sob pena de castigo se a exigência não é atendida. Essa posição é geral-

---

[54] Mateus 9.16, ρακους αγναφου

[55] Lucas 5.36 dá ao pensamento uma outra direção. O pano é meramente novo (καινον), e duas objeções ao remendo são indicadas. *Primeira,* é gasto no remendo pano que teria sido mais bem empregado fazendo-se uma roupa nova. *Segunda,* o remendo é impróprio e insatisfatório. O velho e o novo não *combinam* (ου συμφωνει).

mente adotada, virtual ou abertamente, pelos patronos dos usos e costumes. Mentes conservadoras geralmente têm uma concepção muito inadequada da força vital da crença. Sua única crença, toda a sua vida espiritual, é frequentemente uma coisa fraca, e eles pensam que submissão ou adaptabilidade deve ser um atributo da fé de outras pessoas também. Nada senão uma terrível experiência os convencerá de que estão enganados; e, quando a prova vem na forma de uma irreprimível explosão revolucionária, ficam completamente perdidos. Tais pessoas nada aprendem da história de gerações anteriores; porque insistem em pensar que seu próprio caso será uma exceção. Por isso, a *vis inertiae* ("força da inércia") do costume estabelecido sempre insiste no apego ao que é velho, até o vinho novo provar seu poder causando uma explosão desnecessariamente devastadora, na qual tanto o vinho quanto os odres muitas vezes se perdem, e energias que poderiam silenciosamente ter produzido uma reforma benéfica são transformadas em forças cegas de destruição indiscriminada.

Ou, em segundo lugar, admitindo-se a relevância dessas metáforas em termos gerais, pode-se negar que um vinho novo (para pedir emprestada a forma de expressão da segunda e mais sugestiva metáfora) tenha vindo à existência. Essa foi praticamente a atitude assumida pelos fariseus para com Cristo. Eles lhe perguntaram: "O que você trouxe aos seus discípulos que eles não podem viver como os outros, mas têm que inventar novos hábitos religiosos para si? Essa nova vida da qual você se orgulha ou é uma pretensão vã, ou uma coisa ilegítima e espúria, indigna de tolerância, e a destruição dela não seria motivo de tristeza." Semelhante foi a atitude para com Lutero, assumida pelos oponentes da Reforma. De fato, eles disseram a ele: "Se essa sua nova revelação, que pecadores são justificados pela fé somente, é verdadeira, admitimos que isso envolve uma grande mudança em matéria de religião e muitas alterações na prática religiosa. Mas nós negamos a verdade de sua doutrina, consideramos a paz e conforto que você encontra nela uma alucinação; e, portanto, insistimos que você retorne à fé já há muito tempo honrada e então você não terá dificuldade em aceitar a prática há muito tempo estabelecida." A mesma coisa acontece, em grau maior ou menor, em cada geração, porque vinho novo está sempre sendo produzido pela videira eterna da verdade, exigindo, em alguns detalhes de crença e prática, novos odres para sua preservação, e recebendo, como resposta, uma ordem para que se contente com os velhos odres.

Sem chegar às raias da denúncia ou tentativa direta de supressão, aqueles que representam o velho frequentemente se opõem ao novo pelo método mais suave da depreciação. Eles louvam o venerável passado e contrastam-no com o

O Treinamento dos Doze

presente, com desvantagem para o último. "O vinho velho é muito superior ao novo: tão amadurecido, suave, cheiroso e completo! E o outro tão áspero e ardente!" Aqueles que dizem isso não são os piores dentre os homens; muitas vezes são os melhores – gente de bom gosto e sentimento, o gentil, o reverente e o bom, eles mesmos amostras da velha safra. Sua oposição forma assim o mais formidável obstáculo ao reconhecimento público e tolerância ao que é novo na vida religiosa, porque naturalmente se cria um forte preconceito contra qualquer causa quando o piedoso a desaprova.

Observe, então, como Cristo responde aos honestos admiradores do vinho velho. Ele admite que sua preferência é natural. Lucas informa que ele diz, na conclusão de sua resposta aos discípulos do Batista: "E ninguém, depois de beber o vinho velho, prefere o novo, pois diz: O vinho velho é bom!"[56] Esse sentimento chocante exibe rara franqueza na afirmação do argumento dos oponentes, e não menos rara modéstia e tato ao afirmar o argumento dos amigos. É como se Jesus tivesse dito: "Não me espanto de que vocês amem o vinho velho da piedade judaica, fruto de uma safra antiga; ou mesmo que vocês gostem muito das próprias garrafas que o contêm, cobertas de pó e teias de aranha. Mas, e daí? As pessoas reprovam a existência do vinho novo, ou recusam-se a tê-lo em sua posse, porque o velho é superior em paladar? Não; elas bebem o velho, mas cuidadosamente preservam o novo, sabendo que o velho acabará, e que o novo, mesmo que áspero, vai melhorar com o tempo, e pode, por fim, ser superior, mesmo em paladar, ao que está sendo usado no presente. Da mesma forma vocês devem se comportar a respeito do vinho novo do meu reino. Você pode não desejá-lo imediatamente, porque é estranho e novo; mas certamente você deve tratá-lo com mais sabedoria do que simplesmente rejeitá-lo ou desperdiçá-lo derramando-o!"
Muito raramente, para o bem da igreja, têm admiradores dos velhos caminhos entendido a sabedoria de Cristo, e admiradores dos novos caminhos simpatizado com sua caridade. Um importante historiador afirmou: "Deve ser motivo de infelicidade quando um homem, no limiar da terceira idade, olha para a geração que está surgindo com apreensão, e não, pelo contrário, se alegra em contemplá-la; e, todavia, isso é muito comum em pessoas idosas. Fabius prefeririria ter visto Aníbal vitorioso a ver sua própria fama obscurecida por Cipião".[57] Há sempre muitos Fabius no mundo, aborrecidos porque as coisas não ficam

---

[56] Lucas 5.39. A versão dada no texto está de acordo com a leitura aprovada pelos críticos, na qual ευθεως (imediatamente) é omitido, e em lugar de χρηστοτερος (melhor), aparece χρηστος (bom). O sentido, porém, é o mesmo. Implica que o vinho novo será desejado logo, e *bom* é um positivo enfático que praticamente afirma superioridade.

[57] Niebuhr, *Lectures on Roman History*, ii.77,78.

sempre do mesmo jeito, e porque novos caminhos e novos homens estão sempre surgindo para tomar o lugar dos velhos. Não menos rara, por outro lado, é a caridade de Cristo entre os defensores do progresso. Os que preferem a liberdade desprezam o tipo mais rigoroso dos fanáticos e intolerantes e fazem mudanças desconsiderando seus escrúpulos e sem nenhuma preocupação com as excelentes qualidades do "vinho velho". Quando jovens e velhos, liberais e conservadores, cristãos tolerantes e intolerantes aprenderão a aceitar um ao outro; sim, a reconhecer no outro o necessário complemento de sua própria parcialidade?

Seção II – Abluções rituais
Mt 15.1-20; Mc 7.1-23; Lc 11.37-41

A livre e feliz comunidade de Jesus, que celebrava festa de casamento enquanto outros jejuavam, era, neste outro aspecto, singular em seu comportamento: seus membros faziam suas refeições sem se preocupar com os costumes de purificação existentes. Eles comiam pão com "mãos contaminadas, isto é, não lavadas". Esse era o costume deles, pode-se afirmar, desde o começo, embora a prática não pareça ter sido censurada até em um período avançado no ministério de Nosso Senhor,[58] pelo menos de uma forma que desse lugar a incidentes dignos de um registro nos evangelhos. Já no casamento em Caná, onde foram colocados seis potes de água de pedra para purificações, Cristo e seus discípulos devem ter sido distinguidos dos outros convidados por uma certa desatenção para com as abluções rituais. Isso inferimos das razões pelas quais a negligência foi defendida quando foi impugnada; praticamente assumiu-se a posição de que o hábito condenado era não só legítimo, mas um dever – uma obrigação positiva nas circunstâncias reais da sociedade judaica e, portanto, é claro, um dever que nunca podia ser negligenciado por aqueles que desejavam agradar mais a Deus que aos homens. Mas, de fato, não é necessário provar que uma personalidade tão séria como Jesus jamais poderia ter dado qualquer atenção aos regulamentos insignificantes sobre lavar-se antes de comer inventados pelos "anciãos".

Esses regulamentos não eram insignificantes aos olhos dos fariseus; e, portanto, não é surpresa saber que a indiferença com que foram tratados por Jesus e os doze provocou a censura da zelosa seita dos fanáticos em pelo menos duas ocasiões, registradas nas narrativas dos evangelhos. Em uma dessas

---

[58] Durante a última estada na Galileia, a seis meses da crucificação.

O Treinamento dos Doze

ocasiões, alguns fariseus e escribas, que tinham seguido Cristo de Jerusalém para o norte, vendo alguns de seus discípulos comerem sem previamente passarem pelas costumeiras abluções, vieram a ele e perguntaram: "Por que os seus discípulos não vivem de acordo com a tradição dos anciãos (líderes religiosos), em vez de comerem o alimento com as mãos impuras? (Mc 7.1,2,5)". No outro caso, o próprio Jesus era o objeto da censura. Lucas relata: "Um fariseu o convidou para comer com ele. Então Jesus foi e reclinou-se à mesa; mas o fariseu, notando que Jesus não se lavara cerimonialmente antes da refeição, ficou surpreso" (Lc 11.37). Se o anfitrião mostrou sua surpresa por palavras ou por olhares somente, não sabemos; mas isso foi visto por seu convidado, e surgiu uma oportunidade para ele expor os vícios do caráter farisaico. Disse o acusado, com um santo zelo pela verdadeira pureza: "Vocês, fariseus, limpam o exterior do copo e do prato, mas interiormente estão cheios de ganância e de maldade. Insensatos! Quem fez o exterior não fez também o interior? Mas deem o que está dentro do prato como esmola, e verão que tudo lhes ficará limpo."[59] Ou seja, o convidado ofensivo acusou seu escandalizado anfitrião, e a seita à qual ele pertencia, de sacrificar a pureza interna em favor da externa e, ao mesmo tempo, ensinou a importante verdade de que, para os puros, todas as coisas são puras; mostrou, ainda, o caminho pelo qual a real pureza interna deve ser alcançada, a saber, pela prática daquela virtude infelizmente negligenciada, a benevolência ou caridade.

A réplica do Senhor, em outro encontro com adversários fariseus, sobre o assunto das lavagens foi similar em seu princípio, mas diferente na forma. Ele disse aos fanáticos por purificações, sem rodeios, que eles eram culpados da grave ofensa de sacrificar os mandamentos de Deus aos mandamentos dos homens – àquelas estimadas tradições dos anciãos. A afirmação não era uma calúnia, mas um simples fato melancólico, embora sua verdade não fosse tão evidente. Isto pretendemos mostrar nos comentários seguintes; mas antes disso, devemos nos esforçar, embora com relutância, para ter um conhecimento um pouco melhor das senilidades desprezíveis cuja negligência outrora pareceram um pecado tão hediondo para pessoas que se consideravam santas.

O objetivo das prescrições rabínicas a respeito de lavagens não era limpeza física, mas algo que se pensava ser superior e mais sagrado. Seu objetivo era assegurar pureza, não física, mas cerimonial, isto é, purificar a pessoa de impurezas como as que podiam ser contraídas pelo contato com os gentios, ou com um judeu em um estado cerimonialmente impuro, ou com um animal

---

[59] Lucas 11.39-41. Veja, para uma passagem similar, Mt 23.25,26.

impuro, ou com um cadáver ou qualquer parte dele. Aos regulamentos na lei de Moisés acerca de tais impurezas os rabinos adicionaram um vasto número de regras por sua própria conta, em um zelo voluntarioso pela observância escrupulosa dos preceitos mosaicos. Eles produziram *seus* mandamentos, como a igreja de Roma produziu os dela, sob o pretexto de que eram necessários como meios para o grande fim de cumprir estritamente os mandamentos de Deus.

Os fardos colocados sobre os ombros dos homens pelos escribas nessa base plausível eram, segundo dizem todos, de fato muito pesados. Não satisfeitos com purificações prescritas na lei para impurezas realmente contraídas, fizeram provisões para aqueles casos meramente possíveis. Se um homem não ficasse em casa todo o dia, mas fosse ao mercado, devia lavar suas mãos quando voltasse, porque era *possível* que pudesse ter tocado alguma pessoa ou coisa cerimonialmente impura. Muito cuidado, parece, devia-se tomar para que a água usada no processo de ablução estivesse, ela mesma, perfeitamente pura; e havia até uma forma certa de derramar a água nas mãos, para assegurar o resultado desejado. Sem ir além do registro sagrado, encontramos, nas informações supridas por Marcos a respeito dos costumes judaicos de purificação, o suficiente para mostrar a que ridículos esse negócio sério de lavagens era levado. "E observam muitas outras tradições," diz-se com simplicidade e não sem um toque de sátira leve, "tais como o lavar de copos, jarros, vasilhas de metal e mesas".[60] Todas as coisas, em resumo, ligadas à comida – ao cozinhá-la, ou ao colocá-la sobre a mesa – tinham de ser lavadas, não só como se pode lavá-las agora para tirar alguma impureza, mas para livrá-las da impureza mais séria que podia possivelmente ter contraído desde o último uso, por tocar alguma pessoa ou coisa não tecnicamente pura. Procurava-se um tipo e medida de pureza, de fato, incompatível com a vida neste mundo. Até o ar dos céus não era suficientemente puro para os caducos patronos das tradições dos pais; isso porque, para não falar de outras fontes mais reais de contaminação, a brisa, ao soprar de terras *gentias* para a terra santa dos judeus, contraía contaminação que a tornava inadequada para entrar em pulmões ritualísticos até que tivesse sido filtrada por um respirador com o poder mágico de purificá-la de sua poluição.

O zelo fanático e extravagante dos judeus nessas questões é ilustrado no Talmude por histórias que, embora de uma época posterior, podem ser vistas como um reflexo fiel do espírito que animava os fariseus no tempo de nosso Senhor. Dessas histórias a seguinte é um exemplo: "Rabi Akiba foi jogado na

---

[60] Marcos 7.4. κλινῶν significa "almofadas" antes que mesas. Mas a adequação de a palavra estar no texto é muito duvidosa e essa é omitida na NVI.

O Treinamento dos Doze

prisão pelos cristãos, e rabi Josué trazia para ele diariamente a água necessária para se lavar e para beber. Mas, em uma ocasião, aconteceu que o guarda da prisão pegou a água por malícia e derramou a metade dela. Akiba viu que havia muito pouca água, mas, não obstante, disse: "Dê-me a água para minhas mãos." Seu irmão rabi respondeu: "Meu mestre, o senhor não tem o suficiente para beber." Mas Akiba replicou: "Quem come sem lavar as mãos comete um crime que deve ser punido com a morte. É melhor para mim morrer de sede do que transgredir as tradições de meus ancestrais."[61] Rabi Akiba preferia quebrar o sexto mandamento, e ser culpado de suicídio, a transgrediu a menor formalidade de um fantástico cerimonialismo, ilustrando a verdade da declaração feita por Cristo em sua réplica aos fariseus, que vamos estudar agora.

Não era de se esperar que, ao defender seus discípulos da acusação de negligenciar o lavar das mãos, Jesus mostrasse muito respeito por seus acusadores. Consequentemente, observamos um grande diferença entre o tom de sua réplica nesse caso e o de sua resposta aos discípulos de João. Com estes a atitude era respeitosamente defensiva e apologética; com aqueles a atitude era ofensiva e denunciadora. Aos discípulos de João Jesus disse: "Jejuar é certo para vocês; não jejuar é igualmente certo para meus discípulos." Aos fariseus ele replica com uma retaliação que, ao mesmo tempo, condena a conduta deles e justifica o comportamento que eles desafiaram. Eles perguntam: "Por que os seus discípulos transgridem as tradições dos anciãos?" Ele pergunta em resposta: "Por que vocês transgridem os mandamentos de Deus por causa de suas tradições?" como se dissesse, "Vocês não podem julgar; vocês, que veem um cisco imaginário no olho de um irmão, têm uma trave no seu próprio olho."

Essa vigorosa resposta foi algo mais que uma mera retaliação ou um argumento *et tu quoque*. De forma interrogativa, ela enunciou um grande princípio, a saber, que a escrupulosa observância de tradições humanas em questões práticas leva por um caminho seguro a uma correspondente negligência e descuido com referência às leis eternas de Deus. Daí a defesa de Cristo em relação a seus discípulos foi, em substância, esta: "Eu e meus seguidores desprezamos e negligenciamos esses costumes porque desejamos guardar a lei moral. Essas abluções, de fato, podem não parecer conflitar seriamente com as grandes questões da lei, mas são, na pior das hipóteses, só banais e desprezíveis. Mas não é esse o caso. Tratar banalidades como coisa séria, como coisa de consciência, o que vocês fazem, é degradante e imoral. Ninguém pode fazer

---

[61] Buxtorf, *De Syn. Jud.* pp.236,237. Esse autor também cita o seguinte dito de outro rabi: "*Qui illotis manibus panem comedit, idem est ac si scorto accubare.*" (p.236)

isso sem ser ou se tornar um imbecil moral, ou um hipócrita: ou alguém que é incapaz de discernir entre o que é vital e o que não é em questão de moral, ou alguém que se interessa por banalidades, tais como lavar as mãos, pagar dízimo de ervas, considerando-as questões importantes, e as coisas verdadeiramente grandes da lei – justiça, misericórdia e fé – silenciosamente são postas de lado como se não tivessem nenhuma importância."

Toda a história da religião prova a verdade dessas opiniões. Um tempo dominado por cerimônia e tradição é infalivelmente um tempo moralmente corrupto. Hipócritas ostensivamente corruptos, secretamente ateus; libertinos executando sua vingança na licenciosidade, por terem sido obrigados, por um costume tirano ou autoridades eclesiásticas intolerantes, a se conformar exteriormente com práticas que não respeitavam; sacerdotes do tipo dos filhos de Eli, glutões, gananciosos, devassos: tais são os presságios negros de uma era em que cerimônias são tudo, e piedade e virtude, nada. Práticas ritualísticas, deveres artificiais de todos os tipos, originados em rabinos judaicos ou em doutores da igreja cristã, devem posteriormente ser repudiados. Recomendados por seus defensores zelosos, muitas vezes sinceramente, como muito adequados para promover o cultivo da moralidade e piedade, eles provarão, a longo prazo, ser fatais para ambas. Com razão, eles são chamados, na Epístola aos Hebreus, de "obras mortas". Não são só mortas, mas produtoras de morte, porque, como todas as coisas mortas, tendem a apodrecer e a alimentar uma pestilência espiritual que arrasta milhares de almas para a perdição. Se eles têm qualquer vida, é vida alimentada pela morte, a vida de *fungos* crescendo sobre árvores mortas; se têm qualquer beleza, é a beleza da decadência, de folhas de outono, secas e amarelas, quando a seiva está descendo para a terra e as florestas estão entrando em seu estágio de inverno, de nudez e desolação. Ritualismo, na melhor das hipóteses, é só o efêmero pós-verão do ano espiritual! Ele pode ser muito fascinante, mas, quando vem, esteja certo de que o inverno está chegando. "Todos nós murchamos como uma folha, e nossas iniquidades, como o vento, têm-nos levado."

Depois de fazer uma grave réplica contra os fariseus, a de sacrificar a moralidade às cerimônias, os mandamentos de Deus às tradições dos homens, Jesus prosseguiu para fortalecê-la com um chocante exemplo e uma citação das Escrituras. O exemplo selecionado foi a evasão dos deveres que surgem do quinto mandamento, sob a desculpa de uma obrigação religiosa anterior. Deus disse: "Honra teu e tua mãe", e ligou à quebra do mandamento a pena de morte. Os escribas judeus diziam: "Chame uma coisa de *Corban*, e você estará

O Treinamento dos Doze

livre de toda obrigação de entregá-la, mesmo que com o objetivo de ajudar pais necessitados." A palavra *corban*, na lei mosaica, era um dom ou oferta a Deus, de qualquer tipo, com ou sem sangue, apresentada em qualquer ocasião, como no cumprimento de um voto (Nm 6.14). No dialeto rabínico, significava uma coisa dedicada a propósitos sagrados e, portanto, não disponível para uso privado ou secular. A doutrina tradicional sobre o assunto do *corban* era nociva de duas formas. Encorajava as pessoas a fazerem da religião uma desculpa para negligenciarem a moralidade e abria uma porta ampla para desonestidade e hipocrisia. Ela ensinava que um homem podia, por um voto, não só negar *a si mesmo* o uso de coisas legítimas, mas também podia, ao devotar uma coisa a Deus, liberar-se de toda obrigação de dar *a outros* o que, por aquele voto, teria sido seu dever dar a eles. Então, conforme o pernicioso sistema dos rabinos, não era realmente necessário dar a coisa a Deus para ficar livre da obrigação de dá-la ao homem. Era suficiente chamá-la de *corban*. Bastaria você pronunciar essa palavra mágica sobre uma coisa para que fosse selada para Deus, e separada do uso de outros pelo menos, se não de seu uso pessoal. Assim, o zelo rebelde pela honra de Deus levava à desonra de Deus, por tomar seu nome em vão; e práticas que, no mínimo, eram culpáveis de colocar a primeira tábua da lei contra a segunda, mostravam-se, por fim, ser destrutivas para as duas. Eles tornavam toda a lei de Deus sem nenhum efeito por suas tradições. A anulação do quinto mandamento era só um exemplo de malícia de fanáticos pelos mandamentos que homens tinham forjado, como se pode entender das palavras conclusivas de Cristo: "E fazem muitas coisas como essa" (Mc 7.13).

A citação das Escrituras (Is 29.13) feita por nosso Senhor em resposta aos fariseus foi tão adequada quanto o exemplo foi ilustrativo para indicar seus vícios, hipocrisia e superstição característicos. Eles estavam perto de Deus com suas bocas, mas estavam longe com seus corações. Sua religião era toda feita de aparências: lavavam escrupulosamente suas mãos e seus copos, mas não tomavam o cuidado de purificar suas almas contaminadas. Então, em segundo lugar, seu temor de Deus era ensinado pelo preceito de homens. Prescrições e tradições humanas eram seu guia na religião, que eles seguiam cegamente, negligentes sobre quão longe esses mandamentos de homens poderiam levá-los aos caminhos da justiça e da verdadeira piedade.

A palavra profética era rápida, poderosa, afiada, penetrante e conclusiva. Nada mais era necessário para confundir os fariseus, e nada mais foi dito a eles nessa ocasião. O oráculo sagrado era a conclusão adequada de um argumento irrespondível contra os patronos da tradição. Mas Jesus teve compaixão da pobre multidão que estava sendo levada à ruína por seus guias espirituais cegos, e então aproveitou a oportunidade para dirigir uma palavra àqueles que estavam ao redor sobre o assunto em debate. O que ele tinha para dizer a eles, ele o fez em forma concisa de provérbio: "Ouçam e entendam: não é o que entra pela boca do homem que o contamina, mas o que sai da boca, isso o contamina". Esse era um enigma para ser resolvido, um segredo de sabedoria a ser investigado, uma lição de religião a ser aprendida. Seu significado, embora provavelmente entendido por poucos naquele momento, era muito claro. Era simplesmente isso: "Deem mais atenção à purificação do coração, não, como os fariseus, à purificação das mãos. Quando o coração é puro, tudo é puro; quando o coração é impuro, toda purificação exterior é inútil. A contaminação que se deve temer não é a da carne cerimonialmente impura, mas aquela que vem de uma mente carnal, a contaminação dos maus pensamentos, más paixões, maus hábitos.

Essa breve palavra de Jesus aos que estavam por perto tornou-se o assunto de uma outra conversa entre Jesus e seus discípulos, na qual ele aproveitou a ocasião para se justificar por pronunciá-la e lhes explicou seu significado. Os fariseus ouviram a observação e se sentiram naturalmente ofendidos por ela, pois enfraquecia sua autoridade sobre a consciência popular. Os doze observaram o descontentamento deles, talvez tenham ouvido seus comentários e, temendo más consequências, vieram e informaram seu Mestre, provavelmente em um tom que mostrava uma secreta lamentação pelo fato de o orador ter sido tão incisivo. Seja como for, Jesus lhes deu a entender que este não era um caso para omissão, compromisso, ou uma política tímida de prudência; a tendência ritualística era uma planta ruim que devia ser arrancada, não importava com que ofensa aos seus defensores. Ele apelou, em defesa de sua clareza de fala, a sua preocupação pelas almas do povo ignorante de quem os fariseus reivindicavam ser guias. "O que aconteceria se não disséssemos nada? Bem, os guias cegos, e os cegos guiados por eles cairiam juntos no buraco. Portanto, se os líderes necessitam tão desesperadamente continuar ligados aos seus erros que não podem se desviar deles, vamos pelo menos tentar salvar suas vítimas comparativamente ignorantes."

A explicação da palavra proverbial dita ao povo Jesus deu aos seus discípulos a pedido de Pedro (Mt 15.17-20; Mc 7.18-23). Ela é bastante simples e clara porque é dirigida a ouvintes simples e ignorantes. Ela diz de novo, na linguagem mais forte possível, que comer com mãos não lavadas não contamina a pessoa porque nada que entra na boca pode chegar à alma; que a contaminação a ser temida, a única contaminação digna de ser mencionada, é a de um coração mau e não renovado, do qual procedem pensamentos, palavras e atos que são ofensas contra a lei pura e santa de Deus. As palavras de conclusão: "declarou puros todos os alimentos" têm, entretanto, um significado particular, se adotarmos a leitura aprovada pelos críticos: "Ao dizer isso, Jesus declarou puros todos os alimentos." Nesse caso, temos o evangelista dando sua própria opinião sobre o efeito das palavras de Cristo, a saber, que elas significam uma anulação da distinção cerimonial entre puro e impuro. Um comentário muito notável, vindo de um homem a quem devemos o registro da pregação daquele apóstolo que, quando discípulo, provocou essa declaração, e que teve a visão do lençol descendo do céu.

O evangelista nos deu o seu comentário; podemos agora acrescentar o nosso. Observamos que nosso Senhor aqui não diz nada sobre a lei cerimonial de Moisés (da qual as tradições dos anciãos eram um suplemento), e fala só dos mandamentos de Deus, isto é, dos preceitos do decálogo. O fato é significativo por mostrar em que direção ele tinha vindo destruir, e em qual cumprir. O cerimonialismo devia ser abolido, e as leis eternas da moralidade deviam se tornar tudo em todos. A consciência dos homens devia ser liberta do fardo de ordenanças exteriores, para que eles pudessem ser livres para servir o Deus vivo, guardando seus dez mandamentos, ou a única lei real do amor. E é o dever da igreja ficar firme na liberdade que Cristo designou e comprou para ela e ser zelosa de todas as tradições humanas que surgem do santo zelo pela vontade divina, afastando a superstição, por um lado, e a liberdade licenciosa da libertinagem ímpia, por outro. Os verdadeiros seguidores de Cristo desejam ser livres, mas não para fazerem o que quiserem; antes para fazer o que Deus exige deles. Com essa intenção, eles rejeitam, sem cerimônia, toda autoridade humana em religião, separando-se assim dos devotos da tradição; e, ao mesmo tempo, como servos de Deus, reverenciam sua lei, criando, com isso, um grande abismo entre eles e os desobedientes, que tomam o partido de movimentos de reforma religiosa, não para colocar algo melhor no lugar do que é rejeitado, mas para se livrar de toda restrição moral em questões humanas ou divinas.

Seção III – Observância do sábado
Mt 12.1-14; Mc 2.23-3.1-6; Lc 6.1-11; 13.10-16; 14.1-6; Jo 5.1-18; 9.13-17

Em nenhuma parte de sua conduta foram Jesus e seus discípulos mais achados em falta do que no que diz respeito ao seu modo de observar o sábado. Seis diferentes instâncias de ofensa, mais ou menos, são registradas na narrativa dos evangelhos, em cinco das quais o próprio Jesus foi o ofensor, enquanto na outra seus discípulos foram, pelo menos, os objetos ostensivos de censura.

As ofensas de Jesus eram todas de um tipo; seu crime foi que, no dia de sábado, ele realizou o trabalho de curar pessoas que sofriam de paralisia, mão ressecada, cegueira, hidropisia e curou também uma pobre mulher "oprimida" por uma enfermidade de dezoito anos de duração. A ofensa dos discípulos, por outro lado, foi que, enquanto atravessavam uma plantação, eles colheram algumas espigas de grãos para matar a sua fome. Isso não era roubo, porque era permitido pela lei de Moisés (Dt 23.24,25); não obstante, na opinião dos fariseus, era quebrar o sábado. Era contrário ao mandamento: "Não trabalharás", porque arrancar algumas espigas era colher em pequena escala, e esfregá-las era um tipo de debulha!

Essas ofensas, consideradas tão graves quando cometidas, parecem muito pequenas à distância. Todas as transgressões do sábado de que Jesus foi acusado foram obras de misericórdia; e a transgressão dos discípulos era para eles uma questão de necessidade, e a tolerância disso era para outros um dever de misericórdia, de forma que, ao condená-las, os fariseus tinham esquecido aquela palavra divina: "Desejo misericórdia, não sacrifícios". É, de fato, difícil para nós agora conceber como alguém podia realmente ver tais ações como quebras do sábado, especialmente o ato inofensivo dos doze. Há uma leve aparência de bom senso na objeção feita pelo chefe da sinagoga a curas mira-culosas realizadas no sétimo dia: "Há seis dias em que se deve trabalhar. Ve-nham para ser curados nesses dias, e não no sábado" (Lc 13.14). A observação era especialmente plausível com referência ao caso que tinha provocado a ira do dignitário da sinagoga. Uma mulher que tinha sofrido por dezoito anos poderia, sem dúvida, suportar seu fardo por mais um dia e vir e ser curada no dia seguinte! Chamar esse ato de trabalho era demasiado ridículo. Homens que encontravam aqui uma ofensa contra o sábado devem ter ficado muito ansiosos para pegar os discípulos de Jesus em erro.

Não temos dúvida de que os fariseus estavam vigiando, à procura de erros; e, todavia, devemos admitir que, ao condenar o ato referido, estavam agindo fielmente de acordo com suas opiniões e tendências teóricas. Seu julgamento sobre a conduta dos doze estava de acordo com suas tradições a respeito de suas lavagens, seu dízimo do endro e outras ervas e o coar mosquitos de seus copos de vinho. Seus hábitos, em todas as coisas, depreciavam a lei de Deus ao elaborar inumeráveis regras insignificantes para sua melhor observância, que, em lugar de assegurar esse fim, somente fazia a lei parecer rude e desprezível. Em nenhum caso foi essa miserável meticulosidade levada mais longe do que em relação ao quarto mandamento. Com a mais perversa ingenuidade, as mais insignificantes ações eram colocadas dentro do escopo da proibição do trabalho. Mesmo no caso apresentado por Nosso Senhor, o de um animal caído em um poço, era considerado legítimo tirá-lo – pelo menos isso é o que nos dizem os especialistas no conhecimento rabínico – somente quando deixá-lo lá até passar o sábado envolvesse risco de vida. Quando a demora não era perigosa, a regra era dar ao animal alimento suficiente para o dia; e, se houvesse água no fundo do poço, colocar palha e suportes embaixo dele para que não se afogasse.[62]

Todavia, com todo seu rigor em abster-se de tudo que tivesse a mais fraca semelhança com trabalho, os judeus eram curiosamente relaxados em outra direção. Enquanto observavam escrupulosamente a lei que proibia cozinhar alimento no sábado (Êx 16.26), não faziam do dia santo de qualquer forma um dia de jejum. Pelo contrário, consideravam seu dever fazer do sábado um dia de festa e animação.[63] De fato, foi numa festa de sábado, dada por um líder entre os fariseus, que um dos milagres do sábado foi realizado e que Jesus se colocou em sua defesa. Nessa festa havia numerosos convidados, sendo o próprio Jesus um deles – convidado, pode-se imaginar, não com sentimentos amigáveis, mas na esperança de se achar algo contra ele a respeito da lei sabática. Lucas nos diz: "Certo sábado, entrando Jesus para comer na casa de um fariseu importante, observavam-no atentamente" (Lc 14.1). Era uma armadilha e esperavam pegar nela quem eles odiavam sem causa, e enfrentaram uma conversa de mesa tão minuciosa e humilde como eles provavelmente nunca tinham ouvido antes (Lc 14.7-24). Esse costume de festejar tinha-se tornado um grande abuso nos dias de Agostinho, como sugere a descrição que ele dá do modo como os judeus seus contemporâneos celebravam seu descanso semanal. Ele escreve: "Hoje é sábado, que os judeus atualmente passam em um descanso relaxado e lascivo, pois ocupam seu tempo livre com frivolidade; ao passo que Deus ordenou um sábado (sagrado), eles o passam naquelas coisas que Deus proíbe. Nosso descanso é das más obras. O deles é das boas obras; porque é melhor lavrar que dançar. Eles descansam da boa obra, não descansam da obra inútil."[64]

---

[62] Buxtorf, *De Syn. Jud.* Pp.352-356. O mesmo autor afirma que era uma quebra da lei deixar um pedaço de fita amarrada na perna de um galo no sábado: isto era fazê-lo carregar algo. Era também proibido atravessar um riacho sobre pernas de pau, porque embora as pernas de pau parecessem levar você, na verdade você é que as levava. Esses foram provavelmente refinamentos posteriores.

[63] Apelavam, para justificar esse costume, a Neemias 8.10.

[64] *Enarratio in Psalmum* xci (xcii) 2. Reclamações semelhantes foram feitas por outros Pais, tais como Prudêncio e Crisóstomo. Veja Bingham, B. xx. c. ii.

Da estupidez e pedantismo dos escribas e fariseus, nós nos voltamos para a sabedoria de Jesus, como revelada nas animadas, profundas e, todavia, maravilhosamente simples, respostas dadas por ele às várias acusações de quebra do sábado dirigidas contra si mesmo e seus discípulos. Antes de considerar essas respostas em detalhe, vamos fazer uma observação geral referente a todas elas. Em nenhuma dessas apologias ou defesas, Jesus questiona a obrigação da guarda do sábado. Nesse ponto, ele não divergia de seus acusadores. Seu argumento, nesse caso, é muito diferente da linha de defesa adotada no caso do jejum e das purificações. Com respeito ao jejum, a posição que ele assumiu foi: jejum é uma questão voluntária; e as pessoas podem jejuar, ou não, dependendo de sua disposição. A respeito das purificações, sua posição era: abluções cerimoniais, no máximo, têm valor secundário, sendo simplesmente figuras da pureza interna e, como praticadas agora, levam inevitavelmente a maior ignorância da pureza espiritual e, portanto, devem ser evitadas por todos aqueles que se preocupam com os grandes interesses da moralidade. Mas, com referência às alegadas quebras do sábado, a posição que Jesus tomou foi esta: esses atos que vocês condenam não são transgressões da lei, corretamente entendidos em seu espírito e princípio. A importância da lei foi reconhecida, mas a interpretação farisaica de seu significado foi rejeitada. Fez-se um apelo, a partir de seu código pedante de regulamentos sobre a observância do sábado, ao grande desígnio e princípio da lei; o correto era examinarem-se todas as regras à luz do princípio e rejeitarem-se ou desrespeitarem-se aquelas em que o princípio tinha sido erroneamente aplicado, ou, como era geralmente o caso dos fariseus, tinha sido completamente perdido de vista.

A chave para todo o ensino de Cristo sobre o sábado, portanto, encontra-se em sua concepção do *desígnio original* dessa instituição divina. Essa concepção encontramos expressa com detalhe e concisão epigramática, em contraste com a ideia farisaica do sábado, em palavras ditas por Jesus em uma ocasião em que defendia seus discípulos. Ele disse: "O sábado foi feito por causa do homem e não o homem por causa do sábado". Em outras palavras, sua doutrina era esta: o sábado foi planejado para ser um *presente* para o homem, não um *peso;* não era um dia tomado do homem por Deus em um espírito de exploração, mas um dia dado por Deus ao homem por misericórdia – um feriado de Deus para seus súditos; toda legislação para reforçar sua observância tem por fim garantir que tudo deva realmente resultar no benefício do presente – que nenhum homem deve roubar de si, e menos ainda do seu companheiro, esse gracioso presente.

Essa diferença entre o modo de Cristo ver o sábado e a forma farisaica envolve necessariamente uma diferença correspondente no espírito e nos detalhes de sua observância. Se você aceita o ponto de vista de Cristo, o seu princípio se torna: essa é a melhor forma de guardar o sábado, a que mais conduz ao bem-estar físico e espiritual – em outras palavras, que é o melhor para seu corpo e sua alma; e, à luz desse princípio, você guardará o santo dia em um espírito de alegria inteligente e gratidão para com Deus, o Criador, por seu benevolente cuidado com suas criaturas. Tome-se a visão farisaica, e seu princípio de observância se torna: o que melhor guarda o sábado é o que vai mais longe na abstinência de qualquer coisa que pode ser construída com trabalho, desconsiderado o efeito de sua abstinência sobre seu próprio bem-estar ou o de outros. Em resumo, ficamos no detalhismo tolo e insensível de uma legislação rabínica que vê, em um ato como o dos discípulos de arrancar e de esfregar as espigas, ou o do homem curado que levava sua cama para casa nos ombros (Jo 5.10), ou daquele que precisava caminhar uma distância maior que dois mil côvados, cerca de mil e duzentos metros,[65] no sábado, uma odiosa ofensa contra o quarto mandamento e seu autor.

Uma observância do sábado regulada pelo princípio de que a instituição foi feita para o bem do homem obviamente envolve dois grandes usos gerais – descanso para o corpo, e adoração como o conforto do espírito. Devemos descansar do trabalho no feriado divinamente dado e devemos elevar nosso coração em pensamento devoto para aquele que fez todas as coisas no início, que "trabalha até agora", preservando a criação no ser e no bem-estar, e cuja terna compaixão para com os pecadores é um conhecimento grande e profundo. Essas duas coisas são necessárias para o verdadeiro bem do homem e, portanto, devem entrar como elementos essenciais em uma correta observância do sábado.

Mas, por outro lado, se o sábado foi feito para o homem, as duas exigências gerais de descanso e adoração não podem ser tão forçadas a ponto de se tornarem hostis ao bem-estar do homem, e de fato autodestrutivas, ou mutuamente destrutivas. A regra: "Tu descansarás" não deve ser aplicada de forma a excluir *toda* ação e todo trabalho; porque inação absoluta *não* é descanso, e inteira abstinência de qualquer tipo muitas vezes seria danosa para o bem-estar público e privado. Deve haver espaço para atos de "necessidade e misericórdia"; e uma legislação demasiado peremptória bem como demasiado minuciosa quanto ao que são e o que não são atos de um desses tipos deve ser evitada,

---

[65] Esse era o limite de uma jornada de sábado segundo os escribas. Ele era fixado pela distância entre o muro de uma cidade levítica e o limite externo de seus arredores. Havia expedientes casuísticos para alongar a jornada. Veja Nm 35.5; e Buxtorf, *De Syn. Jud.* c. xvi.

já que podem variar de acordo com as pessoas, tempos e circunstâncias diferentes, e os homens podem honestamente ter opiniões diferentes sobre tais detalhes, mesmo sendo perfeitamente leais aos grandes e amplos princípios da santificação do sábado. Da mesma forma, a regra: "Tu adorarás" não deve ser tão imposta a ponto de fazer os deveres religiosos cansativos e opressivos – um serviço meramente mecânico e jurídico; ou ao ponto de envolver o sacrifício de outro grande objetivo prático do sábado, a saber, o descanso para a natureza física do homem. Nem podem os homens ditar uns aos outros os meios de adoração e a quantidade; porque é possível encontrar auxílios para devoção em meios que para outro seriam um obstáculo e uma distração.

Só em relação à cessação do trabalho é que a legislação e prática farisaicas acerca da observância do sábado foram levadas a um excesso supersticioso e irritante. A mania sabática era uma *monomania*: os afetados por ela eram loucos acerca de um só ponto, a execução rigorosa do *descanso*. Daí o caráter peculiar de todas as acusações feitas contra Cristo e seus discípulos, e também de suas réplicas. As ofensas cometidas eram todas obras consideradas ilegítimas; e a defesa sempre foi mostrar que as obras feitas não eram contrárias à lei quando a lei era interpretada à luz do princípio de que o sábado foi feito para o homem. Eram obras de necessidade e misericórdia e, portanto, legítimas no dia de sábado.

Jesus tirou suas provas dessa posição de três fontes: a história bíblica, a prática diária dos próprios fariseus e a providência de Deus. Em defesa de seus discípulos, ele se referiu ao caso de Davi comendo o pão da Presença quando fugiu para a casa de Deus da corte do rei Saul,[66] e à constante prática dos sacerdotes ao fazer o trabalho para o serviço do templo nos dias de sábado, tais como oferecer duplos holocaustos e remover o pão da Presença dormido do lugar santo e substituí-lo por pães quentes. O caso de Davi prova o princípio geral de que a necessidade não tem lei, a fome justifica seu ato, como devia também ter justificado o ato dos discípulos mesmo aos olhos dos fariseus. A prática dos sacerdotes mostrava que o trabalho em si não é contrário à lei do sábado; alguns trabalhos são não só legítimos, mas obrigatórios nesse dia.

O argumento tirado por Jesus da prática comum era bem adequado para silenciar críticos capciosos, e para sugerir o princípio pelo qual sua própria conduta podia ser defendida. Este era o sentido: "Você tiraria um boi ou um asno de dentro de um poço no sábado, não tiraria? Por quê? Para salvar

---

[66] 1Sm 21.6. Isso ocorreu no sábado, porque o pão da Presença envelhecido era substituído por um novo naquele dia (pães quentes assados no sábado). Mas não é nesse ponto que Cristo insiste.

uma vida? Por que então eu não deveria curar uma pessoa doente pela mesma razão? Será que a vida de um animal é mais importante do que a de um ser humano?" Ou ainda: "Você teria algum problema em soltar seu boi ou asno do estábulo no dia de descanso e levá-lo para beber água? (Lc 13.14,15) Se não, por que me criticar quando no sábado eu liberto uma pobre vítima humana de um cativeiro de dezoito anos, para que ela possa tirar água do poço da salvação?" O argumento é irresistível, a conclusão inevitável; que é legítimo, obediente, muito racional, *fazer o bem* no dia de sábado. Quão cegos eles devem ter sido para que uma coisa tão óbvia precisasse ser provada! Quão esquecidos do fato de que o amor é o fundamento e o cumprimento de toda a lei e que, portanto, nenhum preceito particular poderia jamais suspender o exercício desse princípio divino!

O argumento da providência usado por Jesus em outra ocasião (Jo 5.17) devia servir ao mesmo propósito que os outros, a saber, mostrar a legitimidade de alguns tipos de trabalho no dia de descanso. "Meu pai continua trabalhando até hoje", disse ele a seus acusadores, "e eu também estou trabalhando". O Filho reivindicou o direito de trabalhar *porque* e *já que* o Pai trabalhava todos os dias da semana. O Pai trabalhava incessantemente por motivos benéficos e preservadores, de forma santa e sábia preservando e governando todas as suas criaturas e suas ações, mantendo os planetas em suas órbitas, fazendo o Sol surgir e brilhar, e os ventos circularem em seus cursos, e as marés subirem e descerem no sétimo dia e nos outros seis. Assim, Jesus Cristo, o Filho de Deus, reivindicou o direito de trabalhar, e trabalhou – salvando, restaurando, curando; na medida do possível fazendo a natureza caída voltar ao seu estado primitivo, quando Deus, o Criador, disse que todas as coisas eram boas, e descansou, satisfeito com o mundo que tinha criado. Tais obras benéficas, pela doutrina de Cristo, podem sempre ser feitas no dia de sábado: obras humanitárias, como as do médico, ou a do professor de crianças abandonadas, ou a do filantropo fazendo seu trabalho entre os pobres e necessitados, ou a do ministro cristão pregando o evangelho da paz e muitas outras, com que pessoas cheias de amor prontamente concordarão, mas com as quais muitos, na frieza de seus corações, não fazem mais do que sonhar. Contra obras desse tipo não há lei, salvo a do costume farisaico mesquinho e mortificante.

Nosso Senhor pronunciou um outro dito sobre esse assunto que é muito importante para os cristãos, embora possa não ter tido nenhum valor apologético na opinião dos fariseus, antes deve ter parecido um agravante da ofensa que pretendia justificar. Referimo-nos à palavra: "O Filho do Homem é

Senhor até do sábado", pronunciada por Jesus na ocasião em que defendia seus discípulos contra a acusação de quebrar o sábado. Essa afirmação, notável, como a reivindicação feita, ao mesmo tempo, de ser maior que o templo, uma afirmação de dignidade sobre-humana da parte do Humilde e Modesto, não significava uma pretensão ao direito de quebrar a lei do descanso sem motivo, ou aboli-la completamente. Isso é evidente a partir do relato de Marcos (Mc 2.27,28), em que as palavras surgem como uma inferência da proposição de que o sábado foi feito para o homem, o que não poderia logicamente ser usado como base para anulação do estatuto, já que é o mais poderoso argumento para a perpetuação do descanso semanal. Tivesse o sábado sido mera restrição opressiva imposta sobre os homens, devíamos ter esperado sua abrogação daquele que veio redimir os homens de todo tipo de cativeiro. Mas o sábado foi feito *por causa do* homem – para benefício do homem? Então deveríamos esperar que a função de Cristo seria não a de um anulador, mas a de um legislador filantrópico universal, fazendo do que tinha sido anteriormente o privilégio peculiar de Israel uma bênção comum para toda a humanidade. Porque o Pai mandou seu Filho ao mundo para, de fato, libertar os homens do jugo das ordenanças, mas não para cancelar qualquer de seus dons, que são todos "sem arrependimento", e, uma vez dados, nunca são retirados.

O que, então, significa o senhorio de Cristo sobre o sábado? Simplesmente isto: que uma instituição que tem a natureza de um presente para o homem realmente fica sob o controle daquele que é o Rei da Graça e o Administrador da misericórdia divina. Ele é o melhor juiz de como tal instituição deve ser observada; e ele tem o direito de cuidar para que ela não seja perversamente transformada de um presente em um peso, e assim surja uma oposição com a real lei imperativa do amor. O Filho do Homem tem autoridade para cancelar todas as regras que tendem nessa direção, emanadas de homens, e até todos os regulamentos do código mosaico com sabor de rigor legal e que podem ocultar o desígnio benéfico do quarto mandamento do decálogo.[67] Ele pode, no exercício de sua prerrogativa mediadora, dar à velha instituição um

---

[67] A posição do sábado no decálogo (onde nada é colocado que fosse de mera preocupação judaica, e que não fosse de importância fundamental) é uma presunção de perpetuidade para toda mente aberta. A muito debatida questão da natureza ética da lei do sábado não é de tão grande peso como se tem imaginado. Moral ou não, o descanso semanal é, para todos os homens e para todas as épocas, de vital importância; portanto, praticamente, se não filosoficamente, de valor ético. O quarto mandamento certamente difere dos outros nesse aspecto, por não estar inscrito na consciência natural. O máximo que a razão pode determinar é que o descanso é necessário. Se o descanso deve ser periódico ou em intervalos regulares, no sétimo dia ou no décimo, como na França revolucionária, com sua mania pelo sistema decimal, a luz da natureza não pode ensinar. Mas o

O Treinamento dos Doze

novo nome, alterar o dia de sua celebração, assim como investi-la de associações distintivamente cristãs, congeniais com o coração dos crentes, e fazê-la em todos os detalhes de sua observância sujeita aos grandes objetivos de sua encarnação.

Foi nesse sentido que o Filho do Homem reivindicou ser Senhor do sábado; e sua reivindicação, assim entendida, foi reconhecida pela igreja, quando, seguindo os passos do uso apostólico, ela mudou o descanso semanal do sétimo dia para o primeiro,[68] para que pudesse comemorar o alegre acontecimento da ressurreição do Salvador, que se encontra mais perto do coração do crente do que o antigo acontecimento da criação, e chamou o primeiro dia por seu nome, o dia do Senhor.[69] Essa reivindicação reconhecem todos os cristãos, os quais, olhando o dia à luz do desígnio original de Deus e do exemplo, ensino e obra de Cristo, o guardam mantendo o meio-termo ideal entre os dois extremos de rigor farisaico e frouxidão saduceia: reconhecendo, por um lado, os objetivos benéficos atingidos pela instituição, e fazendo o máximo para assegurar que esses objetivos sejam plenamente realizados, e, por outro lado, evitando o fútil escrúpulo de um legalismo sombrio que leva muitos, especialmente entre os jovens, a tropeçarem na lei como um estatuto de restrição arbitrária, irracional; evitando também o péssimo hábito farisaico de cair em julgamentos ultraconfiantes, sobre pontos difíceis de detalhar, e sobre a conduta daqueles que, em tais pontos, não pensam e agem por si mesmos.

---

decálogo estabelece esse ponto, e o estabelece para sempre, para todos os que creem na origem divina da lei mosaica. O quarto mandamento é uma revelação para todos os tempos da mente de Deus sobre a universalmente importante questão da adequada relação entre trabalho e descanso.

[68] Como essa mudança aconteceu não sabemos com certeza. Provavelmente foi realizada aos poucos, e sem plena consciência da transição que estava sendo feita, ou de seu peso. Desde o início, crentes parecem ter-se reunido para adoração no primeiro dia da semana; mas não há evidência de que descansassem inteiramente do trabalho nesse dia. Em muitos casos, não poderiam ter feito assim, ainda que quisessem, por exemplo, no caso de escravos de senhores pagãos. Daí, provavelmente, podemos explicar a igreja de Trôade reunindo-se à noite e cultuando até meia-noite. A probabilidade é que os primeiros cristãos descansassem no sétimo dia como os judeus e, como cristãos, cultuassem na manhã ou noite do primeiro dia, antes ou depois de seus afazeres diários. No curso do tempo, quando crentes judaicos se afastaram mais do judaísmo e os fiéis gentios se multiplicaram a ponto de terem uma influência preponderante sobre os costumes da igreja, o descanso do sétimo dia foi desaparecendo, e o descanso do primeiro dia, o dia do Senhor, foi tomando seu lugar. Para impedir enganos, é necessário explicar que o descanso do sétimo dia continuou a ser observado como um dia de jejum ou um festival, com serviços religiosos, muito depois de ter deixado de ser visto como um dia no qual as pessoas deviam descansar inteiramente de seu trabalho. Veja sobre isso Bingham, *Origines Ecclesiasticae*, B. xx. c. iii.

[69] Em grego, κυριακη ημερα, ou simplesmente η κυριακη; em latim, *Dies Dominicus*. Assim, em Tertuliano, *De Corona*, iii., "*De Dominico jejunium nefas ducimus.*"

Não podemos fechar este capítulo, no qual temos estudado as lições sobre um viver livre, todavia santo, dadas por Nosso Senhor aos seus discípulos, sem acrescentar uma reflexão aplicável a todas as três. Por essas lições foi ensinada aos doze uma virtude muito necessária para os apóstolos de uma religião, em muitos aspectos, nova – o poder de suportar isolamento e suas consequências. Quando Pedro e João apareceram diante do Sinédrio, os líderes se maravilharam com a coragem deles, até que reconheceram neles companheiros de Jesus de Nazaré. Eles parecem ter imaginado que seus seguidores estavam prontos para qualquer coisa que exigisse audácia. Eles estavam certos. Os apóstolos tinham nervos fortes e não se assustavam facilmente; e as lições que temos considerado nos ajudam a entender de onde tiraram sua rara coragem moral. Eles tinham sido acostumados, por anos, a ficar sozinhos, e a desrespeitar o padrão do mundo, até o ponto de poderem fazer o que era certo, indiferentes às críticas humanas, sem esforço, quase sem pensar.

8
Primeiras tentativas de evangelismo
Seção I – A missão
Mt 10; Mc 6.7-13,30-32; Lc 9.1-11

Os doze devem agora se apresentar diante de nós como ativos agentes no avanço do reino de Deus. Tendo estado, por algum tempo, em companhia de Cristo, testemunhando seus milagres, ouvindo sua doutrina referente ao reino e aprendendo como orar e como viver, eles foram finalmente enviados para evangelizar as cidades e povoados de sua província natal e curar os doentes em nome de seu Mestre e pelo seu poder. Essa missão dos discípulos como evangelistas ou apóstolos em miniatura era parcialmente, sem dúvida, um experimento educacional em seu próprio benefício; mas seu objetivo direto era atender às necessidades do povo, cuja condição negligenciada pesava muito no coração de Cristo. O compassivo Filho do Homem, durante suas andanças, tinha observado como as massas estavam: como um rebanho de ovelhas sem pastor, esparramado e *dilacerado*,[70] e era seu desejo que todos soubessem que um bom Pastor tinha vindo para cuidar da ovelha perdida da casa de Israel. As multidões estavam suficientemente prontas para receber as boas novas; a dificuldade era atender a grande demanda do momento. A colheita – o grão pronto para a ceifa – era grande, mas os trabalhadores, poucos (Mt 9.37).

Referentes a essa missão, quatro coisas devem ser notadas em especial: a esfera delimitada para a obra, a natureza da obra, as instruções para executá-la, os resultados da missão e o retorno dos missionários. Esses pontos consideraremos em ordem, com exceção de que, por conveniência, deixaremos as instruções de Cristo aos seus discípulos para o fim e elas terão uma seção especial.

1. A esfera da missão, descrita em termos gerais, era toda a terra de Israel. Jesus disse aos doze: "Dirijam-se às ovelhas perdidas de Israel"; e depois, na narrativa de Mateus, ele lhes fala como se o plano da missão envolvesse uma visita a todas as cidades de Israel (Mt 10.6,23). Na prática, entretanto, a operação dos discípulos parece ter sido restrita a sua província natal da Galileia, e, até dentro de seus limites estreitos, ter sido realizada antes entre povoados e

---

[70] εσκυλμενοι, Mateus 9.36, a leitura preferida pelos críticos = esfolado, fustigado. A ideia sugerida é a da ovelha cujos velos são dilacerados por espinhos.

O Treinamento dos Doze

aldeias do que em cidades grandes ou metrópoles como Tiberíades. A primeira dessas afirmações é apoiada pelo fato de que as atividades dos apóstolos atraíram a atenção de Herodes, o tetrarca da Galileia (Mc 6.14; Lc 9.7), o que implica que aconteceram em sua vizinhança;[71] enquanto a última é provada pelas palavras do terceiro evangelista, ao dar o relato sumário da missão: "Então, eles saíram e foram pelos povoados (aldeias, na ARA), pregando o evangelho e fazendo curas por toda parte."[72]

Enquanto os aprendizes de missionários tinham a permissão, por suas instruções, de ir até qualquer ovelha perdida da casa de Israel, a todas se possível, eram expressamente proibidos de estender seus esforços além desses limites. Eles não deviam ir no caminho dos gentios, nem entrar em qualquer cidade ou povoado de samaritanos (Mt 10.5); essa proibição surgiu em parte do plano geral que Cristo tinha formado para estabelecer o reino de Deus na terra. Seu objetivo último era a conquista do mundo; mas, para isso, achou necessário primeiro assegurar uma base forte de operações na Terra Santa e entre o povo escolhido. Portanto, ele sempre se viu pessoalmente como um mensageiro de Deus à nação judaica, considerando isso seriamente como uma razão por que não devia trabalhar entre os pagãos (Mt 15.24), e afastando-se ocasionalmente da regra só para suprir, em seu próprio ministério, sinais proféticos de um tempo próximo quando judeu, samaritano e gentio estariam unidos em pé de igualdade em uma comunidade divina (Jo 4.7-24). Mas o principal motivo da proibição era a condição espiritual dos próprios discípulos.

Chegaria o tempo quando Jesus poderia dizer aos seus escolhidos: "Vão pelo mundo todo e preguem o evangelho a todas as pessoas" (Mc 16.15); mas esse tempo ainda não tinha chegado. Os doze, naquele período de seu primeiro ensaio de missão, não estavam prontos para pregar o evangelho, ou fazer boas obras, entre samaritanos ou gentios. Seus corações eram muito estreitos, seus preconceitos muito fortes: havia muito do judeu e muito pouco do cristão em seu caráter. Para a honra universal do apostolado eles precisavam de uma nova iluminação divina e um rico batismo com o benigno espírito de amor. Se esses evangelistas novatos tivessem entrado em um povoado samaritano, o que teria acontecido? Com toda probabilidade teriam sido atraídos para debates sobre as diferenças religiosas entre samaritanos e judeus, nas quais, é claro, teriam perdido o controle; de forma que, em lugar de procurar a salva-

---

[71] Herodes residia em Tiberíades.
[72] Lucas 9.6, κατα τας κωμας = "vilas"

PRIMEIRAS TENTATIVAS DE EVANGELISMO

ção do povo entre o qual estavam, estariam mais dispostos a chamar fogo do céu para consumi-los, como de fato propuseram fazer em uma ocasião posterior.[73]

2. A obra confiada aos doze era, em uma área, muito extensa, e em outra muito limitada. Eles foram equipados com poderes ilimitados de cura, mas sua comissão era muito restrita no que dizia respeito à pregação. Com respeito à primeira suas instruções eram: "Curem os enfermos, ressuscitem os mortos, purifiquem os leprosos, expulsem os demônios. Vocês receberam de graça; deem também de graça"; a respeito da última: "Por onde forem preguem esta mensagem: O Reino dos céus está próximo" (Mt 10.7,8). A comissão, em um caso, parece muito ampla, no outro, muito estreita; mas em ambos a sabedoria de Jesus é aparente em um estudo mais profundo. No que diz respeito a obras miraculosas, não havia necessidade de restrição, a não ser que fosse para evitar o risco de produzir ufania e ostentação naqueles que manifestaram tal poder maravilhoso – um risco que certamente não era imaginário, mas que poderia ser remediado quando assumisse forma concreta. Todos os milagres realizados pelos doze foram, na realidade, feitos pelo próprio Jesus; a única função deles era fazer um uso confiante de seu nome. Isso parece ter sido perfeitamente entendido por todos; porque as obras feitas pelos apóstolos não levaram o povo da Galileia a se perguntar quem *eles* eram, mas só quem e o que era *aquele* em nome de quem todas aquelas coisas estavam sendo feitas.[74] Portanto, sendo a vontade de Cristo que tais milagres devessem ser feitos pela instrumentalidade de seus discípulos, foi muito fácil para eles fazerem tanto as grandes obras como as pequenas; se, de fato, há algum sentido em falar de graus de dificuldade com referência a milagres, o que é mais que duvidoso.

Com respeito à pregação, por outro lado, não havia só motivo, mas necessidade de restrição. Os discípulos não podiam fazer mais que proclamar o fato de que o reino estava próximo e declarar aos homens em todo lugar que se arrependessem, como uma preparação para seu advento. Isso era tudo o que eles mesmos sabiam. Eles ainda não tinham a menor compreensão da doutrina da cruz; nem mesmo conheciam a natureza do reino. Eles tinham, de fato, ouvido atentamente o discurso de seu Mestre sobre isso, mas não tinham compreendido suas palavras. Suas ideias a respeito do reino vindouro eram quase tão grosseiras e carnais como o eram as dos outros

---

[73] Lucas 9.54. Alguns têm imaginado que a restrição procedia da limitação dos próprios objetivos de Cristo. Mas, se esses objetivos tivessem sido tão limitados como se supõe, não haveria menção de restrição, e nenhuma necessidade dela, porque os discípulos nunca teriam pensado em ir aos samaritanos ou aos gentios para pregar e curar.

[74] Marcos 6.14: "o nome de Jesus havia-se tornado bem conhecido" (φανερον εγενετο).

judeus, que procuravam a restauração da independência política de Israel e a prosperidade material como nos gloriosos dias do passado. Em um ponto somente eles estavam à frente das ideias de seu ambiente: tinham aprendido de João e de Jesus que o arrependimento era necessário para a cidadania nesse reino. Em todos os outros aspectos, eles e os seus ouvintes estavam exatamente no mesmo nível. Longe de nos espantarmos, portanto, de que o programa de pregação dos discípulos fosse tão limitado, poderíamos muito bem perguntar como Cristo podia confiar a eles o ato de abrir sua boca de qualquer forma; mesmo sobre a questão do reino, não haveria o perigo de homens com ideias tão grosseiras poderem produzir esperanças enganadoras e dar espaço à agitação política? E não podemos também descobrir marcas reais de tal agitação nas informações tiradas de seus movimentos na corte de Herodes e na proposta da multidão, não muito tempo depois, de tomar Jesus à força e fazê-lo um rei (Jo 6.15)? Sem dúvida, havia perigo nessa direção; e, portanto, enquanto ele não podia, para evitá-lo, deixar o povo pobre que estava perecendo sem nenhum cuidado, Jesus tomou toda precaução possível para prevenir estragos, ao realmente proibir seus mensageiros de entrar em detalhe sobre o assunto do reino e ao colocar palavras sadias na boca deles. Eles foram instruídos a anunciar o reino como um reino *dos céus*,[75] uma promessa que alguns podem considerar uma visão encantadora, mas que todas as pessoas mundanas pensariam ser coisa bem diferente do que desejavam. Um reino dos céus! O que era isso para eles? O que eles queriam era um reino da terra, no qual pudessem viver pacificamente e felizes sob um governo justo, e, acima de tudo, com muita comida e bebida. Um reino dos céus! Isso para aqueles que não tinham nenhuma esperança terrena; um refúgio do desespero, uma consolação melancólica na ausência de qualquer conforto melhor. Mesmo assim, vocês, mundanos! Só para gente como vocês, considerados miseráveis, foi a mensagem dirigida. Ao pobre o reino devia ser pregado. Aos sobrecarregados era dirigido o convite "Venha a mim" e feita a promessa de descanso; de descanso da ambição e descontentamento, e da ardilosa preocupação opressiva, na abençoada esperança do sobrenatural e do eterno.

3. A impressão produzida pelos esforços dos doze parece ter sido muito grande. A fama de seus feitos, como já notado, alcançou os ouvidos de Herodes, e grandes multidões apareceram para acompanhá-los de um lugar para

---

[75] Esse é o nome geralmente dado ao reino em Mateus, como distinto dos outros evangelistas, que usam o título "reino de Deus". É um fato curioso que o evangelho mais hebraico use a designação mais espiritual para o reino.

outro. Por exemplo, em seu retorno da missão para se juntar ao seu Mestre, eles foram comprimidos por uma multidão ansiosa e admiradora que tinha testemunhado ou experimentado os benefícios de seu trabalho, de forma que foi necessário retirarem-se para um lugar deserto para terem um calmo intervalo de descanso. O segundo evangelista nos informa que "Havia muita gente indo e vindo, ao ponto de eles não terem tempo para comer... Então eles se afastaram num barco para um lugar deserto" (Mc 6.31,32). Mesmo na solidão do deserto na praia oriental do mar da Galileia, não conseguiram a privacidade desejada. "Mas muitos dos que os viram retirar-se, tendo-os reconhecido, correram a pé de todas as cidades e chegaram lá antes deles" (Mc 6.33).

Em qualidade, os resultados da missão parecem ter sido muito menos satisfatórios que em sua extensão. As impressões religiosas produzidas parecem ter sido, em grande medida, superficiais e evanescentes. Havia muitos brotos, por assim dizer, na macieira na primavera desse "reavivamento" galileu; mas só um número comparativamente pequeno deles frutificou, enquanto desses só um número ainda menor alcançou o estágio do fruto maduro. Sabemos disso por causa do que aconteceu logo depois, ligado ao discurso de Cristo sobre o pão da vida, na sinagoga de Cafarnaum. Então, os mesmos homens que, após a alimentação miraculosa no deserto, teriam feito Cristo um rei, se afastaram dele na mesma ocasião, escandalizados com sua misteriosa doutrina; e aqueles que fizeram isso foram, na maioria, exatamente os que tinham ouvido os doze pregar o arrependimento.[76]

Tal resultado para um empreendimento benevolente deve ter sido profundamente desapontador para o coração de Jesus. Todavia, é notável que o fracasso comparativo do primeiro movimento evangelístico não o impediu de repetir a experiência algum tempo depois, em uma escala ainda maior. O terceiro evangelista escreve: "Depois disso o Senhor designou outros setenta (NVI, setenta *e dois*) e os enviou dois a dois, adiante dele, a todas as cidades e lugares para onde ele estava prestes a ir" (Lc 10.1). A escola crítica de Tübingen, de fato, como já indicamos,[77] nos assegura que essa missão não aconteceu, sendo pura invenção do terceiro evangelista, com o objetivo de deixar na sombra a missão dos doze e exibir a religião cristã como uma religião da humanidade, representada pelos samaritanos como os destinatários e pelos *setenta* como pregadores da fé, o número correspondendo ao número das nações. A teoria não é vazia de plausibilidade, e deve-se admitir que a história dessa missão é

---

[76] Compare Marcos 6.30-35 com João 6.22-25.
[77] Veja a nota na página 21.

O Treinamento dos Doze

muito obscura. Mas a suposição de invenção é violenta, e podemos seguramente assumir que as narrativas de Lucas baseiam-se sobre tradição autêntica. O motivo dessa segunda missão era o mesmo que o da primeira, como foram também as instruções para os missionários. Jesus ainda sentia profunda compaixão pela multidão que perecia e, esperando contra a esperança, fez uma nova tentativa de salvar a ovelha perdida. Ele teria todos os homens pelo menos *chamados* para a comunidade do reino, mesmo que poucos fossem escolhidos para ela. E, quando os resultados imediatos foram promissores, ele ficou agradecido, embora sabendo, da experiência passada, bem como por iluminação divina, que a fé e arrependimento de muitos eram só, muito provavelmente, evanescente, como o orvalho da madrugada. Quando os setenta retornaram de sua missão e relataram seu grande sucesso, ele o saudou como um presságio da queda do reino de Satanás e, regozijando-se em espírito, deu graças ao supremo governante nos céus e na terra, seu Pai, porque, enquanto as coisas do reino estavam escondidas dos sábios e cultos, o povo de inteligência e discernimento, elas eram, por sua graça, reveladas aos pequeninos – o rústico, o pobre, o inculto (Lc 10.17-21).

A referência, na oração de ação de graças de Jesus aos "sábios e cultos" sugere o pensamento de que esses esforços evangelísticos foram vistos com desfavor pelas classes refinadas e exigentes da sociedade religiosa judaica. Isso é em si provável. Sempre há pessoas na igreja, inteligentes, sábias e até boas, a quem os movimentos religiosos populares desagradam. O barulho, a agitação, as extravagâncias, as ilusões, o zelo mal dirigido, a grosseria dos líderes, a instabilidade dos convertidos – todas essas coisas as ofendem. A mesma classe de mentes se ofenderia com a obra evangelística dos doze e dos setenta, porque, sem dúvida, ela também era acompanhada pelos mesmos inconvenientes. Os pregadores eram incultos; eles tinham poucas ideias em suas cabeças; entendiam pouco da verdade divina; sua única qualificação era que eles eram sinceros e podiam pregar o arrependimento corretamente. Sem dúvida, também havia muito barulho e agitação entre a multidão que os ouvia pregar; e certamente sabemos que seu zelo era mal informado e de vida curta. Essas coisas, de fato, são características permanentes de todo movimento popular. Jonathan Edwards, falando com referência ao "reavivamento" da religião que aconteceu na América em seu tempo, diz sinceramente: "Muito barulho e tumulto, confusão e alvoroço, trevas misturadas com luz e mal com bem, devem sempre ser esperados no começo de algo muito glorioso, no estado de coisas na sociedade humana ou na igreja de Deus. Após a natureza ter sido fechada em um estado frio e morto, quando o sol retorna na primavera, há tempo muito tempestuoso antes que tudo esteja firme, calmo e sereno, e toda a natureza se regozije em sua perfeição e beleza."[78]

Nenhum dos "sábios e cultos" nem de longe sabia tão bem como Jesus que o mal estaria misturado com o bem na obra do reino. Mas ele não era tão facilmente ofendido como eles. O Amigo de pecadores era sempre igual a si mesmo. Ele simpatizava com a multidão e não podia, como os fariseus, satisfeito, resignar-se a uma permanente condição de ignorância e depravação. Ele se regozijava muito por cada ovelha perdida que era restaurada; e ficava, poder-se-ia dizer, cheio de alegria quando não uma, mas todo um rebanho simplesmente *começava* a retornar ao aprisco. Agradava-lhe ver pessoas se arrependendo, mesmo que por um tempo, e esforçando-se para entrar no reino, mesmo que grosseiramente e com violência (Mt 11.12); porque seu amor era forte, e, onde existe um amor forte, até a sabedoria e o refinamento não serão exigentes demais.

Antes de passar desse tópico, observemos que há outra classe de cristãos, bastante diferente dos sábios e prudentes, a cujos olhos tais esforços evangelísticos, como os dos doze, não precisam, de forma alguma, ser justificados. Sua tendência, ao contrário, é ver tais esforços como todo o trabalho do reino. Reavivamento da religião entre as massas negligenciadas é para eles a essência da atividade correta. Do mais silencioso, menos aparente trabalho de instrução acontecendo na igreja, eles não tomam conhecimento. Onde não há agitação óbvia, a igreja, na opinião deles, está morta, e seu ministro é ineficiente. Essas pessoas precisam ser lembradas de que havia *dois* movimentos religiosos acontecendo nos dias do Senhor Jesus. Um consistia em acordar as massas do estupor da indiferença; o outro consistia no treinamento exato e cuidadoso de homens já, a sério, nos princípios e verdades do reino divino. De um dos movimentos os discípulos, tanto os doze como os setenta, eram agentes; do outro movimento eles eram os pacientes. E este último movimento, embora menos notado, e muito mais limitado em extensão, era muito mais importante que o primeiro; porque estava destinado a produzir fruto que devia permanecer — por assim dizer, não só no tempo presente, mas em toda a história do mundo. As verdades profundas que o grande Mestre estava agora, silenciosa e secretamente, como se no escuro, inculcando nas mentes de um grupo selecionado, os destinatários de seu ensino confidencial, aquilo que deviam dizer à luz do dia, daí em diante; e o som da voz deles não pararia até que tivesse alcançado toda a terra. O reino dos céus teria tido uma perspectiva muito pobre se Cristo

---

[78] *Thoughts on Revival*, Parte 1. Seção iii.

O Treinamento dos Doze

tivesse negligenciado essa tarefa, e se entregado completamente a um evangelismo vago entre as massas.

4. Quando os doze tinham terminado sua missão, retornaram e contaram a seu Mestre tudo o que tinham feito e ensinado. De seu relatório, ou de suas observações sobre isto, nenhum detalhe foi registrado. Esses detalhes encontramos, porém, a respeito da última missão dos setenta. "Os setenta voltaram alegres e disseram: 'Senhor, até os demônios se submetem a nós, em teu nome'" (Lc 10.17). O mesmo evangelista de quem essas palavras são citadas nos informa que, após parabenizar os discípulos pelo seu sucesso, e expressar sua própria satisfação com os fatos relatados, Jesus disse-lhes a palavra de advertência: "Contudo, alegrem-se não porque os espíritos se submetem a vocês, mas porque seus nomes estão escritos nos céus" (Lc 10.20). Era uma precaução temporária contra a exaltação e vaidade. É muito provável que uma palavra semelhante de cautela tenha sido dirigida aos doze também após seu retorno. Essa palavra certamente não teria sido proferida fora de ocasião no caso deles. Eles tinham estado engajados na mesma tarefa agitada, tinham exercido os mesmos poderes miraculosos, tinham tido o mesmo sucesso, eram igualmente imaturos em caráter e, portanto, era igualmente difícil para eles suportar o sucesso. Era muito provável, portanto, que, quando Jesus disse a eles em seu retorno: "Venham comigo para um lugar deserto e descansem um pouco (Mc 6.31)", ele não estava cuidando só de seus corpos, mas estava prudentemente procurando dar repouso para suas mentes tensas, bem como para seus corpos exaustos.

A advertência para os setenta é, de fato, uma palavra na hora certa para todos que estavam muito zelosos na obra do evangelismo, especialmente para os que eram inexperientes em conhecimento e graça. Isso aponta para a possibilidade de sua própria saúde espiritual ser prejudicada pelo seu próprio zelo na procura da salvação de outros. Isso pode acontecer de muitas formas. O sucesso pode fazer os evangelistas vaidosos, e eles podem começar a oferecer sacrifício a sua própria rede. Eles podem cair em poder do demônio através de sua própria alegria por ele estar sujeito a eles. Eles podem desprezar aqueles que tiveram menos sucesso, ou denunciá-los como deficientes em zelo. O eminente teólogo americano já citado dá um lamentável relato do orgulho, presunção, arrogância e vaidade que caracterizavam muitos dos mais ativos promotores do reavivamento de sua época.[79] Ainda mais, eles podem cair em segurança carnal a respeito de seu próprio estado espiritual, considerando impossível que qualquer coisa possa dar errado com aqueles que são tão devota-

---

[79] *Thoughts on Revival*, parte 4.

dos, e a quem Deus tem tão grandemente reconhecido. Um engano óbvio e perigoso; porque, sem dúvida, Judas tomou parte nessa missão na Galileia e, até onde sabemos, teve tanto sucesso quanto seus companheiros em expulsar demônios. Homens sem a graça podem, por um tempo, ser usados como agentes na promoção da obra da graça nos corações de outros. Utilidade não necessariamente implica virtude, conforme o ensino do próprio Cristo. Ele declara no Sermão do Monte: "Muitos me dirão naquele dia: 'Senhor, Senhor, não profetizamos em teu nome? Em teu nome não expulsamos demônios e não realizamos muitos milagres?'" E note a resposta que ele diz que dará a esses. Não é: Eu questiono a precisão de sua afirmação – que é tacitamente admitida" mas é: "Nunca os conheci. Afastem-se de mim, vocês que praticam o mal!"[80]

Essas palavras solenes sugerem a necessidade de vigilância e autoavalia-ção; mas não têm o objetivo de desencorajar ou desacreditar o zelo. Não deve-mos interpretá-las como se significassem: "Não importa *fazer* o bem, só *ser* bom;" ou: "Não se preocupe com a salvação de outros, preocupe-se com a sua própria salvação." Jesus Cristo não ensinou uma religião indiferente ou egoís-ta. Ele inculcou em seus discípulos uma preocupação generosa e magnânima pelo bem-estar espiritual das pessoas. Para estimular esse sentimento, ele man-dou os doze em sua missão experimental, mesmo quando estavam comparati-vamente inadequados para a tarefa, e não obstante o risco de dano espiritual a que foram expostos. Apesar de todo o perigo, ele teria seus apóstolos cheios de entusiasmo para o avanço do reino; só tomando o devido cuidado para, quan-do os vícios aos quais entusiastas jovens são sujeitos começam a aparecer, con-trolá-los por uma palavra de advertência e um retiro oportuno na solidão.

Seção II – As Instruções

As instruções dadas por Jesus aos doze ao mandá-los em sua primeira missão são obviamente divisíveis em duas partes. A primeira, a mais curta, comum às narrativas de todos os três primeiros evangelistas, refere-se ao presente; a segunda, e muito maior, peculiar à narrativa de Mateus, refere-se principalmente ao futuro distante. Na primeira, Cristo diz a seus discípulos o que fazer agora em seu apostolado principiante; na última, o que eles devem fazer e suportar quando se tornarem apóstolos em grande escala, pregando o evan-gelho, não para judeus somente, mas a todas as nações.

[80] Mt 7.22. Veja, para opiniões semelhantes àquelas expostas acima, *Thoughts on Revival*, de Edwards, Parte ii. Seção ii.

O TREINAMENTO DOS DOZE

Alguns têm duvidado se o discurso incluído na segunda parte das instruções apostólicas ou missionárias, como dado por Mateus, foi realmente pronunciado por Jesus nessa ocasião. Tem sido dada ênfase, por aqueles que assumem a opção negativa dessa questão, aos fatos de que só o primeiro evangelista dá o discurso no contexto da missão experimental, e de que a porção maior de seu conteúdo é dada por outros evangelistas em outros contextos. Também tem sido feita referência, como base para essa teoria, à afirmação feita por Jesus aos seus discípulos, em seu discurso de despedida, dirigido a eles antes da crucificação, de que ele não lhes tinha ainda falado da vinda de perseguições e que, por essa razão, enquanto ele estava com eles, isso era desnecessário (Jo 16.4); e, por último, tem sido considerado improvável que Jesus assustasse seus discípulos inexperientes aludindo a perigos não iminentes no tempo de sua missão na Galileia. Essas dúvidas, em vista do método tópico de agrupar seus materiais indubitavelmente seguido por Mateus, são legítimas, mas não são conclusivas. Era natural que Jesus devesse sinalizar o primeiro empreendimento missionário dos doze homens escolhidos com algum discurso do tipo do que Mateus registra, estabelecendo os deveres, perigos, encorajamentos e recompensas da vocação apostólica. Era seu costume, em ocasiões solenes, falar como um profeta que, no presente, via o futuro e, de pequenos começos, olhava para questões grandiosas e últimas. E essa missão na Galileia, embora humilde e limitada em comparação com o grande empreendimento de anos depois, era realmente um evento solene. Era o começo daquela vasta obra para a qual os doze tinham sido escolhidos, que abarcava o mundo em seu escopo e visava ao estabelecimento do reino de Deus na terra. Se o Sermão do Monte foi apropriadamente entregue na ocasião em que o grupo apostólico foi formado, esse discurso sobre a vocação apostólica não era menos apropriado quando os membros daquele grupo, pela primeira vez, colocaram suas mãos na obra para a qual tinham sido chamados. Mesmo as alusões a perigos distantes contidas no discurso parecem, pensando bem, naturais e oportunas e calculadas para tranquilizar antes que para assustar os discípulos. Deve ser lembrado que a execução do Batista tinha ocorrido recentemente e que os doze estavam para começar seus esforços missionários dentro dos domínios do tirano por cuja ordem o bárbaro assassinato tinha sido cometido. Sem dúvida, esses homens humildes deviam assumir e repetir a mensagem do Batista, "Arrependam-se"; eles não corriam, no momento, nenhum risco de ter o seu destino, mas era natural que devessem temer e era também natural que seu Mestre devesse pensar sobre seu futuro, quando tais temores seriam qualquer coisa menos imaginários; e, pelos dois motivos, era oportuno dizer a eles de fato: perigos estão vindo, mas não temam.

PRIMEIRAS TENTATIVAS DE EVANGELISMO

Tal, em essência, é o tema da segunda parte das instruções de Cristo aos doze. Da primeira parte, por outro lado, o tema é *Não se preocupem*. Essas palavras – "não se preocupem", "não temam" – são a alma e a medula de tudo o que foi dito em forma de prelúdio ao primeiro empreendimento missionário, e, podemos acrescentar, a tudo o que podia seguir. Porque aqui Jesus fala a todas as épocas e a todos os tempos, dizendo à igreja em que espírito todos os seus esforços missionários devem ser feitos e levados adiante, para que tenham sua bênção.

1. O dever de começar sua missão sem solicitude, apoiando-se na Providência para as necessidades da vida, foi inculcado nos doze por seu Mestre em termos muito fortes e vívidos. Eles foram instruídos a nada arranjar para a jornada, mas a ir só como estavam. Não deviam providenciar nem ouro nem prata nem mesmo moedas de cobre em suas bolsas, nenhuma sacola para levar comida, nenhuma muda de roupa; nem mesmo sandálias para seus pés, ou um bordão para suas mãos. Se eles tivessem esses objetos, muito bem; se não, podiam fazer o trabalho sem eles. Eles podiam fazer suas caminhadas de amor de pés descalços, sem o apoio mesmo de um bordão para ajudá-los em seu caminho cansativo, tendo seus pés calçados só com a preparação do evangelho da paz e colocando seu peso sobre a palavra da promessa de Deus, "e dure a sua força como os seus dias" (Dt 33.25).

Nessas diretrizes para o caminho, é o espírito, e não a mera letra, que é de valor intrínseco e permanente. A verdade dessa afirmação é evidente a partir das próprias variações dos evangelistas ao reportar as palavras de Cristo. Um, por exemplo (Marcos), o faz dizer a seus discípulos algo assim: "Se vocês têm um bordão em sua mão, e sandálias em seus pés, e uma túnica em suas costas, que isso baste." Outro (Mateus) representa Jesus dizendo: "Não providenciem nada para essa jornada, nem túnica, sapatos nem bordão."[81] Em Espírito, as duas versões dizem a mesma coisa; mas, se insistimos sobre a letra das orientações com rigor jurídico, há uma contradição óbvia entre elas. O que Jesus quis dizer, não importa a forma em que o expressou, foi isso: "Vão imediatamente, e vão como estão; e não se preocupem com comida e roupa, ou qualquer necessidade corporal; deixem essas coisas com Deus." Suas instruções tinham a ver com o princípio da divisão de tarefas, atribuindo aos servos do reino o dever militar, e a Deus o departamento das provisões.

Assim entendidas, as palavras de Nosso Senhor são de validade permanente, e todos aqueles que servem em seu reino devem tê-las em mente. E,

---

[81] O primeiro evangelista pode ser harmonizado com o segundo ao se enfatizar a palavra "providenciem" (μη κτησησθε). Veja Alford, *in loco*.

O Treinamento dos Doze

embora as circunstâncias da igreja tenham mudado muito desde que essas palavras foram ditas pela primeira vez, elas não têm sido perdidas de vista. Muitos missionários e ministros têm obedecido a essas instruções quase ao pé da letra e muitos mais as têm guardado em seu espírito. E não tem todo estudante pobre que saiu do humilde teto de seus pais para ser preparado para o ministério do evangelho, sem dinheiro no bolso, seja para comprar comida, seja para pagar mensalidades, cumprido essas instruções? Guia-o somente a fé e a esperança juvenil em seu coração, sabendo ele tão pouco de como deveria encontrar seu caminho para o ofício pastoral como Abraão sabia seu caminho para a Terra Prometida, quando deixou sua terra natal, mas, como Abraão, confiando em queaquele que lhe disse: "Saia da casa de teu pai" seria seu guia, seu escudo e seu provedor? E, se aqueles que assim começaram sua carreira, em geral, chegam aum rico lugar, no qual suas necessidades são fartamente supridas, o que é isso senão um endosso pela providência da lei enunciada pelo Mestre: "O trabalha-dor é digno do seu sustento?" (Mt 10.10).

As orientações dadas aos doze, referentes aos bens temporais, ligadas à sua primeira missão, deviam ser uma educação para seu trabalho futuro. Ao assumir os deveres do apostolado, tinham que viver literalmente pela fé, e Jesus misericordiosamente procurou acostumá-los a isso enquanto estava com eles sobre a terra. Portanto, ao enviá-los para pregar na Galileia, ele, na verdade, lhes disse: "Vão e aprendam a procurar o reino de Deus com um coração simples, despreocupado com comida e vestuário, pois, até que possam fazer isso, não podem ser meus apóstolos." Eles tinham, de fato, estado aprendendo a fazer aquilo desde que tinham começado a segui-lo; porque aqueles que pertenciam ao seu grupo literalmente viviam dia a dia, não pensando no dia seguinte. Mas havia uma diferença entre sua situação anterior e aquela na qual estavam para entrar. Até aqui, Jesus tinha estado com eles; agora, deviam ser deixados, por um tempo, por si mesmos. Até aqui, tinham sido como crianças em uma família sob o cuidado de seus pais, ou como filhotes de pássaros em um ninho protegidos pelas asas de sua mãe, precisando só abrir bastante suas bocas para que fossem enchidas; agora, deviam se tornar como meninos deixando a casa de seu pai para fazer seu aprendizado, ou como aves recém-emplumadas deixando o calor do ninho onde foram alimentadas, para exercitar suas asas e procurar comida por si mesmas.

Enquanto exigia que seus discípulos andassem pela fé, Jesus deu à fé deles algo sobre o que se apoiar, encorajando-os a esperar que aquilo que não providenciassem por si mesmos Deus providenciaria pela instrumentalidade de seu povo. "Na cidade ou povoado em que entrarem, procurem alguém digno de recebê-los e fiquem em sua casa até partirem" (Mt 10.11). Ele tinha como certo, podemos observar, que sempre seria achada, em todo lugar, pelo menos uma boa pessoa com um coração generoso, que acolheria os mensageiros do reino em sua casa e mesa por puro amor a Deus e à verdade. Certamente, não era uma suposição irracional! Se havia um povoado minúsculo, para não dizer cidade, haveria pelo menos uma pessoa digna ali. Mesmo a ímpia Sodoma tinha, dentro de seus muros, um Ló, que podia receber anjos sem o saber.

Para assegurar um bom tratamento a seus servos em qualquer época em que o evangelho pudesse ser pregado, Jesus informou sobre a grande recompensa para todos os atos de bondade feitos para com eles. Esse anúncio encontramos no fim do discurso entregue aos doze nessa época. Ele disse a eles: "Quem recebe vocês recebe a mim; e quem me recebe recebe aquele que me enviou. Quem recebe um profeta, porque ele é profeta, receberá a recompensa de profeta, e quem recebe um justo, porque ele é justo, receberá a recompensa de justo." E, então, com crescente sentimento e solenidade, ele acrescentou: "E se alguém der mesmo que seja apenas um copo de água fria a um destes pequeninos, porque ele é meu discípulo, eu lhes asseguro que não perderá a sua recompensa" (Mt 10.40,42). Quão fácil ir para a Galileia, sim, a todo o mundo, servindo a um Mestre tão bondoso nesses termos!

Mas, enquanto assim encorajava os jovens evangelistas, Jesus não lhes permitiu sair com a ideia de que todas as coisas seriam agradáveis em sua experiência. Ele os fez entender que eles deviam ser mal recebidos e também bem recebidos. Eles deviam se encontrar com sujeitos grosseiros que lhes recusariam hospitalidade e com estúpidos, pessoas indiferentes que rejeitariam sua mensagem; mas, mesmo em tais casos, ele lhes assegurou, não ficariam sem consolo. Se a pacífica saudação deles não fosse recíproca, eles deveriam sempre se beneficiar de seu próprio espírito de boa vontade: a paz deles voltaria para si mesmos. Se suas palavras não fossem bem recebidas por ninguém a quem pregassem, eles, pelo menos, estariam livres de culpa; podiam sacudir o pó de seus pés e dizer: "Seu sangue seja sobre suas próprias cabeças; deixamos vocês, para sua perdição, e vamos para outro lugar" (Mt 10.13,14). Palavras solenes, que não deviam ser pronunciadas, como poderiam muito bem ser, especialmente por discípulos jovens e inexperientes, com orgulho, impaciência ou ira, mas humilde, calma e deliberadamente, como parte da mensagem de Deus para os homens. Quando pronunciadas com qualquer outro espírito, são sinal de que o pregador é tão culpado como os ouvintes pela rejeição de sua mensa-

O TREINAMENTO DOS DOZE

gem. Poucos têm qualquer direito de pronunciar tais palavras; porque é preciso, de fato, uma rara pregação para tornar a culpa de ouvintes incrédulos tão grande que haja mais tolerância para Sodoma e Gomorra no dia do juízo do que para eles. Mas tal pregação tem havido. A própria pregação de Cristo era assim, e daí a terrível condenação que ele pronunciou sobre os que rejeitaram suas palavras. Tal também a pregação dos apóstolos devia ser; e, portanto, para sustentar a autoridade deles, Jesus solenemente declarou que o castigo por desprezar a palavra deles não seria menos que pelo desprezo de sua própria (Mt 10.15).

2. As instruções restantes, referindo-se ao futuro antes que ao presente, enquanto muito mais numerosas, não exigem uma explicação muito longa. O tema de todas elas, como temos dito, é "Não temam". Essa exortação, como o refrão de uma canção, é repetida muitas vezes durante o discurso (Mt 10.26,28,31). Desse fato, os doze poderiam ter inferido que seu futuro era de fazer medo. Mas Jesus não os deixou entender isso por inferência; ele lhes disse isso claramente. Com toda a história da igreja em vista, ele disse: "Eu os estou enviando como ovelhas entre lobos." Então começou a explicar em detalhe, e com vivacidade aterradora, as várias formas de perigo que esperavam os mensageiros da verdade; como deviam ser entregues aos tribunais, açoitados nas sinagogas, levados diante de governadores e reis (como Félix, Festo, Herodes) e odiados por todos por causa de seu nome (Mt 10.16,18). Ele lhes explicou, ao mesmo tempo, que esse estranho tratamento era inevitável na natureza das coisas, sendo a consequência necessária da verdade divina agindo no mundo como um solvente químico e separando as pessoas em partidos, segundo o espírito que as governava. A verdade dividiria até membros da mesma família, e os faria amargamente hostis uns aos outros (Mt 10.21); e, por mais deplorável que o resultado pudesse ser, não havia remédio para ele. Ofensas devem vir; ele disse aos seus discípulos, horrorizados com o quadro tenebroso pintado e talvez secretamente esperando que seu Mestre o tivesse pintado com cores muito sombrias: "Não pensem que vim trazer paz à terra; não vim trazer paz, mas espada. Pois eu vim para fazer que o homem fique contra seu pai, a filha contra sua mãe, a nora contra sua sogra; os inimigos do homem serão os da sua própria família" (Mt 10.34-36).

Em meio a tais perigos, duas virtudes são especialmente necessárias – prudência e fidelidade; uma significa que os servos de Deus não podem ser cortados fora prematura e desnecessariamente; a outra que, enquanto eles vivem, podem realmente fazer a obra de Deus e lutar pela verdade. Em tais tempos, os discípulos de Cristo não devem temer, mas ser corajosos e verda-

PRIMEIRAS TENTATIVAS DE EVANGELISMO

deiros; e, todavia, conquanto sem temor, não devem ser imprudentes. Não é fácil combinar essas qualidades, pois homens conscientes tendem a ser precipitados e homens prudentes tendem a ser infiéis. Porém a combinação não é impossível, senão não seria exigida, como o é nesse discurso. Porque era exatamente a importância de cultivar as aparentemente incompatíveis virtudes de cautela e fidelidade que Jesus pretendia ensinar com o notável provérbio-preceito: "Sejam astutos como as serpentes e sem malícia como as pombas" (Mt 10.16). A serpente é o símbolo do engano, a pomba, da simplicidade. Não há outras duas criaturas que possam ser mais diferentes; todavia, Jesus exige de seus discípulos que sejam serpentes na cautela e pombas na simplicidade de objetivo e pureza de coração. Felizes são os que podem ser as duas coisas; se nós não podemos, sejamos, pelo menos, pombas. A pomba deve vir antes da serpente em nossa estima e no desenvolvimento de nosso caráter. Essa ordem é observável na história de todos os discípulos verdadeiros. Eles começam com sinceridade pura e, após serem induzidos por um entusiasmo a alguns atos de precipitação generosa, aprendem em tempo as virtudes da serpente. Se invertemos a ordem, como muitos fazem, e começarmos por ser prudentes e judiciosos demais, o efeito será que a virtude superior não só será adiada, mas sacrificada. A pomba será devorada pela serpente: a causa da verdade e da justiça será traída por uma preocupação indigna com autopreservação e vantagem mundana.

Ao ouvir uma máxima geral de moral anunciada, naturalmente deseja-se saber como ela se aplica a casos particulares. Cristo atendeu a esse desejo ligado à profunda e sugestiva máxima "Sejam astutos como as serpentes e sem malícia como as pombas" dando exemplos de sua aplicação. O primeiro caso suposto é o dos mensageiros da verdade sendo levados diante de tribunais civis ou eclesiásticos para responder por si mesmos. Aqui, o ditado da sabedoria é: "Tenham cuidado com os homens" (Mt 10.17), "Não sejam tão ingênuos a ponto de acreditar que todos os homens são bons, honestos, justos e tolerantes. Lembrem-se de que há lobos no mundo – gente cheia de malícia, falsidade e sem escrúpulos, capaz de inventar as mais atrozes acusações contra vocês e de sustentá-las com as mais descaradas mentiras. Fiquem fora de suas garras se for possível; e, quando caírem em suas mãos, não esperem nenhuma simpatia, justiça nem generosidade." Mas como se deve responder a tais homens? Deve-se pagar esperteza com esperteza e mentiras com mentiras? Não; aqui é o lugar para a simplicidade da pomba. Engano e esperteza não valem nada em tal hora; a segurança encontra-se em confiar na direção do Céu e dizer a verdade.

O TREINAMENTO DOS DOZE

"Mas quando os prenderem, não se preocupem quanto ao que dizer ou como dizê-lo. Naquela hora lhes será dado o que dizer, pois não serão vocês que estarão falando, mas o Espírito do Pai de vocês falará por intermédio de vocês" (Mt 10.19,20). O conselho dado aos apóstolos tem sido justificado pela experiência. Que livro maravilhoso daria a coleção dos discursos pronunciados pelos confessores da verdade sob a inspiração do Espírito Divino. Seria um tipo de Bíblia dos mártires.

Em seguida, Jesus coloca o caso dos arautos de seu evangelho sendo expostos à perseguição popular e mostra o alcance da máxima nessa área também. Tais perseguições, diferentes dos procedimentos judiciais, foram comuns na experiência apostólica e são de esperar em todas as épocas críticas. A população ignorante e supersticiosa, cheia de preconceito e cólera, e instigada por homens astuciosos, atua como obstáculo para a causa da verdade, amotinando, zombando e atacando os mensageiros de Deus. Como, então, devem as vítimas desses maus tratos agir? Por um lado, elas devem mostrar a sabedoria da serpente por evitar a tempestade da má vontade popular quando ela surge; e, por outro lado, devem exibir a simplicidade da pomba ao dar a máxima publicidade a sua mensagem, embora conscientes do risco que correm. "Quando forem perseguidos num lugar, fujam para outro" (Mt 10.23); todavia, sem medo do clamor, calúnia e violência "O que eu lhes digo na escuridão, falem à luz do dia; o que é sussurrado em seus ouvidos, proclamem dos telhados" (Mt 10.27).

A cada uma dessas instruções, um motivo é anexado. Fuga é justificada pela observação: "Eu lhes garanto que vocês não terão percorrido todas as cidades de Israel antes que venha o Filho do Homem" (Mt 10.23). A vinda mencionada é a destruição de Jerusalém e a dispersão da nação judaica; e o significado é que os apóstolos mal teriam tempo, antes de vir a catástrofe, de passar por todo o país, advertindo o povo para se salvar da destruição de uma geração rebelde, de forma que não podiam se deixar demorar em qualquer localidade após seus habitantes terem ouvido e rejeitado a mensagem. As almas de todos eram igualmente preciosas, e, se uma cidade não recebia a palavra, talvez outra a recebesse.[82] O motivo ligado à instrução de dar a máxima publicidade para a verdade, apesar de todos os perigos possíveis, é: "O discípulo não está acima de seu mestre, nem o servo acima de seu senhor" (Mt 10.24,25). Isto é: "ser maltratado pela multidão ignorante e violenta é difícil de suportar, mas não mais difícil para vocês do que para mim, que já, como vocês

---

[82] Paulo e Barnabé agiram de acordo com esse princípio em Antioquia da Pisídia (At 13.46)

sabem, tenho tido a experiência do rancor popular em Nazaré, e estou destinado, como vocês não sabem, a ter experiências ainda mais amargas disso em Jerusalém. Portanto, não escondam sua luz debaixo de uma vasilha para escapar à ira de pessoas ferozes."

Espera-se que os discípulos, por fim, estejam em perigo não só de julgamento, zombaria e violência, mas de sua própria vida, e são instruídos sobre como agir nessa situação extrema. Aqui também a máxima: "Astutos como as serpentes e sem malícia como as pombas" entra em cena nas suas duas partes. Nesse caso, a sabedoria da serpente encontra-se em saber o que temer. Jesus lembra seus discípulos de que há dois tipos de morte, um causado pela espada, outro pela infidelidade ao dever; e diz a eles de fato que enquanto ambos são males a serem evitados, se possível, porém, se uma escolha deve ser feita, a última morte deve ser muito mais temida. Ele disse: "Não tenham medo dos que matam o corpo, mas não podem matar a alma. Antes, tenham medo daquele que pode destruir tanto a alma como o corpo no inferno" – o tentador, isto é, quem, quando alguém está em perigo, sussurra: "Salve-se de qualquer sacrifício de princípio ou consciência."[83] A simplicidade da pomba na presença de extremo perigo consiste em confiança infantil na providência vigilante do Pai nos céus. Tal confiança Jesus exortou seus discípulos a compartilharem em uma linguagem encantadoramente simples e comovente. Ele lhes disse que Deus cuidava até de pardais, e lhes lembrou que, por mais insignificantes que pudessem parecer para si mesmos, eles eram pelo menos mais valiosos que muitos pardais, para não dizer dois, que financeiramente não valiam quase nada. Se Deus não se descuidava nem de dois pardais, mas lhes dava um lugar em seu mundo onde pudessem construir seus ninhos e, com segurança, criar seus filhotes, ele não cuidaria daqueles que saíram de dois em dois para pregar a doutrina do reino? Sim! Ele cuidaria! Até os cabelos de suas cabeças estavam contados. Portanto, podiam ir sem medo, confiando suas vidas ao seu cuidado; lembrando também que a morte não era o grande mal, vendo-se que para o fiel estava reservada uma coroa de vida e, para aqueles que confessassem o Filho do Homem, a honra de também serem confessados por ele diante de seu Pai nos céus (Mt 10.32,33).

Tais foram as instruções de Cristo aos doze quando os mandou pregar e curar. Foi um discurso raro e sem exemplos, estranho aos ouvidos dos modernos, que dificilmente podem imaginar tais exigências duras sendo seriamente

---

[83] Mt 10.28. Tem havido muito debate sobre quem é referido aqui – Deus ou Satanás. Pode ser qualquer um: Deus, como juiz; Satanás, como tentador. Preferimos o último.

feitas, para não dizer exatamente atendidas. Alguns leitores dessas páginas podem ter ficado em pé e olhado o Mont Blanc do Courmayeur ou Chamounix. Tal é nossa atitude para com esse primeiro sermão missionário. É uma montanha na qual nós olhamos espantados de uma posição bem abaixo, dificilmente sonhando subir ao seu topo. Alguns nobres, entretanto, fizeram a árdua subida; e, entre esses, o primeiro lugar de honra deve ser atribuído aos companheiros escolhidos de Jesus.

9
A crise da Galileia
Seção I – O milagre
Jo 6.1-15; Mt 14.12-21; Mc 6.33-34; Lc 9.11-17

O sexto capítulo do Evangelho de João é cheio de maravilhas. Ele fala de um grande milagre, um grande entusiasmo, uma grande tempestade, um grande sermão, uma grande apostasia e um grande julgamento de fé e fidelidade suportado pelos doze. Ele contém, na verdade, a história resumida de uma importante crise no ministério de Jesus e a experiência religiosa de seus discípulos – uma crise que, em muitos aspectos, prefigura a grande final, que aconteceu pouco mais que um ano depois,[84] quando um milagre mais famoso ainda foi seguido por uma popularidade ainda maior, para ser sucedida, por sua vez, por uma deserção completa e terminar na crucificação, pela qual o enigma do discurso de Cafarnaum foi resolvido e sua profecia, cumprida.[85]

Os fatos registrados por João nesse capítulo de seu evangelho podem todos ser compreendidos sob estes quatro títulos: o milagre no deserto, a tempestade sobre o lago, o sermão na sinagoga e a subsequente avaliação dos discípulos de Cristo. Esses, em sua ordem, propomos considerar em quatro seções distintas. A cena do milagre foi na praia oriental do mar da Galileia.

---

[84] João 6.4: "Estava próxima a festa judaica da Páscoa."

[85] Kaim, enquanto admite a realidade de uma crise na Galileia, pensa que o relato dela em João 6 não é histórico, embora ele o elogie como uma das melhores composições em todo o livro. O relato histórico ele encontra em Mateus 16; e descobre no quarto evangelho pontos de correspondência com a versão sinótica. A declaração de Pedro no final do capítulo é simplesmente sua famosa confissão em outras palavras. O demônio no relato de João corresponde a Satanás do sinótico, só que o demônio de João está em Judas, enquanto o do sinótico está em Pedro. Kaim diz que no relato da crise de João, a ascensão e queda da estrela de Jesus é comprimida em um único capítulo, e tratada como obra de um dia. Através da alimentação e da tempestade Jesus chega imediatamente à mais alta popularidade e a perde de novo tão repentinamente, em consequência do discurso repulsivo em Cafarnaum. Mas essa é uma representação muito incorreta. João de fato fala da *crise* em um capítulo, mas não faz o entusiasmo do povo aparecer como resultado do milagre da alimentação ou de qualquer outro ato. Ele ocupa-se do ministério galileu (do qual ele sabe, embo-ra não o relate) no ponto em que já alcançou o resultado de fazer de Jesus um ídolo popular (veja v. 2), e então prossegue relatando a história da crise. E a história que dá, consistente e inteligível em si mesma, como esperamos mostrar, ajuda a explicar coisas no relato sinótico não claras em si mesmas, por exemplo, a insistência de Jesus para que os discípulos atravessassem o lago a toda pressa, do que falaremos mais tarde. Veja *Jesu von Nazara*, ii.578.

O Treinamento dos Doze

Lucas fixa a localização precisa na vizinhança de uma cidade chamada Betsaida (Lc 9.10). Essa, é claro, não poderia ser a Betsaida do lado ocidental, a cidade de André e Pedro. Mas havia, parece, outra cidade com o mesmo nome na extremidade nordeste do lago, chamada, para diferenciar, Betsaida Júlia.[86] O lugar dessa cidade, somos informados por uma testemunha ocular, "é discernível sobre o mais baixo declive da montanha que se projeta sobre a rica planície na foz do Jordão" (isto é, no lugar onde as águas do Jordão superior chegam ao mar da Galileia). "O lugar deserto", o mesmo autor continua dizendo, para provar a adequabilidade do local para ser a cena desse milagre, "era ou o verde planalto que fica a meio-caminho subindo a montanha imediatamente acima de Betsaida, ou então, nas partes da planície não cultivadas pela mão do homem seria achada a 'grama muito verde', ainda fresca na primavera do ano em que esse evento ocorreu, antes que tivesse murchado ao sol do verão: a grama alta que, esmagada pelos pés de milhares então se juntava, se transformaria 'por assim dizer', em 'almofadas' para que se reclinassem"[87].

Para esse lugar, Jesus e os doze tinham se retirado após o retorno dos últimos de sua missão, procurando descanso e privacidade. Mas o que procuravam não encontraram. Seus movimentos foram observados, e o povo foi ao longo da praia para o lugar para onde tinham ido de barco, correndo todo o caminho, como se temeroso de que pudessem escapar e assim chegando ao lugar de destino antes deles (Mc 6.33). A multidão que se reuniu ao redor de Jesus era muito grande. Todos os evangelistas concordam em afirmar que eram cinco mil; e, como o arranjo do povo na refeição miraculosa em grupos de cem e cinquenta (Mc 6.40) tornou fácil verificar seu número, podemos aceitar essa afirmação não como uma estimativa superficial, mas como um cálculo toleravelmente exato.

Uma congregação tão imensa testifica a presença de uma grande agitação entre as populações que viviam perto da praia do mar da Galileia. Um entusiasmo fervente, uma adoração de herói, da qual Jesus era o objeto, estava acontecendo em suas mentes. Jesus era o ídolo da hora: eles não podiam suportar sua ausência, não se cansavam de ver sua obra, nem de ouvir seu ensino. Esse entusiasmo dos galileus podemos ver como o resultado cumulativo da própria atividade anterior de Cristo e, em parte, também da missão evangelística que estudamos no capítulo anterior.[88] A contaminação parece ter-se espa-

---

[86] Reconstruída pelo tetrarca Filipe e citada por Josefo.

[87] Stanley, *Sinai and Palestine*, p.382. O "lugar deserto" é mencionado em Lucas 9.10, a "muita grama verde" em Marcos 6.39 e João 6.10 combinados.

[88] Veja p. 101 e segs.

lhado para o sul até Tiberíades, porque João relata que barcos daquela cidade "aproximaram-se do lugar onde o povo tinha comido o pão" (Jo 6.23). Aqueles que estavam nesses barcos chegaram muito tarde para testemunhar o milagre e participar da festa, mas isso não prova que seu propósito não era o mesmo que o dos outros; porque, devido a sua grande distância da cena, a notícia demoraria mais para alcançá-los, e levaria mais tempo para chegar até lá.

O grande milagre realizado na vizinhança de Betsaida Júlia consistiu na alimentação dessa vasta congregação de seres humanos com os meios bastante inadequados de "cinco pães de cevada e dois peixinhos" (Jo 6.9). Foi, de fato, uma obra estupenda, da qual não podemos ter ideia; mas nenhum acontecimento nos evangelhos é mais satisfatoriamente atestado. Todos os evangelistas relatam o milagre com muitos detalhes, com pequenas aparentes discrepâncias, e com detalhes tão vívidos que ninguém senão uma testemunha ocular poderia ter fornecido. Mesmo João, que registra tão poucos milagres de Cristo, descreve esse com tanto cuidado como qualquer outro de seus irmãos evangelistas, embora introduzindo-o em sua narrativa meramente como um prefácio ao sermão do Pão da Vida, encontrado só em seu evangelho.

Essa obra maravilhosa, tão excepcionalmente atestada, parece aberta à crítica por outro motivo. Ela *parece* ser um milagre sem um motivo suficiente. Não se pode dizer que tenha sido urgentemente exigido pelas necessidades da multidão. Sem dúvida, eles estavam com fome e não tinham trazido com eles mantimentos para atender às suas necessidades físicas. Mas o milagre foi realizado na tarde do dia no qual deixaram suas casas, e a maioria deles podia ter retornado dentro de poucas horas. É verdade que teria sido um pouco difícil empreender tal jornada no fim do dia sem alimento; mas a dificuldade, mesmo se necessária, estava bem dentro dos limites da resistência humana. Ela não era necessária, porém, porque o alimento podia ter sido conseguido no caminho, sem ir muito longe, nas cidades e povoados vizinhos, de forma que dispersá-los como estavam não teria envolvido nenhuma inconveniência considerável. Isso é evidente a partir dos termos em que os discípulos fizeram a sugestão de que a multidão devia ser mandada embora. "Ao fim da tarde, os doze se aproximaram dele e disseram: Manda embora a multidão para que eles possam ir aos campos vizinhos e aos povoados e encontrem comida e pousada" (Lc 9.12). Nesses aspectos há uma diferença óbvia entre a *primeira* alimentação miraculosa e a *segunda*, que ocorreu em uma ocasião um pouco posterior, na extremidade sudeste do Lago. Naquela ocasião, o povo que se havia reunido ao redor de Jesus tinha estado três dias no deserto sem nada para comer, e

O TREINAMENTO DOS DOZE

não havia meios de se conseguir comida, de forma que o milagre foi exigido por considerações de humanidade (Mc 8.3,4). Consequentemente, essa compaixão é dada como o motivo para o milagre: "Jesus chamou os seus discípulos e disse-lhes: Tenho compaixão desta multidão; já faz três dias que eles estão comigo e nada têm para comer. Se eu os mandar para casa com fome, vão desfalecer no caminho, porque alguns deles vieram de longe" (Mc 8.1-3).

Se nosso objetivo fosse meramente nos livrarmos da dificuldade de atribuir um motivo suficiente para o primeiro grande milagre da alimentação, poderíamos nos contentar com dizer que Jesus não precisava de uma ocasião muito urgente para levá-lo a usar seu poder em benefício de outros. Em seu próprio benefício, ele não o usaria nem em um caso de extrema necessidade, nem mesmo após um jejum de quarenta dias. Mas, quando o *bem-estar* (para não dizer o *ser*) de outros estava envolvido, ele dispensava bênçãos miraculosas com uma mão liberal. Ele não se perguntou: essa é uma situação suficientemente grave para manifestação do poder divino? Este homem está suficientemente doente para justificar uma interferência miraculosa nas leis da natureza para curá-lo? Essas pessoas aqui reunidas estão suficientemente famintas para serem alimentadas, como seus pais no deserto, com pão do céu? Mas nós não insistimos sobre isso, porque cremos que se visava a algo maior e superior nesse milagre que satisfazer o apetite físico. Ele foi um milagre *crítico*, simbólico e didático. Tinha a intenção de ensinar e também testar; fornecer um texto para o sermão subsequente e uma pedra de toque para testar o caráter daqueles que tinham seguido a Jesus com tanto entusiasmo. A festa miraculosa no deserto pretendia dizer à multidão só o que nossa festa sacramental diz a nós: "Eu, Jesus, o Filho de Deus encarnado, sou o pão da vida. O que esse pão é para seus corpos, eu mesmo sou para suas almas." E os participantes daquela festa deviam ser testados pela forma como consideravam a obra. O espiritual veria nela um sinal da dignidade divina de Cristo e um selo de sua graça salvadora; o carnal se basearia simplesmente no fato externo de que tinha comido dos pães e estava satisfeito e aproveitaria a ocasião do que tinha acontecido para permitir-se altas esperanças de felicidade temporal no reino benigno do Profeta e Rei que tinha aparecido entre eles.

O milagre no deserto era, nesse ponto de vista, não só um ato de misericórdia, mas um ato de julgamento. Jesus misericordiosamente alimentou a multidão faminta para que pudesse testá-la e separar os discípulos verdadeiros dos falsos. Havia muito mais urgência dessa separação do que de alimento para satisfazer só anseios físicos. Se aqueles milhares eram todos discípulos genuínos, muito bem; mas se não – se o maior número estivesse seguindo a Cristo por engano – quanto mais cedo isso ficasse claro melhor. Permitir que uma multidão tão grande o seguisse por mais tempo sem uma separação teria sido, da parte de Cristo, encorajar falsas esperanças e dar lugar a sérios enganos quanto à natureza de seu reino e sua missão terrena. E em nenhum outro método de separação da palha do trigo naquela grande multidão de discípulos professos se poderia pensar, senão primeiro fazer um milagre que traria à superfície a carnalidade latente do maior número e então pregar um sermão que não podia deixar de ser ofensivo à mente carnal.

Que Jesus livremente escolheu, por uma razão só sua, o método milagroso de enfrentar a dificuldade que tinha surgido parece ser claramente indicado nas narrativas do evangelho. Considere, por exemplo, nesse contexto, a observação temporal de João: "Estava próxima a festa judaica da Páscoa". Isso é só uma afirmação cronológica? Achamos que não. Que outro propósito então ela teria? Explicar como era grande a multidão que se reuniu ao redor de Jesus? Tal explicação não era necessária, porque a verdadeira causa da grande multidão era o entusiasmo que tinha sido despertado entre o povo pela pregação e obra de cura de Jesus e dos doze. O evangelista refere-se à Páscoa que se aproxima, parece, não para explicar o movimento do povo, mas antes para explicar os atos e palavras de seu Senhor que vão ser relatados. "Estava próxima a Páscoa, e" – seria este o sentido – "Jesus estava pensando nela, embora ele não fosse à festa naquela ocasião. Ele pensou no cordeiro pascal e em como ele, o verdadeiro Cordeiro Pascal, seria morto em breve pela vida do mundo; e ele deu expressão aos profundos pensamentos de seu coração no milagre simbólico que eu vou relatar e no discurso místico que se seguiu"[89].

A teoria que defendemos a respeito do motivo do milagre no deserto parece confirmada também pelo tom adotado por Jesus, na conversa que aconteceu entre ele e os doze, sobre como as necessidades da multidão poderiam ser supridas. No curso dessa conversa, da qual fragmentos foram preservados pelos evangelistas, duas sugestões foram feitas pelos discípulos. Uma era despedir a multidão para que pudessem procurar suprimentos por si mesmos; a outra, que eles (os discípulos) fossem à cidade mais próxima (talvez Betsaida Júlia, que não ficava longe) comprar tanta comida quanto possível com duzentos denários, que bastaria pelo menos para aliviar a fome, se não para satisfazer o apetite.[90] As duas propostas eram viáveis, senão não teriam sido feitas;

---

[89] Para essa opinião sobre João 6.4 dada acima, veja Luthardt, *Das Johan. Evangelium*, i. 80, ii. 41.

[90] Marcos 6.37; João 6.7. Um denário parece ter sido o salário de um dia de trabalho (Mt 20.9) e era cerca de um oitavo de uma onça de prata.

porque os doze não falaram sem pensar, mas após considerações, como parece o fato de que um deles, André, já tinha avaliado quanta provisão podia-se conseguir no lugar. A questão de como a multidão podia ser alimentada tinha preocupado a mente dos discípulos, e as duas propostas eram o resultado de suas deliberações. Ora, o que queremos indicar é que Jesus não parece ter dado nenhuma atenção a essas propostas. Ele os ouviu não descontente de ver a preocupação generosa de seus discípulos pelo povo faminto, todavia com o ar de quem pretendia, desde o início, ir por outro caminho, diferente de qualquer que tinham sugerido. Ele se comportou como um general em um conselho de guerra, cuja própria cabeça já está feita, mas que está disposto a ouvir o que os seus subordinados querem dizer. Isso não é mera inferência nossa, porque João de fato explica que tal era a maneira que Nosso Senhor agiu na ocasião. Após relatar que Jesus dirigiu a Filipe a pergunta "Onde compraremos pão para que esses possam comer?", ele acrescenta a observação parentética "Fez essa pergunta apenas para pô-lo à prova, pois já tinha em mente o que ia fazer" (Jo 6.6).

Este então era o objetivo do milagre; qual então foi o resultado? Ele elevou a crescente onda de entusiasmo à maior altura e induziu a multidão a tomar uma decisão louca e perigosa – coroar o Jesus operador de milagres e fazê-lo seu rei em lugar do licencioso tirano Herodes. Eles disseram: "Sem dúvida, este é o profeta que devia vir ao mundo"; e estavam a ponto de vir e pegá-lo à força para fazê-lo rei, de maneira que foi necessário que ele escapasse deles e partisse para uma montanha e ficasse sozinho.[91] Tais são as afirmações expressas do quarto evangelho, e o que lá é afirmado está obscuramente implicado nas narrativas de Mateus e Marcos. Elas dizem como, *logo* após o milagre no deserto, Jesus *insistiu* com seus discípulos para que entrassem no barco e fossem para o outro lado.[92] Por que tanta pressa e tanta urgência? Sem dúvida era tarde e não havia tempo a perder se queriam chegar a casa, em Cafarnaum, naquela noite. Mas por quê, afinal de contas, ir para casa? Quando o povo, ou pelo menos parte dele, ia passar a noite no deserto? Não deveriam os discípulos, pelo contrário, ter ficado com eles, mantê-los no coração e cuidar deles? Além disso, seria respeitoso para os discípulos deixar seu Mestre sozinho em tal situação? Sem dúvida a relutância dos doze em partir surgiu de se fazerem exatamente essas perguntas; e, como um sentimento, tendo tal origem, era muito apropriado, a insistência com eles pressupõe a existência de circunstâncias anormais, tais como as registradas por João. Em outras palavras, a explicação mais natural do fato registrado pelos evangelistas sinóticos é que Jesus

---

[91] João 6.14,15. O profeta em vista era um como Moisés (Dt 18.15).

[92] Mt 14.22; Mc 1.45, Ευθεως ηναγκασεν.

queria livrar tanto a si mesmo como aos discípulos do tolo entusiasmo da multidão, um entusiasmo com o qual, sem dúvida, os discípulos simpatizavam muito, e, com esse objetivo, insistiu que eles deviam atravessar o lago no crepúsculo, enquanto ele se retirava para a solidão da montanha.[93]

Que resultado melancólico de um movimento promissor nós temos aqui! O reino foi proclamado e as boas novas foram extensamente bem recebidas. Jesus, o rei messiânico, torna-se o objeto da mais ardente devoção de uma população entusiasmada. Mas, ai! Suas ideias do reino estão radicalmente erradas. Levadas a efeito, elas significariam rebelião e, no final, destruição. Portanto, era necessário que Jesus se salvasse de seus próprios amigos e se escondesse de seus próprios seguidores. Quão certamente o joio de Satanás é semeado entre o trigo de Deus! Quão facilmente o entusiasmo se transforma em loucura e maldade!

O resultado do milagre não surpreendeu Jesus. Era o que ele esperava; além disso, em um sentido, era o que ele pretendia. Era tempo de que os pensamentos de muitos corações fossem revelados; e a certeza deque o milagre ajudaria a revelá-los era pelo menos uma razão para que ele fosse operado. Jesus preparou para o povo uma mesa no deserto, e lhes deu do alimento do céu, e lhes mandou carne com fartura (Sl 78.19,24,25.), para que pudesse prová-los, e saber o que havia em seus corações (Dt 8.2) — se o amavam pelo que ele era ou só por causa da esperada vantagem material. Que muitos o seguiam com segundas intenções ele sabia de antemão, mas queria deixar isso claro para eles próprios. O milagre lhe dava esse poder e o capacitava a dizer, sem medo de ser contradito: "A verdade é que vocês estão me procurando, não porque viram os sinais miraculosos, mas porque comeram os pães e ficaram satisfeitos" (Jo 6.26). Esta foi uma palavra forte, que poderia provocar em todos os seus confessos seguidores, não só daquele tempo, mas de agora também, pensamentos de autoexame, e levar cada pessoa a se perguntar: "Por que eu professo o cristianismo? É por causa de uma fé sincera em Jesus Cristo como o Filho de Deus e Salvador do mundo, ou por irrefletida submissão ao costume, por respeito à reputação, ou por considerações de vantagem material?

Seção II – A tempestade
Mt 14.24-33; Mc 6.45-52; Jo 6.16-21

"Em perigos no deserto, em perigos no mar", escreveu Paulo, descrevendo as várias dificuldades encontradas por ele mesmo na realização de seu gran-

---

[93] Jo 6.15,16.

O TREINAMENTO DOS DOZE

de trabalho como apóstolo dos gentios. Tais perigos se encontraram nessa crise na vida de Jesus. Ele acabou de se salvar do perigoso entusiasmo manifestado pela multidão precipitada após a miraculosa refeição no deserto; e agora, poucas horas depois, um desastre ainda maior ameaça cair sobre ele. Seus doze discípulos escolhidos, a quem ele tinha apressadamente enviado em um barco, para que não encorajassem o povo em seu projeto louco, foram surpreendidos por uma tempestade enquanto ele estava sozinho orando na montanha, e estão em iminente perigo de morrerem afogados. Seu esforço para fugir de um mal o fez cair em um pior; e parecia que, por uma combinação de contratempos, ele devesse ser repentinamente privado de todos os seus seguidores, verdadeiros e falsos, ao mesmo tempo, e deixado completamente sozinho, como na última grande crise. O Rei Messiânico, observando daquelas alturas, como um general em dia de batalha, foi de fato muito pressionado, e está em desvantagem na batalha. Mas o Capitão da salvação está pronto para a emergência; e por extremamente perplexo que possa estar por um momento, ele será vitorioso no final.

O mar da Galileia, embora só um pequeno lençol de água, umas treze milhas de comprimento por seis de largura, é propenso a ser visitado por fortes e repentinas tempestades, provavelmente devido a sua localização. Ele encontra-se em um profundo buraco de origem vulcânica, limitado em ambos os lados por íngremes cadeias de colinas subindo acima do nível da água de um a dois mil pés. A diferença de temperatura no topo e na base dessas colinas é bastante considerável. Em cima, nos planaltos, o ar é frio e revigorante; embaixo, na margem do lago, setecentos pés abaixo do nível do oceano, o clima é tropical; as tempestades causadas por essa diferença são tropicais em violência. Elas vêm varrendo as ravinas sobre a água e, em um momento, o lago, calmo como vidro antes, torna-se de um extremo a outro branco de espuma, enquanto as ondas se levantam no ar em colunas de vapor.[94]

Os doze enfrentaram duas de tais tempestades após terem se tornado discípulos, provavelmente dentro do mesmo ano; essa de que estamos falando agora e uma anterior por ocasião de uma visita a Gadara (Mt 8.23; Mc 4.35; Lc 8.22). As duas aconteceram à noite, e as duas foram extremamente violentas. Na primeira tempestade, o barco foi coberto pelas ondas e encheu-se quase a ponto de afundar, e os discípulos pensaram que iam morrer. A segunda foi igualmente violenta e durou muito mais. Ela atingiu os doze aparentemente quando eles estavam a meio-caminho na travessia e após o crepúsculo ter-se aprofundado na escuridão da noite. Daquele momento em diante, o vento

---

[94] Stanley, *Sinai and Palestine*, p.380.

soprou com força contínua até o raiar do dia, na quarta vigília, entre três e seis horas da manhã. Pode-se ter uma ideia da fúria da rajada pelo fato registrado de que mesmo então eles ainda estavam a pouco mais de meio-caminho do seu destino. Eles tinham remado no total só uma distância de vinte e cinco ou trinta estádios (Jo 6.19), toda a distância em uma direção oblíqua, da praia oriental para a ocidental, sendo provavelmente de cerca de cinquenta. Durante todas aquelas horas fatigantes, eles tinham feito pouco mais que, esforçan-do-se muito, resistir ao vento e às ondas.

O que Jesus estava fazendo enquanto isso? Na primeira tempestade, ele tinha estado com seus discípulos no barco, dormindo tranquilamente depois da fadiga do dia, "embalado no berço da imperiosa onda". Desta vez, ele estava ausente e não estava dormindo; mas sozinho, sobre as montanhas, vigiando em oração. Porque ele também tinha sua própria batalha naquela noite tempestuosa; não com os ventos fortes, mas com pensamentos tristes. Naquela noite, ele, por assim dizer, ensaiou a agonia do Getsêmani e, com oração séria e absorvente meditação, estudou o sermão da paixão que ia pregar de manhã. Tão envolvida estava sua mente com seus próprios pensamentos tristes, que os pobres discípulos ficaram por um momento como que esquecidos; até que, por fim, na madrugada, olhando em direção ao mar (Mc 6.48), ele os viu lutando contra o vento contrário, e sem um momento a mais de demora se apressou para resgatá-los.

Essa tempestade sobre o mar da Galileia, além de ser importante como fato histórico, possui também o significado de um emblema. Quando consideramos o tempo em que ela ocorreu, é impossível não ligá-la, em nossos pensamentos, com os eventos desfavoráveis do dia seguinte. Porque a tempestade literal sobre a água foi sucedida por uma tempestade espiritual em terra, igualmente repentina e violenta, e não menos perigosa para as almas dos doze que a outra o tinha sido para seus corpos. O pequeno barco contendo a preciosa carga dos verdadeiros discípulos de Cristo foi então atacado por uma repentina rajada de impopularidade, caindo sobre ele como um pé-de-vento sobre um lago de planalto e quase transtornando-o. A multidão instável, que exatamente no dia anterior teria feito de Jesus seu rei, afastou-se abruptamente dele desapontada e desgostosa; e não foi sem esforço, como veremos,[95] que os doze mantiveram sua firmeza. Eles tiveram que se esforçar muito contra o vento e ondas, para que não fossem arremessados de ponta-cabeça na ruína da apostasia.

---

[95] Veja seção IV deste capítulo.

O TREINAMENTO DOS DOZE

Pode haver pouca dúvida de que as duas tempestades – no lago e na praia – estando tão próximas uma da outra, ficariam associadas na memória dos apóstolos; e de que a tempestade literal seria estereotipada, em suas mentes, como um emblema expressivo da espiritual, e todos os similares testes da fé. Os incidentes daquela noite terrível – a vigília, a chuva, o esforço vão, o cansaço, o terror e o desespero – ficariam indelevelmente marcados em suas memórias, a representação simbólica de todos os perigos e tribulações pelos quais os crentes devem passar em sua caminhada para o reino dos céus, e especialmente daqueles que vêm sobre eles enquanto são imaturos na fé. Pode-se descobrir significado simbólico especialmente em três características. A tempestade aconteceu *à noite;* na *ausência de Jesus;* e, enquanto durou, *todo progresso foi parado.* Tempestades no mar podem acontecer a qualquer hora do dia, mas testes da fé sempre acontecem à noite. Se não houvesse escuridão, não poderia haver teste. Se os doze tivessem entendido o discurso de Cristo em Cafarnaum, a apostasia da multidão lhes teria parecido uma questão sem importância. Mas eles não o entenderam, e daí o cuidado de seu Mestre para que eles também não o abandonassem. Em todos os testes desse tipo, também, sentir a ausência do Senhor é uma característica constante e muito dolorosa. Cristo não está no barco quando a tempestade cai à noite, e nós nos esforçamos remando sem ajuda, em nossa opinião, de sua graça, não incentivados por sua presença espiritual. Foi assim com os doze na praia no dia seguinte. Seu Mestre, presente a seus olhos, tinha desaparecido de seu entendimento. Eles não tinham o conforto de compreender seu significado, enquanto eles se apegavam a ele como a alguém que tinha as palavras de vida eterna. Pior de tudo, nesses testes de fé, com todo o nosso esforço, não progredimos; o máximo que podemos realizar é sustentar a nós mesmos, evitar as praias rochosas, continuar no meio do mar. Felizmente, isso é alguma coisa, sim, é tudo. Porque não é sempre verdade que, se não estamos avançando, estamos retrocedendo. Esse é um provérbio que só vale para tempo bom. Em tempo de tempestade, há situações de ficar parado, e então fazer isso já é uma grande realização. É coisa pouca resistir à tempestade, evitar as rochas, os bancos de areia e arrebentações? Não perturbe a alma daquele que já está suficientemente perturbado pelas pancadas de vento com a citação de sábios provérbios sobre progresso e apostasia, indiscriminadamente aplicados. Em lugar de dar uma de amigo de Jó, antes o lembre de que o importante para alguém em sua situação é suportar, ser inamovível, sustentar com firmeza a sua integridade moral e sua confissão de fé, e evitar as praias perigosas da imoralidade e da infidelidade; e assegurá-lo de que, se ele se esforçar só mais um pouco, por mais que seu braço esteja cansado, Deus virá e acalmará o vento, e ele imediatamente alcançará a terra. A tempestade sobre o lago, além de ser um símbolo adequado do teste da fé, foi para os doze uma importante lição de fé, ajudando a prepará-los para o futuro que os esperava. A ausência temporária de seu Mestre era uma preparação para sua ausência perpétua. A interposição miraculosa de Jesus na crise do perigo deles foi adequada para imprimir, em suas mentes, a convicção de que, mesmo após ele ter subido ao céu, ainda estaria com eles na hora do perigo. Do resultado feliz de um plano que ameaçou por um tempo fracassar, eles puderam depois aprender a usufruir de uma calma confiança no governo de seu Senhor exaltado, mesmo no meio dos eventos mais desfavoráveis. Eles provavelmente concluíram, quando a tempestade veio, que Jesus tinha cometido um engano ao ordenar que cruzassem o lago enquanto ele ficava para despedir a multidão. O acontecimento, entretanto, negou esse julgamento apressado, pois tudo terminou bem. A experiência deles, nesse caso, serviu para ensinar uma lição para a vida: não julgar apressadamente uma má administração ou negligência da parte de Cristo por causa de acidentes temporários, mas ter fé firme em seu cuidado sábio e amoroso por sua causa e seu povo e antecipar um resultado feliz de todas as perplexidades; sim, gloriar-se na tribulação, por causa da grande libertação que certamente se seguirá.

Tal fé forte os discípulos estavam muito longe de possuir no tempo da tempestade. Eles não tinham expectativa de que Jesus viria em seu auxílio; porque, quando ele veio, pensaram que fosse um espírito flutuando sobre a água e gritaram em uma agonia de terror supersticioso. Aqui também notamos, de passagem, uma correspondência curiosa entre os incidentes dessa crise e os ligados à crise final. Os discípulos tinham então tão pouca expectativa de ver seu Senhor retornar dos mortos como tinham agora de vê-lo vir até eles sobre o mar; e, portanto, sua reaparição, de início, antes os assustou que os confortou. "Eles ficaram assustados e com medo, pensando que estavam vendo um espírito" (Lc 24.37). O bem, inesperado em qualquer caso, foi transformado em mal; e o que para a fé teria sido uma fonte de intensa alegria, tornou-se, pela descrença, só uma nova causa de alarme.

O fato de ele não ser esperado parece ter imposto a Jesus a necessidade de usar de um artifício em sua maneira de aproximar-se de seus discípulos golpeados pela tempestade. Marcos relata que "estava já a ponto de passar por eles" (Mc 6.48), fingindo desconhecimento, como nós entendemos, por delicada consideração da fraqueza deles. Ele sabia o que pensariam quando fosse visto; e, portanto, desejava atrair a atenção deles em uma distância segura, temendo que, ao aparecer entre eles de uma vez, pudesse assustá-los. Ele achou

O Treinamento dos Doze

necessário ser tão cauteloso em anunciar sua chegada para salvá-los como os homens costumam ser ao comunicar más notícias: primeiro aparecer, como o espectro, tão longe quanto poderia ser visto; então revelar-se por sua voz familiar, pronunciando palavras de conforto: "Sou eu, não tenham medo!" e assim conseguindo, no fim, uma boa recepção no barco (Jo 6.21).

Os efeitos que se seguiram à admissão de Jesus no barco levaram os doze a uma nova manifestação de fraqueza de sua fé: "... e o vento se acalmou; e eles ficaram atônitos" (Mc 6.51). Eles não deviam ter-se espantado tanto, após o que tinha acontecido nessas mesmas águas, e especialmente após o milagre que havia sido realizado no deserto no dia anterior. Mas a tempestade tinha apagado todas as lembranças de tais coisas de suas mentes, e os feito muito estúpidos, "Pois não tinham entendido o milagre dos pães (nem a repreensão dos ventos), pois o coração deles estava endurecido" (Mc 6.52).

Mas a revelação mais interessante do estado mental dos discípulos, no tempo em que Jesus veio em seu socorro, deve ser achada no episódio concernente a Pedro relatado no Evangelho de Mateus. Quando aquele discípulo entendeu que o suposto espectro era seu amado Mestre, gritou: "Senhor, se és tu, manda-me ir ao teu encontro por sobre as águas" (Mt 14.28); e, ao receber permissão, ele saiu do barco pisando no mar. Isso não era fé, mas só precipitação. Era uma repercussão de uma natureza impetuosa e precipitada, de um extremo de desespero para um extremo oposto de extravagante e imprudente alegria. O que nos outros discípulos assumiu a forma submissa de disposição de receber Jesus no barco, após estarem convencidos de que era ele que andava sobre as águas (Jo 6.21), assumiu, no caso de Pedro, a forma de um desejo romântico e aventureiro de ir até onde Jesus estava, para recebê-lo de volta entre eles. A proposta era completamente como o homem – generosa, entusiástica e bem intencionada, mas irrefletida.

Tal proposta, é claro, não poderia ter a aprovação de Cristo; todavia ele não foi contrário a ele. Antes, achou bom estimular o impulsivo discípulo até aqui, ao convidá-lo a vir, e então permitir-lhe, enquanto na água, sentir sua própria fraqueza. Assim, ele lhe ensinaria um pouco de autoconhecimento e, se possível, o salvaria dos efeitos de seu temperamento precipitado e autoconfiante. Mas Pedro não se tornaria sábio com uma lição, nem mesmo com várias. Ele continuaria errando, apesar das repreensões e advertências, até finalmente cair em grave pecado, negando o Mestre a quem ele tanto tinha amado. A negação na crise final era só o que poderia ser esperado de alguém que se tinha comportado assim na crise menor que a precedeu. O homem que disse: "manda-me ir ao teu encontro", foi exatamente o mesmo que disse: "Senhor, estou pronto para ir contigo até a prisão e a morte". Aquele que era tão corajoso no barco, e tão medroso entre as ondas, era de todos os discípulos o que mais provavelmente falaria com coragem quando a hora do teste realmente chegasse. A cena sobre o lago era só uma prefiguração ou ensaio da queda de Pedro.

E, todavia, a cena mostrou alguma coisa mais que a fraqueza da fé daquele discípulo. Mostrou também o que é possível para aqueles que creem. Se a tendência da fé fraca é afundar, o triunfo da fé forte é andar sobre as ondas, gloriando-se na tribulação e considerando motivo de muita alegria ser exposto a diversas tentações. É o privilégio daqueles que são fracos na fé e o dever de todos, conscientes da fragilidade humana, orar: "não nos conduzas à tentação". Mas, quando as tempestades vêm não porque foram convidadas, e quando seu barco é agitado no meio do mar, então pode o cristão confiar na promessa: "Quando você passar pelas águas estarei com você"; e, se eles somente tiverem fé, serão capacitados a pisar sobre as ondas como se andando em terra firme.

> "Ele me ordena ir; sua voz eu conheço,
> E corajosamente sobre as águas vou,
> E enfrento o choque da tempestade.
> Sobre rudes tentações agora eu salto;
> As ondas são firme chão,
> A onda é firme como a rocha."

Seção III – O sermão
João 6.32-58

A tarefa agora diante de nós é estudar aquele memorável discurso feito por Jesus na sinagoga em Cafarnaum, sobre o pão da vida, que causou tão grande ofensa na ocasião e que tem, desde então, sido uma pedra de tropeço, um assunto de controvérsia e uma causa de divisão na igreja visível, e, até onde se pode julgar das aparências atuais, o será até o fim do mundo. Na questão tão debatida do significado desse discurso, pode-se bem esquivar-se de entrar. Mas a própria confusão que prevalece aqui diz que nosso dever é desrespeitar o tumulto de interpretações conflitantes e, humildemente, orarmos para sermos ensinados por Deus a procurarmos e descrevermos a própria mente de Cristo.

O sermão do pão da vida, por estranho que soe, foi apropriado tanto na forma, como no conteúdo, às circunstâncias em que foi entregue. Era natural e oportuno que Jesus falasse ao povo do alimento que dura para a vida eterna após prover miraculosamente alimento perecível para suas necessidades físicas. Era natural e oportuno que ele falasse desse tópico elevado no estilo alarmante, áspero e aparentemente grosseiro que ele adotou na ocasião. A forma de pensamento adequada à situação. O tempo da Páscoa estava se aproximando, quando o cordeiro pascal era morto e comido; e se Jesus na realidade desejasse dizer, e sem dizê-lo com tantas palavras: "O pão que eu darei é a minha carne, que eu darei pela vida do mundo"? O estilo também se adaptava à complexidade peculiar dos sentimentos do orador na ocasião. Jesus estava com um humor triste e austero quando pregou esse sermão. O entusiasmo tolo da multidão o tinha entristecido. O desejo deles de forçar uma coroa sobre sua cabeça o fez pensar em sua cruz; porque ele sabia que essa devoção idólatra a um Messias político significava morte, cedo ou tarde, para quem não aceitasse tal homenagem carnal. Ele falou, portanto, em uma sinagoga de Cafarnaum com o Calvário em vista, descrevendo a si mesmo como a vida do mundo em termos aplicáveis a uma vítima sacrificial, cujo sangue é derramado, e cuja carne é comida por aqueles que apresentam a oferta; não suavizando suas palavras, mas dizendo tudo da forma mais forte e intensa possível.

O tema desse memorável discurso foi muito naturalmente introduzido pela conversa precedente entre Jesus e o povo que veio do outro lado do lago, esperando encontrá-lo em Cafarnaum, seu lugar usual de residência.[96] Às suas perguntas fervorosas sobre como ele tinha chegado lá, ele replicou com uma fria observação a respeito do verdadeiro motivo de seu zelo e uma exortação para desejarem um alimento superior àquele que perece (vv 26,27). Entendendo a exortação como um conselho para cultivar a piedade, as pessoas a quem ela foi dirigida perguntaram o que deviam fazer para que pudessem realizar as obras de Deus, isto é, agradar a Deus (v. 28). Jesus replicou declarando que a grande obra-teste do momento era receber a ele mesmo como o enviado de Deus (v. 29). Isso levou a uma exigência, da parte deles, de uma evidência em apoio dessa elevada reivindicação de ser o Messias divinamente comissionado. O milagre que acabara de ser feito do outro lado do mar era grande, mas não suficientemente grande, eles pensavam, para justificar uma pretensão tão elevada. Em tempos antigos, toda uma nação tinha sido alimentada por muitos anos com pão trazido do céu por Moisés. O que era o milagre recente comparado com isso? Ele devia mostrar um sinal em uma escala muito

---

[96] João 6.24. Luthard muito corretamente lembra que o fato de o povo esperar encontrar Jesus em Cafarnaum implica sua residência lá, como os evangelhos sinóticos nos informam. *Das Joh. Evang*. ii.50.

maior, se quisesse que cressem que um maior que Moisés estava lá.[97] Jesus aceitou o desafio e corajosamente declarou que o maná, por maravilhoso que fosse, não era o verdadeiro pão celestial. Havia outro pão, do qual o maná era só um tipo: como ele, descendo do céu;[98] mas diferente dele, dando vida não a uma nação, mas a um mundo, e não meramente vida por uns poucos e curtos anos, mas vida eterna. Esse anúncio, como aquele semelhante a respeito da maravilhosa água da vida feita para a mulher de Samaria, provocou desejo nos corações dos ouvintes, e eles exclamaram: "Senhor, dá-nos sempre desse pão!" Então Jesus lhes disse: "Eu sou o pão da vida. Aquele que vem a mim nunca terá fome; aquele que crê em mim nunca terá sede" (Jo 6.32-35).

Com essas palavras, Jesus enunciou, de forma breve, a doutrina do verdadeiro pão, que ele expôs e inculcou em seu memorável discurso de Cafarnaum. A doutrina, como afirmado, descreve o que é o verdadeiro pão, o que ele faz e como se toma posse dele.

1. O verdadeiro pão é aquele que aqui fala a respeito dele – Jesus Cristo. "Eu sou o pão." A asserção implica, da parte do orador, uma reivindicação de ter descido do céu; porque tal descida é uma das propriedades pelas quais o verdadeiro pão é definido (v.33). Consequentemente, nós encontramos Jesus, na sequência de seu discurso, expressamente afirmando que ele tinha descido do céu (vv. 38,51,58,62). Essa declaração, entendida em um sentido sobrenatural, foi a primeira coisa em seu discurso em que seus ouvintes acharam um erro. "Com isso os judeus começaram a criticar a Jesus, porque dissera: 'Eu sou o pão que desceu do céu'. E diziam: Este não é Jesus, o filho de José? Não conhecemos seu pai e sua mãe? Como ele pode dizer: 'Desci do céu'?" (vv. 41,42). Era natural que murmurassem se não soubessem, ou não cressem, que havia qualquer coisa antinatural na maneira como Jesus tinha vindo ao mundo. Porque a linguagem que ele usa aqui não poderia ser usada sem blasfêmia por um simples homem nascido como os outros homens. É uma linguagem própria somente na boca de um ser divino que, por um objetivo, assumiu natureza humana.

Ao apresentar-se, portanto, como o pão que veio do céu, Jesus virtualmente ensinou a doutrina da encarnação. A afirmação solene: "Eu sou o pão da vida" é equivalente em importância àquela feita pelo evangelista a respeito daquele que disse estas palavras: "Aquele que é a Palavra tornou-se carne e habitou entre nós... cheio de graça e de verdade" (Jo 1.14).

---

[97] Vv.30,31. Moisés não é mencionado, mas é nele que estão pensando.
[98] O καταβαινων, v.33, refere-se a αρτος, não ao orador diretamente.

É, entretanto, não *somente* como encarnado que o Filho de Deus é o pão da vida eterna. O pão deve ser partido para ser comido. O encarnado deve morrer como uma vítima sacrificial para que os homens possam verdadeiramente se alimentar dele. A Palavra tornou-se carne, e, crucificado na carne, é a vida do mundo. Essa verdade especial Jesus passou a declarar, após ter afirmado a verdade geral de que o pão celestial devia ser encontrado em si mesmo. Ele disse: "O pão que eu darei é a minha carne, (que eu darei) pela vida do mundo".[99] A linguagem aqui torna-se modificada para se adaptar à nova virada no pensamento. "Eu sou" passa para "Eu darei", e "pão" é transformado em "carne".

Jesus evidentemente refere-se aqui a sua morte. Seus ouvintes não o entenderam assim, mas não há dúvida sobre a questão. O verbo "dar", sugerindo um ato sacrificial, e o tempo futuro, ambos apontam nessa direção. Em palavras obscuras e misteriosas antes do evento, claras como o dia depois dele, o orador declara a grande verdade, que sua morte deve ser a vida dos homens; que seu corpo partido e sangue derramado devem ser comida e bebida para um mundo que está perecendo, conferindo a todos que participarão deles o dom da imortalidade. Como ele deve morrer, e por que sua morte possuirá tal virtude, ele não explica aqui. O discurso de Cafarnaum não faz nenhuma menção da cruz; ele não contém nenhuma teoria da expiação, não é hora de dar tais detalhes; ele simplesmente afirma, em termos amplos e fortes, que a carne e o sangue do Filho de Deus encarnado, partido como na morte, são a fonte da vida eterna.

Essa menção por Jesus de sua carne como o pão do céu produziu uma nova explosão de murmuração entre seus ouvintes. "Então os judeus começaram a discutir acaloradamente entre si: Como pode este homem nos oferecer a sua carne para comermos?" (Jo 6.52). Jesus ainda não tinha dito que sua carne devia ser comida, mas eles entenderam que esse era o significado. Eles estavam certos; e consequentemente, ele acrescentou com a maior solenidade e ênfase que eles deveriam até comer sua carne e beber seu sangue. A menos que fizessem isso, não teriam vida em si mesmos; se fizessem isso, teriam vida em toda a sua plenitude – vida eterna no corpo e na alma. Porque a sua carne era verdadeiro alimento, e seu sangue, a verdadeira bebida. Os que participassem deles teriam parte em sua própria vida. Ele deveria habitar neles, incorporado em seu próprio ser; e eles deveriam habitar nele como a base de seu ser. Eles deveriam viver tão seguros contra a morte por meio dele, como ele vivia

---

[99] João 6.51. As palavras no original representadas por aquelas entre parênteses são de autoridade duvidosa, mas o sentido é o mesmo se forem omitidas ou conservadas. O primeiro δωσω (darei) contém a ideia.

de eternidade a eternidade por meio do Pai. Voltando, na conclusão, à proposição com a qual tinha começado, disse o orador: "Esse, portanto (igual à minha carne) é aquele pão que veio do céu; não como os seus pais comeram o maná e estão mortos: aquele que come desse pão viverá para sempre."[100]

Uma terceira expressão de desaprovação levou Jesus a colocar o acabamento em sua elevada doutrina do pão da vida, fazendo uma declaração conclusiva, que deve ter parecido na ocasião a mais misteriosa e ininteligível de todas: que o pão que desceu do céu deve subir para lá de novo, para ser plenamente o pão da vida eterna. Isso os escandaliza? Ele pergunta a seus ouvintes: foi isso que eu acabei de dizer sobre comer a minha carne e sangue; "que acontecerá se vocês virem o Filho do Homem subir para onde estava antes?" (Jo 6.61,62). A pergunta era, na realidade, uma afirmação e era também uma referência profética: que, só após ele ter deixado o mundo, tornar-se-ia, em escala ampla e visivelmente, uma fonte de vida para os homens; porque então o maná da graça começaria a descer não só sobre o deserto de Israel, mas sobre todos os lugares áridos da terra; e a verdade nele, a doutrina de sua vida, morte e ressurreição, seria verdadeira comida e verdadeira bebida para uma multidão, não de ouvintes murmuradores, mas de crentes devotos, iluminados e agradecidos; e ninguém precisaria mais pedir por um sinal quando pudesse achar na igreja cristã, permanecendo firmemente na doutrina e comunhão dos apóstolos, e no partir do pão e nas orações, a melhor evidência de que tinha falado a verdade aquele que disse: "Eu sou o pão da vida".

2. Esse, então, é o pão celestial: o próprio Deus-homem encarnado, crucificado e glorificado. Vamos considerar agora a maravilhosa virtude desse pão. Ele é o pão da *vida*. É a função de todo pão sustentar a vida, mas é a peculiaridade desse pão divino dar a vida eterna. O orador disse: "Aquele que vem a mim nunca terá fome; aquele que crê em mim nunca terá sede" (Jo 6.35). Com referência a esse poder de dar vida, ele chamou esse pão do qual falava de "pão vivo" e verdadeiro alimento e declarou que aquele que comesse dele não morreria, mas viveria para sempre (Jo 6.51,55,50).

Ao recomendar esse pão miraculoso aos seus ouvintes, Jesus colocava uma ênfase especial sobre seu poder de dar vida eterna até para o corpo do homem. Quatro vezes ele declarou expressamente que todos os que participassem desse pão da vida seriam ressuscitados no último dia (Jo 6.39,40,44,54). O destaque dado à ressurreição do corpo é devido, em parte, ao fato de que,

---

[100] João 6.53-58. No v.55, a leitura varia entre αληθως e αληθης. V.57, δια τον πατερα significa literalmente "por causa de", mas "por" dá o sentido prático. O mesmo com δι᾽ εμε.

O TREINAMENTO DOS DOZE

por todo o seu discurso, Jesus estava traçando um contraste entre o maná que alimentou os israelitas no deserto e o verdadeiro pão do qual o maná era o tipo. O contraste era mais chocante exatamente neste ponto. O maná era só um substituto para o alimento comum; não tinha o poder de evitar a morte: a geração que havia sido tão miraculosamente sustentada tinha ido embora da terra, como todas as outras gerações da humanidade. Portanto, afirmava Jesus, ele não podia ser o verdadeiro pão do céu; porque o verdadeiro pão deve ser capaz de destruir a morte e capacitar os que o recebem com o poder de uma existência sem fim. Uma pessoa que come dele não deve morrer; ou, morrendo, deve ressurgir: "Os seus antepassados comeram o maná no deserto, mas morreram. Todavia, aqui está o pão que desce do céu. Se alguém comer deste pão, viverá para sempre" (Jo 6.49,50).

Mas a proeminência dada à ressurreição do corpo é devida principalmente a sua importância intrínseca. Porque, se os mortos não ressuscitam, então é vã a nossa fé, e o pão da vida degenera em mero charlatão *nostrum*, fingindo virtudes que não tem. É verdade que pode ainda dar vida espiritual àqueles que comem dele, mas o que é isso sem a esperança de uma vida futura? Não muito, segundo Paulo, que diz: "Se é somente para esta vida que temos esperança em Cristo, somos, de todos os homens, os mais dignos de compaixão" (1Co 15.19). Muitos, de fato, em nossos dias, não concordam com a opinião do apóstolo. Eles pensam que a doutrina da vida eterna pode ser deixada fora do credo sem prejuízo – na verdade até com vantagem positiva para a fé cristã. A vida de um cristão parece para eles muito mais nobre quando todo pensamento de recompensa ou punição futura é tirado da mente. Quão maravilhoso é atravessar o deserto deste mundo alimentando-se do maná suprido no elevado e puro ensino de Jesus, sem se preocupar se há uma terra de Canaã do outro lado do Jordão! Muito sublime, de fato! Mas por que, nesse caso, passar pelo deserto? Por que não permanecer no Egito, alimentando-se com carnes mais substanciais e saborosas? Os filhos de Israel não teriam deixado a casa da escravidão a menos que tivessem esperado alcançar a terra prometida. Uma esperança imortal é igualmente necessária para o cristão. Ele deve crer em um mundo futuro para viver acima do presente mundo mau. Se Cristo não pode redimir o corpo do poder do túmulo, é em vão que ele nos promete redimir da culpa e do pecado. O pão da vida é indigno do nome, a menos que tenha o poder de tratar com a corrupção, tanto física, quanto moral.

Daí o destaque dado por Jesus, nesse discurso, à ressurreição do corpo. Ele sabia que aqui se encontrava o experimento crucial pelo qual o valor e virtude do pão que ele ofereceu aos seus ouvintes devia ser testado. "Você chama este pão de "o pão da vida", em contraste com o maná dos tempos antigos; você quer dizer que, como a árvore da vida no jardim do Éden, ele conferirá àqueles que comem dele o dom de uma imortalidade abençoada?" "Sim, é isso", replicou o pregador a essa pergunta imaginária: "Este pão que eu ofereço a vocês não só desperta a alma para uma vida mais elevada e pura; ele vai também vivificar seus corpos e fazer o corruptível adquirir incorruptibilidade e o mortal adquirir imortalidade."

3. E como esse maravilhoso pão pode ser adquirido para que se possa experimentar sua influência revitalizadora? Pão, é claro, é comido; mas o que significa comer, nesse caso? Significa, em uma palavra, *fé*. "Aquele que vem a mim nunca terá fome; aquele que crê em mim nunca terá sede" (Jo 6.35). Comer a carne de Cristo e beber o seu sangue, e, podemos acrescentar, beber a água da qual ele falou à mulher junto ao poço, tudo significa crer nele como ele é oferecido aos homens no evangelho: o Filho de Deus manifesto na carne, crucificado, levantado dentre os mortos, elevado à glória; o Profeta, o Sacerdote, o Rei e o Mediador entre Deus e o homem. Por todo o discurso de Cafarnaum, comer e crer são usados intercambiavelmente como equivalentes. Assim, em uma frase, Jesus diz: "Asseguro-lhes que aquele que *crê* tem a vida eterna. Eu sou o pão da vida" (vv. 47,48); e logo após observar: "Eu sou o pão vivo que desceu do céu. Se alguém *comer* deste pão, viverá para sempre" (v.51). Se mais algum argumento for necessário para justificar a identificação de comer com crer, ele pode ser encontrado na instrução dada pelo pregador aos seus ouvintes antes de começar a falar do pão da vida: "A obra de Deus é esta: crer naquele que ele enviou" (v.29). Esta frase é a chave para a interpretação de todo o discurso subsequente. Jesus disse, com referência ao questionamento anterior (O que precisamos fazer para realizar as obras que Deus requer?): "Creiam, e terão feito a obra de Deus." "Creiam", podemos entendê-lo como respondendo a uma pergunta do tipo: "Como vamos comer esse pão da vida?" "Creiam e terão comido dele."

Creiam e terão comido: essa foi a fórmula com a qual Agostinho expressou sua visão do significado de Cristo no discurso de Cafarnaum.[101] O dito não é só conciso, mas verdadeiro, em nossa opinião; mas não tem sido aceito por todos os intérpretes. Muitos sustentam que "comer" e "fé" são um pouco diferentes, e expressariam a relação entre eles assim: "Creia e comerás." Até Calvino discordou da fórmula agostiniana. Distinguindo suas próprias opiniões daquelas

---

[101] *Crede et manducasti*. In Joannis Evangelium Tract. xxv. §12.

O Treinamento dos Doze

sustentadas pelos seguidores de Zuínglio, ele diz: "Para eles comer é simplesmente crer. Eu digo que a carne de Cristo é comida ao crermos porque se torna nossa pela fé, e que este comer é o fruto e efeito da fé. Ou de forma mais clara: para eles comer é fé, para mim parece antes ser um produto da fé."[102]

A distinção traçada por Calvino entre comer e crer parece ter sido mais verbal que real. Todos os que sustentam as doutrinas mágicas da transubstanciação e consubstanciação argumentam pela interpretação literal do discurso de Cafarnaum, mesmo em suas afirmações mais fortes. Comer a carne de Cristo e beber o seu sangue são, para esses, atos da boca *acompanhados* talvez por atos de fé, mas não *meramente* atos de fé. Considera-se geralmente como natural que o discurso registrado no sexto capítulo do Evangelho de João tenha referência ao sacramento da Ceia, e que somente sob a hipótese de tal referência pode a fraseologia peculiar do discurso ser explicada. Cristo falava então de comer sua carne e beber seu sangue, assim nos é dado entender, porque ele tinha em mente aquele ritual místico a ser em breve instituído, no qual o pão e vinho não deveriam meramente representar, mas tornar-se os elementos constituintes de seu corpo crucificado.

Enquanto o sermão sobre o pão da vida continua a ser misturado com controvérsias sacramentais, um acordo sobre sua interpretação é completamente impossível. Nesse meio-tempo, até um dia melhor raiar sobre uma igreja dividida e aturdida, todo homem deve se esforçar para ser plenamente persuadido em sua própria mente. Três coisas são claras para nossa mente. Primeiro, é incorreto dizer que o sermão pregado na sinagoga de Cafarnaum refere-se ao sacramento da Ceia. A verdade é que ambos se referem a uma terceira coisa, a saber, a morte de Cristo, e ambos declaram, de formas diferentes, o mesmo a respeito dela. O sermão diz em palavras simbólicas o que a Ceia diz em um ato simbólico: que Cristo crucificado é a vida dos homens, a esperança da salvação do mundo. O sermão diz mais que isso, porque fala da ascensão de Cristo, bem como de sua morte; mas ele diz isso em primeiro lugar.

Um segundo ponto sobre o qual temos clareza é que é bastante desnecessário assumir uma referência mental por antecipação à Santa Ceia, para explicar a peculiaridade da linguagem de Cristo nesse famoso discurso. Como vimos no início, todo o discurso surgiu naturalmente da situação daquele momento. A menção pelo povo do maná naturalmente levou Jesus a falar do pão da vida; e do pão ele passou, também naturalmente, a falar da carne e do sangue, porque ele não podia plenamente ser pão até que se tivesse tornado

---

[102] Calv. Institutio IV. xvii 5.

carne e sangue partidos, isto é, até que tivesse sofrido a morte. Tudo o que encontramos aqui poderia ter sido dito, de fato, mesmo que o sacramento da Ceia nunca viesse a existir. A Ceia é útil não tanto para interpretar o sermão, mas para estabelecer sua credibilidade como uma autêntica declaração de Jesus. Não há razão para duvidar de que aquele que instituiu a festa mística poderia também ter pregado esse sermão místico.

A terceira verdade que brilha como uma estrela aos nossos olhos é que, pela fé somente, podemos alcançar todas as bênçãos da salvação. Sacramentos são muito úteis, mas não são necessários. Se tivesse agradado a Cristo não instituí-los, nós teríamos o céu do mesmo jeito. Porque ele os instituiu, é nosso dever celebrá-los, e podemos esperar benefício de sua celebração. Mas o benefício que recebemos é só uma ajuda para a fé e nada que não possa ser recebido pela fé. Os cristãos comem a carne e bebem o sangue do Filho do Homem em todos os tempos, não meramente em tempos de comunhão, simplesmente por crer nele. Eles comem sua carne e bebem seu sangue à sua mesa no mesmo sentido que em outros tempos; só talvez de uma forma mais vívida, seus corações sendo agitados pela devoção com a lembrança de Seu amor agonizante, e sua fé acrescida por ver, manusear e degustar o pão e o vinho.

Seção IV – A avaliação
Jo 6.66-71

O sermão sobre o pão da vida produziu efeitos decisivos. Ele converteu o entusiasmo popular por Jesus em repugnância; como uma pá de ventilar trigo ele separou os discípulos verdadeiros dos falsos; e, como uma brisa joeirando, soprou a palha, deixando um pequeno resíduo de trigo para trás. "Daquela hora em diante, muitos dos seus discípulos voltaram atrás e deixaram de segui-lo."

Esse resultado não pegou Jesus de surpresa. Ele o esperava; em um sentido. Ele o desejava, embora ficasse profundamente magoado com ele. Porque enquanto seu grandioso e amoroso coração ansiava pela salvação de todos e desejava que todos viessem e alcançassem a vida, ele não queria que ninguém viesse a ele enganado ou o seguisse por motivos secundários. Ele procurava discípulos dados por Deus (Jo 6.37), atraídos por Deus (Jo 6.44), ensinados por Deus (Jo 6.45), sabendo que só esses continuariam em sua palavra (Jo 8.31). Ele estava consciente de que, na grande massa de pessoas que recentemente o tinha seguido, havia muitos discípulos de descrição bastante diferente; e não era contrário a que a multidão fosse avaliada. Logo, ele pregou aquele

O TREINAMENTO DOS DOZE

discurso místico, adequado para ser um odor de vida ou de morte, conforme o estado espiritual do ouvinte. Portanto, também, quando a doutrina ensinada ofendeu, ele claramente declarou a verdadeira causa (Jo 6.36,37) e expressou sua segurança de que só aqueles a quem seu Pai tinha ensinado e atraído realmente viriam ou poderiam vir a ele (Jo 6.44). Essas coisas ele disse não com o objetivo de irritar, mas considerava certo dizê-las a eles, embora ficassem irritados, reconhecendo que os verdadeiros crentes não se ofenderiam e que aqueles que se ofendessem, dessa forma, revelariam seu real caráter.

Os discípulos que apostataram, sem dúvida se julgavam plenamente justificados de se terem afastado do grupo de Jesus. E eles viraram as costas para ele, imaginamos, com a mais virtuosa indignação, dizendo em seus corações – sim, até dizendo alto um ao outro: "Quem jamais ouviu algo assim? Que absurdo! Que revoltante! O homem que consegue falar assim ou é um tolo, ou está tentado fazer seus ouvintes de tolos." E, mesmo assim, não foi a dureza de sua doutrina o verdadeiro motivo de tantos o abandonarem; este foi simplesmente o pretexto, a razão mais plausível e respeitável que podiam atribuir a uma conduta surgida de outros motivos. A grande ofensa de Jesus era essa: ele não era quem eles tinham pensado que fosse; ele não ia estar a serviço deles para promover os objetivos que eles tinham em vista. O que quer que ele pretendesse dizer com "pão da vida", ou "comer sua carne", estava claro que ele não ia ser um pão-rei, escolhendo como função fornecer suprimentos a seus apetites físicos, conduzindo-os a uma era dourada de ociosidade e fartura. Isso verificado, por eles estava tudo acabado: ele podia oferecer seu alimento celestial a quem quisesse; eles não o queriam.

Profundamente afetado pela deprimente visão de tantos seres humanos deliberadamente preferindo o bem material à vida eterna, Jesus se voltou para os doze e disse: "Vocês também vão embora?" ou, mais exatamente: "Vocês não querem ir embora também, querem?"[103] A pergunta pode ser entendida como uma expressão virtual da confiança em pessoas a quem ela foi dirigida e como um apelo a elas por simpatia em uma crise desencorajadora. E, todavia, conquanto uma resposta negativa para a pergunta fosse esperada, não era esperada como algo natural. Jesus não estava despreocupado a respeito da fidelidade, mesmo dos doze. Ele os interrogou, consciente de que tinham sido colocados em circunstâncias tentadoras e de que, se realmente não o abandonassem agora, como na grande crise final, eles estavam, pelo menos, *tentados* a se escandalizar a respeito dele.

---

[103] João 6.67. A partícula μη indica que se espera uma resposta negativa. Veja Winer, *Neutest. Grammatik,* §57, a tradução de Moulton, p.641.

A CRISE DA GALILEIA

Um pouco de meditação basta para nos convencer de que os doze, de fato, estavam em uma situação calculada para testar sua fé mais severamente. O simples fato de seu Mestre ter sido abandonado em massa pela multidão de antigos admiradores e seguidores significava, para o grupo escolhido, uma tentação de chegar à apostasia. Quão forte é o poder da simpatia! Quão prontos todos nós estamos para seguir a multidão, apesar do mau caminho que tomam! E quanta coragem moral é necessária para se ficar sozinho! Quão difícil testemunhar o espetáculo de milhares, ou mesmo centenas, indo embora em sombrio desafeto, sem sentir um impulso para imitar seu mau exemplo! Quão difícil é evitar ser carregado pela poderosa correnteza da opinião popular contrária! Especialmente difícil deve ter sido para os doze resistir à tendência de apostatar se, como é mais que provável, eles simpatizaram com o projeto alimentado pela multidão quando seu entusiasmo por Jesus estava no máximo. Se teria agradado a eles ter visto seu amado Mestre feito rei pela aclamação popular, como seus espíritos devem ter afundado quando a bolha explodiu e os supostos súditos do príncipe messiânico se dispersaram como uma multidão desocupada, e o reino que tinha parecido estar tão perto desvaneceu como uma utopia!

Outra circunstância difícil para a fé dos doze era o caráter estranho e misterioso do discurso de seu Mestre na sinagoga em Cafarnaum. Aquele discurso continha ditos difíceis, repulsivos e ininteligíveis para eles tanto quanto para o resto da audiência. Não se pode ter dúvida disso, quando se considera a repugnância com que, algum tempo depois, eles receberam o anúncio de que Jesus estava destinado a ser morto (Mt 16.22). Se eles objetavam até ao fato de sua morte, como podiam entender seu significado, especialmente, quando ambos, fato e significado, foram anunciados em um estilo tão velado e místico como o que caracteriza o sermão sobre o pão da vida? Conquanto, portanto, eles acreditassem que seu Mestre tinha as palavras de vida eterna e percebessem que seu último discurso tratava de um tema elevado, pode-se ter como certo que os doze não entenderam as palavras ditas mais que a multidão, por mais que tivessem tentado. Eles não sabiam que ligação havia entre a carne de Cristo e a vida eterna, como comer aquela carne poderia conferir qualquer benefício, ou mesmo o que significava "comê-la". Eles tinham perdido de vista o orador em seu elevado voo de pensamento; devem ter olhado com desgosto quando o povo se dispersava, dolorosamente conscientes de que não podiam deixar de dar a ele alguma razão.

Todavia, por mais que tenham sido tentados a abandonar seu Mestre, ficaram firmemente ao seu lado. Passaram com segurança pela tempestade

O Treinamento dos Doze

espiritual. Qual era o segredo de sua firmeza? Quais foram as âncoras que os preservaram do naufrágio? Essas questões são de interesse prático para todos os que, como os apóstolos nessa crise, são tentados à apostasia pelo mau exemplo ou pela dúvida religiosa; pelo tipo de mundo no qual vivem, seja científico, seja analfabeto, refinado ou rústico; ou pelas coisas profundas de Deus, sejam elas os mistérios da providência, os mistérios da revelação, ou os mistérios da experiência religiosa: podemos dizê-lo, de fato, a todos os cristãos genuínos, que cristão não foi tentado em uma ou outra dessas formas em algum período de sua vida?

Material suficiente para responder a essas questões é fornecido nas palavras de Simão Pedro, em resposta a Jesus. Falando por todo o grupo, ele prontamente disse: "Senhor, para quem iremos? Tu tens as palavras de vida eterna. Nós cremos e sabemos que és o Cristo, o Filho do Deus vivo" (Jo 6.68,69), ou, conforme a leitura preferida pela maioria dos especialistas, "tu és o Santo de Deus".[104]

Três âncoras, nós inferimos dessas palavras, ajudaram os doze a saírem dessa tempestade: *seriedade ou sinceridade religiosas; uma clara percepção das alternativas diante deles; e confiança implícita no caráter, e apego à pessoa, de seu Mestre.*

1. Os doze, como um corpo, eram sinceros e profundamente sérios em matéria de religião. Seu desejo supremo era conhecer as "palavras de vida eterna" e realmente tomar posse dessa vida. Sua preocupação não era com a carne que perece, mas com o superior alimento espiritual da alma, pelo qual Cristo tinha, em vão, exortado a maioria de seus ouvintes a trabalharem. Eles, porém, não sabiam claramente em que esse alimento consistia, mas, segundo a luz que tinham, oraram com sinceridade: "Senhor, dá-nos sempre *desse* pão". Daí, não foi um desapontamento para eles que Jesus declinasse de se tornar um fornecedor de mero alimento material: eles nunca tinham desejado ou esperado que ele fizesse isso; tinham-se associado a ele com expectativas bem diferentes. Um certo elemento de erro pode ter-se misturado com a verdade em suas ideias sobre a missão dele, mas esperanças grosseiras e carnais da multidão não tinham lugar em seus corações. Eles não se tornaram discípulos para melhorar suas condições materiais, mas para obter uma porção que o mundo não podia dar a eles nem tomar deles.

O que acabamos de afirmar era verdade para todos os doze, menos *um;* e a crise que estamos considerando é memorável, por isso, entre outras coisas, foi a primeira ocasião em que Jesus deu um sinal de que havia um falso discí-

---

[104] Veja Alford *in loc*. A confissão da santidade de Cristo era apropriada, respondendo a uma acusação implícita de ele ter usado uma linguagem ofensiva aos sentimentos de moralidade.

pulo entre os homens a quem ele havia escolhido. Para justificar-se por fazer uma pergunta que parecia lançar dúvida sobre a fidelidade deles, ele replicou ao protesto de Pedro com a chocante afirmação: "Não fui eu que os escolhi, os doze? Todavia um de vocês é um diabo!" (Jo 7.70); como se dissesse: "É difícil para mim ter de usar essa linguagem de suspeita, mas eu tenho um bom motivo: há um entre vocês que tem tido *pensamentos* de deserção e que é capaz até de traição". Com que tristeza de espírito deve ele ter feito tal intimação nessa crise! Ser abandonado pela multidão instável de seguidores superficiais e irrefletidos teria sido uma questão menor, caso ele pudesse considerar todos os membros de seu grupo bons homens e amigos verdadeiros. Mas ter um inimigo na própria casa, um *diabolus* capaz de atuar como Satanás em um pequeno círculo de companheiros íntimos, era demais!

Mas, como podia um homem destinado a ser traidor, e merecendo ser estigmatizado como demônio, conseguir passar honrosamente pela crise do momento? O fato não parece indicar que, depois de tudo, é possível ficar firme sem ser ingênuo? Não; a única inferência legítima é que a crise não foi profunda suficientemente para revelar o caráter de Judas. Espere até você ver o fim. Um pouco de religião fará uma pessoa passar por muitos testes, mas há um *experimentum crucis*, que só a sinceridade pode suportar. Se a mente for dúbia, ou o coração dividido, chega o momento que leva as pessoas a agirem de acordo com os motivos que são mais profundos e mais fortes neles. Essa observação aplica-se a épocas que são criativas, revolucionárias ou de transição. Em tempos tranquilos, um hipócrita pode passar respeitavelmente por esse mundo, e nunca seu pecado ser detectado até que chegue ao próximo, porque os seus pecados o seguem no julgamento. Mas, em eras críticas, os pecados do indivíduo de mente dúbia o encontram nessa vida. É verdade que, mesmo então, alguns indivíduos de mente dúbia podem suportar mais tentação que outros, não são comprados por preço tão baixo como o rebanho comum. Todos eles, porém, têm seu preço, e os que caem menos facilmente que outros caem, no fim, mais profunda e tragicamente.

Do caráter e queda de Judas teremos outra oportunidade de falar. Agora só queremos mostrar que, de uma pessoa como ele, Jesus não esperava constância. Pela forma como se referiu àquele discípulo, ele indicou sua convicção de que ninguém em quem o amor de Deus e da verdade não era o princípio mais profundo do ser, continuaria fiel até o fim. De fato, ele inculcou a necessidade, para a firmeza da fé, de integridade moral ou sinceridade devota.

2. A segunda âncora pela qual os discípulos foram protegidos do naufrágio nessa época foi uma clara percepção das alternativas. "A quem iremos?"

O Treinamento dos Doze

perguntou Pedro, como alguém que viu que, para homens que tenham em vista o objetivo pretendido por si mesmo e seus irmãos, não havia outro curso a seguir senão continuar onde estavam. Ele tinha passado rapidamente em sua mente as alternativas e tinha chegado a esta conclusão. "A quem *iremos* nós – nós que procuramos a vida eterna? João, nosso antigo Mestre, está morto; e, mesmo que estivesse vivo, ele nos mandaria de volta a ti; ou devemos ir aos escribas e fariseus? Já estivemos muito tempo contigo para isso; porque tu nos tens ensinado a superficialidade, a hipocrisia, a ostentação, a impiedade essencial do sistema religioso deles. Ou devemos seguir aquela multidão instável e cair na estupidez e indiferença? Nem é possível pensar nisso. Ou, por fim, nós vamos aos saduceus, os idolatrados pelas coisa materiais e temporais, que dizem que não existe ressurreição, nem anjos, nem espíritos? Deus nos livre! Isso seria renunciar a uma esperança mais valiosa que a vida, sem a qual a vida para uma mente sincera seria um enigma, uma contradição e um peso intolerável."

Podemos entender que ajuda essa clara percepção das alternativas era para Pedro e seus irmãos, ao refletirmos sobre a ajuda que nós mesmos podemos derivar da mesma fonte, quando tentados, por dificuldades, a renunciar ao cristianismo. Todo mundo faria uma pausa se entendesse que as alternativas possíveis fossem firmar-se em Cristo, ou tornar-se ateu, ignorando Deus e o mundo futuro; que, quando se deixa Cristo, deve-se ir para a escola de algum grande mestre de completa descrença. Nas obras de autor alemão bem conhecido, há um sonho que retrata, com apavorante vivacidade, as consequências que resultariam por todo o universo se o criador deixasse de existir. O sonho foi inventado, assim o talentoso escritor nos diz, com o propósito de assustar aqueles que discutem o ser de Deus tão friamente como se se tratasse da existência do Kraken (monstro marinho fabuloso) ou do unicórnio e também para reprimir todos os pensamentos ateístas que possam surgir em seu próprio coração. Ele diz: "Se, em alguma ocasião, meu coração for tão infeliz e amortecido a ponto de todos aqueles sentimentos que afirmam a existência de um Deus serem destruídos, eu usarei esse sonho para assustar a mim mesmo, e assim curar meu coração, e restaurar seus sentimentos perdidos."[105] Tal benefício que Richter esperava da pesquisa de seu próprio sonho qualquer um, tentado a renunciar ao cristianismo, tiraria de uma clara percepção de que, ao deixar de ser um cristão, deveria decidir aceitar um credo que não reconhecesse nem Deus nem alma nem a outra vida.

Infelizmente não é fácil para nós agora, como foi para Pedro, ver clara-mente quais são as alternativas diante de nós. Poucos têm uma visão tão clara,

---

[105] J. F. Richter, *Siebenkas*, viii.

A CRISE DA GALILEIA

tão imprudentemente lógica, ou tão franca como a do falecido Dr. Strauss, que, em sua última publicação, *The Old and the New Faith,* claramente diz que não é mais um cristão. Daí muitos em nossos dias chamarem a si mesmos cristãos, cuja teoria do universo (Weltanschauung, como dizem os alemães) não lhes permite crer no miraculoso em nenhuma forma ou em nenhuma esfera; esses sustentam o axioma de que a continuidade do curso da natureza não pode ser quebrada e que, portanto, não podem sequer concordar com os socinianos em sua opinião sobre Cristo e declaram que ele era, sem qualificação, o Santo de Deus, o moralmente sem pecado. Mesmo pessoas como Renan reivindicam ser cristãos, e, como Balaão, abençoam aquele que sua filosofia os compele a reprovar. Todos os nossos Balaões modernos dizem que Jesus é, pelo menos, o mais santo dos homens, se não o absolutamente Santo. Eles são forçados a abençoar o homem de Nazaré. São fascinados pela estrela de Belém, como o foram os magos do oriente pela estrela de Jacó, e são forçados a dizer na prática: "Como amaldiçoar a quem Deus não amaldiçoou? Como posso pronunciar ameaças contra quem o Senhor não quis ameaçar? Recebi uma ordem para abençoar; ele abençoou e não o posso mudar" (Nm 23.8,20). Outros não vão tão longe quanto Renan, esquivando-se do naturalismo total, crendo em um Cristo perfeito, um milagre moral, todavia dados a um cristianismo independente de dogma, no mínimo possível embaraçado pelo milagre, um cristianismo puramente ético, consistindo somente na admiração do caráter de Cristo e de seu ensino moral; e, como os que professam tal cristianismo, veem a si mesmos como discípulos exemplares de Cristo. Tais são os homens de quem o autor de *Supernatural Religion* fala como caracterizados por "uma tendência de eliminar do cristianismo, com irrefletida destreza, todo elemento sobrenatural que não esteja de acordo com as opiniões atuais" e, como se esforçando para "prender por um momento os lobos perseguidores da dúvida e da descrença, jogando para eles, pedaço por pedaço, as próprias doutrinas, que constituem a reivindicação do cristianismo de ser visto como uma revelação divina de qualquer modo."[106] Dificilmente se pode dizer de tais pessoas que têm uma teoria consistente do universo, porque sustentam opiniões baseadas em teorias incompatíveis, são naturalistas em tendência, porém não levarão o naturalismo às suas últimas consequências. Ou eles não são capazes ou não estão dispostos a *entender as alternativas* e obedecer à voz da lógica que, como um policial rigoroso, lhes ordena: "Movam-se"; mas antes sustentariam visões que unem as alternativas em um credo eclético composto, como Schleiermacher, ele próprio um excelente exemplo da classe, de quem Strauss

---

[106] *Supernatural Religion,* i. 92 (6th ed.)

O TREINAMENTO DOS DOZE

afirma que reduziu o cristianismo e o panteísmo a pó e os misturou a ponto de ser difícil dizer onde termina o cristianismo e começa o panteísmo. Na presença de tal espírito de compromisso, tão difundido e recomendado pelo exemplo de muitos homens de habilidade e influência, é preciso certa coragem para ter e sustentar uma posição definida, ou resistir à tentação de ceder à corrente e adotar o lema: "Cristianismo sem dogma e sem milagre". Mas talvez será mais fácil pouco a pouco entender as alternativas, quando o tempo tiver mais claramente mostrado para onde levam as tendências atuais. Nesse meio-tempo, é o crepúsculo e, no momento, parece que poderíamos ficar sem o Sol, porque embora ele esteja abaixo do horizonte, o ar ainda está cheio de luz. Mas espere um momento; e o aprofundamento do ocaso nas trevas da noite mostrará até que ponto Cristo, o Santo da confissão da igreja, pode ser dispensado como o sol do mundo espiritual.

3. A terceira âncora que capacitou os doze a suportarem a tempestade foi a confiança no caráter de seu Mestre. Eles acreditavam, sim, eles sabiam, que ele era o Santo de Deus. Eles tinham estado com Jesus tempo suficiente para ter chegado a conclusões decisivas a respeito dele. Eles o tinham visto realizar muitos milagres; eles o tinham ouvido discursar com maravilhosa sabedoria, em parábolas e sermões, sobre o reino divino; tinham observado sua maravilhosamente terna preocupação pelo humilde e o perdido; eles tinham estado presentes em seus vários encontros com fariseus, e tinham notado sua santa repugnância pela falsidade, orgulho, vaidade e tirania deles. Toda essa abençoada comunhão tinha gerado uma confiança em seu amado Mestre e reverência por ele, muito fortes para serem abaladas por um único discurso con-tendo algumas afirmações incompreensíveis, numa linguagem questionável e até ofensiva. Seu intelecto podia estar perplexo, mas seu coração continuava verdadeiro; e, daí, enquanto outros que não conheciam bem Jesus bem foram embora desgostosos, eles continuaram a seu lado, sentindo que de tal amigo e guia não se podia separar por uma banalidade.

"Nós cremos e sabemos", diz Pedro. Ele cria porque ele sabia. Tal confiança implícita como o que os doze tinham em Jesus é possível somente através de íntimo conhecimento; porque ninguém pode confiar em um estranho. Todos, portanto, que querem ter o benefício dessa confiança, devem estar dispostos a gastar tempo e se esforçar para entrar no coração do relato evangélico e de seu grande tema. A ancoragem segura não é atingível em uma leitura aleatória e apática das narrativas evangélicas, mas em um íntimo, cuidadoso e piedoso estudo, realizado talvez durante anos. Os que não querem se dar esse trabalho estão em iminente perigo do destino que atingiu a multidão ignorante, sendo passíveis de serem lançados no pânico por cada novo livro infiel, ou ser escandalizados por cada pronunciamento estranho daquele em quem têm fé. Aqueles, por outro lado, que se dão ao trabalho, serão recompensados pelas dores que passaram. Sacudidos pela tempestade por um tempo, por fim alcançarão o porto de uma confissão que não é um compromisso indefinido entre infidelidade e cristianismo bíblico, mas abarca todos os fatos e verdades cardeais da fé, como ensinados por Jesus no discurso de Cafarnaum, e como depois ensinados por homens que passaram em segurança pela crise de Cafarnaum.

Possa Deus, em sua misericórdia, guiar todas as almas, agora, do mar tempestuoso da dúvida para o refúgio do descanso!

10

O fermento dos fariseus e saduceus

Mt 16.1-12; Mc 8.10-21

Essa nova colisão entre Jesus e seus oponentes aconteceu logo depois de um segundo milagre de alimentação, semelhante àquele realizado na vizinhança de Betsaida Júlia. Que intervalo de tempo houve entre os dois milagres, não pode ser determinado;[107] mas foi suficientemente longo para admitir uma jornada extensa, da parte de nosso Senhor e seus discípulos, para a costa de Tiro e Sidom, o cenário do patético encontro com a mulher siro-fenícia, e, daquele lugar, através da região das dez cidades, à fronteira oriental do lago da Galileia. Foi suficientemente longo também para permitir que a causa e a fama de Jesus se recuperassem da baixa posição em que se tinham afundado após o sermão de avaliação na sinagoga de Cafarnaum. O impopular novamente se tinha tornado popular, de forma que, ao chegar à praia sudeste do lago, milhares o esperavam, tão decididos a ouvi-lo pregar e a experimentar seu poder curador, que permaneceram com ele por três dias, quase, se não inteiramente, sem alimento, criando assim a necessidade de uma segunda refeição miraculosa.

Após o milagre na praia sudeste, Jesus, conforme lemos, mandou embora a multidão; e, pegando um barco, veio para a costa de Magdala, no lado ocidental do mar (Mt 15.39). Foi em sua chegada lá que ele encontrou o partido que vinha procurando dele um sinal do céu. Essas pessoas provavelmente tinham ouvido falar do recente milagre, como de muitos outros realizados por ele; mas, indispostos a aceitar a conclusão a que essas obras maravilhosas claramente levavam, eles fingiam considerá-las como evidência insuficiente de sua messianidade e exigiam prova ainda mais inequívoca, antes de aceitar a sua reivindicação. Eles disseram: "Mostre-nos um sinal do céu"; querendo dizer, com isso, alguma coisa como o maná trazido do céu por Moisés, ou o fogo invocado por Elias, ou o trovão e raio, por Samuel;[108] aceitando-se que tais sinais podiam ser realizados somente pelo poder de Deus, enquanto os

---

[107] A relação cronológica dos eventos registrados em Mateus 15 e 16 com a festa dos Tabernáculos mencionada em João 7, é uma questão importante. É um assunto, entretanto, sobre o qual os eruditos diferem, e certamente é insolúvel.

[108] Veja Alford. Stier refere-se aos livros apócrifos para explicar a natureza dos sinais exigidos.

O TREINAMENTO DOS DOZE

sinais sobre a terra, tais como Jesus proporcionava em seus milagres de cura, podiam ser realizados pelo poder do demônio! (Mt 12.24 e par.) Era uma exigência, de um tipo frequentemente dirigido a Jesus, de boa ou má-fé (Jo 2.18; 6.30; Mt 12.38); porque os judeus procuravam esses sinais – milagres de um tipo singular e surpreendente, adequado a gratificar uma curiosidade supersticiosa e encantar uma mente amante do maravilhoso – milagres que eram meramente sinais, não tendo nenhum outro objetivo senão manifestar o poder divino, como a vara de Moisés, convertida em serpente e reconvertida a sua forma original.

A essas exigências dos perseguidores de sinais, Jesus sempre respondeu com um "não" bem claro. Ele não aceitaria fazer milagres de qualquer tipo meramente como certificados de sua própria messianidade, ou alimentar um apetite supersticioso ou material para diversão dos céticos. Ele sabia que aqueles que continuavam descrentes na presença de seus milagres comuns, que não eram simples sinais, mas também atos de caridade, não podiam ser trazidos à fé por qualquer meio; mais ainda, que quanto maior evidência tivessem, mais endurecidos deviam se tornar em sua descrença. Ele entendeu a própria exigência desses sinais como a indicação de uma determinação fixa, da parte daqueles que a construíram, de não crer nele, mesmo se, para se livrarem da desagradável obrigação, fosse necessário matá-lo. Portanto, ao recusar os desejados sinais, ele estava acostumado a fazer acompanhar a recusa de uma repreensão ou de um triste presságio, como quando disse, em um período bem inicial de seu ministério, em sua primeira visita a Jerusalém, após seu batismo: "Destruam este templo, e eu o levantarei em três dias" (Jo 2.19).

Na ocasião de que estamos falando, a alma de Jesus estava muito perturbada pelas constantes exigências dos perseguidores de sinais. "Ele suspirou profundamente", sabendo muito bem o que essas exigências significavam, com respeito àqueles que as faziam e a si mesmo; e ele se dirigiu aos que o vinham tentando em termos excessivamente severos e amargos – censurando-os pela cegueira espiritual, chamando-os de uma geração ímpia e adúltera, e ironicamente remetendo-os agora, como já tinha feito antes (Mt 12.40), ao sinal do profeta Jonas. Ele lhes disse que, enquanto conheciam os sinais do céu e entendiam o que um céu vermelho de manhã ou à tarde significava, eram cegos para os sinais manifestos dos tempos, que mostravam imediatamente que o sol da justiça se tinha levantado e que uma tempestade terrível de julgamento estava vindo como uma noite escura sobre o Israel apóstata, por causa de sua iniquidade. Ele aplicou a eles, e a toda a geração que representavam, o epíteto "perversa", para caracterizar seu comportamento falso, malevolente e rancoro-

O FERMENTO DOS FARISEUS E SADUCEUS

so para com ele; e empregou o termo "adúltera" para descrevê-los, em relação a Deus, como culpados de quebrar seu compromisso de casamento, fingindo grande amor e zelo com seus lábios, mas, em seu coração e vida, desviando-se do Deus vivo para os ídolos – formas, cerimônias, sinais. Ele lhes deu a história do profeta Jonas como sinal, uma alusão mística a sua morte; querendo dizer que uma das mais confiáveis evidências de que realmente era servo de Deus era justamente o fato de ser ele ignominiosa e barbaramente tratado por aqueles a quem falou: que não podia haver sinal pior de um homem que ser bem recebido por eles – que ele não poderia ser o verdadeiro Cristo se fosse assim recebido.[109]

Tendo assim livremente declarado o que estava em sua mente, Jesus afastou-se dos perseguidores de sinais; e, entrando no barco no qual tinha acabado de vir do outro lado, partiu novamente para a mesma praia oriental, ansioso para se livrar da desagradável presença deles. Chegando a terra, ele fez do encontro que tinha acabado de acontecer o tema da instrução para os doze. Ele lhes disse, quando andavam ao longo do caminho: "Estejam atentos e tenham cuidado com o fermento dos fariseus e dos saduceus". A palavra foi dita abruptamente, como a fala de alguém que está despertando de um devaneio. Jesus, imaginamos, enquanto seus discípulos o transportavam pelo lago, tinha estado pensando sobre o que tinha ocorrido, tristemente meditando sobre a descrença generalizada e os sombrios e ameaçadores sinais dos tempos, presságios do mal para ele e para todo o povo judeu. E, agora, lembrando-se da presença dos discípulos, ele comunica seus pensamentos a eles na forma de uma advertência e os previne contra a influência mortal de um tempo mau, como um pai pode mandar seu filho ficar atento a uma planta venenosa cujas brilhantes flores atraíram sua atenção.

Nessa advertência, será observado, tendências farisaicas e saduceias são identificadas. Jesus não fala de dois fermentos, mas de um comum às duas seitas, como se fossem duas espécies de um gênero, dois galhos de um tronco.[110] E eles eram isso mesmo. Superficialmente, os dois partidos eram muito

---

[109] Pfleiderer (*Die Religion*, ii. 447) reconhece tão plenamente a importância desse encontro entre Jesus e os fariseus que localiza nele a semente histórica da narrativa da tentação. Ele vê a exigência como feita com sinceridade por pessoas prontas a receberem Jesus como Cristo, se ele realizasse o necessário sinal milagroso, e a formar uma amigável aliança com ele. Jesus, por outro lado, ele representa como indisposto a tirar o cetro de Messias das mãos manchadas pelo pecado, preferindo chegar ao seu trono por outro caminho. Que ele não fosse, entretanto, insensível à tentação, Pfleiderer pensa que é mostrado pela palavra de advertência que depois pronunciou sobre o fermento dos fariseus.

[110] A esse respeito, a omissão do artigo antes de Σαδδουκαιων é significativa.

diferentes. Um era excessivamente zeloso, o outro era "moderado" em termos de religião; um era estrito, o outro liberal em termos de moral; um era exclusiva e intensamente judaico em termos de sentimento, o outro era aberto à influência da civilização pagã. Cada partido tinha seu próprio fermento: o dos fariseus era, como Cristo costumava declarar, hipocrisia (Lc 12.1); o dos saduceus, um absorvente interesse em coisas meramente materiais e temporais, assumindo, em alguns, uma forma política, como no caso dos partidários da família de Herodes, chamados, nos evangelhos, de herodianos, em outros, o disfarce de uma filosofia que negava a existência de espírito e a realidade da vida futura, e fazia dessa negação uma desculpa para exclusiva devoção aos interesses da ocasião. Mas aqui, como em outro lugar, os extremos se tocam. Farisaísmo, saduceísmo, herodianismo, embora distinguidos por diferenças menores, eram radicalmente um. Os fanáticos, os filósofos, os políticos eram todos membros de um grande partido, que era inveteradamente hostil ao reino divino. Todos tinham mente mundana (dos fariseus, é expressamente informado que eram cobiçosos [Lc 16.14]); todos se opunham a Cristo fundamentalmente pela mesma razão, isto é, porque ele não era deste mundo; todos se uniram fraternalmente, nessa ocasião, na tentativa de irritá-lo com exigências irracionais e incrédulas;[111] e, no final, todos eles tiveram participação em sua morte. Assim, ficou claro, de uma vez por todas, que um cristão não é alguém que meramente difere, superficialmente, seja dos fariseus, seja dos saduceus, separadamente, mas alguém que difere radicalmente dos dois. Uma verdade de peso, não ainda bem entendida; porque muitos pensam que crer corretamente e viver corretamente consistem em ir ao extremo oposto de qualquer tendência cuja má influência é aparente. Para evitar o rigor e a superstição farisaicos, tornados odiosos, as pessoas correm para o ceticismo e a licenciosidade saduceus; ou, assustadas pelo excesso de secularismo, elas procuram salvação no ritualismo, nas igrejas infalíveis e no reavivamento do monasticismo medieval. Assim as duas tendências continuam sempre alimentando uma à outra na base da ação e reação; uma geração ou escola indo só em uma direção, e outra insistindo em ser tão diferente de sua predecessora ou de seu vizinho quanto possível, ambas estando igualmente longe da verdade.

O que o fermento comum dos fariseus e saduceus era Jesus não achou importante dizer. Ele já tinha indicado sua natureza com suficiente clareza, em sua severa réplica aos perseguidores de sinais. O vício radical das duas seitas era só impiedade: cegueira e amortecimento de coração para com o Divino. Eles

---

[111] Em Marcos (8.15), o "fermento de Herodes" é mencionado.

não reconheciam o verdadeiro e bom quando o viam, eles não o amavam. Tudo ao redor deles era evidência de que o Rei e o Reino da graça estavam entre eles; todavia, aqui estavam eles pedindo por sinais exteriores arbitrários, "evidências externas" no pior sentido, de que aquele que falava como nenhum homem nunca tinha falado e operava maravilhas de misericórdia como nunca antes tinham sido testemunhadas não era um impostor, mas um homem sábio e bom, um profeta, e o Filho de Deus. De fato, o homem natural, religioso ou não, está cego e morto! O de que esses perseguidores de sinais necessitavam não era um novo sinal, mas um novo coração; não mera evidência, mas um espírito disposto a obedecer à verdade.

O espírito de descrença que dominava a sociedade judaica Jesus descreveu como um fermento, com especial referência a sua difusão; e, mais adequadamente, porque ele passa de pai para filho, de rico para pobre, de culto para inculto, até toda uma geração ter sido viciada por sua influência maligna. Tal era o estado de coisas em Israel quando ele o contemplou. Cegueira espiritual e entorpecimento, com o sintoma exterior da doença interna – um constante desejo de evidência – o encontrava por todos os lados. O povo comum, os líderes da sociedade, os religiosos, os céticos, os cortesãos e os rústicos eram todos cegos e, todavia, aparentemente todos muito ansiosos para ver; sempre renovando a exigência: "Que sinal miraculoso mostrarás para que o vejamos e creiamos em ti? Que farás?"

Irritado uma hora antes pelo sinistro movimento de inimigos, Jesus, em seguida, achou novo material para aborrecimento na estupidez dos amigos. Os discípulos entenderam completamente, até ridiculamente, mal a palavra de advertência dirigida a eles. Conversando entre si, enquanto seu Mestre caminhava separado, discutiam a questão do que poderiam significar as estranhas palavras, tão abrupta e seriamente ditas; e chegaram à sábia conclusão de que visavam acautelá-los contra a compra de pão de partidos pertencentes às seitas ofensivas. Era um erro absurdo e, todavia, consideradas todas as coisas, não era demasiado antinatural: porque, em primeiro lugar, como já visto, Jesus tinha introduzido o assunto muito repentinamente; e, em segundo, algum tempo tinha passado desde o encontro com os perseguidores de sinais, durante o qual nenhuma alusão parece ter sido feita ao assunto. Como eles poderiam saber que durante todo aquele tempo os pensamentos de seu Mestre tinham estado ocupados com o que tinha acontecido na praia ocidental do lago? De qualquer forma, não era provável ocorrer tal suposição à mente deles; porque a exigência de um sinal, sem dúvida, não lhes parecia um evento de muita

O TREINAMENTO DOS DOZE

importância, e foi provavelmente esquecido tão logo voltaram as costas para quem a havia feito. E então, finalmente, aconteceu que, logo antes de Jesus começar a falar, eles se lembraram de que, na pressa de uma partida repentina, tinham esquecido de se prover de um estoque de alimento para a jornada. Era nisso que *eles* estavam pensando quando *ele* começou a dizer: "Estejam atentos e tenham cuidado com o fermento dos fariseus e dos saduceus". A grave circunstância de não terem consigo nenhum pão estava causando tanta preocupação que, quando eles ouviram a advertência contra um tipo particular de fermento, concluíram rapidamente: "É porque não trouxemos pão".

Porém, o engano dos discípulos, embora simples e natural em sua origem, era repreensível. Não teriam caído no engano se o interesse que tinham em coisas espirituais e temporais, respectivamente, fosse proporcional a sua importância relativa. Eles tinham tratado o incidente no outro lado do lago muito superficialmente e tinham dado muita importância ao fato de não terem trazido pão. Deveriam ter dado mais importância à ameaçadora exigência por um sinal e às solenes palavras ditas por seu Mestre em referência a isso; e não deveriam ter-se preocupado com a falta de pães na companhia daquele que por duas vezes havia miraculosamente alimentado a multidão faminta no deserto. A imprudência deles em uma direção e sua superprudência em outra mostravam que comida e vestuário ocupavam um espaço maior em suas mentes que o reino de Deus e seus interesses. Se tivessem tido mais fé e mais espiritualidade, não se teriam exposto à pergunta censuradora de seu Mestre: "Como é que vocês não entendem que não era de pão que eu estava lhes falando? Tomem cuidado com o fermento dos fariseus e dos saduceus" (Mt 16.11).

E todavia, Jesus dificilmente pode ter esperado que esses discípulos grosseiros apreciassem, como ele, o significado do que tinha ocorrido do outro lado do lago. Não era preciso nenhum discernimento fora do comum para se perceber a importância daquela exigência de um sinal; e a habilidade de ler os sinais dos tempos dos discípulos, como logo veremos, e como tudo o que temos aprendido a respeito deles já podia nos levar a esperar, era, na verdade, muito pequena. Uma das principais lições a ser aprendida do tema desse capítulo, de fato, é só esta: quão diferentes eram os pensamentos de Cristo sobre o futuro dos pensamentos de seus companheiros! Muitas vezes teremos ocasião de comentar isso mais tarde, enquanto avançamos para a crise final. Nesse ponto, somos chamados a sinalizar o fato destacadamente pela primeira vez.

11
A confissão de Pedro:
opinião corrente e verdade eterna
Mt 16.13-20; Mc 8.27-30; Lc 9.18-21

Da costa leste do lago, Jesus dirigiu-se para o norte junto às margens do alto Jordão, passando por Betsaida Júlia, onde, como Marcos nos informa, ele restaurou a visão a um homem cego. Prosseguindo sua jornada, chegou finalmente à vizinhança de uma cidade de certa importância, bem situada próxima às fontes do Jordão, na base sul do monte Hermon. Esta era Cesareia de Filipe, antigamente chamada Paneas, do deus pagão Pan, que era adorado pelos gregos sírios na caverna calcária perto dali, onde as fontes do Jordão borbulhavam à vista de todos. O nome de então fora dado a ela por Filipe, tetrarca de Traconites, em honra de César Augustos; seu próprio nome sendo fixado (Cesareia de Filipe) para distingui-la de outra cidade de mesmo nome na costa mediterrânea. A cidade assim nomeada gabava-se de um templo de mármore branco, construído por Herodes, o Grande, para o primeiro imperador romano, além de vilas e palácios, construídos por Filipe, filho de Herodes, em cujos territórios ela se encontrava e que, como afirmamos, deu-lhe seu novo nome.

Distante, naquela remota região reclusa, Jesus ocupou-se por um tempo em secreta oração e em conversas confidenciais com seus discípulos sobre tópicos de interesse mais profundo. Uma dessas conversas referia-se à sua própria pessoa. Ele introduziu o assunto fazendo aos doze a pergunta: "Quem os homens dizem ser o Filho do Homem?" Esta pergunta ele fez, não como uma necessidade de ser informado, ainda menos por qualquer mórbida sensibilidade, tal como os homens vãos apresentam a respeito das opiniões que seus semelhantes têm deles. Ele desejava de seus discípulos um relato das opiniões comuns, meramente como um prefácio à profissão de sua própria fé na verdade eterna concernente a si mesmo. Julgava bom arrancar deles uma tal profissão nessa época, porque estava para lhes falar de outro assunto, a saber, seus sofrimentos, que sabia que dolorosamente provariam sua fé. Desejava que eles fossem positivamente comprometidos com a doutrina de sua *messianidade* antes de prosseguir e falar, em termos claros, sobre o tema desagradável de sua *morte*.

O Treinamento dos Doze

Da resposta dos discípulos, parece que seu Mestre tinha sido o assunto de muita conversa entre o povo. Isso é apenas o que devia ser esperado. Jesus era uma pessoa muito popular e extraordinária, e ser muito falado é uma das inevitáveis penalidades de alguém que se sobressai. Os méritos e as reivindicações do Filho do Homem eram, dessa maneira, livre e amplamente discutidos naqueles dias, com seriedade ou com frivolidade, com preconceito ou com sinceridade, com decisão ou indecisão, inteligente ou ignorantemente, como fazem os homens em todas as épocas. Como eles se misturavam com o povo, era a sorte dos doze ouvir muitas opiniões a respeito do seu Senhor, que nunca chegavam aos ouvidos dele; algumas vezes, opiniões bondosas e favoráveis, deixando-os felizes; outras vezes, cruéis e desfavoráveis, deixando-os tristes.

As opiniões prevalecentes entre as massas a respeito de Jesus – pois era com referência a essas que ele interrogava seus discípulos (Lc 9.18, οι οχλοι) – pareciam ser principalmente favoráveis. Todos concordavam em considerá-lo como um profeta da mais alta graduação, discordando só quanto a qual dos grandes profetas de Israel ele mais se assemelhava ou representava. Alguns diziam que ele era João Batista ressuscitado, outros, Elias, enquanto outros frequentemente o identificavam como um ou outro dos grandes profetas, como Jeremias. Essas opiniões eram justificadas em parte por uma expectativa comum na época, que o advento do Messias seria precedido por um retorno de um dos profetas por quem Deus tinha falado aos pais, em parte pela percepção das semelhanças reais ou supostas entre Jesus e este ou aquele profeta; sua compaixão, trazendo à memória de um ouvinte o autor das Lamentações, sua severidade em denunciar a hipocrisia e a tirania lembrando a outro o profeta do fogo, enquanto talvez seus discursos em parábolas levassem um terceiro a pensar em Ezequiel ou Daniel.

Quando refletimos sobre a alta veneração na qual os antigos profetas eram tidos, não podemos deixar de ver que essas opiniões diversas, comuns entre o povo judeu, a respeito de Jesus implicam um conceito muito alto de sua grandeza e excelência. Para nós, que o reconhecemos como o sol, enquanto os profetas eram, no máximo, como lâmpadas de maior ou menor brilho, tais comparações bem podem não parecer apenas inadequadas, mas desonrosas. Entretanto, não devemos desprezá-las, como testemunhos de contemporâneos de mente aberta, mas de opinião imperfeitamente formada acerca do valor daquele a quem adoramos como Senhor. Tomados separadamente, eles mostram que, no julgamento de observadores imparciais, Jesus era um homem de extraordinária grandeza; juntos, mostram a multiplicidade de seu caráter e sua superioridade em relação ao caráter de qualquer um dos profetas; pois ele não poderia ter lembrado àqueles que testemunharam suas obras, e o ouviram pregar, todos os profetas sucessivamente, a menos que tivesse compreendido todos eles em sua própria pessoa. A própria diversidade de opiniões a respeito dele, portanto, mostra que um maior do que Elias, ou Jeremias, ou Ezequiel, ou Daniel tinha aparecido.

Essas opiniões, valiosas ainda como testemunhos da excelência de Cristo, devem ser aceitas ainda como indicação, por enquanto, de boa disposição da parte daqueles que as nutriram e expressaram. Naquele tempo, quando aqueles que se julgavam, de muitas formas, imensamente superiores à multidão não encontravam melhores nomes para o Filho do Homem do que samaritano, demônio, blasfemador, glutão e beberrão, companheiro de publicanos e pecadores, era algo considerável acreditar que o caluniado era um profeta digno de honra como qualquer daqueles cujos sepulcros os mestres de piedade cuidadosamente lustravam, enquanto depreciavam, e até matavam, seus sucessores vivos. A multidão que mantinha esta opinião poderia não alcançar o verdadeiro discipulado; mas estava ao menos muito à frente dos fariseus e saduceus, que vinham, para testar a Jesus, pedindo um sinal do céu, e a quem nenhum sinal, seja no céu ou na terra, conciliaria ou convenceria.

Como Jesus então recebeu o comunicado de seus discípulos? Ele ficou satisfeito com essas favoráveis, e, nas circunstâncias, realmente gratificantes, opiniões comuns entre o povo? *Não ficou*. Ele não ficou satisfeito de ser colocado no mesmo nível nem do maior dos profetas. Ele realmente não expressou qualquer desagrado contra aqueles que lhe atribuíram tal posição e pode até ter ficado feliz por ouvir que a opinião pública tinha avançado tanto na direção da verdadeira fé. Entretanto, ele rejeitou a posição concedida. O humilde e manso Filho do Homem reivindicou ser algo mais do que um grande profeta. Portanto, ele se voltou para seus discípulos escolhidos, como a homens de quem ele esperava uma afirmação mais satisfatória da verdade, e claramente perguntou o que eles pensavam dele. "E vocês – quem vocês dizem que eu sou?"

Neste caso, como em muitos outros, Simão, filho de Jonas, respondeu pelo grupo. Sua pronta, definitiva, memorável resposta à pergunta de seu Mestre foi esta: "Tu és o Cristo, o Filho do Deus vivo."[112]

---

[112] Assim em Mateus; nos outros evangelhos, a resposta é abreviada, e a confissão de messianidade é só mencionada. O relato de Mateus desse incidente memorável é o mais completo, um fato de importância quando se considera que o Evangelho de Mateus, segundo até o Dr. Baur, é o mais antigo e mais histórico.

Com essa visão da pessoa dele Jesus *ficou* satisfeito. Ele não acusou Pedro de extravagância por ir tão além da opinião do povo. Pelo contrário, aprovou inteiramente o que o discípulo tinha fervorosamente dito e expressou sua satisfação não em termos ponderados ou frios. Nunca, talvez, tenha falado de forma tão animada ou com mais aparência de emoção profunda. Ele solenemente declarou Pedro "abençoado" por causa de sua fé; falou, pela primeira vez, de uma igreja que seria fundada, professando a fé de Pedro como seu credo; prometeu àquele discípulo grande poder naquela igreja, como se agradecido por ele ser o primeiro a colocar aquela tremenda verdade em palavras, e por pronunciá-la tão corajosamente em meio à prevalecente descrença e a uma crença ingênua e incompleta; e ele expressou, nos termos mais fortes possíveis, sua confiança de que a igreja ainda a ser fundada resistiria por todas as eras aos ataques dos poderes das trevas.

A confissão de Pedro, corretamente interpretada, parece conter estas duas proposições – que Jesus era o *Messias*, e que ele era *divino*. "Tu és o Cristo", disse ele primeiro, com consciente referência às relatadas opiniões do povo – "Tu és o Cristo," e não apenas um profeta vindo para preparar o caminho do Cristo. Então ele acrescentou: "O Filho de Deus," para explicar o que entendia pela palavra Cristo. O Messias, esperado pelos judeus em geral, era meramente um homem, embora um muito superior, o homem ideal dotado com dons extraordinários. O Cristo do credo de Pedro era mais do que homem – um super-homem, um ser divino. Essa verdade ele buscou expressar na segunda parte de sua confissão. Ele chamou Jesus de Filho de Deus, com óbvia referência ao nome que o mestre tinha acabado de dar a si mesmo – Filho do Homem. "Tu", ele queria dizer, "és não apenas o que tens agora dito de ti mesmo, e que, humildemente, estavas acostumado a chamar-te – o Filho do Homem;[113] Tu és também Filho de Deus, participando, de fato, da natureza divina não menos do que da humana." Finalmente, ele prefixou o epíteto "vivo" ao nome divino, para expressar sua consciência de que estava fazendo uma declaração muito importante e dar àquela declaração um caráter deliberado e solene. Era como se ele dissesse: "Eu sei que não há causa suficientemente clara para chamar alguém, mesmo a ti, Filho de Deus, daquele vivo Jeová eterno. Mas eu não me acovardo diante da afirmação, por audaciosa, assustadora ou mesmo blasfema que ela possa parecer. Não posso, por qualquer outra expressão, fazer justiça a tudo que eu sei e sinto a respeito de ti, ou

---

[113] Para uma plena exposição da teoria que tiramos desse título, que tem ocasionado tanta discussão, remetemos nossos leitores a *The Humiliation of Christ*, p.225, nota.

A CONFISSÃO DE PEDRO

transmitir a impressão deixada em minha mente pelo que tenho testemunhado durante o tempo que te tenho seguido como discípulo." Desse modo, o discípulo foi levado, apesar de seu monoteísmo judaico, ao reconhecimento da divindade de seu Senhor.[114]

Que a famosa confissão, proferida na vizinhança de Cesareia de Filipe, realmente contém, *em princípio*,[115] a doutrina da divindade de Cristo, pode ser deduzido do simples fato que Jesus ficou satisfeito com ela; pois ele certamente reivindicou ser Filho de Deus num sentido que não se aplicaria a um mero homem, inclusive nos relatos sinóticos do seu ensino.[116] Também, quando consideramos os termos peculiares nos quais ele se expressou a respeito da fé de Pedro, nós confirmamos ainda mais essa conclusão. "Não foi carne e sangue", disse ele ao discípulo, "que te revelou isto, mas meu Pai que está nos céus." Essas palavras evidentemente implicam que a pessoa a quem foram di-rigidas tinha dito alguma coisa muito extraordinária; alguma coisa que ele não teria aprendido da crença tradicional de sua geração a respeito do Messias; alguma coisa nova até para si mesmo e seus companheiros de discipulado, se não em palavras, ao menos em significado,[117] à qual ele não poderia ter chegado só pelo esforço de sua própria mente. A confissão é virtualmente represen-tada como uma inspiração, uma revelação, um lampejo de luz do céu – a afirmação, não do rude pescador, mas do Espírito divino dizendo, através da sua boca, uma verdade até este ponto escondida e ainda só obscuramente compreendida por aquele a quem foi revelada. Tudo isso concorda bem com a suposição de que a confissão contém não simplesmente um reconhecimento da messianidade de Jesus no sentido comum, mas uma proclamação da ver-dadeira doutrina a respeito da pessoa do Messias – a saber, que ele era um ser divino manifesto na carne.

A porção restante das palavras de Nosso Senhor a Simão mostra que ele designou à doutrina confessada por aquele discípulo o lugar de fundamental importância na fé cristã. O objetivo dessas afirmações extraordinárias (Mt 16.18,19) não é assegurar a supremacia de Pedro, como afirmam os romanistas, mas declarar a natureza supramamente importante da verdade que ele confessou. A despeito de todas as dificuldades de interpretação, isso permanece claro e certo para nós. Temos dúvida sobre quem ou o que a "pedra" é; pode ser Pedro, ou pode ser a confissão dele: este é um ponto sobre o qual eruditos

---

[114] Sobre este assunto, consulte Wace, *Christianity and Morality*.

[115] É claro que tudo que estava implicado não estava ainda presente na mente de Pedro.

[116] Por exemplo, em Mateus 11.27, embora não possamos entrar em detalhes aqui.

[117] As palavras, com exceção do epíteto "vivo", são achadas em João 1.49.

O TREINAMENTO DOS DOZE

igualmente sãos em questões de fé e igualmente inocentes de toda simpatia com dogmas papistas estão divididos em opinião e é também um ponto sobre o qual não devemos dogmatizar. Disto apenas estamos certos, que não é a pessoa de Pedro, mas a fé de Pedro, que é a questão principal na mente de Cristo. Quando ele diz: "Tu és Pedro" quer dizer, "Tu és um homem de pedra, digno do nome que te dei por antecipação, na primeira vez que te encontrei, porque tu tens finalmente plantados os pés na pedra da verdade eterna." Ele fala da igreja que deve estar, pela primeira vez, em ligação com a confissão de Simão, porque aquela igreja deve consistir de homens que adotam aquela confissão como própria deles, reconhecendo-o como sendo o Cristo, o Filho de Deus.[118] Ele faz alusão às chaves do reino do céu no mesmo contexto, porque ninguém, exceto aqueles que homologam a doutrina primeiro enunciada solenemente por Simão, será admitido dentro de seus portões. Promete a Pedro a posse das chaves, não porque elas pertençam apenas a ele, ou a ele mais do que a outros, mas à maneira de menção honrosa, em recompensa pela alegria que ele dera a seu Senhor pela decisão e energia superior de sua fé. Ele é grato a Pedro, por ter acreditado muito enfaticamente que ele tinha saído de Deus (Jo 16.27); e mostra sua gratidão prometendo, primeiro a ele, individualmen-te, um poder que, mais tarde, conferiria a todos os seus discípulos escolhidos (Mt 18.18; Jo 20.23). Finalmente, se for verdade que Pedro aqui é chamado "a pedra" sobre a qual a igreja será construída, isso deve ser compreendido da mesma forma que a promessa das chaves. Pedro é chamado o fundamento da igreja apenas no mesmo sentido em que todos os apóstolos são chamados o fundamento pelo apóstolo Paulo (Ef 2.20), a saber, como os primeiros pregadores da verdadeira fé a respeito de Jesus como o Cristo e Filho de Deus; e, se o homem que *primeiro* professou essa fé é honrado por ser chamado individualmente "a pedra", isso apenas mostra que a *fé*, e não o homem, é, acima de tudo, o verdadeiro fundamento. Aquilo que torna Simão um *Petros*, um homem como pedra, adequado como fundamento, é a *Petra* real sobre a qual a *Ecclesia* será construída.

Depois desses comentários, julgamos supérfluo entrar minuciosamente na questão sobre a que o termo "pedra" refere-se na sentença, "Você é Pedro, e sobre esta pedra edificarei minha igreja". Ao mesmo tempo, devemos dizer que de modo algum está tão claro para nós que a pedra deve ser Pedro e nada mais, como é moda comentaristas modernos afirmarem. À tradução: "Tu és Pedro, um homem de pedra; e sobre ti, como sobre uma rocha, edificarei

---

[118] "Espírito Santo" era fórmula comum pela qual os convertidos confessavam sua fé, na época apostólica.

minha igreja", é possível, como já admitimos, atribuir um significado bíblico compreensível. Mas confessamos nossa preferência pela velha interpretação protestante, de acordo com a qual as palavras de Nosso Senhor a seu discípulo devem ser assim parafraseadas: "Tu, Simão Barjonas, és Pedro, um homem de pedra, digno deste nome "Pedro", porque tu fizeste aquela corajosa e boa confissão; e sobre a verdade que tu agora confessaste, como sobre uma pedra, eu construirei minha igreja; e, enquanto ela permanecer sobre aquele fundamento, ficará firme e inatacável contra todos os poderes do inferno." Traduzindo dessa forma, fazemos Jesus dizer não apenas o que realmente pensou, mas o que era muito digno de ser dito. Pois a verdade divina é o fundamento correto. Os crentes, mesmo Pedro, podem cair, e se mostrar qualquer coisa menos algo estável; mas a verdade é eterna, e nunca cai. Isso dizemos não esquecidos da verdade oposta, que "a verdade", a menos que seja confessada por almas vivas, está morta, e não é fonte de estabilidade. A convicção pessoal sincera, com uma vida correspondente, é necessária para determinar a fé no sentido objetivo de qualquer virtude.

Não podemos passar destas palavras memoráveis de Cristo sem advertir, com uma certa admiração solene, para o estranho destino que lhes ocorreu na história da igreja. Esse texto, no qual o Senhor da igreja declara que os poderes das trevas não prevalecerão contra ela, tem sido usado por esses poderes como um instrumento de agressão, e com muitíssimo sucesso. Que gigantesco sistema de tirania espiritual e orgulho blasfemo foi construído sobre essas duas frases a respeito da pedra e das chaves! Como que quase, com a ajuda delas, o reino de Deus tem se transformado num reino de Satanás! Pode-se ser tentado a desejar que Jesus, sabendo antecipadamente o que deveria acontecer, tivesse moldado as suas palavras de modo a prevenir o dano. Mas o desejo seria em vão. Nenhuma forma de expressão, mesmo cuidadosamente selecionada, poderia prevenir a ignorância humana da queda numa compreensão errada, ou impedir os homens que tinham um propósito para servir de encontrar nas Escrituras o que convinha àquele propósito. Nem pode qualquer cristão, refletindo, achar desejável que o autor de nossa fé tivesse adotado um estudado e prudente estilo de fala, pretendendo não tanto dar uma expressão fiel aos reais pensamentos de sua mente e sentimentos de seu coração, quanto evitar dar ocasião de tropeço para uma estupidez honesta, ou uma desculpa para perversão à desonesta velhacaria. A palavra falada, naquele caso, não teria sido mais um reflexo verdadeiro da palavra encarnada. Toda a poesia, paixão e genuíno sentimento humano que forma o encanto dos dizeres de Cristo teriam sido perdidos, e nada teria permanecido, exceto uma prosaica banalidade, como

O Treinamento dos Doze

aquela dos escribas e dos pedantismos teológicos. Não; tenhamos as preciosas palavras de nosso Mestre em toda a sua intensidade e veemência característica de afirmação irrestrita; e, se homens prosaicos ou não ingênuos querem inventar a partir delas dogmas incríveis, que respondam por isso! Por que as crianças seriam privadas do seu pão e apenas cuidaríamos dos cães?

Mais uma observação antes que passemos do assunto deste capítulo. A função em que encontramos Pedro atuando neste incidente em Cesareia de Filipe prepara-nos para considerar como historicamente crível a função atribuída a ele nos Atos dos Apóstolos em algumas cenas importantes, como, por exemplo, naquela que temos no décimo capítulo. A escola crítica de Tübingen nos diz que os Atos são uma composição cheia de situações inventadas adaptadas a um desígnio apologético; e que o plano sobre o qual o livro prossegue é fazer Pedro agir como Paulo, tanto quanto possível, na primeira parte, e Paulo, por outro lado, como Pedro, tanto quanto possível, na segunda. Seus adeptos consideram a conversão do centurião romano pela ação de Pedro como um exemplo, de capital importância, de Pedro tomando uma atitude como as de Paulo, isto é, como um universalista em sua visão de Cristianismo. Ora, tudo o que temos a dizer sobre o assunto aqui é isto. A conduta atribuída a Pedro, o apóstolo, no décimo capítulo dos Atos é crível à luz da narrativa que temos estado estudando. Nas duas, encontramos o mesmo homem como receptor de uma revelação; nas duas, o encontramos como o primeiro a receber, proferir e agir sobre uma grande verdade cristã. É incrível que o homem que tinha recebido uma revelação como um discípulo recebesse outra como um apóstolo? Não é psicologicamente provável que o homem que agora aparece tão original e audacioso em ligação com uma grande verdade novamente mostrará os mesmos atributos de originalidade e audácia em ligação com alguma outra verdade? De nossa parte, longe de nos sentirmos céticos quanto à verdade histórica da narrativa nos Atos, deveríamos nos surpreender muito mais se, na história da igreja nascente, Pedro tivesse sido encontrado como um elemento completamente destituído de originalidade e audácia. Ele teria sido, nesse caso, muito diferente de seu antigo eu.

12
Primeira lição sobre a cruz
Seção 1 – Primeiro anúncio da morte de Cristo
Mt 16.21-28; Mc 8.31-38; Lc 9.22-27

Nunca, até um período avançado em seu ministério público – não, de fato, até estar para terminar –, Jesus falou, em termos claros e inconfundíveis, de sua morte. O acontecimento impressionante estava previsto por ele desde o princípio; e ele mostrou sua consciência do que o estava aguardando por uma variedade de alusões ocasionais. Essas declarações, entretanto, foram todas expressas em linguagem mística. Elas eram do tipo de enigmas, cujo significado se tornou claro após o acontecimento, mas que, antes, ninguém poderia, ou ao menos, pôde, compreender. Jesus falava ora de um templo, que, se destruído, se levantaria novamente em três dias (João 2.19); em outra ocasião, de um levantamento do Filho do Homem, como naquele da serpente de cobre no deserto (Jo 3.14); e ainda, em outras ocasiões, de uma triste separação do noivo dos convidados do noivo (Mt 9.15), da entrega da sua carne pela vida do mundo (Jo 6) e de um sinal como aquele do profeta Jonas, que seria dado, em sua própria pessoa, a uma geração má e adúltera (Mt 16.4).

Finalmente, depois da conversa em Cesareia de Filipe, Jesus mudou seu estilo de falar sobre o assunto de seus sofrimentos, trocando alusões enigmáticas e obscuras por afirmações claras, literais e comuns.[119] Esta mudança era naturalmente adaptada às alteradas circunstâncias nas quais ele foi colocado. Os sinais dos tempos estavam se tornando sinistros. Nuvens tempestuosas estavam se juntando no ar; todas as coisas estavam começando a apontar para o calvário. Sua obra na Galileia e nas províncias estava quase concluída; faltava-lhe dar testemunho da verdade dentro e ao redor da cidade santa; e da disposição das autoridades eclesiásticas e dos líderes de sociedade religiosa, manifestada pela pergunta capciosa e exigência irracional, e uma espionagem constante dos seus movimentos, não foi difícil prever que não precisaria de muito mais ofensas ou muito mais tempo para converter a antipatia e inveja em ódio assassino. Tal clareza no falar, portanto, concernente ao que logo aconteceria, era natural e oportuna. Jesus estava agora entrando no vale da sombra da mor-te e, falando assim, estava só adaptando o estilo à situação.

---

[119] "Ele falou claramente a esse respeito" (παρρησια), Mc 8.32.

O TREINAMENTO DOS DOZE

Falar claramente a respeito de sua morte não era agora apenas natural da parte de Cristo, mas, ao mesmo tempo, necessário e seguro com referência aos discípulos dele. Era necessário, a fim de que eles pudessem estar preparados para o acontecimento que se aproximava, tanto quanto possível no caso de homens que, até o fim, persistiram em esperar que aquela questão seria diferente do que seu Mestre tinha antecipado. Era seguro; visto que agora o assunto poderia ser exposto claramente, sem sérios riscos para a fé deles. Antes de os discípulos serem firmados na doutrina da pessoa de Cristo, a doutrina da cruz poderia tê-los assustado completamente. A pregação prematura de um Cristo sendo crucificado poderia tê-los tornado incrédulos na verdade *fundamental* de que Jesus de Nazaré era o Cristo. Portanto, em consideração à fraqueza deles, Jesus manteve uma certa reserva referente aos sofrimentos dele até que a fé deles nele como o Cristo pudesse ter-se tornado suficientemente enraizada para resistir à tensão da tempestade que cairia por um anúncio inesperado, indesejável, incompreensível. Apenas depois de ouvir a confissão de Pedro foi que ele ficou satisfeito: a força necessária para suportar a provação tinha sido atingida.

Portanto, "Daquele tempo em diante Jesus começou a mostrar aos seus discípulos que ele precisava ir a Jerusalém, sofrer muito por causa dos anciãos, principais sacerdotes e escribas, ser morto e ressuscitar no terceiro dia."

Cada cláusula neste anúncio solene requer nosso exame reverente.

Jesus mostrou a seus discípulos:

1. "Que ele precisava ir a Jerusalém." Sim! Lá a tragédia devia ser decretada: aquele era o cenário apropriado para os eventos estupendos acontecerem. Era dramaticamente apropriado que o Filho do Homem morresse naquela "santa," ímpia cidade, a qual tinha ganhado a notoriedade mais indigna de inveja como a assassina dos profetas, a apedrejadora daqueles que Deus lhe enviava. "Não pode acontecer" – seria incoerente – "que um profeta morra fora de Jerusalém." Era devido também à dignidade de Jesus, e aos desígnios da morte dele, que ele devia sofrer lá. Não deveria morrer num canto obscuro ou de um modo obscuro, mas no lugar mais público, e de um jeito formal e judicial. Ele devia ser levantado à vista de toda a nação judaica, a fim de que todos pudessem vê-lo, aquele a quem eles tinham traspassado e por cujos vergões poderiam também ser curados. O "Cordeiro de Deus" deveria ser abatido no lugar onde todos os sacrifícios legais eram oferecidos.

2. "E sofrer muitas coisas." Um número muito grande para se contar, doloroso demais para ser dito em detalhes, e melhor de passar por cima em silên-

cio por enquanto. O simples fato de que seu amoroso Mestre seria levado à morte, sem quaisquer indignidades que a acompanhassem, seria suficientemente horrível para os discípulos; e Jesus misericordiosamente colocou um véu sobre muito do que estava presente nos seus próprios pensamentos. Em uma conversa posterior sobre o mesmo tema triste, quando a sua paixão estava perto de se cumprir, ele jogou de lado um pouco o véu e mostrou-lhes algumas das "muitas coisas." Mas, mesmo então, foi muito reticente em suas alusões, insinuando apenas, de passagem, que zombariam dele. Ele não tinha nenhuma alegria em discorrer sobre tais angustiantes cenas. Estava pronto a suportar aquelas indignidades, porém teve o cuidado de não lhes dizer mais do que era absolutamente necessário.

3. "Dos anciãos, principais sacerdotes e escribas." Não deles apenas, pois os líderes gentios e o povo de Israel iam ter uma participação nos maus tratos ao Filho do Homem, assim como os eclesiásticos judeus. Mas as partes nomeadas seriam as primeiras mandantes e as mais culpadas agentes na nefasta ação. Os homens que deveriam ter ensinado o povo a reconhecer em Jesus o Ungido do Senhor instigavam-no a gritar, "Crucifica-o, crucifica-o," e, por impertinências e ameaças, impeliam as autoridades pagãs a perpetrarem um crime para cuja realização eles não tinham coragem. Anciãos de cabelos grisalhos assentados no concílio solenemente decidiram que ele era digno de morte; sacerdotes principais proferiam oráculos dizendo que um homem devia morrer pelo povo para que a nação inteira não perecesse; escribas peritos na lei usariam seu conhecimento legal para inventar fundamentos plausíveis para uma acusação envolvendo a pena de morte. Jesus já tinha sofrido muitos pequenos aborrecimentos de tais pessoas; mas estava se aproximando o tempo quando nada os satisfaria, exceto lançar o objeto do seu desgosto para fora do mundo. Ai de Israel, quando os seus sábios, e os seus homens santos, e seus eruditos, não souberam fazer melhor uso da pedra escolhida e preciosa de Deus, do que assim desdenhosa e injustificadamente jogá-la fora!

4. "E ser morto." Sim, e por abençoados objetivos pré-ordenados por Deus. Desses, contudo, Jesus nada fala agora. Ele simplesmente afirma, em termos gerais, o fato nessa primeira lição sobre a doutrina da cruz.[120] Qualquer coisa mais, neste estágio, teriam sido palavras desperdiçadas. Qual o propósito de falar da teologia da cruz, do grande desígnio de Deus na morte, que seria realizado pela instrumentalidade culpada do homem, aos discípulos sem

---

[120] A cruz nem é mencionada aqui; mas ela estava nos pensamentos de Cristo, como a palavra seguinte aos discípulos mostra claramente. O *fato*, sem o *modo*, da morte era o bastante para a primeira lição.

O TREINAMENTO DOS DOZE

disposição para aceitar até o simples fato? O choque rude de um anúncio importuno deve ter passado antes que qualquer coisa pudesse ser proveitosamente dita sobre esses temas superiores. Portanto, não há uma sílaba aqui sobre a salvação pela morte do Filho do Homem; sobre Cristo crucificado *em favor da* culpa do homem, bem como *por* culpa do homem. Só o difícil fato bruto é afirmado, a teologia sendo reservada para outra época, quando os ouvintes deveriam estar numa estrutura de mente mais adaptada para receber instrução.

5. Finalmente, Jesus disse aos seus discípulos que ele devia "ressuscitar ao terceiro dia." Para alguns uma tão explícita referência à ressurreição nessa data tão primitiva pareceu improvável.[121] Para nós, pelo contrário, parece eminentemente oportuno. Quando era mais provável Jesus dizer aos seus discípulos que ele ressuscitaria pouco depois de sua morte, do que exatamente na ocasião em que ele lhes disse, pela primeira vez, claramente que morreria? Ele sabia quão contundente seria aquele anúncio para os sentimentos dos fiéis e era natural que acrescentasse o outro, na esperança de que, quando se compreendesse que a morte dele tinha que acontecer, porém, pela ressurreição após um período de três dias, as notícias seriam muito menos duras de suportar. Assim, após afirmar as horríveis palavras "ser morto", ele, com ternura característica, apressou-se em dizer: "e serei ressuscitado novamente no terceiro dia"; para que, tendo ferido, pudesse curar e, tendo golpeado, pudesse sarar.[122]

As comunicações sombrias feitas por Jesus estavam longe de serem bemvindas aos seus discípulos. Nem naquela hora nem em qualquer tempo posterior, eles ouviram os presságios de seu Senhor com resignação firme, para não falar de alegre consentimento ou espírito satisfeito. Eles nunca o ouviram falar, sem dor, da sua morte; e o único conforto, referente a tais anúncios como o presente, parece ter sido a esperança de que ele tivesse assumido uma visão tão tenebrosa da situação que as apreensões dele seriam infundadas. Eles, de sua parte, não viam motivos para tais obscuras antecipações, e as suas ideias messiânicas não lhes davam disposição para estar na perspectiva delas. Eles não tinham a menor ideia de por que o Cristo devia sofrer. Pelo contrário, um Cristo crucificado era um escândalo e uma contradição para eles, tanto quanto continuou a ser para a maioria do povo judeu após o Senhor ter ascendido à

---

[121] Os três evangelistas sinóticos concordam em adicionar essa referência à ressurreição ao primeiro anúncio da morte de Cristo. Seu acordo no todo desse anúncio é muito impressionante, embora seja só o que deveria ser esperado, considerando-se seu conteúdo.

[122] Pfleiderer vê as pré-indicações, da parte de Jesus, de uma restituição sobrenatural de sua pessoa como o Messias do reino de Deus, como não menos históricas que qualquer das palavras atribuídas a ele no evangelho sinótico. Ele só pensa que a fixação definida do intervalo entre morte e ressurreição se deve a redação posterior. *Die Religion*, ii, 433.

glória. Daí, quanto mais firmemente eles acreditavam que Jesus era o Cristo, mais confuso era ouvirem que ele deveria morrer. "Como", eles se perguntavam, "pode ser isso? Como pode o Filho de Deus ser objeto de tais indignidades? Como pode nosso Mestre, sendo o Cristo, como firmemente acreditamos, vir para estruturar o reino divino e ser coroado como Rei com glória e honra, e, ainda, ao mesmo tempo, ser condenado a suportar o ignominioso fato de uma execução criminal?" A essas perguntas os doze não puderam, naquele momento, nem depois da ressurreição, responder; isso não é assombroso, pois, se carne e sangue não podiam revelar a doutrina da pessoa de Cristo, menos ainda podiam revelar a doutrina da sua cruz. Sem uma iluminação muito especial do céu eles não compreenderiam os mais simples elementos daquela doutrina, nem veriam, por exemplo, que nada era mais digno do Filho de Deus do que humilhar-se e tornar-se sujeito à morte, *mesmo* à morte de cruz; que a glória de Deus consiste não só em ser o mais elevado, mas nisto: que, sendo alto, ele se inclina em suave amor para suportar a carga de suas próprias criaturas pecadoras; que nada poderia, mais direta e certamente conduzir ao estabelecimento do reino divino do que a graciosa auto-humilhação do Rei; que, apenas subindo à cruz, o Messias ascenderia ao seu trono da glória mediadora; que, somente assim, ele poderia subjugar os corações humanos e tornar-se o Senhor das afeições dos homens, bem como de seus destinos. Muitos na igreja não compreendem essas verdades abençoadas, mesmo nesta era posterior: por que se espantar, então, se foram escondidas, por um tempo, dos olhos dos primeiros discípulos? Não vamos reprová-los pelo véu que estava sobre a face deles; vamos antes nos certificar de que o mesmo véu não está sobre a nossa própria.

Nesta ocasião, como em Cesareia de Filipe, os doze encontraram um intérprete mais eloquente e enérgico de seus sentimentos em Simão Pedro. A atitude e fala desse discípulo, naquele acontecimento, foram características no mais alto grau. Ele pegou Jesus, nos é dito (segurou-o, supomos, pela mão ou pela roupa) e começou a *repreendê-lo*, dizendo: "Longe de ti, Senhor;" ou, mais literalmente, "Deus tenha misericórdia de ti; Deus o proíba! Isso não acontecerá contigo." Que estranha combinação do bem e do mal neste homem! A linguagem dele é ditada pela mais intensa afeição: ele não pode suportar a ideia de qualquer mal acontecendo ao seu Senhor; mas quão irreverente e desrespeitoso ele é para com aquele a quem havia acabado de reconhecer como o Cristo, o filho do Deus vivo! Como ele subjuga, e contradiz, e domina, e, por assim dizer, tenta fazer com que seu Mestre tire de seus pensamentos aqueles melancólicos pressentimentos do mal iminente! Ele precisava mesmo de

O TREINAMENTO DOS DOZE

castigo para aprender o seu lugar e para arrancar de seu caráter os maus elementos de atrevimento, familiaridade indevida e presunçosa obstinação.

Felizmente para Pedro, ele tinha um Mestre que, em seu amor fiel, não o poupou do castigo quando isso foi necessário. Jesus julgou que, naquele momento, era necessário e, portanto, ele administrou uma repreensão não menos memorável pela severidade do que foi o encômio em Cesareia de Filipe pela calorosa e total aprovação e curiosamente contrastando com aquele encômio nos termos no qual foi expresso. Ele voltou-se ofendido para o discípulo e disse severamente: "Para trás de mim, Satanás; você é uma ofensa para mim; e não pensa nas coisas que são de Deus, mas nas que são dos homens." O mesmo discípulo que, numa ocasião anterior, tinha falado por inspiração do céu é aqui apresentado como falando por inspiração de mera carne e sangue – por mera afeição natural pelo Senhor e pelo instinto animal de autopreservação, pensando só no interesse próprio, não no dever. Aquele a quem Cristo tinha considerado um homem de pedra, forte na fé e apropriado para ser uma pedra de fundação no edifício espiritual é aqui chamado uma ofensa, uma pedra de tropeço no caminho do Mestre. Pedro, o nobre confessor daquela verdade fundamental, pela fé na qual a igreja estaria apta a desafiar os portões do inferno, aparece aqui unido com os poderes das trevas, o porta-voz inconsciente de Satanás, o tentador. "Para trás de mim, Satanás!" Que derrocada para aquele que tinha acabado de receber a promessa do poder das chaves! Quão repentinamente tinha o principiante dignitário da igreja, muito provavelmente exaltado por orgulho ou ostentação, caído na condenação do demônio!

Esta memorável repreensão parece impiedosamente severa e, todavia, pensando bem, sentimos que não o foi mais do que o necessário. A linguagem de Cristo, nesta ocasião, não necessita de apologia, assim como deveria ser extraída da suposta agitação de sentimento, ou de uma consciência da parte do falante, de que a debilidade do próprio sentimento natural estava sussurrando a mesma coisa que vinha dos lábios de Pedro. Mesmo a dura palavra "Satanás", que é a ferroada do discurso, está no seu lugar próprio. Ela descreve exatamente o caráter do conselho dado por Simão. Aquele conselho era substancialmente este: "salve-se de qualquer maneira; sacrifique, por interesse próprio, a causa de Deus por conveniência pessoal." Um conselho verdadeiramente satânico em princípio e tendência! Pois toda a intenção da política satânica é ter o interesse próprio reconhecido como a finalidade principal de um homem. As tentações de Satanás objetivam nada pior do que isto. Satanás é chamado "o príncipe deste mundo", porque o interesse próprio governa o mundo; ele é chamado "o acusador" dos irmãos, porque não acredita que mesmo os filhos de Deus tenham qualquer motivo superior. Ele é um cético; e o ceticismo dele consiste em descrença determinada e desdenhosa da realidade de qualquer princípio final outro senão a vantagem pessoal. "Jó, ou mesmo Jesus, serve a Deus por nada? Autossacrifício, sofrimento por causa da justiça, fidelidade à verdade até mesmo na morte: é tudo romance e sentimentalismo juvenil, ou hipocrisia e linguagem vazia. Não há absolutamente atitude tal como uma entrega da vida mais baixa para a mais alta; todos os homens são egoístas de coração e têm seu preço: alguns podem esconder mais do que outros, mas, no fim, todo homem preferirá suas próprias coisas às coisas de Deus. Tudo aquilo que um homem tem ele dará por sua vida, inclusive sua integridade moral e sua piedade." Tal é a crença de Satanás.

A sugestão feita por Pedro, como a inconsciente ferramenta do espírito do mal, é idêntica, em princípio, àquela feita pelo próprio Satanás a Jesus na tentação no deserto. O tentador disse então, de fato: "Se tu és o Filho de Deus, usa teu poder em teu próprio proveito; estás faminto, por exemplo, faze pão para ti mesmo das pedras. Se és o Filho de Deus, tira proveito desse privilégio como o favorito do céu; pula desta elevação, contando seguramente com a proteção contra ferimentos, exatamente onde outros homens seriam deixados para sofrer as consequências de sua imprudência. Que melhor uso fazer destes poderes e privilégios divinos do que promover tua própria vantagem e glória?" O sentimento de Pedro, no momento em questão, parece ter sido quase o mesmo: "Se tu és o Filho de Deus, por que sofrerias uma morte violenta e ignominiosa? Tu tens poder para te salvar de tal destino; certamente não hesitarás em usá-lo!" O discípulo chegado, de fato, era um instrumento inconsciente usado por Satanás para sujeitar Jesus a uma segunda tentação, análoga à primeira no deserto da Judeia. Era o deus deste mundo que estava trabalhando em ambos os casos e que, portanto, sendo acostumado a achar homens muito prontos a preferir segurança a justiça, não podia acreditar que ele não encontraria nada deste espírito no Filho de Deus e, portanto, veio novamente, e veio buscando um ponto aberto na armadura dele através do qual ele poderia lançar seus dardos ardentes; não renunciando à esperança até que sua futura vítima pendesse sobre a cruz, aparentemente vencida pelo mundo, mas, na realidade, um vencedor de ambos, do mundo e de seu senhor.

A linguagem severa proferida por Jesus nesta ocasião, quando considerada como dirigida a um discípulo amado ternamente, mostra, de uma maneira extraordinária, a santa indignação por qualquer coisa com sabor de interesse próprio. "Salva-te", aconselha Simão; "Para trás de mim, Satanás" responde o Senhor a Simão. De fato, Cristo não era alguém que agradava a si mesmo. Embora ele fosse um Filho, aprenderia a obediência às coisas que tinha que sofrer. E, por essa consciência, ele provou a si mesmo ser o Filho, e ganhou de seu Pai a palavra aprovadora: "Tu és meu Filho amado, de ti tenho-me agradado." – a resposta do céu à voz do inferno que o aconselhava a buscar um caminho de autossatisfação. Perseverando nessa mentalidade, Jesus foi levantado sobre a cruz e assim tornou-se o autor de salvação eterna para todos aqueles que lhe obedecem. Bendito agora e para sempre seja o nome daquele que se humilhou e que se tornou obediente até a *morte*!

Seção II – Carregar a cruz, a lei do discipulado
Mt 16.24-28; Mc 8.34-38; Lc 9.23-27

Após um duro anúncio, vem outro não menos duro. O Senhor Jesus tinha dito aos seus discípulos que ele deveria, um dia, ser levado à morte; ele agora lhes diz que, como aconteceria com ele, aconteceria com eles também. O segundo anúncio foi naturalmente ocasionado pela forma pela qual o primeiro foi recebido. Pedro tinha dito, e todos tinham sentido, "Isso não acontecerá contigo". Jesus respondeu de fato: "É isso o que vocês dizem? Eu digo a vocês que não apenas eu, seu Mestre, serei crucificado – pois essa será a forma da minha morte[123] –, mas vocês também, seguindo-me fielmente, certamente terão suas cruzes para carregar. 'Aquele que quiser vir após mim, deve negar-se a si mesmo, tomar sua cruz e seguir-me.'"

O segundo anúncio não foi, como o primeiro, feito aos doze apenas. Isso podemos inferir dos termos do anúncio, que são gerais, mesmo se não tivéssemos sido informados, como somos por Marcos e Lucas, que, antes de fazê-lo, Jesus chamou o povo para ele, com seus discípulos, e falou dirigindo-se a todos.[124] A doutrina aqui ensinada, portanto, é para todos os cristãos em todas as épocas: não apenas para os apóstolos, mas para os discípulos mais humildes; não para os sacerdotes ou pregadores, mas para os leigos também; não para os monges que vivem em mosteiros, mas para os homens que vivem e que trabalham no mundo lá fora. O Rei e Cabeça da igreja proclama aqui uma lei universal, obrigatória para todos os seus súditos, exigindo que todos carreguem uma cruz em comunhão com ele.

---

[123] A cruz, embora não mencionada, estava nos pensamentos de Cristo quando ele falou de sua morte nessa época.

[124] Marcos 8.34, προσκαλεσαμενος τον οχλον; Lucas 9.23, ελεγε δε προς παντας.

Não nos é dito como o segundo anúncio foi recebido por aqueles que o ouviram e, particularmente, pelos doze. Podemos acreditar, entretanto, que, para Pedro e seus irmãos, ele soou menos duro do que o primeiro, e pareceu, ao menos teoricamente, mais aceitável. A experiência comum poderia ensinar-lhes que cruzes, embora desagradáveis para carne e sangue, eram contudo situações que poderiam ser encontradas na vida de homens comuns. Porém o que Cristo, o Filho de Deus, tinha a ver com cruzes? Ele não deveria estar isento dos sofrimentos e indignidades de mortais comuns? Se não, de que utilidade era sua filiação divina? Em resumo, a dificuldade para os doze era, provavel-mente, não que o servo não seria melhor do que o Mestre, mas que o Mestre não seria melhor do que o servo.

Nossa perplexidade, por outro lado, tende a ser justamente o reverso disso. Acostumados com a doutrina de que Jesus morreu sobre a cruz em nosso lugar, nos perguntamos em que ocasião deveríamos carregar uma cruz. Se ele sofreu em nosso lugar, por que é necessário, prontamente perguntamos, sofrermos da mesma forma? Precisamos nos lembrar de que os sofrimentos de Cristo, mesmo que, em alguns aspectos, sejam peculiares, são, de outra forma, comuns a todos aqueles em quem o espírito dele habita; que, enquanto, como redentora, a morte dele permanece única, como sofrimento por causa da justiça, ela é só o mais importante exemplo de uma lei universal, de acordo com a qual todos os que vivem uma verdadeira vida piedosa devem sofrer duramente em um mundo falso e mau.[125] E é muito claro que Jesus usou um método muito efetivo para manter esta verdade bem dentro da mente de seus seguidores em todas as épocas, proclamando-a, com grande ênfase, na primeira ocasião na qual claramente anunciou que ele mesmo ia morrer, *dando-a, de fato, como a primeira lição sobre a doutrina de sua morte: a primeira de quatro a serem encontradas nos evangelhos.*[126] Assim, ele, com efeito, declarou que apenas os que estivessem dispostos a ser crucificados com ele seriam salvos pela sua morte; e, ainda, que a disposição para carregar uma cruz era indispensável para a correta compreensão da doutrina de salvação através dele. Era como se, acima da porta da escola na qual o mistério da redenção era ensinado, ele tivesse inscrito a legenda: "Que não entre aqui nenhum homem não disposto a negar-se e tomar sua cruz."

Nesta grande lei de discipulado, a cruz significa não só o castigo externo da morte, mas todos os problemas que vêm sobre aqueles que seriamente se

---

[125] Platão teve um lampejo dessa lei. Ele escreve: "O justo será açoitado, torturado, preso, terá seus olhos arrancados e, após sofrer muitos males, será *crucificado*" (αναϭχινδιλευθησεται) – *De Republica,* lib. ii.

[126] Veja caps. 17, 18, 22.

O TREINAMENTO DOS DOZE

empenham para viver como Jesus viveu neste mundo e, em consequência desse esforço, muitas e variadas são as aflições dos justos, diferindo em tipo e grau, de acordo com tempos e circunstâncias e as vocações e *status* dos indivíduos. Para aquele Justo, que morreu não apenas por meio dos injustos, mas *para* eles, o cálice designado estava cheio de todos os ingredientes possíveis de vergonha e dor, misturados juntos no mais alto grau de amargura. Muitos dos mais honrados servos dele chegaram muito perto de seu Mestre, na maneira e medida de suas aflições por causa dele, e beberam, de fato, do seu cálice, e foram batizados com o seu batismo de sangue. Mas para os soldados rasos do exército cristão, as adversidades a serem suportadas são ordinariamente menos severas, a cruz, menos pesada. Para um, a cruz pode ser calúnia de lábios mentirosos, "que dizem coisas dolorosas orgulhosa e insolentemente contra o justo;" para outro, fracasso em atingir o ídolo muito adorado de sucesso na vida, tão frequentemente alcançado por meios ímpios, não recomendáveis para um homem que tem consciência; para um terceiro, mero isolamento e solidão de espírito entre vizinhos incompatíveis, antipáticos, não preocupados em viver sóbria, justa e piedosamente e que não amam aqueles que vivem assim.

A cruz, portanto, não é a mesma para todos. Mas que há uma cruz de algum tipo para todos os verdadeiros discípulos está implicado claramente nas palavras: "Se *alguém* vier após mim, deve negar-se a si mesmo e tomar sua cruz." O claro significado dessas palavras é que não há como seguir a Jesus em quaisquer outros termos – uma doutrina que, embora claramente ensinada no Evangelho, cristãos espúrios não estão dispostos a acreditar e são resolutos em negar. Eles enfraquecem a afirmação do seu Senhor, explicando que ela se aplica apenas a certos tempos críticos, felizmente muito diferentes do seu próprio; ou que, se ela tem alguma referência a todos os tempos, é aplicável apenas àqueles que são chamados a ter um papel destacado em assuntos públicos como líderes de opinião, pioneiros do progresso, profetas que denunciam os vícios da época e que proferem oráculos indesejáveis – uma ocupação proverbialmente perigosa, como o poeta grego testificou dizendo: "Só Apolo deve profetizar, pois ele não teme ninguém."[127]Reafirmar que todos aqueles que viveriam devotamente em Jesus Cristo deviam sofrer de alguma forma é, eles acham, assumir uma visão muito sombria e triste da impiedade do mundo, ou uma visão muito elevada e exigente da vida Cristã. A justiça que, em tempos comuns, envolve uma cruz é, em sua visão, tolice e fanatismo. É falar quando se deve ficar em silêncio, é intrometer-se em assuntos que não são da sua con-

---

[127] Φοιβον ανθρωποις μονον Χρην θεσπιωδειν ος δεδοικεν ουδενα. – Eurípides. *Phoenissae*, 958,959.

ta; em uma palavra, é ser justo demais. Pensamentos como esses, expressos ou não, certamente continuarão espalhando-se entre os fiéis quando a profissão religiosa é comum. O fato de que a fidelidade envolve uma cruz, como também o fato de que Cristo foi crucificado exatamente porque era justo, são bem compreendidos pelos cristãos quando são uma minoria sofredora, como em épocas primitivas. Essas verdades, entretanto, são completamente esquecidas em tempos pacíficos e prósperos. Então, você encontrará muitos sustentando muitas visões corretas sobre a cruz que Cristo carregou por eles, mas infelizmente ignorantes a respeito da cruz que eles mesmos têm que carregar em comunhão com Cristo. Desta cruz estão determinados a nada saber. O que ela pode significar, ou de onde ela pode vir, eles não podem compreender, embora, se tivessem o verdadeiro espírito de autonegação exigido dos discípulos por Cristo, poderiam encontrá-la por si mesmos em sua vida diária, em seus negócios, em sua casa, mais ainda, em seu próprio coração, e não teriam necessidade de procurar por ela nos confins da terra, ou manufaturar cruzes artificiais a partir de austeridades ascéticas.

À lei da cruz, Jesus anexou três razões destinadas a tornar a obediência a ela mais fácil, quando mostrou aos discípulos que, ao renderem obediência à ordem severa, eles atendem a seu próprio verdadeiro interesse. Cada razão é introduzida por um "Pois."

A primeira razão é: "Pois quem quiser salvar a sua vida a perderá; mas quem perder a sua vida por minha causa a encontrará." Neste paradoxo surpreendente a palavra "vida" é usada num duplo sentido. Na primeira cláusula de cada membro do período, significa "vida natural", com tudo o que a torna agradável e apreciável; na segunda, ela significa a vida espiritual de uma alma renovada. O profundo e fecundo dito pode, portanto, ser assim expandido e parafraseado: "Todo aquele que *quiser* salvar, isto é, fazer seu primeiro negócio, salvar ou preservar, sua vida natural e bem-estar mundano perderá a vida superior, a verdadeira vida; e todo aquele que está disposto a perder sua vida natural por minha causa encontrará a verdadeira vida eterna." De acordo com esta máxima, devemos perder alguma coisa; não é possível viver sem sacrifício de algum tipo; a única questão sendo o que será sacrificado – a vida de baixo ou a vida de cima, a felicidade carnal ou a bênção espiritual. Se escolhermos a vida superior, devemos estar preparados para negar a nós mesmos e tomar nossa cruz, embora a quantidade real da perda a que somos chamados possa ser pequena; visto que a piedade é proveitosa em todas as coisas, tendo esperança da vida que agora é, bem como daquela que virá (1Tm 4.8). Se, por outro lado, escolhermos a vida de baixo, e resolvermos

O TREINAMENTO DOS DOZE

tê-la a qualquer preço, devemos inevitavelmente perder a de cima. A perda da vida da alma e todos os bens imperecíveis da alma – justiça, piedade, fé, amor, paciência, humildade (1Tm 6.2) – é o preço que pagamos pelo prazer mundano.

Este preço é muito alto: e isto é o que Jesus disse em seguida aos ouvintes dele como a segunda persuasão para carregar a cruz. "Pois que" ele começou a perguntar, "adiantará ao homem ganhar o mundo inteiro e perder a sua alma?" Ou, o que o homem poderá dar em troca de sua alma? As duas perguntas revelam o valor incomparável da alma nos dois aspectos de uma transação comercial. A alma, ou vida, no verdadeiro sentido da palavra,[128] é um preço muito alto a pagar mesmo pelo mundo todo, para não dizer por esta pequena porção dele que cabe a qualquer indivíduo. Aquele que ganha o mundo por tal custo é um perdedor na barganha. Por outro lado, o mundo todo é muito pequeno, sim, um preço totalmente inadequado, a pagar pelo resgate da alma uma vez perdida. O que um homem dará em troca do precioso bem que ele tolamente barganhou? "Como eu virei ante o Senhor, e me curvarei diante do Altíssimo? Virei diante dele com ofertas queimadas, com bezerros de um ano? O Senhor se agradará de milhares de carneiros, ou de dez milhares de rios de óleo? Darei o meu primogênito por minha transgressão, o fruto do meu corpo pelo pecado de minha alma?" (Mq 6.6). Não, ó homem, com nenhuma dessas coisas, nem com qualquer outra que tenhas para dar, nem com o fruto de tua mercadoria, nem com dez milhares de libras esterlinas, tu podes comprar de volta tua alma, que tu tens barganhado pelo mundo, nem mesmo com tudo que tu tens do mundo. A redenção da alma é realmente preciosa; ela não pode ser liberta da servidão do pecado por coisas corruptíveis, tais como prata e ouro: a tentativa de comprar perdão, paz e vida dessa forma apenas pode tornar teu caso mais sem esperança, e aumentar tua condenação.

O apelo contido nessas solenes perguntas impressiona com força irresistível a todos que estão em seu juízo perfeito. Um tal sentimento de que nenhum bem material pode ser comparado em valor com ter uma "alma salva", isto é, ser um cristão bem-intencionado. Todos, entretanto, não são tão bem-intencionados. Multidões consideram suas almas de muito pouco valor realmente. Judas vendeu sua alma por trinta peças de prata; e não são poucos que provavelmente se julgam melhores do que ele que se separariam das suas pela mais insignificante vantagem mundana. A grande ambição de milhões é serem felizes como os animais, não para serem abençoados como homens "salvos,"

---

[128] A palavra traduzida por "alma" no v.26 é a mesma que é traduzida por "vida" no v.25 (ψυχη). Os dois significados são misturados aqui.

de espíritos nobres, santificados. "Quem nos mostrará qualquer bem?" – é o que muitos dizem. "Dá-nos saúde, riqueza, casas, terras, honras, e não nos preocuparemos com a justiça, ou atribuída ou pessoal, paz de consciência e alegria no Espírito Santo. Essas coisas podem ser boas também à sua maneira e, se alguém pode tê-las junto com as outras, sem problema ou sacrifício, talvez seja bom; mas não podemos consentir, por causa delas, em negar-nos qualquer prazer, ou voluntariamente suportar qualquer privação".

O terceiro argumento em favor de carregar a cruz é extraído do segundo advento. "Pois o Filho do Homem virá na glória de seu Pai, com seus anjos; e então recompensará a cada um de acordo com o que tenha feito."[129] Essas palavras sugerem um contraste entre o estado presente e futuro do orador e implicam uma promessa de um contraste correspondente entre o presente e o futuro de seus fiéis seguidores. *Agora* Jesus é o Filho do Homem, destinado, em poucas semanas, a morrer crucificado em Jerusalém. No fim dos dias ele aparecerá investido com a glória manifesta do Messias, acompanhado de um poderoso exército de espíritos ministrantes: a recompensa *dele* por carregar a cruz, desprezando a vergonha. Então ele recompensará a cada homem de acordo com o teor de sua vida presente. Aos que carregaram a cruz ele concederá uma coroa de justiça; aos rejeitadores da cruz ele designará, como merecem, vergonha e desprezo eternos. Doutrina rígida, desagradável para a mente moderna por vários motivos, especialmente por estes dois: porque ela nos apresenta alternativas na vida do além, e porque ela busca propagar a virtude heroica pela esperança de recompensa, ao invés de exibir a virtude como sua própria recompensa. Quanto à primeira, a alternativa da recompensa prometida é certamente um grande mistério e responsabilidade para o espírito; mas é para se temer que uma alternativa esteja envolvida em qualquer doutrina séria de distinções morais ou de liberdade e responsabilidade humanas. Quanto à outra, os cristãos não necessitam ter medo de degenerar em vulgaridade moral na companhia de Cristo. Não há vulgaridade ou impureza na virtude que é sustentada pela esperança de vida eterna. Esta esperança não é egoísmo, mas simplesmente autocoerência. Ela é simplesmente crer na *realidade* do reino pelo qual você trabalha e sofre; envolvendo, claro, a realidade de cada interesse individual cristão nisso, o seu próprio não sendo exceção. E tal fé é necessária para o heroísmo. Porque, quem lutaria e sofreria por um sonho? Que patriota arriscaria sua vida pela causa de sua nação se não esperasse a restauração da independência dela? E quem senão um pedante diria que a pureza de seu pa-

---

[129] Mt 16.27. O v.28 apresenta uma dificuldade que não podemos estudar aqui.

O TREINAMENTO DOS DOZE

triotismo fora manchada, porque a esperança dele pela nação inteira não excluiu toda referência a si mesmo como um cidadão individual? Igualmente necessário é que um cristão acredite no reino de glória, e igualmente natural e próprio que ele nutra a esperança de participação pessoal em suas honras e felicidade. Onde tal fé e esperança não estão, pouco heroísmo cristão será encontrado. Pois, como um antigo Pai da Igreja disse: "Não há obra certa onde haja uma recompensa incerta."[130] Os homens não podem ser heróis em dúvida ou desespero. Eles não podem lutar por perfeição e um reino divino, enquanto céticos sobre se essas coisas são mais do que imaginações devotas, ideais irrealizáveis. Com essa disposição, eles descansam e fazem da felicidade secular sua principal preocupação.[131]

---

[130] *Nullum opus certum est mercedis incertae*. Tertuliano *De Resurrectione Carnis*, capítulo 21. Veja também de Clark, Ante –Nicene Library: Tertullian, ii. 251.

[131] Plefeiderer, que tem o ponto de vista de um teísmo especulativo, que não reconhece nenhuma interrupção miraculosa da continuidade do mundo, e que sustenta a doutrina da restituição universal, a vitória incondicional última do bem sobre o mal, em sua obra *Die Religion,* defende as opiniões acima expressas com referência à qualidade moral da virtude estimulada pela esperança eterna. Ele baseia a doutrina da imortalidade sobre o fato de que uma crença na realizabilidade do reino de Deus é uma condição necessária do heroísmo e transforma a esperança do cristão individual, como temos feito, nessa crença. Com referência ao valor dessa esperança para os heróis da corrida, ele observa: "Olhe os verdadeiros heróis do bem no mundo, como distintos dos vãos tagarelas sobre virtude: não é, em todos esses, o tom fundamental um elegíaco profundo antes que um alegre? Eles não falam mais de amargura do que de felicidade de vida?" Tendo indicado a causa disso na frustração de objetivos nobres na vida presente, ele pergunta se uma batalha começada e levada adiante *com a consciência de sua desesperança* tem um sentido racional. Todo o argumento é muito digno de avaliação. (veja *Die Religion,* ii, 238,9). Em sua obra mais recente, *Religionsphilosophie*, publicada em 1878, esse autor se expressa de uma forma mais desfavorável a respeito da vida futura, tratando o fato como duvidoso e a fé nele como dispensável.

13
A transfiguração
Mt 17.1-13; Mc 9.2-13; Lc 9.28-36

A transfiguração é uma daquelas passagens na história terrena do Salvador pela qual um comentarista preferiria passar por cima em silêncio reverente. Para tal silêncio poderia ser feita a mesma apologia que aquela tão gentilmente declarada na narrativa do evangelho sobre a fala tola de Pedro a respeito dos três tabernáculos: "Ele não sabia o que dizer". Quem saberia o que dizer mais do que ele? Quem está plenamente apto a falar daquela maravilhosa cena noturna entre as montanhas,[132] durante a qual os céus foram, por poucos e breves momentos, baixados à terra, e o corpo mortal de Jesus, sendo transfigurado, brilhou com o brilho celestial, e os espíritos de homens justos aperfeiçoados apareceram e conversaram com ele a respeito da sua iminente paixão, e uma voz saiu da glória excelente, dizendo ser ele o bem-amado Filho de Deus? Isto está tão superior a nós, esse augusto espetáculo, que não podemos chegar até ele; sua grandeza oprime-nos e deixa-nos estupefatos; seu mistério supera a nossa compreensão; sua glória é inefável. Portanto, evitando toda especulação, questionamento curioso, dissertação teológica e ambicioso estudo de palavras em ligação com a notável ocorrência aqui registrada, nos confinamos, neste capítulo, à humilde tarefa de explicar brevemente seu significado para o próprio Jesus e sua lição para os seus discípulos.

A "transfiguração", para ser compreendida, deve ser vista em conexão com o anúncio feito por Jesus pouco antes de ela acontecer, a respeito da sua morte. Isso é evidente pelo simples fato de que os três evangelistas que relataram o evento tão cuidadosamente notam o tempo de sua ocorrência com referência àquele anúncio, e ao diálogo que o acompanhou. Todos dizem como, cerca de seis ou oito dias depois,[133] Jesus tomou três de seus discípulos, Pedro, Tiago e João, e os levou para uma alta montanha, à parte, e foi transfigurado diante deles. Os historiadores do Evangelho não costumam ser tão cuidadosos em suas indicações de tempo, e sua exatidão minuciosa aqui significa de fato:

---

[132] Do Hermom? O cenário tradicional da transfiguração é o monte Tabor.

[133] μεθ' ημερας εξ, Mateus e Marcos; ωσει ημεραι οκτω, Lucas. As duas expressões podem facilmente significar o mesmo período de tempo.

O Treinamento dos Doze

"Enquanto as comunicações e discursos anteriores a respeito da cruz estavam frescos nos pensamentos de todos, os maravilhosos eventos que vamos agora relatar aconteceram." A data relativa, realmente, é uma seta apontando de volta para o diálogo sobre a paixão e dizendo: "Se você deseja compreender o que segue, lembre-se do que aconteceu antes."

Essa inferência da notícia de tempo dada por todos os evangelistas é completamente confirmada por uma afirmação feita por Lucas apenas, a respeito do assunto do diálogo sobre o monte santo entre Jesus e seus visitantes celestiais. Lemos: "Surgiram dois homens que começaram a conversar com Jesus. Eram Moisés e Elias. Apareceram em glorioso esplendor e falavam sobre a partida (êxodo) de Jesus, que estava para se cumprir em Jerusalém."[134] Aquela partida, tão diferente da deles próprios em suas circunstâncias e consequências, era *o* tema da conversa deles. Eles tinham aparecido a Jesus para conversar com ele sobre isso; e quando terminaram de falar sobre isso, partiram paraas habitações dos benditos. Quanto tempo a conferência durou não sabemos, mas o assunto era suficientemente sugestivo de tópicos interessantes para diálogo. Havia, por exemplo, o surpreendente contraste entre a morte de Moisés, imediata e sem dor, enquanto os olhos dele nem estavam escurecidos nem sua força natural abatida, e a dolorosa e ignominiosa morte a ser suportada por Jesus. Então, havia o não menos notável contraste entre a maneira da partida de Elias da terra – transladado ao céu sem provar a morte de modo algum, fazendo uma saída triunfante para fora do mundo, numa carruagem de fogo – e a forma pela qual Jesus entraria na glória, a *via dolorosa* da cruz. Por que esse privilégio de isenção da morte, ou de sua amargura, concedido aos representantes da lei e dos profetas, e por que foi negado àquele que era o fim tanto da lei quanto da profecia? Sobre esses pontos, e outros de natureza análoga, os dois mensageiros celestiais, iluminados pela clara luz do céu, podem ter mantido uma conversa inteligente e simpática com o Filho do Homem, para o alívio de sua alma solitária, cansada e triste.

O mesmo evangelista que especifica o assunto da conversa sobre o monte santo ainda registra que, antes de sua transfiguração, Jesus tinha estado orando. Podemos, portanto, ver, na honra e glória conferida a ele, a resposta do Pai às súplicas de seu Filho; e da natureza da resposta podemos inferir o assunto da oração. Foi o mesmo que posteriormente, no jardim do Getsêmani. O cálice da morte estava presente na mente de Jesus agora, como então; a cruz era visível ao seu olhar espiritual; e ele orava por coragem para beber, coragem

---

[134] Lucas 9.31, ελεγον την εξοδον αυτου.

A TRANSFIGURAÇÃO

para suportar. A presença dos três discípulos mais íntimos, Pedro, Tiago e João, significativamente insinuava a similaridade das duas ocasiões. O Mestre levou esses discípulos com ele à montanha, como, mais tarde, levou-os ao jardim, para que não ficasse completamente destituído de companhia e benevolente simpatia, enquanto passava pelo vale da sombra da morte e sentia o horror e a solidão da situação.

Está clara, agora, a maneira como devemos ver a cena da transfiguração em relação a Jesus. Era uma ajuda para a fé e paciência, especialmente concedida ao humilde e modesto Filho do Homem, em resposta às suas orações, para animá-lo em seu doloroso caminho para Jerusalém e o Calvário. Três diferentes ajudas à sua fé foram fornecidas nas experiências daquela noite maravilhosa. A primeira foi uma antecipação da glória com a qual ele seria recompensado após a sua paixão, por sua humilhação voluntária e obediência até a morte. Por enquanto, ele estava, por assim dizer, extasiado no céu, onde tinha estado antes de ter vindo ao mundo; visto que o seu rosto brilhava como o sol e sua roupa era branca como a pura e inexplorada neve sobre os altos cumes alpinos do Hermom. "Tem bom ânimo", disse aquela repentina inundação de luz celestial, "o sofrimento logo passará e entrarás na tua satisfação eterna!"

A segunda fonte de conforto para Jesus, nas experiências sobre o monte, foi a certeza de que o mistério da cruz era compreendido e apreciado pelos santos no céu, se não pelas mentes obscurecidas de homens pecadores sobre a terra. Ele precisava muito de tal conforto, já que, entre os homens então vivos, não excetuando os seus discípulos escolhidos, não havia nenhum com quem ele pudesse falar sobre aquele tema com qualquer esperança de conseguir uma reação inteligente e simpática. Apenas poucos dias antes, ele tinha verificado, pela dolorosa experiência, a completa incapacidade dos doze, mesmo do mais vivo e bondoso entre eles, para compreender o mistério de sua paixão, ou mesmo crer nela como um fato certo. Verdadeiramente o Filho do Homem estava muito solitário enquanto passava através do vale escuro! A presença constante de companheiros estúpidos e insensíveis servia apenas para intensificar o sentimento de solidão. Quando ele queria companheiros que pudessem compreender pensamentos sobre sua paixão, era obrigado a conversar com espíritos de homens justos aperfeiçoados; pois, no que dizia respeito a homens mortais, ele tinha que se contentar com terminar a sua grande obra sem o conforto de ser compreendido, até que ela fosse consumada.

A fala do grande legislador e do grande profeta de Israel sobre o tema da morte dele foi, sem dúvida, um verdadeiro alívio para o espírito de Jesus. Sa-

O TREINAMENTO DOS DOZE

bemos como ele se confortou em outros tempos com a ideia de estar sendo compreendido, se não na terra, no céu. Quando os impiedosos fariseus questionaram a sua conduta em receber pecadores, ele procurou imediatamente sua defesa e consolação no bendito fato de que havia alegria no céu ao menos, seja o que for que houvesse entre eles, por um pecador penitente, mais do que por noventa e nove pessoas justas que não precisavam de arrependimento. Quando ele pensava em quantos "pequeninos", fracos e sem esperança eram desprezados e pisoteados neste mundo orgulhoso e desumano, refletia, com indescritível satisfação, que, no céu, seus anjos sempre contemplavam o rosto de seu Pai; sim, que no céu havia anjos que tomavam o cuidado dos pequeninos como sua principal tarefa e eram, portanto, plenamente capazes de apreciar a doutrina da humildade e bondade que ele se esforçou para inculcar em discípulos ambiciosos e brigões. Com certeza, então, podemos acreditar que, quando ele olhou adiante para sua própria morte – a evidência que coroava seu amor pelos pecadores –, era um conforto para o seu coração pensar: "Mais à frente eles saberão que eu tinha que sofrer, e compreenderão a razão, e assistirão com impaciente interesse, ao meu mover com passo resoluto, com meu rosto firmemente direcionado para Jerusalém." E não seria especialmente confortante ter a evidência sensível disso, na visita real daqueles dois cidadãos do mundo superior, incumbidos, por assim dizer, e comissionados para expressar o pensamento geral da comunidade inteira de santos glorificados, que compreendiam que a presença deles no céu era devida aos méritos daquele sacrifício que ele estava para oferecer, na sua própria pessoa, sobre o monte Calvário?

A terceira, e a principal consolação para o coração de Jesus, foi a aprovadora voz do Pai celestial: "Este é meu Filho amado, de quem me agrado." Aquela voz, ecoada então, significava: "Continue em seu caminho atual, autoconsagrado à morte e não se acovarde perante a cruz. Eu estou feliz com você, porque você não satisfez sua vontade própria. Feliz com você sempre, eu fiquei mais feliz ainda com você quando, de uma maneira notável, como recentemente no anúncio feito aos seus discípulos, você mostrou ser o seu propósito firme salvar os outros, e não salvar a si mesmo."

Esta palavra da glória excelente foi uma das três pronunciadas pelo divino Pai aos ouvidos de seu Filho durante sua vida sobre a terra. A primeira foi pronunciada no Jordão, depois do batismo de Jesus, e foi igual a esta, do presente, salvo que foi dita a ele, não a respeito dele, a outros. A última foi pronunciada em Jerusalém, um pouco antes da crucificação, e tinha a mesma

A TRANSFIGURAÇÃO

importância que as duas precedentes, mas era diferente na forma. A alma de Jesus estando perturbada pela perspectiva da morte iminente, ele orou: "Pai, salva-me desta hora; mas por isto eu vim, para esta hora. Pai, glorifica teu nome." Então, lemos, veio uma voz do céu, dizendo: "Eu já o tenho glorificado (por sua vida), e o glorificarei novamente" (mais notavelmente por sua morte). Todas as três palavras serviram ao mesmo propósito. Evocada em momentos de crise na história de Cristo, quando ele manifestou, com intensidade peculiar, a devoção à obra para a qual tinha vindo ao mundo, e a sua determinação em concluí-la, por cansativa que a tarefa pudesse ser para carne e sangue, essas vozes expressavam, para encorajamento e fortalecimento dele, a complacência com a qual o Pai, via sua auto-humilhação e obediência até a morte. No seu batismo, ele, por assim dizer, confessou os pecados do mundo todo; e, submetendo-se ao rito, expressou seu propósito de cumprir toda justiça como o redentor do pecado. Por isso, o Pai, então, pela primeira vez, chamou-o de seu Filho amado. Um pouco antes da transfiguração, ele tinha energicamente repelido a sugestão de um discípulo afetuoso, de que ele deveria salvar-se de seu destino previsto, como uma tentação do demônio; por isso o Pai renovou a declaração, trocando a segunda pessoa pela terceira, por causa daqueles discípulos que estavam presentes, e especialmente de Pedro, que tinha ouvido a voz de seu próprio coração antes que as palavras de seu Mestre. Finalmente, poucos dias antes de sua morte, ele superou uma tentação da mesma natureza daquela à qual Pedro o tinha sujeitado, surgindo, nessa ocasião, da fraqueza inocente de sua própria natureza humana. Iniciando sua oração com a expressão de um desejo de ser salvo da hora escura, ele terminou-a com a petição: "Glorifica teu nome." Por isso, o Pai, uma vez mais, emitiu a expressão de sua aprovação, declarando, de fato, sua satisfação com o modo pelo qual o seu Filho tinha glorificado o nome dele até este ponto e a confiança de que ele não fracassaria em coroar a sua carreira de obediência com uma morte que glorificaria a Deus.

Tal sendo o significado da visão sobre o monte para Jesus, temos agora a considerar que lição foi ensinada aos discípulos que estavam presentes e, através deles, a seus irmãos e a todos os cristãos.

O ponto principal, neste contexto, é a ordem acrescentada à palavra celestial: "Ouçam-no." Esta ordem refere-se especialmente à doutrina da cruz, pregada por Jesus aos doze, e então mal recebida por eles. Ela pretendia ser um solene e deliberado endosso de tudo o que ele tinha dito então a respeito de seus próprios sofrimentos, e a respeito da obrigação de cada um carregar sua

O TREINAMENTO DOS DOZE

cruz, que vale para todos os seus seguidores. Pedro, Tiago e João foram, por assim dizer, convidados a lembrar tudo que tinha saído dos lábios de seu Mestre sobre o desagradável tópico, e asseguraram que ele era completamente verídico e estava de acordo com a intenção divina. Mais ainda, como esses discípulos tinham recebido a doutrina com murmúrios de desaprovação, o som do céu dirigido a eles era uma palavra severa de repreensão, que dizia: "Não murmurem, mas ouçam com devoção e obediência."

Essa repreensão era muito necessária, visto que os discípulos tinham acabado de mostrar que tinham ainda a mesma mentalidade de seis dias antes. Pedro, pelo menos, não estava ainda disposto a carregar a cruz. Quando, despertando para a clara consciência da sonolência que tinha caído sobre ele, esse discípulo observou os dois estranhos no ato da partida, exclamou: "Mestre, é bom estarmos aqui, façamos três tabernáculos; um para ti, um para Moisés e um para Elias." Ele estava decidido, nós percebemos, a gozar as felicidades do céu sem qualquer processo preliminar de carregar a cruz. Pensou consigo mesmo: "Quão melhor é habitar aqui com os santos do que descer para o meio dos implicantes e descrentes fariseus e de seres humanos miseráveis, suportando a contradição dos pecadores e batalhando contra as múltiplas dificuldades com as quais a terra está amaldiçoada! Fica aqui, meu Mestre, e poderás dizer adeus a todos aqueles pressentimentos sombrios de sofrimentos vindouros, e estarás longe do alcance de sacerdotes, anciãos e escribas maus. Fica aqui, nesta montanha ensolarada, que toca os céus; não desçamos mais para o deprimente e sombrio vale de humilhação. Adeus, terra e cruz: bem-vindos, céu e coroa!"

Não podemos esquecer, enquanto assim parafraseamos a fala tola de Pedro, que, quando ele a pronunciou, estava atordoado com o sono e o esplendor da cena da meia-noite. Contudo, quando é feito o devido desconto, continua verdadeiro que a preguiçosa sugestão era um sinal indicador da mentalidade presente do discípulo. Pedro *estava* embriagado, embora não com vinho; o que os homens falam, entretanto, mesmo quando embriagados, é característico. Havia um significado sóbrio em sua fala sem sentido sobre o tabernáculo. Ele realmente queria dizer que os visitantes celestiais deveriam permanecer, e não ir embora, o que estavam para fazer quando ele falou.[135] Isto fica claro na conversa que aconteceu entre Jesus e os três discípulos enquanto desciam da montanha (Mt 17.9-13; Mc 9.9-13). Pedro e os dois companheiros perguntaram ao Mestre: "Por que então dizem os escribas que Elias

---

[135] Lucas 9.33, εν τω διαχωριζεσθαι.

deve vir primeiro?" A pergunta tinha a ver, pensamos, não com a ordem dada aos discípulos por Jesus pouco antes: "Não contem a visão a ninguém até o Filho do Homem ser levantado dos mortos," mas antes com o caráter fugidio e passageiro da cena inteira sobre a montanha. Os três irmãos não estavam apenas desapontados, mas perplexos, visto que os dois seres celestiais tinham sido como anjos na brevidade de sua estada e na rapidez de sua partida. Eles tinham aceitado o pensamento corrente sobre o advento de Elias antes e para a restauração do reino; e eles afetuosamente esperavam que fosse por isso que ele viria por fim com Moisés, anunciando a aproximação da glória, como o advento de andorinhas dos climas tropicais é um sinal de que o verão está próximo e de que o inverno, com suas tempestades e rigores, está acabado e findo. Na verdade, enquanto seu Mestre estava pregando a cruz, eles estavam sonhando com coroas. Nós os encontraremos sonhando assim ainda até o fim.

"Ouçam-no:" esta palavra não visava aos três discípulos apenas, ou mesmo aos doze, mas a todos os seguidores professos de Cristo tanto quanto a eles. Ela diz a cada cristão: "Ouça Jesus e esforce-se para compreendê-lo enquanto ele fala dos mistérios dos seus sofrimentos e da glória que se seguirão – aqueles temas que todos os anjos desejam conhecer. Ouçam-no quando ele proclama o carregar a cruz como um dever de todos os discípulos, e ouçam, não a sugestão autoindulgente da carne e do sangue, ou as tentações de Satanás aconselhando vocês a fazerem do interesse próprio e da autopreservação seu principal objetivo. Ouçam-no, outra vez, e não se cansem do mundo, nem abandonem sua carga antes do tempo. Sonhem não com tabernáculos onde vocês possam residir seguros, como um eremita no deserto, não tendo parte em tudo que é feito debaixo do sol. Façam sua parte valorosamente e, no devido tempo, terão, não uma tenda, mas um templo para residir: uma casa não feita por mãos, eterna nos céus.

É verdade, realmente, que nós, que estamos neste tabernáculo do corpo, neste mundo de tristeza, não podemos senão gemer de vez em quando, por termos uma carga. Esta é nossa fraqueza, e em si mesma ela não é pecaminosa; nem está errado suspirar ocasionalmente e expressar um desejo de que o tempo de carregar a cruz acabe. Mesmo o santo Jesus sentia, às vezes, este cansaço da vida. Uma expressão de algo como impaciência escapou de seus lábios nessa mesma ocasião. Quando desceu do monte e ficou sabendo o que estava acontecendo em sua base, ele exclamou, referindo-se ao mesmo tempo à incredulidade dos escribas que estavam presentes, à fé fraca dos discípulos e às misérias da humanidade, que sofre as consequências da maldição: "Ó geração incrédula e perversa, quanto tempo estarei com vocês? Até quando terei que

O TREINAMENTO DOS DOZE

suportá-los?" Mesmo o amoroso Redentor do homem sentiu-se tentado a cansar-se de fazer o bem – cansar-se de enfrentar a contradição dos pecadores e de suportar a fraqueza espiritual dos discípulos. Tal cansaço, portanto, como um sentimento momentâneo, não é necessariamente pecaminoso: pode antes ser uma parte da nossa cruz. Mas ele não deve ser tolerado ou aceito. Jesus não se entregou ao sentimento. Embora ele se queixasse da geração no meio da qual vivia, não cessava de trabalhar com amor em benefício dela. Tendo aliviado seu coração ao pronunciar essa exclamação repreensiva, ele deu ordens para que o pobre lunático fosse trazido a ele para que pudesse ser curado. Então, quando realizou este novo milagre de misericórdia, pacientemente explicou a seus próprios discípulos a causa de sua impotência para lutar com suces-so contra os males das pessoas, e lhes ensinou como poderiam alcançar o poder de expulsar todo tipo de demônios, mesmo aqueles cujo poder sobre suas vítimas era muito obstinado, a saber, pela fé e oração.[136] Assim, ele continuava se esforçando para ajudar o miserável e instruir o ignorante, até que viesse a hora quando poderia verdadeiramente dizer: "Está consumado."

---

[136] Mt 17.19-21; Mc 9.28,29. O v. 21 em Mateus não é genuíno, sendo tomado emprestado por copistas de Marcos. Em Marcos 9.29, o texto verdadeiro é: "Este tipo não pode sair por nada senão oração". A adição, και νηστεια, "e jejum", é uma glosa devida ao espírito ascético, que primitivamente se insinuava na igreja.

14
Treinamento em temperamento: discurso sobre humildade
Seção I – Como esta criança!
Mt 18.1-14; Mc 9.33-37, 42-50; Lc 9.46-48

Do monte da transfiguração Jesus e os doze retornaram, pela Galileia, a Cafarnaum. Nessa jornada de volta para casa, o Mestre e seus discípulos estavam em estados mentais muito diferentes. Ele tristemente refletia a respeito de sua cruz; eles vaidosamente imaginavam lugares de distinção no reino que se aproximava. A diversidade de disposição revelava-se numa correspondente diversidade de conduta. Jesus, pela segunda vez, começou a falar, ainda no caminho, sobre seus sofrimentos vindouros, dizendo a seus seguidores como o Filho do Homem deveria ser *entregue* nas mãos dos homens, e como eles o matariam, e como, ao terceiro dia, ele ressuscitaria (Mt 17.22,23; Mc 9.30-32; Lc 9.44,45). Os doze, por outro lado, começaram, enquanto viajavam, a discutir entre si sobre quem seria o maior no Reino do Céu (Mc 9.33). Um estranho e humilhante contraste exibido frequentemente na história evangélica; inveja, altercações furiosas a respeito de posto e preferência, da parte dos discípulos, seguindo novas informações a respeito da paixão da parte do Senhor, como o cômico segue o trágico numa representação dramática.

Esta inconveniente e inoportuna discussão mostra claramente que havia necessidade daquela ordem acrescentada à voz do céu, "Ouçam-no"; e quão distante os discípulos estavam ainda de concordar com aquilo! Eles ouviam Jesus apenas quando ele dizia coisas agradáveis. Eles ouviam com prazer quando ele lhes assegurava que brevemente veriam o Filho do Homem vindo em seu Reino; eles estavam surdos a tudo o que ele dizia a respeito do sofrimento que precederia a glória. Eles esqueceram a cruz, após um momentâneo acesso de tristeza quando seu Senhor se referiu a ela, e dedicaram-se a sonhar com a coroa; como uma criança esquece a morte de um pai e volta a suas brincadeiras. "Quão grandes," pensavam eles, "nós seremos quando o reino vier!" Então, por uma fácil transição, eles passavam de inúteis sonhos de glória comum para inúteis discussões sobre quem teria a maior parte nela, porque vaidade e ciúmes se encontram muito perto uma do outro. "Nós todos seremos igualmente ilustres no reino, ou um será maior do que outro? O favor mostrado a

O Treinamento dos Doze

Pedro, Tiago e João, selecionando-os para serem testemunhas oculares da prefiguração da glória vindoura, implica uma correspondente preferência no reino em si?"[137] Os três discípulos provavelmente esperavam que sim; os outros discípulos esperavam que não, e assim a discussão começou. Não era importante que todos eles seriam grandes juntos; a questão das questões era: "quem seria o maior" – uma questão dura de resolver quando a vaidade e a presunção brigam de um lado e ciúmes e inveja de outro.

Chegados a Cafarnaum, Jesus usou a oportunidade para advertir seus discípulos sobre a discussão na qual se tinham engajado, e fez desta a ocasião de pronunciar um discurso memorável sobre humildade e tópicos semelhantes, destinado a servir ao propósito de *disciplinar o temperamento e a vontade deles*. A tarefa à qual ele agora se dedicava era, ao mesmo tempo, a mais formidável e a mais necessária que já tinha empreendido em relação ao treinamento dos doze. Mais formidável, pois nada é mais difícil do que treinar a vontade humana em sujeição leal a princípios universais, levar os homens a reconhecerem as reivindicações da lei do amor em suas relações mútuas, expulsar o orgulho, vanglória, inveja e ambição dos corações, mesmo dos bons. Os homens podem ter feito muitos progressos grandiosos na arte de orar, na liberdade religiosa, na atividade cristã, podem ter-se mostrado fiéis em tempos de tentação e hábeis eruditos na doutrina cristã e ainda se mostrarem muito defeituosos em temperamento: obstinados, egoístas, pensando em sua própria glória, mesmo quando buscam glorificar a Deus. Muitíssimo necessário, pois que bem podiam esses discípulos fazer como ministros do reino enquanto sua principal preocupação era sobre sua própria posição nele? Homens cheios de paixões ambiciosas e inveja um do outro podiam apenas discutir entre si mesmos, levando a causa que procuravam promover ao desprezo, produzindo, em tudo ao redor deles, confusão e muitas ações más. Não é de espantar então que Jesus, desse tempo em diante, se tenha dedicado com zelo peculiar à obra de expulsar de seus discípulos o demônio da obstinação, e emprestar a eles, como um sal, seu próprio espírito de submissão, humildade e caridade. Ele sabia quanto dependia de seu sucesso neste esforço de temperar os futuros apóstolos, para usar sua própria metáfora forte,[138] e todo o tom e essência do discur-

---

[137] Os três discípulos estavam proibidos de dizer a qualquer um o que tinham visto. A proibição provavelmente não se referia a seus irmãos. Mesmo que sim, eles devem ter achado muito difícil guardar segredo sobre uma cena tão incrível.

[138] Marcos 9.49. As palavras "e todo sacrifício será temperado com sal" são uma glosa originária de Lv 2.13, introduzida para explicar o dito. Para comentários sobre essa passagem, veja a nota 145 no final da seção III deste capítulo, p. 202.

so diante de nós revela a profundidade de sua ansiedade. Especialmente significativa a esse respeito é a parte inicial, na qual ele faz uso de uma criança presente no aposento como o veículo de instrução; assim, da boca de um bebê e criança de peito, aperfeiçoando o louvor de uma mente humilde. Assentado no meio de discípulos ambiciosos, com o pequenino em seu braços como texto, ele, que é o maior no reino, prossegue falando de verdades mortais para o espírito de orgulho, mas muito mais doces do que o mel ao paladar de todas as almas renovadas.

A primeira lição ensinada é esta: para ser grande no reino, sim, até para obter acesso a ele, é necessário tornar-se como uma criança pequena. "A menos que vocês se convertam e tornem-se como crianças pequenas, vocês não entrarão no reino do céu. Qualquer que, portanto, se humilhar como este pequenino é o maior no reino do céu." A característica mais importante da natureza infantil, que constitui o elemento especial da comparação, é sua despretensão. A tenra infância nada sabe daquelas distinções de posição que são o resultado do orgulho humano e das recompensas cobiçadas pela ambição humana. Um filho de um rei brincará sem hesitação com o filho de um mendigo, assim inconscientemente declarando a insignificância das coisas nas quais os homens diferem, comparadas com as coisas que são comuns a todos. O que as crianças são inconscientemente, Jesus requer que seus discípulos sejam voluntária e deliberadamente. Eles não devem ser pretensiosos e ambiciosos, como os filhos adultos do mundo, mas mansos e humildes de coração; negligenciando posições e distinções, pensando não em seu lugar no reino, mas doando-se em simplicidade de espírito ao serviço do Rei. Neste sentido, o maior no reino, o Rei mesmo, foi o mais humilde dos homens. Da humildade na forma de autodepreciação ou auto-humilhação por conta do pecado Jesus nada devia saber, visto que não havia defeito ou falha em seu caráter. Mas da humildade que consiste em autoesquecimento ele foi o modelo perfeito. Não podemos dizer que ele pensava *pouco* de si mesmo, mas podemos dizer que ele não pensava em si mesmo de jeito nenhum: ele pensava apenas na glória do Pai e no bem do homem. Considerações de engrandecimento pessoal não tinham lugar entre seus motivos. Ele se afastava com santo aborrecimento de todos os que eram influenciados por tais considerações; nenhum caráter parecia tão completamente detestável a seus olhos como aquele do fariseu, cuja religião era uma exibição teatral, sempre pressupondo a presença de espectadores, e que amava os lugares elevados em festas e os principais assentos nas sinagogas, e ser chamado pelos homens Rabi, Rabi. Para si mesmo ele nem desejava nem recebia honra dos homens. Ele veio, não para ser servido, mas para servir: ele,

O Treinamento dos Doze

o maior, humilhou-se para ser o menor – ser uma criança nascida num estábulo e deitada numa manjedoura; ser um homem de mágoas, pouco estimado pelo mundo; sim, para ser pregado numa cruz. Por tal incrível auto-humilhação, ele mostrou sua grandeza divina.

Quanto mais nos elevarmos no reino, mais seremos como Jesus nesta humilhação de si mesmo. Essa semelhança com uma criança, tal como ele exibiu, é uma característica invariável de avanço espiritual, assim como sua ausência é a marca da pequenez moral. O homem "pequeno", mesmo quando bem intencionado, é sempre pretensioso e intrigante, sempre pensa em si mesmo, sua honra, dignidade, reputação, mesmo quando abertamente fazendo o bem. Ele sempre pensa em glorificar a Deus de um modo em que, ao mesmo tempo, glorifique a si mesmo. Frequentemente acima do amor à vantagem, ele nunca está acima do sentimento de vaidade. Os maiores no reino, por outro lado, lançam-se com tal vontade ao trabalho ao qual são chamados, que não têm tempo nem inclinação para inquirir que lugar obterão neste mundo ou no próximo. Deixando as consequências ao grande Governante e Senhor, e esquecidos do interesse próprio, eles entregam sua alma completamente à tarefa que lhes foi designada, contentes por preencher um pequeno espaço ou um grande, como Deus quiser, se só ele for glorificado.

Esse é o verdadeiro caminho para um lugar elevado no reino eterno. Por observar isso, Jesus não rejeitou sumariamente a questão, "quem é o maior no reino", por negar a existência de distinções nele. Ele não disse nessa ocasião, ele não disse em qualquer outra – "É desnecessário perguntar quem é o maior no reino: não há tal coisa como uma distinção de maior e menor lá." Pelo contrário, isto está implicado aqui, e é afirmado em outra parte: que há tal coisa. Segundo a doutrina de Cristo, a comunidade celestial não tem relação com o radicalismo ciumento, que requer que todos sejam iguais. Há graus de distinção lá tanto quanto nos reinos deste mundo. A diferença entre o reino divino e todos os outros encontra-se no princípio sobre o qual a promoção se baseia. Aqui o orgulhoso e o ambicioso ganham o posto de honra; lá honras são conferidas ao humilde e ao altruísta. Aquele que sobre a terra estiver disposto a ser o menor em modesto amor será o maior no reino do céu.

A lição seguinte que Jesus ensinou aos seus discípulos foi a obrigação de *receber* os pequenos; isto é, não meramente crianças no sentido literal, mas tudo que uma criança representa – o fraco, o insignificante, o desamparado. A criança que ele segurou em seus braços tendo servido como um tipo do humilde em espírito, logo em seguida, tornou-se um tipo do humilde em posição, influência e importância; e, tendo sido apresentada aos discípulos na primeira oportunidade como um objeto de imitação, foi recomendada a eles, no fim, como um objeto de bom tratamento. Eles tinham que receber os pequenos graciosa e amorosamente, tomando cuidado para não ofendê-los pela severidade, crueldade e conduta desdenhosa. Toda essa bondade ele, Jesus, receberia como dirigida a si mesmo.

Esta transição de pensamento de *ser* como uma criança para receber tudo aquilo de que a infância, em sua fragilidade, é o símbolo, foi perfeitamente natural, visto que há uma ligação íntima entre a luta egoísta para ser grande e um modo ofensivo de agir para com o pequeno. Crueldade e desprezo são vícios inseparáveis de um espírito ambicioso. Um homem ambicioso não é, na realidade, necessariamente de índole cruel e capaz de acalentar desígnios cruéis a sangue frio. Às vezes, quando seu humor está tranquilo, a ideia de ferir uma criança, ou qualquer coisa que uma criança representa, pode parecer-lhe revoltante; e ele poderia ressentir-se se lhe atribuíssem tal desígnio, ou mesmo se aludissem à possibilidade de ele abrigá-lo, como um insulto leviano. "É seu servo um cão?" perguntou Hazael, indignado, a Elias, quando o profeta descreveu-lhe seu próprio futuro *"eu*, incendiando as fortalezas de Israel, assassinando seus jovens a espada, arremessando suas crianças no chão e rasgando ao meio suas mulheres grávidas?" Naquele momento, seu horror a esses crimes era completamente sincero, e, todavia, ele foi culpado de todos eles. O profeta corretamente adivinhou o caráter dele e leu sua futura carreira de maldades notáveis à luz disso. Ele viu que Hasael era ambicioso, e todo o resto aconteceu como uma coisa lógica de se esperar. O rei da Síria, o seu mestre, sobre cujo restabelecimento ele fingiu preocupação, precisou matar primeiro; e, uma vez sobre o trono, a mesma ambição que o tornou um assassino incitou-o aos planos de conquista, na execução da qual ele perpetrou todas as crueldades bárbaras nas quais os tiranos orientais pareciam sentir prazer demoníaco.

Os crimes de ambição, e as lamentações com as quais esses crimes têm enchido a terra, tornaram-se um lugar comum. Completamente consciente do fato, Jesus exclamou, quando o dano já feito e ainda por fazer pelo desejo por posição e poder surgiu diante de seus olhos: "Ai do mundo por causa das ofensas!" Ai, realmente, mas não simplesmente para o que sofre o dano; o maior "ai" está reservado para quem comete o dano. Então, Jesus ensinou os discípulos, quando acrescentou: "Mas ai daquele homem por quem a ofensa vem!" Nem ele deixaria seus ouvintes no escuro quanto à natureza da conde-

O Treinamento dos Doze

nação do ofensor. "Aquele," ele declarou, numa linguagem que saiu dos seus lábios como uma chama de justa indignação ao pensar nos danos causados ao fraco e desamparado, "Aquele que ofender um desses pequeninos que creem em mim, seria melhor para ele que uma pedra de moinho fosse pendurada ao redor do seu pescoço e que ele fosse lançado nas profundezas do mar." "Seria melhor para ele" – ou, isso seria adequado para ele, é o que ele merece; e está implicado, embora não expresso, que é o que ele ganha quando a vingança divina finalmente o alcança. A pedra de moinho não é uma figura de linguagem inútil, mas um símbolo apropriado do julgamento final do orgulho. Aquele que *quer* subir ao lugar mais alto, sem ligar para os danos que ele pode causar aos pequenos, será derrubado, não na terra simplesmente, mas para as mais baixas profundezas do oceano, no próprio abismo do inferno, com um grande peso de maldições pendurado em seu pescoço para afundá-lo, e retê-lo, a fim de que não se levante mais.[139] "Eles afundaram como chumbo nas águas imensas!"

Sendo tão terrível a maldição da ambição egoísta, seria sábio para o arrogante temer e antecipar o julgamento de Deus, julgando a si mesmo. Isso Jesus aconselhou seus discípulos a fazerem, repetindo um dito severo pronunciado uma vez, antes, no Sermão do Monte, concernente ao corte de membros ofensivos do corpo (Mt 18.8,9; compare vv. 29,30). À primeira vista, aquele dito parece irrelevante aqui, porque o assunto do discurso é ofensa contra outros, não ofensas contra si mesmo. Mas sua relevância torna-se evidente quando consideramos que todas as ofensas contra um irmão são ofensas contra nós mesmos. Esse é o verdadeiro ponto que Cristo deseja inculcar em seus discípulos. Ele os faria compreender que o interesse próprio impõe cuidado escrupuloso em evitar ofensas aos pequenos. "Antes do que fazer o mal a um destes," disse o grande Mestre, na prática, "por mão, pé, olho ou língua, recorra à automutilação; pois aquele que pecar contra o menor no reino, peca também contra sua própria alma."

Uma coisa mais Jesus ensinou a seus discípulos enquanto segurava a criança em seus braços, a saber, que aqueles que feriam ou desprezavam um pequenino estavam inteiramente fora de harmonia com a mente celestial. "Tomem cuidado," disse ele, "para não desprezarem um destes pequenos;" e então ele prosseguiu para reforçar o aviso, lançando de lado o véu e mostrando-lhes um vislumbre daquele verdadeiro reino celestial no qual eles estavam todos

---

[139] μυλος ονικος, pedra de moinho girada por um asno, maior que a de um moinho manual, escolhida para assegurar que o ímpio afundará para sempre. Como as palavras de Cristo se cumprem em todas as épocas! Pense nas "atrocidades búlgaras" de 1876, nas execrações que despertaram na Bretanha e no destino muito provável que espera a Turquia num futuro próximo!

desejosos de ter proeminência. "Olhem, lá! Vejam aqueles anjos diante do trono de Deus – esses são espíritos ministrando aos pequeninos! E vejam, aqui estou eu, o Filho de Deus, vindo diretamente do céu para salvá-los! E vejam como a face do Pai no céu sorri para os anjos e para mim porque temos tal interesse amoroso neles!" (Mt 18.10-14). Que argumento eloquente! Que apelo poderoso! "Os habitantes do céu," tal é seu sentido, "são amorosos e humildes; vocês são egoístas e orgulhosos. Que esperança vocês podem nutrir de admissão num reino cujo espírito é tão completamente diferente daquele pelo qual vocês são animados? Além disso, vocês não ficam envergonhados de si mesmos quando testemunham este evidente contraste entre a humildade dos espíritos celestiais e o orgulho e pretensões de homens fracos? Livrem-se, daqui em diante e para sempre, de pensamentos vãos e ambiciosos e deixem o espírito humilde e gentil do céu tomar posse de seus corações."

No belo quadro do mundo superior, uma coisa é especialmente digna de nota, a saber, a introdução por Jesus de uma referência a seu trabalho como o salvador do perdido, num argumento destinado a reforçar o cuidado com os pequenos.[140] A referência não é uma irrelevância; sua natureza é de um argumento *a fortiori*. Se o Filho do Homem cuidou do *perdido*, do *fraco*, do moralmente degradado, quanto mais ele cuidará daqueles que são simplesmente pequenos! É um esforço muito maior de amor buscar a salvação do ímpio do que interessar-se pelo fraco; e aquele que fez uma coisa certamente não deixará de fazer a outra. Depois de chamar a atenção para o seu amor como salvador do pecador, como aparece na parábola do bom pastor indo atrás da ovelha extraviada (Mt 18.12,13), Jesus, mais adiante, dirigiu a atenção de seus discípulos para o mais sublime exemplo de humildade. Visto que este amor mostra que não só não havia nenhum orgulho de grandeza no Filho do Homem, mas também nenhum orgulho de *santidade*, ele podia não apenas condescender com homens de posição humilde, mas até tornar-se irmão do homem mau: um com eles em simpatia e sorte, para que eles pudessem se tornar um com ele

---

[140] Mateus 18.11 não é achado nas melhores autoridades críticas e é considerado por eruditos como interpolado de Lucas 19.10; e a parábola do bom pastor é também considerada por muitos como estranha ao contexto de pensamento. Quanto ao primeiro ponto, concordamos com Alford ao pensar que v.11 não pode ser interpolado de Lucas, "primeiro, pela ausência de qualquer razão suficiente (aparente na superfície) para inserção; segundo, da quase unânime omissão de ζητησαι και de Lucas, que teria exatamente combinado com ζητει do v.12". Que ele deva fazer parte do texto em uma edição crítica do Testamento Grego não afirmamos, mas é bastante crível para nós que Cristo pronunciou tal dito nessa ocasião. O pensamento combina com o contexto, por desajeitado que possa parecer na narrativa. Por uma razão similar, pensamos ser bastante provável que a parábola do bom pastor tenha sido apresentada nessa ocasião. Era tão necessário repreender o espírito ambicioso dos discípulos quanto prevenir os ataques dos censores fariseus.

O Treinamento dos Doze

em privilégio e caráter. Uma vez mais, fazendo referência a seu próprio amor como salvador, Jesus indicou a seus discípulos a verdadeira fonte daquela caridade que cuidava do fraco e não desprezava o pequeno. Ninguém que corretamente apreciasse seu amor poderia deliberadamente ofender ou menosprezar qualquer irmão, por insignificante que fosse, alguém que tivesse um lugar em sua simpatia de salvador. A caridade do Filho do Homem, aos olhos de todos os verdadeiros discípulos, circunda com um halo de santidade o menor e mais vil da raça humana.

Seção II – Disciplina na Igreja
Mt 18.15-20

Tendo apropriadamente advertido seus ouvintes contra o ofender os pequenos, Jesus continuou (de acordo com o relato de suas palavras no Evangelho de Mateus) a dizer-lhes como agir quando eles não fossem os ofensores, mas as vítimas, ou os juízes, de ofensas. Nesta parte de seu discurso, ele tinha em vista antes o futuro do que o presente. Contemplando o tempo quando o reino – isto é, a igreja – existiria realmente como uma comunidade organizada, com os doze exercendo nela autoridade como apóstolos, ele dá diretrizes para o exercício de disciplina, para a pureza e bem-estar da irmandade cristã;[141] confere aos doze coletivamente o que tinha já garantido a Pedro isoladamente – o poder de ligar e desligar, isto é, infligir penalidades à igreja e removê-las dela (v.18); e fez uma promessa mais encorajadora de sua própria presença espiritual, e de poder prevalecente com seu Pai celestial em oração a todos os reunidos em seu nome e que concordam nos objetos de seus pedidos (vv 19,20). Seu propósito por toda parte é garantir, de antemão, que a comunidade chamada pelo seu nome seja realmente uma santa, amorosa e unida sociedade.

Os regulamentos aqui afirmados para a orientação dos apóstolos no procedimento com ofensores, embora simples e evidentes, têm suscitado muito debate entre religiosos polemizadores interessados na sustentação de diversas teorias de governo eclesiástico. Dessas discussões eclesiásticas, nada diremos aqui; nem consideramos necessário oferecer qualquer comentário expositivo

---

[141] Mateus 18.15-17. Keim vê todo o discurso (que ele considera como substancialmente um pronunciamento contínuo, como registrado em Mateus 18, com o suplemento nos outros evangelistas) como palavras de Jesus visando a servir ao propósito de organizar os discípulos em uma comunidade religiosa (*Gemeinde*) em vista de sua provável morte. Essa passagem Keim chama de última tarefa galilaica de Cristo e diz que ela está de acordo com a sabedoria e amor de Cristo, que ele dedicou a homens submissos.

sobre as palavras de Nosso Senhor, salvo uma sentença de explicação sobre a frase empregada por ele para descrever o estado de excomunhão: "Trate-o" (isto é, o irmão impenitente que está para ser lançado fora da igreja) "como gentil ou publicano." Essas palavras, luminosas, sem dúvida, no tempo em que foram ditas, não são tão claras para nós agora; mas ainda seu significado, na maior parte, é suficientemente claro. A ideia é que o pecador impenitente constante deve-se tornar finalmente, para a pessoa que ele tem ofendido e para toda a igreja, alguém com quem não se pode manter comunhão religiosa e deve-se ter contato social menor possível. O aspecto religioso da excomunhão é indicado pela expressão "como gentil," e o lado social dela é expresso na segunda cláusula da sentença, "ou publicano." Os pagãos eram excluídos do templo e não tinham parte nos ritos religiosos judaicos. Os publicanos não eram excluídos do templo, tanto quanto nós sabemos; mas eles eram considerados como párias sociais por todos os judeus dados a patriotismo e rigor religioso. Essa repugnância indiscriminada pela classe toda não era justificável, nem há qualquer aprovação dela inclusa aqui. Jesus refere-se a ela simplesmente como algo conhecido, que conveniente e claramente transmitia seu significado a esse respeito: "Que o pecador impenitente seja para você o que os gentios são para todos os judeus pela lei – pessoas com quem não se mantém comunhão religiosa; e o que os publicanos são para os fariseus por preconceito inveterado – pessoas a serem excluídas de tudo, menos do contato social inevitável."

Mesmo que haja alguma obscuridade na letra das leis para a administração da disciplina, não pode absolutamente haver dúvida quanto ao espírito santo e amoroso que as impregna.

O espírito de amor aparece na concepção de igreja que está por trás dessas leis. A igreja é vista como uma comunidade na qual a preocupação de um é a preocupação de todos, e vice versa. Por isso, Jesus não especifica a classe de ofensas a que ele visa, se as privadas e pessoais, ou as do tipo de escândalos, isto é, ofensas contra a igreja como um todo. Em sua ideia de igreja, tais explicações eram desnecessárias, porque a distinção aludida, em grande parte, deixa de existir. Uma ofensa contra a consciência de toda a comunidade é uma ofensa contra cada membro individualmente, porque ele tem zelo pela honra do conjunto de crentes; e, por outro lado, uma ofensa que é, inicialmente, privada e pessoal, torna-se relacionada a todos, tão logo a parte ofendida tenha falhado em levar seu irmão à confissão e reconciliação. Uma alienação crônica entre dois irmãos será reconhecida, numa igreja de acordo com a mente de Cristo, como um escândalo intolerável, porque repleto de dano mortal para a vida espiritual de todos.

O Treinamento dos Doze

Muito apropriada também para o espírito de caridade é a ordem de procedimento indicada nas diretrizes dadas por Jesus. Primeiro, o procedimento estritamente privado por parte do ofendido com seu irmão ofensor é prescrito; então, após esse ter sido completamente tentado e falhado, mas não antes, terceiros serão trazidos como testemunhas e assistentes no trabalho de reconciliação; e finalmente, e apenas como um último recurso, o assunto em discussão deve ser tornado público e trazido diante da igreja toda. Esse método de procedimento obviamente leva muito em consideração o ofensor. Ele torna a confissão tão fácil para ele quanto possível por poupá-lo da vergonha da exposição. É também um método que não pode ser utilizado sem o mais puro e santo motivo por parte daquele que busca a reparação. Ele não deixa nenhum espaço para a verbosidade irresponsável do propagador de escândalos, que ama divulgar notícias más, e fala a todos dos erros de um irmão antes que ao próprio irmão. Esse método põe um freio na paixão do ressentimento, ao forçar o ofendido a assumir um procedimento paciente com seu irmão antes de chegar ao triste resultado no qual a ira explode, isto é, uma desavença total. Ele não dá encorajamento ao intrometido e superzeloso, que se ocupa em deixar ofensas às claras; pois o método desse não é começar com o ofensor, e então ir para a igreja, mas ir diretamente à igreja com severas acusações, baseadas provavelmente em boatos, informação adquirida por meios desonrosos.

Característico do espírito amoroso de Jesus, o Cabeça da igreja, é o horror com o qual ele contempla, e faria com que seus discípulos contemplassem, a possibilidade de qualquer um, uma vez irmão, tornar-se para seus irmãos um pagão ou publicano. Isso torna-se evidente em sua insistência em que nenhum recurso seja deixado de lado na tentativa de impedir a triste catástrofe. Quão diferente a este respeito é a mente dele da do mundo, que pode, com perfeita tranquilidade, permitir que vastas multidões de seres humanos sejam o que os pagãos foram para os judeus, e os publicanos, para os fariseus – pessoas excluídas de toda comunhão bondosa! E, ainda, quão diferente a mente de Jesus, nesta matéria, da de muitos, mesmo na igreja, que tratam irmãos com a mais perfeita indiferença e que, tendo-se habituado à pratica errada, veem isso, sem culpa como um estado de coisas realmente natural e direito!

Tal indiferença cruel implica um ideal de igreja muito diferente daquele nutrido por seu Fundador. Os homens que não reconhecem a comunhão eclesiástica como impondo qualquer obrigação de amar seus irmãos cristãos, pensam, consciente ou inconscientemente, na igreja como se ela fosse um hotel, onde todo tipo de pessoas se encontram por pouco tempo, sentam-se juntos à mesma mesa, depois partem, não sabendo nem se preocupando com qualquer coisa sobre os outros; enquanto, na verdade, ela é, antes, uma família, cujos membros são todos irmãos, destinados a amar fervorosamente uns aos outros com coração puro. É claro que esta teoria do hotel envolve, como consequência necessária, o desuso da disciplina. Visto que, por mais estranha que a ideia possa parecer a muitos, a lei do amor é a base da disciplina da igreja. Por isto, sou obrigado a tomar cada membro da igreja em meus braços como um irmão, não apenas devo, mas sou obrigado, a estar sinceramente preocupado com o comportamento dele. Se um irmão em Cristo, de acordo com a posição eclesiástica, pode me dizer: "Você deve me amar com todo seu coração," posso dizer em resposta: "Eu reconheço a obrigação na teoria, mas exijo, em troca, que você seja tal que eu possa amá-lo como a um cristão, mesmo fraco e imperfeito; e sinto ser meu direito e meu dever fazer tudo o que puder para tornar você digno de tal consideração fraternal, por tratar abertamente com você a respeito de suas ofensas. Eu estou disposto a amar *você*, mas não posso, não ouso, ter relações amigáveis com seus *pecados*; e, se você se recusa a se separar deles, e praticamente me obriga a ser um participante neles por conivência, então nossa irmandade está no fim e eu estou livre de minhas obrigações." Tal linguagem e tal estilo de pensamento para o patrono da teoria da comunhão da igreja como um hotel é completamente estranho. Renunciando à obrigação de amar seus irmãos, ele, ao mesmo tempo, renuncia ao direito de insistir sobre a virtude cristã como um atributo indispensável de membros da igreja e se recusa a se preocupar com o comportamento de qualquer membro, exceto na medida em que ele possa ser pessoalmente afetado. Todos podem pensar e agir como querem – sendo descrentes ou crentes, filhos de Deus ou filhos de Belial: é tudo igual para ele.

A santa severidade encontra um lugar nestas diretrizes, assim como o amor terno e atencioso. Jesus solenemente aprova a excomunhão de um ofensor impenitente. "Trate-o," disse ele, com o tom de um juiz pronunciando a sentença de morte, "como um gentil ou publicano." Então, para investir as penalidades da igreja corretamente administradas com toda solenidade e autoridade possível, ele passa a declarar que elas têm consequências eternas; acrescentando de seu modo mais enfático as terríveis palavras – terríveis tanto para o pecador expulso como para aqueles que são responsáveis por sua expulsão: "Verdadeiramente digo-lhes, tudo o que vocês ligarem na terra terá sido ligado no céu; e tudo o que vocês desligarem na terra, terá sido desligado no céu." As palavras podem ser consideradas, em certo sentido, como um aviso para que os líderes eclesiásticos tomem cuidado de como eles usam um poder de caráter tão tremendo; mas elas também evidentemente mostram que Cristo desejou que sua igreja sobre a terra, tanto quanto possível, se assemelhasse à igreja no céu: sendo santa em seus membros, e não uma congregação indiscriminada de homens justos e injustos, de cristãos e incrédulos, de cristãos e réprobos; e, por isso, confiou o poder das chaves àqueles que tinham responsabilidade em algum ofício na casa dele, autorizando-lhes a entregar para escravo de Satanás o pecador orgulhoso e obstinado que se recusa a ser corrigido e dar satisfação à consciência magoada de seus irmãos.

Tal rigor, impiedoso na aparência, é, de fato, misericordioso para com todos. Ele é misericordioso com os membros fiéis da igreja, porque remove de seu meio um membro morto, cuja presença põe em perigo a vida de todo o corpo. O escandaloso pecado feito às claras não pode ser tolerado em qualquer sociedade sem a resultante desmoralização geral; ainda menos na igreja, que é uma sociedade cuja própria razão de ser é o cultivo da virtude cristã. Mas o aparentemente impiedoso rigor é misericordioso também para o infiel que é o objeto dele, visto que manter os ofensores escandalosos dentro da comunhão da igreja é fazer o melhor para condenar suas almas e excluí-los definitivamente do céu. Por outro lado, entregá-los para Satanás pode ser, e espera-se que seja, dar-lhes uma antecipação do inferno agora para que possam ser salvos do inferno eterno. Foi com essa esperança que Paulo insistiu na excomunhão da pessoa incestuosa da igreja de Corinto: que, pelo castigo de seu pecado carnal, "seu espírito pudesse ser salvo no dia do Senhor Jesus." É esta esperança que conforta aqueles sobre quem a tarefa desagradável de executar as penalidades da igreja cai, no desencargo de sua dolorosa tarefa. Eles podem lançar para fora da comunhão dos santos os malfeitores com menos hesitação, quando sabem que, como "publicanos e pecadores", os excomungados estão mais perto do reino de Deus do que estavam como membros da igreja, e quando consideram que têm ainda permissão de buscar o bem do descrente, como Cristo procu-rou o bem de todos os desprezados de sua época; já que está ainda em seu poder orar por eles, e pregar para eles, enquanto eles estão no pátio externo dos gentios, embora não possam colocar em suas mãos impuras os símbo-los do corpo e sangue do Salvador.

Tais considerações, realmente, ajudariam muito a conciliar aqueles que estão sinceramente preocupados com o caráter espiritual da igreja e a segurança de almas individuais com grandes reduções do rol de membros. Não há nenhuma dúvida de que, se a disciplina na igreja fosse aplicada com a eficiência e rigor tencionados por Cristo, essas reduções aconteceriam numa ampla escala. É realmente verdadeiro que o processo de purificação poderia ser exagerado e ter muitos efeitos ruins. O joio poderia ser confundido com trigo, e o trigo, com joio. A igreja poderia se transformar em uma sociedade de fariseus, agradecendo a Deus por não serem como os outros homens, ou como os pobres publicanos que permanecem do lado de fora, ouvindo e orando, mas não participando da comunhão; enquanto entre aqueles do lado de fora da cerca da comunhão poderia haver não apenas indignos, mas muitos tímidos, que não ousariam se aproximar, porém, como o publicano da parábola, poderiam ficar de longe, gritando: "Deus tenha misericórdia de mim, um pecador," os quais, todavia, todo o tempo seriam justificados em lugar dos outros. Um sistema tendente a trazer tais resultados é um exagero a ser evitado. Há, entretanto, outro extremo ainda mais pernicioso, a ser evitado ainda mais persistentemente: uma lassidão descuidada, que permite que ovelhas e bodes sejam misturados num mesmo embrulho, os bodes, assim, sendo encorajados a considerar-se ovelhas e sendo privados do maior benefício que poderiam desfrutar – o privilégio de que se fale a eles claramente como "pecadores não convertidos."

Tais misturas inadequadas do piedoso com o ímpio são fenômenos muito comuns nestes dias. E a razão disso não é difícil de descobrir. Não é indiferença à moralidade, visto que isto não é geralmente uma característica da igreja em nosso tempo. É o desejo de multiplicar membros. Os diferentes segmentos religiosos valorizam a quantidade mais do que a moralidade ou a elevada virtude cristã e temem que, pela disciplina, possam perder um ou dois nomes de seu rol de membros. O medo não é sem motivo. Os fugitivos da disciplina estão sempre certos de uma porta aberta e uma amigável recepção em algum outro lugar. Essa é uma das muitas maldições que caem sobre nós pelo maior de todos os escândalos, a divisão religiosa. Alguém que se tem tornado, ou está em perigo de tornar-se, um gentil e publicano em uma igreja tem uma boa chance de tornar-se um santo ou um anjo em outra. Igrejas rivais brincam com os propósitos da cruz, uma desligando quando a outra liga; assim, fazem o máximo para tornar toda sentença espiritual nula e vazia, tanto no céu quanto na terra, e roubar da religião toda dignidade e autoridade. Bem podem os libertinos orar para que as divisões na igreja continuem, pois, enquanto elas durarem, eles estarão bem! Algo muito diferente disso acontecia com gente igual a eles nos dias quando a igreja era universal e única; quando os pecadores, arrependendo-se, faziam o seu percurso, no lento transcorrer dos anos, do *locus lugentium* ("lugar dos que se lamentam"), fora do santuário, através do *locus audientium* ("lugar dos ouvintes") e do *locus substratorum* ("lugar dos subordinados") para o *locus fidelium* ("lugar dos fiéis"): dessa forma dolorosa aprendendo que coisa ruim e amarga é afastar-se do Deus vivo.[142]

A promessa feita à concordância na oração (Mt 18.19,20) aparece apropriadamente em um discurso entregue aos discípulos que tinham estado disputando quem seria o maior. Nesse contexto, a promessa significa: "Já que vocês estão divididos por dissensões e invejas, serão impotentes em relação aos homens e a Deus, em seu procedimento eclesiástico como líderes de igreja e em suas súplicas ao trono da graça. Mas se vocês estão unidos em mente e coração, terão poder com Deus e prevalecerão: meu Pai garante sua recompensa, e eu mesmo estarei no meio de vocês."

Não é necessário assumir qualquer ligação íntima entre esta promessa e o assunto do qual Jesus tinha estado falando pouco antes. Neste familiar discurso, a transição é feita de um tópico para outro numa forma leve de conversa, tomando-se cuidado apenas para que tudo o que é dito seja relevante para o assunto geral em questão. A reunião, que se espera seja em nome de Cristo, não precisa, portanto, ser uma reunião de oficiais da igreja reunidos para tratar de assuntos eclesiásticos: ela pode ser uma reunião, numa igreja ou numa cabana, puramente para os propósitos de adoração. A promessa vale para todas as pessoas, todos os pedidos de oração, todos os lugares e todos os tempos; para todas as verdadeiras assembleias cristãs, grandes e pequenas.

A promessa vale para o menor número que pode fazer uma reunião – mesmo para dois ou três. Esse número mínimo é usado com o propósito de expressar da forma mais forte possível a importância de concordância fraternal. Jesus dá a entender que dois de acordo é muito melhor, mais forte, do que doze ou mil divididos por inimizades e paixões ambiciosas. "O Senhor, quando recomendou unanimidade e paz a seus discípulos, disse: 'Se dois de vocês concordarem sobre a terra,' etc., para mostrar que mais é concedido, não para a multidão, mas para o acordo dos suplicantes."[143] É uma inferência óbvia, que, se concordarem, até dois são fortes, então, uma multidão realmente unida em pensamento será proporcionalmente mais forte. Por isso, não devemos fantasiar que Deus tem qualquer *parcialidade* por uma pequena reunião, ou que há qualquer virtude num número pequeno. Pequenas seitas fechadas correm o risco de cair nesse erro e imaginar que Cristo pensava especialmente neles quando disse dois ou três, e que o tipo de concordância pela qual são

---

[142] Veja, de Bingham, *Origines Ecclesiasticae*, para um relato da disciplina da igreja antiga.

[143] Cipriano, *De Unitate Ecclesiae*.

distinguidos – concordância em capricho e mania – é o que ele desejou. Ridícula caricatura do pensamento do Senhor! A concordância que ele requer de seus discípulos não é completa unanimidade em opinião, porém o consenso de mente e coração nos objetivos que buscam e na devoção não egoísta a esses objetivos. Quando falou de dois ou três, ele não contemplou, como o estado desejável de coisas, o corpo de sua igreja dividido em inumeráveis fragmentos por dogmatismos religiosos, cada fragmento, na proporção de seu pequeno tamanho, imaginando-se certo de sua presença e bênção. Ele não desejou que sua igreja consistisse de uma coleção de clubes sem comunhão uns com os outros, muito menos que fosse um hotel gigante, recebendo e abrigando todos os recém-chegados sem fazer nenhuma pergunta. Ele fez a promessa agora sob consideração, não para estimular o sectarismo, mas para encorajar o cultivo de virtudes que têm sempre sido tão raras sobre a terra – bondade fraternal, humildade, caridade. A coisa que ele valoriza, numa palavra, não é falta de números, devida à *ausência* da caridade, mas a união de corações em humilde amor entre o maior número possível.

Seção III – Perdoando as injúrias
Mt 18.21-35

Uma lição de perdão apropriadamente finalizou o solene discurso sobre humildade entregue na audiência dos discípulos litigiosos. A ligação de pensamento entre o começo e o fim é muito real, embora não apareça claramente. Um temperamento vingativo, que é a característica aqui condenada, é um dos vícios estimulados por um espírito ambicioso. Um homem ambicioso está certo de ser vítima de muitas ofensas, reais ou imaginárias. Ele se ofende com rapidez, mas é lento para perdoar ou esquecer o erro. Perdoar injúrias não combina com seu jeito de ser: ele é mais ele, mesmo quando agarra seu devedor pela garganta, e, com violência, brutal, exige o pagamento.

A conclusão do discurso foi ocasionada por uma pergunta feita por Pedro, o natural porta-voz dos doze, que veio a Jesus e disse: "Senhor, quantas vezes deverei perdoar a meu irmão quando ele pecar contra mim? Até sete vezes?" Por qual precisa associação de ideias a pergunta foi sugerida à mente de Pedro não sabemos; talvez ele mesmo não soubesse, visto que os mecanismos da mente são frequentemente misteriosos, e, numa natureza impulsiva e ativa, esses mecanismos são capazes de agir repentinamente. Pensamentos que vêm repentinamente à consciência como meteoros na atmosfera superior; e, repen-

O Treinamento dos Doze

tinamente concebidos, são abruptamente pronunciados, com gestos físicos acompanhando-os, indicando a força com que eles se apossaram da alma. Basta dizer que a pergunta dos discípulos, embora sugerida, era relevante para o assunto em questão, e tinha latentes afinidades espirituais com tudo o que Jesus tinha dito concernente à humildade e ao ofender e ser ofendido. Isso mostrou, da parte de Pedro, uma atenção inteligente às palavras de seu Mestre e uma cuidadosa solicitude para amoldar sua conduta àqueles preceitos celestiais pelos quais ele se sentia, no momento, subjugado e acalmado.

A pergunta formulada por Pedro mais adiante revelou ainda uma mistura curiosa de ingenuidade e infantilidade. Ser tão sincero sobre o dever de perdoar, e até pensar no dever de praticar o perdão tão frequentemente quanto sete vezes para com o mesmo ofensor, revelou o verdadeiro filho do reino; porque ninguém, exceto o misericordioso, está treinado dessa forma. Imaginar, contudo, que o perdão repetido tantas vezes esgotaria a obrigação e significaria algo magnânimo e divino era muito simples. Pobre Pedro, em sua tentativa ingênua de magnanimidade, era como uma criança na ponta dos pés tentando parecer tão alto quanto seu pai, ou subindo no topo de um morrinho para chegar perto do céu.

A resposta de Jesus a seu honesto, mas ingênuo, discípulo era admiravelmente adaptada para fazê-lo descontente consigo mesmo, e fazê-lo sentir quão insignificantes e mesquinhas eram as dimensões de sua caridade. Ecoando o pensamento do oráculo profético, que diz àqueles que seriam como Deus que eles deviam multiplicar o perdão (Is 55.7): "Eu lhe digo: não até sete vezes, mas até setenta vezes sete." Como é rara essa caridade sob o sol! Os pensamentos de Cristo não são os pensamentos dos homens, nem são os caminhos dele os caminhos dos homens. Como os céus estão mais altos do que a terra, assim estão os pensamentos e caminhos dele mais altos do que aqueles comuns neste mundo. Muitos, longe de perdoar vezes sem conta um irmão que confessa sua falta, não perdoam nem uma vez, mas agem de tal modo que podemos reconhecer sua imagem retratada na parábola do *servo impiedoso*.

Nesta parábola, cujos menores detalhes estão carregados de instrução, três coisas são especialmente dignas de nota: o contraste entre os dois devedores; o contraste correspondente entre os dois credores; e a sentença pronunciada sobre aqueles que, sendo-lhes perdoada a grande dívida, recusam-se a perdoar a pequena dívida de que são credores.

As duas dívidas são respectivamente dez mil talentos e uma centena de denários, sendo reciprocamente na proporção de, digamos, um milhão para um. A enorme disparidade pretende representar a diferença entre as faltas de todos os homens para com Deus e aquelas das quais qualquer homem pode acusar o próximo. A representação é declaradamente justa para todos os que conhecem a natureza humana e seus próprios corações; e a consciência de sua verdade ajuda-os grandemente a serem bondosos e pacientes para com os ofensores. Porém, a parábola parece ser errada nisto: ela torna o servo impiedoso responsável por uma dívida tão grande que parece impossível para qualquer homem acumular. Quem jamais ouviu de um dívida pessoal correspondendo, em dinheiro britânico, a milhões de libras esterlinas? A dificuldade é resolvida pela sugestão de que o devedor é uma pessoa de alta posição social, como um dos príncipes a quem Dario colocou sobre o reino da Pérsia, ou um governador provincial do império Romano. Um tal oficial poderia muito rapidamente tornar-se responsável pela vasta quantia aqui especificada, simplesmente retendo para seu próprio benefício os rendimentos de sua província conforme passavam por suas mãos, em vez de remetê-los para o tesouro real.

Que foi algum inescrupuloso ministro de estado, culpado do crime de desfalque, que Jesus tinha em mente, parece certo quando lembramos o que provocou o discurso do qual esta parábola forma a conclusão. Os discípulos tinham disputado entre si quem seria o maior no reino, cada um ambiciosamente querendo obter o lugar de distinção para si mesmo. Aqui, adequadamente, seu Mestre apresenta-lhes a conduta de um grande, preocupado, não com a fidelidade no desempenho de seu dever, mas com seu próprio engrandecimento. "Vejam," ele lhes disse, "o que os homens que desejam ser grandes fazem! Eles roubam de seu rei seus rendimentos e abusam das oportunidades criadas por sua posição para se enriquecerem; e, enquanto escandalosamente negligenciam suas próprias obrigações, são caracteristicamente extorsivos para com qualquer pequeno que pode, da forma mais inocente, não por fraude, mas por infortúnio, tornar-se seu devedor."

Assim compreendida, a parábola fielmente representa a culpa e criminalidade daqueles que, no mínimo, são animados pelo espírito de orgulho e deliberadamente fazem do próprio progresso seu objetivo principal: uma categoria de modo algum pequena em número. Tais homens são grandes pecadores, sejam quem forem os pequenos. Eles não só não alcançam a glória de Deus, o verdadeiro objetivo principal do homem, mas deliberadamente roubam o Supremo de seu direito, questionando sua soberania, negando sua responsabilidade para com ele a respeito de suas atitudes e, pelo espírito que os anima, dizendo a todo momento de suas vidas: "Quem é Senhor sobre nós?" É impossível superestimar a magnitude de sua culpa.

O TREINAMENTO DOS DOZE

O contraste entre os dois credores não é menos impressionante do que entre os dois devedores. O rei perdoa a enorme dívida de seu inescrupuloso sátrapa ao receber uma simples promessa de pagamento; o sátrapa perdoado implacavelmente cobra a dívida insignificante de umas três libras esterlinas do pobre subordinado infeliz que lhe deve, fechando seu ouvido à petição idêntica pelo adiamento, petição que ele tinha, com êxito, apresentado ao soberano, seu senhor. Aqui também o colorido da parábola parece muito forte. O grande credor parece tolerante em excesso, pois certamente um delito como o do qual o sátrapa foi culpado não devia ficar sem punição; e certamente seria sábio dar pouca importância a uma promessa de futuro pagamento feita por um homem que, com ilimitada extravagância, já tinha esbanjado uma soma tão prodigiosa, que ele nada tinha com que pagar! Então, este grande devedor, em sua qualidade de pequeno credor, parece incrivelmente desumano; pois mesmo o mais medíocre, mais ganancioso e ávido sovina, sem falar de um tão grande cavalheiro, poderia bem ter vergonha de mostrar tal ansiedade por uma soma tão insignificante, a ponto de apanhar pela garganta o pobre indivíduo que lhe devia para o arrastar e lançá-lo na prisão, onde o manteria até que a pagasse.

A representação é, sem dúvida, extrema, e, todavia, em ambas as partes, está de acordo com a verdade. Deus trata com seus devedores como o rei trata com o sátrapa. Ele é tardio em se irar, e de grande bondade, e arrepende-se do mal que tem ameaçado praticar. Ele dá aos homens tempo para se arrependerem e, por providenciais adiamentos, aceita promessas de regeneração, embora saiba muito bem que elas serão quebradas, e que aqueles que as fazem continuarão pecando como antes. Assim ele tratou com o Faraó, com Israel, com Nínive; assim ele trata com todos a quem chama a prestar contas pelo remorso de consciência, por uma visitação de doença ou pela apreensão da morte, quando, ao exclamarem, numa disposição penitencial passageira: "Senhor, tem paciência comigo, e eu te pagarei tudo", ele atende o pedido, sabendo que quando o perigo ou o acesso de arrependimento passar, a promessa de regeneração será completamente esquecida. Verdadeiramente isto foi escrito em tempos antigos: "Ele não nos tratou segundo os nossos pecados, nem nos recompensou de acordo com nossas iniquidades."

Nem é a parte desempenhada pelo servo impiedoso, por mais infame e desumana que seja, completamente sem precedentes; contudo, sua raridade comparativa está implicada naquela parte da parábola que representa os conservos do impiedoso como abalados e aflitos por sua conduta, e como reportando-a ao chefe de todos eles. Não seria impossível encontrar originais da obscura ilustração, mesmo entre professores de religião Cristã, que creem no perdão dos pecados através do sangue de Jesus, e esperam experimentar todos os benefícios da misericórdia divina por sua causa. É, na realidade, precisamente por tais pessoas que o crime de impiedade está, na parábola, supostamente sendo cometido. O credor severo encontra seu devedor exatamente quando ele mesmo sai da presença do rei após rogar e receber remissão de sua própria dívida. Essa característica na história, ao mesmo tempo, ajusta sua lição especialmente aos crentes no evangelho e mostra a enormidade de sua culpa. Esses, se não realmente perdoados, ao menos conscientemente vivem sob um reino de graça, no qual Deus está assumindo a atitude de alguém que deseja que tudo seja reconciliado consigo mesmo e por isso proclama um perdão gratuito para todos que o receberem. Em homens assim situados, o espírito de inclemência é peculiarmente ofensivo. O que causa vergonha em um pagão – porque a luz da natureza ensina o dever de ser misericordioso – tal rigor desumano, como o que é aqui retratado, em um cristão é completamente abominável. Pense nisto! Ele sai da presença do rei da graça; levanta-se da leitura do abençoado evangelho, que fala daquele que recebeu publicanos e pecadores, mesmo o maior; caminha para longe da casa de oração onde o precioso evangelho é proclamado, sim, da mesa da comunhão, que celebra o amor que moveu o Filho de Deus a pagar a dívida dos pecadores; e encontra um semelhante que cometeu contra ele algum erro insignificante, e agarra-o pela garganta, e truculentamente requer a reparação sob pena de prisão ou algo pior se não for atendido. Não pode o mais benevolente Senhor dizer com justiça a tal pessoa: "Servo mau, cancelei toda a sua dívida porque você me implorou. Você não devia ter tido misericórdia do seu conservo como eu tive de você?" O que pode o canalha que não mostrou misericórdia esperar, a não ser receber julgamento sem misericórdia e ser entregue aos atormentadores, ser mantido na prisão e ser torturado, sem esperança de livramento, até ter pago toda a sua dívida?

Exatamente essa condenação, Jesus, nas frases conclusivas de seu discurso, solenemente assegurou a seus discípulos, esperava todos os que nutriam um temperamento não perdoador, ainda que eles mesmos fossem as partes culpadas. "Assim também lhes fará meu Pai celestial, se cada um de vocês não perdoar *de coração* a seu irmão." Essas são palavras severas, que estabelecem uma regra de aplicação universal, não afrouxáveis no caso de partes favorecidas. Se a parcialidade fosse admitida de qualquer forma, os doze certamente seriam os primeiro beneficiados; mas, como para insinuar que, neste caso, não

O Treinamento dos Doze

há acepção de pessoas, a lei é enunciada com referência direta e enfática a eles. E severa como a lei poderia parecer, Jesus é cuidadoso em indicar sua cordial aprovação a sua execução rigorosa. Com esse propósito ele chama Deus, o Juiz, pelo nome afetuoso de "Meu Pai celestial"; como se dissesse: "O grande Deus e Rei não me parece indevidamente severo ao decretar tais penalidades contra o que não perdoa. Eu, o misericordioso e terno Filho do Homem, simpatizo inteiramente com tal severidade de julgamento. Eu solenemente direi "Amém" àquele julgamento pronunciado até contra vocês, se vocês se comportarem de forma a merecê-lo. Não pensem que, porque vocês são meus companheiros escolhidos, as violações da lei do amor por vocês serão toleradas. Pelo contrário, exatamente porque vocês são grandes no reino, no que se refere a privilégios, a conformidade com suas leis fundamentais será especialmente esperada de vocês e a inconformidade mais severamente punida. De quem muito é dado, muito será requerido. Olhem, então, que vocês perdoem cada um a seu irmão suas transgressões e que vocês realmente façam assim, não fingindo, mas *do fundo dos seus corações*." Por tal severa clareza de discurso, Jesus educou seus discípulos para serem verdadeiramente grandes em seu reino: grandes não em orgulho, pretensão e presunção, mas em obediência leal às ordens de seu Rei e particularmente a esta lei do perdão, sobre a qual Ele insistiu em seu ensinamento com tanta intensidade e frequência (veja Mt 6.14). E podemos observar aqui, no término de nossa exposição do discurso sobre a humildade, que, se os apóstolos, nos dias seguintes, não se mostraram superiores a paixões insignificantes, não foi pela falha de seu Mestre em negligenciar seu treinamento. "Com santa seriedade" – para citar a linguagem de um erudito alemão – "jorrando igualmente da solicitude para com a nova comunidade, zelo pela causa de Deus e dos homens; mais ainda, pelas verdades essenciais da nova religião da graça divina e da fraternidade entre os homens, Jesus procurou afastar a sombra escura dos ímpios e insignificantes sentimentos que ele viu rastejando furtivamente para o círculo de seus discípulos, e sobre cuja mais extensa e prejudicial influência, depois de sua partida, ele só podia ficar apreensivo."[144] Não podemos acreditar que toda essa seriedade tenha sido manifesta em vão; que os discípulos finalmente não receberam interiormente, neles, o sal.[145]

---

[144] Keim, *Geschichte Jesu*, ii. 611.

[145] Marcos 9.49-50. Essa passagem, peculiar a Marcos, e que forma, sem dúvida, uma parte mais autêntica do discurso sobre humildade, é difícil de interpretar. Mas, mesmo que possamos hesitar quanto à exposição precisa, temos pouca dificuldade em captar os pensamentos centrais contidos na passagem. Eles são estes três:

1. A necessidade de um processo mais ou menos doloroso de purificação para a salvação.

2. A necessidade de constante cuidado para que o sal da graça, já possuído, não se torne insípido.

Seção IV – O tributo do templo: uma ilustração do sermão
Mt 17.24-27

Esta história é uma noz com uma casca dura e seca, mas com uma semente muito doce. Os leitores superficiais podem não ver nela nada mais do que uma narrativa curiosa sobre um peixe singular com uma moeda em sua boca, aparecendo oportunamente para o pagamento de um tributo, relatada apenas por Mateus, não devido à sua importância intrínseca, mas simplesmente porque, sendo um ex-coletor de impostos, ele gostou da história. Leitores devotos, embora sem vontade de reconhecê-lo, podem ficar secretamente escandalizados pelo milagre relatado, como não só um desvio da regra que Jesus observava de não usar seu poder divino em proveito próprio, mas como algo muito parecido com um tipo de brincadeira da sua parte, ou uma expressão de sentido jocoso de incoerência, lembrando as grotescas figuras em catedrais antigas, na gravura das quais os construtores gostavam de mostrar sua habilidade e de se divertir.

Quebrando a casca da história, descobrimos dentro, como semente, a mais patética exibição da humilhação e auto-humilhação do Filho do Homem, que aparece exposto à indignidade de ser importunado pelos tributos do templo, e tão oprimido com a pobreza que não pode pagar a soma requerida, embora seu valor fosse muito baixo; porém, nem alegando pobreza nem insistindo na isenção com base em privilégio, mas calmamente enfrentando as reivindicações dos coletores de uma maneira que, se suficientemente estranha, como admitimos,[146] foi, em todo caso, singularmente mansa e pacífica.

---

3. A saudável influência do sal da graça, quando não perdeu seu sabor, em manter um estado de mútua concordância entre cristãos.

O primeiro pensamento é expresso pelas palavras: "Cada um será salgado com fogo"; a forma de expressão é naturalmente determinada pela referência prévia ao fogo do *inferno*. O significado é, passem por um fogo *purgatório*, para que possam escapar do fogo que é *penal*. Um fogo salgador de algum tipo é inevitável: escolha o que é salvador. O terceiro pensamento é expresso nas palavras: "Tenham sal em vocês mesmos e vivam em paz uns com os outros." Este sal é o de uma severa autodisciplina que combate as paixões más no coração e resolutamente corta fora todo membro que a ofende. Onde há este sal, toda ocasião de briga surgindo de pensamentos e desejos ambiciosos, vaidosos e obstinados é descartada.

[146] Jesus, nós acreditamos, realizou milagres expressivos de humor, não porém com leviandade, mas com santa seriedade. Tais foram a maldição da figueira, a cura do cego colocando barro em seus olhos, como uma sátira dos guias cegos, e este, expressando o sentido da incoerência entre a condição externa e a dignidade intrínseca do Filho de Deus. Mas o Dr. Farrar duvida se houve um milagre. Ele pensa que a tradução das palavras de nosso Senhor poderia ser: "Ao abrir sua boca, você *conseguirá* ou *obterá* um estáter"; esse é um uso bastante clássico do verbo ευρισκω; e sugere a possibilidade de algum detalhe essencial ter sido omitido ou não explicado. *The Life of Christ*, ii.46.

O Treinamento dos Doze

O presente incidente supre, na verdade, uma ilustração admirável da doutrina ensinada no discurso sobre humildade. O maior no reino aqui demonstra por antecipação a humildade que ele inculcou em seus discípulos, e mostra-lhes, na prática, uma solicitude santa e amorosa para evitar escandalizar não apenas os pequenos dentro do reino, mas mesmo os de fora. Ele não permanece em sua dignidade como Filho de Deus, embora a palavra proferida do céu sobre o monte santo ainda ecoe em seus ouvidos, mas consente em ser tratado como um súdito ou um estrangeiro; desejando viver pacificamente com os homens cujos caminhos ele não ama, e que não têm para com ele boa vontade, cedendo ao que querem em todas as coisas lícitas. Consideramos, em resumo, esta cena curiosa em Cafarnaum (com o monte da Transfiguração à distância como pano de fundo!) como uma fachada histórica do sermão que estamos estudando. Pensamos ter razão em pensar assim pela consideração de que, ainda que a cena tenha ocorrido antes do sermão ser entregue, ela aconteceu após a discussão que forneceu o tema para o pregador. Os discípulos começaram a discutir no caminho para casa vindo do monte da Transfiguração, enquanto a visita dos coletores de impostos aconteceu na sua chegada a Cafarnaum. É claro que Jesus sabia da discussão no momento da visita, embora ele não os tivesse advertido expressamente. É demais admitir que seu conhecimento do que tinha acontecido no caminho tenha influenciado sua conduta no caso do dinheiro do tributo, e o tenha levado a usar essa ocasião para ensinar na prática a mesma lição que ele pretendia ensinar, na primeira oportunidade, por meio de palavras?[147]

Essa suposição, longe de ser injustificada, é, acreditamos, plenamente necessária para fazer a conduta de Cristo nessa ocasião compreensível. Aqueles que deixam de considerar a discussão durante a viagem não têm a perspectiva correta para ver o incidente em Cafarnaum em sua luz natural e caem inevitavelmente em engano. Eles são forçados, por exemplo, a entender que Jesus está discutindo seriamente o pagamento da taxa do templo, como algo não legalmente obrigatório, ou estando fora do curso comum de sua humilhação como Filho do Homem. Ora, não era uma coisa nem outra. A lei de Moisés ordenava que todo homem acima de vinte anos pagasse a soma de meio siclo como uma expiação por sua alma e para cobrir os gastos do serviço do taberná-

---

[147] Queremos destacar a conexão indicada, pois por desconsideração dela o incidente estudado recebeu muito pouca justiça. Weizsäcker, por exemplo, de forma alguma um crítico extremo, sustenta que esse incidente não tem ligação com o grupo de incidentes no meio dos quais ele ocorre e diz que Mateus o coloca aqui porque ele aconteceu em Cafarnaum; ele não podia apresentá-lo mais cedo e precisou colocá-lo aqui ou deixá-lo totalmente de fora. Veja *Untersuchungen über die evangelische Geschichte*, p.73.

culo apresentado a Deus para benefício de todos os israelitas; e Jesus, como um Judeu, era apenas mais um com a obrigação de cumprir essa lei em especial, como qualquer outra. Nem havia qualquer indignidade peculiar, nem em gênero nem em grau, envolvida em ser obediente àquela lei. Sem dúvida, era uma grande indignidade e humilhação para o Filho de Deus pagar taxas para a manutenção da casa de seu próprio Pai! Tudo que ele disse a Pedro, mostrando o contrassenso de um tal estado de coisas, era pura verdade. Mas o contrassenso não aparece só aqui; ele atravessa a totalidade da experiência terrena de Nosso Senhor. Sua vida, em todos os aspectos, afastou-se da analogia dos filhos do rei. Embora ele fosse um Filho, aprendeu a obediência; embora ele fosse um Filho, não veio para ser servido, mas para servir; embora ele fosse um Filho, sujeitou-se à lei, não apenas a moral, mas a cerimonial, e foi circuncidado, e tomou parte na adoração no templo, e frequentou as festas sagradas, e ofereceu sacrifícios, embora esses fossem apenas sombras de coisas melhores, das quais ele mesmo era a substância. Certamente, numa vida contendo tantas indignidades e incoerências – vida que foi, de fato, uma grande indignidade do começo ao fim – foi um problema pequeno ser obrigado a pagar anualmente, para benefício do templo, a soma insignificante da taxa! Aquele que com maravilhosa paciência passou por todo o resto não podia possivelmente pretender errar e hesitar numa questão tão superficial. Aquele que nada fazia para destruir o templo e colocar um fim à adoração legal antes da hora não podia ser partidário da política baixa de matar de fome seus oficiais, ou negar os fundos necessários para manter o edifício sagrado em bom estado. Ele podia dizer abertamente o que pensava de abusos eclesiásticos existentes, mas não faria nada mais.

A verdade é que as palavras ditas por Jesus a Simão não foram planejadas como um argumento contra o pagamento do imposto, mas como uma explicação do que significava o pagamento por ele e do motivo que o levou a pagá-lo. Elas foram uma lição para Simão, e, através dele, para os doze, sobre um assunto no qual eles tinham grande necessidade de instrução; não uma defesa legal contra as exigências dos coletores do imposto. Mas, por causa daquela discussão no caminho, Jesus provavelmente teve que assumir o mais comedido meio de pagar a taxa, como algo normal, sem fazer qualquer referência ao assunto. Que ele já tinha agido assim em ocasiões anteriores, a pronta resposta afirmativa de Pedro parece denotar. O discípulo disse "sim," como sabendo o que seu Mestre tinha feito em anos anteriores, e pensando ser certo que a atitude dele seria a mesma agora. Mas Jesus não considerou isso, naquelas circunstâncias, um expediente para fazer com que seus discípulos achassem a

O Treinamento dos Doze

ação dele com respeito à taxa mera obviedade; ele queria que eles compreendessem e refletissem sobre *o sentido moral* e o *motivo* de sua ação para a própria instrução e orientação deles.

Desejava que eles compreendessem, *em primeiro lugar*, que para ele pagar a taxa do templo *era* uma humilhação e uma incoerência, similar àquela de um filho de um rei pagando uma taxa para a manutenção do palácio e da casa real; que ele ter que pagar não era uma coisa normal, tanto quanto não era natural que ele se tornasse homem e, por assim dizer, deixasse sua condição real para trás e assumisse a posição de um camponês; que isto era um ato de humilhação voluntária, era um item na trajetória de humilhação à qual ele voluntariamente se submeteu, começando com seu nascimento e finalizando com sua morte e sepultamento. Ele desejava que seus discípulos pensassem nestas coisas, na esperança de que a meditação sobre elas os ajudasse a reprender o orgulho, a pretensão e a autoafirmação, características que tinham provocado aquela discussão insignificante sobre lugares de distinção. Ele podia dizer-lhes, de fato: "Se eu estivesse, como vocês, ávido de honras, e querendo afirmar minha importância, eu assumiria minha dignidade e orgulhosamente responderia a esses coletores de impostos: Por que vocês me perturbam a respeito das taxas do templo? Vocês sabem quem eu sou? Eu sou o Cristo, o Filho do Deus vivo: o templo é a casa de meu Pai; e eu, filho dele, estou livre de todas as obrigações servis. Mas, notem bem, não faço nada disso. Com as honras amontoadas em cima de mim sobre o monte da Transfiguração ainda vivas em minhas lembranças, com a consciência de quem eu sou e de onde venho, e para onde vou, permanecendo no profundo de minha alma, submeto-me a ser tratado como um simples judeu, experimentando o esquecimento de minhas honras e não fazendo exigência de um reconhecimento que não é concedido voluntariamente. O mundo não me conhece; e, enquanto não me conhece, alegro-me com que ele faça comigo, como com João, tudo quanto for do seu agrado. Se os líderes soubessem quem eu sou, eles se envergonhariam de me perguntar pelas taxas do templo; mas, já que não sabem, eu aceito e suporto todas as indignidades consequentes da ignorância deles."

Tudo isso Jesus disse, de fato, a seus discípulos, a princípio proclamando as bases sobre as quais uma recusa em pagar as duas dracmas poderia razoavelmente ser defendida, e então, depois, pagando-as. A forma de pagamento também foi elaborada por ele de modo a reforçar a lição. Ele não disse a Simão simplesmente: "Vá e pegue o peixe, para que, com os lucros de sua venda, nós satisfaçamos nossos credores." Ele deu-lhe ordens como o Senhor da natureza, a quem todas as criaturas na terra ou mar eram sujeitas, e todos os seus movimentos conhecidos, embora no momento tão humilhado a ponto de necessitar dos serviços do menor deles. Mostrando sua onisciência em dar estas instruções a seu discípulo, ele fez o que nunca tinha feito antes nem fez depois, a saber, forjar um milagre em seu próprio benefício. A exceção, entretanto, teve o mesmo motivo que a regra e, portanto, provou a regra. Jesus abstinha-se de usar suas faculdades divinas em seu próprio benefício, para que ele não prejudicasse a integridade de sua humilhação; para que sua vida humana pudesse ser uma real vida de sofrimento, não aliviado pela presença do elemento divino em sua personalidade. Mas qual foi o efeito do clarão luminoso do conhecimento divino emitido por ele ao dar aquelas diretrizes a Pedro? Enfraquecer a integridade de sua humilhação? Não, mas apenas torná-la muito evidente. Foi dito a Simão, e a nós, se ele e nós tivermos ouvidos para ouvir: "Veja quem é que paga este tributo e que é reduzido a tais apertos a fim de pagá-lo! Ele é aquele que conhece todas as aves da montanha, e tudo quanto passeia pelos caminhos do mar!"

O outro ponto sobre o qual Jesus desejou fixar a atenção de seus discípulos foi o motivo que o moveu a adotar a política de submissão, a qual era, em si mesma, uma indignidade. Aquele motivo era evitar dar escândalo: "Mas, para não escandalizá-los..." Essa não foi, claro, a única razão de sua conduta neste caso. Havia outras razões compreensíveis, aplicáveis a toda a sua experiência de humilhação, e a este pequeno item em particular, um relato completo das quais daria justamente uma resposta à grande questão colocada por Anselmo: "*Cur Deus Homo?*", "Por que Deus tornou-se homem?" Dessa grande questão não vamos tratar aqui, entretanto, mas nos limitar ao comentário que, enquanto a razão dada por Jesus a Pedro para o pagamento do tributo do templo, não era, de modo algum, a única, ou mesmo a principal, foi a razão a qual, por causa dos discípulos, ele considerou oportuno destacar. Ele estava quase a ponto de discursar para eles largamente sobre o tema de ofender e ser ofendido; e queria que eles, e especialmente o homem que estava à frente deles, acima de tudo observassem quão extremamente cuidadoso ele mesmo era para não ofender – que posição destacada o desejo de evitar ofender ocupava entre seus motivos!

A razão declarada por Cristo para pagar o tributo é surpreendentemente significativa de sua humildade e seu amor. O sinal de sua humildade é que não há aqui a expressão *ser ofendido*. Quão fácil e plausivelmente poderia ele ter tomado a posição de alguém que faria bem em ficar nervoso! "Eu sou o Cristo,

O Treinamento dos Doze

o Filho de Deus", ele poderia ter dito, "e tenho provado minhas reivindicações por mil milagres em palavra e ação, contudo eles obstinadamente recusam-se a me reconhecer; eu sou um pobre andarilho sem lar, contudo eles, sabendo disso, exigem o tributo, como se mais com o objetivo de me aborrecer e me insultar do que de receber o dinheiro. E com que propósito eles coletam esses impostos? Para sustentar uma instituição religiosa completamente estéril, para reparar um edifício condenado à destruição, para manter um sacerdócio escandalosamente deficiente nas virtudes principais de integridade e verdade e cuja própria existência é uma maldição para o país. Eu não posso, em sã consciência, pagar as duas dracmas, não, nem mesmo um centavo, por nada disso."

O Humilde não assumiu essa atitude, mas pagou o que foi pedido sem reclamação, relutância ou xingamento; e sua conduta transmitiu uma lição aos cristãos em todas as eras e aos de nossa própria era em particular. Ela ensina os filhos do reino a não murmurarem porque o mundo não reconhece sua classe e dignidade. O mundo não soube quando ele veio, o próprio Filho eterno de Deus; não é de espantar se não reconhece seus irmãos mais jovens! Não se acredita no próprio reino do céu e seus cidadãos não ficariam surpresos com qualquer falta de respeito para com eles, individualmente. A manifestação dos filhos de Deus é um dos acontecimentos pelos quais o cristianismo se mantém em esperançosa expectativa. No momento presente, eles não são os filhos, mas os estrangeiros: em vez da isenção de cargas, eles antes esperam opressão; e devem ficar agradecidos quando são colocados no mesmo nível de seus semelhantes, e alcançam o benefício de uma lei de tolerância.

Como a humildade de Jesus foi mostrada por não *ser ofendido*, assim seu amor foi manifestado por sua solicitude em evitar *ofender*. Ele desejava, se possível, conquistar pessoas que, na maior parte, sempre o haviam tratado como um pagão e publicano e que em breve, como ele bem sabia, o tratariam até como um criminoso. Quão semelhante a si mesmo era o Filho do Homem ao agir assim! Quão perfeito em manter suas regras aqui em toda a sua conduta enquanto estava sobre a terra! Por que qual era seu objetivo ao vir ao mundo, qual era seu constante esforço após ter vindo, senão suprimir ofensas e colocar um fim às inimizades – reconciliar todos os pecadores com Deus e uns com os outros? Com esses objetivos, ele se fez carne; por esses objetivos, foi crucificado. Sua vida terrena foi uma coisa só – uma vida de amor humilde.

"Mas, para que *nós* não os escandalizemos," disse Jesus, usando o plural para sugerir que ele pretendia que a sua conduta fosse imitada pelos doze e por todos os seus seguidores. Que felicidade para o mundo e para a igreja se isso acontecesse! Quantas ofensas poderiam ter sido prevenidas tivesse o espírito conciliatório do Senhor sempre animado aqueles chamados pelo seu nome! Quantas ofensas poderiam ser removidas fosse este espírito derramado ricamente sobre os cristãos de todas as denominações agora! Se este motivo, "Mas, para que nós não os escandalizemos," pesasse em todas as mentes, que fraturas poderiam ser curadas, que uniões aconteceriam! Uma igreja nacional *moralmente*, se não legalmente, estabelecida em unidade e paz, poderia ser concretizada na Escócia na geração atual. Certamente um final a ser ardentemente desejado! Vamos desejar isso; vamos orar por isso; vamos nutrir uma disposição que leve a tornar isso possível; vamos esperar por isso com a esperança, a despeito de tendências avolumando-se de todos os lados que favoreçam uma disposição oposta.

Seção V - O exorcista proibido: outra ilustração do Sermão
Mc 9.38-41; Lc 9.49,50

Os discursos de Nosso Senhor não eram palestras contínuas e ininterruptas sobre temas formalmente anunciados, tais como nós estamos acostumados a ouvir, mas antes, na maior parte, eram da natureza dos diálogos Socráticos; neles, ele era o principal falante, seus discípulos contribuindo com sua parte na forma de uma pergunta feita, uma exclamação pronunciada ou um caso de consciência proposto. No discurso ou diálogo sobre humildade, dois dos discípulos agiram como interlocutores, a saber, Pedro e João. No final, o primeiro destes dois discípulos, como vimos, fez uma pergunta a respeito do perdão de ofensas; e, perto do início, o outro discípulo, João, relatou uma história que foi trazida à lembrança dele pela doutrina de seu Mestre, a respeito de receber pequeninos em nome de Jesus, e com a qual a verdade nela exposta parecia ter algo a ver. Os fatos assim trazidos a sua observação levaram Jesus a fazer reflexões, que constituíram uma interessante ilustração do sentido da doutrina que ele estava inculcando, sobre uma classe particular de casos ou questões. Essas reflexões, com o incidente com o qual se relacionam, agora solicitam atenção.

A história contada por João foi a respeito de uma ocasião em que ele e seus irmãos haviam encontrado um homem desconhecido deles engajado no trabalho de expulsar demônios, e lhe tinham proibido fazê-lo porque, embora usasse o nome de Jesus praticando o exorcismo, ele não os seguia ou se identificava com eles, os doze. O momento específico em que isso aconteceu não é determinado; mas pode-se conjeturar, com muita probabilidade, que o incidente fosse uma lembrança da missão na Galileia, durante a qual os discípulos estavam separados de seu Mestre e estavam, eles mesmos, ocupados em curar doentes, expulsar espíritos maus e pregar o evangelho do reino.

João, deve-se observar, não nega parte da responsabilidade pelo arrogante procedimento que ele relata, mas fala como se os doze tivessem agido unanimemente na questão. Pode ser surpresa para alguns encontrá-*lo*, o apóstolo do amor,[148] consentindo em tão descaridoso feito; mas tal surpresa está fundamentada em opiniões superficiais sobre seu caráter, bem como na ignorância das leis de crescimento espiritual. João não é agora o que ele será, mas difere de seu futuro "eu", tanto quanto uma laranjeira em seu segundo ano difere da mesma laranjeira no terceiro ano final do seu crescimento. O fruto do espírito finalmente amadurecerá nestes discípulos, transformando-se em algo muito doce e bonito; mas, por enquanto, é verde, amargo e serve apenas para irritar os dentes. Devotado em mente, gentil e intenso em sua ligação a Jesus, escrupulosamente conscencioso em todas as suas atitudes, ele é, mesmo agora; mas ele é também fanático, intolerante e ambicioso. Ele já tem agido como uma autoridade eclesiástica muito alta suprimindo o exorcista rebelde; logo nós o veremos figurando, junto com seu irmão, como um perseguidor, propondo pedir fogo do céu para destruir os inimigos de seu Senhor; e ainda novamente o encontraremos, junto com o mesmo irmão e sua mãe, engajados em uma ambiciosa trama para assegurar lugares de distinção no reino, os quais todos os doze recentemente estiveram disputando.

Recusando-se a reconhecer o companheiro exorcista, embora humilde, como um irmão, os discípulos agiram sobre bases muito estreitas e precárias. O teste que eles aplicaram foi puramente externo. Que tipo de homem a pessoa proibida poderia ser eles não perguntaram; era o bastante que não fosse da companhia deles: como se todos dentro daquele círculo encantador – Judas, por exemplo – fossem bons; e todos, fora, não excetuando um Nicodemos, completamente ímpios! Duas coisas boas, que eles mesmos mostraram, podiam ser ditas daquele a quem silenciaram: ele era bem ocupado, e parecia ter uma consideração muito devota por Jesus; pois expulsava demônios, e fazia isso em nome de Jesus. Essas não eram, de fato, marcas decisivas do discipulado, visto que era possível que um homem pudesse praticar

---

[148] A escola de Tübingen vê essa designação como sem base, e sustenta que o verdadeiro caráter de João deve ser aprendido nos evangelhos sinóticos e no Apocalipse. Nesse parágrafo, como em outras passagens (veja o próximo capítulo), nosso objetivo é mostrar indicações de uma prova de que é psicologicamente possível que João possa ser ambos, o filho do trovão e o apóstolo do amor.

exorcismo por lucro e usar o nome de Cristo por ter sido provado ser um bom nome pelo qual se conjurar; mas eles podiam ter considerado ao menos como presumível evidência em favor de alguém em cuja conduta elas apareciam. Julgando pelos fatos, era provável que o exorcista silenciado fosse um homem honesto e sincero, cujo coração tinha sido impressionado pelo ministério de Jesus e seus discípulos, e que desejou imitar o zelo deles fazendo o bem. Era até possível que ele fosse mais do que isto – um homem possuidor de mais alta capacitação espiritual do que seus censuradores, algum profeta provinciano ainda sem fama. Quão absurdo, em vista de uma tal possibilidade, aquele teste limitado e externo: "Não é um dos nossos"!

Como uma ilustração de onde vai dar esse modo de julgar, um pequeno caso na história do celebrado Sir Matthew Hale, cujos *Pensamentos* são familiares a todos os leitores da literatura de devoção, pode aqui ser introduzido. Richard Baxter relata que o bom povo da parte do país onde o ilustre juiz residia, após sua aposentadoria do cargo de juiz, não tinha uma opinião favorável de seu caráter religioso: eles pensavam que ele era certamente um homem de muita moral, mas *não convertido*. Era uma conclusão séria para se chegar a respeito de um semelhante, e fica-se curioso para saber sobre o que um julgamento tão solene estava baseado. O autor do *Descanso dos Santos* dá-nos a informação certa sobre esse ponto significativo. A povo piedoso de Acton, ele nos diz, classificava o ex-juiz entre os não convertidos porque ele não frequentava suas reuniões semanais de oração! Era a velha história dos doze e o exorcista sob uma nova forma puritana. Baxter, não há necessidade de dizer, não simpatizou com as cruéis e descaridosas opiniões de seus irmãos menos iluminados. Seus pensamentos exalavam o gentil, benigno, humilde e caridoso espírito de maturidade cristã. "Eu" ele acrescenta, após relatar o fato acima afirmado, "Eu que tenho ouvido e lido suas declarações sérias concernentes à eternidade e visto seu amor para com todas as pessoas de bem e a irrepreensibilidade de sua vida, tenho em mais alta conta sua piedade do que a minha própria."[149]

Silenciando o exorcista, os doze estavam provavelmente agindo por uma mistura de motivos – parcialmente por ciúmes e parcialmente por escrúpulos de consciência. Eles não simpatizavam, imaginamos, com a ideia de alguém usando o nome de Cristo exceto eles mesmos, desejando um monopólio do poder conferido por aquele nome para expulsar os maus espíritos; e provavelmente achavam improvável, se não impossível, que alguém que mantivesse distância deles pudesse ser sinceramente devotado a seu mestre.

---

[149] *Reliquiae Baxterianae*, parte iii, p.47.

O Treinamento dos Doze

Na medida em que os discípulos agiram sob a influência de ciúmes, a conduta deles para com o exorcista estava moralmente de acordo com sua recente disputa sobre quem seria o maior. O mesmo espírito de orgulho revelou-se nas duas ocasiões sob diferentes aspectos. O silenciar do exorcista era uma exibição de arrogância análoga àquela daqueles que apresentam para sua igreja a reivindicação de ser exclusivamente a igreja de Cristo. Em sua discussão entre si, os discípulos jogaram, em menor escala, o jogo ambicioso e interesseiro de eclesiásticos lutando por lugares de honra e poder. No primeiro caso, os doze disseram na prática, ao homem a quem tinham encontrado expulsando demônios: "Nós somos os únicos comissionados, agentes autorizados do Senhor Jesus Cristo"; no outro caso, disseram uns aos outros: "Somos todos membros do reino e servos do Rei; mas eu mereço ter um posto mais alto do que o seu, até mesmo ser um prelado sentado sobre um trono."

Na medida em que a intolerância dos doze era devida a um honesto escrúpulo, ela é digna da mais respeitosa consideração. A justificativa de consciência, *honestamente* apresentada, deve sempre ser ouvida com séria atenção, mesmo quando estiver errada. Dizemos "honestamente" com ênfase, porque não podemos esquecer que há muito escrúpulo que não é honesto. A consciência é frequentemente usada como um pretexto pelos homens orgulhosos, briguentos, obstinados, para promover seus próprios objetivos. O orgulho, diz alguém, falando da discussão doutrinal, "é o maior inimigo da moderação. Ele faz os homens brigarem por suas opiniões para torná-las fundamentais. Homens orgulhosos, tendo estudado profundamente alguma questão adicional em teologia, se esforçarão para torná-la necessária para salvação, a fim de aumentar o valor de sua própria importância e esforços; e ele precisa necessariamente ser fundamental em religião, porque é fundamental para a sua reputação."[150] Estas observações inteligentes valem para outras coisas além da doutrina. Pessoas pragmáticas, obstinadas, tornariam qualquer assunto de religião, sobre o qual têm pontos de vista já determinados, fundamental; e, se elas pudessem agir de seu próprio modo, excluiriam da igreja todos os que não concordassem com elas nos detalhes de crença e prática. Mas há também algo como escrúpulo honesto, e isto é mais comum do que muitos imagi-nam. Há certa tendência à exigência intolerante e à severidade no julgar no estágio imaturo de toda vida sincera. Pois a consciência de um jovem discípulo é como um fogo em madeira verde, que primeiro fumega antes de queimar com uma chama viva. E um cristão cuja consciência está neste estado deve ser

---

[150] Thomas Fuller, *Holy State*, bk. iii, c. 20.

Treinamento em temperamento

tratado como tratamos um fogo fraco, isto é, deve-se ter paciência com ele até que sua consciência se livre da fumaça desagradável e nebulosa e torne-se uma chama quente, pura e cordial de zelo, temperada pela caridade.

Que o escrúpulo dos doze era do tipo honesto, acreditamos pelo fato de que eles estavam dispostos a ser instruídos. Eles disseram a seu mestre o que tinham feito, para que pudessem aprender dele se isso estava certo ou errado. Este não é o comportamento de homens cuja justificativa de consciência é um pretexto.

A instrução honestamente desejada pelos discípulos Jesus prontamente comunicou na forma de um julgamento claro e definido sobre o caso, com uma razão acrescentada. "Não o proíbam," ele respondeu a João, "pois aquele que não é contra nós é por nós" (Mc 9.39,40 [Lucas tem "vocês" em lugar de "nós"]).

A razão anexada a esse conselho de tolerância nos lembra outra máxima pronunciada por Jesus na ocasião em que os fariseus trouxeram contra ele a acusação de expulsar demônios com a ajuda de Belzebu (Mt 12.30). Os dois ditos têm um aspecto superficial de contradição: um parecendo dizer: "A grande questão não é ser decididamente contra"; o outro: "A grande questão é ser decididamente a favor". Mas eles são harmonizados por uma verdade que está por trás de ambos – que a questão central no caráter espiritual é a inclinação do coração. Aqui Jesus diz: "Se o coração de um homem está comigo, então, ainda que, pela ignorância, erro e isolamento daqueles que são declaradamente meus amigos, ele possa parecer ser contra mim, ele está realmente a meu favor." No outro caso, ele pretende dizer: "Se um homem não está de coração comigo (o caso dos fariseus), então, ainda que, por sua ortodoxia e seu zelo, ele possa parecer estar ao lado de Deus e, portanto, ao meu lado, ele está, na realidade, contra mim."

Às palavras assim comentadas, Marcos acrescenta o seguinte, como dito por Jesus nessa ocasião: "Não há nenhum homem que faça um milagre em meu nome que possa levianamente falar mal de mim." A voz da sabedoria e da caridade unidas é audível aqui. A ênfase é sobre a palavra ταχυ, levianamente ou prontamente. Esta palavra, em primeiro lugar, envolve o reconhecimento de que o caso suposto pode acontecer; um reconhecimento exigido pela verdade histórica, pois tais casos verdadeiramente ocorreram em dias posteriores. Lucas nos fala, por exemplo, de certos judeus errantes que chamaram sobre eles a responsabilidade de invocar sobre os possessos o nome do Senhor Jesus, sem ter qualquer fé pessoal nele, mas simplesmente na forma de um ofício, sendo vis negociantes de exorcismo, por quem até os demônios expressaram

O Treinamento dos Doze

seu desprezo, exclamando: "Jesus eu conheço, e Paulo eu sei quem é, mas quem são vocês?" (At 19.13). Nosso Senhor, sabendo de antemão que tais casos podiam ocorrer e estando inteirado das profundezas da depravação humana, nada mais podia fazer do que admitir a possibilidade de o exorcista referido por João ser animado por motivos indignos. Mas, ao admitir isso, ele tomou o cuidado de indicar que, em sua opinião, o caso suposto era muito improvável e que era muito improvável que alguém que fizesse um milagre em seu nome pudesse falar mal dele. E ele desejou que os seus discípulos estivessem atentos para não crerem pronta e levianamente em que qualquer homem pudesse ser culpado de um tal pecado. Até aparecerem fortes razões para pensar de outro modo ele queria que eles caridosamente vissem a ação externa como o sinal de fé e amor sinceros (o que eles poderiam mais facilmente fazer então, quando nada seria adquirido pelo uso ou profissão do nome de Cristo, só o desagrado daqueles que tinham as personalidades e vidas dos homens em seu poder?).

Tais foram as palavras sábias e graciosas ditas por Jesus com referência ao caso trazido a julgamento por João. É possível extrair quaisquer lições destas palavras de aplicação geral à igreja em todas as eras, ou especialmente aplicáveis à nossa própria era em particular? Essa é uma questão sobre a qual se deve falar com cautela; porque, ao mesmo tempo em que todos reverenciam o julgamento de Jesus sobre a conduta de seus discípulos, como registrado nos evangelhos, há muita controvérsia entre os cristãos quanto às inferências a serem tiradas daí, em referência a casos em que a própria conduta deles é focalizada. As seguintes reflexões, podem, entretanto, seguramente ser arriscadas:

1. Nós podemos aprender, das palavras prudentes e amorosas do grande Mestre, a tomar cuidado com conclusões apressadas a respeito do estado espiritual das pessoas com base em indicações meramente externas. A não dizer com a igreja de Roma, "Fora de nossa comunhão não há possibilidade de salvação ou de piedade;" mas antes admitir que, mesmo naquela corrupta comunhão, pode haver muitos construindo sobre o verdadeiro fundamento, embora, a maior parte, com materiais muito combustíveis; mais ainda, que Cristo pode ter muitos amigos fora do limite de todas as igrejas. A não perguntar com Natanael, "Pode vir alguma coisa boa de Nazaré?", mas lembrar que as melhores coisas podem vir dos lugares mais inesperados. A não se esquecer de hospedar estrangeiros, pois, por causa disso, alguns hospedaram anjos sem o saber. A ter em mente que, por aceitar a afirmação "Não era um dos nossos," em referência a banalidades e manias, você pode tentar a Deus, enquanto ele dá seu Espírito Santo àqueles a quem você excomunga, remo-

vendo de você as influências divinas, por causa de seu orgulho, individualismo e obstinação, e pode transformar seu credo numa prisão, na qual você será excluído da comunhão dos santos e condenado a experimentar o desaponta-mento de ver, através das barras da janela de sua cela, o povo de Deus cami-nhando livremente, ao passo que você permanece na prisão.

2. Em vista desse veredicto, "Não o proíbam", devem-se ler, com um coração triste e pesaroso, muitas páginas da história da igreja, na qual o espíri-to predominante é aquele dos doze, e não o do seu Mestre. Pode-se confiante-mente dizer, que se tivesse a mente de Cristo residido mais naqueles chamados pelo seu nome, muitas coisas naquela história teriam sido diferentes. Separa-tismo, censura, intolerância com os não conformados, perseguição não teriam sido tão predominantes; Atos Secretos e Atos de Cinco Milhas não teriam desgraçado o livro-estatuto do parlamento inglês; A prisão de Bedford não teria tido a honra de receber o ilustre sonhador de "O Peregrino" como um prisioneiro; Baxter e Livingstone de Ancrun, e milhares mais do mesmo tipo, por cujas palavras estimulantes multidões tinham sido despertadas para uma nova vida espiritual, não teriam sido expulsos de suas congregações e de suas terras natais e proibidos, sob duras penalidades, de pregar aquele evangelho que eles compreendiam e amavam tanto, mas teriam desfrutado o benefício daquela lei de tolerância que eles adquiriram tão carinhosamente para nós, seus filhos.

3. O estado dividido da igreja tem sido sempre uma causa de aflição para homens bons, e tentativas têm sido feitas para remediar o mal por siste-mas de união. Todos os esforços honestos tendo em vista a cura de fraturas, que, desde os dias da Reforma, têm-se multiplicado tão grandemente a ponto de ser a vergonha do Protestantismo, merecem nossa mais calorosa simpatia e mais sinceras orações. Mas não podemos ficar cegos ao fato de que, por causa da fraqueza humana, tais projetos estão destinados ao fracasso; é extremamen-te difícil fazer toda uma comunidade, abarcando homens de diferentes tempe-ramentos e em diferentes estágios de crescimento cristão, ter a mesma visão dos termos da comunhão. Qual, então, é o dever dos cristãos nesse meio tem-po? Podemos aprender com o julgamento de Nosso Senhor no caso do exor-cista. Se aqueles que não são de nossa companhia não podem ser trazidos para a mesma organização eclesiástica, vamos, assim mesmo, reconhecê-los *de cora-ção* como companheiros de discipulado e colaboradores, e aproveitar-nos de todas as formas legais ou livres de mostrar que nos preocupamos infinitamente mais com aqueles que verdadeiramente amam a Cristo, em qualquer igreja que possam estar, do que com aqueles que estão conosco na mesma igreja, mas

O Treinamento dos Doze

que, em espírito e vida, não estão com Cristo, porém contra ele. Assim, teremos o conforto de sentir que, embora separados dos irmãos amados, não somos cismáticos, e ser capazes de falar do estado dividido da igreja como uma coisa que não desejamos, mas meramente suportamos porque não podemos evitá-lo.

Muitas pessoas religiosas estão em falta aqui. Há cristãos, não poucos, que não acreditam nestes dois artigos do credo apostólico, "a santa igreja católica (universal)" e "a comunhão dos santos." Eles se importam pouco ou nada com aqueles que estão fora do território de sua própria comunhão: Eles praticam a bondade fraternal muito exemplarmente, todavia não têm caridade. Sua igreja é seu clube, onde eles desfrutam o conforto de se associar com um número seleto de pessoas, cujas opiniões, caprichos, hobbies e políticas eclesiásticas inteiramente concordam com as suas próprias; tudo além disso, na vastidão do mundo, sendo considerado, com fria indiferença, se não com total aversão e repugnância. É uma das muitas formas nas quais o espírito de legalismo religioso, tão comum entre nós, se revela. O espírito de adoção é um espírito universal. O espírito legalista é divisor e sectarista, multiplicando regras e transformando escrúpulos em princípios, e assim manufaturando sempre novas seitas ou clubes religiosos. Ora, um clube, eclesiástico ou outro, é um lugar muito agradável como um luxo; entretanto deve-se lembrar que, para além do clube, e incluindo todos os clubes, há a grande comunidade cristã. Esse fato terá que ser mais reconhecido do que tem sido, senão a vida da igreja se tornará mera imbecilidade. Para nos salvarmos dessa condenação, uma de duas coisas deve acontecer. Ou o povo religioso precisa vencer seu forte gosto pelo simples clube-comunidade do denominacionalismo, envolvendo absoluta uniformidade de opinião e prática; ou um tipo de concílio anfictiônico deve ser iniciado, como um contrapeso ao sectarismo, no qual todos os grupos encontrarão um lugar comum para a discussão de grandes questões universais referentes à moral, às missões, à educação e à defesa das principais verdades. Tal concílio (será julgado utópico) teria muitas questões abertas em sua constituição. No antigo concílio anfictiônico, os homens não eram conhecidos como atenienses ou espartanos, mas como gregos; e, em nossa moderna utopia, as pessoas seriam conhecidas apenas como cristãs, não como episcopais, presbiterianas, independentes, membros da igreja e dissidentes. Seria um corpo, de fato, como a "Aliança Evangélica" de origem recente, criada pelo desejo ardente por alguma expressão visível de sentimento de universalidade; mas não, como essa, amador, autoconstituído e patrocinado (em certa medida) por pessoas alienadas de qualquer igreja existente, e dispostas a substituí-las por uma

TREINAMENTO EM TEMPERAMENTO

nova igreja, consistindo, contudo, de representantes pertencentes a, e regularmente eleitos e autorizados por, diferentes seções da igreja.[151]

Uma observação a mais podemos fazer sobre esta teoria da igreja como um clube. Realizada, ela assegura ao menos um objetivo: ela divide os cristãos em pequenas associações, e garante que eles se reúnam em grupos de dois e três! Infelizmente, ela, ao mesmo tempo, não procura a bênção prometida aos dois ou três. O espírito de Jesus reside, não em círculos sociais de pessoas obstinadas, mas na grande comunidade de santos, e especialmente nos corações daqueles que amam o corpo todo mais do que qualquer parte, não excetuando aquela à qual eles mesmos pertencem; a quem o Senhor e cabeça da igreja cumpre suas promessas, enriquecendo-os com graças grandiosas e generosas, e levando-os a se levantar como cedros acima do nível geral do caráter contemporâneo, e dotando-os de um poder moral que exerce uma influência cada vez maior muito tempo depois das rivalidades de sua época; e os homens que desfrutaram delas têm caído no esquecimento.

---

[151] Em anos recentes, o fenômeno do "Pan-presbiterianismo" tem aparecido. Deve-se temer que esse movimento não servirá à causa da universalidade, mas antes trabalhará em uma direção puramente antiquada, e servirá ao propósito daqueles que prenderiam as igrejas reformadas ao século dezessete. Nosso concílio anfictiônico é, todavia, como a República de Platão, *in nubibus*. Talvez a desintegração tenha que avançar mais antes que chegue a era da reconstrução. Ou ela nunca chegará? O cristianismo universal é coisa do passado?

15

Os filhos do trovão

Lc 9.51-56

O pronunciamento do discurso sobre humildade parece ter sido o ato conclusivo do ministério de Nosso Senhor na Galileia; porque imediatamente após terminar seus relatos do discurso, os dois primeiros evangelistas continuaram a falar daquilo que temos razão de ver como a última vez em que ele sai de sua província natal em direção ao sul. Diz Mateus: "E aconteceu que quando Jesus acabou de dizer estas palavras, ele saiu da Galileia, e veio para a região da Judeia" (Mt 19.1,2; Mc 10.1). Dessa jornada nem Mateus nem Marcos dão qualquer detalhe: eles nem mesmo mencionam a visita de Cristo a Jerusalém na festa da dedicação, no inverno, referida por João (Jo 10.22,23), de onde sabemos que a despedida da Galileia aconteceu ao menos uns quatro meses antes da crucificação. A jornada, entretanto, não foi sem seus interessantes incidentes, como sabemos de Lucas, que preservou alguns deles em seu evangelho.[152]

Desses incidentes, um é o registrado na passagem citada acima. Quanto às palavras com que o evangelista introduz sua narrativa, obviamente aludem à mesma jornada da Galileia para o sul, da qual Mateus e Marcos falam nas passagens já referidas. Todavia, a jornada para Samaria, considerada aqui por Lucas, ocorreu "quando veio (ou antes, vindo)[153] o tempo em que ele (Jesus) seria elevado", isto é, perto do final de sua vida. Depois a expressão peculiar, "Ele firmemente voltou seu rosto para Jerusalém," sugerindo, não obscuramente, uma transferência final da cena da obra de Cristo do norte para o sul. Ela refere-se não só à direção geográfica na qual ele estava indo, mas também, e principalmente, ao estado de mente no qual ele viajava. Ele ia para Jerusalém, sentindo que seu dever estava próximo à cidade, e nela, dali em diante,

---

[152] A jornada através de Samaria, com todos os incidentes acompanhantes, incluindo a missão dos setenta, os críticos de Tübingen veem como uma invenção do terceiro evangelista, com o objetivo de promover a causa do universalismo. Mas tal jornada, com tudo o que se relaciona a ela, é só tão provável intrinsecamente como o relacionamento de Cristo com publicanos e pecadores, que era igualmente não convencional e igualmente universalista em princípio e tendência. É, sem dúvida, livremente admitido que o destacado universalismo de Lucas explica que esses incidentes tenham tido espaço em seu evangelho enquanto não aprecem nem em Mateus nem em Marcos.

[153] εν τω συμπληρουσθαι.

O Treinamento dos Doze

como uma vítima autoconsagrada à morte, seu semblante apresentando um aspecto solene, rígido, dignificado, expressivo do grande e alto propósito pelo qual sua alma era animada.

Era natural que Lucas, o companheiro de Paulo e evangelista dedicado aos gentios, devesse cuidadosamente preservar essa narrativa da última viagem de Jesus para a Judeia, através de Samaria. Ela serviu admiravelmente ao propósito que ele tinha em vista durante toda a compilação de seu Evangelho – que era ilustrar a universalidade da dispensação cristã; portanto, ele a juntou em seu cesto, para que não se perdesse. Ele a colocou num lugar muito apropriado, logo após a narrativa do exorcista; pois, para não falar do elo de associação fornecido no nome de João, o narrador em um caso e um ator no outro, este incidente, como aquele registrado imediatamente antes, exibe um contraste surpreendente entre o espírito duro dos discípulos e o espírito suave e benigno de seu Mestre. Esse contraste é a moral da história.

O acontecimento principal na história foi este. Os habitantes de um certo povoado samaritano ao qual Jesus e seus companheiros de viagem chegaram na conclusão de um dia de jornada, tendo-se negado, sendo-lhes pedido, a dar-lhes alojamento para a noite, Tiago e João vieram a seu Mestre e propuseram que os habitantes ofensores fossem destruídos pelo fogo dos céus.

Era uma estranha proposta vinda de homens que tinham sido, por anos, discípulos de Jesus, e especialmente daquele que, como João, tinha estado na companhia do Mestre na ocasião do encontro com a mulher perto do poço, e ouvira as palavras arrebatadoras com que ele falou da gloriosa nova era que estava surgindo (Jo 4). Isso mostra quão lentos os melhores são para aprender a doutrina celestial e a prática da caridade. Quão surpreendente, novamente, pensar nesse mesmo João, um ano ou dois após a data dessa sugestão cruel, descendo de Jerusalém e pregando o Evangelho de Jesus, o crucificado, em "muitos povoados dos samaritanos" (At 8), possivelmente nesse mesmo povoado que ele desejou ver destruído!

Tais são os contrastes que o crescimento na graça produz. No estágio imaturo da vida cristã, cujas características são obstinação, mania de censura, escrúpulos, intolerância e um zelo cego e ardente, João interpretaria o papel de um imitador de Elias; em sua maturidade espiritual, depois de o sol de verão do pentecostes ter produzido seus efeitos em sua alma, e adoçado todos os seus sucos ácidos, ele tornou-se um ardente apóstolo da salvação e exibiu, em seu caráter, os suaves e deliciosos frutos de "amor, alegria, paz, paciência, mansidão, bondade, fé, humildade e autocontrole". Tais contrastes no mesmo caráter, em diferentes períodos, embora surpreendentes, são perfeitamente natu-

OS FILHOS DO TROVÃO

rais. Em meio a todas as mudanças, os elementos da natureza moral permanecem os mesmos. O suco da maçã madura é o mesmo que havia na fruta verde, *mais* luz e calor do sol. O zelo do filho do trovão não desapareceu da natureza de João após tornar-se um apóstolo; ele apenas foi temperado pela luz da sabedoria e suavizado pelo calor do amor. Ele nem mesmo deixou de odiar, tornando-se um indivíduo indiscriminadamente amigável, cuja caridade não fazia distinção entre o bom e o mau. Até o fim, João foi o que era no princípio, alguém que odeia intensamente tão bem quanto ama intensamente. Mas, em seus últimos anos, ele sabia melhor o que odiar – os objetos de seu aborrecimento eram a hipocrisia, a apostasia e a insinceridade dos de Laodiceia;[154] não, como antigamente, simples ignorante, grosseria e incivilidade rude. Ele podia distinguir, então, entre impiedade e fraqueza, malícia e preconceito; e enquanto nutria forte antipatia para com uns, ele sentia apenas compaixão para com os outros.

Para alguns pode parecer algo espantoso que um homem capaz de nutrir um propósito tão revoltante como este, aqui atribuído a Tiago e João, poderia ser o discípulo a quem Jesus amava. Para compreender isso, deve ser lembrado que Jesus, diferentemente da maioria das pessoas, podia amar um discípulo não só pelo que ele era, mas pelo que poderia vir a ser. Ele podia ver com complacência mesmo as uvas ácidas na época delas, pelo tipo de bons frutos em que elas se transformariam. Então, além disso, não devemos esquecer que João, mesmo quando possuído pelo demônio do ressentimento, era animado por um espírito mais puro e santo. Junto com a fumaça da paixão carnal, havia algum fogo divino em seu coração. Ele amava Jesus tão intensamente quanto odiava os samaritanos; foi a ligação devotada a seu Mestre que o fez ressentir-se de forma tão aguda com a falta de civilidade deles. Em seu terno amor pelo Noivo de sua alma, ele era belo como uma mãe transbordando de afeto no seio de sua família; embora, em seu ódio, ele fosse terrível como a mesma mãe pode ser em sua inimizade contra os inimigos da sua família. A natureza de João, de fato, era feminina em suas virtudes e em suas faltas e, como toda natureza feminina, podia ser extremamente doce e amarga.[155]

---

[154] Veja Apocalipse 2 e 3, geralmente considerado o último dos escritos de João. (Reuss, entretanto [*Theologie Chretienne*], mantém que foi o seu primeiro.) Baur e a escola de Tübingen geralmente sustentam que no Apocalipse (que consideram obra do apóstolo João) a velha estreiteza aparece não diminuída no ódio amargo do apóstolo Paulo, supostamente visado nas palavras: "Você pôs à prova os que dizem ser apóstolos mas não são, e descobriu que eles eram impostores", da Epistola à igreja de Éfeso. Essa passagem e o atrito entre Pedro e Paulo em Antioquia (Gl 2) são as principais bases bíblicas utilizadas pela escola para sua famosa hipótese do conflito.

[155] Conforme observações sobre João já apresentadas.

O Treinamento dos Doze

Passando agora das observações pessoais sobre o próprio João à proposta truculenta emanada dele e seu irmão, devemos cuidar de considerá-la à luz de uma mera extravagante ebulição de temperamento consequente de uma recusa de hospitalidade. Sem dúvida, os dois irmãos e todos os seus condiscípulos ficaram aborrecidos com a inesperada incivilidade, nem poderia ser diferente. Homens cansados são facilmente irritáveis, e não era agradável serem obrigados a caminhar para outro povoado após a fadiga de um dia de jornada. Mas temos uma opinião muito boa dos doze para imaginar que qualquer um deles fosse capaz de vingar grosseria com assassinato.

O fúria de Tiago e João ainda não é completamente explicada pela lembrança de que aqueles aldeões rudes eram *samaritanos*, e que eles eram judeus. A crônica má-vontade entre as duas raças tinha inquestionavelmente sua própria influência em produzir um mal-estar de ambos os lados. A nacionalidade dos viajantes era uma, se não a única razão, por que os moradores do vilarejo lhes recusaram pousada. Eles eram judeus galileus a caminho de Jerusalém, e isso era o bastante. Então os doze, como judeus, estavam tão prontos para serem ofendidos quanto os samaritanos estavam para ofender. A pólvora da inimizade nacional estava guardada em seus corações; e uma faísca, uma palavra rude ou gesto insolente, foi o bastante para causar uma explosão. Embora eles tivessem estado por anos com Jesus, havia ainda muito mais do velho homem judeu do que do novo homem cristão neles. Se eles tivessem sido deixados livres para fazer sua própria vontade, provavelmente teriam evitado o território samaritano todo e, como o resto de seus compatriotas, tomado um desvio para Jerusalém cruzando para o leste do Jordão. Entre pessoas tão afetadas umas pelas outras, as ofensas certamente surgem. Quando Guelph e Ghibeline, Orangemen e Ribbonmen, Cavalier e Roundhead se encontram, não precisa muito para surgir uma briga.

Havia, porém, alguma coisa mais em ação nas mentes dos dois discípulos do que a paixão partidária. Havia *consciência* em sua contenda, bem como temperamento e inimizades hereditárias. Isso é evidente, tanto na maneira deliberada com que eles fazem sua proposta a Jesus, como na razão pela qual eles procuraram justificá-la. Eles vieram a seu Mestre e disseram: "Senhor, queres que façamos cair fogo do céu para destruí-los?" aparentemente não tendo dúvida de obter a aprovação dele, e de conseguir, sem demora, o requisitado fogo do céu para a execução de seu horrendo intento. Então eles citaram o precedente de Elias, que, recusando ter qualquer relação com o rei idólatra de Samaria, pediu fogo do céu para consumir seus mensageiros, como um sinal, um símbolo do aborrecimento divino.[156] O motivo consciente pelo qual eles foram influenciados era evidentemente sincero, embora mal informado, preocupados com a honra de seu Senhor. Da mesma forma que o profeta de fogo estava indignado com a conduta do rei Acabe em enviar mensageiros ao deus de Ecrom, por nome Baal-zebube, perguntando se ele se restabeleceria da doença que estava sofrendo (2Rs 1); assim os filhos do trovão ficaram indignados porque os habitantes do mesmo território ímpio sobre o qual Acabe reinou tinham ousado insultar seu venerado Mestre, recusando-lhe um favor que eles deveriam ter tido orgulho da oportunidade de conceder.

Os dois irmãos acharam que faziam bem em estar nervosos; e, se eles tinham estado dispostos a defender sua conduta depois condenada por Jesus, o que não parece o caso, eles poderiam ter feito uma defesa até aceitável. Consideremos quem eram esses samaritanos. Eles pertenciam a uma raça mestiça, surgida de assírios pagãos, cuja presença no país era uma humilhação, e, fundamentalmente, eram israelitas degenerados, indignos desse nome. Seus antepassados tinham sido os mais severos inimigos de Judá nos dias de Neemias, malignamente obstruindo a construção dos muros de Sião, ao invés de ajudar os exilados em sua hora de necessidade, como vizinhos deveriam ter feito. Então, se era injusto responsabilizar a geração presente pelos pecados das gerações passadas, qual era o caráter dos samaritanos vivos? Eles não eram hereges blasfemos, que haviam rejeitado todas as Escrituras do Velho Testamento salvo os cinco livros de Moisés? Eles não adoravam no lugar do templo rival sobre o monte Gerizim,[157] que seus pais tinham, com desaforada impiedade, erigido em desprezo pelo verdadeiro templo de Deus na cidade santa? E, finalmente, não tinham esses moradores expressado sua simpatia com todas as iniquidades de seu povo, e todos eles repetido isso num ato de desonra àquele que era maior até do que o verdadeiro templo e digno não apenas de receber a cortesia comum, mas até a adoração divina?

Os cruéis perseguidores e furiosos zelotes, guarnecidos com tais justificativas plausíveis, sempre confiaram, como os dois discípulos, que eles faziam o serviço de Deus. É da própria natureza do fanatismo fazer o homem de quem ele se tem apossado acreditar que o Todo-Poderoso não apenas aprova, mas compartilha suas ferozes paixões; e supor-se investido de uma carta branca para lan-

---

[156] As palavras ως και Ηλιας εποιησε têm uma leitura duvidosa. É evidente, entretanto, que os dois discípulos devem ter tido Elias em *mente* quando fizeram sua proposta.

[157] O templo foi destruído cem anos antes de Cristo pelo sumo sacerdote Hircano. Josefo, *Ant. Judaicas* 13.9.1.

çar os trovões do Altíssimo contra todos em quem seu olho mesquinho, examinador e desumano puder discernir algo reprovado por sua consciência tirânica. Que mundo seria esse se as coisa fossem assim!

"Cada pedrada, suboficial
Usaria o céu de Deus por trovão; nada senão trovão."

Graças a Deus a realidade não é assim! O Todo-Poderoso troveja algumas vezes, mas não do modo que seus suboficiais gostariam.

"Céu misericordioso!
Tu antes, com tua astúcia e tua seta sulfurosa,
Dividiste o não fechado e áspero carvalho
Do que a macia murta."

Jesus também, tão gentil quanto era, tinha seus rompantes; mas reservava-os para outros que não os pobres, ignorantes e discriminados samaritanos. O zelo dele era dirigido contra grandes pecados e poderosos, presunçosos e privilegiados pecadores; não contra pequenos pecados ou pecadores pobres, obscuros e comuns. Ele estourou em indignação à vista da casa de seu Pai transformada num covil de ladrões por aqueles que deveriam ter conhecimento, e saber mais; ele só sentiu compaixão por aqueles que, como a mulher perto do poço, não sabiam o que eles adoravam, e tateavam em busca de Deus na escuridão semipagã. O seu espírito se acendeu dentro dele diante do espetáculo da ortodoxia e piedade pomposas aliadas ao mais grosseiro mundanismo; ele não se inflamava em ira hipócrita, como o fariseu, contra publicanos sem religião, que podiam não adorar de jeito nenhum, ou que, como os samaritanos heréticos, não adoravam no lugar correto. Fosse aquele zelo como o de Jesus, apontando suas setas ao carvalho orgulhoso e poupando o humilde arbusto, seria mais comum! Mas tal zelo é perigoso e, portanto, será sempre raro.

O mestre, em cuja defesa os dois discípulos desejavam pedir que descesse fogo consumidor dos céus, não perdeu tempo em tornar conhecida sua total antipatia por aquele propósito monstruoso. Ele voltou-se e os repreendeu. De acordo com a velha versão inglesa, ele disse: "Vós não sabeis de que tipo de espírito vós sois." Essa é uma leitura duvidosa, e, como tal, está omitida nas versões modernas, mas é um dito verdadeiro.

O dito era verdadeiro em mais de um sentido. O espírito de Tiago e João, em primeiro lugar, não era como eles imaginavam. Eles pensavam que agiam movidos por zelo pela glória de seu Senhor, e isso era verdade em parte. Mas a chama de seu zelo não era pura: estava misturada com o sabor amargo da fumaça de paixões carnais, ódio, orgulho e obstinação. Então, novamente, o espírito deles não era do tipo adequado aos apóstolos do evangelho, os mensageiros de uma nova era da graça. Eles foram escolhidos para pregarem uma mensagem de misericórdia a toda criatura, mesmo ao principal dos pecadores; para falar de um amor que não foi vencido pelo mal, mas procurou vencer o mal com o bem; para fundar um reino composto de cidadãos de cada nação, onde não deve haver nem judeu nem samaritano, mas Cristo em tudo e em todos. Que obra a ser realizada por homens cheios do espírito de fogo dos "filhos do trovão"! Obviamente uma grande alteração deve ser feita dentro deles para adaptá-los à alta vocação para a qual foram chamados. Novamente, o espírito de Tiago e João não era, é claro, o de seu Mestre. Ele "veio, não para destruir a vida dos homens, mas para salvá-las"[158]. Para ver a diferença entre a mente dos discípulos e a de Jesus, coloquemos esta cena lado a lado com aquela outra que aconteceu em solo samaritano – o encontro junto ao poço. Sabemos o que temos visto aqui: O que vemos lá? O Filho do Homem, como um judeu, falando e mantendo diálogo com uma samaritana, dessa forma procurando a abolição da inimizade radical e profundamente estabelecida entre homem e homem; como o Amigo de pecadores procurando restaurar uma criatura culpada, cheia de erros, e pobre com Deus e com a santidade; como o Cristo anunciando o fim de um velho tempo, no qual a adoração, até a do verdadeiro Deus, era ritualística, exclusivista e local, e o advento de uma nova era religiosa caracterizada pelos atributos de espiritualidade, universalidade e catolicidade. E vemos Jesus se alegrando, entusiasmado em sua obra; julgando sua tarefa fundamental revelar ao homem um Deus e Pai, um Salvador, uma vida, para todos sem distinção; para regenerar o caráter individual, sociedade e religião; deitar abaixo todas as barreiras que separavam o homem de Deus e de seus semelhantes, e também tornar-se o grande Reconciliador e Pacificador. Pensando nessa obra conforme posta em prática por amostra, na conversão da mulher junto ao poço, ele fala a seus surpresos e insensíveis discípulos como alguém que percebe, sobre o horizonte leste, o primeiro débil raio de luz anunciando o advento de um novo e glorioso dia e, por todos os lados, no campo do mundo, amarelas plantações de grãos maduros para a ceifa. "Está chegando rapidamente," diz ele de fato, "a era abençoada, longamente esperada, após uma longa noite de escuridão espiritual; o novo mundo está para

---

[158] As palavras citadas são consideradas pelos críticos como uma glosa; mas, como as referidas em uma nota anterior, elas são verdadeiras e apropriadas.

O Treinamento dos Doze

começar. Levantem seus olhos e olhem para os campos de terras gentias e vejam como eles já estão brancos para a ceifa!"

Na época do encontro junto ao poço, os discípulos que estavam com Jesus nem compreenderam nem simpatizaram com seus elevados pensamentos e esperanças. As perspectivas radiantes sobre as quais seus olhos estavam fixados não estavam dentro do horizonte deles. Para eles, como para crianças, o mundo ainda era pequeno, um vale estreito confinado por montanhas por todos os lados; enquanto seu Mestre, sobre o topo da montanha, via muitos vales além, nos quais ele estava interessado, e para fora dos quais ele acreditava que muitas almas encontrariam seu caminho para o reino eterno.[159] Para os discípulos Deus era ainda o Deus dos judeus apenas; a salvação era *para* os judeus bem como *dos* judeus: eles conheciam apenas um canal da graça – as ordenanças judaicas; apenas um caminho para o céu – que passava por Jerusalém.

Na data posterior à qual a presente cena pertence, os discípulos, ao invés de avançar, parecem ter regredido. Antigos sentimentos maus parecem ter-se intensificado em vez de terem sido substituídos por novos e melhores. Eles estão agora não simplesmente com antipatia em relação ao pensamento de seu Senhor; não simplesmente apáticos ou céticos a respeito da salvação dos samaritanos, mas determinados a destruí-los. A aversão e preconceito transformaram-se num paroxismo de inimizade.

Sim, de fato; as coisas devem piorar ao máximo antes de começarem a se consertar. Não haverá melhora até que o Cordeiro tenha sido morto para tomar o lugar do pecado, para abolir inimizades e fazer de ambos um novo homem. É o conhecimento disso que faz Jesus voltar sua face tão firmemente para Jerusalém. Ele está ansioso para beber o cálice de sofrimento e ser batizado com o batismo de sangue, porque sabe que, só assim, pode terminar a obra a respeito da qual ele falou em linguagem tão radiante, anteriormente, a seus discípulos. O próprio ódio de seus dedicados seguidores contra os aldeões samaritanos o fez apressar seu passo em sua caminhada para a cruz, dizendo a si mesmo com tristeza enquanto avança: "Deixem-me apressar-me, pois, enquanto eu não for levantado, essas coisas não terminam."

---

[159] Esse pensamento foi sugerido por uma passagem no *Flegeljahre* de Richter.

16
Na Pereia:
a doutrina do autossacrifício
Seção I – conselhos de perfeição
Mt 19.1-26; Mc 10.1-27; Lc 18.15-27

Após sua partida final da Galileia, Jesus achou para si mesmo um novo lugar de residência e palco de trabalho para o pouco que restava de sua vida, na região a leste do Jordão, no extremo baixo de seu curso. "Tendo acabado de dizer essas coisas, Jesus saiu da Galileia e foi para a região da Judeia, no outro lado do Jordão" (Mt 19.1). Nós podemos dizer que ele terminou seu ministério onde o começou, curando os doentes e ensinando as elevadas doutrinas do reino no lugar que testemunhou sua consagração pelo batismo, a sua sagrada obra e onde ele reuniu seus primeiros discípulos.[160]

Essa visita de Jesus à Pereia, no final de sua carreira, é um fato muito interessante e significativo em si mesmo, à parte dos acontecimentos que a acompanham. Foi evidentemente assim visto por João, que, não menos cuidadosamente que os dois primeiros evangelistas, registra o fato da visita, embora, diferentemente deles, ele não dê detalhes sobre ela. Os termos em que ele alude a esse evento são peculiares. Tendo brevemente explicado como Jesus tinha provocado o mal-estar dos judeus em Jerusalém, na festa da dedicação, ele acrescenta: "Outra vez tentaram prendê-lo, mas ele se livrou das mãos deles. Então Jesus atravessou *novamente* o Jordão e foi para o lugar *onde João batizava nos primeiros dias de seu ministério*" (Jo 10.39,40). A palavra "novamente" e a referência ao Batista são indicativas da meditação e lembrança – janelas que nos deixam ver o coração de João. Ele está se lembrando emocionado de suas experiências pessoais ligadas à primeira visita de Jesus àquelas regiões sagradas, de seu primeiro encontro com esse Mestre amado, e do nome místico dado a ele pelo Batista, "O Cordeiro de Deus", então não compreendido pelos discípulos, agora às vésperas de ser exposto pelos eventos, e, para o evangelista que escreve esse evangelho, claro como o dia à luz brilhante da cruz.

É muito difícil que o discípulo a quem Jesus amava pudesse fazer outra coisa além de pensar na primeira visita quando falava da segunda. Mesmo a multidão, como ele registra, reverteu mentalmente à primeira ocasião enquanto

---

[160] Veja cap.1

O Treinamento dos Doze

seguia Jesus na segunda. Eles lembravam o que João, seu precursor, tinha dito daquele entre eles a quem eles não conheciam, e que, todavia, era muito maior do que ele mesmo; e notaram que suas afirmações, por improváveis que pudessem ter parecido na ocasião, tinham sido comprovadas pelos acontecimentos, e ele mesmo tinha provado ser um verdadeiro profeta pelos milagres de Cristo, se não pelo seus próprios. Eles diziam uns aos outros: "Embora João nunca tenha realizado um sinal miraculoso, tudo o que ele disse a respeito deste homem era verdade" (Jo 10.41).

Se João, o discípulo, e mesmo o povo comum se lembravam da primeira visita de Jesus à Pereia na segunda visita, podemos estar certos de que o próprio Jesus também se lembrava. Ele tinha suas próprias razões, sem dúvida, para voltar àquela vizinhança abençoada. Sua jornada ao Jordão foi uma peregrinação à terra santa, onde não podia colocar seu pé sem profunda emoção. Porque lá se encontrava seu Betel, onde ele tinha feito um solene voto de batismo, não, como Jacó, de dar o dízimo de sua renda, mas de se dar ao Pai, na vida e na morte; lá o Espírito tinha descido sobre ele como uma pomba; lá ele tinha ouvido uma voz celestial de aprovação e encorajamento, a recompensa de sua completa autoentrega à santa vontade de seu Pai. Todas as lembranças do lugar agitavam-lhe o coração, lembrando obrigações solenes, inspirando santas esperanças, compelindo-o para a grande consumação da obra da sua vida; incumbindo-o, por seu batismo, seus votos, a descida do Espírito e a voz do céu a coroar seus esforços de amor bebendo do cálice do sofrimento e morte para a redenção da humanidade. A essas vozes do passado ele voluntariamente abriu seus ouvidos. Ele desejava ouvi-las, para que, por seus sons santos, seu espírito pudesse ser revigorado e solenizado para a agonia vindoura.

Enquanto se retirava para a Pereia por esses motivos privados, para que pudesse meditar sobre o passado e o futuro e ligar sagradas lembranças com solenes antecipações, Jesus, de forma alguma, viveu lá uma vida de meditação reclusa e solitária. Pelo contrário, durante sua estada naquele lugar, esteve anormalmente ocupado curando os doentes, ensinando a multidão, "como ele estava acostumado" (assim Marcos afirma, com uma referência mental ao ministério passado na Galileia), respondendo a questionamentos, recebendo visitas, concedendo favores. "Uma multidão foi até ele" lá por vários motivos. Fariseus vieram, fazendo perguntas difíceis sobre casamento e divórcio, esperando pegá-lo em armadilha e fazê-lo expressar uma opinião que o fizesse impopular com algum partido ou escola, de Hillel ou de Shammai,[161] não importava

---

[161] A questão do divórcio era tema de disputa entre aquelas duas escolas, a escola liberal e a rigorosa quanto à moral, respectivamente.

qual. Um jovem chefe veio a ele com a mais honrosa intenção: perguntar como podia obter a vida eterna. Mães vinham a ele com seus filhos, implorando para eles sua bênção, pensando que valia a pena recebê-la, e não temendo receber um "não", e mensageiros vinham com tristes notícias de amigos, que o procuravam como um conforto em tempos de tribulação (Jo 11).

Embora muito ocupado entre a enorme multidão, Jesus lutava para ter algum tempo de descanso com seus discípulos escolhidos, durante o qual ele lhes ensinava algumas novas lições sobre a doutrina do seu reino divino. O tema dessas lições era sacrifício por causa do reino – um tema que combinava com o lugar, o tempo, a situação e o humor do Mestre. A ocasião externa sugeria que o tópico estivesse esgotado pelas conversas que Jesus tinha tido com os fariseus e o jovem chefe. Essas conversas naturalmente o levaram a falar a seus discípulos sobre o assunto do autossacrifício sob duas formas especiais: abstinência do casamento e renúncia à propriedade, embora não limitasse seu discurso a esses dois pontos, mas acrescentasse as recompensas do autossacrifício em qualquer forma, e o espírito no qual todos os sacrifícios devem ser feitos, para terem valor à vista de Deus.

Os fariseus "vieram até ele, tentando-o, e dizendo: É legítimo para um homem se divorciar de sua mulher por qualquer que seja o motivo?" A essa pergunta Jesus respondeu estabelecendo o princípio primitivo de que o divórcio era justificado só no caso de infidelidade conjugal e explicando que qualquer coisa em contrário na lei de Moisés era só uma acomodação à dureza de coração dos homens. Os discípulos ouviram essa réplica, e fizeram suas próprias observações sobre ela. Eles disseram a Jesus: "Se essa é a situação de um homem com sua esposa, não é bom casar." A visão exposta por seu Mestre, que não levava em conta a incompatibilidade de gênios, antipatia involuntária, diferença de costumes, diferenças religiosas, brigas entre parentes, como apelos à separação, pareceu muito rigorosa, até mesmo para eles; e entenderam que um homem devia pensar bem antes de se comprometer com isso por toda a vida com tais possibilidades diante dele, e se perguntar se não seria melhor, no fim, ficar fora de tal mar de problemas, por abster-se completamente do casamento.

A observação *impromptu* dos discípulos, vista com referência a seus prováveis motivos, não era muito sábia, embora deva ser observado que Jesus não a desaprovou absolutamente. Ele falou como se, pelo contrário, simpatizasse com a adesão ao celibato, como se abster-se do casamento fosse um caminho melhor e mais sábio, e só não devia ser exigido porque, para a maioria, era impraticável. "Mas ele disse a eles: Nem todos podem receber essa palavra, exceto aqueles a quem isso é dado". Então, enumerando os casos em que, por qualquer motivo, homens continuavam solteiros, ele falou, com aparente aprovação, de alguns que, voluntariamente e por elevados e santos motivos, se negam o conforto de relações familiares: "Há eunucos que se fizeram eunucos por causa do reino dos céus." Tais, ele finalmente fez seus discípulos entenderem, deviam ser imitados por todos os que se sentiam chamados e capacitados para ser assim. "Aquele que pode receber (essa elevada virtude), que a receba", ele disse, sugerindo que, enquanto muitos homens não podiam recebê-la, mas podiam mais facilmente suportar todas as possíveis desvantagens da vida conjugal, até as mais estritas visões de obrigação conjugal, que preservar perfeita castidade em um estado de solteiro, ela era boa para aquele que podia se fazer um eunuco pelo reino dos céus, já que não somente escaparia de muitos problemas, mas seria livre de preocupações e seria capaz de servir o reino sem distrações.

A outra forma de autossacrifício – a renúncia à propriedade – tornou-se o assunto de comentário entre Jesus e seus discípulos, em consequência da conversa com o jovem que veio perguntar sobre a vida eterna. Jesus, lendo o coração de seu ansioso inquiridor e, percebendo que ele amava os bens do mundo mais do que era coerente com a liberdade espiritual e inteira sinceridade de consciência, tinha concluído suas diretrizes a ele dando este conselho: "Se você quer ser perfeito, vá e venda tudo o que tem e dê aos pobres e então terá um tesouro no céu: e venha e siga-me." O jovem, tendo ido embora triste, porque, embora desejando a vida eterna, não estava disposto a obtê-la a tal preço, Jesus continuou fazendo de seu caso um objeto de reflexão para a instrução dos doze. Nas observações que fez, ele não disse expressamente que separar-se das propriedades era necessário para a salvação, porém falou de uma forma que pareceu aos discípulos quase implicar isso. Olhando ao redor, primeiro disse a eles: "Quão dificilmente aqueles que têm riquezas entrarão no reino de Deus!" Ficando os discípulos admirados com essa palavra dura, ele a suavizou de algum modo por alterá-la levemente na forma de expressão. Ele disse: "Filhos, como é difícil para aqueles que confiam nas riquezas entrar no reino de Deus!"[162], sugerindo que a coisa a que se devia renunciar não era o <u>dinheiro, mas</u> o amor desordenado a ele. Mas então ele acrescentou uma

---

ter-[162] Marcos 10.24. A leitura aqui, entretanto, é duvidosa; alguns manuscritos apresentam uma leitura com este sentido: "Quão difícil é entrar no reino de Deus" (πωσ δυσκολον εστιν εις βασιλειαν του θεου εισελθειν). Alford entende que essa leitura é um erro do copista, devido à terminação semelhante de εστιν e χρημασιν (as palavras omitidas seriam τους πεποιθοτας επι χρημασιν). A leitura abreviada é adotada por Tischendorf (8ª ed.), e por Westcott e Hort, em sua valiosa edição do testamento grego. Os revisores adotam o texto antigo.

ceira meditação, que, por sua austeridade, cancelou a suavidade da segunda. "É mais fácil passar um camelo pelo fundo de uma agulha do que um rico entrar no Reino de Deus". Essa afirmação, literalmente interpretada, significa declarar que a salvação de um rico é impossível, e parece ensinar, por clara implicação, que a única forma de um rico entrar no céu é deixando de ser rico, e tornando-se pobre por uma renúncia voluntária à propriedade. Tal parece ter sido a impressão registrada nas mentes dos discípulos, porque lemos que eles ficaram espantados sobremedida e disseram entre si: "Neste caso, quem pode ser salvo?" (Mc 10.23-27).

É uma questão de vital importância saber o que Nosso Senhor realmente quis ensinar sobre os assuntos de casamento e dinheiro. A questão tem a ver não só com a vida futura, mas com todo o caráter de nossa vida presente. Porque, se a vida do homem sobre a terra não consiste completamente em posses e relações familiares, essas coisas ocupam uma posição muito importante nela. Relações familiares são essenciais para a existência da sociedade, e sem riqueza não pode haver civilização. Jesus, então, desprezou essas coisas como pelo menos desfavoráveis aos interesses do reino divino e às aspirações de seus cidadãos, senão incompatíveis com eles.

Essa questão, até o tempo da Reforma, foi, em grande parte, respondida pela igreja visível afirmativamente. Em um período muito inicial, começou a surgir a ideia de que Jesus quis ensinar a superioridade intrínseca, com respeito à virtude cristã, de uma vida de celibato e pobreza voluntária, sobre a de um homem casado que possuísse propriedade. A abstinência de casamento e a renúncia de bens terrenos vieram, em consequência, a ser vistos como requisitos essenciais para elevadas realizações cristãs. Eles eram degraus da escada pela qual os cristãos subiam a níveis mais altos de graça do que os atingidos por homens envolvidos em coisas da família e nos embaraços das coisas materiais. Elas não eram, de fato, necessárias para a salvação – para obter, digamos, uma simples admissão ao céu –, mas eram necessárias para obter uma entrada gloriosa. Eram testes da virtude aplicados a candidatos às honras da cidade de Deus. Eram condições indispensáveis dos graus elevados da frutificação espiritual. Um cristão casado ou rico podia produzir trinta vezes; mas só aqueles, contudo, que se negassem as alegrias da riqueza e matrimônio poderiam produzir sessenta ou cem vezes. Enquanto, portanto, essas virtudes de abstinência não deviam ser exigidas de todos, deviam ser recomendadas como "conselhos de perfeição" para tais que, não contentes com serem cristãos comuns, subiriam a um patamar heroico da excelência e, desprezando uma admissão simples no reino divino, desejavam ocupar lá os primeiros lugares.

O Treinamento dos Doze

Esse estilo de pensamento é agora tão antiquado que é difícil crer que tenha prevalecido. Como prova, entretanto, de que não é nossa invenção, tomemos dois breves estratos de um bispo destacado e mártir do terceiro século, Cipriano de Cartago, que são amostras do mesmo tipo achado nos primeiros Pais da igreja. Uma citação proclama a virtude superior da virgindade voluntária nestes termos: "Estreito e apertado é o caminho que conduz à vida, difícil e árdua é a trilha (*limes,* ainda mais estreito que um caminho estreito) que vai para a glória. Nessa trilha do caminho, vão os mártires, as virgens, vão todos os justos. Para o primeiro (grau de fertilidade), o cêntuplo, é o dos mártires; o segundo, as sessenta vezes, é a de vocês (vocês, virgens)".[163] O segundo estrato, embora atribuindo, como o primeiro, mérito superior à virgindade, indica o caráter *opcional* dessa virtude elevada. Referindo-se às palavras de Cristo, "Há eunucos que se fizeram eunucos por causa do Reino dos céus", Cipriano diz: "Isso o Senhor não ordena, mas exorta; ele não impõe o jugo por necessidade, para que a livre escolha da vontade possa continuar. Mas, ao passo que ele diz (Jo 14.2) que há muitas mansões com seu Pai, aqui indica os aposentos da melhor mansão (*melioris habitaculi hospitia*). Procurem, ó virgens, aquelas mansões melhores. Crucificando (*castrantes*) os desejos da carne, obtenham a recompensa de uma graça maior nas regiões celestiais."[164]

Visões semelhantes eram mantidas naqueles tempos antigos a respeito do significado das palavras de Cristo ao jovem. Os resultados inevitáveis de tais interpretações, no devido curso, foram as instituições monásticas e o celibato dos clérigos; a ligação direta entre uma interpretação ascética do conselho dado por Jesus ao jovem rico que perguntou sobre a vida eterna e a ascensão do monasticismo é visível na história de Antônio, o pai do sistema monástico. Ele relata que, entrando na igreja em uma ocasião quando a passagem a respeito do jovem rico era lida diante da assembleia, ele, então, também um jovem, entendeu que as palavras lhe estavam sendo dirigidas. Saindo da igreja, ele imediatamente começou a distribuir aos habitantes de sua cidade natal sua grande, fértil e bela propriedade, que tinha herdado de seus pais, reservan-do só uma pequena parte para sua irmã. Não muito depois, desistiu daquela parte também e colocou sua irmã para ser educada por uma sociedade de virgens piedosas e, estabelecendo-se perto da mansão paterna, começou uma vida de ascetismo rígido.[165]

---

[163] *De Disciplina et Habitu Virginum, sub finem* (Clark's Ante-Nicene Library, *Cyprian,* i. 333).
[164] *Ex eodem libro.*
[165] *Vita S. Antonii* (Athanasii). Veja também Neander, *Church History,* Clark's edition, ii. 308.

NA PEREIA: A DOUTRINA DO AUTOSSACRIFÍCIO

A teoria ascética da virtude cristã, que tão cedo começou a prevalecer na igreja, tem sido plenamente testada pelo tempo, provando-se um grande e nocivo engano. O veredicto da história é conclusivo, e retornar a um erro desacreditado é muita estupidez. Nestes tempos, as opiniões daqueles que encon-travam o *beau-ideal* da vida cristã na cela de um monge parecem dificilmente dignos de refutação séria. Pode, entretanto, ser útil rapidamente indicar os principais erros da teoria monástica da moral; ainda mais que, ao fazer isso, estaremos ao mesmo tempo explicando o verdadeiro significado das palavras de Nosso Senhor aos seus discípulos.

Essa teoria, então, é, em primeiro lugar, baseada sobre uma pressuposi-ção errônea – a saber, que abstinência de coisas legítimas é intrinsecamente um tipo de virtude superior à temperança no uso delas. Isso não é verdade. Absti-nência é a virtude do fraco, temperança é a virtude do forte. A abstinência é certamente a forma mais segura para aqueles que tendem à afeição desordena-da, mas compra a segurança à custa do cultivo moral; porque ela nos afasta daquelas tentações ligadas com relacionamentos familiares e bens terrenos, através do que o caráter, embora possa estar em perigo, é, ao mesmo tempo, desenvolvido e fortalecido. Abstinência é também inferior à temperança em sanidade de caráter. Ela tende inevitavelmente à morbidez, distorção e exage-ro. As virtudes ascéticas eram normalmente chamadas por seus admiradores de *angelicais*. Elas são certamente angelicais no sentido negativo de serem an-tinaturais e não humanas. Abstinência ascética é o fantasma ou espírito desin-corporado da moralidade, enquanto a temperança é sua alma, incorporada em vida humana genuína vivida em meio às relações, ocupações e alegrias terre-nas. Abstinência é até inferior à temperança no que parece seu ponto forte – autossacrifício. Há alguma coisa moralmente sublime, sem dúvida, no espetá-culo de um homem rico de nascimento, alta posição e feliz condição domés-tica, deixar posto, riquezas, ofício, esposa, filhos para trás e ir para os desertos do Sinai e Egito gastar seus dias como monge ou anacoreta.[166] A firme resolu-ção, o domínio absoluto da vontade sobre as afeições naturais, exibidas em tal conduta, é muito impressionante. Todavia, quão pobre, afinal, é tal caráter comparado com Abraão, o pai dos fiéis e modelo de temperança e simplici-dade; que podia usar o mundo, do qual ele tinha uma grande porção, sem abusar dele; que manteve sua riqueza e propriedade, entretanto, nunca se tornou seu escravo e estava pronto, ao comando de Deus, a separar-se de seus amigos e sua terra natal e até de um filho único! Viver assim, sendo herdeiros

---

[166] Nós temos em vista aqui Nilus de Constantinopla. Veja, de Isaac Taylor, *Logic in Theology*, p.130.

O Treinamento dos Doze

de todas as coisas, entretanto mantendo nossa liberdade espiritual ilesa; gozando a vida, porém prontos para atender ao chamado do dever de sacrificar as suas mais caras alegrias: essa é a verdadeira virtude cristã, a elevada vida cristã para aqueles que seriam perfeitos. Que tenhamos muitos Abraões assim vivendo entre os ricos, e não haverá medo de a igreja voltar à Idade Média. Somente quando o rico, como uma classe, é dado à luxuria, vaidade, egoísmo e orgulho, há perigo de se acreditar, entre os sérios, que não há possibilidade de viver uma verdadeira vida cristã exceto separando-se das propriedades completamente.

A teoria ascética está também fundada sobre um erro na interpretação dos ditos de Cristo. Esses não afirmam ou, necessariamente, implicam qualquer superioridade intrínseca do celibato e pobreza voluntária sobre as condições às quais se opõem. Eles somente declaram que, em certas circunstâncias, a condição do que não tem posses, ou do solteiro, propicia facilidades peculiares para atender, sem distração, aos interesses do reino divino. Isso certamente é verdade. É menos fácil, algumas vezes, ser dedicado ao serviço de Cristo como uma pessoa casada que como solteiro, como rico que como pobre; isso é especialmente verdadeiro em tempos de dificuldades e perigo, quando os homens devem, ou não, estar decisivamente do lado de Cristo, ou estar preparados para sacrificar tudo por sua causa. Quanto menos se tenha que sacrificar nesse caso, mais fácil é para ele suportar sua cruz e ser o herói; e pode ser chamado de feliz em tal crise quem não tem família para abandonar nem preocupações mundanas para distraí-lo. O caráter pessoal pode sofrer por tal isolamento: pode perder a genialidade, ternura e graça e contrair algum aspecto da dureza inumana; mas as tarefas particulares exigidas terão mais probabilidade de serem totalmente realizadas. Por isso, pode-se dizer com verdade que "a última esperança na batalha, bem como na causa do cristianismo, deve consistir de pessoas que não têm nenhuma relação doméstica para dividir sua devoção, que não deixarão esposa nem filhos para lamentar sua perda".[167] Todavia, essa afirmação não pode ser aceita sem uma restrição. Porque não é impossível para cristãos casados e ricos tomarem seu lugar na última esperança: muitos têm feito assim e aqueles que o fazem são os maiores heróis de todos. A vantagem não está necessária e invariavelmente do lado daqueles que são descomprometidos de todos os relacionamentos impedidores, *mesmo em tempo de guerra;* e, em tempos de paz, está tudo do outro lado. Monges, como soldados, são passíveis de terrível degenerescência e corrupção quando não há grandes tarefas para realizarem. Homens que, em emergências, são capazes de, em conse-

---

[167] Robertson of Brighton. Sermões, séries iii.: *On Marriage and Celibacy.*

NA PEREIA: A DOUTRINA DO AUTOSSACRIFÍCIO

quência de sua liberdade de todos os impedimentos domésticos e seculares, chegar a um nível quase sobre-humano de autonegação, podem, em outras épocas, afundar em um poço de autoindulgência quanto à preguiça e à sensu-alidade, que é raramente vista naqueles que usufruem da influência protetora dos laços familiares e compromissos de negócios.[168]

Mas, para não insistir mais nisso, e aceitar francamente tudo o que pode ser dito em favor do estado de solteiro e sem posses, em ligação com o serviço do Reino em certas circunstâncias, o que queremos sustentar é que, em nenhum lugar no evangelho, encontramos a doutrina de que tal estado é, em si mesmo, virtuoso. É absurdo dizer, como Renan faz,[169] que o monge é, em um sentido, o único verdadeiro cristão. O tipo natural do cristão não é o monge, mas o soldado; ambos são geralmente colocados na mesma posição em relação a laços de casamento e propriedade, mas por razões completamente diferentes. O lema da ética cristã não é *fanatismo*, mas *devoção*. Ardente devoção ao Reino é a virtude cardeal exigida de todos os cidadãos, e toda palavra dura prescrevendo o autossacrifício deve ser interpretada em relação a isso. "Deixe os mortos enterrar os seus mortos"; "Ninguém que tenha posto sua mão no arado e olha para trás é digno do Reino de Deus"; "Se alguém não odeia seu pai e sua mãe não pode ser meu discípulo"; "Venda tudo o que você tem e venha e siga-me" – esses, e muitos outros ditos da mesma importância, todos significam a mesma coisa: o Reino primeiro, tudo o mais em segundo, e, quando o interesse da santa condição o exige, prontidão militar em deixar tudo e recorrer aos estandartes. Essencialmente a mesma ideia é a chave para o significado de uma parábola difícil transmitida "aos apóstolos", e registrada no Evangelho de Lucas, que podemos chamar de parábola do *serviço extra* (Lc 7.7-10). O pensamento pretendido é que o serviço do Reino é muito exigente, envolvendo não só trabalho duro no campo todo o dia, mas serviço extra à noite, quando o trabalhador cansado alegremente descansaria, não tendo tempo fixo de trabalho, oito, dez, ou doze, mas reivindicando o direito de convocar para o trabalho em qualquer hora de todas as vinte e quatro, como no caso dos soldados em tempo de guerra, ou de lavradores em tempo de colheita. E o serviço extra não é ascetismo de monge, mas exigências extraordinárias em emergências anormais, chamando homens cansados da idade ou fatigados para ainda mais esforços e sacrifícios.

---

[168] Para uma descrição sombria da corrupção prevalecente entre monges em tempos antigos, veja Isaac Taylor, *Ancient Christianity*.
[169] *Vie de Jésus*, p.328.

O TREINAMENTO DOS DOZE

A teoria sob consideração é culpada, em terceiro lugar, de um erro de lógica. Sobre a suposição de que a abstinência é necessária e intrinsecamente uma virtude superior à temperança, é ilógico falar dela como opcional. Nesse caso, Jesus não teria dado conselhos, mas mandamentos. Porque nenhum homem tem a liberdade de escolher se deve ser um bom cristão ou um indiferente, ou está desculpado de praticar certas virtudes meramente porque são difíceis. Todos têm a obrigação de se esforçar na direção da perfeição; e, se celibato e pobreza são necessários para a perfeição, então todos os que professam piedade devem renunciar ao matrimônio e à propriedade. A igreja de Roma, coerente com sua teoria de moral, proíbe seus sacerdotes de casar. Mas, por que parar nisso? Certamente, o que é bom para sacerdotes é bom para o povo também.

O motivo de a proibição não ser levada adiante é, é claro, que as leis da natureza e as exigências da sociedade a fazem impraticável. E isso nos leva à última objeção à teoria ascética, a saber, que, coerentemente aplicada, ela leva ao absurdo, por envolver a destruição da sociedade e da raça humana. Uma teoria que envolve tais consequências não pode ser verdadeira. Porque o Reino da graça e o reino da natureza não são mutuamente destrutivos. Um Deus é o soberano dos dois; e todas as coisas pertencentes ao reino mais baixo – toda relação de vida, toda faculdade, paixão, apetite de nossa natureza, todas as posses materiais – podem ser submetidas aos interesses do reino superior, e contribuir para nosso crescimento na graça e santidade.

A grande dificuldade prática é dar ao Reino de Deus e sua justiça seu devido lugar de supremacia e manter todas as outras coisas em estrita subordinação. O objetivo daqueles ditos duros pronunciados por Jesus na Pereia era fixar a atenção dos discípulos e de todos sobre essa dificuldade. Ele falou tão fortemente, para que homens dominados pelos cuidados da família e os confortos da riqueza pudessem devidamente entender seu perigo e, conscientes de sua própria impotência, pudessem procurar a graça de Deus, fazer aquilo que, embora difícil, não é impossível, a saber, enquanto casado, ser como solteiro, cuidando das coisas do Senhor; e enquanto rico, ter alma humilde, ser livre no espírito e devotado de coração ao serviço de Cristo.

Uma palavra pode ser corretamente dita aqui sobre o belo incidente das criancinhas trazidas a Jesus para receber sua bênção. Quem pode crer que foi sua intenção ensinar uma teoria monástica de moral após ler aquele relato? Quão oportunamente aquelas mães vieram a ele procurando uma bênção para seus pequenos, logo após ele ter pronunciado aquelas palavras que podiam ser interpretadas, e foram de fato em épocas posteriores, como um descrédito das relações familiares. A visita delas deu-lhe uma oportunidade de apresentar seu protesto por antecipação contra tal falsa compreensão de seu ensino. E a interferência oficial dos doze para manter mães e crianças longe de seu Mestre somente tornou esse protesto mais enfático. Os discípulos parecem ter tirado das palavras que Jesus tinha acabado de falar sobre abster-se do casamento por causa do Reino a própria impressão da qual surgiu o monasticismo: "Por que ele se preocupa com vocês, mães e seus filhos?" Eles pensaram: "Seus santos pensamentos são sobre o Reino dos céus, onde nem se casam nem são dados em casamento: vão embora e não o perturbem agora." O Senhor não agradeceu aos seus discípulos por guardarem assim a sua pessoa da intrusão como um bando de policiais super zelosos. "Quando Jesus viu isso, ficou muito indignado e lhes disse: Deixem vir a mim as crianças, não as impeçam; pois o Reino de Deus pertence aos que são semelhantes a elas."[170]

Seção II – As recompensas do autossacrifício
Mt 19.27-30; Mc 10.28-31; Lc 18.28-30

As observações de Jesus sobre as tentações dos ricos, que pareceram tão desencorajadoras para os outros discípulos, tiveram um efeito diferente sobre a mente de Pedro. Elas o levaram a pensar com autocomplacência sobre o contraste apresentado pela conduta de si mesmo e de seus irmãos em relação àquela do jovem que veio perguntar pela vida eterna. "Nós", pensou ele consigo mesmo, temos feito o que o jovem não pôde fazer – o que, conforme a afirmação que acabara de ser feita pelo Mestre, homens ricos acham muito difícil fazer; deixamos tudo para seguir Jesus. Certamente um ato tão difícil e tão raro deve ser muito meritório". Com sua franqueza característica, como pensou, assim falou. Ele disse, com um toque de orgulho – tom e maneira: "Nós deixamos tudo para seguir-te; que será de nós?"

A essa pergunta de Pedro, Jesus deu uma resposta cheia de encorajamento e advertência para os doze e para todos os que professam ser servos de Deus. Primeiro, com referência ao assunto da pergunta de Pedro, ele apresentou, em linguagem radiante, as grandes recompensas guardadas para ele e seus irmãos; e não só para eles, mas para todos os que fizessem sacrifícios pelo Reino. Então, com referência à autocomplacência ou espírito de cálculo que, pelo menos em parte, tinha levado à pergunta, ele acrescentou uma reflexão moral, com uma

---

[170] Marcos 10.14. Para uma admirável defesa da interpretação anti-ascética das palavras de Cristo ao jovem rico, veja o tratado de Clemente de Alexandria, *Quis dives salvetur.*

O Treinamento dos Doze

parábola ilustrativa em anexo, passando a ideia de que a recompensa no Reino de Deus não era determinada meramente pelo fato, ou mesmo pela quantidade, do sacrifício; muitos que eram primeiros nesses aspectos podiam ser últimos no mérito real, por ausência de outro elemento que formava um ingrediente essencial no cálculo, a saber, *motivo certo*; enquanto outros, que eram últimos nesses aspectos, podiam ser primeiros têm recompensa, em virtude do espírito pelo qualeram movidos. Vamos considerar essas duas partes da resposta na sequência. Nosso tema agora é: *as recompensas do autossacrifício no reino divino.*

A primeira coisa que choca, com referência a essas recompensas ,é a grande desproporção entre elas e os sacrifícios feitos. Os doze tinham abandonado barcos de pescas e redes e deviam ser recompensados com tronos; e, a qualquer um que abandona qualquer coisa pelo Reino, não importa o que seja, é prometido cem vezes em retorno, nesta vida, daquilo mesmo a que renunciaram, e, no mundo futuro, a vida eterna.

Essas promessas chocantemente ilustram a generosidade do Mestre com quem o serve. Quão fácil teria sido para Jesus depreciar os sacrifícios de seus seguidores e até tornar sua glória em ridículo! "Vocês abandonaram tudo? Digam-me o que vocês valiam, por favor. Se o jovem rico tivesse abandonado suas posses como aconselhei, ele poderia ter alguma coisa de que se gabar; mas quanto a vocês, pobres pescadores, qualquer sacrifício que tenham feito nem vale a pena ser mencionado." Tais palavras, porém, não poderiam ser pronunciadas pelos lábios de Cristo. Nunca foi seu costume desprezar coisas pequenas na aparência, ou desqualificar serviços feitos a si, como se com o objetivo de diminuir suas próprias obrigações. Ele, ao contrário, amava se fazer de devedor de seus servos, por generosamente exagerar o valor de suas boas obras e prometer a eles, como sua *adequada* recompensa, prêmios imensuravelmente acima de suas reivindicações. Foi o que fez naquele momento. Embora o "tudo" dos discípulos fosse muito pouco, ele ainda se lembrou de que era o tudo *deles*; e, com seriedade ardente, com um sentimento grato e muito cheio de ternura, ele lhes prometeu tronos, como se tivessem sido conquistados de forma justa!

Essas grandes e valiosas promessas, se todos tivessem crido nelas, fariam os sacrifícios fáceis. Quem não trocaria um barco de pesca por um trono? E que comerciante não faria um investimento que lhe traria um retorno não de cinco por cento, ou mesmo cem por cento, mas de cem por um?

As promessas feitas por Jesus têm um outro efeito excelente quando corretamente consideradas. Elas tendem a provocar humildade. Sua própria magnitude tem um efeito tranquilizador na mente. Nem mesmo o mais vaidoso pode fingir que suas boas obras merecem ser recompensadas com tronos e seus sacrifícios, com cem vezes mais. Nessa taxa, todos devem estar contentes de serem credores da graça de Deus, e toda conversa sobre mérito está fora de questão. Essa é uma das razões por que as recompensas do reino dos céus são tão grandes. Deus dá os seus dons de forma a, ao mesmo tempo, glorificar quem dá e tornar humilde a quem recebe.

Até aqui, falamos das recompensas em geral. Considerando mais de perto aquelas promessas feitas aos doze especialmente, notamos que, na superfície, parecem adequadas a despertar ou propiciar falsa expectativa. O que quer que sejam na realidade, há pouca dúvida sobre o que os discípulos entenderam na ocasião. A "regeneração" e os "tronos" dos quais seu Mestre falou produziram, em sua imaginação, o quadro de um reino de Israel restaurado – regenerado no sentido em que se falava de uma Itália regenerada – livre do jugo da dominação estrangeira; tribos reconciliadas e reunidas sob o governo de Jesus, proclamado pelo entusiasmo popular seu rei-herói; e eles mesmos, os homens que tinham primeiro crido em suas pretensões reais e compartilhado seu destino no início, recompensados por sua fidelidade, sendo feitos governantes provinciais, cada um sobre uma tribo. Essas ideias românticas nunca seriam realizadas: e nós naturalmente perguntamos por que Jesus, sabendo disso, se expressou em uma linguagem adequada a encorajar tais fantasias sem base. A resposta é que ele não podia alcançar o objetivo que procurava, que era inspirar seus discípulos com esperança, sem dizer suas promessas em termos que envolviam o risco de ilusão. A escolha de uma linguagem que prevenisse toda possibilidade de engano não teria tido nenhuma influência inspiradora. A promessa, para ter qualquer encanto, deve ser como um arco-íris, brilhante em suas cores, e sólido e substancial em sua aparência. Isso se aplica não só à promessa particular agora sob consideração, mas, mais ou menos, a todas as promessas de Deus, nas Escrituras ou na natureza. Para estimular, elas devem, em uma certa medida, nos enganar, por prometer aquilo que, como nós o concebemos inevitavelmente no momento, nunca será realizado.[171] O arco-íris é pintado com tais cores para nos atrair, crianças que somos, irresistivelmente; e então, tendo servido a esse fim, ele desaparece. Quando isso acontece, estamos prontos para exclamar: "Ó Senhor, tu me enganaste!", mas nós, no final, descobrimos que não fomos engodados, embora a bênção venha de uma forma diferente da que esperamos. As promessas de Deus nunca são ilusórias. Tal foi a experiência dos doze a respeito da estonteante promessa de

---

[171] Veja um vigoroso sermão sobre esse ponto por F.W. Robertson, na terceira série de seus sermões. Tema – *The Illusiveness of Life*.

tronos. Não conseguiram o que queriam; mas conseguiram uma coisa análoga, algo que, para seu julgamento espiritual maduro, pareceu muito maior e mais satisfatório que aquilo sobre o que tinham primeiro posto seus corações.[172]

Quê, então, era essa coisa? Uma glória, honra e poder reais no Reino de Deus conferidos aos doze como recompensa pelo seu autossacrifício, parcialmente nesta vida, perfeitamente na vida futura. Na medida em que a promessa se referia a esta vida presente mostrou-se, pelo evento, significar a influência legislativa dos companheiros de Jesus como apóstolos e fundadores da igreja cristã. Os doze, como os primeiros pregadores do Evangelho, treinados pelo Senhor para esse fim, ocuparam uma posição na igreja que não podia ser preenchida por ninguém vindo depois deles. As chaves do Reino dos céus foram colocadas nas mãos deles. Eles foram as pedras de alicerce sobre as quais as paredes da igreja foram construídas. Eles se sentaram, por assim dizer, em tronos episcopais, julgando, guiando, governando as doze tribos do verdadeiro Israel de Deus, a santa comunidade que abrange todos os que têm fé em Cristo. Tal soberana influência os doze apóstolos exerceram durante a sua vida, e ainda a exercem. A palavra deles não só era, mas ainda é, lei; seu exemplo foi visto como obrigatório para todas as épocas. De suas epístolas, como exposições inspiradas dos fecundos ditos de seu Mestre, a igreja tem derivado o sistema de doutrina abraçado em seu credo. Tudo o que resta de seus escritos forma parte do cânon sagrado, e todas as suas palavras registradas são consideradas pelos crentes como "palavras de Deus". Certamente, aqui há poder e autoridade não menos que real! A realidade da soberania está aqui, embora as armadilhas da realeza, que atingem o olho comum, estejam ausentes. Os apóstolos de Jesus eram príncipes de fato, ainda que não usassem vestes reais; e estavam destinados a exercer uma mais extensa influência que jamais coube a qualquer monarca em Israel, para não dizer a chefes de simples tribos.

A promessa para os doze tinha, sem dúvida, uma referência a sua posição na igreja no céu, bem como na igreja sobre a terra. O que eles serão no reino eterno nós não sabemos, não mais do que sabemos o que nós seremos; nossos conhecimentos do céu são completamente vagos. Cremos, entretanto, com base em claras afirmações bíblicas, que os homens não estarão em um nível de morte no céu mais do que estão sobre a terra. O radicalismo não é a lei

---

[172] A questão de qual era a doutrina de Cristo a respeito do Reino, em sua forma futura final, é uma das mais difíceis em todo o campo dos estudos dos evangelhos. Alguns opinam que a doutrina era ambígua, incoerente, variável; ora apocalíptica e material, ora ideal e espiritual. Pfleiderer diz que o Reino, como Cristo o apresentou, era internamente espiritual e externamente material, puramente humano e religioso e judaico-teocrático. Não podemos tratar criticamente da questão aqui.

NA PEREIA: A DOUTRINA DO AUTOSSACRIFÍCIO

da comunidade sobrenatural, assim como não é a lei em nenhuma sociedade bem ordenada neste mundo. O reino da glória será só o reino da graça perfeita, a regeneração começada aqui em seu completo desenvolvimento. Mas a regeneração, em seu estado perfeito, é uma tentativa de organizar os homens em uma sociedade baseada na posse da vida espiritual, sendo incluídos no Reino todos que são novas criaturas em Cristo Jesus, e o mais alto lugar sendo atribuído àqueles que atingiram a mais alta estatura como homens espirituais. Esse ideal nunca foi realizado mais do que aproximadamente. A igreja "visível", o produto da tentativa de realizá-lo, é, sempre foi, uma muito desapontadora concretização, em forma visível exterior, da ideal cidade de Deus. Ambição, egoísmo, sabedoria mundana, politicagem, têm, muito frequentemente, adquirido tronos para falsos apóstolos, que nunca abandonaram nada por Cristo. Portanto, ainda olharemos para a frente e para cima com olhos ansiosos pela verdadeira cidade de Deus, que excederá tanto as nossas mais elevadas concepções como a igreja visível é inferior a elas. Naquela comunidade ideal, prevalecerá a perfeita ordem moral. Cada pessoa estará em seu verdadeiro lugar lá; pessoas vis não estarão em lugares altos, almas nobres não serão condenadas à obstrução, obscuridade e negligência; o mais nobre será o mais elevado e o primeiro, mesmo que agora seja o mais baixo e o último. "Haverá verdadeira glória, onde ninguém será louvado por engano ou bajulação; verdadeira honra, que não será negada a ninguém digno dela, concedida a ninguém indigno; nem qualquer indigno ambiciosamente a procurará, onde só os dignos têm permissão de estar."[173]

Entre os mais nobres na comunidade sobrenatural estarão os doze homens que lançaram sua sorte com o Filho do Homem, e foram seus companheiros em suas jornadas e tentações. Provavelmente, haverá muitos no céu maiores do que eles em intelecto e outras características; mas o maior muito prontamente concederá a eles o lugar de honra como os primeiros a crerem em Jesus, os amigos pessoais do Homem de Dores e os vasos escolhidos que levaram seu nome às nações e que, em um sentido, abriram o reino do céu a todos os que creram.[174]

Assim entendemos o significado da promessa feita aos apóstolos, como líderes da multidão, vestida de branco, de mártires e confessores que sofreram por causa de Cristo. Vamos falar, em seguida, da promessa geral feita a todos os fiéis indiscriminadamente. Ela é assim em Marcos: "Digo-lhes a verdade:

---

[173] Agostinho, *de Civitate Dei*, xxii. 30.

[174] O posto superior dos doze no Reino eterno é reconhecido no livro de Apocalipse, capítulo 21.14: "O muro da cidade tinha doze fundamentos, e neles estavam os nomes dos doze apóstolos do Cordeiro."

O Treinamento dos Doze

ninguém que tenha deixado casa, irmãos, irmãs, mãe, pai, filhos, ou campos, por causa de mim e do Evangelho, deixará de receber cem vezes mais, já no tempo presente, casas, irmãos, irmãs, mães, filhos e campos e, com eles, perseguição: e, na era futura, a vida eterna."

Essa promessa também, como aquela especial para os doze, tem uma dupla referência. A piedade é representada como proveitosa para os dois mundos. No mundo futuro, as pessoas que se sacrificam por Cristo receberão a vida eterna; no presente, elas receberão, junto com perseguições, cem vezes mais de tudo que sacrificaram. Quanto à primeira dessas, a vida eterna, deve ser entendida como a menor recompensa no grande Porvir. Todos os fiéis terão pelo menos esta. Que *máximo* é esse *mínimo!* Que bênção ser assegurado pela palavra de Cristo de que há algo como a vida eterna *ao alcance*, sob quaisquer termos! Podemos muito bem lutar pela verdade e consciência e combater o bom combate da fé, quando, fazendo assim, nos é possível ganhar tal prêmio. "Uma esperança tão grande e tão divina pode muito bem suportar provações." Para ganhar a coroa de uma vida de bênção imperecível, nós não deveríamos considerar uma exigência irracional da parte do Senhor que sejamos fiéis até a morte. A vida sacrificada, nesses termos, é só um rio se esvaziando no oceano, ou a Estrela da Manhã perdendo-se na luz perfeita do dia. Quem dera pudéssemos nos agarrar firmemente à abençoada esperança apresentada aqui e, por sua influência mágica, nos transformássemos em heróis morais! Nestes dias temos só uma fraca crença na vida futura. Nossos olhos são fracos, e não conseguimos ver a terra que está à distância. Alguns de nós têm-se tornado tão filosóficos a ponto de imaginar que podemos dispensar a futura recompensa prometida por Jesus e ser heróis em bases ateístas. Isso ainda está para ser visto. Os anais dos mártires nos dizem o que pessoas que criam na vida futura seriamente foram capazes de realizar. Até agora não temos ouvido de qualquer grande heroísmo surgido de sacrifícios feitos por *descrentes.* O martirológio do ceticismo ainda não foi escrito.[175]

Aquela parte da promessa de Cristo que trata do futuro deve ser aceita sem exame; mas a outra parte, que se refere à vida presente, admite ser testada pela observação. A questão, portanto, pode ser colocada com propriedade: É

---

[175] Alguns têm-se referido ao budismo como um sistema que produz heroísmo moral sem uma esperança eterna como motivo. Mas o budismo tem uma esperança eterna. *Nirvana*, mesmo que signifique aniquilação, era tanto um objeto de esperança para Buda quanto o céu e a vida eterna são para um cristão. O dogma da transmigração teria feito a vida continuada um horror tão grande que a extinção parecia um presente. E mais, *Nirvana* não é, como a aniquilação para o materialista, uma questão de necessidade física independente do caráter: é a elevada recompensa da virtude.

mesmo verdade que sacrifícios são recompensados cem vezes mais – isto é, muitas vezes[176] – em coisas materiais neste mundo? A essa pergunta podemos responder, *primeiro*, que a promessa será válida com a regularidade de uma lei, se não confinarmos nossa visão à vida *individual*, mas incluirmos sucessivas gerações. Quando a providência tiver tido tempo de produzir seus resultados, o humilde vai, pelo menos por meio de seus herdeiros e representantes, herdar a terra, e deleitar-se na abundância de paz. A causa perseguida, por fim, conquista a homenagem do mundo e recebe dele tantas recompensas quanto ele pode dar. As palavras dos profetas então se cumprem: "Os filhos nascidos durante seu luto ainda dirão ao alcance dos seus ouvidos: Este lugar é pequeno demais para nós; dê-nos mais espaço para nele vivermos" (Is 49.20). E, de novo: "Olhe ao redor, e veja: todos se reúnem e vêm a você; de longe vêm os seus filhos, e as suas filhas vêm carregadas nos braços. Então o verás e ficarás radiante; o seu coração pulsará forte e se encherá de alegria, porque a riqueza dos mares lhe será trazida, e a você virão as riquezas das nações. Você beberá o leite das nações e será amamentado por mulheres nobres. Em vez de bronze, eu lhe trarei ouro e, em vez de ferro, prata. Em vez de madeira, eu lhe trarei bronze e, em vez de pedra, ferro" (Is 60.4,5,16,17). Essas promessas proféticas, por extravagantes que pareçam, têm sido cumpridas repetidamente na história da igreja: nos tempos antigos, sob Constantino, após os fogos da perseguição, acesos pelo zelo pagão e por grande superstição e idolatrias, terem finalmente se apagado;[177] na Bretanha protestante, outrora famosa por pessoas que estavam prontas a perder tudo, e que de fato perderam muito, por causa de Cristo, agora rainha dos mares e herdeira da riqueza de todo o mundo; no novo mundo, do outro lado do Atlântico, com sua nação grande, poderosa e populosa, rivalizando com a Inglaterra em riqueza e força, surgida de um pequeno grupo de exilados puritanos, que amavam a liberdade religiosa mais que um país e que procuraram refúgio do despotismo na desolação selvagem do continente inexplorado.

Deve-se ainda confessar que, tomada estrita e literalmente, a promessa de Cristo não é válida em toda instância. Multidões de servos de Deus têm tido o que o mundo chamaria de uma sorte miserável. A promessa, então, simples e absolutamente, fracassou no caso deles? Não; porque, *em segundo lugar*, há mais do que uma forma em que ela pode ser cumprida. Bênçãos, por

---

[176] πολλαπλασιονα, Lucas 18.30.

[177] Veja o sermão de Paulinos de Tiro na consagração de sua igreja, reconstruída, como muitas outras, após a última perseguição. As igrejas tinham sido destruídas pelo edito de Diocleciano. Eusébio *Hist. Eccl.* 10.4.

exemplo, podem ser multiplicadas e centuplicadas sem que seu volume externo seja alterado, simplesmente pelo ato de renunciar a ela. O que quer que seja sacrificado pela verdade, o que quer que estejamos dispostos a abandonar por causa de Cristo torna-se, a partir daquele momento, imensuravelmente aumentado em valor. Pais e mães, e todos os amigos terrenos, tornam-se indizivelmente caros ao coração quando temos aprendido a dizer: "Cristo é primeiro e esses devem ser segundos". Isaque valia cem filhos para Abraão quando ele o recebeu de volta dos mortos. Ou, tirando uma ilustração de outra área, pense em João Bunyan na cadeia meditando sobre sua pobre filha cega, a quem ele tinha deixado para trás em casa. "Pobre criança, pensei eu", assim ele descreve seus sentimentos naquele livro inigualável, *Grace Abounding*, "que vida triste você provavelmente terá como sua porção neste mundo! Você deve apanhar, deve implorar, passar fome, frio, nudez, e mil calamidades, embora eu não possa agora suportar, o vento deve soprar sobre você. Eu pensei, todavia: devo entregar você completamente a Deus, embora doa muito abandoná-la. No entanto, devo entregar você completamente a Deus. Oh! Eu vi que era como um homem que estava derrubando a casa sobre a cabeça de sua esposa e filhos; porém eu pensei naquelas duas vacas leiteiras que deviam carregar a arca de Deus para outro país e deixar seus bezerros para trás." Se a capacidade de satisfação for, como é, a medida da posse real, aqui estava um caso em que abandonar esposa e filho era multiplicá-los por cem, e no valor multiplicado das coisas renunciadas encontrar um rico consolo para o sacrifício e perseguições. O solilóquio do prisioneiro de Bedford é a verdadeira poesia do afeto natural. Que sentimento há na alusão à vaca de leite! Que profundidade de sentimento terno ele revela! O poder de sentir assim é uma recompensa do autossacrifício; o poder de *amar* assim é a recompensa de "odiar" nossos filhos por causa de Cristo. Você não encontrará tal amor entre aqueles que fazem da afeição natural uma desculpa à infidelidade moral, pensando que é uma desculpa suficiente para a deslealdade aos interesses do reino divino dizer: "Eu tenho uma esposa e uma família para cuidar".

Sem espiritualização indevida, então, vemos que um significado válido pode ser atribuído à forte expressão "cem vezes mais". E dos comentários feitos acima, vemos por que "perseguições" são colocadas na conta, como se não fossem desvantagens, mas uma parte do ganho. A verdade é: o "cem vezes mais" é realizado, não a despeito de perseguições, mas em grande medida por causa delas. Perseguições são o sal com o qual as coisas sacrificadas são salgadas, o condimento que aumenta seu sabor. Ou, falando aritmeticamente, perseguições são o fator pelo qual bênçãos terrenas dadas a Deus são multiplicadas por cem, se não em quantidade, pelo menos em virtude.

Tais são as recompensas providas para aqueles que fazem sacrifícios por causa de Cristo. Seus sacrifícios são só uma semente semeada em lágrimas, da qual depois eles colhem uma farta colheita em alegria. Mas que dizer dos que não fizeram sacrifícios, que não foram feridos na batalha? Se isso aconteceu não por falta de vontade, mas por falta de oportunidade, eles devem ter uma parte da recompensa. A lei de Davi tem seu lugar no reino divino: "Como têm sua parte aqueles que vão para a batalha, assim devem ter sua parte aqueles que ficam com a bagagem: eles devem ter partes iguais". Somente que todos devem ver que eles ficam para trás não por covardia, ou preguiça e auto-indulgência. Os que agem assim, fugindo de qualquer dificuldade, do risco, ou mesmo evitando afastar um desejo pecaminoso por causa do Reino de Deus, não podem esperar achar um lugar lá, no final.

Seção III – O primeiro último, e o último primeiro
Mt 19.30; 20.1-20; Mc 10.31

Tendo declarado as recompensas do autossacrifício, Jesus passou a mostrar o risco de privação ou perda parcial surgindo da tolerância com sentimentos indignos, seja como motivos para atos de autonegação ou como reflexões autocomplacentes sobre tais atos já realizados. "Porém", ele disse como advertência, como se com o dedo levantado, "muitos que são primeiros serão últimos, e o último será primeiro". Então, para explicar essa profunda observação, ele contou a parábola preservada só no Evangelho de Mateus, que vem logo a seguir.

A explicação é, em certos aspectos, mais difícil que a coisa a ser explicada, e tem dado espaço a muitas interpretações diversas. E, todavia, o significado principal dessa parábola parece bastante claro. Não é, como tem sido suposto, designada para ensinar que todos terão a mesma porção no reino eterno, o que não é só irrelevante para a conexão de pensamento, mas uma *inverdade*. Nem pretende a parábola proclamar a grande verdade evangélica que a salvação é por graça e não por mérito, embora possa ser adequado na pregação aproveitar a ocasião para falar dessa doutrina fundamental. O grande e destacado pensamento exposto lá, como nos parece, é este: estimando o valor da obra, o divino Senhor, a quem todos servem, leva em conta não só a quantidade, mas a qualidade; isto é, o espírito com que a obra é feita.

O acerto dessa opinião é visível quando fazemos um panorama abrangente de todo o ensino de Jesus sobre o importante assunto de *trabalho e salários* no Reino divino, do qual aparece que a relação entre as duas coisas é fixada por lei justa, ficando excluído o capricho; de forma que, se o primeiro em trabalho é o último em salários em qualquer instância, é por motivos muito bons.

Há, no total, três parábolas nos evangelhos sobre o assunto referido, cada uma com uma ideia distinta, e, no caso de nossa interpretação dessa que será especificamente considerada agora ser correta, tudo combinado apresentando uma visão exaustiva do tópico ao qual se relacionam. Elas são as parábolas dos talentos (Mt 25.14-30) e a das minas (Lc 19.12-28) e a que estudamos agora, chamada "Os trabalhadores na vinha".

Para perceber como essas parábolas são, ao mesmo tempo, distintas e mutuamente complementares, é necessário ter em vista os princípios sobre os quais o valor do trabalho deve ser determinado. Três aspectos devem ser levados em conta para formar uma justa estimativa do trabalho dos homens, a saber, a quantidade de trabalho feito, a habilidade do trabalhador e o motivo. Deixando de lado, no momento, o motivo: quando a habilidade é igual, a quantidade determina o mérito relativo; e, quando a habilidade varia, então não é a quantidade absoluta, mas a relação da quantidade com a habilidade que deve determinar o valor.

As parábolas das minas e dos talentos visam ilustrar, respectivamente, essas duas proposições. Na primeira parábola, a habilidade é a mesma em todos, cada servo recebendo uma mina; mas a quantidade de trabalho feito varia: um servo com sua mina ganha outras dez, enquanto outro, com a mesma quantidade, ganha somente cinco. Ora, pela regra acima, o segundo não devia ser recompensado como o primeiro, porque não fez o que podia. Consequentemente, na parábola, é feita uma distinção nas recompensas dadas aos dois servos e na forma como eles são, respectivamente, tratados por seu empregador. O primeiro ganha dez cidades para governar e ainda estas palavras de recomendação: "Muito bem, meu bom servo! Por ter sido confiável no pouco, governe sobre dez cidades." O segundo, por outro lado, ganha somente cinco cidades, e o que é mais notável, nenhum louvor. Seu Mestre diz a ele secamente: "Também você, encarregue-se de cinco cidades". Ele tinha feito alguma coisa, em comparação com preguiçosos, até considerável, e, portanto, seu serviço é reconhecido e proporcionalmente recompensado. Mas não se diz que ele é um servo bom e fiel; e o elogio é retido, simplesmente porque não era merecido: porque ele não tinha feito o que podia, mas só metade do que era possível, tomando-se o trabalho do primeiro servo como medida de possibilidade.

Na parábola dos talentos, as condições são diferentes.

Lá a quantidade de trabalho feito varia, como na parábola das minas; mas a habilidade varia na mesma proporção, de forma que a razão entre as

NA PEREIA: A DOUTRINA DO AUTOSSACRIFÍCIO

duas é a mesma no caso de ambos os servos que colocam seus talentos em uso. Um recebe cinco e ganha cinco; o outro recebe dois e ganha dois. Conforme nossa regra, esses dois deveriam ser iguais em mérito; e assim são representados na parábola. A mesma recompensa é atribuída a cada um e ambos são recomendados nos mesmos termos; as palavras do Mestre em cada caso são: "Muito bem, servo bom e fiel! Você foi fiel no pouco, eu o porei sobre o muito. Venha e participe da alegria de seu senhor!"

Esse é o resultado quando levamos em conta só os dois elementos da habilidade para trabalhar e a quantidade de trabalho feito; ou, para combinar dois em um, o elemento do zelo. Mas há mais que zelo a ser considerado, pelo menos no Reino de Deus. Neste mundo, as pessoas são geralmente valorizadas por sua diligência, independentemente de seus motivos; nem sempre é mesmo necessário ser zeloso para ter o aplauso do povo. Se alguém faz algo que parece grande e liberal, será louvado sem que se pergunte se para ele foi uma grande realização, um ato heroico envolvendo autossacrifício, ou só um ato respeitável, não necessariamente indicativo de sinceridade ou devoção. Mas, aos olhos de Deus, coisas muito volumosas são muito pouco, e coisas muito pequenas são muito grandes. O motivo é que ele vê o coração, e as fontes ocultas da ação lá, e julga o rio por sua fonte. A quantidade não é nada para ele, a menos que haja zelo; e mesmo o zelo nada é para ele, a menos que seja purificado de toda vanglória e egoísmo – uma fonte pura de bons motivos; purificada de toda fumaça de paixão carnal – uma chama pura de devoção celestial. Um motivo indigno vicia tudo.

Enfatizar *essa* verdade, e insistir na necessidade de motivos e emoções corretos referentes a trabalho e sacrifício, é o objetivo da parábola apresentada por Jesus na Pereia. Ela ensina que uma pequena quantidade de trabalho realizado com um sentimento correto vale mais que uma grande quantidade feita com um sentimento errado, por zelosamente que possa ter sido realizado. O trabalho de uma hora feito por homens que não fazem barganha vale mais que o trabalho de doze horas feito por homens que suportaram o calor e o cansaço do dia, mas que veem suas realizações com autocomplacência. Colocada em uma forma prescritiva, a lição da parábola é: Trabalhe não como assalariado desprezivelmente calculista, ou como fariseu arrogantemente extorquindo os salários a que você entende que tem direito; trabalhe humildemente, como considerando-se servo inútil ao máximo; generosamente, como pessoa superior aos cálculos egoístas de vantagens; confiantemente, como pessoa que acredita na generosidade do grande empregador, vendo-o como aquele de quem você não precisa se proteger fazendo de antemão uma barganha firme e rápida.

O TREINAMENTO DOS DOZE

Nessa interpretação, assume-se que o Espírito do primeiro e do último a entrar na vinha era respectivamente tal como tem sido indicado; e a pressuposição é justificada pela forma em que as partes são descritas. Em que espírito o último trabalhou pode ser inferido do fato de não ter feito barganha; e a irritação dos primeiros é manifesta em suas próprias palavras no fim do dia. Eles disseram: "Estes homens contratados por último trabalharam apenas uma hora, e o Senhor os igualou a nós, que suportamos o peso do trabalho e o calor do dia". Essa é a linguagem da inveja, do ciúme e da baixa autoestima e está de acordo com a conduta desses trabalhadores no começo do trabalho daquele dia; porque eles entraram na vinha como assalariados, tendo feito uma barganha, concordando em trabalhar por um salário fixo.

O primeiro e o último, então, representam duas classes entre os professos servos de Deus. Os primeiros são os calculistas e autocomplacentes; os últimos são os humildes, os altruístas, os generosos, os confiáveis. Os primeiros são os Jacós, diligentes, conscientes, capazes de dizer para si mesmos: "Eu era assim: de dia a seca me consumia, e a geada de noite, e o sono se afastava de meus olhos"; porém sempre atento a seu próprio interesse, tomando o cuidado, mesmo em sua religião, de fazer uma barganha segura para si mesmo e confiando pouco na livre graça e generosidade liberta do grande Senhor. Os últimos são pessoas como Abraão, não por entrar tarde no serviço, mas na magnanimidade de sua fé, entrando na vinha sem barganha, como Abraão deixou a casa de seu pai, sem saber para onde estava indo, mas sabendo só que Deus tinha dito: "Vá para a terra que eu te mostrarei". Os primeiros são os Simões, justos, respeitáveis, exemplares, mas duros, prosaicos, sem bondade; os últimos são as mulheres com alabastro, que, por muito tempo, têm sido preguiçosos, sem objetivo, viciados, desperdiçadores da vida, mas, no fim, com lágrimas amargas de tristeza por um passado inútil, começam a vida séria e se esforçam para recuperar o tempo perdido por uma devoção apaixonada com a qual servem seu Senhor e Salvador. Os primeiros, mais uma vez, são os irmãos mais velhos que ficam na casa de seus pais, e nunca transgridem qualquer de seus mandamentos, e não têm misericórdia daqueles que o fazem; os últimos são os pródigos, que deixam a casa de seu pai e gastam sua riqueza numa vida dissoluta, mas, no fim, caem em si e dizem: "Eu me levantarei, e irei até meu pai"; e tendo-o encontrado dizem: "Pai, eu pequei, e não sou mais digno de ser chamado teu filho: faze de mim um dos teus empregados".

As duas classes tão diferentes em caráter são tratadas na parábola precisamente como devem ser. Os últimos são feitos primeiros e os primeiros, últimos. Os últimos recebem primeiro, para significar o prazer que o Mestre tem em recompensá-los. E também recebem muito mais pelo tempo de serviço, porque recebem a mesma soma por uma hora de trabalho que os outros receberam por doze. Eles são tratados, de fato, como foi o filho pródigo, para quem o pai fez uma festa; enquanto os "primeiros" são tratados como o irmão mais velho, cujo serviço foi reconhecido, mas que teve que reclamar que seu pai nunca lhe tinha dado um cabrito para ele festejar com seus amigos. Aqueles que se consideram indignos de ser qualquer coisa mais que empregados, e mais inúteis nessa área, são tratados como filhos; e aqueles que se consideram muito cheios de mérito são tratados, fria e distintamente, como empregados.

Voltando-nos agora da parábola para o apotegma que ela deve ilustrar, observamos que o rebaixamento daqueles que são primeiros em habilidade, zelo e extensão de serviço ao último lugar, no que respeita à recompensa, é representado como um fato passível de acontecer frequentemente. *"Muitos que são primeiros serão últimos"*. Essa afirmação implica que a autoestima é um pecado que facilmente atinge homens situados como os doze, isto é, homens que fizeram sacrifícios pelo Reino de Deus. Ora, que isso é um fato a observação prova; e ainda nos ensina que há algumas circunstâncias em que os esforçados e abnegados são especialmente tendentes a cair no vício da autojustificação. Servirá para ilustrar o profundo e, para muitos, à primeira vista, obscuro dito de Jesus, indicarmos aqui quais são essas circunstâncias.

1. Aqueles que fazem sacrifícios por causa de Cristo estão em perigo de cair em um estado de ânimo de autojustificação, quando o espírito de abnegação se manifesta em atos ocasionais raros, antes que na forma de um hábito. Nesse caso, cristãos se levantam, em certas emergências, a uma altura de espírito muito acima do nível normal de sua moralidade; e, portanto, embora, no tempo em que o sacrifício foi feito, eles possam ter-se comportado heroicamente, são capazes depois de reverter para a autocomplacência seus nobres feitos, como um velho soldado volta a suas batalhas, e com Pedro para perguntar, com uma consciência orgulhosa de seus méritos por ter abandonado tudo, "O que será de nós?" Certamente, um estado mental que deve ser muito ser temido. Uma sociedade na qual o orgulho espiritual e a autocomplacência prevalecem está em mau caminho. Alguém que tenha compreensão profética das leis morais do universo pode prever o que acontecerá. A comunidade religiosa que se considera primeira, gradualmente cairá em dons e graça e alguma outra comunidade religiosa desprezada gradualmente avançará, até que as duas tenham, no fim, de uma forma manifesta a todos, trocado de lugar.

O TREINAMENTO DOS DOZE

2. Há grande perigo de degeneração no espírito daqueles que fazem sacrifício pelo Reino de Deus, quando qualquer serviço específico passa a ser muito necessário e, portanto, muito valorizado. Tomemos como exemplo a resignação à tortura física e à morte em tempos de perseguição. É bem sabido com que *furor* de admiração mártires e confessores foram vistos na igreja sofredora dos primeiros séculos. Aqueles que sofriam martírio eram quase deificados pelo entusiasmo popular: os aniversários de sua morte – de seus nascimentos,[178] como eram chamados, no mundo eterno – eram observados com solenidade religiosa, em que seus atos e sofrimentos neste mundo eram narrados com ardente admiração e com rompantes de extravagante elogio. Mesmo os confessores, que tinham sofrido, mas não morrido por Cristo, eram considerados como estando em uma ordem superior de seres, separados por um amplo abismo do rebanho comum dos cristãos não testados. Eles eram santos, tinham um halo de glória ao redor de suas cabeças; eles tinham prestígio com Deus e podiam, acreditava-se, ligar e desligar até com mais autoridade que as autoridades eclesiásticas regulares. Aqueles que tinham pecado procuravam absolvição por meio deles; a admissão a sua comunhão era vista como uma porta aberta pela qual pecadores podiam retornar à comunhão da igreja. Eles tinham só que dizer ao pecador: "Vá em paz", e até bispos deviam recebê-los. Os bispos se juntavam ao povo nessa homenagem idólatra a homens que sofriam por causa de Cristo. Eles bajulavam os confessores parcialmente por admiração honesta, mas parcialmente também por política, para induzir outros a imitarem o seu exemplo e para estimular a virtude da resistência, tão necessária em tempos de sofrimento.

Esse estado de sentimento na igreja foi obviamente repleto de grande perigo para as almas daqueles que sofriam pela verdade, como tentando-os ao fanatismo, vaidade, orgulho espiritual e presunção. Nem eram todos eles, de qualquer forma, imunes à prova de tentação. Muitos aceitavam o louvor como se fosse devido e se consideravam pessoas de grande importância. Os soldados, que tinham sido elogiados por seu general para fazê-los corajosos, começaram a agir como se fossem os mestres, e podiam escrever, por exemplo, a alguém que tinha sido um especial pecador na extravagância de seus elogios, uma carta do tipo: "Todos os confessores a Cipriano, o Bispo: Saiba que temos concedido paz a todos aqueles em cuja conta vocês têm tido o que têm feito: como eles têm-se comportado desde que cometeram seus crimes; gostaríamos que esses documentos fossem por Vossa Reverendíssima compartilhados com os outros bispos. Desejamos que Vossa Reverendíssima mantenha paz com os santos már-

---

[178] O festival de um mártir era chamado de seu *natalitia*.

tires".[179] Assim foi cumprida nesses confessores a palavra: "Muitos que são primeiros serão últimos". Primeiros em sofrer pela verdade e reputação de santidade se tornaram últimos no julgamento do grande esquadrinhador de corações. Eles deram seus corpos para serem açoitados, mutilados, queimados, e isso lhes foi pouco ou nada útil.[180]

3. Os primeiros estão em perigo de tornarem-se os últimos quando a abnegação é reduzida a um sistema e praticada asceticamente, não por causa de Cristo, mas por causa de si próprios. Que, com respeito à quantidade de abnegação, o asceta austero deve vir primeiro, ninguém negará. Mas esse direito de vir primeiro em dignidade espiritual intrínseca e, portanto, no Reino divino, é mais discutível. Mesmo com respeito à questão fundamental de livrar-se do "eu", ele pode ser, não primeiro, mas último. A abnegação do asceta é, de uma forma sutil, intensa afirmação de si mesmo. O verdadeiro autossacrifício cristão significa dificuldade, perda sofrida, não por si mesmo, mas por causa de Cristo e por causa da verdade, em um tempo quando a verdade não pode ser mantida sem sacrifício. Mas o autossacrifício do asceta não é desse tipo. É todo suportado por sua própria causa, para seu próprio benefício espiritual e crédito. Ele pratica abnegação como um avarento, que é um total abstêmio de todo luxo, e se nega a si mesmo as coisas básicas da vida porque tem paixão por acumulação. Como o avarento, ele se considera rico; embora, assim como o avarento, ele seja pobre: o avarento porque, com toda a sua riqueza, não pode abrir mão de suas moedas para usufruir de produtos; o asceta porque suas moedas, "boas obras", assim chamadas, dolorosos atos de abstinência, são falsificações e não moeda corrente no Reino dos céus. Todos os seus esforços para salvar sua alma serão só lixo para ser queimado; e, se for salvo, será como que pelo fogo.

Lembrando agora, por um momento, as três classes de casos em que os primeiros estão em perigo de se tornarem últimos, percebemos que a palavra "muitos" não é um exagero. Porque, considere quanto do trabalho feito por cristãos professos pertence a uma ou outra dessas categorias: esforços espasmódicos ocasionais; boas obras de liberalidade e filantropia, que estão em moda e em alta estima no mundo religioso; e boas obras feitas não tanto por interesse na obra, como por seu reflexo sobre o próprio interesse religioso do doador.

---

[179] Cave, *Primitive Christianity,* parte iii. Cap v. Para o original, veja *Cypriani Opera* [Clark's Ante-Nicene Library, *Cyprian,* i.54].

[180] A virtude *agora* em demanda é a de contribuir liberalmente para missões e para causas filantrópicas de todo tipo. A mesma degradação de motivo pode acontecer nesse contribuir como com o sofrer nos tempos primitivos, e os primeiros em nossas listas de colaboradores podem ser os últimos no livro da vida.

O TREINAMENTO DOS DOZE

Muitos são chamados a trabalhar na vinha de Deus, e muitos estão de fato trabalhando. Entretanto, poucos são escolhidos; poucos são trabalhadores *por escolha*; poucos trabalham para Deus no espírito dos preceitos ensinados por Jesus.

Mas, embora haja poucos trabalhadores, há alguns. Jesus não diz: *todos* os que são primeiros devem ser últimos, e todos que são últimos devem ser primeiros: sua palavra é *muitos*. Há numerosas exceções à regra em ambos os partidos. Nem todos os que suportam o calor e o peso do dia são mercenários e virtuosos aos seus próprios olhos. Não; o Senhor sempre teve em sua vinha espiritual um nobre grupo de obreiros, que, se houvesse espaço para vanglória em qualquer caso, podiam ter se vangloriado por causa da extensão, a dificuldade e a eficiência de seu serviço, porém não compartilharam pensamentos de autocomplacência, nem fizeram cálculos de quanto mais deviam receber que os outros. Pense em missionários dedicados nas terras pagãs; de reformadores heroicos como Lutero, Calvino, Knox e Latimer; de homens eminentes de nossos próprios dias, recentemente levados de nosso meio. É possível imaginar tais pessoas falando como os primeiros trabalhadores da vinha? De jeito nenhum! Por toda a sua vida, seus pensamentos acerca de si mesmos e seu serviço foram, de fato, muito humildes; e, no final do dia da vida, seu dia de trabalho pareceu-lhes algo muito ruim, bastante indigno da grande recompensa da vida eterna. Esses primeiros não serão últimos.

Se há alguns primeiros que não serão últimos, há, sem dúvida, também alguns últimos que não serão primeiros. Se fosse de outra forma; se ser último em quantidade de serviço, em zelo e devoção, desse a alguém vantagem, seria ruinoso para o interesse do Reino de Deus. Seria, de fato, premiar a indolência, e encorajar as pessoas a ficarem todo o dia na preguiça, ou servirem ao demônio até a undécima hora e então, já velhos, entrar na vinha e dar ao Senhor um dia de trabalho pobre, quando seus membros estivessem duros e seus esqueletos, fracos e vacilantes. Não existe tal lei desmoralizante no Reino divino. Outras coisas sendo iguais, quanto mais tempo e mais sinceramente uma pessoa serve a Deus, quanto mais cedo ela começa, e mais duro trabalha, melhor para si mesma depois. Se aqueles que começam tarde são graciosamente tratados, isso é apesar de seu atraso, não em consequência dele. Que tenham sido preguiçosos por tanto tempo não é uma recomendação, mas um pecado; não motivo de parabenização, mas de profunda humilhação. Se é errado para aqueles que servem o Senhor há muito tempo gloriar-se na grandeza de seu serviço, é seguramente ainda mais impróprio, até ridículo, para aqueles que se orgulham na insignificância do seu. Se o primeiro não tem motivo para orgulho e autojustificação, ainda menos tem o último.

17
Os filhos de Zebedeu de novo:
segunda lição sobre a doutrina da cruz
Mt 20.17-28; Mc 10.32-45; Lc 18.31-34

O incidente registrado nessas seções de Mateus e Marcos aconteceu enquanto Jesus e seus discípulos estavam subindo para Jerusalém pela última vez, viajando *via* Jericó, de Efraim, no deserto, para onde se tinham retirado após a ressurreição de Lázaro (Jo 11.54). O pedido ambicioso dos dois filhos de Zebedeu pelos principais lugares de honra no Reino foi, portanto, feito pouco mais de uma semana antes de seu Senhor ser crucificado. Quão pouco devem eles ter sonhado com o que estava vindo! Todavia, não foi por falta de aviso; porque, pouco antes de terem apresentado seu pedido, Jesus tinha, pela terceira vez, explicitamente anunciado sua paixão que se aproximava, indicando que sua morte aconteceria por ocasião dessa mesma visita a Jerusalém, e acrescentando outros detalhes a respeito de seu último sofrimento, não especificados antes, adequados a prender a atenção: como sua morte deveria ser questão de um processo judicial, e que ele devia ser entregue pelas autoridades judaicas nas mãos dos gentios, para zombarem dele, ser açoitado e crucificado.[181]

Após registrar os termos do terceiro anúncio de Cristo, Lucas adiciona, com referência aos discípulos: "Os discípulos não entenderam nada dessas coisas. O significado dessas palavras lhes estava oculto, e eles não sabiam do que ele estava falando" (Lc 18.34). A verdade dessa afirmação é bastante evidente na cena que se segue, não registrada por Lucas, como é também a causa do fato afirmado. Os discípulos, nós percebemos, estavam pensando em outras coisas enquanto Jesus lhes falava de seus sofrimentos próximos. Eles estavam sonhando com os tronos que lhes tinham sido prometidos na Pereia e, portanto, não eram capazes de entrar nos pensamentos de seu Mestre, tão diferentes dos seus próprios. Suas mentes estavam completamente dominadas pelas expectativas românticas, suas cabeças atordoadas com o vinho resplandecente da esperança vã; e, à medida que se aproximavam da cidade santa, sua firme convicção era "que o Reino de Deus iria se manifestar de imediato" (Lc 19.11).

Enquanto todos os discípulos estavam ansiosos pelos seus tronos, Tiago e João estavam cobiçando os mais elevados e tramando um plano para assegu-

---

[181] Mateus 20.17-19. Marcos (10.34) acrescenta *cuspido* à lista de indignidades.

O Treinamento dos Doze

rar esses para si mesmos, assim resolvendo a disputa sobre quem devia ser o maior em seu próprio favor. Esses foram os dois discípulos que se fizeram tão enfáticos em se ressentir da grosseria dos samaritanos. Os maiores fanáticos entre os doze eram também os mais ambiciosos, uma situação que não surpreende os estudiosos da natureza humana. Na primeira ocasião, eles pediram fogo do céu para consumir seus adversários; agora pedem um favor do céu para a desvantagem de seus amigos. Os dois pedidos não são tão diferentes.

Ao tramar e executar seu pequeno plano, os dois irmãos tiveram a assistência de sua mãe, cuja presença não é explicada, mas pode ter sido devida a ela ter-se tornado membro da comitiva de Jesus quando se tornou viúva,[182] ou a um encontro acidental com ele e seus discípulos na junção das estradas que convergiam para Jerusalém, para onde todos estavam indo agora a fim de participar da festa. Salomé foi a principal atriz na cena, e deve-se admitir que ela cumpriu bem o seu papel. Ajoelhando-se diante de Jesus, como se para homenagear um rei, ela insinuou seu humilde desejo de fazer um pedido; e, sendo gentilmente perguntada: "O que você quer?" ela disse: "Declara que, no teu Reino, estes meus dois filhos se assentarão um à tua direita e o outro à tua esquerda".

Essa oração tinha certamente origem diferente da inspiração do Espírito Santo, e o plano do qual ela resultou não era do tipo que se esperaria de companheiros de Jesus. E, todavia, todo o procedimento é tão verdadeiro para a natureza humana como ela se revela em todas as épocas, que não podemos senão sentir que não temos aqui nenhum mito, mas uma peça genuína de história. Sabemos quanto do espírito do mundo deve ser achado em todos os tempos nos círculos religiosos de alta reputação por zelo, devoção e santidade; e não temos o direito de erguer nossas mãos em admiração quando o vemos aparecendo mesmo na vizinhança imediata de Jesus. Os doze ainda eram cristãos novatos, e devemos dar-lhes tempo para a santificação, assim como aos outros. Portanto, nem devemos nos fingir escandalizados com sua conduta, nem, para salvar sua reputação, ocultar seu verdadeiro caráter. Não nos surpreendemos com o comportamento dos dois filhos de Zebedeu. E, todavia, dizemos claramente que seu pedido era tolo e ofensivo: indicativo ao mesmo tempo de corajosa presunção, grosseira estupidez e egoísmo absoluto.

Foi uma solicitação irreverente e presunçosa, porque a mulher praticamente pediu a Jesus, seu Senhor, que se tornasse o instrumento de sua ambição e vaidade. Imaginando que ele acederia à mera solicitação, talvez calculando

---

[182] Salomé era uma das mulheres que seguiam a Cristo na Galileia, e o serviam. Marcos 15.41.

que ele não conseguiria recusar um pedido vindo de uma mulher, que, como viúva, era objeto de compaixão, e como colaboradora para seu sustento, tinha reivindicações a sua gratidão. Os discípulos pediram um favor que Jesus não podia conceder sem ser infiel ao seu próprio caráter e a seu ensino habitual, como exemplificado no discurso sobre a humildade na casa em Cafarnaum. Fazendo isso, eles se tornaram culpados de uma audácia vergonhosa e desrespeitosa, mais característica do espírito ambicioso, que é completamente vazio de delicadeza, e avança para seu fim, indiferente às ofensas que pode causar, indiferente aos ferimentos que causa à sensibilidade de outros.

O pedido dos dois irmãos era tão ignorante como presunçoso. A ideia do Reino nele implicada estava bem longe da verdade e da realidade. Tiago e João não só pensavam a respeito do Reino que estava vindo como um reino deste mundo, mas pensavam mesquinhamente nele, até sob aquela visão. Porque há uma situação anormalmente corrupta e nociva, mesmo em um estado secular, quando postos de alta distinção podem ser obtidos por solicitação e favor, e não com base unicamente na adequação aos deveres de posição. Quando influência da família ou tramoias da corte são o caminho para o poder, todo patriota tem motivo para lamentar essa situação. Quão absurda, então, a ideia de que a promoção possa acontecer no Reino divino e idealmente perfeito por meios que são inadmissíveis em qualquer reino secular bem administrado! Ter tal ideia é de fato degradar e desonrar o rei divino, por igualá-lo a um déspota sem princípios, que tem mais privilégios para bajuladores que para pessoas honestas; e caricaturar o Reino divino por assemelhá-lo aos Estados mal governados da terra, como os governados por um Bomba ou um Nero.

O pedido dos dois irmãos foi também, do mesmo modo, intensamente egoísta. Foi cruel em relação aos seus colegas discípulos; porque era uma tentativa de ultrapassá-los, e, como todas as tentativas desse tipo, produziu o mal, perturbando a paz do círculo familiar e piorando muito o relacionamento entre seus membros. "Quando os outros dez ouviram isso, ficaram indignados com os dois irmãos". Não é de espantar; e, se Tiago e João não o anteciparam, isso mostra que estavam completamente dominados por seus próprios pensamentos egoístas; e, se anteciparam, e assim mesmo não se desviaram do curso de ação que certamente iria causar ofensa, isso somente fazia seu egoísmo mais insensível e indesculpável.

Mas o pedido dos dois discípulos era egoísta em um sentido ainda mais amplo, isto é, com referência aos interesses públicos do Reino divino. Praticamente, ele significava o seguinte: "Concede-nos um lugar de honra e poder,

O Treinamento dos Doze

aconteça o que acontecer; mesmo que o resultado seja descontentamento e desafeto universal, desordem, desastre e confusão caótica". Esses são os efeitos certos da promoção por favor, e não por mérito, na igreja e no Estado, como muitas nações têm descoberto por sua conta no dia do julgamento. Tiago e João, é verdade, nunca sonharam com desastre como resultado da concessão de seu pedido. Nenhum interesseiro e caça-posto jamais antecipa maus resultados de sua promoção. Mas isso não os faz menos egoístas. Isso só mostra que, além de egoístas, eles são vaidosos.

A resposta de Jesus a esse pedido ambicioso, considerando seu caráter, foi singularmente suave. Por mais ofensivos que a presunção, audácia, egoísmo e vaidade dos dois discípulos devam ter sido para seu espírito meigo, santo, desinteressado, ele não pronunciou uma palavra de repreensão direta, mas tratou com eles como um pai podia tratar com um filho que tivesse feito um pedido sem sentido. Abstendo-se de censura sobre as graves faltas trazidas à luz por seu pedido, ele observou somente o menos culpável – a ignorância deles. Ele lhes disse calmamente: "Vocês não sabem o que estão pedindo." E mesmo essa observação fez com compaixão, e não em forma de acusação. Ele tinha pena de pessoas que faziam orações cujo cumprimento, como ele sabia, implicava experiências dolorosas que elas nem imaginavam. Foi nesse espírito que ele fez a pergunta esclarecedora: "Podem vocês beber o cálice que eu vou beber, e serem batizados com o batismo com que sou batizado?"[183]

Mas havia mais que compaixão ou correção nessa pergunta, até instrução sobre a verdadeira forma de se obter promoção no Reino de Deus. Em forma de interrogatório, Jesus ensinou a seus discípulos que o progresso em seu Reino não era por favor, nem era obtido por solicitações clamorosas; que o caminho para os tronos era a *via dolorosa* da cruz; que os que teriam a palma nos domínios da glória deveriam ser aqueles que tivessem passado por grande tribulação, e os príncipes do Reino, aqueles que tivessem bebido mais profundamente do cálice do sofrimento; e que, para aqueles que se recusaram a beber dele, o egoísta, o autoindulgente, o ambicioso, o inútil, não haveria nenhum lugar no Reino, e nem falar de lugares de honra a sua direita ou esquerda!

A pergunta alarmante apresentada a eles por Jesus não surpreendeu Tiago e João. Pronta e firmemente eles responderam: "Podemos". Tinham eles então realmente levado em conta o cálice e o batismo de sofrimento, e deliberadamente se tinham convencido a pagar o altíssimo preço pelo prêmio cobiçado? Já tinha sido aceso em seus corações o fogo sagrado do espírito de már-

---

[183] A segunda cláusula é de leitura duvidosa, e é omitida na NVI.

Os filhos de Zebedeu de novo: segunda lição sobre a doutrina da cruz

tir? Seria bom poder pensar assim, mas parece não haver nada que justifique essa opinião. É muito mais provável que, em sua ansiedade de obter o objeto de sua ambição, os dois irmãos estivessem prontos a prometer qualquer coisa e que, de fato, nem entendiam nem se preocupavam com o que estavam prometendo. Sua declaração confiante tem uma suspeitosamente íntima semelhança com a bravata dita por Pedro poucos dias depois: "Ainda que todos te abandonem, eu nunca te abandonarei".

Jesus, entretanto, não escolheu, no caso dos filhos de Zebedeu, como no caso do amigo deles, questionar o heroísmo tão ostentosamente professado, porém adotou o recurso de afirmar que eles não só eram capazes, mas estavam dispostos, sim, ansiosos, para participar de seus sofrimentos. Com ares de rei oferecendo a seus favoritos o privilégio de beberem do cálice real, e de se lavarem no jarro real, ele replicou: "Certamente vocês beberão do meu cálice e serão batizados com o batismo com o qual sou batizado." Era um favor estranho que o Rei assim concedia! Tivessem os dois irmãos sabido o significado das palavras, eles bem poderiam ter imaginado que seu Mestre estava tendo um ataque de ironia à custa deles. Mas não era isso. Jesus não estava zombando de seus discípulos quando lhes falou assim, oferecendo-lhes uma pedra em lugar de pão: ele estava falando sério, e prometendo o que ele realmente queria conceder, e o que, quando o tempo de conceder viesse – porque ele veio –, eles mesmos veriam como um privilégio real; porque todos os apóstolos concordaram com Pedro que aqueles que foram censurados por causa do nome de Cristo deviam ser considerados felizes, e tinham o espírito de glória e de Deus repousando sobre eles. Tal era o pensamento de Tiago quando Herodes o matou com a espada da perseguição: tal era o pensamento de João quando estava na ilha de Patmos "por causa da Palavra de Deus, e por causa do testemunho de Jesus Cristo".

Tendo prometido um favor não cobiçado pelos dois discípulos, Jesus, em seguida, explicou que o favor que eles tinham cobiçado não estava incondicionalmente à disposição dele: "mas o assentar-se à minha direita ou à minha esquerda não cabe a mim conceder. Esses lugares pertencem àqueles para quem foram preparados por meu Pai". Essa tradução sugere a ideia de que a concessão de recompensa no Reino não está de forma alguma nas mãos de Cristo. Isso, porém, não é o que Cristo quer dizer; mas sim isto: que, embora seja prerrogativa de Cristo atribuir aos cidadãos seus lugares no Reino, não está em seu poder dispor de lugares por parcialidade e patrocínio, ou de outra forma que de acordo com princípios fixos de justiça e ordenação soberana de seu Pai. As palavras, parafraseadas, significam: "Eu posso dizer a qualquer um:

O Treinamento dos Doze

'Venha, beba do meu cálice, porque não há risco de surgir nenhum favoritismo nessa direção'. Meus favores, contudo, devem terminar aí. Eu não posso dizer a ninguém, como eu quiser: 'Venha, sente-se no meu trono'; porque cada homem deve receber o lugar preparado para ele, e para o qual ele está preparado."

Assim explicado, esse solene dito de Nosso Senhor não dá base para uma inferência que, à primeira vista, não parece somente sugerir, mas afirmar, a saber, que não há ligação entre a medida em que um discípulo pode ter tido comunhão com Cristo em sua cruz e o lugar que será atribuído a ele no Reino eterno. Que Jesus não tinha intenção de ensinar tal doutrina fica evidente na pergunta que ele tinha feito pouco antes de ter feito a afirmação que estudamos agora, que implica uma sequência natural entre o cálice e o trono, o sofrimento e a glória. O sacrifício e a grande recompensa, tão intimamente ligados na promessa feita aos doze na Pereia, são separados meramente com o propósito de sinalizar o rigor com que todas as influências corruptas são excluídas do Reino dos céus. Está fora de dúvida que àqueles a quem é concedida em alta medida o favor de serem companheiros de Jesus na tribulação serão recompensados com alta promoção no Reino eterno. Nem essa afirmação compromete a soberania do Pai e Senhor de todos; pelo contrário, contribui para seu estabelecimento. Não há argumento melhor em apoio à doutrina da eleição que a simples verdade de que a aflição é a educação para o céu. Pois em que a mão soberana de Deus aparece mais notavelmente que na atribuição de cruzes? Se as cruzes ficassem longe de nós, nós ficaríamos longe delas. Nós não escolhemos o cálice amargo nem o batismo sangrento: somos escolhidos por eles e neles. Deus alista pessoas na batalha da cruz; e, se alguém chega à glória por esse caminho, como muitos soldados alistados têm feito, será à glória a que, pelo menos no início, eles não aspiraram.

A ligação afirmada entre sofrimento e glória serve para defender, bem como estabelecer, a doutrina da eleição. Vista em relação ao mundo futuro, essa doutrina parece colocar Deus aberto à acusação de parcialidade e é certamente muito misteriosa. Mas veja a eleição em seu alcance sobre a vida *presente*. Nessa visão, é um privilégio pelo qual o eleito não pode ser invejado. Porque os eleitos não são os felizes e os prósperos, mas os trabalhadores e sofredores.[184] De fato, eles são eleitos, não por sua própria causa, mas por causa do mundo, para serem pioneiros de Deus na obra dura e desagradável de trans-

---

[184] Estas linhas de Eurípedes podem ser apropriadas aqui para os verdadeiros filhos de Deus: ουτ' επι κερκισιν ουτε λογοις φατιν αιον' ευτυχιας μετεχειν θεοθεν τεκνα θνατοις (*Ion*, 510); O significado é: "Eu nunca ouvi dizer que filhos de paternidade divina nascidos a mortais fossem felizes".

formar o deserto em campo fértil; para ser o sal do mundo, fermento e luz, recebendo em geral pouco agradecimento pelo serviço que prestam, e tendo frequentemente por recompensa a sorte do destituído, do aflito e do atormentado. De forma que, afinal, a eleição é um favor para o não eleito: *é o método de Deus de beneficiar os homens em geral;* e qualquer benefício peculiar que possa haver guardado para o eleito é bem merecido e não deve ser causa de ressentimento. Alguém inveja as perspectivas deles? Ele pode ser um participante de sua alegria futura se estiver disposto a ser companheiro de tais seres desamparados e compartilhar suas tribulações agora.

É pouco necessário explicar que, ao pronunciar essas palavras, Jesus não pretendia negar a utilidade da oração, e dizer: "Você pode pedir por um lugar no Reino divino e não consegui-lo; porque tudo depende do que Deus tem ordenado". Ele só queria que os dois discípulos e todos entendessem que para ter pedido atendido é preciso saber o que se pede, e aceitar tudo o que está incluído, no presente, bem como no futuro, na resposta de suas orações. Essa condição é muito frequentemente desprezada. Muitas orações corajosas e ambiciosas, até por bênçãos espirituais, são feitas por suplicantes que não têm nenhuma ideia do que a resposta envolveria e, se tivessem, iriam querer que suas orações não fossem respondidas. Cristãos novatos pedem, por exemplo, para serem santificados. Mas eles sabem que dúvidas, tentações e testes severos de todos os tipos concorrem para a formação de grandes santos? Outros anseiam por uma plena segurança do amor de Deus, desejam ser perfeitamente persuadidos de sua eleição. Eles estão dispostos a serem privados do brilho da prosperidade para que, na noite escura do sofrimento, possam ver as estrelas do céu? Certamente, sabem muito pouco sobre o que estão pedindo! O quanto todos precisam ser ensinados a orar pela coisa certa com uma mente inteligente e um espírito correto!

Tendo dito o que era necessário a Tiago e João, Jesus, em seguida, dirigiu uma palavra oportuna aos seus irmãos inculcando neles humildade; muito apropriadamente, porque, embora os dez fossem a parte ofendida, e não os ofensores, todavia o mesmo espírito de ambição estava neles, senão eles não se teriam ressentido tão profundamente do erro cometido. Orgulho e egoísmo podem aborrecer e afligir o humilde e o altruísta, mas eles provocam ressentimento só no orgulhoso e no egoísta; e a melhor forma de se defender de ataques das más paixões de outras pessoas é exorcizar sentimentos semelhantes de nosso próprio coração. "Que haja em vós os mesmos sentimentos que houve também em Cristo Jesus"; então pelo menos nada será feito por você por discórdia ou vanglória.

O Treinamento dos Doze

"Quando os outros dez ouviram isso, ficaram indignados com os dois irmãos". Sem dúvida, se seguiu uma cena nada edificante; e é muito decepcionante testemunhar tais cenas onde se pode ter procurado ver, com perfeição, o espetáculo de irmãos vivendo juntos em união. Mas a sociedade de Jesus era uma coisa real, não a ficção de um escritor de romances; e, em toda sociedade humana real, em lares felizes, nas mais seletas fraternidades, científicas, literárias ou artísticas, em igrejas cristãs, surgirão tempestades de vez em quando. E sejamos gratos porque os doze, mesmo em sua tolice, deram a seu Mestre uma oportunidade de pronunciar as sublimes palavras aqui registradas, que brilham sobre nós, a partir do céu sereno do relato evangélico, como estrelas aparecendo através das nuvens tempestuosas da paixão humana – manifestamente as palavras de um Ser Divino, embora ditas da profundeza de uma admirável auto-humilhação.

O jeito de Jesus, ao dirigir-se aos seus esquentados discípulos, foi muito terno e moderado. Ele chamou todos para o redor de si, os dois e os dez, os ofensores e os ofendidos, como um pai reúne seus filhos para receberem conselhos, e falou com eles com a calma e a solenidade de alguém que está para encontrar a morte. Por toda essa cena, a influência solenizadora da morte está manifestamente sobre o espírito do Salvador. Por acaso ele não fala de seus sofrimentos iminentes em linguagem que nos lembra a da noite de sua traição, descrevendo sua paixão com o poético nome sacramental "meu cálice" e, pela primeira vez, revelando o segredo de sua vida sobre a terra – o grande objetivo pelo qual ele estava para morrer?

Em significado moral, a doutrina de Jesus nesse tempo era uma repetição de seu ensino em Cafarnaum, quando ele escolheu uma criança como seu texto. Como ele disse então, "Quem quer ser grande seja como uma criança", assim ele diz aqui, "Quem quiser tornar-se importante entre vocês deverá ser servo". No primeiro discurso, seu modelo e seu texto eram uma criança; agora é um escravo, outro representante do inferior e desprezível. Agora, como antes, ele cita seu próprio exemplo para reforçar seu preceito; estimulando seus discípulos a procurarem distinção em um caminho de amor humilde, representando o Filho do Homem como vindo não para ser servido, mas para servir, até o ponto de dar a sua vida em resgate de muitos, como ele então lhes lembrou, que o Filho do Homem veio como um pastor, para procurar e salvar a ovelha perdida.

O único fato novo na lição que Jesus deu aos seus discípulos nessa oportunidade é o contraste entre seu Reino e os reinos do mundo, com respeito ao modo de adquirir domínio, para o que ele chamou atenção, como prefácio

Os filhos de Zebedeu de novo: segunda lição sobre a doutrina da cruz

para a doutrina que ia ser comunicada. Ele disse: "Vocês sabem que os governantes das nações as dominam, e as pessoas importantes (governantes provinciais, frequentemente mais tirânicos que seus superiores) exercem poder sobre elas. Não será assim entre vocês". Há aqui uma indicação de outro contraste, além do principal planejado, a saber, entre o duro poder despótico dos potentados mundanos e o gentil domínio do amor, único admissível no Reino divino. Mas o objetivo central das palavras citadas é apontar a diferença na forma de adquirir antes que na forma de usar o poder. A ideia é a seguinte: reinos terrenos são governados por uma classe de pessoas que possuem um posto hereditário – a aristocracia, os nobres, ou príncipes. A classe governante são aqueles que, por direito de nascimento, devem governar e cujo orgulho é nunca ter estado em posição servil, mas sempre terem sido servidos. "Em meu reino, por outro lado, um homem torna-se grande, e um governante, por ser primeiro o servo daqueles sobre quem deve governar. Em outros estados, os que governam têm o privilégio de serem servidos; na comunidade divina, os que governam têm o privilégio de servir.

Ao traçar esses contrastes, Jesus não tinha, é claro, nenhuma intenção de ensinar política; nem intenção de reconhecer ou questionar o direito divino, da casta principesca, de governar sobre seus semelhantes. Ele falava das coisas como elas eram, e como seus ouvintes sabiam ser, nos estados seculares, e especialmente no Império Romano. Se qualquer inferência política pode ser tirada de suas palavras, não seria em favor do absolutismo e do privilégio hereditário, mas antes em favor de o poder estar nas mãos daqueles que o têm conquistado por um serviço fiel, sejam pertencentes à classe governante por nascimento ou não. Porque o que é benéfico no Reino divino não pode ser prejudicial para comunidades seculares. Os verdadeiros interesses, dir-se-ia, de um reino terreno devem ser promovidos por ser ele governado, tanto quanto possível, de acordo com as leis do Reino, que não podem ser mudadas. Tronos e coroas podem, para impedir disputas, passar por sucessão hereditária, indiferentemente ao mérito pessoal; mas o real poder deve sempre estar nas mãos do mais capaz, do mais sábio e do mais devotado ao bem público.

Tendo explicado, por contraste, o grande princípio da comunidade espiritual, que aquele que for governá-la deve primeiro servir, Jesus, a seguir, reforçou sua doutrina por uma referência ao seu próprio exemplo. Ele disse aos doze: "Quem quiser tornar-se importante entre vocês deverá ser servo"; e então acrescentou estas memoráveis palavras: "como o Filho do Homem, que não veio para ser servido, mas para servir e dar a sua vida em resgate de muitos".

O TREINAMENTO DOS DOZE

Essas palavras foram ditas por Jesus como aquele que reivindicava ser um rei e aspirava a ser o primeiro de um grande e poderoso reino. No fim da sentença, devemos mentalmente acrescentar a cláusula – que não foi expressa simplesmente porque estava tão obviamente incluída na conexão do pensamento – "assim procurando conquistar um reino". Nosso Senhor se apresenta aqui, não meramente como um exemplo de humildade, mas como alguém cujo caso ilustra a verdade de que o caminho para o poder no mundo espiritual é o serviço; e, ao afirmar que veio não para ser servido, mas para servir, ele expressa não toda a verdade, mas somente o fato atual. Toda a verdade era que ele veio ministrar, em primeiro lugar, para que ele pudesse ser servido, por sua vez, por um povo devotado e disposto, que o reconhecesse como seu soberano. O ponto sobre o qual ele deseja fixar a atenção de seus discípulos é a forma peculiar em que ele alcança sua coroa; e o que diz, de fato, é isso: "Eu sou um rei, e espero ter um reino; Tiago e João não estão enganados a esse respeito. Eu, porém, obterei meu reino de forma diferente daquela que os príncipes seculares conseguem os seus. Eles conseguem seus tronos por sucessão, eu, por mérito pessoal; eles asseguram seu reino por direito de nascimento, eu espero assegu-rar o meu pelo direito de serviço; eles herdam seus súditos, eu compro os meus, sendo o dinheiro de compra minha própria vida."

O que os doze pensaram desse novo plano de conseguir domínio e um reino, e especialmente que ideias a palavra de conclusão de seu Mestre sugeria às suas mentes quando pronunciada, não sabemos. Estamos certos, entretanto, de que eles não compreenderam aquela palavra; e não é de espantar, porque o pensamento de Jesus era muito profundo. Quem pode entendê-lo plenamente agora? Aqui, enfaticamente, vemos através de um espelho, em enigmas.

Esse memorável dito tem sido o tema de muita discussão vaga entre teólogos, nem podemos esperar dizer qualquer coisa que encerre a controvérsia. A palavra é um poço profundo que não foi sondado ainda, e provavelmente nunca o será. Apresentada tão calmamente, como para reforçar um preceito moral, ela abre uma região de pensamento que nos leva muito além da ocasião imediata em que foi pronunciada. Ela levanta questões em nossas mentes que não responde; e, todavia, há pouco no Novo Testamento sobre o assunto da morte de Cristo que poderia não ser compreendido dentro dos limites de seu possível significado.

Em primeiro lugar, digamos que não temos simpatia pela escola de teó-logos críticos que questionam a autenticidade dessa palavra.[185] É estranho

---

[185] Baur expressa dúvidas em sua *Neutestamentliche Theologie*, p.100. Keim, por outro lado, defende a autenticidade.

observar quão indispostos alguns são para reconhecer Cristo como a fonte original de grandes pensamentos que se têm tornado elementos essenciais na fé da igreja. Essa ideia da morte de Cristo como um resgate está aqui, agora. Com quem ela surgiu? A mente de Jesus não era suficientemente original para concebê-la, para que deva ser atribuída a outros? Outra coisa tem que ser considerada em conexão com esse dito, e com a palavra semelhante pronunciada na instituição da ceia. Quando Jesus começou a pensar muito, com profunda emoção, no fato de que devia morrer, era inevitável que sua mente se voltasse para a tarefa de investigar o fato duro e prosaico com significados poéticos e místicos. Nós falamos de Jesus, no momento, simplesmente como um homem de maravilhoso gênio espiritual, cuja mente era capaz de tratar com a morte, e roubar dela o caráter de uma mera fatalidade, e investi-la de beleza, e cobrir o esqueleto com carne e sangue de um sistema atrativo de significados espirituais.

Vendo, então, esse precioso dito como inquestionavelmente autêntico, o que Cristo quis ensinar com ele? Primeiro isso, pelo menos, em geral, que havia uma ligação causal entre seu ato de entregar sua vida e o desejado resultado, a saber, a soberania espiritual. E, sem ter qualquer consideração pelo termo *resgate*, e até supondo-o, momentaneamente, ausente do texto, podemos ver que há tal ligação. Por original que o método adotado por Jesus para conseguir um reino – e, quando comparado com outros métodos de conseguir reinos, por exemplo, por herança, a forma mais respeitável, ou pela espada, ou, o mais ilegítimo de todos, por dinheiro, como nos últimos dias do Império Romano, sua originalidade está fora de questão – por original que o método de Jesus fosse, provou-se estranhamente bem-sucedido. O acontecimento provou que deve haver uma ligação entre as duas coisas – a morte sobre a cruz e a soberania sobre as almas. Milhares de seres humanos, sim, milhões, em todas as épocas, têm dito "Amém" de todo o coração à doxologia de João no Apocalipse: "Àquele que nos amou e nos lavou dos nossos pecados em seu próprio sangue, e nos fez reis e sacerdotes para Deus e seu Pai, a ele seja a glória e o domínio para sempre." Sem dúvida, esse resultado de sua dedicação estava presente à mente de Jesus quando pronunciou essas palavras, e, ao pronunciá-las, pretendia enfatizar o poder do amor divino no autossacrifício, para confirmar seu controle sobre os corações humanos e ganhar para o rei da comunidade sagrada um tipo de soberania não atingível de outra forma senão, humilhando-se, assumir a condição de servo. Alguns afirmam que conquistar esse poder era o único objetivo da encarnação. Não concordamos com isso, mas não hesitamos em ver a conquista de tal poder moral pelo autossacrifício

O TREINAMENTO DOS DOZE

como um objetivo da encarnação. O Filho de Deus queria nos desviar da autoindulgência e autoadoração, emancipar-nos do cativeiro do pecado pelo poder de seu amor, para que pudéssemos reconhecer-nos como sendo dele, e nos devotar, agradecidos, ao seu serviço.

Mas ainda há mais nesse texto, porque Jesus não diz só que ele está para entregar a sua vida por muitos, mas que vai entregar sua vida como forma de resgate. O que devemos entender por essa maneira em que o fato da morte é expresso? Agora podemos afirmar que a palavra "resgate" foi usada em sentido que tem afinidade com o uso do Antigo Testamento. A palavra grega λυτρον é usada na Septuaginta como o equivalente da palavra hebraica (*copher*) sobre cujo significado tem havido muita discussão, mas cujo sentido geral é "cobertura". Como a ideia de cobertura deve ser tomada, se no sentido de proteção, ou no sentido de exatamente ocupar a mesma superfície, como uma moeda cobre outra do mesmo tamanho, isto é, como "equivalente", tem sido objeto de debates e deve continuar incerto.[186] O interesse teológico da questão é que se aceitamos para a palavra o sentido geral de "proteção", então o resgate não é oferecido nem aceito como um equivalente legal para pessoas ou coisas redimidas, mas simplesmente como algo de um certo valor que é recebido por uma questão de favor. Mas, deixando esse aperto de lado, o que nos interessa nesse texto é o pensamento mais amplo de que a vida de Cristo é dada e aceita pelas vidas de muitos, seja como um equivalente exato, seja, de outra forma, de modo indeterminado. Jesus representa sua morte voluntariamente sofrida como um meio de libertar da morte as almas de muitos; como, ou por quê, não fica claro. Um teólogo alemão, que energicamente combate a teoria anselmiana da satisfação, encontra na palavra esses três pensamentos: *primeiro*, o resgate é oferecido como um dom a Deus, não ao demônio. Jesus, tendo, sem dúvida, a linha de pensamento do Salmo 49 em sua mente, fala de devotar sua vida a Deus na busca de sua vocação, não de sujeitar-se ao poder do pecado ou do demônio. *Segundo*, Jesus não só pressupõe que ninguém pode oferecer a Deus, seja por si mesmo, seja por outros, um dom valioso capaz de evitar a morte, como o salmista declara; mas ele afirma que, nessa visão, ele próprio faz, no lugar de muitos, um serviço que ninguém pode fazer, seja por si mesmo, seja por outros. *Terceiro*, Jesus, tendo em mente também, sem dúvida , as palavras de Eliú no livro de Jó, a respeito de um anjo, um de mil, que podia servir para resgatar um homem da morte, se distingue da massa de homens

---

[186] Ritschl assume a primeira opinião (veja *Lehre von der Rechtfertigung*, ii. 80), Hofmann, a outra (veja *Schriftbeweis*).

passíveis de morte, na medida em que se vê isento da condenação natural da morte e concebe sua morte como um ato voluntário pelo qual entrega sua vida a Deus, como no texto de João 10.17,18.[187] Tirando tanto do texto nós não o forçamos indevidamente. A suposição de que há uma referência mental aos textos do Antigo Testamento (ao Salmo 49 e ao terceiro capítulo de Jó), como também à redenção das crianças do sexo masculino em Israel pelo pagamento de meio siclo parece razoável; e, à luz dessas passagens, não parece ir muito longe tirar das palavras de Nosso Senhor essas três ideias: o resgate é dado a Deus (Sl 49.7: "ou pagar a Deus o preço de sua vida"); é dado pelas vidas de homens condenados à morte; e está disponível para tal propósito porque a coisa dada é a vida de um ser excepcional, um entre mil, não um irmão mortal condenado a morrer, mas um anjo assumindo carne para que possa morrer livremente. Assim, o texto contém, além da verdade geral de que, por morrer em amor autosacrificial, o Filho do Homem desperta em muitos um sentimento de grata devoção que o leva ao trono, esse mais especial, que por sua morte, ele põe os muitos condenados à morte como castigo do pecado, de alguma forma, em uma relação diferente com Deus, de forma que não são mais criminosos, mas filhos de Deus, herdeiros de eterna vida, membros da santa comunidade, gozando de todos os seus privilégios, redimidos pela vida do próprio rei, como o meio siclo oferecido como preço de redenção.

Essas poucas palavras devem bastar como indicação do provável significado de fala autobiográfica na qual Jesus transmitiu aos seus discípulos *sua segunda lição sobre a doutrina da cruz*.[188] Com duas reflexões adicionais sobre isso terminamos este capítulo. Quando ele disse de si mesmo que veio, não para ser servido, mas para servir, Jesus aludia não só à sua morte, mas a toda a sua vida. A afirmação é um epítome em uma única frase de toda a sua história terrena. A referência a sua morte tem a força de um superlativo. Ele veio para servir, até o ponto de dar sua vida como resgate. Então, esse dito, enquanto tem o ar de extrema baixeza, ao mesmo tempo trai a consciência de dignidade sobre-humana. Se Jesus não tivesse sido mais que homem, sua linguagem não teria sido humilde, mas presunçosa. Por que deveria o filho de um carpinteiro dizer de si mesmo, "não vim para ser servido"? Posição e ocupação servil era de esperar de tal pessoa. A afirmação era racional e humilde somente quando vinda de quem, sendo na forma de Deus, livremente assumiu a forma de um servo e tornou-se obediente até a morte, para nossa salvação.

---

[187] Ritschl, *Lehre von der Rechtfertigung*, ii. 84.
[188] Veja p. 253.

18
A unção em Betânia:
terceira lição sobre a doutrina da cruz
Mt 26.6-13; Mc 14.3-9; Jo 12.1-8

O comovente relato da unção de Jesus por Maria em Betânia é parte do prefácio à história da paixão, como registrada nos evangelhos sinóticos. Aquele prefácio, como dado principalmente por Mateus, inclui quatro particularidades: *primeiro,* uma afirmação feita por Jesus aos seus discípulos dois dias antes da Páscoa referente à sua traição; *segundo,* um encontro dos sacerdotes em Jerusalém para discutir quando e como Jesus devia ser morto; *terceiro,* a unção por Maria; *quarto,* a secreta correspondência entre Judas e os sacerdotes. No prefácio de Marcos a primeira dessas quatro particularidades é omitida; em Lucas, a primeira e a terceira.

Os quatro fatos relatados pelo primeiro evangelista tinham isto em comum, eram todos sinais de que o fim tão frequentemente predito estava à mão. Jesus agora diz, não "o Filho do Homem será traído", mas "o Filho do Homem é traído para ser crucificado". As autoridades eclesiásticas de Israel estão reunidas em solene conclave, não para discutir a questão do que deve ser feito com o objeto de sua antipatia – isso já foi determinado – mas como a ação das trevas pode ser realizada com mais segurança e furtivamente. A vítima foi ungida por uma mão amiga para o sacrifício que se aproxima. E, finalmente, um instrumento foi achado para aliviar os sacerdotes de sua perplexidade e pavimentar o caminho, da forma mais inesperada, para consumação de seu ímpio propósito.

O conjunto de incidentes na introdução da trágica história da crucificação é surpreendentemente dramático em seu efeito. Primeiro, vem o Sinédrio, em Jerusalém, tramando contra a vida do Justo. Então vem Maria em Betânia, em seu indizível amor, quebrando o frasco de alabastro e derramando seu conteúdo na cabeça e nos pés de seu amado Senhor. Por último, vem Judas, oferecendo-se para vender seu Mestre por menos do que Maria tinha gasto em um inútil ato de afeição! Ódio e baixeza de cada lado, e verdadeiro amor no meio.[189]

---

[189] Sobre a aparente discrepância entre os sinóticos e João quanto a tempo, e sobre todos os outros pontos referentes a harmonia, veja os comentaristas, especialmente Alford e Stier.

O TREINAMENTO DOS DOZE

Esse ato memorável de Maria com seu alabastro pertence à história da paixão, em virtude da interpretação dada a ele por Jesus, que lhe dá o caráter de um prelúdio lírico à grande tragédia encenada no Calvário. Ele pertence à história dos doze discípulos, por causa da avaliação desfavorável que eles colocam sobre ele. Todos os discípulos, parece, desaprovaram o ato, sendo a única diferença entre Judas e o resto que ele o desaprovou por motivos hipócritas, enquanto seus condiscípulos foram honestos, em seu julgamento e em seus motivos. Em sua acusação, os doze prestaram a Maria um grande serviço. Eles asseguraram a ela um grande defensor em Jesus, e futuros elogios deles mesmos. A sua censura fez com que o Senhor fizesse a extraordinária afirmação: em qualquer lugar em que o evangelho fosse pregado em todo o mundo, o que Maria tinha feito seria mencionado em memória dela. Essa profecia os discípulos acusadores, quando se tornaram apóstolos, ajudaram a cumprir. Eles se sentiram obrigados, pelo mandamento de seu Mestre, bem como pela generosa reação de seus próprios corações, a se corrigir, em relação a Maria, por erros passados, contando a história do verdadeiro amor dela por Jesus onde eles contassem a história do verdadeiro amor dele pela humanidade. De seus lábios, a comovente narrativa passou, no devido tempo, para os evangelhos, para ser lida com deleite pelos verdadeiros cristãos até o fim dos tempos. Verdadeiramente, pode-se ficar contente de ser censurado em um momento, por causa de tão nobre defesa como a de Jesus e tão magnânima retratação como a de seus apóstolos!

Quando consideramos de quem a defesa de Maria procede, devemos ficar convencidos de que não foi só generosa, mas justa. E, todavia, seguramente é uma defesa de tipo muito surpreendente! Na verdade, parece que, enquanto os discípulos foram a um extremo na acusação, seu Senhor foi para o outro extremo no louvor; e que, ao assim louvar a mulher de Betânia, estivesse só repetindo sua extravagância de outra forma. Nós nos sentimos tentados a perguntar: foi a ação dela então tão altamente meritória a ponto de merecer ser associada com o evangelho para sempre? Então, quanto à explicação do ato feita por Jesus, as seguintes questões surgem naturalmente: houve realmente qualquer referência, na mente de Maria, a sua morte e sepultamento enquanto ela fazia o que fez? Jesus não atribuiu a ela seu próprio sentimento e revestiu o seu ato de um significado ideal e poético, que não estava nele, mas em seus próprios pensamentos? E, se é assim, podemos endossar o julgamento pronunciado; ou devemos, sobre a questão, quanto ao mérito intrínseco do ato de Maria, ficar do lado dos doze contra seu Mestre?

Nós, de nossa parte, cordialmente ficamos do lado de Cristo na questão; e, ao fazer assim, temos o direito de fazer duas afirmações. Em primeiro lugar, admitimos que Maria não tinha pensado no embalsamar, no sentido literal, do corpo morto de Jesus, e possivelmente não estava pensando em sua morte de forma alguma quando o ungiu com o precioso unguento. O ato dela foi simplesmente uma homenagem festiva, feita a quem ela amava indizivelmente, e que ela poderia ter feito em outra ocasião.[190] Admitimos ainda que, certamente, teria sido uma extravagância falar do ato de Maria, por nobre que fosse, como tendo o direito de ser associado com o evangelho em todo o lugar e para sempre, a menos que fosse adequado ser narrado, não por causa dela, mas mais especialmente por causa do evangelho; isso explica, a menos que fosse possível utilizá-lo para expor a natureza do evangelho. Em outras palavras, o quebrar do frasco de alabastro deve ser digno de ser empregado como um símbolo dos atos de amor realizados por Jesus ao morrer na cruz.

É nisso, de fato, que nós cremos. Em qualquer lugar em que o evange-lho é realmente pregado, o relato da unção deve ser louvado como a melhor ilustração possível do espírito que moveu Jesus a dar sua vida, como também do espírito do cristianismo como ele se manifesta na vida de cristãos sinceros. O quebrar do frasco de alabastro é um belo símbolo, ao mesmo tempo, do amor de Cristo por nós e do amor que devemos a ele. Como Maria quebrou seu frasco de unguento e derramou seu precioso conteúdo, assim Cristo que-brou seu corpo e derramou seu precioso sangue; assim os cristãos derramam seu coração diante de seu Senhor, não dando valor a suas vidas por causa dele. A morte de Cristo foi a quebra de um frasco de alabastro por nós; nossa vida deve ser um quebrar de frasco de alabastro por ele.

Essa relação de afinidade espiritual entre o feito de Maria e seu próprio feito ao morrer é a verdadeira chave para tudo que é enigmático na linguagem de Jesus ao falar do primeiro. Isso explica, por exemplo, a forma notável em que ele se referiu ao evangelho em ligação com ele. "Esse evangelho", ele disse, como se já tivesse falado dele; além disso, falou como se o ato de ungir fosse o evangelho. E ele era *em figura*. Aquele ato já realizado por Maria sugeriu naturalmente à mente de Jesus o outro ato que estava para ser realizado por si mesmo. Ele pensou consigo mesmo: "Nele, nesse frasco quebrado e óleo derramado, a minha morte é prefigurada; no motivo oculto do qual aquele ato procedeu está o eterno espírito no qual eu mesmo ofereço um sacrifício reve-

---

[190] É natural ligar a unção com a ressurreição de Lázaro e encontrar, na gratidão pela restauração de um irmão à vida, o motivo daquele ato de amor. Tem sido sugerido que o unguento pode originalmente ter sido preparado para os rituais do enterro de Lázaro.

lado." Esse pensamento ele quis expressar quando usou a frase "esse evangelho"; e, ao colocar tal expressão no feito de Maria, ele estava, na verdade, dando aos seus discípulos *sua terceira lição sobre a doutrina da cruz.*

À luz dessa mesma relação de afinidade espiritual, claramente percebemos o verdadeiro significado da afirmação feita por Jesus, concernente ao ato de Maria: "Quando derramou este perfume sobre o meu corpo, ela o fez a fim de me preparar para o sepultamento." Foi uma explicação mística e poética de um ato muito poético, que, como tal, foi não só bonito, mas *verdadeiro.* Porque a unção em Betânia ajudou a preparar, embalsamar por assim dizer, o verdadeiro significado da morte do Salvador. Ele nos forneceu um ato simbólico, através do qual poderíamos entender aquela morte; ele derramou ao redor da cruz um aroma imperecível de amor altruísta; ele cobriu o túmulo do Salvador com flores que nunca se secarão, e levantou para Jesus, bem como para Maria, um monumento que durará por todas as gerações. Teria sido inadequado dizer de tal ato: "Ela o fez a fim de me preparar para o sepultamento?" Não seria muito mais inadequado ainda dizer de um ato capaz de fazer um serviço tão importante para o evangelho, que ele era um desperdício e inútil?

Essas perguntas serão respondidas afirmativamente por todos os que estão convencidos de que a afinidade espiritual apresentada por nós de fato existiu. O que temos de fazer agora, portanto, é mostrar, entrando em mais detalhes, que nossa asserção é bem fundamentada.

Há três pontos destacados de semelhança entre a "boa ação" de Maria e a boa obra realizada pelo próprio Jesus ao morrer na cruz.

Havia uma primeira semelhança no motivo. Maria fez sua boa ação por puro amor. Ela amava Jesus com todo o seu coração, pelo que ele era, pelo que tinha feito à família dela e pelas palavras de instrução que tinha ouvido dos lábios dele, quando ele visitou sua casa. Havia, em seu coração, por seu amigo e benfeitor, um amor que imperativamente exigia expressar-se e que, todavia, não podia ser expresso em palavras. Ela tinha que fazer algo que aliviasse suas emoções reprimidas: ela deve pegar um frasco de alabastro e quebrá-lo, e derramá-lo sobre a pessoa de Jesus, ou o seu coração se partirá.

Aqui o ato de Maria se assemelha intimamente ao de Jesus ao morrer na cruz e ao vir a este mundo para que pudesse morrer. Porque só um amor como o de Maria, só que mais profundo e mais forte, o levou a sacrificar-se por nós. O simples relato de toda a conduta de Cristo ao tornar-se homem, e passar pelo que foi registrado dele, é isto: ele *amou pecadores.* Após se esforçarem no estudo da filosofia da redenção, teólogos eruditos voltaram a essa como a mais

A UNÇÃO EM BETÂNIA: TERCEIRA LIÇÃO SOBRE A DOUTRINA DA CRUZ

satisfatória explicação que pode ser dada. Jesus amou tanto os pecadores a ponto de oferecer sua vida por eles; e ainda, podemos quase dizer, ele os amou tanto que precisou vir e morrer por eles. Como Neemias, o judeu patriota na corte do rei persa, ele não podia ficar na corte do céu enquanto seus irmãos, longe, sobre a terra, estavam em péssima situação; ele precisava pedir e obter uma licença para descer em seu socorro.[191] Ou, como Maria, ele deve procurar um frasco de alabastro – um corpo humano –, enchê-lo com a fina essência de uma alma humana e derramar sua alma na morte sobre a cruz para nossa salvação. O Espírito de Jesus, sim, o espírito do Deus eterno, é o espírito de Maria e de Neemias e de todos os que têm o mesmo sentimento. Em reverência, devemos antes dizer, o espírito de alguém assim é o espírito de Jesus e de Deus; e, todavia, é necessário às vezes colocar a questão na forma inversa. Porque, de alguma forma somos lentos em crer que amor é uma realidade para Deus. Nós quase fugimos, como se fosse uma impiedade, de atribuir ao Ser divino as qualidades que confessamos serem as mais nobres e as mais heroicas no caráter humano. Daí o valor prático da sanção aqui dada por Jesus à associação da unção em Betânia com a crucificação no Calvário. Com isso, ele, de fato, nos diz: "Não temam ver minha morte como um ato do mesmo tipo que o de Maria; um ato de puro e devotado amor. Deixem o aroma do unguento dela circular ao redor de minha cruz e ajudá-los a discernir o doce sabor de meu sacrifício. Entre todas as suas especulações e teorias sobre o grande tema da redenção, atenção para não deixarem de ver, em minha morte, meu coração amoroso e o coração amoroso de meu pai revelados".[192]

A "boa ação" de Maria ainda se assemelha à de Cristo em seu caráter de dedicação. Não foi sem esforço e sacrifício que aquela devotada mulher realizou seu famoso ato de homenagem. Todos os evangelistas mencionaram o

---

[191] Veja Neemias 1 e 2. Neemias, como Maria, podem ser referidos onde quer que o evangelho seja pregado, para ilustrar o coração do Redentor e interpretar seus pensamentos.

[192] Há uma tendência entre teólogos de mentalidade ultraescolástica para tratar tudo o que é dito de amor no contexto da expiação como sentimental, ou, no máximo, como utilizado somente para propósitos populares, e, também, para representar o aspecto judicial da expiação como o único com validade científica. Assim, um recente escritor, que trata da história das doutrinas (Shedd), diz: "Todo desenvolvimento científico verdadeiro da doutrina da expiação, é muito evidente, deve partir da ideia da justiça divina. Essa concepção é a primeira na representação bíblica dessa doutrina". Esse autor está bastante enamorado das "soteriologias" com pretensões científicas. Ele idolatra Anselmo como o autor da "primeira metafísica da doutrina cristã da expiação" e como o primeiro a reclamar para a doutrina da satisfação vicária "tanto uma necessidade racional como uma racionalidade científica." Anselmo certamente levou a paixão por um raciocínio *a priori* sobre o assunto da redenção ao seu limite extremo. Ele pretendia demonstrar não só uma necessidade hipotética por uma expiação para a salvação, mas uma necessidade absoluta. Um

O Treinamento dos Doze

preço do unguento. Marcos e João falam dos discípulos murmuradores, calculando seu valor em trezentos denários, isto é, o salário anual de um trabalhador braçal na taxa de um denário por dia. Por si só, era, de fato, uma grande soma; mas o que deve especialmente ser notado é que era uma soma muito grande para Maria. Isso sabemos das próprias palavras de Cristo, como registradas pelo segundo evangelista. "Ela fez o que pôde", bondosamente observou sobre ela, defendendo sua conduta contra as duras censuras de seus discípulos. Foi uma observação do mesmo tipo daquela que ele fez um dia ou dois mais tarde, em Jerusalém, a respeito da viúva pobre, a quem ele viu jogando duas moedinhas no tesouro do templo; e isso significava que Maria tinha gasto todos os seus recursos naquele singular tributo de respeito àquele a quem sua alma amava. Toda a sua renda, todo o seu dinheiro tinha sido dado em troca daquele frasco, cujo precioso conteúdo ela derramou sobre a pessoa do Salvador. Seu amor não era comum: era uma devoção nobre, heroica e dedicada, que a levava a fazer o seu máximo por seu objeto.

Nisto a mulher de Betânia se assemelhava ao Filho do Homem. Ele também fez o que pôde. O que fosse possível para um ser santo suportar em forma de humilhação, tentação, tristeza, sofrimento, sim, até na forma de tornar-se "pecado" e "uma maldição", a isso ele voluntariamente se submeteu. Por toda a sua vida sobre a terra, ele escrupulosamente se absteve de fazer algo que pudesse levar a tornar seu cálice de aflição menos que totalmente cheio. Ele se negou todas as vantagens do poder e privilégio divinos; ele se esvaziou; ele se fez pobre; ele se tornou, em todos os aspectos possíveis, como seus irmãos pecadores, para que pudesse qualificar-se para ser um sumo sacerdote misericordioso e fiel para eles nas coisas referentes a Deus. Tais sacrifícios, na vida e na morte, seu amor impôs sobre ele.

Tratando-se de sacrifícios imponentes, o amor, em forma de compensação, os faz fáceis. Não é só o destino do amor, mas é o deleite do amor, suportar dificuldades, carregar cargas pelo objeto amado. Ele não fica satisfeito enquanto não acha uma oportunidade e incorporar-se em um serviço que envolva custo, trabalho, dor. As coisas das quais o egoísmo se esquiva, o amor arden-

---

certo número de pecadores, ele sustentava, deve ser salvo para preencher o número dos anjos caídos, como "é indubitável que a natureza racional que é ou deve ser feliz na contemplação de Deus é pré-conhecida por Deus em um certo número racional e perfeito que não pode ser mais nem menos" (*Cur Deus Homo*, 1.c. 16). Que felicidade escapar de tal suposta ciência para a sala de refeição em Betânia! Deixe que o augusto atributo da justiça tenha seu devido lugar na teologia da expiação, mas não relegue o "amor", tirando-o da teologia, aos sermões populares. A morte de Cristo satisfez a justiça divina e o amor divino, e a glória do evangelho é que, no *mesmo* acontecimento, satisfez a ambos.

A UNÇÃO EM BETÂNIA: TERCEIRA LIÇÃO SOBRE A DOUTRINA DA CRUZ

temente deseja. Essas reflexões, acreditamos, se aplicam a Maria. Com seu amor por Jesus, era mais fácil para ela fazer o que fez que deixar de fazê-lo. Mas a prontidão do amor e a ansiedade para se sacrificar são mais singularmente exemplificados no caso do próprio Jesus. Foi de fato seu prazer sofrer por nossa redenção. Longe de esquivar-se da cruz, ele a aguardou ansiosamente com desejo sincero; e, quando a hora de sua paixão se aproximou, falou dela como a hora da sua glorificação. Ele não pensava em realizar nossa salvação ao menor custo possível para si. Seu sentimento era antes como este: "Quanto mais eu sofrer, melhor: mais profundamente eu entenderei minha identidade com meus irmãos; mais completamente os instintos e anseios do meu amor, carregadores de fardos, auxiliadores, serão satisfeitos." Sim: Jesus tinha mais a fazer do que comprar pecadores por um tão pequeno preço, como seria o aceito pelo resgate deles. Ele tinha que fazer justiça ao seu próprio coração; ele tinha que expressar adequadamente sua profunda *compaixão*; e nenhum ato de dimensões limitadas ou calculadas serviria para exaurir o conteúdo daquilo cujas dimensões eram imensuráveis. Sofrimento medido, especialmente quando suportado por personagem tão sublime, podia satisfazer a justiça divina, mas não poderia satisfazer o amor divino.

A terceira característica que fazia da "boa ação" de Maria um exemplo da do Salvador era sua *magnificência*. Isso também apareceu no dispêndio ligado ao ato de ungir, que não era só do tipo que envolvia um sacrifício por uma pessoa de suas posses, mas muito liberal com referência ao propósito em questão. A quantidade de óleo empregado no serviço era, segundo João, não menos que um terço de litro. Isso era muito mais do que o que poderia ser dito ser necessário. Houve uma aparência de desperdício e extravagância na forma da unção, mesmo que se admita que a ação era correta e adequada. Se os discípulos objetaram à cerimônia, embora realizada, não aparece no texto; mas era evidentemente a quantidade extravagante de unguento gasto que foi o objeto proeminente de seu descontentamento. Podemos pensar neles dizendo, por exemplo: "Certamente, menos podia ter sido feito; a maior parte pelo menos, se não o todo desse unguento, poderia ter sido economizada para outros usos. Isso é simplesmente desperdício sem sentido".

O que os discípulos de coração estreito pensavam que era desperdício era só a magnificência principesca do amor, que, como até um filósofo pagão poderia dizer, não considera por quanto ou quão pouco isso ou aquilo pode ser feito, mas como pode ser feito mais graciosa e elegantemente.[193] E o que

---

[193] Veja a página 217.

O Treinamento dos Doze

parecia a eles gasto despropositado serviu pelo menos para um bom propósito. Ele simbolizava uma característica similar da boa obra de Cristo como Salvador de pecadores. *Ele fez sua* obra magnificentemente e de nenhuma forma medíocre ou econômica. Ele realizou a redenção de "muitos" com meios adequados para redimir todos. "Com ele há plena redenção." Ele não mediu seu sangue em proporção ao número a ser salvo, nem limitou suas simpatias, como amigo do pecador, a um eleito. Ele derramou amargas lágrimas por almas condenadas; ele derramou seu sangue sem medida, e sem consideração por números, e ofereceu uma expiação que era suficiente para os pecados do mundo. Nem era esse atributo de suficiência universal ligado a sua obra expiadora um algo a que ele fosse indiferente. Pelo contrário, parece ter estado em seus pensamentos no mesmo momento em que pronunciou as palavras autorizando a associação do ato de amor de Maria com o evangelho. Porque ele fala daquele evangelho, que devia consistir na proclamação de seu feito de amor ao morrer pelos pecadores, como um evangelho para todo o mundo; evidentemente desejando que, como o aroma do unguento de Maria encheu a sala em que os convidados estavam reunidos, assim o aroma de seu sacrifício pudesse ser difundido como uma atmosfera de saúde salvadora entre todas as nações.

Podemos dizer, portanto, que, ao defender Maria contra a acusação de desperdício, Jesus estava, ao mesmo tempo, se defendendo, respondendo antecipadamente a questões tais como estas: Com que objetivo chorar sobre a Jerusalém condenada? Por que se entristecer por almas que devem afinal de contas perecer? Por que se preocupar com pessoas não eleitas para a salvação? Por que ordenar que seu evangelho seja pregado a toda criatura, com uma ênfase que parece dizer que ele quer que todos sejam salvos, quando sabe que somente um número definido crerá na mensagem? Por que não limitar suas simpatias e sua solicitude àqueles que serão de fato beneficiados por elas? Por que não restringir seu amor ao canal da aliança? Por que permitir que ele transborde como um rio na cheia?[194]

Essas perguntas revelam ignorância das condições sob as quais até os eleitos são salvos. Cristo não poderia salvar ninguém a menos que estivesse completamente disposto a salvar todos, porque essa disposição é uma parte da justiça perfeita que ele deveria cumprir. A máxima do dever é: "Ama a Deus

---

[194] Sobre o aparente desperdício na economia da redenção, há algumas boas observações nos escritos de Andrew Fuller, e especialmente em *Three Conversations on Particular Redemption*. Ele diz: "Combina com a conduta geral de Deus compartilhar seus favores com um tipo de profusão que, para a mente do homem que vê somente um ou dois fins a serem respondidos com eles, podem ter a aparência de desperdício."

A UNÇÃO EM BETÂNIA: TERCEIRA LIÇÃO SOBRE A DOUTRINA DA CRUZ

acima de todas as coisas, e ao teu próximo como a ti mesmo; e "próximo" significa, para Cristo e para nós, todo aquele que necessita de ajuda, e a quem se pode ajudar. Mas, para não nos basearmos nisso, nós observamos que tais perguntas mostram ignorância da natureza do amor. Magnificência, incorretamente chamada por avarentos de extravagância e desperdício, é um atributo invariável de todo verdadeiro amor. Davi reconheceu essa verdade quando escolheu a profusa unção de Arão com o óleo da consagração, em sua instalação no ofício de sumo sacerdote, como um símbolo adequado do amor fraternal (Sl 133). Houve "desperdício" naquela unção também, como naquela que aconteceu em Betânia. Porque o óleo não foi *aspergido* sobre a cabeça de Arão, embora isso pudesse ter sido suficiente para os propósitos de uma mera cerimônia. O jarro era esvaziado sobre a pessoa do sumo sacerdote, de forma que seu conteúdo escorria pela barba, até as bordas da roupa do sacerdote. Exatamente naquele desperdício encontrava-se o ponto de semelhança para Davi. Era uma característica que provavelmente chocaria sua mente, porque ele, também, era um desperdiçador a sua maneira. Tinha amado a Deus de uma forma que o expôs à acusação de extravagância. Ele tinha dançado diante do Senhor, por exemplo, quando a arca foi levada da casa de Obede-Edom para Jerusalém, esquecido de sua dignidade, excedendo os limites do decoro, e, como podia parecer, sem desculpa, pois uma muito menos efusiva demonstração de seus sentimentos teria servido ao propósito de uma solenidade religiosa (2Sm 6).

Davi, Maria, Jesus, todos eles seres devotados, amorosos, profetas, apóstolos, mártires, confessores, pertencem a um grupo, e todos estão sob a mesma condenação. Todos eles devem se declarar culpados de desperdício de afeição, sofrimento, trabalho duro, lágrimas; todos vivem de forma a ganhar para si mesmos a censura de extravagância, que é seu mais alto louvor. Davi dança e Mical zomba; profetas partem seus corações por causa do pecado e miséria de seu povo, e o povo brinca com sua dor; Maria quebra seu frasco de alabastro, e discípulos frios censuram o desperdício; homens de Deus sacrificam tudo o que têm por suas convicções religiosas, e o mundo os chama de loucos por causa de suas dores, e filósofos os advertem para não serem mártires por engano; Jesus chora por pecadores que não virão a ele para serem salvos, e homens ingratos perguntam: "Por que derramar lágrimas por vasos de ira preparados para a destruição?"

Temos assim visto que a boa ação de Maria era um símbolo adequado e digno da boa ação de Jesus Cristo ao morrer sobre a cruz. Devemos agora mostrar que a própria Maria é, em alguns aspectos importantes, digna de ser tida como um modelo cristão. Três características em seu caráter lhe dão direito a esse nome honroso.

O TREINAMENTO DOS DOZE

A primeira entre essas é sua ligação entusiástica com a pessoa de Cristo. A mais proeminente característica no caráter de Maria era seu poder de amar, sua capacidade de abnegação. Foi essa virtude, como manifesta em sua ação, que gerou a admiração de Jesus. Ele ficou tão contente com o nobre ato de amor, que, por assim dizer, canonizou Maria imediatamente, como um rei pode conferir nobreza no campo de batalha a um soldado que desempenhou algum nobre feito de armas. Na realidade, o que ele disse foi: "É isso o que eu entendo por cristianismo: uma devoção desinteressada e espontânea a mim como o Salvador de pecadores e como o soberano do reino da verdade e da justiça. Portanto, onde o evangelho for pregado, que o que esta mulher fez seja relatado, não só para lembrança dela, mas para indicar o que eu espero de todos os que creem em mim."

Ao recomendar Maria assim, Jesus nos dá a entender, na realidade, que a devoção é a principal das virtudes cristãs. Ele proclama a mesma doutrina depois ensinada por aquele que, embora último, foi o primeiro de todos os apóstolos em sua compreensão da mente de Cristo – o apóstolo Paulo. Aquele reluzente panegírico sobre a caridade, tão bem conhecido de todos os leitores de suas epístolas, nas quais ele faz a eloquência, o conhecimento, a fé, o dom de línguas e o dom de profecia prestarem homenagem a ela, como a virtude soberana, é só a interpretação fiel, em termos gerais, do encômio pronunciado sobre a mulher de Betânia. O relato da unção e o décimo terceiro capítulo da Primeira Epístola aos Coríntios podem ser lidos proveitosamente juntos.

Ao fazer do amor o teste e medida da excelência, Jesus e Paulo e os outros apóstolos (porque todos eles compartilharam a mente do Mestre, no fim) diferem amplamente do mundo religioso e do secular. Fariseus e saduceus, religiosos rigorosos e homens sem escrúpulos e sem religião, concordam em desprezar a ardente, entusiástica e nobre devoção, mesmo à causa mais nobre. Eles são sábios e prudentes, e sua filosofia pode ser incorporada em máximas como estas: "Não seja tão liberal em seus sentimentos, muito caloroso em suas simpatias, muito ansioso em seu sentido de dever; nunca permita que seu coração assuma o controle de sua cabeça, ou que seus princípios interfiram em seus interesses." Tão amplamente difundida é a antipatia pela sinceridade, especialmente no bem, que todas as nações têm seus provérbios contra o entusiasmo. Os gregos tinham seu μηδεν αγαν, os latinos seu *Ne quid nimis*;[195] expressando o ceticismo do criador de provérbio e do que o cita, quanto à possibilidade de a sabedoria ser entusiástica sobre qualquer coisa. O mun-

---

[195] O provérbio escocês com o mesmo sentido é "Nae owers are guid".

276

A UNÇÃO EM BETÂNIA: TERCEIRA LIÇÃO SOBRE A DOUTRINA DA CRUZ

do é prosaico, não poético, em temperamento – prudente, não impulsivo: ele abomina excentricidade em bem ou mal; ele prefere um nível morto de mediocridade, moderação e autodomínio; seu modelo de homem é aquele que nunca esquece de si mesmo, seja por afundar, abaixo de si mesmo, em tolice ou iniquidade, seja por elevar-se acima de si mesmo e livrar-se da mediocridade, orgulho, egoísmo, covardia e vaidade, em devoção a uma causa nobre.

Os doze eram como o mundo em seu temperamento na ocasião da unção: eles parecem ter visto Maria como uma criatura romântica, quixotesca e louca e sua ação como absurda e indefensável. Eles não objetaram, é claro, a seu amor por Jesus; mas condenaram a maneira de sua louca manifestação, mostrando como o dinheiro gasto no unguento poderia ter sido aplicado com um melhor propósito – diga-se, para o alívio dos destituídos – e Jesus louvava, nada menos, considerando, segundo seu próprio ensino, todas as ações filantrópicas como atos de bondade para si mesmo. E, à primeira vista, fica-se meio inclinado a dizer que eles tinham razão e eram muito mais sábios, conquanto não menos devotados a Jesus que Maria. Mas olhe o comportamento no dia da crucificação do Senhor, e veja a diferença entre eles e ela. Maria amava tanto, a ponto de ficar além de cálculo das consequências ou gastos; eles amavam tão friamente, que havia espaço para o medo em seus corações: portanto, enquanto Maria gastou tudo o que tinha no unguento, todos eles abandonaram seu Mestre e fugiram para salvar suas próprias vidas. Disso podemos ver que, apesar de extravagâncias excepcionais, aparentes ou reais, é mais sábio como mais nobre aquele espírito que nos faz incapazes de cálculo e à prova de tentações que surgem daí. Um Lutero ousado, desajeitado, mas heroico vale mil homens do tipo de Erasmo, incrivelmente sábio, mas frio, sem paixão, tímido e oportunista. A erudição é grande, mas a ação é maior; e o poder de fazer coisas nobres vem do amor.

Quão grande é a devotada Maria comparada com os discípulos de coração frio! Ela realiza ações nobres e eles a criticam. Triste ato de um ser humano, a crítica, especialmente o tipo comum nos acusadores! O amor não se importa com tal ocupação; é muito insignificante para sua mente generosa. Se há lugar para louvor, ela o dará em medida ilimitada. Mas, antes que criticar e acusar, ela prefere ficar em silêncio. Veja, de novo, como o amor, em Maria, se torna um substituto para a presciência. Ela não sabe que Jesus está para morrer, mas age como se o soubesse. Tal como Maria pode adivinhar, os *instintos* do amor, a inspiração do Deus de amor os ensina a fazerem a coisa certa, no tempo certo, o que é a realização máxima da verdadeira sabedoria. Por outro lado, vemos, no caso dos discípulos, como a frieza de coração consome o conhecimento e torna as pessoas estúpidas. Eles tinham recebido muito mais informação que Maria sobre o futuro. Se eles não sabiam que Jesus estava para morrer, deviam saber a partir de muitas indicações e até claras insinuações feitas a eles. Mas eles tinham esquecido tudo isso. E por quê? Pela mesma razão que faz as pessoas tão esquecidas de coisas referentes ao próximo. Os doze estavam muito ocupados com seus próprios problemas. Suas cabeças estavam cheias de sonhos vaidosos de ambição mundana e assim as palavras de seu Mestre foram esquecidas quase tão logo foram pronunciadas, e foi necessário que ele lhes dissesse patética e reprovadoramente: "Pois os pobres vocês sempre terão consigo, mas a mim vocês nem sempre terão". Pessoas tão dispostas nunca entendem os tempos, quanto a saber o que Israel deve fazer, ou aprovar a conduta daqueles que sabem.

Uma segunda admirável característica de Maria era a *liberdade de seu espírito*. Ela não estava presa a métodos e regras de boa conduta. Os discípulos, julgando-se por sua linguagem, parecem ter sido grandes "metodistas", servis em seu apego a certos modos estereotipados de ação. Eles disseram: "Este perfume poderia ser vendido por alto preço, e o dinheiro dado aos *pobres.*" Eles entendiam que a caridade para com os pobres era um dever muito importante: eles sabiam que seu Mestre sempre se referia a ela; e faziam dela tudo. "Caridade", no sentido de dar esmolas,[196] era seu *hobby.* Quando Judas foi trair seu Senhor, eles pensaram que ele estava indo distribuir o que restara da refeição entre algumas pessoas pobres que conhecia. Suas ideias de fazer o bem pareciam ser dominadas por método. Para eles, boas obras não pareciam ser coextensivas com ações nobres de todos os tipos. A expressão é técnica e limitada, em sua aplicação, a um confinado círculo de ações de natureza expressa e obviamente religiosa e benevolente.

Não para Maria. Ela conhece mais formas de fazer o bem. Pode criar formas próprias. É original, criativa, não servilmente imitativa. E ela é tão sem temor quanto é original. Ela não pode só imaginar formas de fazer o bem a partir de caminhos já trilhados, mas tem a coragem de realizar suas ideias. Não tem medo do público. Não pergunta antecipadamente: "O que os doze vão

---

[196] Não podemos considerar um avanço a exclusão da palavra caridade da RV. O motivo é bastante óbvio, o fato de que ela é frequentemente empregada no sentido de dar esmola. Mas ela tem um sentido muito claro além desse, a saber, "amor liberal"; e é uma palavra muito preciosa em nosso vocabulário religioso para ser descartada. O efeito da omissão no estilo da RV é algumas vezes muito infeliz. Assim em 2Pe 1.7, para "com a fraternidade, a caridade", na AV, nós temos na RV: "em seu amor dos irmãos, amor". O que poderia ser mais fraco?

pensar disso?" Com uma mente livre, ela forma seu plano e, com mão firme e pronta, ela o executa.

Essa liberdade Maria devia a seu grande coração. O amor a fez original em pensamento e ação. Pessoas sem coração não podem ser originais como ela foi. Elas podem se acostumar com boas obras por um motivo ou outro; mas as realizam de uma forma servil e mecânica. É preciso que alguém em quem confiam, ou, mais geralmente, o costume ou a moda, lhes diga o que fazer; então, nunca fazem nada que não esteja na moda. Mas Maria não precisava de conselheiro; ela se aconselhava com seu próprio coração. O amor lhe ditava infalivelmente qual o dever do momento, que sua tarefa, no momento, não era dar esmolas, mas ungir a pessoa do grande Sumo Sacerdote.

Podemos aprender do exemplo de Maria que o amor é, não menos que a necessidade, a mãe da invenção. Um grande coração tem tanto a ver com originalidade espiritual como uma cabeça inteligente. O que é necessário para encher a igreja com pregadores originais, doadores originais, participantes originais em todos os departamentos da obra cristã não é mais cérebro, ou mais treinamento, ou mais oportunidades, mas, acima de tudo, mais *coração*. Quando há pouco amor na comunidade cristã, ela se assemelha a um rio em tempo seco, que não só fica dentro de suas margens, mas nem ocupa todo o seu canal, deixando grandes camadas de cascalho ou areia altas e secas em ambos os lados da corrente. Quando, porém, o amor de Deus é derramado nos corações de seus membros, a igreja torna-se como o mesmo rio em tempo de chuva. O nível começa a subir, as camadas de cascalho gradualmente desaparecem e, por fim, a torrente não só enche seu canal, como transborda de suas margens e se espalha pelas planícies. Novos métodos de fazer o bem são, então, tentados e novas medidas de fazer o bem são alcançadas; novas canções são compostas e cantadas; novas formas de expressão para antigas verdades são criadas, não por causa da novidade, mas no poder criativo de uma nova vida espiritual.

Foi o amor que livrou Maria do medo, bem como da prisão do costume mecânico. Alguém que conheceu bem o poder do amor disse: "O amor lança fora o medo". O amor pode até transformar mulheres retraídas e sensíveis em corajosas – até mais corajosas que homens. Ele pode nos ensinar a desrespeitar aquela coisa chamada opinião pública, diante da qual toda a humanidade se acovarda. Foi o amor que fez Pedro e João tão corajosos diante do Sinédrio. Eles tinham estado com Jesus tempo suficiente para amá-lo mais que sua própria vida, portanto, não se intimidaram diante do poderoso. Foi o amor que fez o próprio Jesus tão indiferente à censura, e indiferente às restrições conven-

O TREINAMENTO DOS DOZE

cionais na execução de sua obra. Seu coração era tão devotado a sua missão filantrópica, que ele desafiou a desaprovação do mundo; e ainda, provavelmente, porque não se importava com ela, exceto quando se intrometia em seu caminho. E o que o amor fez por Maria, e por Jesus, e pelos apóstolos em dias posteriores, ele faz por todos. Sempre que ele existe em uma vasta medida, bane a timidez e acanhamento, e a imbecilidade que acompanha, e produz força de caráter e sanidade mental. E, para coroar o encômio, podemos acrescentar que, enquanto nos faz corajosos, o amor não nos faz atrevidos. Algumas pessoas são corajosas porque são muito egoístas para se preocupar com os sentimentos dos outros. Os que são corajosos por causa do amor podem ousar fazer coisas que serão vistas como erradas, mas sempre estão ansiosos, na medida do possível, para agradar seus semelhantes e evitar ofendê-los.

Ainda podemos dizer algo sobre esse assunto. A liberdade que surge do amor nunca pode ser perigosa. Em nossos dias, muitos estão alarmados com o progresso da escola teológica liberal e da tolerância que consiste em *indiferença cética* para com a verdade cristã universal. Fazemos bem em ser zelosos, mas, por outro lado, da liberdade e tolerância devidas ao ardente amor por Cristo e a todo o grande interesse de seu reino, não podemos ter demais. O espírito de caridade pode, de fato, tratar como assuntos comparativamente leves coisas que pessoas de mente austera consideram quase de vital importância, e pode estar disposto a fazer coisas que pessoas mais enamoradas da ordem e dos costumes, mais que da liberdade, podem considerar inovações licenciosas. O estrago feito, contudo, será imaginário antes que real; e, mesmo que fosse de outra forma, as Marias impulsivas nunca são tão numerosas na igreja que não possam ser toleradas com segurança. Há sempre um número suficiente de discípulos normais e amantes da ordem para manter seus irmãos quixotescos sob o devido controle.

Finalmente, a *nobreza* do espírito de Maria não era menos notável que sua liberdade. Não havia traço de utilitarismo vulgar em seu caráter. Ela pensava habitualmente, não no imediatamente, óbvia e materialmente útil, mas no honroso, amável e moralmente belo. Pessoas duras e práticas poderiam dizer que ela era romântica, sentimental, sonhadora e mística; mas uma avaliação mais justa diria que ela era uma mulher cujas virtudes eram heroicas e nobres, antes que comerciais. Jesus assinalou o ponto saliente no caráter de Maria com o epíteto que ele usou para descrever sua ação. Ele não disse que era uma ação útil, mas boa, ou melhor ainda, uma ação *nobre*.

E, todavia, enquanto o feito de Maria era caracteristicamente nobre, não era menos útil. Todas as boas obras são úteis em algum sentido, em uma

A UNÇÃO EM BETÂNIA: TERCEIRA LIÇÃO SOBRE A DOUTRINA DA CRUZ

ocasião ou outra. Todas as coisas nobres e boas – pensamentos, palavras, obras – contribuem, no fim, para o benefício do mundo. Só que a utilidade de ações tais como as de Maria – das melhores e mais nobres necessidades – não são sempre aparentes ou apreciáveis. Se fôssemos fazer do uso imediato, óbvio e vulgar o teste do que é certo, deveríamos excluir não só a unção em Betânia, mas todos os grandes poemas e obras de arte, todos os sacrifícios de vantagem material em prol da verdade e do dever; tudo, de fato, que não tendeu diretamente a aumentar riqueza e conforto externos, mas meramente ajudou a redimir o mundo da vulgaridade, dando-nos relances de uma terra muito distante de beleza e bondade, com a qual nós, de vez em quando, só fracamente sonhamos, e nos pôs em contato com o divino e o eterno, fez da terra chão clássico, um campo onde heróis têm lutado, e onde seus ossos são enterrados, e onde a pedra musgosa está levantada para comemorar seu valor.

Em sua nobreza de espírito, Maria foi, de modo superior, *o cristão*. Porque o gênio do cristianismo certamente não é o utilitarismo. Seu conselho é: "Tudo o que é verdadeiro, tudo o que é venerável, tudo o que é justo, tudo o que é puro, tudo o que é amável, nisso pensai". Todas essas coisas são enfaticamente úteis; entretanto, não é por sua utilidade, mas por elas próprias, que devemos pensar nelas, e isso por uma boa razão. Precisamente para algo ser útil, devemos visar a algo superior à utilidade; assim como, para sermos felizes, devemos visar a algo superior à felicidade. Devemos fazer do certo, revelado a nós por uma consciência iluminada e um coração de puro amor, nossa regra de dever: então poderemos estar seguros de que usos de todos os tipos serão realizados por nossa conduta, sejam previstos ou não; ao passo que, se fazemos dos cálculos de utilidade nossos guias na ação, não faremos as coisas mais nobres e melhores, porque, em regra, os usos de tais coisas são menos óbvios, mais demorados para aparecerem. Supremamente útil para o mundo é a devoção heroica do mártir; mas leva séculos para se desenvolverem os benefícios do martírio; e, se todos os homens tivessem seguido as máximas da filosofia utilitária e feito da utilidade seu motivo de ação, nunca teriam existido mártires. Utilitarismo tende a oportunismo e bajulação; é a morte do heroísmo e autossacrifício; ele caminha pelo que vê, e não pela fé; só olha o presente e esquece o futuro; ele assenta prudência no trono da confiança, não produz grandes personalidades, mas, no máximo, banais intrometidos. Consideradas essas coisas, não é surpresa descobrir que o termo "utilidade", de tão frequente recorrência no vocabulário religioso de hoje, não tem lugar no Novo Testamento.[197]

---

[197] Sobre os defeitos da moralidade utilitarista, veja Sir James Macintosh *Dissertation*, sob Jeremy Bentham.

O TREINAMENTO DOS DOZE

Mais quatro observações podem adequadamente fechar essas meditações sobre os memoráveis acontecimentos em Betânia.

1. Em todos os atributos de caráter enumerados até aqui, Maria foi um modelo de piedade genuinamente evangélica. O espírito evangélico é um espírito de amor nobre e *liberdade* sem medo . É um evangelicismo fraco o que é escravo do passado, da tradição, de costumes e métodos fixos em religião. O verdadeiro nome para esse temperamento e tendência é *legalismo*.

2. Da defesa que Cristo faz de Maria podemos aprender que ser acusado de erro não é evidência de estar errado. Considera-se geralmente que uma pessoa muito acusada fez algo errado, e esse é o único motivo possível de ser censurado. Mas, na verdade, ele pode somente ter feito algo anormal; porque todas as coisas anormais são entendidas como erradas – o anormalmente bom, bem como e até mais que o anormalmente mau. Por isso, Paulo faz a aparentemente supérflua observação de que não há lei contra o amor e suas graças relacionadas. Na verdade, essas virtudes são tratadas como ilegais e criminosas sempre que excedem a usual medida limitada pela avareza em que tais metais preciosos são achados no mundo. Não foi aquele que perfeitamente incorporou todas as graças celestiais expulso da existência pelo mundo, como uma pessoa intolerável? Felizmente, por fim, o mundo chegou a uma opinião mais justa, embora frequentemente muito tardia para ser útil para aqueles que foram incorretamente julgados. Os bárbaros da ilha de Malta, que, quando viram a serpente presa à mão de Paulo, pensaram que ele devia ser um assassino, mudaram de opinião quando ele sacudiu o réptil e não sofreu dano e exclamaram: "Ele é um Deus". Daí, devemos aprender esta máxima da prudência: não sermos muito apressados para criticar se quisermos ter créditos por compreensão e coerência; porém, deveríamos nos disciplinar na lentidão em julgar a partir de considerações mais elevadas. Devíamos cultivar reverência pelo caráter e personalidade de todos os seres inteligentes e responsáveis, e estar sob um constante medo de cometer erros, e de chamar o bem de mal e o mal de bem. Nas palavras de um antigo filósofo: "Devemos sempre ser muito cuidadosos quando estamos para acusar ou louvar um homem, para que não falemos incorretamente. Para isso, é preciso aprender a discriminar entre pessoas más e boas. Porque Deus não se agrada quando se acusa uma pessoa à sua imagem, ou se louva uma pessoa diferente dele. Não imagine que as pedras e varas, pássaros e serpentes, são sagrados e que pessoas não o são. Porque de todos os seres, o mais sagrado é uma boa pessoa, e o mais detestável, uma má."[198]

---

[198] Platão, *Minos*.

A UNÇÃO EM BETÂNIA: TERCEIRA LIÇÃO SOBRE A DOUTRINA DA CRUZ

3. Se não podemos ser cristãos como Maria, não sejamos também discípulos como Judas. Alguns podem pensar que não seria desejável que todos fossem como a mulher de Betânia: plausivelmente alegando que, considerando a fraqueza da natureza humana, é necessário que a escola romântica, impulsiva, mítica, de cristãos deva ser mantida sob controle por outra escola mais prosaica, conservadora e, por assim dizer, de caráter plebeu, conquanto admitindo que uns poucos cristãos como Maria, na igreja, ajudam a preservar a religião de degenerar em vulgaridade e formalismo. Seja como for, a igreja com certeza não precisa de Judas. Judas e Maria! Esses dois representam os dois extremos do caráter humano. Um exemplifica o παντων μιαρωτατον (a mais odiosa de todas as coisas) de Platão, o outro, seu παντων ιερωτατον (a mais santa de todas as coisas). Caracteres tão diversos nos compelem a crer em céu e inferno. Cada um vai para seu próprio lugar: Maria para a "terra do fiel"; Judas para a terra do falso, que troca sua consciência e seu Deus por ouro.

4. É digno de nota quão natural e apropriadamente Jesus, em sua defesa magnânima da ação generosa de Maria, eleva-se totalmente ao nível da presciência profética e antecipa, para seu evangelho, uma ampla difusão: "Em qualquer lugar *do mundo inteiro* onde este evangelho for anunciado". Tal evangelho podia ser nada menos que mundial em simpatia, e ninguém que o entendeu e a seu Autor poderia deixar de ter um desejo ardente de ir a todo o mundo e pregá-lo a toda criatura. Esse toque universalístico no pronunciamento de Cristo nessa ocasião, longe de nos pegar de surpresa, antes parece muito óbvio. Mesmo críticos da escola naturalista admitem sua autenticidade. "Esta palavra em Betânia é a palavra solitária e bastante confiável do último período da vida de Cristo a respeito da carreira mundial que Jesus viu se abrir para ele e sua causa",[199] diz um dos escritores mais competentes dessa escola. Se, portanto, os doze continuaram estreitos judaístas até o fim, não foi devido à ausência de elemento universalista no ensino de seu Mestre, mas simplesmente a isto: eles continuaram permanentemente tão incapazes de apreciar o ato de Maria e o evangelho do qual ele era um símbolo, quanto se mostravam nessa ocasião. Que eles continuaram assim, entretanto, não acreditamos; e a melhor evidência disso é que o relato de Maria de Betânia recebeu um lugar nos registros dos evangelhos.

---

[199] Keim, *Geschichte Jesu*, iii. 224.

19
Primeiros frutos entre os gentios
Jo 12.20-23

Esta narrativa apresenta interessantes pontos de afinidade com aquela contida no quarto capítulo do Evangelho de João – o relato da mulher junto ao poço. Em ambos, Jesus entra em contato com pessoas de fora do seio da igreja judaica; em ambos, ele aproveita a ocasião para falar, em linguagem radiante, de uma hora que vem, sim, que é agora, que introduzirá uma nova era gloriosa para o Reino de Deus; em ambos, ele expressa, nos termos mais intensos, sua dedicação à vontade de seu Pai, sua fé na futura difusão do Evangelho e sua viva esperança de uma recompensa pessoal na glória;[200] em ambos, deve-se notar ainda um outro ponto de semelhança – ele emprega, para a expressão de seu pensamento, metáforas da agricultura: no primeiro caso, o processo de ceifar; em outro, o segundo, o de semear.

Mas, além das semelhanças, fortes diferenças são observáveis nessas duas passagens da vida do Senhor Jesus. Dessas, a mais destacada é esta: enquanto, na ocasião anterior, não havia mais que entusiasmo, alegria e esperança no coração do Salvador, na ocasião em estudo, esses sentimentos estão misturados com profunda tristeza. Sua alma não está só exultante com a perspectiva da glória vindoura, mas perturbada com a perspectiva de desastre iminente. A razão é que sua morte está próxima: dentro de três dias, ele deve ser levantado sobre a cruz; e a natureza consciente esquiva-se do cálice amargo do sofrimento.

Mas, enquanto observamos a presença de uma nova emoção aqui, também vemos que sua presença não produz nenhum decréscimo nas velhas emoções manifestadas por Jesus, referentes a sua conversa com a mulher de Samaria. Pelo contrário, a perspectiva da morte próxima somente dá ao Salvador meios de aumentar a intensidade das expressões de sua devoção, sua fé e sua esperança. Anteriormente, ele tinha dito que fazer a vontade de seu Pai valia mais que *alimento;* agora ele diz, de fato, que é mais que *vida* (Jo 12.28). No

---

[200] João 4.34-36. O v.34 expressa a devoção de Cristo; o v. 35, sua fé, fazendo visíveis e presentes coisas não vistas e futuras; o v. 36, sua esperança de uma grande recompensa em comum com todos os semeadores e colhedores.

começo, ele tinha visto com o olho da fé uma vasta extensão de campos, já brancos para a ceifa, no grande deserto das terras gentias; agora, ele não só continua a ver esses campos, apesar de sua paixão que se aproxima, mas os vê como o *efeito* disso – todo um mundo de grãos dourados, crescendo de uma semente de trigo jogada no solo e produzindo fruto de vida por sua própria morte (v.24). No poço de Sicar, ele tinha falado com vívida esperança das recompensas guardadas para si mesmo, e para todos os colaboradores no reino de Deus, semeadores e ceifeiros; aqui, a morte é engolida na vitória, por meio do poder de sua esperança. Sofrer é entrar na glória; ser levantado sobre a cruz é ser exaltado ao céu e assentar-se sobre o trono de domínio mundial (vv. 23,32).

Os homens que desejavam ver Jesus enquanto ele ainda estava em um dos pátios do templo eram gregos. Não sabemos de onde vieram; se do norte ou do sul, se do leste ou do oeste; mas evidentemente estavam interessados em entrar no Reino de Deus. Eles já tinham andado tanto em direção ao reino! A pressuposição, pelo menos, é que tinham deixado o paganismo para trás, e tinham abraçado a fé no Deus vivo e verdadeiro, como ensinada pelos judeus, e vieram, nessa época, para Jerusalém, para adorar na Páscoa, como prosélitos judeus.[201] Mas eles não tinham achado descanso para suas almas: havia algo para ser conhecido sobre Deus que ainda estava oculto para eles. Isso esperavam aprender de Jesus, do qual tinham, de alguma forma, ouvido falar. Consequentemente, quando surgiu uma oportunidade de falarem com quem pertencia ao grupo de Jesus, eles respeitosamente expressaram o desejo de falar com o Mestre dele. Eles disseram: "Senhor, queremos ver Jesus." Em si mesmas as palavras podiam ser nada mais que a expressão de um desejo curioso de dar uma olhada em quem se pensava ser um homem notável. Essa interpretação do pedido é excluída pela profunda emoção que ele despertou em Jesus. Simples curiosidade não teria agitado sua alma de tal forma. Então, a ideia de que esses gregos eram só estrangeiros curiosos é inteiramente inconsistente com o contexto em que o relato é introduzido. João começa a narrativa imediatamente após citar a reflexão feita pelos fariseus a respeito da popularidade de Jesus, advinda desde a ressurreição de Lázaro. Eles diziam uns aos outros: "Não conseguimos nada. Olhem como o mundo todo vai atrás dele!" E o evangelista acrescentaria: "Sim, de fato, e isso numa extensão que vocês não imagina-

---

[201] Essa é a inferência natural mesmo da AV, "Havia alguns gregos *entre* eles que tinham vindo para adorar", o mesmo na RV. A verdadeira tradução é: "Havia alguns gregos do número daqueles" (Gregos), etc. (εκ των αναβαινοντων, não εν τοις). Assim Dr. Field de Norwich em *Otium Norvicense*, Part iii.

vam. Aquele que vocês odeiam está sendo procurado até por gentios de longe, como a história seguinte mostrará."

Estamos corretos então em considerar os gregos como pessoas sérias. Eles eram verdadeiros caçadores de Deus. Eles eram genuínos descendentes espirituais de seus conterrâneos ilustres Sócrates e Platão, cujas declarações, escritas ou não, eram uma longa oração por luz e verdade, um profundo suspiro inconsciente por ver Jesus. Eles queriam ver o Salvador, não só com os olhos materiais, mas, acima de tudo, com os olhos do espírito.

O papel dos dois discípulos nomeados na narrativa exige um breve comentário. Filipe e André tiveram a honra de ser o meio de comunicação entre os representantes do mundo gentio e aquele que tinha vindo para cumprir o desejo e ser o Salvador de todas as nações. Os devotos gregos se dirigiram ao primeiro desses dois discípulos, e ele, por sua vez, falou com seu condiscípulo. Não sabemos como Filipe foi escolhido portador do pedido deles. Tem sido feita referência ao fato de que o nome de Filipe é grego, como implicando a probabilidade de que Filipe tivesse ligações com os gregos, e a possibilidade de que ele conhecesse as pessoas que o abordaram nessa ocasião. Pode haver alguma coisa de real nessas conjecturas, mas é mais importante notar que os gregos foram felizes na escolha de seu intercessor. O próprio Filipe era um inquiridor e tinha simpatia por todos os que com ele partilhavam essa característica. A primeira vez em que ele é nomeado no evangelho, é apresentado expressando sua fé em Jesus, como alguém que tinha cuidadosamente procurado a verdade e que, tendo por fim encontrado o que procurava, lutou para que outros tivessem parte na bênção. "Filipe encontrou Natanael e disse a ele: 'Encontramos aquele de quem Moisés, na lei, e os profetas escreveram, Jesus de Nazaré, o filho de José." A exatidão e plenitude dessa confissão revela cuidadosa e consciente pesquisa. E Filipe tem mesmo o temperamento do inquiridor. Um dia ou dois após o encontro com os gregos, nós o encontramos fazendo para si mesmo o mais importante pedido: "Senhor, mostra-nos o Pai, e isso nos basta".

Mas por que, então, esse discípulo solidário não transmite o pedido dos gregos diretamente a Jesus? Por que levar André com ele, como se tivesse medo de fazer sozinho a tarefa? Exatamente porque os que pedem são gregos e gentios. É uma coisa apresentar um judeu devoto como Natanael a Jesus, outra bem diferente é apresentar gentios, embora devotos. Filipe fica contente de que seu Mestre seja procurado por essas pessoas, mas não tem certeza se deve agir sob seu primeiro impulso. Ele hesita, e fica bastante agitado na presença do que ele sente que é uma coisa nova, um evento importante, o começo de

O TREINAMENTO DOS DOZE

uma revolução religiosa.[202] Sua inclinação é agir como um intercessor para os gregos; mas ele desconfia de seu próprio julgamento, e, antes de agir por ele, apresenta o caso a seu condiscípulo e natural da mesma cidade, André, para ver sua reação. O resultado da consulta foi o que os dois disseram a seu Mestre. Eles sentiram que estavam perfeitamente salvos ao mencionar a questão a ele, para que fizesse o que quisesse.

Sabemos que a comunicação dos discípulos poderosamente agitou a alma de Jesus. Manifestação de sensibilidade espiritual por pessoas que eram de fora da comunidade de Israel sempre o comoveram muito. A mente aberta do povo de Sicar, a fé simples do centurião romano, a fé perspicaz da mulher siro-fenícia, a gratidão do leproso samaritano comoveram-no profundamente. Tais exibições de vida espiritual em áreas inesperadas vinham sobre seu espírito como a brisa sobre uma harpa eólica, produzindo as mais doces melodias de fé, esperança, alegria e caridade; e, algumas vezes, também tristes e chorosas melodias de desapontamento e tristeza, como o suspiro do vento de outono entre pinheiros escoceses, quando ele pensava na incredulidade e amorteci-mento espiritual do povo escolhido por quem tinha feito tanto.[203] Nunca seu coração foi mais profundamente afetado que nesta ocasião. O que não é de espantar. O que é mais comovente do que um ser humano procurando por Deus, a fonte da luz e da vida? Portanto, a espontaneidade desses gregos é bela. Deve-se agradecer, neste mundo incrédulo, quando alguém, aqui e ali, res-ponde ao chamado de Deus e recebe uma palavra divina que lhe foi dita. Mas aqui temos o raro espetáculo de pessoas que vieram sem ser chamadas: não procurados por Cristo e aceitando-o quando se oferece a eles como Salvador e Senhor, mas procurando-o e implorando isso como um grande favor: serem admitidos em sua presença, para que pudessem oferecer a ele sua sincera ho-menagem e ouvi-lo falar palavras de vida eterna. Eles vêm, também, de uma área muito incomum; e, o que é mais digno de nota, em uma ocasião muito crítica. Jesus está para ser definitivamente rejeitado por seu próprio povo, a ponto de ser crucificado por eles. Alguns fecharam seus olhos, taparam seus ouvidos e endureceram seus corações, da forma mais determinada, contra ele e seu ensino; outros, não insensíveis a seus méritos, têm mesquinha e cruelmen-te ocultado suas convicções, temendo as consequências de uma confissão pú-

---

[202] Luthardt (*Das Joh. Evan.* I. 102) pensa que essa hesitação é especialmente característica de Filipe e contrasta com ela a prontidão de André, como descrita aqui, e também em João 6.9. Isso é possí-vel. Pessoas ponderadas e investigadoras frequentemente são hesitantes em questões práticas.

[203] João 12.37-43. Veja o próximo capítulo, que pode ajudar a entender a emoção despertada em Cristo pelo pedido desses estrangeiros gregos.

blica. A palavra do profeta Isaías foi cumprida em sua amarga experiência: "Quem creu em nossa mensagem? E a quem o braço do Senhor foi revelado?" Farisaísmo, saduceísmo, ignorância, indiferença, inconstância, covardia confrontaram-no de todo lado. Quão refrescante, em meio a tanta contradição, estupidez e obtusa insensibilidade, essa notificação trouxe a ele na décima primeira hora: "Aqui estão alguns gregos, que estão interessados em você, e querem vê-lo!" As palavras são música para seus ouvidos; a notícia revitaliza seu espírito carregado como a vista de uma fonte para um viajante cansado em um deserto; e, na plenitude de sua alegria, ele exclama: "Chegou a hora de ser glorificado o Filho do Homem!" Rejeitado por seu próprio povo, ele é consolado pela inspiradora asseveração de que crerão nele no mundo e será aceito pelas nações distantes como toda a sua salvação e tudo o que desejam.

Os pensamentos de Jesus, nesse momento, eram tão profundos quanto suas emoções eram intensas. Especialmente notável é o primeiro pensamento que ele expressou assim: "Digo-lhes verdadeiramente que, se o grão de trigo não cair na terra e não morrer, continuará ele só. Mas, se morrer, dará muito fruto." Ele fala com a solenidade de quem está consciente de estar anunciando uma verdade nova e estranha a seus ouvintes. Seu objetivo é fazer crível e compreensível para seus ouvintes que morte e crescimento podem estar juntos. Ele lhes mostra que o caso é assim com o grão; e ele os faria entender que a lei do crescimento, não só *apesar*, mas *em virtude* da morte, será igualmente verdadeira em seu próprio caso. "Um grão de trigo, ao morrer, torna-se frutífero; assim, eu devo morrer para me tornar, em larga escala, um objeto de fé e fonte de vida. Durante minha vida, eu tenho tido pouco sucesso. Poucos têm crido, muitos têm descrido; e eles estão para coroar sua incredulidade matando-me. Mas minha morte, longe de ser, como imaginam, minha derrota e destruição, será só o começo de minha glorificação. Após eu ter sido crucificado, começarão a crer em mim, em muitos lugares, como o Senhor e Salvador dos homens."

Tendo, pela analogia do grão de trigo, apresentado a morte como condição da frutificação, Jesus, em uma palavra subsequente, proclamou sua crucificação iminente como o segredo de seu *poder* futuro. Ele disse: "Mas eu, quando for levantado da terra, *atrairei* todos a mim." Ele usou a expressão "levantado" em um duplo sentido – em parte, como o evangelista nos informa, uma alusão à forma de sua morte, em parte, com referência a sua ascensão ao céu; ele quis dizer que, após ter sido recebido na glória, através de sua cruz, atrairia os olhos e corações das pessoas para si mesmo. E, por estranho que a afirmação possa parecer antes do evento, o fato correspondia à expectativa do

Salvador. A cruz – símbolo de vergonha! – tornou-se uma fonte de glória; o sinal de fraqueza tornou-se um instrumento de poder moral. Cristo crucificado, embora uma pedra de tropeço para judeus incrédulos, e uma loucura para filósofos gregos, tornou-se para muitos crentes o poder e a sabedoria de Deus. Por seu ultraje voluntário e humilde suportar do sofrimento, o Filho de Deus *atraiu* pessoas para si em fé sincera e devotado amor reverente.

A amplitude do desejo e expectativas de Cristo é muito notável. Ele fala de "muito fruto" e de atrair "todos" a ele. É claro que não vamos procurar aqui uma definição exata da extensão da redenção. Jesus fala como um homem, declarando, na plenitude de seu coração, sua elevada e santa esperança; e nós podemos aprender de suas ardentes palavras, se não a extensão teológica da expiação, a *amplitude* das boas intenções do Expiador. Ele teria todos os homens crendo nele e sendo salvos. Ele se queixou com profunda melancolia do pequeno número de crentes entre os judeus; voltou-se, com indizível anseio, para os gentios, esperando uma recepção melhor da parte deles. Quanto maior o número de crentes em qualquer tempo e em qualquer lugar, mais ele se agrada; e certamente não contempla com indiferença a vasta quantidade de descrença que ainda prevalece em todas as partes do mundo. Seu coração está decidido sobre a completa expulsão do príncipe deste mundo de seu domínio usurpado, para que ele próprio possa reinar sobre todos os reinos da terra.

A narrativa contém uma palavra de aplicação dirigida aos discípulos, referente à lei de crescimento e morte, dizendo, de fato, que ela se aplica a eles bem como a si mesmo (Jo 12.25,26). Isso inicialmente parece surpreendente, a ponto de sermos tentados a pensar que as palavras aludidas são apresentadas aqui pelo evangelista fora de seu verdadeiro contexto histórico. Mas, pensando melhor, não é isso. Observamos que, nos casos possíveis, Cristo, em seu ensino, leva seus discípulos em parceria com ele. Ele não insiste sobre aqueles aspectos da verdade que são peculiares a si mesmo, mas antes sobre aqueles que são comuns a ele e seus seguidores. Se há algum ponto de contato, segundo o qual o que ele afirma de si mesmo é verdadeiro para aqueles que creem nele, ele pega esse tema e faz dele um tópico proeminente de discurso. Foi o que aconteceu junto ao poço; foi assim quando ele anunciou claramente, pela primeira vez, que estava para ser morto. E assim ele faz aqui. Aqui, também, afirma uma comunhão entre ele e seus seguidores com respeito à necessidade de morte como condição de frutificação. E a comunhão afirmada não é uma presunção forçada: é uma grande realidade prática. O princípio exposto é este, que, e na proporção em que, um homem é um participante do sofrimento de

Cristo em seu estado de humilhação, ele será um participante da glória, honra e poder que pertencem ao seu estado de exaltação. Esse princípio é verdadeiro inclusive nesta vida. O carregar da cruz, o sofrer a morte, é condição de frutificação, tanto no sentido de santificação pessoal quanto no sentido de serviço efetivo no reino de Deus. A longo prazo, a medida do poder de um homem é a extensão em que ele é batizado na morte de Cristo. Devemos completar o que falta das aflições de Cristo em nossa carne por causa de seu corpo, que é a igreja, se formos instrumentos honrados no avanço daquela grande obra no mundo, pela qual ele esteve disposto, como um grão de trigo, a cair no solo e morrer.

Por chocante que seja essa afirmação, não deve ser contada entre aquelas que têm uma contribuição distinta para a doutrina da cruz. Não há aí nenhum princípio nem concepção novos, só velhas concepções reafirmadas, uma combinação das concepções ensinadas na primeira e segunda lições – morte como uma condição de *vida* (Mt 16.25; cf. Jo 12.25) e de *poder* (Mt 20.28; cf. Jo 12.24). Até a palavra original referente ao grão de trigo não nos mostra nenhum aspecto novo da morte de Cristo, mas apenas nos ajuda, por uma analogia familiar, a entender como a morte pode ser um meio de crescimento. O principal objetivo do presente capítulo é mostrar-nos os começos do universalismo cristão, que Jesus antecipou, ao falar do ato de unção de Maria, e servir como um contraste para o capítulo que segue, a respeito da condenação de Jerusalém.

20

Jerusalém, Jerusalém!
Discurso sobre as últimas coisas
Mt 21-25; Mc 11-13; Lc 19.29-48; 20,21

Os poucos dias intermediários entre a unção e a Páscoa foram gastos por Jesus em visitas diárias a Jerusalém, em companhia de seus discípulos, retornando a Betânia à noite. Durante esse tempo, ele falou muito, em público e em particular, sobre temas afins a seus sentimentos e situação: o pecado da nação judaica, e especialmente de seus líderes religiosos, a condenação de Jerusalém e o fim do mundo. O registro de suas palavras durante esses últimos dias enche cinco capítulos do Evangelho de Marcos – uma prova das profundas impressões que elas provocaram na mente dos doze.

Destacada entre esses pronunciamentos, que juntos formam o testemunho agonizante do "Profeta de Nazaré", é a grande filípica contra os escribas e fariseus de Jerusalém. Esse terrível discurso foi precedido por vários encontros entre o orador e seus inveterados inimigos, que foram como as escaramuças preliminares que formam o prelúdio de um grande combate. Nessas lutas insignificantes, Jesus tinha sido uniformemente vitorioso e tinha esmagado seus oponentes com confusão. Eles lhe tinham perguntado sobre sua autoridade para assumir o ofício de reformador, limpando o templo de comerciantes, e ele os tinha silenciado por pedir, em réplica, sua opinião sobre a missão de João e por lhes contar as parábolas dos *Dois filhos, dos Lavradores e da Pedra rejeitada* (Mt 21.23-46), em que sua hipocrisia, injustiça e condenação última foram vividamente representadas. Eles tentaram pegá-lo em uma armadilha com uma pergunta traiçoeira referente ao tributo pago ao governo romano, e ele tinha-se saído bem com facilidade, por simplesmente pedir uma moeda e apontar para a imagem do imperador nela, perguntando a eles: "De quem é esta imagem e esta inscrição?" e ao receber a resposta: "De César", deu seu julgamento nestes termos: "Então, deem a César o que é de César e a Deus o que é de Deus" (Mt 22.15-22). Duas vezes derrotados, os fariseus (com seus amigos, os herodianos) deram lugar a seus inimigos costumeiros, mas seus aliados no momento, os saduceus, que tentaram confundir Jesus no assunto da ressurreição, só para serem vergonhosamente desconcertados (Mt 22.23-33); depois

O Treinamento dos Doze

disso, a brigada farisaica retornou à carga e, pela boca de um jurista não ainda completamente pervertido, perguntou: "Mestre, qual é o maior mandamento da lei?" A essa pergunta Jesus deu uma resposta séria e direta, resumindo toda a lei no amor a Deus e ao próximo, para completo contentamento de seu interrogador. Então, impaciente com as trivialidades, ele deu o sinal de um grande ataque ofensivo, ao perguntar: "O que vocês pensam a respeito do Cristo? De quem ele é filho?" e aproveitando a réplica para citar o versículo de abertura do salmo marcial de Davi, pedindo-lhes que conciliassem isso com sua resposta (Mt 22.41-45). Aparentemente combatendo os fariseus com suas próprias armas, e criando uma simples charada teológica, ele estava, na realidade, lembrando-os de quem *ele* era e insinuando-lhes a condenação predita àqueles que se opõem ao Ungido do Senhor.

Por isso, o filho de Davi e Senhor de Davi passou a cumprir a figura profética e a fazer de capacho aqueles que se sentavam na cadeira de Moisés, ao pronunciar aquele discurso em que, para mudar a metáfora, o fariseu é colocado em um pelourinho moral, uma piada e provérbio para todas as eras futuras; e é pronunciada uma sentença sobre o caráter farisaico, inexoravelmente severa, todavia justificada pelos fatos, e aprovada pela consciência de todos os verdadeiros cristãos (Mt 23). Esse discurso antifarisaico pode ser visto como o testemunho final, decisivo, abrangente e agonizante de Jesus contra a mais mortal e condenadora forma de mal prevalecente em sua época, ou que possa existir em qualquer época – a hipocrisia religiosa; e, como tal, forma uma parte necessária do testemunho do Justo em favor da verdade, ao qual se espera que seus discípulos digam amém com voz firme. Porque o espírito de indignação moral é tão essencial no cristianismo quanto o espírito de misericórdia; nem pode ninguém que vê a polêmica antifarisaica do evangelho como um escândalo do qual se envergonhar, ou uma culpa da qual se desculpar, ou, pelo menos, como uma coisa que, embora necessária na ocasião atitude apropriada agora nos força a tratar com negligência – uma prática muito comum no mundo religioso – ficar livre da suspeita de ter mais simpatia no coração para com os homens por quem o Senhor foi crucificado que para com o próprio Senhor. Feliz aquele que não se envergonha das palavras duras de Cristo; quem, longe de tropeçar naquelas corajosas declarações proféticas, tem antes achado nelas um auxílio para a fé na crise de sua história religiosa, como evidenciando uma identidade entre os sentimentos morais do Fundador da fé e os seus próprios, ajudando-o a ver aquilo com que ele pode ter-se enganado, e o que reivindicava ser cristianismo não o era de forma alguma, mas só uma reprodução moderna de um sistema religioso que o Senhor Jesus Cristo não podia suportar, ou com que não podia simpatizar.

JERUSALÉM, JERUSALÉM! DISCURSO SOBRE AS ÚLTIMAS COISAS

Sim, e feliz é a igreja que tem simpatia pelas palavras de advertência de Cristo na abertura de seu discurso contra a ambição clerical, a fonte das tiranias espirituais e hipocrisias denunciadas, e pratica os ensinamentos que elas contêm. Toda igreja precisa estar alerta contra esse mal espiritual. O governo da igreja judaica, teoricamente teocrático, degenerou, por fim, em *rabinismo*; e é bastante possível uma igreja que tem por lema "Um é o teu Mestre, o próprio Cristo" cair em um estado de sujeição abjeta ao poder de eclesiásticos ambiciosos.

Sem, por um momento, admitir que há qualquer coisa nessas invectivas contra a hipocrisia pela qual se deveria pedir desculpas, devemos, não obstante, lembrar a opinião de alguns críticos recentes da escola cética. Esses discursos, então, dizem-nos, são os pronunciamentos grosseiros e não qualificados de um jovem, cujo espírito não estava amadurecido por anos de experiência do mundo; cujo temperamento era poético, portanto, irritável, impaciente, e não prático; e cujo gênio era o de um judeu, mal-humorado, e inclinado à mordacidade na controvérsia. Nessa ocasião, devemos entender, provocado por oposição perseverante, ele perdeu o autocontrole e se abandonou à violência da ira; seu mau humor alcançou alto nível, a ponto de fazê-lo culpado de ações absurdas, tal como aquela de amaldiçoar a figueira. Ele tinha-se, de fato, tornado indiferente às consequências, ou até parecia procurar as desastrosas; e, cansado do conflito, tentou, com uma linguagem violenta, precipitar uma crise e provocar seus inimigos a matá-lo.[204]

Essas são blasfêmias contra o Filho do Homem, tão infundadas quanto são injuriosas. Os últimos dias de Jesus foram certamente cheios de intensa agitação, mas, para uma mente sincera, não há traços de paixão perceptíveis em sua conduta. Todas as suas declarações registradas durante aqueles dias são em alto grau adequadas a alguém cuja alma era animada pelos mais sublimes sentimentos. Cada sentença é eloquente, cada palavra conta; mas tudo é natural e apropriado à situação. Mesmo quando o terrível ataque sobre os líderes religiosos de Israel começa, nós o ouvimos horrorizados, mas não chocados. Sentimos que o orador tem o direito de usar tal linguagem, que o que ele diz é verdadeiro, que tudo é dito com autoridade e dignidade, tal como se tivesse tornado o Rei Messiânico. Quando o orador chega ao fim, respiramos aliviados, conscientes de que uma tarefa delicada, embora necessária, tenha sido

---

[204] Veja Renan, *Vie de Jésus,* cap. 19. Keim também pensa que houve alguma coisa errada no temperamento de Cristo, embora admita que seus erros eram fraquezas originárias de suas virtudes. Ele especifica dois defeitos: *cólera*, como mostrada em suas invectivas contra os fariseus; e *dureza*, severidade inumana, mostrada em seu procedimento com sua mãe (Jo 2), com João Batista (Mt 11) e com a mulher siro-fenícia (Mt 15.21) – erros de uma alma nobre devotada ao dever, mas colérica em temperamento como um verdadeiro judeu. Veja *Geschichte Jesu,* iii. 649.

295

realizada com não menos sabedoria que fidelidade. Profunda e indisfarçável aversão é expressa em cada sentença, tal como seria difícil para qualquer pessoa comum, sim, mesmo para uma extraordinária, nutrir sem alguma mistura daquela ira que opera diferentemente da justiça de Deus. Mas, nas antipatias de um Ser Divino, a fraqueza da paixão não tem espaço: sua aversão pode ser profunda, mas também é sempre calma; e nós desafiamos descrentes a apontar uma única marca nesse discurso não condizente com a hipótese de que o orador é divino. E, ainda, deixando de lado a concepção da divindade de Cristo, e criticando suas palavras com uma liberdade não limitada pela reverência, não podemos ver nelas marcas de um homem dominado pela ira. Não encontramos, após a mais rigorosa busca, nenhuma expressão solta, nenhum exagero apaixonado, mas, sim, um estilo notável pela precisão e exatidão artística. A descrição dos rabis ostentosos, amantes de títulos e posições altas; do hipócrita, que faz longas orações e devora as casas das viúvas; do fanático, que se esforça ao máximo para fazer um convertido, do escriba jesuítico, que ensina que o ouro do templo é uma coisa mais sagrada e obrigatória pela qual jurar do que o próprio templo; do fariseu, cuja consciência é rigorosa ou liberal, dependendo da conveniência; dos sepulcros caiados, bonitos por fora, mas, por dentro, cheios de ossos de mortos; dos homens cuja piedade se manifesta em matar profetas vivos e enfeitar os sepulcros dos mortos – são daguerreótipos que resistirão à mais minuciosa inspeção da crítica, feitos, não por um homem irritado, derrotado, sentindo-se dolorosa e profundamente indignado com a malícia de seus adversários, mas por alguém que teve uma vitória tão completa, que pode brincar com seus inimigos e, de forma alguma, corre o risco de perder o controle.

O objetivo do discurso – e também do seu estilo – é uma defesa suficiente contra a acusação de personalidade mordaz. O objetivo direto do orador não era expor os guias cegos de Israel, mas salvar do engano o povo a quem eles estavam guiando para a ruína. A audiência consistia dos discípulos e da multidão, que o ouviam com prazer. É muito provável que muitos dos guias cegos estivessem presentes; e não faria nenhuma diferença para Jesus se eles estivessem ou não, porque ele não tinha duas formas de falar a respeito das pessoas – uma diante delas, outra, pelas suas costas. Foi dito de Demóstenes, o grande orador ateniense e decidido opositor de Filipe da Macedônia, que ele sucumbiu completamente na presença daquele rei, por ocasião de sua primeira aparição diante dele como embaixador de sua cidade natal. Mas está aqui um maior que Demóstenes, cuja coragem e sinceridade são tão maravilhosas quanto sua sabedoria e eloquência, e que pode dizer tudo o que pensa dos líderes religiosos do povo aos seus próprios ouvidos. Ainda, nesta ocasião, as partes formalmente endereçadas não eram os líderes do povo, mas o próprio povo; e é digno de nota quão cuidadosamente discriminante o orador foi no conselho que deu a seus integrantes. Ele lhes disse que aquilo que ele objetava não era tanto o ensino de seus guias, quanto suas vidas: eles podem seguir todos os seus preceitos com relativa impunidade, mas seria fatal seguir seu exemplo. Quantos reformadores, em circunstâncias similares, teriam juntado doutrina e prática em uma denúncia indiscriminada! Tal moderação não é qualidade de um homem irado.

Mas a melhor pista para o espírito do orador é a forma como seu discurso termina: "Jerusalém, Jerusalém!" estranho final para alguém cheio de raiva! Jesus, Jesus! Como te elevaste acima dos pensamentos e sentimentos banais das pessoas comuns! Quem sondará as profundezas de teu coração? Que poderosas ondas de justiça, verdade, piedade e sofrimento rolaram dentro de ti?

Tendo dado esse penetrante grito de lamento, Jesus deixou o templo, para nunca mais, até onde sabemos, retornar. Suas últimas palavras para o povo de Jerusalém foram: "Eis que a casa de vocês ficará deserta. Pois eu lhes digo que vocês não me verão mais, até que digam: Bendito é o que vem em nome do Senhor." Indo da cidade para Betânia, pelo monte das Oliveiras, o Salvador rejeitado novamente aludiu a sua morte iminente. Os discípulos, despreocupados, tinham chamado sua atenção para a imponência e beleza dos prédios do templo, então em plena vista. Com um humor muito triste e solene para admirar mera arquitetura, ele respondeu em espírito de profeta: "Vocês estão vendo tudo isto? Eu lhes garanto que não ficará aqui pedra sobre pedra; serão todas derrubadas" (Mt 24.1,2).

Chegando ao monte das Oliveiras, o grupo se sentou para ter uma visão agradável do majestoso conjunto de edifícios do qual tinham estado falando. Quão diferentes os pensamentos e sentimentos sugeridos pelo mesmo objeto às mentes dos espectadores! Os doze olhavam com olhos puramente materiais; seu Mestre olha com o olho interno da profecia. Eles nada veem senão as pedras atraentes. Ele vê a profanação no interior, comerciantes gananciosos dentro do recinto sagrado, religião tão viciada por ostentação, a ponto de fazer de uma pobre viúva lançar suas duas moedinhas no tesouro, em simplicidade piedosa, uma rara e agradável exceção. Os discípulos só pensam no presente; Jesus olha para frente, para a destruição que se aproxima, terrível de contemplar, e, sem dúvida, para trás também, sobre a longa e acidentada história pela qual a outrora venerável, agora contaminada, casa de Deus tinha passado. Os discípulos ficam cheios de orgulho quando olham essa estrutura nacional, a

O TREINAMENTO DOS DOZE

glória de seu país, e estão felizes como pessoas irrefletidas estariam; o coração de Jesus está pesado com a tristeza da sabedoria e presciência e de amor que a teria salvo, mas que agora nada pode fazer senão chorar e proclamar as terríveis palavras de condenação.

Todavia, com toda a sua irreflexão, os doze não podiam esquecer suficientemente aqueles negros presságios de seu Mestre. As obscuras palavras assombraram suas mentes e os fizeram curiosos para saber mais. Portanto, eles vieram a Jesus, ou alguns deles – Marcos menciona Pedro, Tiago, João e André (Mc 13.3) –, e fizeram duas perguntas: quando Jerusalém devia ser destruída; e quais deveriam ser os sinais de sua vinda e do fim do mundo. Esses dois eventos eram entendidos pelos questionadores como contemporâneos. Esse era um engano natural e de forma alguma singular. Julgamentos locais e parciais costumam ser assim misturados com o universal na imaginação das pessoas; e, daí, quase toda grande catástrofe que inspira espanto leva a antecipações do último dia. Assim Lutero, quando sua mente estava nublada pela sombra escura da tribulação presente, observaria: "O mundo não pode durar muito, talvez cem anos no máximo. No fim, haverá grandes alterações e comoções e já há grandes comoções entre os homens. Nunca os homens da lei tiveram tanta ocupação como agora. Há veementes dissensões em nossas famílias, e discórdias na igreja."[205] Nos tempos apostólicos, os cristãos esperavam a vinda imediata de Cristo com tal confiança e ardor que alguns até negligenciavam seus negócios seculares, assim como, para o fim do décimo século, pessoas deixavam as igrejas sem manutenção, porque se considerava o fim do mundo bem próximo.

Na realidade, o julgamento de Jerusalém e o do mundo em geral deviam ser separados por um longo intervalo. Portanto, Jesus tratava as duas coisas como distintas em seu discurso profético, e deu respostas separadas às duas perguntas que os discípulos tinham combinado em uma, falando do fim do mundo primeiro.[206]

---

[205] Lutero, *Table Talk*, edição de Bohn, p.325.

[206] Mt 24.4-14. O discurso escatológico pronunciado no monte das Oliveiras é reconhecidamente difícil de interpretar. Keim observa que as dificuldades são igualmente grandes quer se trate com ele criticamente ou acriticamente, afirmando ou negando sua autenticidade (veja *Geschichte*, iii. 193). Duas importantes questões surgem com referência ao discurso – (1) são o fim de Jerusalém e o fim do mundo realmente separados no discurso como nós o temos? (2) concedido que os discípulos e evangelistas confundiram os dois, é crível que Jesus também os confundiu? Ele não contava com um longo futuro para seu evangelho? Se contava, e nenhum reconhecimento do fato pode ser achado no discurso escatológico como nós o temos, então a inferência seria que o discurso é, em alguns aspectos, não exatamente reportado. A exposição a seguir mostra suficientemente nossa opinião.

JERUSALÉM, JERUSALÉM! DISCURSO SOBRE AS ÚLTIMAS COISAS

A resposta foi geral e negativa. Ele não fixou um tempo, mas disse na prática: "O fim não virá até que tais e tais coisas tenham acontecido", especificando seis antecedentes do fim em sucessão, o primeiro sendo o aparecimento de falsos Cristos (Mt 24.5). Ele assegurou a seus discípulos que haveria muitos desses, enganando muitos; e verdadeiramente, porque vários messias impostores apareceram mesmo antes da destruição de Jerusalém, aproveitando o desejo geral de libertação e abusando dele assim como médicos impostores fazem com doenças físicas e conseguindo enganar a muitos, como infelizmente, em tais tempos, é muitíssimo fácil. Mas, entre os ingênuos, não foi achado nenhum daqueles que tinham sido previamente instruídos pelo verdadeiro Cristo a ver o aparecimento de pseudocristos meramente como um dos sinais de um tempo mau. Os enganadores de outros eram para eles uma defesa contra o engano.

O segundo antecedente é "guerras e rumores de guerras". Nação deve se levantar contra nação: deve haver tempos de rebeliões e dissoluções; declínios e quedas de impérios e elevação de novos reinos sobre as ruínas dos antigos. Esse segundo sinal seria acompanhado por um terceiro, na forma de comoções no mundo físico, emblemáticas daqueles no mundo político. Fomes, terremotos, pestes etc. ocorreriam em vários lugares (vv. 6,7).

Todavia, essas coisas, por pavorosas que fossem, seriam só o começo do sofrimento; nem o fim viria até aqueles acontecimentos terem se repetido muitas vezes. Ninguém poderia dizer, a partir da ocorrência de tais fenômenos, que o fim seria agora; poder-se-ia somente inferir que ele *ainda não tinha chegado* (v.8).

Na sequência, vêm as perseguições, com todos os fenômenos morais e sociais de tempos de perseguição (v.9). Cristãos devem passar por uma disciplina de ódio entre as nações por causa do nome que têm e como os supostos autores de todo tipo de desastres que atingem os povos entre os quais vivem. Tempos devem vir quando, se o Tibre inunda Roma, se o Nilo não transborda, se seca, terremoto, fome ou praga visitam a terra, o grito da multidão será: "Os cristãos aos leões!"

Junto com perseguições, como um quinto antecedente do fim, virá um teste para a igreja (Mt 24.10). Muitos não resistiriam ou se tornariam traidores; surgiriam muitas animosidades, cismas e heresias, cada uma com o nome de seu próprio falso profeta. A prevalência desses males na igreja daria lugar a muita decadência espiritual. "Devido ao aumento da maldade, o amor de muitos esfriará" (v.12).

A última coisa que deve acontecer antes do fim é a evangelização do mundo (v.14), que, sendo realizada, traria o fim. Por esse sinal, podemos su-

O TREINAMENTO DOS DOZE

por que o mundo ainda vai durar muito; porque, segundo a lei da probabilidade histórica, passará muito tempo antes que o evangelho seja pregado a toda criatura como testemunho. Cristãos fervorosos e estudantes entusiastas da profecia, que pensam de outra forma, devem se lembrar de que mandar uns poucos missionários para um país pagão não satisfaz a condição prescrita. O evangelho não foi pregado a uma nação por uma testemunha, ou seja, a ponto de formar uma base de julgamento moral, até que tenha sido pregado a todo o povo como na cristandade. Isso nunca foi feito para todas as nações e, no ritmo atual de progresso, não é provável que seja realizado por alguns séculos ainda.

Tendo rapidamente traçado um esboço dos eventos que devem preceder o fim do mundo, Jesus tratou de uma questão mais específica, relacionada à destruição de Jerusalém. Ele podia agora falar do assunto com mais liberdade, após ter-se guardado contra a noção de que a destruição da cidade santa era um sinal de sua própria vinda imediata e final. "Assim, quando", ele começou – a fórmula introdutória significando "respondendo *agora* a sua primeira pergunta" –, "vocês virem a abominação da desolação, da qual falou o profeta Daniel, no Lugar Santo – quem lê, entenda – então os que estiverem na Judeia fujam para os montes"; a abominação da desolação era o exército romano com suas águias – abominação para o judeu, desolação para a terra. Quando as águias aparecessem, todos deviam fugir para viver; resistir seria inútil, a obstinação e a coragem, completamente ineficazes. A calamidade seria tão repentina que não haveria tempo para salvar nada. Seria como em um incêndio, pessoas ficariam contentes de escapar com vida (Mt 24.17,18). Seria um tempo terrível de tribulação, sem paralelo antes ou depois (v.21). Ai das pobres mães amamentando naqueles dias horríveis e das grávidas! Que barbaridades e monstruosidades as esperavam! As calamidades que estavam vindo não poupariam ninguém, nem mesmo os cristãos. Eles encontrariam segurança somente na fuga, e teriam motivo para dar graças se conseguissem escapar de qualquer forma. Mas sua fuga, embora inevitável, poderia ser mais ou menos dolorosa, conforme as circunstâncias; e eles deviam orar pelo que poderia parecer pequenas misericórdias, mesmo por alívios como: não ter que fugir para as montanhas no inverno, quando é frio e desconfortável, ou no sábado, o dia de descanso e paz.[207]

Após esse breve, mas vívido esboço dos terríveis dias que se aproximavam, intoleráveis para mortais se não fossem abreviados "por causa dos eleitos", Jesus repetiu sua advertência contra o engano, como se com medo de que

---

[207] Vv. 19,20. Keim (*Geschichte*, iii. 199) pensa ser improvável que Cristo falasse do sábado, e imagina que a linguagem revela um autor judaísta. Isso é um criticismo muito minucioso e germânico.

seus discípulos, distraídos por tais calamidades, pudessem pensar: "certamente, agora é o fim". Ele disse a eles que a violência seria seguida por apostasia e falsidade, tão grande julgamento, por um lado, como a destruição de Jerusalém, por outro. Surgiriam falsos mestres, que seriam tão plausíveis a ponto de quase enganar os escolhidos. O demônio apareceria como um anjo de luz; no deserto, como um monge; no altar, como um objeto de adoração supersticiosa. Mas por mais que os homens fingissem, o Cristo não estaria lá; dar-se-ia então sua vinda, não em qualquer tempo fixo, mas de repente, inesperadamente, como o raio brilha no céu. Quando a corrupção moral tivesse atingido seu pleno desenvolvimento, então viria o julgamento (vv. 23-28).

Na parte seguinte do discurso, o fim do mundo parece ser trazido a uma proximidade imediata da destruição da cidade santa (Mt 24.29). Se um longo intervalo de tempo devia existir, a perspectiva da descrição profética parece errada. As longínquas montanhas do mundo eterno, visíveis além e acima das próximas montanhas do tempo no primeiro plano, carecem do nevoeiro, que ajuda a mostrar o quanto estão longe. Essa falha na narrativa de Mateus, que temos tomado por nosso texto, é suprida por Lucas, que interpreta a tribulação (θλιψισ) como a incluir a subsequente e duradoura dispersão de Israel entre as nações (Lc 21.24). A frase que ele emprega para denotar esse período é significativa, como implicando a ideia de duração prolongada. São os "tem-pos dos gentios" (καιροι εθνων). A expressão significa: "o tempo em que os gentios devem ter sua oportunidade de usufruir da graça divina", correspondendo ao tempo de visita graciosa desfrutada pelos judeus referidos por Jesus em seu lamento sobre Jerusalém.[208] Não há motivo para supor que Lucas cunhou essas frases; elas têm a marca da autenticidade. Mas, se aceitarmos, como devemos fazer, que não Lucas, o universalista paulino, mas o próprio Jesus falou de um tempo de visitação misericordiosa dos gentios, então se segue que, em seu discurso escatológico, ele deu claras indicações de um longo período durante o qual seu evangelho deveria ser pregado no mundo; assim como ele fez em outras ocasiões, como na parábola do fazendeiro infiel, na qual ele declarou que a vinha devia ser tirada de seus presentes ocupantes e dada a outros que produziriam fruto (Mt 21.41). Porque é incrível que Jesus falasse de um tempo dos gentios análogo ao tempo de visitação graciosa desfrutado pelos judeus e imaginasse que o tempo dos gentios fosse durar só uns trinta anos. O *kairós* judaico durou milhares de anos: seria simplesmente zombar dos pobres

---

[208] Lucas 19.44, τον καιρον της επισκοπης σου Para o uso do verbo επισκεπτομαι no sentido de "visitar graciosamente", veja Lucas 1.78.

O TREINAMENTO DOS DOZE

gentios dignificar o período de uma única geração com o nome de uma época de visitação graciosa.

A parábola da figueira, empregada por Jesus para indicar a segura ligação entre os sinais precedentes e o grande evento que se devia seguir, parece inicialmente excluir a ideia de uma duração prolongada, mas, pensando bem, vamos descobrir que não. O ponto central da parábola encontra-se na comparação dos sinais dos tempos com os primeiros brotos da figueira. Essa comparação denota que o juízo final não é um acontecimento que está às portas. O último dia é a estação da colheita, mas, dos primeiros brotos do início do verão até o tempo da colheita, há um longo intervalo. A parábola ainda sugere a forma correta de entender a afirmação: "Essa geração não passará até que todas essas coisas sejam cumpridas". Cristo não quis dizer que a geração, viva naquele tempo devia testemunhar o fim, mas, naquela geração, todas as coisas que formam o estágio incipiente no desenvolvimento apareceriam. Era a época dos começos, de rebentos e brotos, não de fruto e colheita. Naquela geração, aconteceram os começos do cristianismo e o novo mundo que devia ser criado, e assim o fim do mundo judaico, do qual o símbolo era uma figueira coberta com folhas, mas sem qualquer flor ou fruto, como a que Jesus mesmo tinha amaldiçoado, como uma profecia encenada da futura destruição de Israel. Os brotos da maioria das coisas na história da igreja apareceram naquela época: da pregação do evangelho, das tendências anticristãs, das perseguições, heresias, cismas e apostasias. Todos esses, entretanto, tinham de desabrochar antes de vir o fim. Quanto tempo levaria o desenvolvimento, ninguém poderia dizer, *nem mesmo o Filho do Homem.*[209] Era um segredo de estado do Todo-Poderoso, no qual ninguém devia querer bisbilhotar.

Essa afirmação sobre o tempo do fim exclui a ideia de que ele pode ser calculado, ou que temos dados nas Escrituras para isso. Se os dados existem, não há mais segredo. Portanto, os cálculos que alguns têm feito são adivinhações aleatórias, indignas de consideração séria. O dia da morte do mundo deve ser escondido pelos propósitos da previdência, tanto quanto o dia da morte de um indivíduo. E não temos dúvida de que Deus tem mantido seu segredo;

---

[209] Marcos 13.32. Colani pensa que Jesus fez essa profissão de ignorância como resposta direta à pergunta original dos discípulos, "Quando essas coisas (a destruição de Jerusalém) acontecerão?" Em sua opinião, os fatos ligados ao discurso escatológico são redutíveis a estes: os discípulos perguntam quando acontecerá a destruição do templo. Jesus responde: Eu não sei, ninguém sabe, e acrescentou alguns conselhos simples sobre vigilância. Todo o resto do discurso é uma interpolação, refletindo o credo apocalíptico dos cristãos judaicos. Um método muito sumário de resolver um problema difícil. Veja *Jesus Christ et les Croyances messianiques de Son Temps*, 2ième ed. pp.203-209.

ainda que alguns imaginem que possam traçar o horóscopo do mundo a partir dos números proféticos, como os astrólogos determinando o curso da vida de indivíduos a partir das posições dos astros.

Embora o discurso profético de Jesus nada revelasse quanto a tempos, não era por isso sem valor. Ele ensinou efetivamente duas lições – uma especialmente para o benefício dos doze e a outra para todos os cristãos e todas as épocas. A lição para os doze era que podiam descartar todas as esperanças de uma restauração do reino para Israel. Não reconstrução, mas dissolução e dispersão, era o destino melancólico de Israel.

A lição para todos é: "Vigiem, porque vocês não sabem a que hora o seu Senhor vem". O chamado à vigilância é baseado em nossa ignorância do tempo do fim e no fato de que, por distante que o fim possa estar, virá repentinamente, afinal, como um ladrão de noite. A importância de vigiar e esperar Jesus ilustrou com duas parábolas, *a do senhor ausente e a das dez virgens*. As duas parábolas retratam a conduta diversa dos professos servos de Deus durante o período de demora. O efeito sobre alguns é torná-los negligentes, sendo servos preguiçosos e trabalhadores instáveis, que precisam de supervisão e do estímulo de eventos extraordinários. Outros estão prontos, trabalhando do mesmo jeito quando o senhor está ausente como quando está presente. O tratamento que receberão no retorno do patrão será correspondente a sua conduta.; uns serão recompensados, outros, punidos. Essa é a essência dessa parábola. Lucas dá um importante apêndice, que retrata a conduta de pessoas com autoridade na casa (Lc 12.41-48). Enquanto os servos comuns são na maior parte negligentes, o encarregado deles age como um tirano. Foi exatamente isso que dignitários fizeram em épocas posteriores; e o fato de que Jesus contemplou tal estado de coisas, exigindo da natureza do caso o lapso de séculos para produzi-lo, é outra prova de que nesse discurso sua visão profética abrangia um grande intervalo de tempo. Outra observação é sugerida pela grande recompensa prometida aos que não abusarem de sua autoridade: "Ele o encarregará de todos os seus bens". A grandeza da recompensa indica uma expectativa de que a fidelidade será rara entre os administradores da casa. De fato, o Chefe da igreja parece ter aprendido a prevalência de um espírito negligente entre todos os seus servos; porque ele fala do senhor da casa como tão gratificado com a conduta do fiel, que se põe a servi-los enquanto eles se sentam à mesa (Lc 12.37). Não foi a apreensão extremamente justificada pelos eventos?

A parábola das dez virgens, conhecida e cheia de instrução, nos ensina que vigiar não implica ansiedade desperta e preocupação constante com o

O TREINAMENTO DOS DOZE

futuro, mas calma e firme atenção ao dever atual. Enquanto o noivo demora, todas as virgens, prudentes e insensatas igualmente, dormem, as prudentes tendo tudo preparado para um repentino chamado. Essa é a representação sóbria e razoável do dever de esperar por alguém que entende o que é possível; porque, em um certo sentido, o sono da mente com referência à eternidade é tão necessário quanto o sono físico é para o corpo. Constante pensamento sobre as grandes realidades do futuro somente resultariam em fraqueza, distração e loucura, ou em desordem, preguiça e inquietação; como em Tessalônica, onde a conduta de muitos que vigiavam no sentido errado fez necessário que Paulo desse a eles o sadio conselho para ficarem quietos e trabalharem e comerem o pão merecido pelo trabalho de suas próprias mãos (2Ts 3.12).

O grande discurso profético, adequadamente, terminou com uma solene representação do juízo final do mundo, quando toda a humanidade será reunida para ser julgada ou pelo evangelho histórico pregado a eles por uma testemunha, ou por seu grande princípio ético, a lei da caridade inscrita em seus corações; e, quando aqueles que têm amado a Cristo e servido a ele em pessoa, ou em seus representantes – o pobre, o destituído, o sofredor – serão bem recebidos nos domínios dos abençoados, e os que têm agido de forma contrária serão mandados para fazer companhia ao demônio e seus anjos.

21

O Mestre que serve:
outra lição sobre humildade
Seção I – O lava-pés
Jo 13.1-11

Até esse ponto, o quarto evangelista tem dito muito pouco sobre as relações especiais de Jesus com os doze. Agora, entretanto, ele compensa ricamente qualquer deficiência nesse aspecto. A terceira parte de seu evangelho, que começa aqui, é, com exceção de dois capítulos relacionados à história da paixão, inteiramente ocupada com o terno e íntimo relacionamento do Senhor Jesus com "os seus", da noite antes de sua morte até a hora em que partiu do mundo, deixando-os para trás! O capítulo treze e os quatro seguintes relatam cenas e discursos das últimas horas gastas pelo Salvador com seus discípulos, antes de ser entregue nas mãos de seus inimigos. Ele pronunciou sua palavra final para o mundo externo, e retirou-se para dentro de sua própria família; e temos o privilégio de vê-lo entre seus filhos espirituais e ouvir suas palavras de adeus para *eles* em vista de sua morte. Devemos entrar na sala da ceia com profunda reverência. "Tire as suas sandálias, porque o lugar onde você está é terra santa."

A primeira coisa que vemos, ao entrar, é Jesus lavando os pés dos discípulos. Maravilhoso espetáculo! E o evangelista tomou o cuidado de destacar seu impacto pela forma em que a apresentou. Ele colocou a bela cena na melhor luz para ser vista favoravelmente. O prefácio do relato é, de fato, um pouco enigmático para expositores, as frases são complicadas e o sentido, de alguma forma, obscuro. Muitos pensamentos e sentimentos se amontoavam na mente do apóstolo à medida que ele relata a *memorabilia* daquela noite; e, por assim dizer, eles se acotovelam na luta para serem expressos. Todavia, não é muito difícil desembaraçar o sentido dessas frases de abertura. Primeiramente, João fala da ternura peculiar com que Jesus via seus discípulos na véspera de sua crucificação e na perspectiva de sua partida da terra para o céu. "Um pouco antes da festa da Páscoa, sabendo Jesus que havia chegado o tempo em que deixaria este mundo" – como ele se sentia, nessa hora, em relação a todos aqueles que tinham sido seus companheiros durante todos os anos de seu ministério público, e a quem logo deixaria para trás? "Ele os amou até o fim".

O Treinamento dos Doze

Não fechado egoisticamente em seu próprio sofrimento, ou com as perspectivas de sua subsequente alegria, ele ainda achou espaço em seu coração para seus seguidores; além disso, seu amor para com eles queimava com extraordinário ardor, e todo o seu cuidado era pelo preceito e exemplo, por palavras de conforto, advertência e instruções, para prepará-los para o dever e teste futuros, como a narrativa que começa aqui mostra fartamente.

O segundo versículo do prefácio alude parenteticamente ao fato que serviu para realçar a constância de Jesus: "O Diabo já havia induzido Judas Iscariotes, filho de Simão, a trair a Jesus." João diria: "Jesus amou seus discípulos até o fim, embora nem todos eles o amassem assim. Um deles, exatamente nesse momento, nutria o propósito diabólico de trair seu Senhor. Embora aquele Senhor amasse até a ele, condescendendo em lavar seus pés; assim se esforçando, se possível, para vencer o mal com o bem."

O objetivo do evangelista, na última sentença desse prefácio, é mostrar, por contraste, que maravilhosa condescendência foi por parte do Salvador lavar os pés de qualquer dos discípulos. Jesus, sabendo dessas coisas – essas coisas sendo verdadeiras, que "o Pai tinha posto todas as coisas em suas mãos", soberano poder sobre toda carne: "que ele era vindo de Deus" (um ser divino, por natureza, merecedor de honras divinas); "e que ele estava para retornar a Deus", para entrar no usufruto de tais honras, fez como é aqui registrado. Ele, o Ser Sublime que tinha tal dignidade intrínseca, tal consciência, tais perspectivas – "levantou-se da mesa, tirou sua capa e colocou uma toalha em volta da cintura. Depois disso, derramou água numa bacia e começou a lavar os pés de seus discípulos, enxugando-os com a toalha que estava em sua cintura".

O tempo em que tudo isso aconteceu foi, pareceria, por volta do começo da refeição noturna. As palavras do evangelista traduzidas na *English Version* por "terminado o jantar", podem ser traduzidas por "começado o jantar", ou melhor, "chegada a hora do jantar";[210] e, da sequência da narrativa, é evidente que nesse sentido elas devem ser entendidas aqui. O jantar ainda estava acontecendo quando Jesus introduziu o assunto do traidor; ele não o fez somente após ter lavado os pés de seus discípulos, mas após ter retomado seu lugar à mesa e dado uma explicação do que tinha acabado de fazer (Jo 12.21).

---

[210] Alford, *in loco*, dá, como exemplo de um uso semelhante de γενομενος, Mt 26.6; João 21.4; Mc 6.2. Hofmann (*Schriftbeweis*, iii. 207,8) traduz a frase como na Versão Autorizada (em inglês) e combina essa opinião com a narrativa sobre Judas, afirmando que os vv. 26,27 apresentam uma descrição distinta do período da ceia e do subsequente a ele. A RV tem "durante a ceia".

O MESTRE QUE SERVE: OUTRA LIÇÃO SOBRE HUMILDADE

Essa explicação estudaremos mais tarde; por enquanto, parece que a ocasião do lava-pés era algum mau comportamento dos discípulos. Jesus tinha de se rebaixar, imaginamos, porque seus discípulos não se rebaixariam. Essa impressão é confirmada por uma declaração, em Lucas, de que, na mesma noite, um conflito surgiu entre os doze sobre qual deles devia ser considerado o maior. De onde surgiu esse novo conflito não sabemos, mas é possível que a velha disputa sobre lugar tenha sido reavivada pelas palavras de Jesus quando eles estavam para se sentar para a refeição: "Desejei ansiosamente comer esta Páscoa com vocês antes de sofrer. Pois eu lhes digo: Não comerei dela novamente até que se cumpra no reino de Deus".[211] A alusão ao reino era mais que suficiente para incendiar sua imaginação e despertar velhos sonhos sobre tronos, e, de velhos sonhos "para velhas rixas" e ciúmes, a transição era natural e fácil; e, assim, podemos conceber como, mesmo antes de a ceia ter começado, a conversa dos irmãos se tinha tornado barulhenta e acalorada. Ou o ponto em disputa pode ter sido em que ordem eles se sentariam à mesa, ou quem devia ser o servo para a ocasião e lavar os pés dos companheiros. Qualquer uma dessas suposições pode explicar o fato registrado por Lucas; porque não é preciso muito para fazer crianças brigarem.

O expediente usado por Jesus para distrair a mente de seus discípulos de temas não edificantes e exorcizar paixões ambiciosas de seus corações foi o mais efetivo. As próprias preliminares do lava-pés devem ter sido bastante eficazes para mudar a corrente de sentimentos. Como os espectadores devem ter olhado com espanto quando o Mestre da festa se levantou de seu lugar, colocou de lado sua capa, cingiu-se com uma toalha e derramou água na bacia, fazendo tudo com o maior autocontrole, compostura e deliberação!

Não sabemos com qual dos doze Jesus começou; mas sabemos, como poderíamos saber até sem ser dito, quem foi o primeiro a dar sua opinião sobre o que estava acontecendo. Quando chegou a vez de Pedro, ele estava coberto de espanto, sob cuja influência o primeiro lavado pode ter-se rendido passivamente à vontade de seu Senhor, incapaz de refletir sobre a indecência de tal inversão da correta relação entre mestre e servos. Portanto, quando Jesus veio a ele, que perguntou admirado: "Senhor, *tu* vais lavar os *meus* pés?", seu espírito se agitou em rebelião contra a proposta, como sendo uma injúria à dignidade de seu amado Senhor e como um ultraje ao seu próprio senso de reverência. Esse impulso de aversão instintiva, de forma alguma era desonroso para Pedro

---

[211] Lucas 22.15,16. A R.V. lê: "Eu não comerei dela", em lugar de "não comerei dela novamente", omitindo ουκετι de seu texto. Westcott e Hort também omitem essa palavra; Tischendorf a mantém.

307

O TREINAMENTO DOS DOZE

e evidentemente não foi visto com desaprovação por seu Mestre. A réplica de Jesus a sua objeção é marcadamente respeitosa em tom: "Você não compreende agora o que eu estou lhe fazendo; mais tarde, porém, entenderá", praticamente admitindo que o procedimento em questão necessitava de explicação, e que a oposição de Pedro era, em primeiro lugar, perfeitamente natural. Ele quis dizer: "Eu reconheço que o que estou fazendo é uma ofensa aos sentimentos de reverência que você corretamente presta a mim. Não obstante, sofra-a. Eu faço isso por motivos que você não compreende agora, mas que entenderá em breve".

Se Pedro se tivesse contentado com essa réplica apologética, estaria completamente inocente. Mas ele não ficou contente, persistiu na oposição à vontade expressa de Jesus e, veemente e estupidamente, exclamou: "Não; *nunca lavarás os meus pés!*" O tom aqui muda completamente. A primeira palavra de Pedro era expressão de reverência sincera; a segunda é simplesmente a linguagem da irreverência não mitigada e desobediência absoluta. Ele rudemente contradiz seu Mestre e, ao mesmo tempo, podemos acrescentar, terminantemente se contradiz. Todo o seu comportamento nessa ocasião apresenta uma estranha mistura de opostos morais: humilhação e obstinação, humildade e orgulho, respeito e desrespeito por Jesus, a quem ele fala, agora, como alguém cuja correia da sandália ele não é digno de desatar e, daí a pouco, como alguém a quem ele pode ditar ordens. Que homem estranho! Mas, na realidade, quão estranhos somos nós todos!

Tendo Pedro, assim, mudado o seu tom, Jesus achou necessário mudar seu tom também, da suavidade apologética da primeira réplica para a dureza magisterial. Ele disse solenemente: "Se eu não os lavar, você não terá parte comigo"; significando: "Você assumiu uma posição muito séria, Simão Pedro; a questão é simples: você vai, ou não, ser admitido no meu reino – ser um verdadeiro discípulo e ter a verdadeira recompensa de um discípulo?"

À primeira vista, é difícil ver como isso podia ser a questão. Pode-se pensar que Jesus estava exagerando, com o propósito de intimidar um discípulo refratário a aceitar a sua vontade. Se nós rejeitamos esse método de interpretação como incompatível com o caráter do orador e a seriedade da ocasião, somos levados a perguntar: "O que significa esse lavar os pés?" Evidentemente, significa mais do que simplesmente o literal lavar dos pés e deve ser visto como um símbolo de lavar o pecado da alma, ou ainda, mais compreensivelmente, e em nossa opinião mais corretamente, *como representando tudo no ensino e obra de Cristo que estaria comprometido com a consistente realização do princípio sobre o qual a oposição de Pedro à lavagem de seus pés por Jesus estava baseada.* Em outra suposição, a afirmação de Jesus era verdadeira: no primeiro caso, obviamente, mas não menos realmente, como mostraremos.

Observe, então, o que estava envolvido na atitude assumida por Pedro. Ele praticamente ficou firme nestas duas posições: ele não admitiria nada que parecesse inconsistente com a dignidade pessoal de seu Senhor e adotaria como sua regra seu próprio julgamento de preferência à vontade de Cristo; uma posição estava envolvida na pergunta que ele fez, a outra, na resolução de que Jesus nunca lavaria seus pés. Em outras palavras, a posição assumida por esse discípulo comprometia toda a soma e substância do cristianismo, o primeiro princípio varrendo toda experiência e estado de *humilhação* e o último, não menos certamente, solapando o fundamento do *senhorio* de Cristo.

Que isso não é um exagero nosso, a seguinte reflexão mostrará. Olhe, primeiro, a objeção ao lavar dos pés por motivo de reverência. Se Jesus não podia lavar os pés de seus discípulos porque isso estava abaixo de sua dignidade, então, com igual razão, pode ser feita objeção a qualquer ato que envolva auto-humilhação. Quem disse: "Tu não lavarás meus pés, porque fazer isso é indigno de ti" poderia, muito bem, dizer: "Tu não lavarás minha alma, ou farás qualquer coisa com esse objetivo, porque isso envolve experiências humilhantes. Por que, de fato, criar dificuldade em uma simples questão de detalhe? Vá direto ao assunto e pergunte: "Deve o Filho Eterno de Deus tornar-se carne e habitar entre nós? Deveria ele, que existia em forma de Deus, colocar de lado suas vestes de gala e cingir-se com a toalha da humanidade, para desempenhar ofícios servis para suas próprias criaturas? Deveria o sempre Abençoado tornar-se maldição ao suportar a crucificação? O Santo deveria se degradar entrando em íntima comunhão com os depravados filhos de Adão? Deveria o Justo derramar seu sangue vital em uma vasilha para que lá houvesse uma fonte onde o injusto pudesse ser purificado de sua culpa e iniquidade?" Em resumo, encarnação, expiação e toda a experiência terrena de tentação, dificuldades, indignidade e sofrimento de Cristo deviam desaparecer se Jesus não pudesse lavar os pés de um discípulo.

Não menos claramente está o senhorio de Cristo em um fim se um discípulo pode lhe dar ordens e dizer: "Nunca lavarás os meus pés". Se Pedro quis dizer qualquer coisa mais com essas palavras, além de manifestar temperamento forte e caprichoso, ele quis dizer isto: que ele não se submeteria à ação proposta, porque seus valores morais e seu julgamento diziam-lhe que isso era errado. Ele fez de sua razão e consciência sua suprema regra de conduta. Ago-

O Treinamento dos Doze

ra, em primeiro lugar, com essa posição, o *princípio* de obediência estava comprometido: este exige que a vontade do Senhor, uma vez conhecida, quer entendamos seu motivo, quer percebamos sua virtude, quer não, deve ser suprema. Então, há outras coisas muito mais importantes que o lavar dos pés, que poderiam ser questionadas por causa da razão ou da consciência, com igual plausibilidade. Por exemplo, Cristo nos diz que aqueles que seriam seus discípulos, e obteriam entrada em seu reino, deveriam estar dispostos a se separar de seus bens terrenos e até dos amigos mais próximos e queridos. Para muitos homens isso parece irracional; e, com base no princípio de Pedro, eles deveriam imediatamente dizer: "Eu nunca farei nenhuma dessas coisas". Ou, ainda, Cristo nos diz que devemos nascer de novo e que devemos comer sua carne e beber seu sangue. Para mim essas doutrinas podem parecer incompreensíveis, e até absurdas; e, portanto, no princípio de Pedro, posso voltar minhas costas para o Mestre e dizer: "Nunca terei esse falador de ditos míticos e obscuros como meu Mestre". Ainda, Cristo nos diz que devemos dar ao reino de Deus o primeiro lugar em nossos pensamentos e não nos preocuparmos com o dia de amanhã. Isso pode parecer para mim, em meu presente humor, simplesmente impossível; e, portanto, no princípio de Pedro, eu posso colocar de lado essa exigência moral como utópica, embora bonita, sem mesmo tentar seriamente agir de acordo com ela.

Agora que sabemos para onde tende a recusa de Pedro, podemos ver que Jesus declarou a simples verdade quando disse: "Se eu não os lavar, você não terá parte comigo". Veja aquela recusa como uma objeção à auto-humilhação de Cristo. Se Cristo não pode se humilhar, então, em primeiro lugar, não pode ter nada conosco. O Santo Filho de Deus é proibido, por causa de sua dignidade, de tornar-se, em qualquer coisa, como um de seus irmãos, ou mesmo reconhecê-los como seus irmãos. A grande lei paternal, pela qual o santificador é identificado com aqueles que devem ser santificados, é cancelada, e todas as suas consequências feitas vazias. Um abismo intransponível separa o Ser Divino de suas criaturas. Ele pode ficar de longe e contemplar tristemente o estado desesperado delas; mas ele não pode, não ousa – sua majestade o impede – aproximar-se e estender uma mão amiga.

Mas, se o Filho de Deus não pode ter parte conosco, então, em segundo lugar, nós não podemos ter parte com ele. Não podemos compartilhar de sua comunhão com o Pai, se ele não se apresenta para declará-lo. Não podemos receber atos de bondade fraternal dele. Ele não pode nos livrar da maldição da lei, ou do medo da morte; ele não pode socorrer-nos quando somos tentados;

não pode lavar nossos pés; e mais, o que é uma questão muito mais séria, ele não pode lavar nossas almas. Se não deve haver fonte aberta para o pecado na natureza humana de Emanuel, os pecadores devem continuar impuros. Porque um Deus distante não é capaz, mesmo que esteja disposto, de purificar a alma humana. Um Deus cuja majestade, como um destino de ferro, se mantém distante dos pecadores não pode efetivamente perdoar-lhes. Ainda menos poderia ele santificá-los. Só o amor tem virtude santificadora, e que espaço há para o amor em um ser que não pode humilhar-se para ser um servo?

Veja agora a recusa de Pedro como resistência à vontade de Cristo. Nessa visão, também se justifica dizer: "Tu não tens parte comigo". Isso excluía da salvação; porque se Jesus não é Senhor, também não será Salvador.[212] Isto excluía da comunidade; porque Jesus não terá comunhão com a obstinação. Sua própria atitude para com seu Pai era, "Não minha vontade, mas a tua"; e ele exige essa atitude para consigo mesmo de todos os seus discípulos. Ele será o autor de salvação eterna, somente *para aqueles que lhe obedecem*. Não que ele quisesse nos ter sempre na posição de servos, cegamente obedecendo ao Senhor cuja vontade não entendemos. Seu objetivo é nos levar, por fim, ao estado de amigos (João 15.15), fazendo sua vontade inteligente e livremente – não mecanicamente obedecendo a um mandamento externo, mas como sendo ela uma lei para nós mesmos. Podemos, contudo, atingir essa alta posição somente por começar com a obediência de servo. Devemos fazer, e sofrer por ser feito a nós, o que não sabemos agora, para que possamos saber, mais adiante, a filosofia do nosso dever para com Nosso Senhor e a maneiras como Nosso Senhor trata conosco. E a perfeição da obediência encontra-se em fazer aquilo que a reverência não iluminada acha peculiarmente difícil, a saber, deixar o Senhor trocar de lugar conosco e, se ele quiser, humilhar-se para ser nosso servo.

Era uma coisa séria, portanto, dizer: "Tu nunca lavarás os meus pés". Mas Pedro não estava consciente de quão sério isso era. Ele não sabia o que estava dizendo, o que fazia. Ele tinha apressadamente tomado uma posição cuja base e consequências não tinha considerado. E seu coração estava certo, embora seu temperamento estivesse errado. Portanto, a dura declaração de Jesus imediatamente o trouxe à razão, ou antes, à "desrazão" em uma direção oposta. A ideia de ser cortado da cara simpatia ou favor de seu Mestre por meio de sua obstinação o levou ao extremo oposto da aceitação exagerada; e ele disse na prática: "Se meu interesse em ti depende de meus pés serem lava-

---

[212] O apóstolo Pedro entendeu isso muito bem. Quatro vezes, em sua segunda epístola, ele junta *Senhor* e *Salvador* ao nomear Cristo (1.11; 2.20; 3.2,18).

dos, então, Senhor, lava todo o meu corpo – mãos, cabeça, pés, tudo!" Que característico! Como uma criança, em cujo coração há muita tolice, mas também muita afeição, e que pode sempre ser dirigida pelos laços de amor! Há ainda uma triste ausência de equilíbrio no caráter desse discípulo: ele vai, oscilando como um pêndulo, de um extremo a outro; e levará algum tempo antes que alcance um harmonioso equilíbrio de todas as partes de seu ser – intelecto, vontade, coração e consciência. A raiz da questão está nele: ele é são no núcleo; e, após a devida quantidade de erros, se tornará um homem sábio logo. Ele está limpo, e não precisa mais que ter seus pés lavados. O próprio Jesus admite isso dele, e de todos os seus condiscípulos – menos um, que está completamente impuro.

Seção II – A explicação
Jo 13.12-20

Vencida a resistência de Pedro, o lava-pés continuou sem mais interrupção. Ao final, Jesus, colocando de novo sua capa, voltou ao seu lugar e rapidamente explicou aos seus discípulos o objetivo daquilo tudo. Ele perguntou: "Vocês entendem o que lhes fiz?" Então, respondendo à própria pergunta, ele acrescentou: "Vocês me chamam Mestre e Senhor, e com razão, pois eu o sou. Pois bem, se eu, sendo Senhor e Mestre de vocês, lavei-lhes os pés, vocês também devem lavar os pés uns dos outros. Eu lhes dei o exemplo, para que vocês façam como lhes fiz."

Era mais uma lição de humildade que Jesus tinha dado "aos seus" – uma lição muito semelhante a uma anterior, registrada nos sinóticos. Vemos aqui que o Cristo de João ensina a mesma doutrina que o Cristo dos sinóticos. Os doze, como são retratados em João, são exatamente como aparecem nos sinóticos – seriamente necessitados de aprender mansidão e bondade fraternal; e Jesus ensina a eles essas virtudes da mesma forma aqui como em outro lugar – por preceito e exemplo, por ato simbólico e palavra de interpretação. Uma vez, ele pegou uma criança pequena, para fazê-los se envergonharem da paixão ambiciosa; aqui ele repreende o orgulho deles ao tornar-se o servo da casa. Em outra ocasião, ele cala a briga ao chamar a atenção para sua própria auto-humilhação, ao vir do céu para ser um ministro das necessidades dos homens na vida e na morte; aqui, ele realiza o mesmo fim, expressando o espírito e objetivo de todo o seu ministério terreno em um típico e representativo ato de condescendência.

Essa lição, como todo o resto, Jesus deu com a autoridade de alguém que pode estabelecer a lei. No próprio ato de fazer o papel do servo, ele estava estabelecendo sua soberania. Ele lembra seus discípulos, quando o serviço está acabado, dos títulos que eles estavam acostumados a dar-lhe e, em um tom marcado e enfático, os aceita como corretamente aplicados. Ele lhes diz distintamente que é, de fato, o seu Mestre, cuja doutrina devem aprender, e seu Senhor, a cuja vontade devem obedecer. Sua humildade, portanto, não é manifestamente uma afetação de ignorância quanto a quem e o que ele é. Ele sabe muito bem quem é, de onde veio e para onde está indo; sua humildade é a de um rei, sim, de um Ser Divino. O padrão de mansidão é aquele que ele mesmo prescreve aos seus seguidores como modelo, e exige que fixem sua atenção sobre o comportamento dele e lutem para imitá-lo.

Ao fazer essa exigência, Jesus está falando muito sério. Ele não é menos sério ao exigir que os discípulos lavem os pés uns dos outros, do que foi ao insistir que ele próprio devia lavar os pés de todos. Como ele disse expressamente a Pedro: "Se eu não os lavar, você não terá parte comigo"; assim ele praticamente diz a todos eles, embora não em palavras: "Se vocês não lavarem os pés uns dos outros, se se recusarem a servir uns aos outros em amor, vocês, por causa disso, não terão parte comigo". Essa é uma palavra dura; porque, se é difícil crer na humilhação de Cristo, é ainda mais difícil nós nos humilharmos. Daí, não obstante a frequência e urgência com que o Salvador declara que devemos ter o espírito manifestado em sua humilhação *por* nós habitando *em* nós, e gerando em nossa vida uma conduta semelhante à sua, mesmo discípulos sinceros estão constantemente, talvez meio inconscientemente, inventando desculpas para tratar o exemplo de seu Mestre como totalmente inimitável e, portanto, na realidade, como exemplo nenhum. Mesmo o aparentemente irrespondível argumento empregado por Jesus para reforçar a imitação não escapa à crítica secreta. Ele diz: "Digo-lhes verdadeiramente que nenhum escravo é maior do que o seu senhor, como também nenhum mensageiro é maior do que aquele que o enviou." Podemos dizer: "Pode haver mais obrigação do servo em se humilhar do que do seu mestre, mas, em alguns aspectos, é também mais difícil. O mestre pode se dar o luxo de condescender: sua ação não será mal entendida, porém será tomada pelo que é. O servo, no entanto, não se pode dar o luxo de ser humilde: ele deve fazer valer seus direitos, para ser alguém importante.

O grande Mestre sabia muito bem quão vagarosamente os homens aprenderiam a lição que ele tinha acabado de ensinar aos seus discípulos. Portanto, acrescentou às suas explicações do lava-pés esta reflexão: "Agora que vocês sabem estas coisas, felizes serão se as praticarem", indicando a raridade e dificuldade de tal elevada moralidade como a que ele vinha inculcando, e declarando a bem-aventurança dos poucos que a alcançaram. E, certamente, a reflexão é justa! Não é a moralidade aqui usufruída, de fato, rara? Não são as virtudes necessárias para atos de condescendência e caridade muito elevadas e difíceis? Quem as chamaria de fáceis? Quão completamente contrárias elas são às tendências naturais do coração humano! Quão estranhas ao espírito de sociedade! Existe forma de os homens estarem contentes com um lugar mais humilde e de procurarem sua felicidade servindo outros? Não é fato que o espírito que existe em nós se deleita na inveja e luta ambiciosamente por posições de influência e considera a maior felicidade ser servido e ficar isento de tarefas servis? O mundo em si não contesta a dificuldade da virtude de Cristo; ele antes exagera sua dificuldade e diz que ela é utópica e impraticável – meramente um ideal belo e inatingível.

E, quanto ao discípulo sincero de Jesus, nenhuma prova é necessária para convencê-lo da dificuldade da tarefa apontada pelo seu Senhor. Ele sabe, por amarga experiência, quão distante o comportamento encontra-se do conhecimento e quão difícil é traduzir a admiração pela bondade celestial em imitação dela. Sua mente conhece bem a doutrina e a vida do Salvador; ele leu e releu o evangelho, passou o tempo observando seus menores detalhes; seu coração ardeu enquanto ele seguia os passos do Bendito caminhando sobre esta terra sempre querendo fazer o bem: mais doce aos seus ouvidos que belos poemas líricos são as histórias da mulher junto ao poço, da pecadora na casa de Simão, e de Zaqueu, o publicano, aqueles incidentes comoventes da criança apresentada como padrão de humildade, e do Mestre lavando os pés dos discípulos briguentos, e as maravilhosas parábolas da ovelha perdida, do filho pródigo e do bom samaritano. Mas, quando ele tem que fechar seu Novo Testamento e sair para um mundo rude, ímpio e *ser* lá um cristão e *fazer* as coisas que ele conhece tão bem e se considera abençoado por conhecê-las, que humilhação! É como uma queda do homem no estado de pecado e miséria. E quanto mais ele vive e quanto mais ele se mistura com as relações e compromissos da vida, mais ele parece a si mesmo desviar-se do padrão do evangelho; até, por fim, quase se envergonhar de pensar nas belezas de santidade exibidas nele, e é tentado a adotar um tom mais baixo e mais mundano, por causa da sinceridade e do medo de tornar-se meramente um hipócrita sentimental, como Judas, que beijou seu Mestre exatamente no momento em que o traía.

O Mestre que serve: outra lição sobre humildade

Em proporção à dificuldade e à raridade de virtude prescrita está a felicidade daqueles que são capacitados para praticá-la. Eles têm uma tripla bem-aventurança. Primeiro, eles têm a alegria ligada à realização de uma tarefa árdua. Empreendimentos fáceis causam pouca dor, mas também dão pouco prazer; imenso prazer está reservado para aqueles que tentam e realizam o que é considerado impossível. E que êxtase pode ser mais puro, mais santo e mais intenso do que aquele do homem que tem, afinal, tido sucesso em fazer da mente do Humilde e Desprezado a sua própria; quem, após uma longa subida, alcançou o topo dos Alpes do amor altruísta e humilde! Aqueles que praticaram essas coisas depois ganharam para si mesmos a aprovação do Senhor. Um professor fica contente quando um aluno entende sua lição, mas um patrão só fica contente quando seus servos fazem o que ele manda. Cristo, sendo Senhor e Mestre, exige que nós não somente *saibamos*, mas *façamos*. E na proporção da exigência está a satisfação com que o Senhor dos cristãos vê todo esforço sincero de obedecer à sua vontade e seguir seu exemplo. E a todo que faz tal esforço é assegurada a felicidade da aprovação daquele a quem ele serve. O pensamento: "Eu sou guiado, em minha presente ação, pelo Espírito de Jesus, e ele aprova o que eu faço" mantém a mente em paz, mesmo quando não se tem a felicidade de ser aprovado pelas outras pessoas; isso não é aqui uma observação inoportuna, porque frequentemente acontecerá que vamos agradar as pessoas menos quando estivermos agradando ao Senhor *mais*. Nós agradamos a muitas pessoas com um egoísmo prudente muito mais prontamente do que com uma devoção generosa e desinteressada ao que é *certo*. "As pessoas o louvarão quando você fizer algo em proveito próprio"; e farão vista grossa a desvios consideráveis da linha da moralidade cristã na busca do interesse próprio, desde que você tenha sucesso. Até pessoas religiosas frequentemente o aborrecerão com conselhos de sabor muito mais de sabedoria mundana do que de simplicidade cristã e piedosa sinceridade. Mas, se Cristo nos aprova, podemos viver sem a simpatia e aprovação das pessoas. A aprovação delas é, no máximo, só um conforto; a de Cristo é uma questão de vida e morte.

O terceiro elemento na felicidade do homem que não é só um ouvinte esquecido, mas um praticante da perfeita lei de Cristo, é que ele escapa da culpa de conhecimento não melhorado. É um lugar comum religioso que pecar tendo luz é mais odioso que pecar na ignorância. "Para aquele que sabe fazer o bem, e não o faz, para ele isso é pecado". E, é lógico, quanto mais clara a luz, maior a responsabilidade. Ora, em nenhum departamento da verdade cristã é o conhecimento mais claro que naquela que pertence ao departamento

315

da ética. Há algumas doutrinas que a igreja, como um todo, pode dificilmente ser dita conhecedora, elas são muito misteriosas ou muito debatidas. Mas o ensino ético de Jesus é simples e rico em todas as suas características principais; ele é universalmente entendido e também universalmente admirado. Protestantes e católicos, trinitarianos, socinianos e deístas, todos concordam aqui. Felizes, então, são aqueles, de todas as seitas e denominações, que fazem as coisas que todos conhecem e concordam em admirar; porque uma pesada desgraça se encontra sobre aqueles que não as praticam. Essa desgraça não é, de fato, expressa, mas está implicada nas palavras de Cristo. O Senhor comum de todos os crentes praticamente se dirige a toda a cristandade aqui, dizendo: "Vocês impedem a luz de um exemplo perfeito; vocês têm-se familiarizado com um ideal elevado e amável de vida, tal como moralistas pagãos nunca sonharam. O que vocês estão fazendo com a sua luz? Vocês estão simplesmente olhando para ela, e escrevendo livros sobre ela, e se vangloriando dela, e falando dela, ao mesmo tempo que permitem que pessoas de fora da igreja os ultrapassem em virtude humana e filantrópica? Se esse é todo o uso que estão fazendo de seu conhecimento, haverá mais tolerância para os pagãos no dia do juízo do que para vocês".

Tendo feito a reflexão que temos considerado, Jesus acrescentou uma palavra de desculpa pelo tom de suspeita com que ela foi dita, o que, sem dúvida, foi sentido pelos discípulos. Ele disse: "Não estou me referindo a todos vocês; conheço os que escolhi. Mas isto acontece para que se cumpra a Escritura: 'Aquele que partilhava do meu pão voltou-se contra mim'". Isso pode ser parafraseado assim: "Ao mencionar a possibilidade de um conhecimento do que é certo, desacompanhado de uma prática correspondente, eu não estava me entregando a uma insinuação gratuita. Eu, de fato, não penso tão mal de vocês, a ponto de imaginar que são capazes de deliberada e habitualmente negligenciar um dever conhecido. Mas não há ninguém entre vocês capaz de tal conduta. Escolhi todos e conheço o caráter de cada um de vocês; e, como eu disse há um ano atrás, após fazer uma pergunta que feriu seus sentimentos, que um de vocês tinha um demônio,[213] assim, agora, após fazer uma reflexão desconfiada, digo que há um entre vocês cujo caráter ilustra negativamente seu significado; um que sabe, contudo não quer fazer; que põe o sentimento no lugar da ação e admiração em lugar de imitação; um

---

[213] João 6.66-70. Estas palavras de Jesus se tornam mais claras quando vistas à luz da ocorrência anterior, comparando-se as duas passagens. Estamos convencidos de que as palavras "Não estou me referindo a todos vocês", significam "Eu não suspeito de existir, em vocês todos, o pecado de saber e não praticar", antes que, "nem todos vocês participarão da felicidade daqueles que tanto conhecem quanto põem em prática".

que, tendo comido pão comigo como um amigo chegado, me recompensará por toda a minha bondade, não com um amor obediente, mas por se voltar contra mim". A insegurança dos discípulos sinceros Jesus podia pacientemente suportar; porém o caráter de Judas – no qual o pensamento correto e nobre sentimento estão combinados com falsidade de coração e frouxidão prática, no qual prometer é posto no lugar de realizar e pronunciar a palavra adequada sobre um assunto substitui fazer a coisa apropriada – tal caráter sua alma abominava absolutamente.

Quem pode duvidar que não foi em vão que discípulos sinceros tinham estado por tanto tempo em comunhão com aquele que era tão exigente em seu ideal, e que eles realmente lutaram anos depois para cumprir a vontade de seu Mestre, e servir um ao outro em amor?

22
In memoriam:
quarta lição sobre a doutrina da cruz
Mt 26.26-29; Mc 14.22-25; Lc 22.17-20 (1Co 11.23-26)

A Ceia do Senhor é um monumento sagrado à memória de Jesus Cristo. "Façam isto em memória de mim". Em Betânia, Jesus tinha falado como se desejasse que Maria fosse lembrada na pregação do evangelho; no cenáculo, ele expressou o desejo de ser ele próprio lembrado. Ele teria o ato de amor de Maria comemorado pela repetição de sua história; ele teria seu próprio feito de amor comemorado por uma ação simbólica, a ser frequentemente repetida até o fim do mundo.

O ritual da Ceia, além de comemoração, também serve para *interpretar* a morte do Senhor. Ela derrama muita luz sobre o significado daquele evento solene. A instituição desta festa simbólica foi, de fato, a mais importante contribuição feita por Jesus, durante seu ministério pessoal, à doutrina da expiação através do sacrifício de si mesmo. Deste, mais claramente que de qualquer outro ato ou palavra dele, os doze puderam aprender a perceber o caráter *redentor* da morte de seu Mestre. Por ela, Jesus, por assim dizer, explicou aos seus discípulos: "Minha paixão iminente não deve ser vista como mera calamidade, um negro desastre, contrário ao propósito divino ou à minha expectativa; não como um golpe fatal desferido por homens ímpios sobre mim e vocês e sobre a causa tão cara para nós; nem mesmo como um mal que pode ser anulado pelo bem; mas como um evento cumpridor, não frustrante, do propósito de minha missão e cheio de bênção para o mundo. O que os homens destinam ao mal, Deus destina ao bem, para realizar a salvação de muitas pessoas. O derramar do meu sangue, em um aspecto, o crime de judeus ímpios, é, em outro aspecto, meu próprio ato voluntário. Eu derramo meu sangue por um objetivo gracioso, a remissão de pecados. Minha morte iniciará uma nova dispensação e selará um novo testamento; ela cumprirá o propósito, e, portanto, tomará o lugar dos muitos sacrifícios do ritual mosaico e, em particular, do cordeiro pascal, que é até agora comido. Eu serei o cordeiro pascal do Israel de Deus daqui em diante; ao mesmo

O Treinamento dos Doze

tempo, protegendo-os da morte e alimentando suas almas com minha humanidade crucificada, como o pão da vida eterna."

Essas verdades são muito familiares para nós, por estranhas e novas que possam ter sido para os discípulos; e estamos mais acostumados a explicar a Ceia pela morte, que a morte pela Ceia. Entretanto, pode ser útil aqui reverter o processo, e, imaginando-nos na posição dos doze, como testemunhas da instituição de um novo símbolo religioso, nos esforçarmos para redescobrir disso o significado do evento com que está associado e cujo significado se pretende representar. Então, tomemos nossa posição ao lado desse antigo monumento e tentemos ler a inscrição rúnica sobre sua superfície gasta pelo tempo.

1. Primeiro, então, percebemos imediatamente que é à *morte* de Jesus que esse monumento se refere. Ele não é meramente levantado para sua memória em geral, mas é especialmente erigido em memória de sua morte. Todas as coisas apontam para o que estava para acontecer no Calvário. Os atos sacramentais de partir o pão e derramar o vinho manifestamente apontam nessa direção. Também as palavras faladas por Jesus, ao instituir a Ceia, todas envolvem alusões a sua morte. O fato e a forma de sua morte são indicados pela distinção que ele faz entre seu corpo e seu sangue: "Este é o meu corpo", "Este é o meu sangue". Corpo e sangue são um na vida e são separados somente pela morte; e não por qualquer tipo de morte, mas por uma que envolve derramamento de sangue, como no caso de vítimas sacrificiais. Os epítetos aplicados ao corpo e ao sangue apontam para a morte ainda mais claramente. Jesus fala de seu corpo como "dado" – como se para ser morto ou "partido" (1Co 11.24) em sacrifício e de seu sangue como "derramado". Então, finalmente, ao descrever o sangue que estava para ser derramado como o sangue de um novo testamento, o Salvador deixou claro a que estava aludindo. Onde existe um testamento deve existir também a morte de um testador. E, embora um testador ordinário possa morrer uma morte ordinária, o Testador do *novo* testamento deve morrer uma morte sacrificial; porque o epíteto *novo* é uma referência ao velho pacto judaico, que era ratificado pelo sacrifício de ofertas queimadas e ofertas pacíficas de bois, cujo sangue era aspergido sobre o altar e sobre o povo e chamado por Moisés de "o sangue da aliança".

2. O mero fato de que a Ceia do Senhor comemora especialmente a *morte* do Senhor significa que aquela morte deve ter sido um evento de caráter muito importante. Ao instituir um rito simbólico para tal propósito, Jesus, por assim dizer, disse aos seus discípulos e a nós: "Fitem seus olhos no Calvário e vejam o que acontece lá. Este é o grande evento em minha história terrena.

Outros homens têm monumentos levantados para eles porque viveram vidas consideradas memoráveis. Eu desejo que levantem um monumento para mim porque eu morri: não esquecido de minha vida, todavia especialmente ciente de minha morte; comemorando-a por sua própria causa, não só por causa da vida da qual ela é o fim. A lembrança de outros homens é compartilhada pela celebração de seus aniversários; no entanto, no meu caso, melhor é o dia da minha morte que o dia do meu nascimento, para os propósitos de uma celebração comemorativa. Meu nascimento neste mundo foi maravilhoso e importante; porém ainda mais maravilhosa e importante é minha saída dele pela crucificação. De meu nascimento nenhuma comemoração festiva é necessária; mas de minha morte mantenha viva a lembrança pela Santa Ceia até que eu volte. Lembrando-se dela, vocês se lembram de toda a minha história terrena; porque de tudo é o segredo, a consumação e a coroa."

Mas por que, em uma história tão notável, deve a morte ser assim singularizada por uma comemoração? Foi o seu caráter trágico que ganhou para ela essa distinção? O Crucificado quis que a Ceia que porta seu nome fosse uma mera representação dramática de sua paixão, com o propósito de estimular nossos sentimentos e produzir uma lágrima simpática, por renovar a lembrança de sofrimentos na morte? Pensar assim da questão seria degradar nossa festa cristã ao nível do festival pagão de Adônis,

> "Cujo ferimento anual no Líbano seduziu
> As donzelas da Síria lamentam seu destino
> Em amorosos poemas todo um dia de verão."

Ou era o erro infame e vergonhosa indignidade feita ao Filho de Deus, por homens ímpios que o crucificaram, que Jesus queria manter em perpétua lembrança? Foi a Santa Ceia instituída com o propósito de marcar com infâmia eterna um mundo que não soube fazer melhor uso do Santo que pregá-lo no madeiro, e sentiu mais bondade até por um ladrão que por ele? Certamente o mundo bem que merecia ser assim reprovado; o Filho do Homem, entretanto, não veio para condenar pecadores, mas para salvá-los; e não estava em sua natureza amorosa levantar um monumento duradouro ao seu próprio ressentimento ou à desonra de seus assassinos. *O sangue de Jesus diz coisas melhores que o de Abel.*

Ou era porque sua morte sobre a cruz, apesar de sua indignidade e vergonha, era *gloriosa*, como um testemunho de sua invencível fidelidade à causa da verdade e justiça, que Jesus instruiu seus seguidores a mantê-la sempre em mente, pela celebração de um novo rito simbólico? O festival da Ceia

O TREINAMENTO DOS DOZE

deve ser reconhecido como uma solenidade do mesmo tipo que aquelas pelas quais a igreja primitiva comemorava a morte dos mártires? É a *Coena Domini* simplesmente a *natalitia* do grande Protomártir? Os socinianos gostariam que pensássemos assim. À pergunta de por que o Senhor desejava que a memória de sua crucificação fosse especialmente celebrada em sua igreja, o Catecismo Racoviano responde: "Porque de todas as ações de *Cristo*, ela (a submissão voluntária à morte) foi a maior e a mais adequada para ele. Porque, embora a ressurreição e exaltação de Cristo fossem muito maiores, esses eram atos de Deus o Pai, antes que de Cristo."[214] Em outras palavras, a morte, acima de todas as coisas, merece ser lembrada, porque foi o ato mais notável e sublime de testemunho, da parte de Cristo, da verdade, o glorioso acabamento de uma vida nobre de devoção à elevada e perigosa vocação de um profeta.

Que a morte de Cristo foi tudo isso é obviamente verdadeiro, que é digna de lembrança como um ato de martírio é também verdade; mas, se Jesus instituiu a Santa Ceia com o propósito de comemorar sua morte exclusivamente, principalmente, ou, de qualquer forma, como um martírio, é uma questão diferente. Nesse ponto devemos aprender a verdade dos próprios lábios de Cristo. Retornemos então, à história da instituição da Ceia, para saber o que ele pensava dela.

3. Felizmente, o Senhor Jesus explicou com clareza especial em que aspecto ele desejava que sua morte fosse o tema de uma celebração comemorativa. Ao distribuir o pão sacramental, ele disse: "Este é o meu corpo, dado, ou partido, *em favor de vocês;*" (Lucas e Paulo), por aí indicando que sua morte devia ser comemorada por causa de um benefício que isso trazia ao participante da Ceia. Ao dar aos discípulos o cálice sacramental, ele disse: "Bebam dele todos vocês; isto é o meu sangue da aliança, que é derramado em favor de muitos (de vocês [Lucas]), para perdão dos pecados";[215] com isso indicando a natureza do benefício obtido por sua morte, motivo pelo qual devia ser lembrada.

Nessa palavra criativa da nova dispensação, Jesus representa sua morte como uma oferta pelo pecado, expiando a culpa e comprando perdão de débito moral. Seu sangue devia ser derramado para remissão de pecados. Em vista dessa função, o sangue é chamado "o sangue do novo testamento (aliança)", em aparente alusão à profecia de Jeremias, que contém uma promessa de um novo pacto a ser feito por Deus com a casa de Israel – um pacto cuja bênção princi-

---

[214] *De Coena Domini*, Quaestio iv.
[215] Mateus. Sobre a autenticidade dessas palavras, veja Neander, *Life of Christ;* também Keim, *Jesu von Nazara.*

In memoriam: quarta lição sobre a doutrina da cruz

pal deveria ser o perdão da iniquidade, e chamado novo porque, diferente do velho, seria um pacto de pura graça, de promessas desembaraçadas de estipulações legais.[216] Ao mencionar seu sangue e o *novo* pacto juntos, Jesus ensina que, conquanto anulando-o, ele, ao mesmo tempo, cumpriria o velho, ao introduzir o novo. O novo pacto seria ratificado por sacrifício, como foi o antigo no Sinai, e a remissão de pecado seria concedida após o derramamento de sangue. Ao ordenar aos discípulos, contudo, que bebessem do cálice, o Senhor indica que, após a sua morte, não haverá mais necessidade de sacrifícios. A oferta de sangue pelo pecado será convertida em oferta de agradecimento de vinho, um cálice da salvação, a ser bebido com corações alegres e gratos por todos os que, através da fé em seu sacrifício receberam o perdão de seus pecados. Finalmente, Jesus indica que o novo pacto se refere a *muitos*, não a poucos – não a Israel somente, mas a todas as nações: é um evangelho que ele lega aos pecadores da humanidade.

Que possamos beber desse cálice com gratidão e alegria; porque o "novo pacto" (novo, embora muito mais velho que o antigo), do qual ele é o selo, é, em todos os aspectos, bem ordenado e seguro. Bem ordenado; porque seguramente é um conjunto de preceitos completamente bom e digno de Deus, que liga a bênção do perdão à morte sacrificial daquele por meio do qual ela vem a nós. Ele é bom nos aspectos de justiça: porque provê que o pecado não seja perdoado até que tenha sido adequadamente expiado pelo sacrifício do Amigo do pecador; e é justo e correto que, sem o derramamento do sangue do Justo, não possa haver remissão para o injusto. Então, esse processo serve bem aos interesse do amor divino, por dar a ele uma situação digna e livre escopo para manifestar sua natureza magnânima, ao carregar o fardo do miserável e pecador. E todavia, uma vez mais, a constituição do novo pacto é admiravelmente adaptada ao grande objetivo prático a que visa o esquema da redenção, a saber, a elevação de uma raça caída e degradada de um estado de corrupção para um de santidade. O evangelho de perdão através da morte de Cristo é o poder moral de Deus para levantar quem crê do egoísmo do mundo e de inimizades e mediocridade, para uma vida de devoção celestial, autossacrifício, paciência e humildade. Se por fé em Cristo se entende meramente crença no *opus operatum* ("obra realizada") de uma morte vicária, o poder de tal fé para elevar é mais que questionável. Mas, quando fé é tomada em seu sentido

---

[216] Jr 31.31-34. Tal pacto é pelo lado do homem dificilmente um pacto. Veja Witsius, *De Oec. Fid.* Lib. iii, cap. i. 8-12. As bênçãos do novo pacto, como descrito pelo profeta, são estas três: (1) a lei escrita no *coração*, em lugar de tábuas de pedra = regeneração = renovação moral; (2) o conhecimento de Deus simplificado e feito acessível a todos = abolição do elaborado ritual levítico; (3) perdão de pecados.

básico verdadeiro, como implicando não só crença em uma certa transação, o submeter-se à morte por um em favor de outros, mas também, e mais especialmente, apreciação sincera do espírito do feito e de quem o fez, então seu poder purificador e enobrecedor está além de toda questão. "O amor de Cristo me constrange"; "Eu estou crucificado com Cristo", com o resultado de tal fé.

Quão pobre é o esquema sociniano de salvação em comparação com esse da nova aliança! Naquele esquema o perdão não tem dependência real do sangue de Jesus: ele morreu como um mártir por causa da justiça, não como um redentor pelo injusto. Somos perdoados ao nos arrependermos por uma simples palavra de Deus. O perdão não custa ao perdoador nenhuma dificuldade ou sacrifício; somente uma palavra ou um golpe da pena assinando um documento, "assim diz o Senhor". Que negociação formal! Que relacionamentos frios isso implica entre a divindade e suas criaturas! Quão vastamente preferível é um perdão que significa um doar-se,[217] e custa ao Perdoador sofrimento, suor, dor, sangue, ferimentos, morte – um perdão vindo de um Deus que, na prática, diz: "Para salvar pecadores, eu não anularei a lei que liga o pecado com a morte como sua penalidade; mas estou disposto, com esse objetivo, a me tornar vítima da lei". Tal perdão é ao mesmo tempo, um ato de justiça e um ato de maravilhoso amor; ao passo que o perdão sem satisfação, embora, à primeira vista, possa parecer tanto racional quanto generoso, não manifesta nem a justiça de Deus, nem o seu amor. Um Deus sociniano, que perdoa sem expiação, é destituído igualmente de uma ardente rejeição do pecado e de um ardente amor pelos pecadores.

Jesus, uma vez, disse: "Ama muito aquele a quem muito tem sido perdoado". É uma verdade profunda, porém há outra não menos profunda, que deve ser colocada ao lado dessa: devemos sentir que nosso perdão custou muito ao Perdoador para que o amemos muito. É porque sentem isso que verdadeiros praticantes da fé católica demonstram aquela devoção ardente a Cristo que forma tal contraste com a fria homenagem intelectual feita a Deus pelo deísta. Quando o cristão católico pensa nas lágrimas, agonias, suor sangrento, vergonha e dor sofridas pelo Redentor, de sua visão danificada, coração partido, lado perfurado, mãos e pés lacerados, seu coração queima com um devotado amor. A história da paixão abre todas as fontes dos sentimentos; e, por nenhum outro caminho senão a *via dolorosa*, poderia Jesus ter subido ao trono dos corações de seu povo.

---

[217] Essa ideia é bem apresentada por Bushnell em *Vicarious Sacrifice*.

O novo pacto inaugurado pela morte de Cristo é seguro, bem como ordenado. Ele é confiavelmente selado pelo sangue do testador. Porque, primeiro, que garantia melhor poderíamos ter da boa vontade de Deus? "Ninguém tem maior amor do que este, que um homem dê sua vida em favor de seus amigos". "Assim percebemos o amor de Deus, porque ele deu sua vida por nós". Olhando a questão à luz da justiça, de novo, esse pacto é igualmente seguro. Deus não é injusto para esquecer o esforço de amor de seu Filho. Como ele é verdadeiro, Cristo *verá* o trabalho de sua alma. Não poderia ser diferente sob a administração moral de Jeová. Poderia o Deus da verdade quebrar sua palavra? Pode o juiz de toda a terra permitir que alguém, e especialmente seu próprio filho, entregue a si mesmo, pelo mais puro amor, à tristeza, dor e vergonha por seus irmãos, sem receber o salário que ele deseja, e que lhe foi prometido – muitas almas, muitas vidas, muitos pecadores salvos? Pense nisto: a santidade sofrendo por causa da justiça, porém não tendo o consolo de fazer algo para a destruição da injustiça levando o desobediente à obediência do justo; o amor, pelo impulso de sua natureza e pelas obrigações do pacto, colocado na necessidade de se esforçar pelo perdido e, todavia, condenado pela rebeldia, ou apatia, ou infidelidade do Governante do universo, a ficar sem recompensa – o esforço perdido do amor – ninguém suporta isso! –, as coisas continuando como antes: nenhum pecador perdoado, tirado do poço e restaurado à santidade; nenhum povo escolhido trazido das trevas para a maravilhosa luz! Tal estado de coisas não pode estar nos domínios de Deus. O governo de Deus é realizado no interesse do Santo Amor. Isto dá ao amor o livre escopo para suportar os fardos dos outros: isto faz com que, se fizer assim, sentirá o pleno peso da carga que leva; mas também faz com que, por um pacto eterno de verdade e equidade, quando o fardo tem sido levado, o Carregador receba sua recompensa da forma que ele prefere – em almas lavadas, perdoadas, santificadas e conduzidas à glória eterna por si mesmos, homens como seus irmãos ou filhos resgatados.

O princípio do mérito vicário envolvido na doutrina de que não somos perdoados simplesmente porque Cristo morreu pelos nossos pecados, quando olhado com olhos sem preconceito, recomenda-se à razão e ao coração. Ele significa praticamente um prêmio sustentado para propiciar justiça e amor. Esse prêmio oferecido Jesus levou através de sua pesada tarefa. Foi por isso, confiando na promessa de seu Pai e vendo a alegria certa de salvar muitos diante dele, que ele suportou a cruz. É o mesmo princípio em uma aplicação restrita, que estimula os cristãos a completarem aquilo que falta do sofrimento do seu Senhor. Eles sabem que, se forem fiéis, não viverão em si mesmos, mas beneficiarão o corpo místico de Cristo, a igreja, e também o mundo em geral. Se o fato fosse diferente, haveria muito pouca fidelidade moral e amor no mundo. Se o governo moral do universo torna impossível que alguém beneficie outro pela oração ou sofrimentos por causa do amor, é impossível para dez bons homens serem escudos para Sodoma, para o eleito ser sal da terra, os homens desistiriam de tentar fazê-lo; a preocupação generosa com o bem público cessaria e o egoísmo universal se tornaria a ordem do dia. Ou, se esse estado de coisas não ocorresse, nós somente teríamos escuridão de uma forma ainda pior; o inescrutável enigma da justiça crucificada sem benefício para qualquer criatura viva – o escândalo e uma reprovação ao governo e caráter de Deus. Se, portanto, devemos sustentar com firmeza nossa fé na santidade, justiça, bondade e verdade divinas, devemos crer que o sangue de Jesus muito certamente obtém para nós a remissão de pecados; e igualmente, que o sangue de seus santos, embora nem disponível nem necessário para obter para pecadores a bênção do perdão diante do tribunal divino – só o sangue de Cristo é capaz de nos fazer esse serviço, e o fez efetivamente e de uma vez por todas – é, não obstante, precioso aos olhos de Deus, e faz precioso o povo entre quem ele é derramado, e é por indicação de Deus, em múltiplas formas, uma fonte de bênção em um mundo indigno de contar, entre seus habitantes, pessoas a quem ele não sabe como usar de outra forma senão como cordeiros para o matadouro.

4. O sacramento da Ceia mostra Cristo não só como um cordeiro a ser abatido para uma oferta pelo pecado, mas como um cordeiro pascal, a ser comido como alimento espiritual. "Tomem e comam, este é o meu corpo"; com essa ordem, Jesus ensinou os doze, e, por meio deles, todos os cristãos, a verem sua humanidade crucificada como o pão de Deus para a vida de suas almas. Devemos comer a carne e beber o sangue do Filho do Homem espiritualmente, pela fé, como nós comemos o pão e bebemos o vinho literalmente com a boca.

Ao ver Cristo como o pão da vida, não devemos nos restringir ao único benefício mencionado por ele ao instituir a festa, a remissão de pecados, mas ter em vista todos os seus benefícios que tendem a nossa alimentação espiritual e crescimento na graça. Cristo é o pão da vida em todos os seus ofícios. Como um profeta, ele supre o pão da verdade divina para alimentar nossas mentes; como um sacerdote, ele fornece o pão da justiça para satisfazer nossas consciências perturbadas; como um rei, ele se apresenta a nós como um objeto de devoção, que encherá nossos corações e a quem podemos adorar sem medo de idolatria.

Tão frequentemente como a Ceia do Senhor é celebrada somos convidados a contemplar Cristo como alimento de nossas almas nesse sentido abrangente. Tão frequentemente quanto comemos o pão e bebemos do cálice, nós declaramos que Cristo tem sido, e é agora, o alimento de nossa alma, em todas essas formas. E tão frequentemente quanto participarmos dessa Ceia com sinceridade, somos auxiliados a nos apropriarmos de Cristo como nosso alimento espiritual cada vez mais ricamente. Mesmo como um símbolo ou um quadro – misticismo e mágica à parte –, a Ceia do Senhor ajuda nossa fé. Através do olho, ele afeta nosso coração, como a poesia e a música fazem através do ouvido. O próprio misticismo e superstição que têm crescido ao redor dos sacramentos com o passar do tempo são um testemunho de sua poderosa influência sobre a imaginação. Os pensamentos e sentimentos dos homens são tão profundamente agitados que eles não podem crer que tal poder se encontre em meros símbolos; e, por uma confusão de ideias natural em uma imaginação estimulada, eles atribuem ao sinal todas as virtudes das coisas significadas. Por esses meios, a fé foi transferida de Cristo, o Redentor, e do Espírito Santificador para o rito de batismo e o serviço da missa. Esse resultado mostra a necessidade de conhecimento e discernimento espiritual para manter a imaginação sob controle e impedir os olhos do entendimento de serem confundidos pelo brilho estonteante da fantasia. Alguns, considerando quão profundamente os olhos do entendimento têm sido confundidos por teorias de graça sacramental, têm sido levados a negar que sacramentos são mesmo *meios* de graça, e a pensar que instituições de que se abusa tão terrivelmente deviam ser deixadas cair em desuso. Essa é uma reação natural, mas é uma opinião extrema. A opinião sóbria e verdadeira sobre a questão é que os sacramentos são meios de graça, não por qualquer virtude mágica neles ou nos sacerdotes que os administram, mas como ajuda à fé pelos sentidos e, ainda mais, pela bênção de Cristo e obra de seu Espírito, como a recompensa de um uso inteligente, sincero e crente deles.

Isso, então, é o que aprendemos da pedra monumental. A Ceia do Senhor comemora a *morte* do Senhor; indica aquela morte como um evento de importância transcendental; estabelece-a, de fato, como a base de nossa esperança para o perdão de pecados; e finalmente exibe Cristo, o Senhor, que morreu na cruz, como tudo o que nossos espíritos necessitam para saúde e salvação – nossos místicos pão e vinho. Esse rito, instituído por Jesus na noite em que foi traído, ele queria que fosse repetido não só pelos apóstolos, mas por seu povo crente em todas as épocas, até que voltasse. Assim aprendemos de Paulo; assim poderíamos ter entendido sem qualquer outra informação. Um ato tão original, tão impressivo, tão cheio de significado, tão proveitoso

O Treinamento dos Doze

para a fé, uma vez realizado, era praticamente um decreto. Ao realizá-lo, Jesus, na prática, disse: "Que esta se torne uma grande instituição, uma constante observância na comunidade a ser chamada por meu nome".

O significado da ordenança determina o espírito em que ela deve ser observada. Os cristãos devem sentar-se à mesa em um espírito de humildade, gratidão e amor fraternal; confessando o pecado, devotamente agradecendo a Deus por seu pacto de graça e sua misericórdia para com eles em Cristo, amando aquele que os amou e os lavou de seus pecados em seu próprio sangue, e quem diariamente alimentou suas almas com alimento celestial, e dando a ele toda glória e domínio; e amando um ao outro – amando todos os redimidos e crentes em Jesus como irmãos, e tomando a Ceia como uma refeição em família; sempre orando para que um número cada vez maior possa experimentar o poder salvador da morte de Cristo. Dessa forma, os apóstolos e a igreja apostólica celebraram a Ceia em pentecostes, depois que Jesus subiu ao céu. Continuando diariamente com um acordo no templo e partindo o pão de casa em casa, eles comiam sua comida com alegria e simplicidade de coração. Quem dera pudéssemos agora celebrar a festa como eles a celebravam! Mas quanto deve ser feito antes que isso seja possível! O musgo do tempo deve ser tirado da pedra monumental, para que sua inscrição possa tornar-se mais uma vez legível; o entulho acumulado de um milênio e meio de controvérsias teológicas sobre sacramentos deve ser tirado da vista e da mente;[218] a verdade, como está em Jesus, deve ser separada da mistura do erro humano; o ritual simples da Ceia deve ser despido das vestes formais do cerimonial elaborado, pelo qual tem sido quase sufocado, e permitido retornar à apropriada simplicidade primitiva. Essas coisas, que devem tão devotamente ser desejadas, virão por fim – se não sobre a terra, naquele dia quando o Senhor Jesus beberá vinho novo com seu povo no reino de seu Pai.[219]

---

[218] A história dessas controvérsias é muito humilhante, e suas consequencias muito desastrosas. Através delas, o símbolo de união tem-se transformado em uma grande causa de divisão. A igreja tem lembrado o seu Senhor, e obedecido a seu mandamento de amor, como membros de famílias algumas vezes lembram um parente morto, lançando ferozes olhares uns aos outros por cima do túmulo, e retirando-se para casa, cujo cabeça eles acabaram de enterrar, para brigar sobre seu testamento.

[219] Podemos aqui notar o *momenta* da doutrina da cruz como apresentada nas quatro lições dadas por Jesus aos discípulos, para que tivessem uma opinião comum:

1. *Primeira lição* – Cristo sofreu por causa da justiça: aqui há um exemplo para todos os seus seguidores (Mt 16.24-28 e paral.).

2. *Segunda lição* – Cristo sofreu pelo injusto – deu sua vida como resgate pelo pecador: aqui nosso exemplo, na medida em que ele se humilhou para vencer (Mt 20.28)

3. *Terceira lição* – Cristo sofreu no espírito de amor autossacrifícial, exemplificado por Maria de Betânia (Mt 26.6-13, e paral.).

4. *Quarta lição* – Cristo sofreu para inaugurar um novo pacto da graça e obter para pecadores o perdão de pecados (Mt 26.26-29, e paral.)

23
Judas Iscariotes
Mt 26.20-23; Mc 14.17-21; Lc 22.21-23; Jo 13.21-30

Além do lava-pés e da instituição da Ceia, ainda outra cena ocorreu na noite que precedeu a morte do Senhor, ajudando-a a fazer-se memorável. Durante a refeição noturna,[220] Jesus expôs e expulsou o falso discípulo, que tinha empreendido a tarefa de entregar seu Mestre nas mãos daqueles que procuravam sua vida. Já, enquanto ocupado com o lava-pés, ele tinha feito alusão premonitória ao fato de que havia um traidor entre os doze, indicando que nem todos eram limpos e insinuando que havia um deles que *sabia* e não *praticava*. Tendo terminado e explicado o serviço de amor humilde, ele procedeu à ingrata tarefa de indicar a qual dos discípulos ele tinha estado aludindo. Perturbado com a dolorosa tarefa, e estremecendo na presença de tal satânica impiedade, introduziu o assunto fazendo o anúncio geral: "Digo-lhes que certamente um de vocês me trairá". Depois, respondendo a perguntas, ele indicou o indivíduo especificamente, ao explicar que o traidor era aquele a quem ele devia dar um pedaço de pão após tê-lo molhado.[221]

O fato anunciado era novo para os discípulos, mas não para seu Mestre. Jesus sempre tinha sabido que havia um traidor no grupo. Ele o tinha até insinuado um ano antes. Mas, fora isso, ele não tinha falado do assunto até aqui, mas tinha mantido isso como um fardo secreto em seu próprio coração. Agora, entretanto, o segredo não podia mais ser escondido. Chegara a hora em que o Filho do Homem deveria ser glorificado. Judas, por seu lado, estava decidido a ser o instrumento da traição; e tal má obra, uma vez admitida, deveria ser feita sem demora. Então, Jesus quer se livrar da companhia do falso discípulo. Ele deseja passar as poucas horas de sua vida em comunhão terna e confidencial com seus fiéis, livre da irritação e distração causadas pela presença de um inimigo não declarado, porém mortal. Portanto, não espera até que Judas queira partir; orde-

---

[220] Se antes ou depois da instituição da Ceia tem sido muito debatido, e não é de importância teológica, embora se pense estar em conexão com a questão da comunhão restrita.

[221] Sobre a harmonia desse assunto, veja Ebrard, *Gospel History;* e também Stier, *Reden Jesu,* que harmoniza os sinóticos com João por supor dois anúncios do traidor, com a Ceia do Senhor no intervalo, que ele coloca entre os vv. 22 e 23 da narrativa de João.

O TREINAMENTO DOS DOZE

na-lhe ir, afirmando sua autoridade sobre ele até após ele ter renunciado à sua aliança e ter-se entregado ao serviço do demônio. Pegando o bocado de pão, ele, de fato, diz: "Eu o conheço, Judas; você é o homem, você resolveu me trair: vamos, então, e faça-o". E, então, ele diz expressamente: "O que você tem para fazer, faça depressa". Foi uma ordem para ir, e ir imediatamente.

Judas pegou a deixa. Ele "*saiu* imediatamente" e assim, finalmente, deixou a sociedade da qual tinha sido um membro indigno. É de perguntar como um homem desses poderia jamais ter estado nela – como ele foi admitido em tal santa comunhão – como foi escolhido como um dos doze. Jesus não conhecia o real caráter dele? As palavras de Nosso Senhor, ditas um pouco antes, nos proíbem de pensar assim. Ele disse, enquanto explicava o lava-pés: "Conheço os que escolhi", significando, evidentemente, reivindicação de conhecimento de todos eles, inclusive de Judas, no tempo em que os escolheu. Então, ele escolheu Judas para que pudesse ter, entre os doze, um por quem poderia ser traído, e as Escrituras, nesse particular, serem cumpridas? É o que ele parece insinuar na passagem citada, porque acrescenta: "Mas isto acontece para que se cumpra a Escritura: 'Aquele que partilhava do meu pão voltou-se contra mim'" (Jo 13.18). Mas não é crível que Judas tenha sido escolhido só para ser um traidor, como um ator poderia ser escolhido para desempenhar o papel de Iago. O fim indicado na passagem citada podia ter, basicamente, servido para seu ser escolhido, mas esse fim não foi o motivo da escolha. Podemos ver estes dois pontos como certos: por um lado, Judas não se tornou um seguidor de Jesus com intenções de traição; e, por outro, Jesus não escolheu Judas para ser um dos doze porque previu que ele, por fim, se tornaria um traidor.

Como então pode ser explicada a escolha do falso discípulo? A única possibilidade é que, à parte aquele *insight* secreto, Judas era, segundo as aparências, um homem elegível e não podia ser desprezado pela observação comum. Suas qualidades devem ter sido tais, que alguém que não possuísse o olho da onisciência, olhando-o, se teria disposto a dizer dele o que Samuel disse de Eliabe: "Com certeza, é este que o Senhor quer ungir" (1Sm 16.6). Nesse caso, entende-se perfeitamente sua escolha. O Chefe da igreja fez simplesmente o que a igreja tem de fazer em situações semelhantes. A igreja escolhe pessoas para tarefas sagradas com base em uma visão conjunta de qualificações ostensivas, tais como conhecimento, zelo, piedade aparente e correção de conduta externa. Nisso, algumas vezes, ela faz indicações infelizes e confere dignidade a pessoas do tipo de Judas, que desonram o posto que têm. O desastroso resultado é grande; mas Cristo nos ensinou, por seu exemplo ao escolher

JUDAS ISCARIOTES

Judas, como também pela parábola do joio, que devemos nos submeter ao mal e deixar o remédio nas mãos superiores. Do mal Deus frequentemente tira o bem, como ele fez no caso do traidor.

Supondo que Judas tenha sido escolhido com base na aparente competência, que tipo de homem isso implicaria? Um vulgar, consciente, hipócrita, procurando algum interesse inferior, enquanto professava visar a um superior? Não necessariamente; não provavelmente. Antes, alguém tal como Jesus descreveu, indiretamente, ser Judas, quando disse: "Se vocês conhecem essas coisas, felizes são vocês se as praticarem". O falso discípulo era um pietista sentimental, aceitável e autoiludido, que conhecia e aprovava o bem, embora não o praticando conscientemente; alguém que, no sentimento estético, na imaginação e no intelecto, tinha afinidades com o nobre e o santo, enquanto que, na vontade e na conduta, era escravo de paixões baixas e egoístas; alguém que, como último recurso, sempre se colocaria em primeiro lugar, ainda que pudesse zelosamente fazer o bem quando nenhum interesse próprio estivesse comprometido – em resumo, o que Tiago chama de um homem de mente dividida.[222] Ao assim descrever Judas, não o representamos como um monstro solitário. Este tipo de pessoa de forma alguma é tão raro como se pensa. A história, sagrada e profana, tem muitos exemplos deles exercendo função importante nos assuntos humanos. Balaão, que tinha a visão de um profeta e a alma de um miserável, era um. Robespierre, o gênio mau da Revolução Francesa, era outro. O homem que mandou milhares para a guilhotina tinha, em sua juventude, abandonado seu ofício de juiz provincial, porque era contra sua consciência pronunciar sentença de morte contra um criminoso culpado de crime capital.[223] Um terceiro exemplo, mais notável que qualquer dos dois, pode ser encontrado no famoso grego Alcibíades, que, a uma ambição sem limites, falta de escrúpulos e licenciosidade, uniu uma ligação ardente ao maior e melhor dos gregos. O homem que anos depois traiu a causa de sua cidade natal e passou para o lado dos inimigos tinha sido um entusiástico admirador e discípulo de Sócrates. Como ele se sentiu com respeito ao sábio ateniense pode ser entendido de suas palavras em um dos diálogos de Platão – palavras que involuntariamente sugerem um paralelo entre o orador e o seguidor indigno de alguém maior que Sócrates: "Eu sinto por esse homem somente (Sócrates) o que ninguém acreditaria que eu fosse capaz, um sentimento de

---

[222] Tg 1.8, ανερ διψυχος; isto é, um homem com duas mentes; não uma real e a outra fictícia, mas com duas mentes reais, só que a errada é mais forte e, por fim, prevalece.

[223] Carlyle, *French Revolution*, i. 170,171.

O TREINAMENTO DOS DOZE

vergonha. Porque sou consciente de uma incapacidade de contradizê-lo e de recusar fazer o que ele me ordena e, quando vou embora, sinto-me vencido pelo desejo de estima popular. Portanto, eu fujo dele e o evito. Mas, quando eu o vejo, me envergonho de minhas concessões e frequentemente ficaria contente se ele deixasse de existir entre os vivos; e, todavia, sei bem que, se isso acontecesse, eu ficaria ainda mais aflito."[224]

Se o caráter de Judas era assim, a *possibilidade*, pelo menos, de ele se tornar um traidor torna-se compreensível. Alguém que ama a si mesmo mais do que qualquer um, por bom que seja, ou qualquer causa, por santa que seja, é sempre capaz de má fé mais ou menos odiosa. Ele é um traidor de coração desde o início, e tudo aquilo de que precisa é um conjunto de circunstâncias calculadas para manifestar os maus elementos de sua natureza. Então, quais foram as circunstâncias que converteram Judas de um traidor possível em um real?

Essa é uma pergunta muito difícil de responder. O crime cometido por Judas, pelo qual adquiriu uma "fama horrorosa", continua, apesar de toda a discussão, ainda misterioso e inexplicável. Muitas tentativas têm sido feitas para atribuir prováveis motivos, algumas tendem a desculpar o criminoso e outras, a agravar sua culpa; todas mais ou menos conjecturais e nenhuma plenamente satisfatória. Quanto às narrativas dos evangelhos, elas não explicam, só registram a impiedade de Judas. Os evangelistas sinóticos, de fato, mencionam que o traidor fez uma barganha com os sacerdotes e recebeu deles uma soma em dinheiro; e João, em sua narrativa da unção em Betânia, afirma que o discípulo acusador era um ladrão, apropriando-se, para seu próprio uso, de dinheiro da bolsa comum, da qual estava encarregado (Jo 12.6). Esses fatos, é claro, mostram que Judas era ganancioso. Só alguém ganancioso e cobiçoso aceitaria dinheiro por tal serviço. Um homem vingativo, cuja vaidade foi ferida, ou que se imagina, de alguma forma, prejudicado, pode se tornar traidor por vingança, mas não aceitaria ser pago por isso. Roubar o que era colocado na bolsa era também um sinal de uma alma sórdida e inferior. Talvez, o próprio fato de ele ser o responsável pela bolsa de dinheiro do grupo pode ser visto como uma indicação de que seu coração era ganancioso. Ele era o responsável pela bolsa porque, podemos imaginar, os outros discípulos eram muito descuidados com dinheiro, enquanto ele tinha decidida tendência para as finanças e mostrou desejo de se encarregar dos fundos supérfluos. Os outros ficariam muito contentes de encontrar um irmão disposto a se dar ao trabalho; e, tendo embebido seu espírito do preceito de seu Mestre, de não se preocupar

---

[224] Platão, Συμποσιον: Alcibíades *loquitur.*

JUDAS ISCARIOTES

com o dia de amanhã, eles não pensariam em se apresentar como candidatos rivais ao ofício.

Os evangelistas, portanto, muito distintamente apresentam Judas como um ganancioso. Mas não apresentam sua ganância como o único ou mesmo o principal motivo de seu crime. Na verdade, dificilmente seria esse o caso. Porque, em primeiro lugar, não teria sido mais lucrativo ter permanecido como responsável pela bolsa, com facilidades de se apropriar de seu conteúdo, que vender seu Mestre por uma soma insignificante?[225] Então, o que poderia levar um homem cujo principal interesse era juntar dinheiro a ser um discípulo de Jesus? Certamente, seguir alguém que não tinha onde reclinar a cabeça não era um meio provável de ganhar dinheiro! Então, por fim, como explicar o arrependimento do traidor, tão grande em sua veemência, embora muito ímpio em sua natureza, na hipótese de que seu único objetivo era ganhar umas poucas peças de prata? A avareza pode fazer um homem de talentos esplêndidos completamente mercenário e inescrupuloso, como se diz que foi o caso com o famoso Duque de Marlborough; mas é raro, na verdade, que alguém dado a hábitos avarentos seriamente se preocupe com os crimes cometidos por influência deles. É da natureza da avareza destruir a consciência e transformar tudo, por mais sagrado que seja, em corrupção. De onde vem então essa poderosa revolução no coração de Judas? Certamente, outras paixões estavam atuando em sua alma, quando ele vendeu seu Senhor, que não o frio e enrijecedor amor do lucro!

Pressionado por essa dificuldade, alguns têm sugerido que, ao trair Jesus, Judas foi atingido principalmente por sentimentos de ciúmes ou despeito, surgindo de dissensões internas ou danos imaginários. Essa ideia em si mesma não é improvável. Ofensas podem muito facilmente surgir de várias fontes. O mero fato de que Judas não era galileu,[226] mas natural de outra província, podia dar lugar a desentendimentos. As simpatias e antipatias humanas dependem de coisas muito pequenas. Parentesco, um nome comum, ou o mesmo lugar de nascimento, têm muito mais força do que os grandes elos que nos ligam com toda a raça. Em religião, a mesma observação é válida. As ligações de um Senhor comum, uma mesma esperança, e uma vida espiritual comum são fracas quando comparadas com as de seita, de costumes e de opiniões religiosas e partidárias. Então, quem sabe que ofensas surgiram daquelas disputas entre os discípulos sobre quem seria maior no reino? E, se o homem de Queriote tinha sido levado a sentir que, quem quer que fosse o maior, ele não

---

[225] Renan, *Vie de Jesus*, p.394.
[226] Veja cap. 4.

O Treinamento dos Doze

teria chance, não sendo galileu? Os hábitos inferiores e estreitos de Judas como tesoureiro seriam uma terceira causa de maus sentimentos na companhia apostólica. Supondo-se que sua desonestidade tenha escapado à observação, sua tendência de colocar o interesse da bolsa acima dos objetivos a que seu conteúdo era destinado e assim repartir suprimentos, seja para o grupo, seja para os pobres, de má vontade, certamente seria notado, e, sendo notado, certamente, em tal sociedade sincera, não deixaria de ser falado.[227]

Essas reflexões mostram como um mal-estar pode ter surgido entre Judas e seus condiscípulos; mas o que precisamos explicar é o ódio do falso discípulo por seu Mestre. Será que Jesus tinha feito alguma coisa para ofender o homem pelo qual foi traído? Sim! Jesus não se tinha deixado enganar, e isso foi uma grande ofensa. Porque, é claro, Judas sabia que não tinha enganado a Jesus. Pessoas não podem viver juntas, em íntima comunhão, muito tempo sem virem a saber com quais sentimentos são vistas pela outra. Se desconfio de um irmão, ele descobrirá, mesmo que eu tente ocultá-lo. Mas o Sincero e Fiel não faria nenhuma tentativa de ocultação. É verdade que ele não jogaria ofensivamente sua desconfiança na cara de Judas, nem estudadamente a esconderia, para suavizar as coisas entre eles. Aquele que tão fielmente corrigiu os erros de outros discípulos também faria o seu dever com esse e o faria consciente de que via seu espírito e maus hábitos com desaprovação, para levá-lo ao arrependimento. E não é difícil de imaginar qual seria o efeito de tal tratamento. Sobre Pedro, a correção teve uma influência completa; deu a ele imediatamente uma mente correta. No caso de Judas, o resultado seria muito diferente. A mera consciência de que Jesus não *pensava* bem dele, e ainda mais a vergonha de uma repreensão aberta, alimentaria um sombrio ressentimento contínuo e alienação de coração; até que, no fim, o amor se transformasse em ódio, e o impenitente discípulo começasse a nutrir paixões *vingativas*.

A maneira como a traição aconteceu quase apoia a ideia de que o agente foi acuado por sentimentos maliciosos e vingativos. Não contente em dar informação que colocaria a vítima nas mãos das autoridades judaicas, Judas conduziu o grupo que foi mandado para prender o Mestre e até o apontou com uma saudação afetuosa. Para alguém com sentimentos de vingança, aquele beijo

---

[227] Renan, *Vie de Jesus*, p.395. Os pobres não foram esquecidos por Jesus e seus discípulos (João 12.5; 13.29). Quando havia muito suprimento, eles não eram armazenados para o dia seguinte, mas iam para os destituídos. Se eles tinham mais do que necessitavam, era o resultado do amor de almas gratas (Lucas 8.1-3), e a bolsa era mantida para que nada fosse desperdiçado; porque a ética de Jesus condena o desperdício tão fortemente quanto desencoraja o desleixo: "juntem os pedaços", etc.

foi doce, mas para alguém em qualquer outra situação, se fosse de um traidor, porém, seria detestável! A saudação foi inteiramente gratuita: não era necessária para o sucesso da conspiração; porque o destacamento militar tinha tochas, e Judas poderia ter apontado Jesus ficando ele mesmo à distância. Mas isso não satisfaria um amigo do peito, que se tinha tornado um inimigo mortal.[228]

Junto com malícia e cobiça, o instinto de autopreservação pode ter sido um dos motivos de Judas. A perfídia pode ser recomendada pelas sugestões de prudência egoísta. O traidor era um homem astuto e acreditava que uma catástrofe estava se aproximando. Ele entendeu melhor que seus irmãos ingênuos a situação; porque os filhos deste mundo são mais sábios, em sua geração, que os filhos da luz. Os outros discípulos, por seu entusiasmo generoso e esperanças patrióticas, estavam cegos aos sinais dos tempos; mas o falso discípulo, justamente porque era menos nobre, discernia mais. Sendo então iminente o desastre, o que devia ser feito? O que senão entregar o líder e fazer um acordo, de forma que a desgraça de Cristo fosse seu lucro? Se essa baixaria pudesse ser perpetrada sob a desculpa de provocação, tanto melhor!

Essas observações ajudam a situar o crime de Judas dentro do campo da experiência humana, e, por causa disso, valia a pena fazê-las; porque não é desejável que pensemos do traidor como um caráter absolutamente único, como a solitária e perfeita encarnação da impiedade satânica.[229] Devíamos antes pensar de seu crime como se o efeito de contemplá-lo em nossas mentes nos fizesse, como aos discípulos, perguntar: "Sou eu?"[230] "Quem pode entender seus erros? Guarda o teu servo dos pecados arrogantes". Têm havido muitos traidores além de Judas, que, por malícia ou por lucro, têm sido falsos com homens nobres e causas nobres; alguns deles talvez até piores que Judas. Foi sua não invejável distinção trair a mais nobre de todas as vítimas, mas muitos que têm sido substancialmente culpados de seu pecado não se têm importado com isso, antes têm sido capazes de viver felizes depois do que fizeram.

Todavia, enquanto é importante para nossa advertência não pensar em Judas como um pecador isolado, é também muito desejável que vejamos seu crime como um mistério de iniquidade. É nessa luz que o quarto evangelista

---

[228] Renan, *Vie de Jesus,* favorece a ideia de que Judas foi movido por rancor. Ele observa, sobre o número de denunciantes ligados a sociedades secretas: *"Un léger dépit,"* ele diz, *"suffisait pour faire a'un sectaire un traître"* (*Um leve despeito seria suficiente para fazer de um sectário um traidor;* p.395).

[229] Tal é a opinião de Daub, em seu *Judas Iscariot, oder Das Böse in Verhältniss zum Guten.*

[230] Os discípulos primeiro tremeram, cada um por si mesmo; então, após recuperar a compostura, começaram a se perguntar quem poderia ser; e, finalmente, Pedro fez um sinal para João, que estava próximo a Jesus, para que ele perguntasse.

O Treinamento dos Doze

quer que olhemos. Ele poderia nos ter dito muito sobre o relacionamento mútuo de Judas e Jesus, para ajudar a explicar o feito do primeiro. Mas ele não quis. A única explicação que dá do crime do traidor é que Satanás se apoderou dele. Isso ele menciona duas vezes em um capítulo, como se para expressar seu próprio horror e despertar horror nos leitores.[231] E, para aprofundar a impressão, após relatar a saída de Judas, ele acrescenta a sugestiva reflexão de que ela aconteceu após o cair da noite: "Assim que comeu o pão, Judas saiu. *E era noite*". Tempo certo para tal tarefa!

Judas saiu e entregou seu Senhor à morte e depois foi e tirou sua própria vida. Que acompanhamento trágico para a crucificação foi aquele suicídio! Que incrível ilustração do mal que causa uma mente dividida! Para ser feliz de alguma forma, Judas tinha que ter sido um homem melhor ou pior. Se tivesse sido melhor, teria sido salvo de seu crime; se tivesse sido pior, teria escapado do tormento antes da hora. Por assim dizer, ele era suficientemente mau para cometer um ato de infâmia e suficientemente bom para ser incapaz de carregar o peso da culpa. Ai de tal homem! Melhor para ele que nunca tivesse nascido!

Que fim melancólico foi o de Judas para um auspicioso início! Escolhido para ser companheiro do Filho do Homem e testemunha ocular e auditiva de sua obra, uma vez comprometido com a pregação do evangelho e expulsão de demônios; agora, possuído pelo mesmo demônio, dirigido por ele para cometer atos condenáveis e, finalmente, usado por uma providência justa para vingar seu próprio crime. Em vista dessa história, quão superficial a teoria que resolve todas as diferenças morais entre os homens com base nas circunstâncias! Quem teve melhores circunstâncias para se tornar bom do que Judas? Todavia, as próprias influências que deviam ter produzido a bondade serviram somente para provocar o mal latente.

Que cruz pesada deve ter sido a constante presença de alguém como Judas para o coração puro e amoroso de Jesus! Porém, quão pacientemente ele foi suportado por anos! Nosso Senhor é um exemplo e um conforto para seus verdadeiros seguidores e, por esse motivo, entre outros, teve que suportar essa cruz. O Redentor dos homens tinha um companheiro que se voltou contra ele, para que nisso, como em todos os outros aspectos, pudesse ser igual a seus irmãos e capaz de socorrê-los. Algum servo fiel de Cristo está reclamando que seu amor foi pago com ódio, sua verdade, com má-fé; ou que é obrigado a tratar como um verdadeiro cristão alguém de quem ele mais do que suspeita ser um hipócrita? É um teste difícil, mas que ele olhe para Jesus e seja paciente!

---

[231] João 13.2,27. Satanás entrou em Judas como o Satanás de propósito ímpio; então, após o pedaço de pão (desafio de Cristo a Judas), como Satanás da ação.

24
O pai agonizante e os pequeninos[232]
Seção I – Palavras de consolo e conselho para os filhos que sofrem
Jo 13.31-35; 14.1-4; 15-21

A saída de Judas na escuridão da noite, para sua tarefa ainda mais escura, era um chamado para que Jesus se preparasse para a morte. Todavia, ele ficou agradecido pela partida do traidor. Tirou um peso de seu coração e lhe permitiu respirar e falar livremente; e se isso o levou, em primeiro lugar, para perto de seu último sofrimento, também o levou para perto da maior alegria da ressurreição e exaltação para a glória. Portanto, sua primeira declaração, depois da partida, foi uma explosão de verdadeira alegria. Quando o falso discípulo tinha saído, Jesus disse; "*Agora* o Filho do Homem é glorificado; e Deus é glorificado nele. Se Deus é glorificado nele, Deus também glorificará o Filho nele mesmo, e o glorificará em breve".[233]

Mas, enquanto, pela fé, que é o fundamento de coisas que se esperam e torna evidentes coisas não visíveis, Jesus foi capaz de ver na morte presente a glória vindoura, ele lembrou que tinha, ao redor de si, discípulos para quem,

---

[232] Há, no fim do capítulo 26, uma análise do conteúdo do discurso de despedida e da oração intercessória registrada em João 13.31-38; 14-18, que, embora colocada no fim, poderia proveitosamente ser consultada aqui. Temos sido levados a preparar essa tabela por causa da extensão da exposição, que pode desviar a atenção das divisões naturais do assunto e impedir a impressão da adequação à situação, que tem sido nosso objetivo produzir com respeito a essa parte do registro de João, de ser tão forte quanto desejaríamos. Parcialmente também, entretanto, de observar quanto da crítica sobre esse discurso, designada a mostrar que ele não é um registro histórico, mas uma composição livre, parece surgir da ideia da compreensão deficiente de sua importância. Temos notado isso, mesmo em escritores que admitem a autoria joanina e reconhecem os *logia* de Nosso Senhor como as sementes de todas as ampliações livres de João; como, por exemplo, Dr. Sanday, em sua ponderada obra intitulada *Authorship and Historical Character of the Fourth Gospel*. Assumindo que ele esteja certo sobre os discursos joaninos em abstrato, afirmamos que ele deixou de olhar *dentro* dos discursos, e muito especialmente no discurso de despedida, olhou muito na superfície. Parece-nos muito crível que Jesus tenha dito palavras de consolo a seus discípulos, tais como as consideradas na seção I deste capítulo; palavras de exortação, advertência e encorajamento a respeito de sua obra como *apóstolos*, tais como temos em João 15 e 16; e palavras de oração para homens de quem tanto dependia. As perguntas dos filhos, consideradas na seção II deste capítulo, parecem surgir naturalmente das palavras anteriores de Jesus, e as respostas a elas devem ser mantidas à parte do que Jesus quis dizer, independentemente de interrupções.

[233] João 13.31,32. As palavras ει ο θεος εδοξασθη εν αυτω são consideradas espúrias por Luthardt e outros críticos.

O Treinamento dos Doze

em sua fraqueza, sua morte e partida significariam só luto e desolação. Portanto, ele imediatamente voltou seus pensamentos para eles, e lhes disse coisas adequadas ao estado interno deles e à sua situação externa.

Em suas últimas palavras aos seus, o Salvador empregou dois estilos diferentes de fala. Primeiro, falou como um pai que está morrendo se dirige aos seus filhos; e, depois, assumiu um tom mais elevado e falou como um senhor que está morrendo dirigindo-se aos seus servos, amigos e representantes. Palavras de consolo e conselho relativas ao primeiro objetivo estão nos capítulos treze e quatorze de João; as diretrizes do Senhor para seus futuros apóstolos estão nos capítulos quinze e dezesseis. Vamos estudar agora as palavras dos capítulos treze e quatorze.

Essas não são ditas em um discurso contínuo. Enquanto o pai moribundo falava, os filhos ficavam fazendo perguntas infantis. Quatro deles fizeram perguntas sugeridas pelo que ele estava dizendo. Jesus ouviu com paciência e respondeu como era possível. As respostas e as coisas que ele quis dizer sem referência a possíveis interrogações estão misturadas na narrativa. É bom fazer uma separação e considerar primeiro todas as palavras de consolo e depois as perguntas deles, com suas respostas. Esse método fará com que essas palavras surjam em toda sua maravilhosa simplicidade e pertinência. Para mostrar quão simples e adequadas elas foram, podemos aqui expô-las com o menor número possível de palavras: 1. Eu estou indo embora; em minha ausência encontrem consolo no amor de outro (13.31-35). 2. Eu estou indo embora; é, porém, para a casa de meu Pai, todavia, no devido tempo voltarei e levarei vocês para lá (14.1-49). 3. Eu estou indo embora; mas mesmo estando fora estarei com vocês na pessoa de meu *alter ego,* o Consolador (14.15-21).

Sabendo com quem ele fala, Jesus começa imediatamente com o dialeto infantil. Ele não se dirige aos seus discípulos meramente como crianças, mas como "filhinhos"; expressando com o carinhoso nome sua terna afeição para com eles e sua compaixão por sua fraqueza. Depois ele alude a sua morte de uma forma delicada e indireta, adaptada à capacidade e sentimentos infantis. Ele lhes diz que está indo por um caminho que eles não podem seguir, e que eles sentirão sua falta como crianças sentem a falta de seus pais quando vão e não mais retornam. "Vou estar com vocês apenas mais um pouco. Vocês procurarão por mim e, como eu disse aos judeus, agora lhes digo: 'Para onde eu vou, vocês não podem ir'"

Após esse prefácio breve e simples, Jesus prosseguiu, dando seu *primeiro* conselho próximo da morte, a saber, *que deviam amar uns aos outros em sua ausência.*

O PAI AGONIZANTE E OS PEQUENINOS

Sem dúvida, era um conselho que devia vir primeiro! Porque que consolo maior pode haver para órfãos do que amor mútuo? Que o mundo seja cada vez mais escuro e triste, enquanto irmãos em aflição são verdadeiros irmãos em simpatia e recíproco socorro, eles têm uma contínua fonte de alegria no deserto de tristeza. Se, por outro lado, aos outros problemas da vida forem acrescentados alienação, desconfiança, antagonismo, o enlutado fica de fato desolado; sua noite de tristeza não tem nem mesmo uma estrela para aliviar seu desalento.[234]

Ansioso para garantir a devida atenção a um preceito em si mesmo muito oportuno e que, mesmo entre os discípulos, precisava de reforço, Jesus conferiu a ele toda a dignidade e importância de um novo mandamento e fez do amor prescrito nesse lugar a marca distintiva do discipulado cristão. Ele disse: "Um novo mandamento lhes dou: "'Amem-se uns aos outros'"; assim, naquela noite memorável, foi adicionada uma terceira novidade àquelas já introduzidas – o novo sacramento e o novo pacto. O mandamento e o pacto eram novos no mesmo sentido; não como nunca tendo sido ouvidos, assim, antes, mas como agora, pela primeira vez, sendo proclamados com a devida ênfase e assumindo seu lugar correto de supremacia acima dos detalhes da legislação moral mosaica e dos sombrios ritos da economia religiosa legal. *Agora* o amor devia ser a destacada lei real, e a graça livre devia tornar antiquadas as ordenanças sinaíticas. E por que agora? Em ambos os casos, porque Jesus estava para morrer. Sua morte seria o selo do Novo Testamento e exemplificaria e ratificaria o novo mandamento. Daí ele prossegue, dizendo: "Como eu os amei!". O tempo passado não deve ser interpretado estritamente aqui: o perfeito deve ser entendido como um *futuro perfeito*, de modo a incluir a morte que era o ato de coroação do amor do Salvador. "Amem-se uns aos outros", Jesus diria, "como eu terei amado vocês e como saberão que eu os tenho amado quando precisarem do consolo de assim amarem uns aos outros". Assim entendendo suas palavras, vemos claramente por que ele chama a lei do amor de nova. Seu próprio amor em dar sua vida por seu povo era uma coisa nova sobre a terra; e um amor entre seus seguidores, um pelo outro, ligados pelo espírito e prontos para fazer a mesma coisa, se necessário, seria igualmente uma novidade a qual o mundo olharia com espanto, perguntando de onde teria vindo, até percebe-rem que as pessoas que assim se amavam tinham estado com Jesus.

---

[234] Sanday, *Auth. and Hist. Char. Of the Fourth Gospel*, p.219, diz: "Versículos 34,35 (o *mandatum*) vêm curiosamente como parênteses!" Essa é a primeira de várias ocasiões em que Sanday parece mostrar uma ausência de compreensão da estrutura do último discurso em sua relação com as solenes circunstâncias de orador e ouvintes. O *mandatum* seguramente merecia o primeiro lugar entre as palavras de consolação à família enlutada.

O Treinamento dos Doze

A *segunda* palavra de consolo era, em geral, uma exortação à fé: "Não se perturbe o coração de vocês. Creiam em Deus; creiam também em mim"; em seu aspecto mais especial, uma promessa de que ele retornaria para levá-los para estarem com ele para sempre.[235] A exortação abrange todos os interesses dos discípulos, seculares e espirituais, temporais e eternos. Jesus lhes recomenda exercitar a fé em Deus, principalmente com referência às ansiedades temporais. Na realidade, o que ele lhes diz é: "Eu vou deixá-los, meus filhinhos; mas não tenham medo. Vocês não vão ficar no mundo como pobres órfãos, indefesos e destituídos; Deus, meu Pai, cuidará de vocês; creiam na providência divina, e que haja paz em seus corações". Tendo-os assim exortado a ter fé em Deus, o Provedor, Jesus, em seguida, os exorta a crer nele mesmo, com especial referência àqueles bens espirituais e eternos por causa dos quais eles tinham deixado tudo e seguido a ele. "Crendo em Deus por comida e vestuário, creiam também em mim e estejam certos de que tudo que eu disse sobre o reino e suas alegrias e recompensas é verdade. Logo vocês vão achar muito difícil crer nisso: as promessas que eu fiz vão parecer enganosas, e o reino, um sonho e alucinação. Mas não deixem que esses pensamentos obscuros dominem suas mentes: lembrem-se do que vocês sabem de mim; e perguntem a si mesmos se é provável que aquele de quem vocês têm sido companheiros durante esses anos os enganaria com promessas românticas que nunca seriam cumpridas."

O reino e suas recompensas; essas eram as coisas que Jesus tinha encorajado seus seguidores a esperar. Então, ele começou a falar delas, no estilo adequado ao tom que tinha assumido, a saber, de um pai agonizando falando aos seus filhos. Ele disse: "Na casa de meu Pai, há muitos aposentos; se não fosse assim, eu lhes teria dito. Vou preparar-lhes lugar. E, se eu for e lhes preparar lugar, voltarei e os levarei para mim". Essa, em sua forma mais específica, foi a segunda palavra de consolação. Que perspectiva alegre foi apresentada aos discípulos! Na hora do desânimo os pequeninos pensariam de si mesmos como órfãos, sem uma casa na terra ou no céu. Mas seu amigo lhes assegura que eles não só terão uma casa, mas uma casa esplêndida; não só um humilde abrigo, mas um glorioso palácio, onde não há tempestades – uma casa com muitos aposentos, suprindo plena acomodação para todos eles, incomparavelmente maior que o templo que tinha sido a residência terrena de Deus. Sua própria morte, que lhes pareceria uma grande calamidade, seria simplesmente sua ida antes para preparar lugar para eles naquela esplêndida mansão, e, no devido

---

[235] João 14.1. O verbo πιστευετε em qualquer cláusula pode ser ou imperativo ou indicativo, e quatro diferentes traduções são possíveis. Mesmo no indicativo, "Vocês creem em Deus", um imperativo está implicado: "Exercitem e se consolem com sua fé em Deus".

tempo, sua partida seria seguida por um retorno para levá-los para estar consi-go.[236] O que significava preparar lugar quando ele devia voltar, ele não expli-cou. Ele só acrescentou, como se persuadindo-os a ter uma visão alegre da situação, "Vocês sabem para onde eu vou e conhecem o caminho"; querendo dizer: "Pensem para onde eu vou, para o Pai, e pensem em minha morte como meramente o caminho para lá: e, assim, que a minha ausência não lhes entris-teça, nem minha morte pareça algo terrível.

Para o estudante da teologia do Novo Testamento, interessado em traçar as semelhanças e contrastes em diferentes tipos de doutrina, essa segunda pala-vra de consolação tem interesse especial, porque contém substancialmente a idéia de um Precursor, um dos notáveis pensamentos da Epístola aos Hebreus. O autor dela diz aos seus leitores hebreus que Jesus foi para o céu não só como Sumo Sacerdote, mas como um Precursor (Hb 6.20), sendo essa uma das no-vidades e glórias da nova dispensação; porque nenhum sumo sacerdote de Israel entrou no lugar santíssimo como um precursor, mas somente como um substituto, entrando pelo povo em um lugar aonde eles não podiam segui-lo. Jesus, por outro lado, entra no santuário celestial, não só por nós, mas antes de nós, entrando em um lugar aonde podemos segui-lo; nenhum lugar está fe-chado para nós. Semelhante é o pensamento que João coloca na boca de Jesus aqui, falando como o grande Sumo Sacerdote da humanidade.

Essas palavras profundas e aparentemente infantis de Jesus não são só alegres, mas muito estimulantes para a imaginação. Os "muitos aposentos"

---

[236] As palavras do v. 3 são o equivalente joanino da promessa da segunda vinda para estabelecer o reino em glória, e fazer os discípulos participarem da glória, que forma uma característica destacada na apresentação sinótica do ensino de Cristo. Elas são semelhantes em importância às registradas por Lucas: "Vocês são os que têm estado comigo em minhas tentações. E eu lhes designo um Reino, assim como meu Pai o designou a mim, para que vocês possam comer e beber à minha mesa no meu Reino e sentar-se em tronos, julgando as doze tribos de Israel." A escatologia e a doutrina do reino geralmente ficam nos bastidores no Evangelho de João. Na realidade, não estão completamente ausente; aparecem em João 3.3; 18.36 e na inscrição da cruz. O equivalente joanino de Reino é vida eterna, uma idéia presente nos sinóticos (Mt 16.25; 19.17; 19.29, 25.46), mas tão pouco proemi-nente lá como a idéia do Reino é em João. A relação entre as duas idéias é esta: a do Reino vê o homem como membro de uma sociedade; a da vida eterna, como um indivíduo. A primeira denota o bem maior como posse conjunta de todos os seus cidadãos; a segunda como a posse separada de cada alma individual. A retirada da ideia de Reino pode ser explicada pela origem tardia do quarto evangelho, no final do primeiro século, quando a destruição de Jerusalém e a difusão do evangelho entre os pagãos tinha ficado para trás do idoso apóstolo como fatos históricos. À pergunta se Jesus poderia falar da mesma coisa, na mesma ocasião, de forma tão diferente, como aparece em João 14.2,3, e em Lucas 22.28,30, respondemos com outra pergunta: poderia Jesus falar aos mesmos ouvintes na mesma ocasião de formas tão diferentes como em João 14 e 15? A mudança de ponto de vista envolve uma mudança de estilo. A casa de muitos aposentos e os tronos são ambos figuras ou parábolas, e as duas podem ocorrer em uma conversa ou discurso.

O Treinamento dos Doze

sugerem muitos pensamentos. Pensamos, com prazer, no vasto número que a casa de muitos aposentos é capaz de abrigar. Podemos, também, embora talvez fantasiando, como os santos de outras épocas, pensar nos alojamentos na casa do Pai como não só sendo muitos em número, mas também em tipo, correspondendo às classes ou postos dos residentes.[237] Mas para alguns o pensamento mais confortável é a certeza de uma vida eterna. Para pessoas que têm duvidado da vida no além, o grande *desideratum* não é informação detalhada a respeito do lugar, do tamanho, da arquitetura da cidade celestial, mas saber com certeza que tal cidade existe, que existe uma casa não feita com mãos, eterna, nos céus. Esse *desideratum* é realizado na palavra de Cristo. Porque o que quer que muitos aposentos signifique, eles, pelo menos, implicam que há um estado de existência feliz a ser alcançado pelos crentes, como aquele em quem eles creem alcançou, a saber, através da morte. A vida eterna, quaisquer que sejam suas condições, é indubitavelmente ensinada aqui. E é ensinada com autoridade. Jesus fala como quem sabe, não (como Sócrates) como alguém que simplesmente tem uma opinião sobre o assunto. Em seu encontro de despedida com seus amigos antes de beber o cálice de cicuta, o sábio ateniense discutiu com eles a questão da imortalidade da alma. Sobre essa questão, ele fortemente manteve a afirmativa; mas, ainda, somente, como alguém que a via como um bom assunto para discussão e sabia que havia muito para ser dito de ambos os lados. Mas Jesus faz mais que sustentá-la, ele fala disso com confiança oracular, oferecendo-lhes não a frágil canoa de uma opinião provável na qual podemos perigosamente navegar para a morte, mas o forte navio de uma palavra divina no qual podemos velejar com segurança, pelo qual Sócrates e seus companheiros ansiavam.[238] E ele fala assim com plena consciência da responsabilidade que assume. "Se não fosse assim, eu lhes teria dito"; é o mesmo que dizer que não se devem encorajar tais expectativas, a menos que se tenha certeza delas . Não era suficiente ter uma opinião sobre o mundo futuro: quem assume a responsabilidade de pedir aos homens que abandonem o mundo presente por causa do outro deve ter certeza de que ele é uma realidade, e não um sonho. Que condescendência com a fraqueza dos discípulos é mostrada

---

[237] A mesma ideia ocorre em Irineu, *Haeres*. v.36. Sem dúvida, há verdade nessa opinião: haverá cristãos de vários níveis no céu – príncipes e porteiros; também de várias escolas, Igreja alta, Igreja ampla, Igreja baixa, capazes, pelo menos, de crer que os outros também são.

[238] Fedon, cap. 35: "Deve-se fazer uma de duas coisas (com referência à questão de um estado futuro): ou aprendemos qual é a situação ou adivinhamos; ou se essas são impossíveis, tomando-se a melhor e a menos facilmente refutada das opiniões humanas, e embarcando nela como em uma canoa (σχεδιας), navegamos perigosamente através da vida; a menos que se possa, com mais segurança e menos perigo, navegar em um barco mais forte, ou em alguma palavra divina (λογου θειου τινος)".

O PAI AGONIZANTE E OS PEQUENINOS

nessa reflexão autojustificadora! Que ajuda também isso dá para a nossa fé na realidade da bênção futura! Porque Jesus não teria falado dessa forma a menos que tivesse informação autêntica sobre o mundo do além.

Na *terceira* palavra de consolação, o pensamento principal é a promessa de outro Consolador, que tomaria seu lugar e faria os enlutados sentirem-se *como se ele ainda estivesse com eles*. Na segunda palavra de consolação, Jesus tinha dito que ia providenciar uma casa para os pequeninos e que, depois, voltaria e os levaria para ela. Agora ele praticamente promete estar com eles presente no substituto, mesmo estando ausente. Ele diz: "e eu pedirei ao Pai e ele lhes dará outro Consolador para estar com vocês para sempre" (Jo 14.16) (não por um tempo, como foi o caso comigo). Então ele lhes diz quem é esse maravilhoso Consolador: seu nome é "o *Espírito da verdade*" (v. 17). Depois, por fim, ele lhes dá a entender que esse Espírito da verdade será um Consolador para eles, ao restaurar, por assim dizer, a consciência de sua própria presença, de forma que a vinda desse outro Consolador será, em um sentido, seu próprio retorno espiritual. Eles lhes assegura "eu não os deixarei sem consolo", "eu não os deixarei *órfãos*, eu virei até vocês" (v. 18); prometendo, com isso, não uma coisa diferente, mas a mesma coisa que tinha prometido pouco antes, em termos diferentes. Como o outro Consolador seria um *alter ego* de Jesus, ele não explica aqui claramente.[239] Em um estágio posterior, ele informou como isso aconteceria. O Espírito faria o Jesus ausente presente a eles de novo, ao trazer à lembrança deles todas as palavras dele (v. 26), ao testificar dele (Jo 15.26) e ao guiá-los em uma compreensão inteligente de toda a verdade cristã (Jo 16.13,14). Tudo isso, embora não seja dito aqui, é suficientemente sugerido pelo nome dado ao novo Paracleto. Ele é chamado o Espírito da verdade, não o Espírito Santo, como em outros lugares, porque ele devia consolar pela iluminação dos discípulos no conhecimento de Cristo, de forma que o vissem claramente com a visão espiritual quando ele não estivesse mais visível materialmente.

Essa visão espiritual, quando viesse, deveria ser a verdadeira consolação pela ausência de Jesus, que os doze tinham conhecido segundo a carne. Seria como o nascer do dia, que acaba com os temores e desconforto da noite. En-quanto a noite dura, todos os confortos são só alívios parciais do desconforto. A mão e a voz de um pai têm um efeito encorajador sobre o tímido coração de seu filho quando caminham à noite; mas, enquanto a escuridão dura, a criança pode ser assustada por objetos mal vistos e distorcidos pela imaginação em

---

[239] A identidade da doutrina do Espírito no discurso de despedida com a de Paulo pode ser notada. Em Paulo, também, o Espírito é o *alter ego* de Cristo. O Senhor é o Espírito, ele o declara duas vezes: 2Co 3.17,18.

O Treinamento dos Doze

formas fantásticas. "À noite, as pessoas (principalmente crianças) pensam que todo arbusto é um ladrão"; e todos podem simpatizar com o sentimento de Rousseau: "Eu, por natureza, tenho medo do escuro". A luz é bem-vinda mesmo quando somente nos revela a exata natureza e extensão de nossas misérias. Se isso não espanta a tristeza, pelo menos ajuda a torná-la calma e sóbria. Esse frio consolo, entretanto, não era o que Jesus prometia aos seus seguidores, o Espírito da verdade não viria só para mostrar a eles toda a sua desolação e reconciliá-los com o inevitável, ensinando-os a considerar suas esperanças iniciais como sonhos românticos, o Reino de Deus como um mero ideal e a morte de Jesus como o destino que espera toda tentativa séria de realizar aquele ideal. Esse seria um conforto miserável. Dizer que toda religião séria deve acabar em infidelidade e todo entusiasmo em desespero.

A terceira palavra de consolação foi introduzida por uma ordem dada por Jesus aos discípulos. Ele disse "se vocês me amam, guardem meus mandamentos". É provável que ele quisesse mostrar a verdadeira forma de manifestar o amor contra uma forma inútil que seus ouvintes estavam em perigo de assumir, isto é, lamentar sua perda. Podemos parafrasear as palavras para indicar a conexão de pensamentos como segue: "se vocês me amam, não mostrem seu amor com uma tristeza indolente, mas guardando meus mandamentos, assim, me fazendo um serviço real. Preocupem-se com os preceitos que eu lhes tenho ensinado e não se preocupem consigo mesmos; deixem seu futuro em minhas mãos; eu orarei ao Pai e ele mandará para vocês outro Consolador".[240]

Mas essa paráfrase, embora verdadeira, não esgota o significado dessa pesada palavra. Jesus prefacia a promessa do Consolador com uma ordem para guardar seus mandamentos, porque ele deseja que seus discípulos entendam que o cumprimento da promessa e o guardar dos mandamentos andam juntos. Essa verdade é indicada pela palavra "e", que forma o elo entre preceito e promessa; e é reiterada por vários modos de expressão nesta passagem. A necessidade de fidelidade moral para iluminação espiritual é claramente ensinada quando o Consolador é descrito como um Espírito ao qual o *mundo* não pode receber, porque não o vê, nem o conhece" (Jo 14.17). Ela é ainda mais claramente ensinada no último versículo desta seção: "Aquele que tem meus mandamentos e os guarda, esse é o que me ama; e aquele que me ama será

---

[240] As palavras de Germanicus ao morrer (em Antioquia, 19 d.C., supostamente envenenado a mando de Tibério) aos seus amigos me ocorrem agora: *"Non hoc praecipuum amicorum munus est, prosequi defunctum ignavo quaestu: sed quae voluerit meminisse, quae mandaverit exsequi: flebunt Galileia ermanicum etiam ignoti: vindicabitis vos, si me potius quam fortunam meam fovebatis"* – Tácito *Annal*. ii. 71

amado por meu Pai; e eu o amarei, e me manifestarei a ele" (Jo 14.21). Como em seu primeiro grande sermão (sobre o monte) Jesus tinha dito: "Bem-aventurados são os puros de coração, porque eles verão a Deus"; assim, em seu discurso de despedida, ele diz: "sejam puros de coração e, pela habitação do Espírito da verdade, vocês me verão, mesmo quando eu estiver invisível para o mundo".[241] Vida e luz andam juntas. Essa é a doutrina do Senhor Jesus e de todas as Escrituras. Tendo em mente essa grande verdade, compreendemos as diversas questões das perplexidades religiosas; em uma resultando no iluminismo de infidelidade; em outra, em uma fé iluminada e imperturbável. A "iluminação" que consiste necessariamente em extinção de luminares celestiais de fé e esperança é a penalidade de nossa infidelidade na observância de mandamentos de Cristo; aquilo que consiste na restauração de luzes espirituais, após um escurecimento temporário pelas luzes da dúvida, é a recompensa de sustentar com firmeza a integridade moral quando a fé é eclipsada, e de temer a Deus ao andar em trevas. Por exemplo, um homem que, tendo crido por um tempo na divindade de Cristo e na vida futura, acaba crendo que Jesus era só um entusiasta enganado e que o Reino divino é só um belo sonho, não terá feito nenhum grande esforço para realizar seu próprio ideal, certamente não o de ter sido culpado da tolice de sofrer por ele. Para muitos, o credo que resolve toda religião em ideais impraticáveis é muito conveniente. Ele evita um mundo de tribulação e dor; ele lhes permite ter bons pensamentos sem exigir que pratiquem nobres ações, e substitui ser herói por fantasiar a respeito de heroísmo.

---

[241] João 14.19. Sanday (*Fourth Gospel*, p.230) diz que a conexão no capítulo 12-17, embora difícil, é real, mas pensa que dificilmente há lugar nessa conexão para o v. 15: "se você me ama", etc. Ele impediu a si mesmo de ver sua relevância por tratar os capítulos 12-17 como uma linha contínua de pensamento, em lugar de achar, no v. 15, o começo de um novo pensamento independente, a segunda das três palavras de consolação. Outras das críticas equívocas desse autor sobre o último discurso pode ser notada aqui. Ele diz que os diferentes assuntos não são mantidos separados, mas se cruzam e se embaraçam continuamente, assuntos posteriores sendo antecipados no curso dos primeiros e o primeiro retornando nos últimos. Como ilustração, ele se refere à descrição das funções do Paracleto, que ele pensa ser desnecessariamente partida em cinco fragmentos (14.16,17;25,26; 15.26;16.8-16;23-25). O fato é indubitável; mas, em lugar de ir contra a precisão histórica de João, antes a confirma. Se o discurso de despedida fosse uma composição didática, principalmente o produto da mente do escritor, a doutrina do Paracleto provavelmente teria sido dada em um parágrafo contínuo. Mas, em uma conversa familiar, tal como o discurso é apresentado, tais referências ocasionais e fragmentárias ao Consolador devem ser esperadas. A única questão que pode ser apropriadamente levantada é: o que é dito em cada lugar se encaixa na conexão de pensamento? Penso que nossa exposição convencerá nossos leitores dessa interpretação. Certamente, se nossa visão do discurso, como dividido em duas partes, nas quais se dirigiu aos discípulos primeiro como crianças, depois como seus futuros representantes, for correta, referências ao Consolador devem ser feitas nas duas partes: na primeira, ao Consolador como estando no lugar do Chefe de família ausente; na segunda, ao mesmo Consolador como o iluminador e companheiro dos apóstolos.

O TREINAMENTO DOS DOZE

Seção II – As perguntas dos filhos, e o adeus
Jo 13.36 – 38; 14.5-7, 8-14, 22-31

A *primeira* dessas foi feita pelo discípulo sempre pronto a dar sua opinião – Simão Pedro. Sua pergunta tinha a ver com a indicação dada por Jesus sobre sua partida. Pedro tinha notado e ficado alarmado com aquela intimação; ela parecia indicar perigo; ela claramente falava de separação. Atormentado pela incerteza, aterrorizado pelo pressentimento vago de perigo oculto, afligido pelo pensamento de se separar de seu amado Mestre, ele não podia ficar em paz até que solucionasse o mistério; e, na primeira pausa no discurso, abruptamente perguntou: "Senhor, para onde vais?" pensando, embora não dizendo, "aonde fores, eu irei".

Foi a esse pensamento não expresso que Jesus respondeu. Ele não diz aonde está indo; mas, deixando isso para ser inferido de sua estudada reserva, e do tom em que falou, ele simplesmente disse a Pedro: "Para onde vou, vocês não podem seguir-me agora, seguir-me-ão mais tarde". Com essa resposta, ele mostrou que não tinha esquecido com quem estava tratando. Ele não procurou comportamento heroico da parte de Pedro e dos outros discípulos na crise iminente. Na verdade espera que eles pouco a pouco farão o papel de herói, e o seguirão no caminho do mártir carregando a cruz, conforme a lei do discipulado proclamada por ele mesmo quando do primeiro anúncio de sua própria morte. Mas, por enquanto, espera que eles se comportem simplesmente como criancinhas, fugindo aterrorizados no momento do perigo.

Conquanto fosse essa a ideia que Jesus tinha de Pedro, não era o que Pedro pensava de si mesmo. Ele pensava que era um homem completo. Fracamente entendendo o que significava seguir seu Mestre, considerava-se perfeitamente competente para a tarefa *agora* e se sentiu quase ofendido pelo pouco que se pensava de sua coragem. Ele perguntou em tom de virtude ferida: "Senhor, por que não posso te seguir agora?" É porque há perigo, prisão e morte no caminho? Se isso é tudo, não é motivo suficiente porque "Darei a minha vida por ti". Aquele "por quê", quão infantil! Aquela autoconfiança, que marca infalível de fraqueza espiritual!

Se a resposta de Jesus para a primeira pergunta de Pedro foi indireta e evasiva, a da segunda foi claríssima. Aproveitando as palavras do discípulo, ele diz: "Você dará a vida por mim? Asseguro-lhe que, antes que o galo cante, você me negará três vezes!"[242] Teria sido melhor para Pedro se ficasse satisfeito com

---

[242] Assim substancialmente nos sinóticos (Mt 26.33-35; Mc 14.30; Lc 22.34). A harmonia desse tema

O PAI AGONIZANTE E OS PEQUENINOS

a primeira resposta. Mas não; não melhor, só mais agradável para o momento. Foi bom para Pedro que seu Mestre lhe dissesse de forma tão direta o que pensava dele, e ser mostrado, de uma vez por todas, seu próprio retrato traçado por uma mão infalível. Era exatamente o que era preciso para o levar ao autoconhecimento e a uma crise salutar em sua história espiritual. Já, mais de uma vez, ele tinha fielmente sido tratado por erros surgidos de seus vícios característicos de audácia e autoconfiança. Mas tal correção em detalhe não tinha produzido nenhuma impressão profunda, nenhum efeito duradouro decisivo sobre sua mente. Ele ainda era ignorante de si mesmo, tão presunçoso, autoconfiante e voluntarioso como sempre. Havia urgente necessidade, portanto, de uma lição que nunca fosse esquecida; para uma palavra de correção que se imprimiria indelevelmente na memória do discípulo e produziria fruto por toda a sua vida. E aqui está finalmente, e em hora oportuna. O Senhor diz ao seu *bravo* discípulo que ele agirá como covarde; ele diz ao seu discípulo chegado, para quem a separação de seu Mestre é mais terrível que a morte, que ele, em poucas horas, negará todo conhecimento de quem ele tanto ama, ou ligação com o Senhor. Ele lhe diz tudo isso em uma ocasião em que a profecia deve ser cumprida quase tão rapidamente quanto um raio é seguido pelo trovão. A predição de Jesus, tão minuciosamente circunstanciada, e a negação de Pedro, tão exatamente correspondente, ambas, por si sós, tão notáveis, segura-mente ajudarão uma a outra a serem impressivas; e será estranho, de fato, se as duas combinadas, pela bênção de Deus, em resposta à oração intercessora do Mestre, não fizerem do discípulo caído um homem bem diferente. O resulta-do, sem dúvida, provará a verdade de outra palavra profética registrada por Lucas na mesma ocasião (Lc 22.31). A palha será separada do trigo no caráter de Pedro; ele sofrerá uma grande mudança de espírito; e, sendo convertido da autoconfiança e da presunção para a humildade e modéstia, ele estará, por fim, pronto para fortalecer outros, para ser um pastor para o fraco e, se necessário, carregar sua cruz e assim seguir o seu Mestre, através da morte, para a glória.

A *segunda* pergunta foi feita por Tomé, o discípulo melancólico, lento para crer e tendente a ter opiniões sombrias sobre as coisas. A mente desse discípulo prendeu-se à afirmação com a qual Jesus concluiu sua segunda palavra de consolação: "para onde eu vou, vocês sabem o caminho". Isso lhe pareceu não só falso, mas não razoável. Por si mesmo, ele estava totalmente inconsciente de possuir esse conhecimento; e, além disso, não via como era possível

é difícil. Alguns supõem duas alusões à negação de Pedro, uma vez no cenáculo, e outra no caminho para o Getsêmani. Veja Stier para essa teoria.

347

O Treinamento dos Doze

para qualquer deles possuí-lo. Porque Jesus nunca lhes tinha, ainda, claramente, dito para onde ele estava indo; e, não sabendo o *terminus ad quem,* como poderia alguém saber o caminho para lá? Portanto, de uma forma seca e quase cínica, ele observou: "Senhor, não sabemos para onde tu vais, e como podemos saber o caminho?" (Jo 14.5).

Essa declaração era profundamente característica dele, como sabemos da descrição feita por João (Jo 11.16; 20.24-29). Enquanto o Pedro de mentalidade prática pergunta a Jesus aonde ele está indo, determinado se possível a segui-lo, Tomé não pensa que seja válido fazer esse tipo de pergunta. Não que ele não se preocupe com o assunto. Bem que gostaria de saber para onde seu Mestre estava indo, e, se fosse possível, ele também iria. Perigo não seria um problema. Uma vez ele disse: "Vamos, para que morramos com ele", e ele poderia dizer a mesma coisa de novo; porque, embora seja pessimista, não é egoísta nem covarde. Mas, exatamente como naquela primeira ocasião quando Jesus, desrespeitando as advertências de seus discípulos, resolveu ir da Pereia para a Judeia, em uma visita a uma família aflita de Betânia, Tomé assu-miu a visão mais pessimista da situação: entendeu que a morte era o destinoque os esperava a todos; assim, agora ele se resigna a um estado de espírito desesperado. O pensamento da partida do Mestre o deixa tão triste que ele nãotem disposição para perguntar sobre o porquê ou o para onde. Ele se contentacom a ignorância como uma condenação inevitável. "Para onde? Para onde?Eu não sei; quem sabe? O futuro é negro. A casa do Pai, de que tu falaste,onde, no universo, pode estar? Existe realmente esse lugar?"

Até a pergunta feita por Tomé (como podemos saber o caminho?) não é tanto uma pergunta como uma desculpa para não fazer perguntas. Não é um pedido de informação, mas uma gentil reclamação contra Jesus por esperar que seus discípulos estejam informados. Não é a expressão de um desejo de conhecimento, mas uma desculpa pela ignorância. O discípulo melancólico está, no momento, sem esperanças de saber o *fim* ou o *caminho* e, portanto, está indiferente e apático. Longe de procurar luz, está mais disposto a exagerar as trevas. Como Jonas, em seu mau humor, começou a se queixar, assim Tomé, em sua tristeza, se deleita no desânimo. Ele não espera ansiosamente pelo raiar do dia; gosta mais da noite, como adequada ao seu presente estado mental. Bons homens de temperamento melancólico são, no máximo, como homens andando no escuro solene de uma floresta. A tristeza é o sentimento predominante em suas almas, e eles estão contentes de ter ocasionais lampejos do céu, como brechas do céu através do teto de folhas da floresta. Mas

O PAI AGONIZANTE E OS PEQUENINOS

Tomé está com o coração tão pesado que pouco se preocupa com isso; ele não olha para cima, mas anda pela floresta escura vagarosamente, com seus olhos voltados para o chão.

As tendências argumentativas[243] desse discípulo aparecem em suas palavras bem como em sua tendência ao desânimo. Outro homem em desespero poderia ter dito: nós não sabemos o destino nem o caminho; estamos completamente no escuro sobre o lugar para onde estás indo e sobre o caminho. Mas Tomé precisa raciocinar; seu hábito mental o leva a representar um peça de ignorância com a consequencia de outra: nós não sabemos o *terminus ad quem*, e, portanto, é impossível que saibamos o caminho. Esse homem está afetado com a doença do pensamento; ele raciocina sobre tudo e quer as razões de tudo. Aqui ele demonstra a impossibilidade de um certo tipo de conhecimen-to; em outra crise nós o acharemos insistindo sobre demonstração palpável de que seu Senhor, de fato, ressuscitou dos mortos.

Jesus responde a Tomé com muita compaixão e simpatia, como da outra vez. Para a curiosa pergunta de Pedro, ele deu uma resposta evasiva; para o Tomé de coração triste, por outro lado, ele dá informação que nem tinha sido pedida. E a informação dada é até redundante. O discípulo tinha reclamado de ignorância a respeito do fim, e especialmente a respeito do caminho; e teria sido uma resposta suficiente ter dito: o Pai é o fim, e eu sou o caminho. O Mestre, porém, por causa da plenitude de seu coração, disse mais que isso; com um tom firme e enfático, ele deu essa resposta oracular, visando ao ouvido não só de Tomé, mas de todo o mundo: "Eu sou o caminho, a verdade e a vida. Ninguém vem ao Pai senão por mim".

Comparando essa importante declaração com a precedente palavra de consolação, observamos uma mudança no modo de apresentar a verdade. O próprio Pai assume o lugar da casa do Pai com seus muitos aposentos, como o fim; e Jesus, em lugar de ser o guia que um dia levará seus filhos para a casa comum, tona-se ele próprio o *caminho*. O bom Mestre altera sua linguagem, em graciosa acomodação às capacidades de seus filhos. De cristãos no máximo se pode dizer, nas palavras de Paulo, que agora eles veem o celestial e eterno como que através de um espelho, em enigmas.[244] Os discípulos, todavia, nessa crise em sua história, não eram capazes de fazer nem isso. Jesus tinha colocado diante de seus olhos o espelho bem polido de uma bela parábola a respeito da

---

[243] Sobre o suposto racionalismo de Tomé, veja capítulo 28, seção 3.
[244] Εν αινιγματι, 1Co 13.12.

O TREINAMENTO DOS DOZE

casa de muitos aposentos, e eles não tinham visto nada lá; só uma superfície opaca. O futuro continua obscuro e oculto como antes. O que, então, devia ser feito? Exatamente o que Jesus fez. Pessoas devem ser substituídas por lugares. Deve-se falar assim com discípulos fracos na fé: vocês não compreendem para onde estou indo? Pensem então *a quem* eu vou. Se vocês nada sabem do lugar chamado céu, saibam pelo menos que vocês têm um Pai lá. E, quanto ao caminho para o céu, que ele seja para vocês *eu mesmo*. Conhecendo a mim, não precisam conhecer mais nada; crendo em mim, podem esperar o futuro, até a morte, sem medo ou preocupação.

Olhando com mais detalhes a resposta dada a Tomé, achamos que, de forma alguma, ela é fácil de nos satisfazer quanto a quão precisamente ela deve ser exposta? A própria plenitude dessa expressão nos assusta; ela se torna obscura pelo excesso de luz. Os intérpretes diferem em relação a como o Caminho, a Verdade e a Vida devem ser distinguidos e como se relacionam. Um oferece, como paráfrase do texto: "Eu sou o começo, o meio e o fim da escada que leva ao céu"; outro: "Eu sou o exemplo, o professor, o doador da vida eterna"; enquanto um terceiro subordina os dois últimos atributos ao primeiro, e lê: "Eu sou o verdadeiro caminho da vida".[245] Cada opinião é verdadeira em si, todavia, evite-se aceitar qualquer uma como tendo esgotado o significado das palavras do Salvador.

Qualquer que seja a interpretação, pelo menos duas coisas são claras. Jesus se apresenta aqui como tudo aquilo de que o homem precisa para a salvação eterna, e como o único Salvador. Ele é caminho, verdade, vida, tudo; e só ele conduz ao Pai. Ele diz: "o que vocês querem? Luz? Eu sou a luz do mundo, o revelador do Pai: para isso vim, para que eu pudesse declará-lo. É reconciliação que vocês querem? Eu sou o *Reconciliador* exatamente por meio da morte que estou para sofrer. Meu próprio objetivo ao morrer é levar vocês que estão longe para perto de Deus, como a um Pai gracioso e perdoador. Vocês procuram vida, vida espiritual e eterna? Creiam em mim e nunca morrerão; ou, mesmo que morram, eu os levantarei para entrar na herança que é incorruptível, incontaminável e que não desaparece, eterna, nos céus. Que todos os que procuram essas coisas olhem para *mim*. Olhem para mim procurando luz, não para os rabinos ou filósofos, nem para a natureza ou providência. Essas últimas de fato revelam Deus, mas só fracamente. A luz da criação é só o brilho das estrelas da teologia, e a luz da providência é só brilho da lua, enquanto eu sou a luz do sol. O nome do meu Pai está escrito em hieróglifos nas obras da criação; na providência e na história, em letras inteligíveis, mas

---

[245] Lutero, Grotius, Agostinho, citados em Lange, *Bibelwerk, das Evang. Johan.*

O PAI AGONIZANTE E OS PEQUENINOS

tão separadas que leva muito tempo para juntá-las, e assim pronunciar o nome divino: em mim o nome divino está escrito de forma que possa ler quem passa correndo, e a sabedoria de Deus tornou-se leite para bebês.[246] Olhem para mim também procurando reconciliação, não para os sacrifícios legais. Aquele método de se aproximar de Deus é antiquado agora. Eu sou o novo, o vivo, o eterno caminho para o santo dos santos, através do qual todos podem se aproximar da presença divina com um coração verdadeiro, em plena segurança de fé. Olhem para mim, finalmente, procurando bênção eterna: eu sou aquele que, tendo morrido, me levantarei de novo, e viverei para sempre, e terei nas mãos as chaves do Hades e da morte, e abrirei o reino dos céus a todos os cristãos".

A doutrina de que em Cristo está a plenitude da graça e da verdade é muito confortadora para aqueles que o conhecem; mas e quanto àqueles que não o conhecem, ou que possuem só um conhecimento implícito e inconsciente, que mal pode ser chamado de conhecimento? A declaração que estamos estudando exclui a esses da possibilidade de salvação? Não. Ela declara que ninguém vai ao Pai a não ser por Cristo, mas não diz quanto conhecimento é necessário para a salvação.[247] É possível que alguns que, na verdade, saibam muito pouco sobre Cristo possam ser salvos por ele e por sua causa. Podemos inferir isso do caso dos próprios discípulos. O que eles sabiam sobre o caminho da salvação nesse período? Jesus se dirige a eles como pessoas ignorantes sobre ele, dizendo: "Se vocês me tivessem conhecido, também teriam conhecido meu Pai". Não obstante, ele não hesita em falar lhes como a pessoas que deviam estar com ele na casa do Pai. E o que diremos de Jó, e da mulher siro-fenícia, e do eunuco etíope, e de Cornélio, e podemos acrescentar, seguindo Calvino, de Naamã, o sírio? Não podemos dizer *mais* do que o grande

---

[246] *Verbum caro facto est, ut infantiae nostrae lactesceret sapientia tua, per quam creasti omnia.* – Agostinho, *Conf.* Vii. 18. A ideia de que Cristo se tornou homem para ser o Revelador de Deus é muito proeminente no tratado de Atanásio, περι της ενανθρωπησεως του λογου.

[247] A doutrina da Confissão de Westminster é ambígua nesse ponto. Suas palavras são: "Muito menos podem os homem que não professam a fé cristã ser salvos de qualquer outra forma, sejam eles muito diligentes para amoldar suas vidas conforme a luz da natureza, e a lei da religião que, de fato, eles professam". Essa declaração pode significar ou que as pessoas em questão absolutamente não podem ser salvas – o fato de não professarem a religião cristã as exclui de serem salvas no verdadeiro caminho, e todos os outros caminhos são inacessíveis; ou que não podem ser salvas por qualquer outro caminho; se salvas, deve ser apesar de outros caminhos e através do único caminho – Cristo. A declaração no primeiro capítulo, *Das Sagradas Escrituras*, parece fazer o pêndulo oscilar para a primeira opinião. Nesse capítulo, a insuficiência da luz natural para dar aquele conhecimento de Deus que é necessário para a salvação é afirmado, e a afirmação é feita com base na doutrina da revelação. A mais forte declaração de todas está no *Catecismo Maior*, Q. 60, que parece afirmar positivamente que ninguém que não tenha ouvido o evangelho pode ser salvo.

teólogo de Genebra disse: "Eu confesso que, em certos aspectos, a fé deles era implícita, não só quanto à pessoa de Cristo, mas quanto à sua virtude e graça, e ao ofício atribuído a ele pelo Pai. Entretanto, é certo que estavam imbuídos de princípios que deram algum sabor de Cristo, mesmo que leve."[248] É duvidoso se até isso pode ser dito de Naamã; embora Calvino, sem evidência, e meramente para atender exigências de uma teoria, afirma que teria sido muito absurdo, quando Eliseu falou com ele de coisas pequenas, ter ficado em silêncio sobre o assunto mais importante. Ou, se concedemos a Naamã o leve gosto mencionado, não devíamos concedê-lo também, com Justino Mártir[249] e Zuínglio, a Sócrates, Platão e outros, com base no princípio de que todo conhecimento verdadeiro de Deus, tido seja por quem for e obtido seja por que método for, seja luz do sol, da lua ou das estrelas, é virtualmente cristão; em outras palavras, que Cristo, exatamente porque é a única luz, é a luz de todo homem que tem qualquer luz em si?

Esse princípio, conquanto tenha sua verdade, pode ser facilmente pervertido em um argumento contra uma revelação sobrenatural. Daí, bem em seu primeiro capítulo, *Das Sagradas Escrituras,* a Confissão de Westminster afirma claramente que a luz da natureza e das obras da criação e providência não são suficientes para dar aquele conhecimento de Deus e de sua vontade necessário para a salvação. Embora mantendo fortemente essa verdade, entretanto, devemos nos guardar de ser levados a um tom de depreciação ao falar da forma de se aprender de Deus a partir daquelas fontes inferiores. Conquanto andando na luz do sol, não podemos desprezar as luminárias mais fracas da noite, ou esquecer sua existência, como, durante os dias, os homens esquecem as estrelas e a lua. Ao fazer assim estaríamos depreciando as próprias Escrituras. Porque muito do que está na Bíblia, especialmente no Antigo Testamento, é só um registro do que homens inspirados aprenderam da observação das obras de Deus na criação e de seus caminhos na providência. Todos não podem, de fato, ver tanto lá quanto eles viram. Ao contrário, uma revelação era necessária, não só para tornar conhecidas verdades que estavam além dos ensinos da

---

[248] Calvino, *Inst.* iii, ii.32.

[249] Χριστω δε τω και υπο Σωκρατου αρο μερους γνωσθεντι (λογοσ γαρ ην, και εστιν ο εν παντι ων). *Apol.* ii. 10; assim também *Apol.* i. 5. As antecipações do pensamento cristão em Platão e Eurípedes são familiares aos eruditos. A opinião de Richard Baxter sobre a salvação dos pagãos merece atenção: "Eu não estou muito inclinado (como ele outrora tinha estado) a passar uma sentença peremptória de condenação sobre todos de que nunca ouviram de Cristo, tendo algumas razões mais do que eu conheça antes para pensar que o tratamento de Deus com essas pessoas é bastante desconhecido para nós". *Reliquiae Baxterianae,* lib. parte i, comparando suas opiniões religiosas anteriores e posteriores.

religião natural, mas até para dirigir os olhos fracos dos homens para verdades que, embora visíveis na natureza, eram, na maior parte, não vistas. A Bíblia, na singular linguagem de Calvino, é um par de óculos, através do qual nossos fracos olhos veem a glória de Deus no mundo.[250] Todavia, o que é visto através dos óculos por olhos fracos é, em muitas passagens, só o que pode ser visto por olhos fortes sem sua ajuda – "Nada é colocado lá que não esteja visível na criação."[251]

Essas observações podem nos ajudar a nutrir esperança por aqueles cujas oportunidades de conhecer aquele que é "o caminho, a verdade e a vida" são poucas. Entretanto, elas não justificam aqueles que, tendo muitas facilidades para conhecer a Cristo, ficam contentes com um mínimo de conhecimento. Há mais esperança para os pagãos do que para esses. Ao seu número nenhum cristão pode pertencer. Um genuíno discípulo pode saber pouco para começar: esse foi o caso dos apóstolos; mas ele não ficará satisfeito com o escuro. Ele desejará ser iluminado no conhecimento de Cristo e orará: "Senhor, mostra-nos o Pai".

Tal foi a oração de Filipe, o terceiro discípulo a tomar parte no diálogo à mesa. O pedido de Filipe, como a pergunta de Tomé, era na prática uma negação da declaração anterior de Jesus. "Se vocês me tivessem conhecido, também teriam conhecido meu Pai"; e então ele tinha acrescentado: "e doravante vocês o conhecem, e o têm visto". Essa última declaração Filipe sentiu-se incapaz de homologar. "Visto o Pai! Quem dera! Nada nos gratificaria mais: Senhor, mostra-nos o Pai, é o que nos basta."

Em si mesma, a oração desse discípulo era a mais devota e elogiável. Não pode haver aspiração mais elevada do que aquela que procura o conhecimento de Deus o Pai, nem melhor indicação de uma mente espiritual que considerar tal conhecimento o *summum bonum,* nem mais esperançoso sintoma de chegada última no objetivo que a sinceridade que honestamente confessa a presente ignorância. Nesses aspectos, os sentimentos mostrados por Filipe foram adequados para agradar seu Mestre.

Em outros, porém, eles não foram tão satisfatórios. O ingênuo inquiridor tinha evidentemente uma noção muito crua do que significava ver o Pai. Ele imaginava possível, e parece ter desejado, ver o Pai como ele então via Jesus – como um objeto para visão material. Então, supondo ser esse seu desejo, quão tola a reflexão, "e isso nos basta"! Qual a vantagem de uma visão meramente externa do Pai? E a mesma reflexão mostrou dolorosamente quão pouco os discípulos tinham ganhado até aqui desse relacionamento com Jesus.

---

[250] Calvino, *Inst.* i, vi.i.
[251] Calvino, *Inst.* i, x, 2

O TREINAMENTO DOS DOZE

Tinham estado com ele por anos, e não tinham encontrado nele descanso e satisfação, mas ainda ansiavam por algo além dele; enquanto aquilo por que eles ansiavam tinham, sem saber, estado recebendo dele todo o tempo.

Tal ignorância e incapacidade espiritual, nessa altura, eram muito desapontadoras. E Jesus estava desapontado, mas, com paciência característica, não irritado. Ele não se ofendeu com a estupidez de Filipe, ou com a oposição feita a sua declaração (porque ele preferia ser contradito a ter discípulos fingindo saber o que não sabiam), mas se esforçou para iluminá-los no conhecimento do Pai. Com esse objetivo, ele destacou muito que o conhecimento do Pai e dele mesmo eram um só; quem viu o Filho viu o Pai. Para fixar melhor isso na mente dos ouvintes, ele o tratou da forma mais forte possível, considerando a ignorância que tinham do Pai como uma ignorância dele mesmo. "Você não *me* conhece, Filipe, mesmo depois de eu ter estado com vocês durante tanto tempo?" Então ele continuou o raciocínio, como se não conhecer o Pai fosse não conhecê-lo, como, na verdade, negar sua divindade. Ele perguntou de novo: "Você não crê que eu estou no Pai e que o Pai está em mim?" e então continuou a pergunta com uma referência àquelas coisas que provavam a declarada identidade – suas *palavras* e *obras* (Jo 10,11). E ele não parou, mas falou de provas ainda mais convincentes de sua identidade com o Pai, a serem demonstradas nas maravilhosas obras que depois seriam feitas pelos apóstolos em seu nome, e por poderes concedidos a eles por ele mesmo em resposta a suas orações (vv. 12-14).

A primeira pergunta de Jesus a Filipe era algo mais do que um artifício lógico para fazer discípulos estúpidos refletirem sobre o conteúdo do conhecimento que eles já possuíam. Ela apontava para um fato real. Os discípulos realmente ainda não tinham *visto* Jesus, durante o tempo em que tinham estado com ele. Eles o conheciam, e não o conheciam: eles não sabiam *que* conheciam, nem *o que* conheciam. Eram como crianças, que repetem o catecismo sem entender seu significado, ou que possuem um tesouro sem saber seu valor. Os discípulos conheciam as palavras, parábolas, discursos, acompanhados de obras miraculosas feitas por seu Mestre, mas coisas isoladas; a sabedoria divina, o poder e amor nunca tinham sido reunidos em um foco para formar uma imagem distinta daquela que veio em carne para revelar o Deus invisível. Eles não tinham nenhuma concepção clara, plena, consistente e espiritual da mente, coração e caráter do homem Jesus Cristo, em quem habitava corporalmente toda a plenitude da divindade. Nem teriam tal concepção até que o Espírito da Verdade, o prometido Consolador, viesse. O que ele exatamente faria para eles era mostrar Cristo; não trazer à memória deles os detalhes de sua vida, mas mostrar a eles a única mente e espírito que estava no meio dos detalhes, como a alma habita o corpo, e fazê-los um todo orgânico, que, uma vez percebido, de si mesmo demandaria o ajuntamento de todas as partículas isoladas no presente, latentes na consciência deles. Quando os apóstolos tivessem a concepção, eles de fato conheceriam a Cristo, o mesmo que tinham conhecido antes, porém diferente, um novo Cristo, porque um Cristo compreendido – visto com os olhos do espírito, como o primeiro tinha sido visto com os olhos da carne. E, quando tivessem assim visto Cristo, sentiriam que tinham visto o Pai. O conhecimento de Cristo os satisfaria, porque nele eles deviam ver, com a face descoberta, a glória do Senhor.

Sendo essa visão de Deus um bem futuro a ser atingido após a vinda do Consolador, não poderia ter sido a intenção de Jesus assegurar aos discípulos que eles já a possuíam, ainda menos forçá-la sobre eles por um processo de raciocínio. Quando ele disse: "de agora em diante vocês o conhecem (o Pai) e o têm visto", evidentemente queria dizer: "vocês agora sabem como vê-lo, a saber, ao refletir sobre seu relacionamento comigo." E o único objetivo das declarações feitas a Filipe a respeito das íntimas relações entre o Pai e o orador evidentemente era inculcar nos discípulos a grande verdade de que a solução de todas as dificuldades religiosas, a satisfação de todos os anseios, devia ser achada no conhecimento dele mesmo. Jesus diria: "conheçam a mim, confiem em mim, orem a mim, e tudo irá bem com vocês. Suas mentes devem ser preenchidas com luz, seu coração deve descansar; vocês devem ter tudo o que querem; sua alegria deve ser plena".

Essa é uma lição muito importante, mas também difícil de ser aprendida por Filipe e os outros discípulos. Quão poucos, mesmo entre aqueles que confessam a divindade de Cristo, veem nele o verdadeiro e perfeito revelador de Deus! Para muitos, Jesus é um ser e Deus é um ser bem diferente; embora a verdade de que Jesus é divino seja sempre reconhecida. Aquela grande verdade encontra-se na mente como uma semente infrutífera, e podemos dizer dela o que tem sido dito da doutrina da imortalidade da alma: "pode se crer nela por vinte anos e, só no vigésimo primeiro, em algum grande momento, descobrir, com admiração, o rico conteúdo dessa crença, o calor de sua fonte de petróleo".[252] Impressões de Deus têm sido recebidas de um lado, impressões de Cristo, de outro; e os dois conjuntos de impressões ficam lado a lado na mente, incompatíveis, embora ambos tenham um espaço. Daí, quando um cristão

---

[252] Jean Paul Richter, *Siebenkäs, Erstes Blumenstück*.

O Treinamento dos Doze

começa a ser coerente com o princípio de que, Jesus sendo Deus, conhecer a Jesus é conhecer a Deus, ele está pronto para experimentar um doloroso conflito entre uma classe nova e uma velha de ideias sobre o ser divino. Dois deuses – um Deus cristianizado e um tipo de divindade pagã – lutam pela soberania; e quando, no fim, o conflito termina na entronização no coração e na mente do Deus a quem Jesus revelou, a aurora de uma nova vida espiritual chegou.

Uma ideia mais proeminente da concepção de Deus, como revelada por Jesus Cristo, é a que é expressa pelo nome de "Pai". Segundo Jesus, Deus não é verdadeiramente conhecido até que se pense dele, e de coração se creia nele, como um Pai; nem pode qualquer Deus que não seja visto como um Pai satisfazer o coração humano. Daí seu próprio modo de falar sobre Deus estava em inteiro acordo com essa doutrina: ele não falou aos homens a respeito da Divindade ou a respeito do Todo-Poderoso; esses epítetos que os filósofos gostam tanto de usar, o Infinito, o Absoluto, etc., ele nunca usou. Nenhuma palavra jamais pronunciada por ele poderia sugerir a ideia do arbitrário e obscuro tirano diante de quem a culpada consciência do paganismo supersticioso se acovarda. Ele falava sempre de um Pai. Expressões como "o Pai", "meu Pai", "seu Pai" estavam constantemente em seus lábios; e tudo o que ele ensinou a respeito de Deus se harmonizava perfeitamente com os sentimentos que essas expressões evocavam.

Todavia, não obstante todas as suas dores, e toda a beleza de suas declarações a respeito do Ser a quem ninguém tinha visto, Jesus, deve-se temer, só imperfeitamente teve sucesso em estabelecer a adoração do Pai. Por ignorância ou por preferência, os homens ainda extensivamente adoram a Deus sob outros nomes e categorias. Alguns consideram o chamamento paternal muito comum e preferem um nome que expresse relações mais distantes e cerimoniosas. A divindade, ou o Todo-Poderoso, basta para eles. Os filósofos não gostam do tratamento "Pai", porque faz a personalidade de Deus muito evidente. Eles preferem pensar do Incriado como uma abstração eterna e infinita – um objeto de especulação antes que de fé e amor. Professores de religião de tendência legalista têm medo da palavra "Pai". Não estão certos se têm o direito de usála, e consideram mais seguro falar de Deus em termos gerais, que tomam nada por garantido, como o Juiz, o Capataz, ou o Legislador. O profano, o erudito e o religioso, por motivos diferentes, concordam assim em permitir cair em desuso o nome no qual têm sido batizados, e somente uma pequena minoria adora o *Pai* em espírito e verdade.

O PAI AGONIZANTE E OS PEQUENINOS

Leitores superficiais do evangelho podem nutrir a ideia de que o "Pai", aplicado a Deus por Jesus, é simplesmente ou principalmente uma expressão poética sentimental, cuja perda não seria nada importante. Não poderia haver um engano maior. O nome, nos lábios de Cristo, sempre representa um pensamento definido e ensina uma grande verdade. Quando ele usa o termo para expressar sua relação com o Invisível, dá-nos um relance no mistério do Ser Divino, dizendo-nos que Deus não é um ser abstrato, como platonistas e arianos o concebem, nem o Absoluto, incapaz de relacionamentos; não um ser apático, sem afeições, mas um que eternamente ama e é amado, em cuja natureza infinita afeições de família acham espaço e incessante atuação – um em três: Pai, Filho e Espírito Santo, três pessoas em uma substância divina. Então de novo, quando ele chama Deus de Pai, em referência à humanidade em geral, como faz repetidamente, proclama aos homens, mergulhados na ignorância e pecado, essa abençoada verdade: "Deus, meu Pai, é também seu Pai; nutre um sentimento paternal para com vocês, embora vocês estejam tão presos a uma visão moral de que ele possa muito bem não os conhecer, e tão degenerados que ele pode muito bem ter vergonha de reconhecê-los como filhos; e eu, seu Filho, seu irmão mais velho, vim para levar vocês de volta para a casa do Pai. Vocês não são dignos de serem chamados seus filhos, porque deixaram de ter a imagem dele, e não lhe têm prestado obediência e reverência filial; não obstante, ele está disposto a ser um Pai para vocês e recebê-los graciosamente em seus braços. Creiam nisso e tornem-se, de coração e comportamento, filhos de Deus, para que possam usufruir do pleno, espiritual e eterno benefício do amor de Deus." Quando, finalmente, ele chama Deus de Pai, com especial referência aos seus próprios discípulos, ele os assegura de que eles são objetos do constante cuidado terno e efetivo de Deus; de que todo o seu poder, sabedoria e amor estão engajados na proteção, preservação, direcionamento e salvação eterna deles; de que seu Pai no céu fará com que eles não tenham necessidade de nada e fará com que todas as coisas concorram para o seu bem e, no fim, lhes assegurará sua herança no Reino eterno. Em sua mensagem consoladora ele diz: "não temam, é a vontade de seu Pai dar-lhes o Reino".

Temos agora de notar a quarta e última das perguntas dos filhos, feita por Judas, "não o Iscariotes" (ele está ocupado com outra coisa), também chamado Labeu e Tadeu.[253] Em sua terceira palavra de consolação, Jesus tinha falado de um reaparecimento (após sua partida) especial e exclusivamente "aos seus". Ele tinha dito: "o mundo não me vê mais; mas vocês me veem", isto é,

---

[253] Veja cap. 4.

O TREINAMENTO DOS DOZE

verão após um pouco de tempo. Agora, duas perguntas podem naturalmente ser feitas a respeito dessa manifestação exclusiva: como isso era possível? E qual era a razão disso? Como Jesus poderia fazer-se visível aos seus discípulos e, todavia, continuar invisível para todos os outros? E, aceitando essa possibilidade, por que não mostrar-se ao mundo em geral? Não é fácil decidir qual dessas duas dificuldades Judas tinha em mente, porque sua pergunta pode ser interpretada das duas maneiras. Literalmente traduzida, ela fica assim: "Senhor, o que aconteceu, que tu hás de te manifestar a nós e não ao mundo?" O discípulo podia querer dizer, como Nicodemos: "Como isso pode ser possível?" Ou ele podia querer dizer: "Temos estado esperando pela vinda de teu Reino em poder e glória, visível para os olhos de todos os homens: o que te fez mudar de planos?".

De qualquer forma a pergunta de Judas estava fundada em má compreensão da natureza da manifestação prometida. Ele imaginava que Jesus devia reaparecer corporalmente, após sua partida para o Pai, portanto, visível para o olho material, e não para este ou aquele, mas para todos, a menos que se esforçasse para esconder-se de alguns enquanto se revelava a outros.[254] Nem Judas nem qualquer um de seus irmãos era capaz, por enquanto, de conceber uma manifestação espiritual, para não falar de acharem nisto uma plena compensação pela perda da presença corporal; tivessem eles captado o pensamento de uma presença espiritual, poderiam não ter tido nenhuma dificuldade em conciliar visibilidade com uma e invisibilidade com outra; porque eles teriam entendido que a visão poderia ser desfrutada só por aqueles que possuíssem o sentido da visão interna.

Como devia ser respondida uma pergunta ditada pela incapacidade de entender o assunto ao qual se referia? Exatamente como se se explicasse o funcionamento do telégrafo elétrico a uma criança. Se seu filho perguntasse: Pai, como é que você pode mandar uma mensagem para o meu tio na América sendo tão longe?", você não pensaria em explicar a ele os mistérios da eletricidade. Você o levaria a um posto de telégrafo e o mandaria olhar o homem que está trabalhando no envio de mensagens; você diria que, quando o homem move a manivela, uma agulha na América aponta para letras do alfabeto, que, quando juntas, formam palavras que significam exatamente o que você quer dizer.

---

[254] Luthardt (*Das Johan. Evang.* ii. 313) argumenta que uma manifestação corporal (no fim do mundo) é pretendida e fracamente argumenta que, se Jesus visasse somente a uma presença espiritual, teria dito εν αυτω em lugar de παρ' αυτω no v. 23. παρα combina com o estilo parabólico de discurso; εν seria uma *interpretação* da figura.

O PAI AGONIZANTE E OS PEQUENINOS

Foi assim que Jesus respondeu à pergunta de Judas; ele não tentou explicar a diferença entre uma manifestação corporal e uma espiritual, mas simplesmente disse: "Você faz assim e assim, e o que eu tenho prometido se realizará. "Se alguém me ama, guardará minhas palavras; e meu Pai o amará, e viremos para ele, e faremos nele morada". É exatamente a declaração anterior repetida de forma levemente alterada e mais incisiva. Nada de novo é dito, porque nada mais pode ser dito inteligivelmente. A velha promessa é simplesmente apresentada para prender a atenção na condição de seu cumprimento. "*Se* alguém me ama, guardará minhas palavras": "atendam a isso, meus filhos, e o resto se seguirá. A divina trindade – Pai, filho e Espírito Santo – verdadeiramente habitará com o fiel discípulo que, com solicitude trêmula, luta para observar meus mandamentos. Quanto àqueles que não me amam e não guardam o que eu digo, e não creem em mim, é simplesmente impossível para eles usufruir de tal sublime companhia. Somente o puro de coração verá a Deus."

Jesus agora tinha dito tudo o que pretendia aos seus discípulos na qualidade de um Pai que está morrendo. Faltava agora somente concluir o discurso e dizer adeus.

Na conclusão, Jesus não imagina que tenha removido todas as dificuldades e toda a obscuridade das mentes do discípulos. Pelo contrário, ele está consciente de que tudo que disse teve um pequeno impacto. Não obstante, não dirá mais nada na forma de consolação. Em primeiro lugar, não há tempo. Judas e seu grupo, o príncipe deste mundo, cujos servos Judas e todos os seus associados são, podem chegar a qualquer momento, e ele deve se preparar para ir e encontrar o inimigo (Jo 14.30,31). Então, em segundo lugar, acrescentar qualquer coisa seria inútil. Não é possível deixar as coisas mais claras para os discípulos em seu presente estado com qualquer quantidade de palavras. Portanto, ele não tenta, mas remete-os a todas as outras explicações, ao prometido Consolador (vv. 25,26), e passa às palavras de despedida: "Deixo-lhes a paz; a minha paz lhes dou" (v.27) – palavras comoventes em todos os tempos, indizivelmente influenciando orador e ouvintes. Não sabemos se elas ajudaram mais a consolar os filhos desanimados do que tudo o que tinha sido dito antes. Há um sentimento e uma música no próprio som delas, à parte de seu sentido, que são maravilhosamente suavizantes. Podemos imaginar, de fato, que, quando foram ouvidas, os pobres discípulos foram vencidos pela ternura e explodiram em lágrimas. Isso, entretanto, lhes faria bem. A tristeza é curada pelo choro: a simpatia que derrete o coração ao mesmo tempo o consola. Essa tocante e simpática despedida é mais do que um bom desejo: é uma promessa

– uma promessa feita por alguém que sabe que a bênção prometida está ao alcance. É como a alegre palavra dita por Davi aos irmãos em aflição: "Esperem no Senhor: tenham coragem e ele fortalecerá o seu coração, esperem, eu digo, no Senhor". Davi disse aquela palavra a partir da experiência, e é assim que Jesus fala aqui. A paz que ele oferece aos seus discípulos é a sua própria paz – "Minha paz": não meramente a paz conquistada, mas a paz de sua experiência . Ele teve paz no mundo, apesar da tristeza e tentação – perfeita paz pela fé. Portanto, pode garantir a eles que tal coisa é possível. Eles também podem ter paz mental e de coração no meio da tribulação. O mundo não pode entender nem participar dessa paz, a única paz que ele conhece é aquela ligada à prosperidade, que a tribulação pode destruir tão facilmente como o vento agita a calma superfície do mar. Mas há uma paz que independe de situações externas, cuja soberana virtude e abençoada função é proteger o coração do medo e da preocupação. Jesus usufruía dessa paz; e ele dá a entender aos seus discípulos que, por meio da fé e singeleza mental, eles podem desfrutar dela também.

A palavra de despedida não é só uma promessa feita por aquele que sabe do que está falando, mas a promessa de alguém que pode dar a bênção prometida. Jesus não diz meramente: "Tenham bom ânimo; vocês podem ter paz assim como eu tive paz, apesar da tribulação". Ele diz mais, e mais particularmente: "Essa paz como a que tenho tido transmito a vocês como um legado de alguém que está morrendo, eu a dou a vocês como um presente de despedida". A herança da paz é dada aos pequeninos por um último desejo e testamento, embora, sendo menores, eles não entrem na posse real no momento. Quando chegam a sua maioridade, devem herdar a promessa e deleitar-se na fartura de paz. A experiência posterior dos discípulos provou que a promessa não tinha sido falsa e vã. Os apóstolos, como Jesus predisse, enfrentaram no mundo muita tribulação; mas no meio de tudo usufruíram de perfeita paz. Confiando no Senhor e fazendo o bem, não tiveram medo nem preocupação. Em todas essas coisas, pela oração e suplica, com ações de graças, eles fizeram seus pedidos conhecidos de Deus e a paz que excede todo o entendimento realmente guardou seus corações e mentes em Cristo Jesus.

Jesus não tinha ainda dito sua última palavra aos pequeninos. Vendo em suas faces os sinais de sofrimento, apesar de tudo o que tinha dito para confortá-los, ele abruptamente acrescentou uma observação, que deu a todo o assunto de sua partida uma virada bastante nova. Ele tinha estado dizendo que, embora estivesse partindo, voltaria de novo, pessoalmente, ou por um

O PAI AGONIZANTE E OS PEQUENINOS

representante, no corpo, por fim, no Espírito, no meio-tempo. Ele agora lhes disse que, à parte seu retorno, sua partida, em si mesma, e, devia ser ocasião de alegria antes que de tristeza, por causa do que ela significava para ele. "Vocês ouviram o que eu lhes disse, eu vou embora e voltarei para vocês, tirem conforto daquela promessa por todos os meios". "Mas, se vocês me amassem (como devem), vocês se regozijariam porque eu disse: 'Eu vou para o Pai'" (Jo 14.28), esquecendo-se de si mesmos e pensando que feliz mudança seria para mim"; e acrescentou: "Porque meu Pai é maior do que eu". A ligação entre essa cláusula e a parte precedente do período é um pouco obscura, como é também sua impor-tância teológica. Nossa ideia, entretanto, é que, quando Jesus disse essas pala-vras, ele estava pensando em sua morte e respondendo a uma objeção daí surgi-da, a ideia de regozijar-se na sua partida. "Você está indo para o Pai", alguém poderia ter dito, "sim; mas que caminho!" Jesus responde: o caminho é difícil e detestável para carne e sangue; mas é o caminho que meu Pai indicou, e isso é suficiente para mim; porque meu Pai é maior do que eu. Interpretando assim as palavras, somente fazendo o orador indicar um pensamento que nós o achamos claramente expressando logo depois de sua sentença de conclusão, em que ele apresenta sua entrega voluntária à morte como uma manifestação ao mundo de seu amor ao Pai e como um ato de obediência ao seu mandamento.

E agora, finalmente, em palavra e ato, Jesus se esforça para inculcar em suas criancinhas a solene realidade de sua situação. Primeiro, ele lhes ordena tomar nota do que tem dito a eles a respeito de sua partida, para que, quando a separação acontecer, eles não sejam pegos de surpresa. "Agora eu tenho dito a vocês antes que aconteça, para que, quando acontecer, vocês creiam" (v.29). Então ele lhes dá a entender que a hora da partida está chegando. A partir de agora, não falará muito com eles; não haverá oportunidade; porque o príncipe deste mundo está vindo. Por isso, ele acrescenta palavras com este sentido: "Que ele venha; eu estou pronto. Ele, na verdade, não tem nada a ver comigo; nenhuma reivindicação; nenhum poder sobre mim; nada do que ele possa me acusar. Não obstante, entrego-me em suas mãos, para que todos possam ver que amo ao Pai e sou leal a sua vontade: que eu estou pronto para morrer pela verdade, pela justiça, pelos injustos" (Jo 14.30,31). Então, por fim, com voz firme e resoluta, ele dá a ordem para que todos se levantem, sem dúvida, combinando sua palavra com uma ação: "Levantem-se, vamos sair daqui" (v. 31).

Da continuação do discurso como registrado por João bem como da declaração feita por ele no cap. 18, entendemos que o grupo não deixa o cená-

O Treinamento dos Doze

culo nesse momento. Ele simplesmente assumiu uma nova atitude: apenas mudaram de posição, de reclinados que estavam, para a prontidão de partida. Esse movimento era, nas circunstâncias, totalmente natural e adequadamente expressava a disposição resoluta de Jesus; e correspondia ao tom alterado em que ele continuou a falar aos seus discípulos. A ação de levantar-se formou, na verdade, a transição da primeira parte de seu discurso para a segunda. Melhor que palavras podiam ter feito, ela alterou o estado mental e preparou os discípulos para ouvirem uma linguagem não suave, terna e familiar, como até agora, mas dura, digna e veemente. Ela atingiu seu objetivo pelo fato de o orador ter passado do estilo lírico para o heroico. Na prática, ele diz: "Vamos parar com essa linguagem suave, que, se continuar, só vai aborrecer; deixe-me falar com vocês agora, por um momento, como homens que têm uma função importante no mundo. Levantem-se; livrem-se do langor e ouçam palavras adequadas a acender em vocês o fogo do entusiasmo e a inspirar coragem e impressioná-los com os sentimentos das responsabilidades e das honras ligadas a sua posição futura.

Entendendo assim o levantar-se da mesa, estaremos preparados para ouvir junto com os discípulos, e entrar no estudo da porção restante do discurso de despedida, sem qualquer impressão de algo repentino.

25
Recomendação aos futuros apóstolos
Seção I – a videira e os seus ramos
João 15.1-15

O tema do discurso nestes capítulos é a obra futura dos apóstolos – sua natureza, honras, dificuldades e alegrias. Muito do que é dito aplica-se aos cristãos em geral, mas a referência primária é, sem dúvida, os onze; e só mantendo isso em mente podemos ter uma ideia clara da importância do discurso como um todo.

A primeira parte dessa recomendação aos futuros apóstolos tem por objetivo deixar claro que eles têm uma grande obra diante de si (Jo 15.1-17). A nota chave da passagem pode ser achada nas palavras: "Vocês não me escolheram, mas eu os escolhi para irem e darem fruto, fruto que permaneça" (v.16). Jesus queria que seus escolhidos entendessem que ele esperava mais deles do que simplesmente não se desanimarem quando ele deixasse a terra; eles têm muito o que fazer no mundo e devem deixar sua marca permanente na história: devem, de fato, tomar o seu lugar e levar adiante a obra que ele começou, em seu nome e com a sua ajuda.

Para deixar tudo muito claro, Jesus fez amplo uso de uma bela figura tirada da videira, que ele introduziu no início do seu discurso. "Eu sou a videira verdadeira"; esse é o tema que, na sequência, é trabalhado com muito detalhe – sendo figura e interpretação livremente misturadas na exposição. A pergunta tem sido frequentemente: "O que levou Jesus a adotar esse símbolo específico como veículo de seus pensamentos?" E muitas respostas conjecturais têm sido dadas. Na ausência de informação da narrativa, entretanto, devemos nos contentar com nossa ignorância, sem tentar acrescentar o elo que falta na associação de ideias. Isso não é difícil; porque, afinal de contas, o que importa como uma metáfora é sugerida (uma coisa que até a pessoa que usa a metáfora muitas vezes não sabe), desde que ela seja adequada ao propósito pelo qual é aplicada? Da adequação da metáfora aqui empregada não há dúvida na mente de ninguém que atentamente considere o uso feliz que o orador fez dela.[255]

---

[255] Sanday (*Fourth Gospel*, p. 231) fala da alegoria da videira como pertencendo a um diferente e mais didático período na vida de Cristo, e entende que ela interrompe o fluxo e não tem nada a ver com

O Treinamento dos Doze

Voltando nossa atenção para o discurso de Jesus sobre seu próprio texto escolhido, não podemos senão ficar chocados com a forma em que ele imediatamente se apressa em falar de fruto. Nós esperaríamos que, ao introduzir a figura da videira, ele primeiramente afirmaria plenamente, em termos da figura, qual era a situação. Após ouvir as palavras "eu sou a videira verdadeira, e meu Pai é o agricultor", esperávamos ouvir, "e vocês, meus discípulos, são os ramos pelos quais a videira produz fruto". Isso, entretanto, não é dito aqui; mas o orador imediatamente começa a dizer aos seus ouvintes como os ramos (ainda não mencionados) são tratados pelo divino agricultor; como os ramos infrutíferos, por outro lado, são cortados, enquanto os frutíferos são podados para que possam dar ainda mais frutos (Jo 15.2). Isso mostra o que está mais em evidência na mente de Jesus. O desejo de seu coração é que seus discípulos sejam espiritualmente frutíferos; na prática, ele exclama: "Fruto, fruto, meus discípulos, vocês são inúteis a menos que produzam fruto: meu Pai deseja fruto, e eu também; e todo o tratamento dele com vocês será regulado por um propósito de aumentar sua produtividade". Mesmo que urgente em sua exigência de fruto, em parte nenhuma desse discurso sobre a vinha Jesus indica em que consiste o esperado fruto. Quando consideramos com quem ele está falando, entretanto, não temos dúvida quanto a sua principal pretensão. O fruto que ele procura é a difusão do evangelho e o ajuntamento de almas para o Reino de Deus pelos discípulos, no cumprimento de sua vocação apostólica. A santidade pessoal não é desprezada; mas é exigida mais como um meio para a produção de fruto do que como se ela mesma fosse o fruto. É a poda do ramo que leva à crescente fertilidade. A frase seguinte (vocês já estão limpos pela palavra que lhes tenho falado [Jo 15.3]) deve ser vista como um parêntese no qual, por um momento, se perde de vista a figura da videira. A menção de ramos que, como improdutivos, são cortados, lembra ao Senhor o caso de alguém que já tinha sido cortado – Judas – e o leva naturalmente a assegurar aos onze que deles ele espera coisa melhor. O processo de corte já tinha sido aplicado entre eles: portanto, eles não devem ser presunçosos, mas temer. Por outro lado, porém, como ele tinha dito por ocasião do lava-pés, que eles estavam limpos, com uma exceção, assim, agora ele diria que estavam todos limpos, sem exceção, através da palavra que lhes tinha apresentado. Como ramos, eles poderiam precisar ser podados, mas não seriam cortados.

---

o assunto do discurso, que é consolar os discípulos na perspectiva da partida de seu Senhor. Esse era certamente *um* objetivo, mas não o único. A alegoria é muito adequada para o outro objetivo principal do discurso, a saber, colocar diante dos ouvintes suas responsabilidades como apóstolos da fé cristã.

RECOMENDAÇÃO AOS FUTUROS APÓSTOLOS

Tendo fortemente declarado o caráter indispensável da produção de fruto para continuar ligado à videira, Jesus, em seguida, apresenta as condições de produção de fruto e (o que devíamos ter esperado bem no início do discurso) a relação existente entre si mesmo e seus discípulos. Ele disse (pegando primeiro o último) "eu sou a videira, vocês são os ramos" (v.5). Com essa declaração, explica por que é tão urgente que seus discípulos produzam fruto. Eles são o meio pelo qual ele próprio produz fruto, servindo o mesmo propósito a ele que os ramos servem à videira. Sua própria obra pessoal tinha sido escolher os discípulos e treiná-los – enchê-los, por assim dizer, com a seiva da verdade divina, e a tarefa deles agora era transformar a seiva em uva. O Pai no céu, ao mandá-lo ao mundo, o tinha plantado na terra como uma videira nova, mística e espiritual; e ele tinha produzido os onze, como seus ramos. Seu ministério pessoal estava no fim; ficava para os ramos levar adiante a obra à sua consumação natural e produzir uma grande colheita, na forma de uma igreja de pessoas salvas e crentes em seu nome. Se eles falhassem nisso, o esforço dele teria sido em vão.

As condições de frutificação, Jesus expressa nestes termos: "Permaneçam em mim, e eu permanecerei em vocês" (Jo 15.4). Essas palavras apontam para uma dependência dos discípulos de seu Senhor sob duas formas que, com a ajuda da analogia da árvore e seus ramos, é fácil distinguir. O ramo permanece na videira *estruturalmente;* e a videira permanece no ramo através de sua seiva, *vitalmente*. Essas relações são necessárias para produção de fruto. A menos que o ramo esteja organicamente ligado ao tronco, a seiva que produz o fruto não pode passar para ele. Por outro lado, *embora* o ramo esteja organicamente ligado ao tronco, se a seiva do tronco não sobe para ele (uma situação possível e comum no mundo natural), ele fica sem fruto como se estivesse quebrado e caído no chão.

Tudo isso é muito claro; mas, quando perguntamos o que esse permanecer significa com referência à videira mística, a resposta não é muito fácil. A tendência aqui é juntar os dois em um e fazer a distinção entre eles meramente nominal. A melhor forma de chegar à verdade é aderir tão intimamente quanto possível à analogia natural. O que, então, se poderia dizer que mais correspondesse à permanência estrutural do ramo na árvore? Respondemos: permanecer na doutrina de Cristo, na doutrina que ele ensinou e reconhecê-lo como a fonte de onde ela foi aprendida. Em outras palavras, "permaneçam em mim" significa: "Sustentem e professem a verdade que eu tenho dito a vocês e se entreguem meramente como minhas testemunhas." A outra permanência, por outro lado, significa a habitação do Espírito de Jesus nos corações daque-

365

O Treinamento dos Doze

les que creem. Jesus dá a entender a seus discípulos que, enquanto permanecerem em sua doutrina, eles devem ter também seu espírito permanecendo neles; que eles devem não só sustentar com firmeza a verdade, mas serem cheios do Espírito da verdade.

Assim distinguidas, as duas permanências não são só diferentes em concepção, mas separáveis de fato. Por um lado, pode haver ortodoxia cristã na letra onde há pouca ou nenhuma vida espiritual; e pode haver, por outro lado, uma certa espécie de vitalidade espiritual, e uma, em alguns aspectos, grande seriedade moral cristã, acompanhada de sérios desvios da fé. Um pode ser comparado a um ramo morto em uma árvore viva, descorado e musguento e, mesmo no verão, sem folhas, esticando-se como um braço ressecado a partir do tronco, com o qual ainda mantém uma ligação orgânica estrutural. O outro é um ramo cortado da árvore pelo orgulho ou presunção, cheio da seiva da árvore e vestido de verde no momento do corte, e tolamente imaginando-se, porque não seca imediatamente, que pode viver, crescer e florescer independentemente da árvore. Não foi sempre assim desde o início do cristianismo? Quem dera! Na grande floresta primitiva da igreja, muitíssimas ortodoxias mortas jamais foram visíveis; e, quanto aos ramos que se estabelecem por si mesmos, o nome deles é legião.

As duas permanências, que temos visto ser não só separáveis, mas frequentemente separadas, não podem ser separadas sem efeitos fatais. O resultado sempre está no fim, para ilustrar as palavra de Cristo: "pois, sem mim, vocês não podem fazer coisa alguma" (Jo 15.5). A ortodoxia morta é notoria-mente impotente. Fraca, tímida e avessa a qualquer coisa difícil, heroica, agitando-se em pensamento ou conduta no máximo, ela se torna, por fim, falsa edesmoralizante: sal sem sabor que só presta para ser jogado fora; madeira devideira imprestável, boa só para combustível, e às vezes nem mesmo para isso.Heresias, que não permanecem na doutrina de Cristo, são igualmente inúteis.Primeiro, de fato, possuem uma vitalidade espúria e efêmera, e fazem poucobarulho no mundo; mas, pouco a pouco, suas folhas começam a secar e nãoproduzem frutos permanentes.

A ideia de um ramo morto, aplicada a indivíduos como distintos de igrejas ou do mundo religioso visto coletivamente, não é sem dificuldade. Um ramo morto em uma árvore não esteve sempre morto: ele era produzido pela força vital da árvore e tinha algo da vida da árvore nele. A analogia entre ramos natural e espiritual funciona nesse ponto? Não em qualquer sentido que comprometesse a doutrina da perseverança na graça, em nenhum lugar ensinada

RECOMENDAÇÃO AOS FUTUROS APÓSTOLOS

mais claramente que nas palavras de Nosso Senhor. Ao mesmo tempo, não pode ser negado que exista tal coisa como um experiência religiosa abortiva. Há flores na árvore da vida que são arruinadas pela geada, frutos verdes que caem antes de amadurecer, ramos que adoecem, morrem. Jonathan Edwards, um grande calvinista, mas também um grande, honesto e astuto observador dos fatos, nota: "Não posso dizer que a maior parte dos supostos convertidos dão espaço, por sua conversa, para supor-se que são verdadeiros convertidos. A proporção pode talvez ser mais verdadeiramente representada pela proporção das flores em uma árvore que permanecem e chegam ao fruto maduro, com todo o número de flores na primavera".[256] A permanência de muitas flores espirituais é aqui negada, mas a própria negação implica uma admissão de que elas eram flores.

Que alguns ramos devam ser infrutíferos e até morram, enquanto outros floresçam e produzam fruto, é um grande mistério cuja explicação se encontra mais profundamente do que teólogos arminianos estão dispostos a admitir. Porém, mesmo que isso seja verdadeiro, a responsabilidade do homem, por seu próprio caráter espiritual, não pode ser demasiado exagerada. Embora o Pai, como o agricultor, tenha a podadeira, o processo de purificação não pode ser realizado sem nosso consentimento e cooperação. Porque esse processo significa praticamente a remoção de obstáculos morais à vida e crescimento – as preocupações da vida, a prejudicial influência da riqueza, os desejos da carne e as paixões da alma, males que não podem ser vencidos a menos que nossa vontade e todos os nossos poderes morais sejam colocados contra eles. Daí Jesus coloca sobre seus discípulos como um *dever* o permanecer nele, e tê-lo permanecendo neles, e resolve toda a questão, por fim, em termos claros, no guardar seus mandamentos (Jo 15.10). Se eles diligente e fielmente fizerem sua parte, o divino agricultor, ele lhes assegura, não deixará de dar a eles liberalmente todas as coisas necessárias para a mais farta frutificação. "Vocês pedirão o que quiserem, e lhes será concedido" (v.7).

É muito claramente declarado por Jesus que a condenação de ramos virá, bruscamente, em qualquer das duas formas, enquanto nele estruturalmente, não produzem fruto, seja porque estão absolutamente secos e mortos, porque foram atingidos por uma doença que o faz estéreis, devem ser cortados fora – eliminados, pela justiça, da árvore (Jo 15.2). A condenação do ramo que não *permanecerá* na videira não é ser cortado – porque ele mesmo faz

---

[256] Veja um texto por Sereno E. Dwight, na edição inglesa das obras de Edwards, em dois volumes: i. p. clxxii.

O Treinamento dos Doze

isso, mas ser arremessado para fora da vinha, para ficar lá até secar, e, por fim, na hora certa, ser juntado a todos os seus erráticos e presunçosos irmãos, em um monte, e queimado em uma fogueira como o lixo seco de um jardim (v.6).

Na última parte do discurso da videira (v.8-17), Jesus expressa suas altas expectativas com respeito à frutificação dos ramos apostólicos e sugere uma variedade de considerações que, agindo nas mentes dos discípulos como motivos, poderiam levar ao cumprimento de suas esperanças. Quanto ao primeiro, ele deu a entender aos discípulos que esperava deles não só fruto, mas muito fruto (v.8), e não só farto em quantidade, mas bom em qualidade (v.16); fruto que deve permanecer, uvas cujo suco deva ser digno de preservação como vinho em garrafas, uma igreja que deve durar até o fim do mundo.

Essas duas exigências, tomadas juntas, significam uma exigência muito alta. É muito difícil, de fato, produzir fruto ao mesmo tempo *em grande quantidade* e *duradouro*. De certa forma, uma coisa limita a outra. Visar à alta qualidade leva a indevida diminuição dos cachos, enquanto visar à quantidade pode facilmente levar a uma deterioração na qualidade do todo. Os objetivos a ser alcançados são: garantir uma quantidade tão grande quanto consistente com a permanência; e, por outro lado, cultivar a excelência na medida em que for consistente com a obtenção de uma boa colheita, que compensará o trabalho e os gastos. Isso é, por assim dizer, a teoria ideal do cultivo da videira; mas, na prática, devemos nos contentar com uma realização menos que perfeita da nossa teoria. Não podemos, por exemplo, rigorosamente insistir que todo fruto deva ser tal que possa durar. Muitos frutos do trabalho cristão são só meios transitórios para outros frutos de natureza permanente; e, se satisfazemos a lei de Cristo na medida em que produzimos muito fruto, *alguns* dos quais permanecerão, fazemos bem. A porção permanente da obra do homem deve sempre ser pequena em proporção ao todo. No máximo, ela pode somente ter a mesma proporção em relação ao todo que o suco de uva tem relativamente às uvas das quais é feito. Um pequeno barril de vinho representa um volume muito maior de uvas; da mesma forma, o resultado perene de uma vida cristã é muito menor em volume comparado com a massa de pensamentos, palavras e ações dos quais aquela vida foi feita. Um pequeno livro, por exemplo, pode preservar para todas as gerações a alma e a essência dos pensamentos de uma mente muito dotada e das graças de um coração nobre. Um testemunho disso é o livro *O Peregrino*, que contém mais vinho nele do que o que pode ser achado em grandes livros de autores prolixos, cujas obras são só imensos barris com muito pouco vinho dentro, e algumas vezes até sem o cheiro dele.

RECOMENDAÇÃO AOS FUTUROS APÓSTOLOS

Para satisfazer essas duas exigências, duas virtudes são muito necessárias: diligência e paciência – uma para assegurar quantidade, a outra para uma superior qualidade. Deve-se saber como trabalhar e como esperar; nunca sendo preguiçoso, todavia, nunca se apressando. Diligência só não basta. Atividade alvoroçada produz muitas coisas ruins e nada bem feito. Por outro lado, a paciência desacompanhada de diligência degenera em preguiça, que não produz nada, nem bem nem mal. As duas virtudes devem andar juntas; e, assim, nunca deixarão de produzir, em maior ou menor quantidade, fruto que permanece em uma vida santa e exemplar, cuja memória é compartilhada por gerações, em uma igreja apostólica, em livros ou instituições filantrópicas, no caráter de descendentes, eruditos ou ouvintes.

Quando as duas exigências são consideradas aplicadas a todos os crentes em Cristo, o termo "muito" deve ser entendido relativamente. Não se exige de todos, indiscriminadamente, que produzam uma quantidade de fruto absolutamente grande, mas somente daqueles que, como os apóstolos, foram escolhidos e capacitados para ocupar posições de destaque. A quem pouco é dado pouco será pedido. Para homens de poucos talentos é melhor não tentar muito, mas, sim, esforçar-se por fazer bem o pouco para o qual foram capacitados. A aspiração é boa na teoria; mas aspirar a exceder as dimensões designadas para nossa carreira é fornecer uma nova ilustração da velha fábula da rã e do boi. O homem que pensa ser e fazer mais do que está capacitado é pior que inútil. Ele produz não o doce e completo fruto do Espírito, mas os frutos inchados da vaidade, que, como as maçãs de Sodoma, são belas e deliciosas para os olhos e suaves ao toque, mas estão cheias de vento, e, quando prensadas, explodem como um licopeno.[257]

A exigência de muito fruto, enquanto muito severa com respeito aos apóstolos, a quem em primeiro lugar se refere, tem um aspecto gracioso para o mundo. O fruto que Jesus esperava de seus escolhidos era conversão de pessoas para a fé do evangelho – o ajuntamento de almas no Reino de Deus. Uma exigência de muito fruto, nesse sentido, é uma expressão de boa vontade para com a humanidade, uma revelação do amor apaixonado do Salvador por um mundo que está no pecado, erro e trevas. Ao fazer essa exigência, Jesus está dizendo aos seus apóstolos: "vão ao mundo, para evangelizar todas as nações; sejam frutíferos e se multipliquem, e encham a terra, e a dominem. Vocês nunca trarão um número grande demais à fé, pois, quanto maior for o número daqueles que creem em mim pela sua palavra, mais me agradarei." Temos

---

[257] Robinson, *Biblical Reseaches*, i. 523.

O Treinamento dos Doze

aqui, em resumo, só um eco dos pronunciamentos ardentes daquela primeira ocasião, quando Jesus recebeu bem a morte como condição de frutificação farta, e a cruz como um poder por cuja irresistível atração ele devia atrair todos a ele (Jo 12.24,33).

Das altas exigência do Senhor, passamos para os argumentos com os quais ele procurou inculcar nos discípulos o dever de produzir muito e dura-douro fruto. Desses não há menos que seis, agrupados em pares. O primeiro par achamos indicado nas palavras: "Meu Pai é glorificado pelo fato de vocês darem muito fruto; e assim serão meus discípulos".[258] Em outras palavras, Jesus faria seus escolhidos se lembrarem de que o crédito, do divino agricultor e de si mesmo, a videira, largamente depende do comportamento deles. O mundo julgaria por resultados. Se eles, os apóstolos, produzissem muito, seria notado que Deus não mandou Cristo ao mundo em vão; e seu sucesso seria atribuído àquele cujos discípulos eles tinham sido. Se fracassassem, os homens diriam: "Deus plantou uma videira que não floresceu; e ela produziu ramos que não produziram fruto; ou, em termos mais claros, Cristo escolheu agentes que não fizeram nada."

A força desses argumentos é mais óbvia no caso desses apóstolos, os fundadores da igreja, quando a honra de Cristo e de Deus, o Pai, parece de-pender em medida muito pequena da conduta de indivíduos. Toda a ênfase então estava sobre os onze homens. Agora está sobre milhões. Todavia, há grande necessidade, mesmo ainda, agora, de vida espiritualmente frutífera na igreja, para sustentar a honra do nome de Cristo; porque há atualmente uma tendência de ver o cristianismo como ultrapassado. O estoque de vinho velho é considerado por muitos como estéril, e passado da época de produzir fruto; e uma nova planta de fama é pedida. Essa ideia pode ser desacreditada efetiva-mente só de uma forma, a saber, pela ascensão de uma geração de cristãos cuja vida demonstrará que a "videira verdadeira" não é uma das coisas que envelhe-ce e desaparece, mas que possui vitalidade eterna, suficiente não só para pro-duzir novos ramos e novos cachos, mas para livrar-se de ramos mortos e de todo o musgo que possa ter crescido com o passar do tempo.

Um segundo par de motivos para a frutificação encontramos insinuado nas palavras: "Tenho lhes dito estas palavras para que a minha alegria esteja em vocês e a alegria de vocês seja completa" (Jo 15.11). Jesus quer dizer que a continuação de sua alegria nos discípulos, e a consumação de sua própria ale-

---

[258] João 15.8. Alguns leem γενησθε em lugar de γενησεσθε. O sentido é o mesmo no final, independentemente da leitura.

gria como crentes nele, depende de serem frutíferos. A ênfase na primeira cláusula encontra-se na palavra "esteja". Jesus tem alegria em seus discípulos mesmo agora, embora espiritualmente ingênuos, assim como o jardineiro tem alegria nos cachos de uvas quando estão verdes, amargos e indigeríveis. Entretanto ele se alegra neles no presente, não pelo que eles são, mas por causa da promessa que há neles de um fruto maduro. Se essa promessa não for cumprida, ele se sentirá como o jardineiro se sente quando uma flor é destruída pela geada, ou o fruto verde, pelo mofo; ou como um Pai se sente quando um filho trai, em sua maioridade, a brilhante promessa de sua juventude. Ele pode suportar a demora, porém não o fracasso. Ele pode esperar pacientemente até o processo de crescimento ter passado por todos os seus estágios e pode tolerar todas as características insatisfatórias da imaturidade, por causa daquilo em que se transformarão. Mas, se nunca amadurecem – se as crianças nunca se tornam homens, se os alunos nunca se tornam professores –, então ele exclamará, em amargo desapontamento: "Ai de mim! Minha alma desejou fruto maduro, e é isso o que eu encontro depois de esperar tanto tempo?"

Na segunda cláusula, a ênfase é sobre a palavra "completa". Não é dito ou insinuado que um cristão não pode ter alegria até que seu caráter seja maduro e sua obra realizada. A fala de Jesus é bastante compatível com a asserção de que, até, bem no começo da vida espiritual, pode haver uma grande e ardente explosão de alegria. Mas, por outro lado, essa fala claramente implica que a alegria do discípulo imaturo é necessariamente precária e que a alegria estável e plena só vem com a maturidade espiritual. Essa é uma grande verdade prática que interessa a todos os discípulos terem em mente. Alegria no mais alto sentido é a dos frutos *maduros* do Espírito Santo, a recompensa da perseverança e da fidelidade. Regozijar-se no princípio é bom, mas tudo depende da sequência. Se paramos logo e não crescemos, ai de nós, porque o fracasso em qualquer coisa, e especialmente em religião, é uma desgraça. Se somos comparativamente infrutíferos, não podemos ficar absolutamente infelizes, contudo nunca podemos conhecer a plenitude da alegria; porque é somente para o servo fiel que estas palavras são ditas: "Entre na alegria de seu Senhor". A medida perfeita da bênção é para o soldado que venceu a guerra, para o ceifeiro que celebra a colheita, para o atleta que ganhou o prêmio do esforço, treino e rapidez.

As duas últimas considerações pelas quais Jesus procurou inculcar em seus discípulos o dever de produzir fruto foram: a natureza honrosa de seu chamado apostólico e a dívida de gratidão que tinham para com aquele que os

O TREINAMENTO DOS DOZE

tinha chamado, e que agora estava para morrer por eles. A dignidade do apostolado, em contraste com a posição subordinada do discípulo, ele descreveu nestes termos: "Já não os chamo servos, porque o servo não sabe o que o seu Senhor faz. Em vez disso, eu os tenho chamado amigos, porque tudo o que ouvi de meu Pai eu lhes tornei conhecido" (João 15.15). Em outras palavras, os discípulos tinham sido aprendizes, os apóstolos serão sócios: os discípulos tinham sido como funcionários do governo; os apóstolos serão ministros confidenciais do rei; os discípulos tinham sido alunos na escola de Jesus; os apóstolos seriam os tesoureiros da verdade cristã, transmissores e expositores da doutrina de seu Mestre, as únicas fontes confiáveis de informação sobre a letra e o espírito de seu ensino. Que posto poderia ser mais importante que o deles? E como era importante que entendessem as responsabilidades que o posto acarretava!

Conquanto se esforçando para caminhar de forma digna de tão alta vocação, conviria também aos apóstolos ter em mente suas obrigações para com aquele que os tinha chamado para o ofício apostólico. A devida consideração dessas seria um estímulo adicional à diligência e fidelidade. Daí Jesus ter o cuidado de inculcar em seus discípulos que eles devem tudo o que são e serão a ele. Ele lhes disse: "Vocês não me escolheram, mas eu os escolhi" (v.16). Ele deseja que eles entendam que não tinham conferido nenhum benefício a ele tornando-se seus discípulos: o benefício estava todo do lado deles. Ele os tinha tirado da obscuridade para serem as luzes do mundo, para serem os atuais companheiros e futuros amigos e representantes do Cristo. Tendo feito tanto por eles, ele podia pedir que eles seriamente se esforçassem para entender o fim para o qual ele os tinha escolhido e para cumprir o ministério para o qual haviam sido ordenados.

Mais uma coisa deve ser destacada neste discurso – a reiteração do mandamento de amar um ao outro. No começo do discurso de despedida, Jesus impôs sobre os discípulos o amor fraternal como fonte de consolação durante o luto; aqui ele impõe novamente como uma condição de frutificação (vv. 12,17). Embora não diga com tantas palavras, ele evidentemente quer que os discípulos entendam que permanecer um no outro pelo amor é tão necessário para seu sucesso quanto sua permanência conjunta nele pela fé. Divisão, partidarismo, ciúmes, simplesmente serão fatais para sua influência e para a causa que representam. Eles devem ser amigos tão chegados a ponto de estarem dispostos a morrerem uns pelos outros. Tivessem os cristãos sempre se lembrado do mandamento do amor, sobre o qual Cristo insistiu tão seriamente, que história diferente a igreja teria tido! Quão mais frutífera ela teria sido em todos os grandes resultados para os quais ela foi instituída!

Seção II – tribulações apostólicas e encorajamentos
João 15.18-27; 16.1-15

Dos deveres dos apóstolos Jesus passou a falar das tribulações dos apóstolos. A transição era natural; porque todos os grandes atores na causa de Deus, cujo fruto permanece, são seguramente mais ou menos homens de sofrimento. Ser odiado e maltratado é um dos castigos de grandeza moral e poder espiritual; ou, em outras palavras, um dos privilégios que Cristo confere aos seus "amigos".

O ódio é muito difícil de suportar. E o desejo de escapar é uma causa principal de infidelidade e improdutividade. Homens bons moldam sua conduta de forma a evitar problemas, e, pelo excesso de prudência covarde, degeneram em nulidades espirituais. Foi de grande importância que os apóstolos da fé cristã não se tornassem impotentes por essa causa. Por isso, Jesus introduziu o tema da tribulação aqui. Ele fortificaria seus discípulos para suportar sofrimentos falando deles de antemão. Ele disse, como se desculpando por sua introdução: "Eu lhes tenho dito tudo isso para que vocês não venham a tropeçar (João 16.1; também o v.4)." Isto é, serem pegos de surpresa pela tribulação.

Para fortalecer os jovens soldados da cruz, o capitão da salvação recorreu a vários expedientes, entre os quais o primeiro foi dizer a eles, sem rodeios, o que deviam esperar, para que a familiaridade com a perspectiva tenebrosa a fizesse menos terrível. Do ódio do mundo Jesus fala como uma coisa absolutamente certa, nem considerando necessário afirmar sua certeza: "Se o mundo os odeia" (João 15.19) – como é claro que ele odiará. Depois ele descreve, sem eufemismo ou circunlóquio, o tipo de tratamento que receberão do mundo: "Vocês serão expulsos das sinagogas; de fato, virá o tempo quando quem os matar pensará que está prestando culto a Deus".[259] Palavras duras e assustadoras. Mas, já que as coisas seriam assim, era melhor saber o pior.

Jesus depois diz que não importa o que venham a sofrer, não sofrerão mais do que ele antes deles. "Se o mundo os odeia, saibam que antes ele odiou a mim". "Grande consolo! Poder-se-ia dizer. Porém não é tão descabido quando se pensa na posição relativa das partes. Aquele que já foi odiado é o Senhor;

---

[259] João 16.2; a ideia é que os assassinos imaginarão que estão oferecendo um serviço religioso aceitável, ou sacrifício, a Deus.

os que vão ser odiados são só servos. Disso Jesus lembra seus discípulos, repetindo e trazendo à memória deles uma palavra que ele já tinha dito na mesma noite (João 15.20; comp. 13.16 e também 12.26). Essa consideração deve, no mínimo, reprimir a murmuração e, passado por devida meditação, pode até tornar-se fonte de inspiração heroica; o servo deve se envergonhar de reclamar de uma sorte de que seu Mestre não reclamou, e de que não deve ficar isento; ele devia estar orgulhoso de ter como companheiro nas tribulações alguém que é tão superior a si e ver sua experiência da cruz não como um destino, mas como um privilégio.

Um terceiro expediente empregado por Jesus para conciliar os apóstolos com o ódio do mundo, é representá-lo como um acompanhamento necessário da *eleição* deles (João 15.19). Esse pensamento, bem pesado, tem grande força. O amor geralmente se baseia em uma comunhão de interesses. As pessoas amam aqueles que têm as mesmas opiniões, ocupam a mesma posição, seguem a mesma moda, perseguem os mesmos fins que elas mesmas; e olham todos os que diferem deles nesses aspectos com indiferença, antipatia ou animosidade positiva, conforme o grau em que se sentem atingidos pela diferença. Daí surge um dilema para os escolhidos. Ou eles devem perder a honra, privilégios e esperança de sua eleição e descer ao mundo escuro, que é sem Deus e sem esperança; ou devem ficar contentes, enquanto mantêm sua posição como chamados das trevas, em enfrentar as desvantagens ligadas a isso, e ser odiados por aqueles que amam as trevas antes que a luz, porque sua vida é má. Qual filho da luz vai hesitar em sua escolha?

Para mostrar aos discípulos que eles não têm alternativa senão submeter-se pacientemente ao seu destino como escolhidos, Jesus entra ainda mais profundamente na filosofia do ódio do mundo. Ele explica que o que, em primeiro lugar, será ódio deles, significará, em segundo lugar, ódio dele mesmo; e, em último lugar, e radicalmente, ignorância de Deus, seu Pai, e hostilidade para com ele (João 15.21). Ao apresentar essa verdade, ele aproveita para fazer algumas reflexões severas sobre o mundo descrente da Judeia, onde ele mesmo tinha trabalhado duro. Ele dá a pior descrição de sua descrença; declara-a ser completamente sem desculpas, acusa os incrédulos de odiá-lo sem causa, isto é, de odiar alguém cujo único caráter e conduta, palavras e obras, deviam ter conquistado sua fé e amor; e, em seu ódio a ele, vê revelado um ódio daquele mesmo Deus, de cuja glória professavam ser tão zelosos (vv. 22-25).

Quão dolorosa a visão, aqui apresentada, da inimizade que o mundo tem contra a verdade e suas testemunhas! Tem-se preferido ver, no rancor com que os mensageiros da verdade têm sido recebidos (não excetuando o caso de Jesus), o resultado de um perdoável mal-entendido. E, sem dúvida, essa é a origem de não poucas animosidades religiosas. Muitos pecados têm sido cometidos contra o Filho do homem, e aqueles da mesma opinião, que foram só, em uma medida muito pequena, pecados contra o Espírito Santo. Se fosse de outra forma, ai de todos nós! Porque, quem não tem perseguido o Filho do Homem ou seu interesse, nutrindo maus sentimentos e pronunciando palavras amargas contra seus membros, se não contra ele pessoalmente, sob a in-fluência de preconceito; até, talvez, chegando ao ponto de causar dano mate-rial aos apóstolos de verdades não familiares e não bem-vindas, em obediência aos impulsos cegos de medo, pânico ou paixão egoísta?

Se há poucos que não têm, de uma forma ou outra, perseguido, há talvez também poucos dos perseguidos que não têm tido visões demasiado sombrias da culpa de seus perseguidores. Homens que sofrem por suas convicções são grandemente tentados a ver seus oponentes na mesma medida como inimigos de Deus. Os danos que sofrem os fazem pensar e falar dos malfeitores como os próprio filhos do demônio. Então isso dá importância à causa de um e dignidade aos sofrimentos de outro, por considerarem o primeiro como de Deus e o último, como sofrido por causa de Deus. Por fim, afirmar amplamente que a questão em jogo se dá entre os amigos de Deus e os inimigos de Deus satisfaz ao intelecto e à consciência – o primeiro exigindo um *status quaestionis* que seja simples e facilmente entendido; o último, colocando você obviamente no lado certo, e seus adversários obviamente no errado.

Tudo isso mostra que muita sinceridade, humildade e paciência de espírito é necessária antes que se possa seguramente dizer: "Aquele que me odeia, odeia a Deus". Todavia, continua verdadeiro que a real atitude para com Deus é revelada pela forma com que ele trata a presente obra de Deus e seus servos vivos. Sobre esse princípio, Jesus julgou seus inimigos, embora não tivesse ressentimento, e estivesse sempre pronto para fazer a devida concessão à ignorância. Apesar dessa caridade, ele acreditava e dizia que a hostilidade que tinha encontrado surgia de uma má vontade e de um coração ímpio. Ele tinha em vista principalmente os líderes da oposição, que organizavam a multidão de ignorantes e preconceituosos em um exercito hostil. A esses ele denunciava sem hesitar como odiadores de Deus, da verdade e da justiça; e ele apontava para o tratamento de si mesmo como a evidência conclusiva do fato. Seu aparecimento e ministério entre eles tinha arrancado a máscara e mostrado o real caráter hipócrita deles, fingindo santidade, mas internamente cheios de baixa-

O Treinamento dos Doze

rias e impiedade, que odiavam a genuína piedade, e não podiam descansar até que o tivessem tirado do mundo e pregado na cruz. Com a história e os ditos de Cristo diante de nossos olhos, devemos vigiar para não levar as desculpas da descrença muito longe.

Tendo Jesus falado, como em uma breve digressão, de sua amarga experiência no passado, muito naturalmente passa a expressar a esperança que ele nutre de um futuro mais brilhante. Até agora ele tem sido desprezado e rejeitado pelos homens; crê que não será sempre assim. O mundo, judeu e gentio, em breve começará a mudar de opinião, e o Crucificado se tornará um objeto de fé e reverência. Essa esperança ele constrói sobre um fundamento seguro e sólido, o testemunho combinado do Espírito da verdade e de seus próprios apóstolos. Ele diz, sua face brilhando quando fala: "Quando vier o Consolador (de quem ele tinha falado e a quem ele agora alude como seu próprio Consolador não menos que deles), que eu enviarei a vocês da parte do Pai, o Espírito da verdade que provém do Pai; ele testemunhará a meu respeito" (João 15.26). Que resultados o Espírito traria por seu testemunho não é esclarecido aqui. Sobre isso, ele fala logo depois, ao descobrir que seus ouvintes não entenderam o significado, ou pelo menos fracassaram em achar em suas palavras qualquer conforto para si mesmos. Nesse meio tempo, ele se apressa em esclarecer que o Espírito da verdade, bem como os discípulos, terão uma parte na honrosa obra de resgatar da desgraça o nome e o caráter de seu Mestre. Eles também devem dar testemunho, como foram qualificados para fazer, de ter estado com ele desde o início de seu ministério,[260] conhecendo completamente sua doutrina e modo de vida.

Nesse futuro testemunhar do Espírito e dos apóstolos, Jesus procura consolo para seu próprio coração sob o peso deprimente de um retrospecto sombrio e a imediata perspectiva da crucificação. Mas não menos pretendeu ele que os discípulos também procurassem, no mesmo lugar, força para enfrentar suas tribulações. Na verdade, nenhuma consideração poderia tender mais efetivamente a conciliar mentes generosas com um duro destino, que aquela implicada no que Jesus tinha acabado de dizer, isto é, que os apóstolos sofreriam em uma causa favorecida pelos céus, tendendo à honra daqueles a quem eles amavam mais que a vida. Quem não escolheria estar do lado no qual o Espírito Santo luta, mesmo com o risco de ser ferido? Quem não estaria feliz de ser reprovado e maltratado por um nome que é digno de estar acima de

---

[260] v.27. Hofmann entende que μαρτυρειτε, no v.27, é um imperativo: "e vocês também testemunhem de mim: digam ao mundo quem eu sou" – *Schriftbeweis*, 2te Hälfte, 2te Abtheilung, p.19.

RECOMENDAÇÃO AOS FUTUROS APÓSTOLOS

todo nome, especialmente se ter certeza de que os sofrimentos contribuiriam diretamente para a exaltação daquele abençoado nome ao seu adequado lugar de soberania? Foram exatamente tais considerações que, mais que qualquer coisa, apoiaram os apóstolos sob tão grandes e múltiplos testes. Eles aprenderam a dizer: "Por causa de Cristo, somos mortos todo o dia; somos contados como ovelhas para o matadouro. Mas e daí? A igreja está se espalhando; os crentes estão se multiplicando em todo lugar, surgindo a cem por um da semente do sangue dos mártires; o nome do nosso Senhor está sendo engrandecido. Sofreremos com prazer, portanto, dando testemunho da verdade."

Tendo exposto essas observações a respeito dos auxílios para a resistência, Jesus procedeu a afirmar distintamente, em palavras já citadas, o que os apóstolos teriam de suportar (João 16.2). Sobre essas palavras fazemos só uma observação adicional, isto é, que os discípulos aprenderiam delas não só a natureza de suas futuras tribulações, mas o lugar de onde viriam. O mundo, contra cujo ódio seu Mestre os acautelava nessa parte de seu discurso, não é o mundo ímpio, cético, descuidado, obsceno do paganismo. Ele é o mundo do judaísmo anticristão; dos frequentadores da sinagoga, acostumados a distinguir-se do "mundo" como o povo de Deus, de um tipo muito zeloso da glória de Deus, fanaticamente sérios em suas opiniões e práticas religiosas, bastante intolerantes com os discordantes, sempre excomungando todos os que se desviavam da crença estabelecida por um fio de cabelo, e considerando a morte deles não um assassinato, mas um serviço religioso, um sacrifício aceitável para o Todo-Poderoso. A esse mundo judaico é atribuída a honra de representar todo o *cosmos* de homens alienados de Deus e da verdade; e, se ódio ao bem for a característica central da mundanidade, a honra era bem merecida, porque foi entre os judeus que o poder do ódio atingiu seu grau máximo de intensidade. Ninguém podia odiar como um judeu religioso da era apostólica: ele era famoso por sua capacidade diabólica de odiar. Mesmo um historiador romano, Tácito, comemora o "*hostile odium*" da raça judaica contra toda a humanidade; e a experiência dos apóstolos cristãos plenamente justificava o destaque dado por Jesus ao judeu, ao discursar sobre o ódio do mundo. Era aos judeus descrentes que eles deviam seu conhecimento do que significava o ódio do mundo. O mundo pagão os desprezava antes que odiava. Os gregos riam e os romanos os ignoravam com uma indiferença desdenhosa, ou, no máximo, opostos em temperamento, como se não os preferissem. Mas a hostilidade perseverante, implacável, maligna dos religiosos judaicos! – ela era sedenta de sangue, era impiedosa, era digna do próprio Satanás. Verdadeiramente, podia Jesus dizer aos judeus, com referência a isto: "Vocês são filhos do demônio, e querem fazer a vontade do seu pai".

O TREINAMENTO DOS DOZE

Que estranho fruto era esse espírito ímpio de ódio crescendo na videira divina que Deus plantou na terra santa! Escolhido para ser o veículo da bênção para o mundo, Israel acaba se tornando o inimigo do mundo, "contrário a todos os homens", de forma a provocar até o humanitário a vê-lo e tratá-lo como um aborrecimento cuja destruição da face da terra seria uma causa comum de congratulação. Eis o resultado do abuso da eleição. Favores peculiares levam ao orgulho, em lugar de estimular os favorecidos a se devotarem a sua elevada vocação como os benfeitores da humanidade; e uma comunidade divina transforma-se em sinagoga de Satanás, e os mais mortais inimigos de Deus são os de sua própria casa. Infelizmente, o mesmo fenômeno reapareceu na igreja cristã. O mundo que mais é oposto a Cristo, o próprio Anticristo, deve ser achado não no paganismo, mas na cristandade; não entre os sem religião e céticos, mas entre aqueles que se dizem o povo especial de Deus.

O anúncio feito por Jesus a respeito de suas tribulações futuras produziu, como era de esperar, uma grande sensação entre os discípulos. A negra perspectiva revelada pelo momentâneo levantar do véu os assustou muito. A consternação apareceu em suas faces e a tristeza encheu os seus corações. Ser abandonado por seu Mestre já era suficientemente ruim , mas ser deixado para tal destino era ainda pior, eles pensavam. Jesus notou o impacto que ele tinha produzido e fez o que podia para removê-lo e ajudar os pobres discípulos a recuperarem sua compostura.

Primeiro ele faz um tipo de pedido de desculpas por falar de tais assuntos dolorosos: "Eu, com prazer, ficaria em silêncio a respeito de suas tribulações futuras, e estive em silêncio tanto quanto possível; mas não poderia pensar em partir sem informá-los do que está diante de vocês, o que consequentemente, eu fiz agora, já que a hora de minha partida está perto" (Jo 16.4). O tipo de sentimento, que ditou a afirmação assim parafraseada, é claro; mas a afirmação em si parece inconsistente com os registros dos outros evangelhos, dos quais aprendemos que as dificuldades ligadas ao discipulado em geral e ao apostolado em particular eram um assunto frequente no relacionamento de Jesus com os doze. A dificuldade tem sido tratada de formas diferentes pelos comentadores. Alguns admitem a contradição, e afirmam que esses discursos primitivos a respeito de perseguições, como são achados – por exemplo, no décimo capítulo de Mateus –, são introduzidos pelo evangelista por causa da ordem cronológica deles. Outros insistem na diferença entre as declarações primitivas e a presente com respeito à clareza: representando a primeira como vaga e geral, como as alusões primitivas feitas a Jesus a sua própria morte; a última como particular, definida e inequívoca, como os anúncios que Jesus fez a respeito de sua paixão no fim de seu ministério. Uma terceira classe de expositores faz a novidade desse discurso se encontrar na explicação dada nele de sua causa e origem;[261] enquanto uma quarta classe insiste que a grande distinção entre esse discurso e os anteriores encontra-se no fato de que é um discurso de despedida e, portanto, um que, devido à situação, causou uma impressão bastante nova;[262] onde tanta diferença de opinião prevalece, seria inadequado dogmatizar. Nossa opinião é que a peculiaridade da presente declaração se encontra na forma ou estilo, antes que no conteúdo. Nas primeiras ocasiões, especialmente na missão experimental dos doze, Jesus tinha dito as mesmas coisas: ele tinha falado de açoites na sinagoga pelo menos, senão de expulsão delas, e tinha aludido a morte por violência como, no mínimo, um destino possível para os apóstolos do reino. Mas ele tinha dito todas as coisas de forma diferente. Lá ele tinha pregado a respeito de perseguições; aqui ele faz um anúncio terrivelmente real. Existe toda a diferença entre aquele discurso e a presente comunicação, que haveria entre um sermão sobre o texto "todos os homens devem morrer" e uma palavra especial dirigida a um indivíduo "esse ano você vai morrer". O sermão pode dizer muito mais sobre morte que a palavra especialmente dirigida, mas de uma forma muito diferente e com efeito muito diferente.

O expediente seguinte que Jesus usou foi a admoestação amigável. Ele gentilmente censura os discípulos pelo silêncio deles, que ele vê como um sinal de tristeza desesperada. "Agora que vou para aquele que me enviou, nenhum de vocês me pergunta: 'Para onde vais?' Porque disse essas coisas, o coração de vocês encheu-se de tristeza."[263] Ele queria dizer: "Por que vocês estão tão abatidos? Vocês não têm nenhuma pergunta sobre a minha partida? No começo vocês tinham tantas perguntas. Estavam tão curiosos para saber para onde eu estava indo. Eu gostaria de ouvir aquela pergunta de novo, ou qualquer outra pergunta, sábia ou tola. As perguntas mais infantis seriam melhores do que o desânimo do desespero mudo".

Como a pergunta sobre para onde ele ia já tinha sido suficientemente respondida, pode ter sido supérfluo fazê-la de novo. Havia, entretanto, outras perguntas, nem supérfluas nem impertinentes, que os discípulos podiam ter feito, a partir do que tinham acabado de ouvir e que provavelmente teriam feito não fosse o estado de depressão de espírito em que se encontravam. Eles

---

[261] Stier.

[262] Luthartt.

[263] João 16.5,6. Olshausen junta a primeira parte do v.5 com o precedente e supõe uma pausa após as palavras terem sido ditas.

O Treinamento dos Doze

poderiam ter dito: "Se vamos passar por isso quando fores embora, por que não ficas? Enquanto tens estado conosco, nos tens guardado do ódio do mundo, e nos dizes que quando tu, nosso líder e chefe, tiveres ido, aquele ódio será dirigido contra nós, seus seguidores. Se é assim, como podemos ver sua partida de outra forma que não como uma calamidade?"

A essas perguntas não feitas, Jesus responde em seguida. Ele corajosamente afirma que, o que quer que pensem, é para o bem deles que ele está indo embora (João 16.7). A afirmação, verdadeira em outras aspectos também, é feita com especial referência à obra do apostolado. Na primeira parte de seu discurso de despedida, Jesus tinha explicado aos seus discípulos como sua partida os afetaria como *pessoas particulares* ou crentes individuais. Ele lhes tinha assegurado que quando viesse o "Consolador", ele os faria sentir como se seu Mestre tivesse retornado para eles; sim, como se ele estivesse presente com eles como nunca antes. Aqui seu objetivo é mostrar o resultado de sua partida sobre a obra deles como *apóstolos* e fazê-los entender que sua partida seria boa para eles como funcionários públicos.

A prova disso é a seguinte (João 16.7-15): "Quando eu deixar vocês e for para meu Pai (απελθω, πορευθω), dois *desiderata* de essencial importância para o sucesso de sua obra como apóstolos será suprido. Então vocês terão *ouvintes receptivos*, e vocês mesmos serão *competentes para pregar*. Nenhum desses *desiderata* existe no presente. O mundo me rejeitou e às minhas palavras; e vocês, embora sinceros, são muito ignorantes, e não entendem o que lhes ensinei. Depois da minha ascensão, haverá uma grande alteração em ambos os aspectos: o mundo estará mais pronto para ouvir a verdade, e vocês serão capazes de declará-la inteligentemente. A mudança não pode vir antes, porque ela será trazida pela obra do Consolador, o Espírito da Verdade, e ele não pode vir enquanto eu não for".

Na seção de seu discurso do qual temos dado o significado geral, primeiro Jesus esboça a obra de conversão do Espírito no mundo (João 16.8-11), e depois sua obra iluminadora nas mentes dos apóstolos (João 16.12-15). A primeira ele descreve nestes termos: "Quando ele vier, convencerá (produzirá sério pensamento e convicção no) o mundo do pecado, da justiça e do juízo". Então ele explica em que aspectos especiais o Espírito trará essas grandes realidades morais diante das mentes dos homens; e aqui ele só expõe o que já tinha dito a respeito do testemunho do Espírito em seu próprio favor (João 15.26). Ele diz aos seus discípulos que o Consolador, testemunhando a respeito Dele nos corações e consciências dos homens, os convencerá do pecado, especialmente, por não serem crentes nele; da justiça em ligação com sua partida para o Pai; e do julgamento (futuro), porque o príncipe deste mundo já está julgado (ou seja, terá sido, quando o Consolador começar sua obra).

A segunda e terceira observações explicativas são enigmáticas, e, em lugar de esclarecer o assunto, parecem mais obscurecê-lo. Elas têm produzido tanto debate que ocupar-se delas seria inútil, e dogmatizar seria presunção. Um grande ponto de debate tem sido: a que justiça Jesus alude – à sua própria, ou à dos pecadores? Ele quer dizer que o Espírito convencerá o mundo, após ele ter deixado a terra, de que era um homem justo? Ou ele quer dizer que o Espírito ensinará os homens a ver no crucificado o Senhor da justiça deles? Em nossa opinião, ele quis dizer as duas coisas. Justiça deve ser entendida em sua generalidade indefinida: e a ideia é que o Espírito fará uso da exaltação de Cristo para fazer os homens pensarem seriamente sobre *a questão toda da justiça;* para mostrar a eles o caráter totalmente podre de sua própria justiça, cujo feito coroador foi a crucificação de Jesus; para trazer aos seus corações a solene verdade de que o crucificado era o Justo; e, por fim, colocá-los no caminho de achar em Jesus a verdadeira justiça deles, por despertar em suas mentes a pergunta: Por que então o Justo sofreu?

O significado da terceira observação explicativa entendemos que é este: "Quando eu for crucificado, o deus deste mundo terá sido julgado. Este mundo e seu deus, de fato, mas o último só sutil e irreversivelmente – o mundo, embora atualmente seguindo Satanás, podendo ser convertido. Quando eu tiver subido, o Espírito usará o então passado julgamento de Satanás para convencer os homens de um julgamento futuro; ensinando-os a ver nisto uma pro-fecia de uma separação final entre mim e todo o que obstinadamente persiste na descrença, e assim, pelos terrores da perdição, trazendo-os ao arrependi-mento e fé".

Quando Jesus fala da obra iluminadora do Espírito sobre a mente dos discípulos, quer dizer isto: ele fará de vocês testemunhas inteligentes e fidedignas, e sereis guias da igreja na doutrina e na prática". Para isso, duas coisas serão necessárias: que entendam a verdade cristã e que possuam o dom da profecia, para serem capazes de prever, em seus traços gerais, o futuro, para encorajamento e advertência dos crentes. Essas duas vantagens Jesus promete a eles como fruto da influência iluminadora do Espírito. Ele lhes assegura que, quando o Consolador vier, ele os guiará a toda a verdade que Jesus mesmo lhes tinha ensinado, lembrando coisas esquecidas, explicando coisas não entendidas, desenvolvendo sementes em um sistema de doutrina que estava inteiramente acima de seu presente poder de compreensão (João 16.12). Ele ainda lhes informa que esse mesmo Espírito lhes mostrará coisas futuras – tais como a ascensão de heresias e apostasias, a vinda do Anticristo, o conflito entre luz e trevas, e sua batalha final, como descrita no Apocalipse.

Tais eram as mudanças a serem trazidas ao mundo e aos discípulos pela vinda do Consolador. De fato, grandes e benéficas mudanças; mas *por que elas não poderiam acontecer antes de Jesus deixar o mundo?* A resposta é sugerida por Jesus, quando ele diz do Espírito: "Não falará de si mesmo" (v.13) e "receberá do que é meu e o tornará conhecido a vocês" (v.14). O ministério pessoal de Jesus deve terminar antes que o do Espírito comece, porque o último é só uma aplicação do primeiro. O Espírito não fala de si mesmo: ele simplesmente toma das coisas relacionadas a Cristo e as mostra aos homens – para descrentes, para sua convicção e conversão; para crentes, para sua iluminação e santificação. Mas até que Jesus tivesse morrido, ressuscitado, ascendido, os fatos essenciais sobre ele continuariam incompletos; os materiais para um evangelho não estariam disponíveis. Não haveria nem pregação apostólica, nem demonstração do poder acompanhando-a. Deve ser possível para os apóstolos e o Espírito dar testemunho daquele que, embora perfeitamente santo, tinha sido crucificado, para mostrar ao mundo a atrocidade de seu pecado. Eles deviam ter em seu poder o declarar que Deus tinha feito, do mesmo Jesus a quem tinham crucificado, ambos, Senhor e Cristo, exaltado à glória celestial, antes que seus ouvintes pudessem ser afligidos no coração e feitos exclamarem em terror: "homens e irmãos, o que faremos?" Somente após Jesus ter ascendido à glória, e se tornado invisível aos olhos mortais,[264] poderiam os homens ser levados a entender que ele não era só pessoalmente um homem justo, mas o Senhor da justiça deles. Então a pergunta viria a suas mentes: Qual seria o significado de o Senhor da Glória tornar-se homem e morrer sobre a cruz? E, pelo ensino do Espírito, eles aprenderiam a responder, não como nos dias de sua ignorância, "ele sofre por suas próprias ofensas", mas "Certamente ele suportou nossas dores e levou nossas tristezas; ele foi ferido por nossas transgressões".

Finalmente, não até os apóstolos estarem numa posição de dizer que seu Senhor tinha ido para o céu, podiam eles levar com pleno efeito a doutrina de um julgamento ao impenitente. Então eles podiam dizer: "Cristo está sentado sobre o trono celestial, príncipe e Salvador para todos os que creem, mas tam-

---

[264] V.10.: "e vocês não me verão mais" = Eu não mais serei visto sobre a terra; sugerindo a ideia de que a terra era um lugar de jornada de Cristo, o céu, seu lar, portanto, inferencialmente, afirmando sua divindade.

RECOMENDAÇÃO AOS FUTUROS APÓSTOLOS

bém um juiz para os que permanecem em rebelião e descrença. "Beijem o filho, para que ele não fique indignado, e vocês pereçam no caminho, quando sua ira for acesa só um pouco. Abençoados são todos aqueles que colocam sua confiança nele".

Tudo isso os discípulos no momento não entendiam. Da obra do Espírito sobre a consciência do mundo e em suas próprias mentes, e da relação que a terceira pessoa da Trindade[265] tinha com a segunda, eles simplesmente não tinham nenhuma ideia. Daí Jesus não se demora nesses tópicos; restringe-se ao que é claramente necessário para indicar a verdade. Mas o tempo veio quando os discípulos entenderam essas questões, e então apreciaram plenamente o *eulogioum* de seu Senhor sobre a dispensação do Consolador. Então reconheceram que a asserção de que, para eles, era convincente e era, de fato, verdadeira e sorriam quando se lembravam de que tinham outrora pensado de outra forma; sim, perceberam que a palavra "conveniente", longe de ser muito forte, era uma expressão bastante fraca, escolhida em acomodação graciosa a sua fraca capacidade espiritual, em lugar da mais forte, "indispensável". Então sentiram, como imaginamos que bons homens sentem sobre a morte quando chegam ao céu. Deste lado do túmulo

> "Temerosos mortais começam e recuam
> Para cruzar o mar estreito;
> E se demoram, tremendo, na margem,
> E temem avançar."

Mas para aqueles do outro lado quão insignificante questão a morte parece, e quão estranho deve parecer, para sua visão purificada, que tenha sido necessário provar-lhes que era melhor partir para o céu que permanecer em um mundo de pecado e tristeza!

Seção III – O pouco de tempo e o fim do discurso
João 16.16-33

O elogio sobre a dispensação do Consolador termina com um paradoxo. Jesus tem estado falando aos seus discípulos que sua partida será benéfica para eles em vários aspectos, mas particularmente neste, que eles atingirão depois uma clara e plena compreensão da verdade cristã. De fato, o que ele

---

[265] A personalidade do Espírito Santo é apresentada em todo esse discurso. Veja o v. 13, εκεινος.

O TREINAMENTO DOS DOZE

disse foi: "É bom para vocês que eu vá, porque eu serei visível para vocês espiritualmente só quando me tornar invisível fisicamente: eu devo ficarfora da sua visão material, antes que possa ser visto pelo olho da sua mente.Daí ele corretamente termina seu discurso sobre o Consolador repetindo um enigma, que ele tinha proposto de forma menos incisiva em seu primeiro discurso de despedida : "Um pouco mais, e vocês não me verão mais; e ainda um pouco mais, e vocês me verão; porque eu vou para o Pai".

Essa charada, como todas as charadas, é muito simples quando temos a chave para ela. Como naquele outro dito paradoxal de Jesus, a respeito de perder e salvar a vida (Mt 16.25), a palavra principal, "ver", é usada em dois sentidos[266] – primeiro, físico, e depois, na segunda cláusula, em sentido espiritual. Daí a possibilidade de um evento, a partida de Cristo para o Pai, tornando-se ao mesmo tempo a causa de ver e de não ver. Quando Jesus subiu céus, os discípulos não o viram mais como o viam no cenáculo. Mas imediatamente depois começaram a vê-lo de outra forma. A ideia de sua vida docemente insinuou-se na visão e perspectiva das almas deles. E a visão era satisfatória: justificava a refulgente linguagem na qual seu Mestre tinha falado disto antes que os deixasse. Embora não mais o vissem na carne, porém, crendo nele, para citar as palavras do apóstolo Pedro, eles regozijaram-se com alegria indizível e cheia de glória.

Para o presente, entretanto, os discípulos não têm ideia da visão e da alegria que os espera. As palavras de seu Senhor não têm significado para eles; elas são um enigma, uma contradição. Ao redor do orador inspirado, murmuraram uns para os outros a respeito das enigmáticas palavras sobre um pouco de tempo e sobre ver e não ver, e sobre ir para o Pai. O enigma serviu, pelo menos, para uma coisa: despertou os discípulos do estupor da aflição e estimulou um pouco sua curiosidade. Mas foi só isso: criou surpresa, mas não transmitiu nenhum sentido; os ouvintes tiveram que confessar: "Não entendemos o que ele está dizendo" (Jo 16.18). Porém, não perguntam nada a Jesus. Eles gostariam de fazer isso agora, mas não sentem que possam tomar essa liberdade; restringidos, talvez, pelo respeito ao tom solene no qual seu Mestre se dirigiu a eles na segunda parte de seu discurso de despedida. Jesus, entretanto, lê uma pergunta na face deles, e bondosamente lhes dá uma palavra de explicação (vv. 19-21).

Essa palavra, estritamente falando, não soluciona o enigma. Jesus não diz aos seus discípulos o que o pouco significa, nem distingue os dois tipos de ver: ele deixa o enigma para ser resolvido, como ele só poderia ser, pela experi-

---

[266] Há duas palavras em grego: θεωρειτε, οψεσθε.

384

ência. Tudo o que ele tenta é fazer concebível como o mesmo evento, que, na perspectiva imediata, causa tristeza, pode, depois de sua ocorrência, ser causa de alegria. Com esse objetivo ele compara a crise pela qual os discípulos estão para passar, não, como já temos feito, ao evento solene pelo qual um cristão sai deste mundo para um melhor, mas ao evento com o qual a vida humana começa (vv. 20-22).

A comparação é adequada para o objetivo com o qual foi apresentada; mas não podemos, com certeza, para não dizer propriedade, estudá-la em detalhe. Intérpretes que querem entender todos os mistérios e todo o conhecimento têm levantado muitas questões, tais como: quem é representado pela mãe na parábola – Cristo ou os discípulos? Quando a tristeza começa e quando e em que ela termina? As respostas dadas a essas perguntas são muito variadas. Segundo uma, o próprio Jesus é um novo homem, e a tristeza à qual alude sua própria morte vista como a redenção da humanidade pecadora. Outros pensam que Jesus representa seus próprios discípulos como filhos de um Cristo espiritual, que nascerá quando o Consolador vier. A maioria pensa que o tempo de tristeza começa com a paixão de Cristo, mas há muita diferença de opinião quanto a quando ela termina. Um faz a alegria datar da ressurreição, que, após um pouco de tempo de separação dolorosa, restaurou Jesus aos seus discípulos sofredores; outro estende o "pouco" ao pentecostes, quando a igreja nasceu no mundo, um novo homem em Cristo; um terceiro faz do pouco tempo na verdade um longo período, ao fazer as palavras "e os verei de novo" referir-se à segunda vinda de Cristo e à era abençoada quando novo céu e nova terra, onde habita a justiça, pela qual toda criação geme, finalmente passará a existir.[267]

Não é necessário dar uma opinião sobre esses pontos debatidos. Nem entendemos que seja necessário dar à analogia um giro doutrinal e achar nela uma referência à regeneração. O que Jesus tem em vista em toda esta parte de seu discurso não é o novo nascimento, dos discípulos ou da igreja, mas a iluminação espiritual dos apóstolos; sua transição da crisálida para o estado alado, de uma fé implícita ignorante para uma fé desenvolvida e inteligente; sua iniciação no mais alto grau dos mistérios cristãos, quando eles devem ver claramente coisas agora ininteligíveis, e ser *Epoptes* no reino dos céus.[268] Para eles, como para os cristãos em geral (porque há um sentido em que a experiência

---

[267] Veja, para as várias opiniões sobre esses pontos, Stier, Luthardt, Lange, Olshausen, Alford, etc.

[268] Quem era introduzido no mais alto grau dos mistérios eleusianos era chamado de επόπτης. Veja Platão, *Convivium* (Sócrates referindo-se a um discurso de Diotimum sobre Eros).

O TREINAMENTO DOS DOZE

dos apóstolos se repete na história espiritual de muitos crentes), essa crise não é menos importante do que a inicial, pela qual os homens passam da morte para a vida. É uma grande coisa ser regenerado, mas não é coisa menor ser iluminado. É uma grande, sempre memorável ocasião, quando Cristo, primeiro, entra no coração, como um objeto de fé e amor; mas é uma crise igualmente importante quando Cristo, após ter partido talvez por um tempo, deixando a mente nublada com dúvida e o coração oprimido de tristeza, retorna para nunca mais partir, eliminando a frieza e a escuridão e trazendo luz, alegria, o calor do verão, a frutificação espiritual para a alma. De fato, um discípulo podia ficar contente porque Cristo, quando no início o conheceu, devia partir, para que sua tristeza, após um pouco de tempo, fosse transformada em alegria!

Tendo mostrado, com uma analogia familiar e patética, a possibilidade de uma presente tristeza ser transformada em grande alegria, Jesus prossegue descrevendo, em rápidas pinceladas, as características do estado ao qual os apóstolos logo chegarão (Jo 16.23,24). Primeira entre essas, ele menciona uma *compreensão ampliada da verdade*; porque é a isso que ele se refere quando diz: "naquele dia, vocês não me perguntarão nada". Ele quer dizer que eles então não lhe farão perguntas tais como sempre fizeram, e especialmente naquela noite – perguntas infantis, feitas com a curiosidade de uma criança e também com a incapacidade de entender as respostas. O espírito questionador da infância será substituído pelo espírito de entendimento da maioridade. As verdades do reino não seriam mais, como até agora, mistérios impenetráveis para eles: eles teriam uma unção do Espírito Santo e saberiam todas as coisas.

Alguns pensam que isso é muito para ser dito de qualquer cristão, inclusive os apóstolos, enquanto no estado terreno, e, portanto, afirmam que o dia mencionado aqui é o da segunda vinda de Cristo, ou de sua reunião com os seus no reino de seu Pai.[269] Sem dúvida, é verdade que, naquele dia final, somente os cristãos conhecerão como são conhecidos e não terão absolutamente nenhuma necessidade de fazer qualquer pergunta. Então,

"Cercado de poder que não conhece limite,
e sabedoria livre de restrição,
a visão beatífica
alegrará os santos em todo lugar",

---

[269] Assim Luthardt, II. 348, que pensa que a primeira clausula do v.23 refere-se à condição final da igreja, e a segunda ao seu estado imperfeito, na base de que as duas não podem ser contemporâneas. Ele diz que, onde há oração, há pedido, e vice versa. Porém, também é verdade que, quanto menos um homem precisa fazer perguntas, isto é, quanto mais iluminado ele é, mais ele *orará*.

como nunca poderia alegrá-los aqui embaixo. Ainda, essa declaração tem uma verdade relativa com referência a sua vida presente, enquanto, em comparação com o estado perfeito, a visão mais clara de qualquer cristão é só ver como um espelho, o grau de iluminação atingido pelos apóstolos poderia ser descrito, sem exagero, em contraste com a sua ignorância como discípulos, como a de homens que não necessitavam mais fazer perguntas. Ao prometer aos seus discípulos que eles em breve atingiriam esse alto grau, Jesus estava só dizendo, de fato, que, como apóstolos, eles seriam mestres, não estudantes – doutores em teologia com títulos conferidos pelo próprio céu – capazes de responder a perguntas de jovens discípulos, semelhantes àquelas que eles mesmos outrora tinham feito.

A segunda característica da iluminação apostólica mencionada é a influência ilimitada sobre Deus através da oração. Disso ele fala com muita ênfase: "meu Pai lhes dará tudo o que pedirem em meu nome".[270] Ou seja, os apóstolos deviam ter à disposição todo o poder de Deus: o poder de milagre, de curar doenças; de profecia, para prever coisas do interesse da igreja de Cristo e que seria desejável que os crentes soubessem; da providência, para fazer todos os eventos subservientes ao seu bem-estar e o da causa na qual eles trabalhavam. A promessa, em sua substância, embora não em seus acidentes miraculosos, é feita a todos os que aspiram à maioridade cristã, e é cumprida para todos os que a alcançam.

Na sentença seguinte, Jesus, se não nos enganamos, particulariza uma terceira característica no estado de maturidade espiritual, ao qual ele gostaria que seus discípulos aspirassem. É um *coração grandioso* para desejar, pedir e esperar grandes coisas para si mesmos, a igreja e o mundo. Ele lhes diz: "Até agora vocês não pediram nada em meu nome". Há uma razão para isso, distinta do estado espiritual dos doze. O tempo ainda não tinha chegado para pedir qualquer coisa em nome de Cristo: eles não poderiam, correta ou naturalmente, fazer seu apelo "por causa de Cristo" até que a obra de Cristo estivesse completa, e ele fosse glorificado. Mas Jesus pretendia mais do que isso com sua observação. Ele queria dizer, o que era de fato bem verdade, que até agora seus discípulos tinham pedido pouco no nome de qualquer pessoa. Seus desejos tinham sido insignificantes, sua ideias do que pedir obscuras e ingênuas; quaisquer desejos de grandes dimensões que tivessem nutrido tinham sido de caráter mundano e, portanto, tais que Deus não podia conceder. Eles tinham sido como crianças para quem um centavo parece mais do que mil reais parecem

---

[270] João 16.23. O verbo traduzido por *pedir*, nesta cláusula, não é o mesmo que aquele traduzido pela mesma palavra na primeira. Na primeira cláusula, ele é ερωτησατε; na segunda, é αιτησητε.

O Treinamento dos Doze

para um homem rico. Mas Jesus insinua, embora não diga claramente, que será diferente com os apóstolos depois da vinda do Consolador. Então eles serão pobres meninos transformados em ricos comerciantes, cujas ideias de satisfação tenham aumentado com suas fortunas materiais. Então serão capazes de orar orações como aquela de Paulo em sua prisão em Roma, em favor da igreja de Éfeso e da igreja de todas as épocas; capazes de orar o Pai Nosso e especialmente dizer "venha o teu reino" com um abrangência de significado, um fervor de desejo e uma segurança de fé da qual no momento eles não têm nem noção. Até aqui eles têm sido só como crianças, pedindo de seu Pai brinquedos e coisas banais: depois eles farão grandes pedidos sobre as riquezas da graça de Deus, para si mesmos, a igreja e o mundo.

Junto com essa ampliação, Jesus promete que virá plenitude de alegria. O que é pedido, o Pai concederá; e a resposta a quem ora encherá o cálice de alegria até em cima. A esperança pode ser retardada por um tempo, mas, no fim, virá a indizível alegria da esperança cumprida. "Peçam e receberão, para que a alegria de vocês seja completa". Assim aconteceu na experiência dos apóstolos. Eles tiveram plenitude de alegria no Espírito Santo em sua obra, em seus próprios corações e no mundo. A lei deve valer ainda. Mas, por que então a causa do cristianismo não está progredindo, mas, antes, pode-se quase dizer, retrocedendo? Devemos responder a essa pergunta com outras perguntas: quantos têm corações grandiosos nutrindo desejos abrangentes? Quantos desejam com toda a sua alma para si mesmos, acima de qualquer coisa, a santificação e iluminação? Quantos seriamente, ardentemente desejam a conversão dos pagãos, a unidade, paz e pureza da igreja e o predomínio da justiça na sociedade em geral? Estamos confinados em nossos próprios corações e não em Deus.

O discurso de despedida está agora no fim. Jesus tem dito aos seus discípulos o que o tempo permite e o que eles são capazes de ouvir. Ele não pensa que transmitiu muita instrução para as mentes deles, ou que fez muito por eles na forma de consolação. Ele tem uma ideia muito humilde do caráter e efeito prático do seu discurso. Olhando para trás no todo, enquanto talvez especialmente aludindo ao que tinha acabado de dizer, ele observa: "Embora eu tenha falado por meio de figuras...". Umas poucas parábolas ou ditos figurados sobre a casa de muitos aposentos, e sobre a Divina Trindade vindo habitar com o fiel, e sobre a videira e seus ramos, e sobre tristezas e alegrias maternais: tal, na opinião do orador, é a soma de seu discurso.

Consciente da deficiência inevitável não só do seu presente discurso, mas de todo o seu ensino passado, Jesus aproveita a ocasião, pela terceira vez,

RECOMENDAÇÃO AOS FUTUROS APÓSTOLOS

para repetir a promessa da futura iluminação espiritual, dessa vez falando de si mesmo como o iluminador e apresentando a doutrina do Pai como o grande tema de iluminação. "Vem a ora em que *EU* não usarei mais esse tipo de linguagem, mas *EU* lhes falarei abertamente a respeito de meu Pai". O tempo referido é, ainda, a era que data da ascensão. Pouco depois, os discípulos começariam a experimentar o cumprimento da oração de Filipe, para entender o que o seu Senhor queria dizer com ir para o Pai e entender suas abençoadas consequencias para eles mesmos. Então, seu Senhor exaltado, através do Espírito da Verdade, claramente lhes falaria a eles claramente desses e de outros assuntos; claramente, em comparação com seu estilo atual, místico e enigmático, de discurso, se não tão claramente quanto a desmentir as declarações, em outros lugares das Escrituras, a respeito da parcialidade e imprecisão de todo conhecimento espiritual nessa condição terrena.

Do bom tempo que está para vir, Jesus tem ainda outra coisa para dizer; não uma coisa nova, mas uma coisa antiga, dita de uma forma nova, maravilhosamente afável e comovente. Ela diz respeito ao ouvir da oração e significa: "No dia em que forem iluminados, vocês, como eu já tenho insinuado, não orarão menos do que até agora, mas muito mais, e vocês usarão meu nome para que sejam ouvidos. Deixem-me, mais uma vez, lhes assegurar que vocês *serão* ouvidos. Em apoio disso, devo lembrá-los de que estarei no céu com o Pai, sempre pronto a dizer uma palavra em favor de vocês: 'Pai, ouve-os por causa de mim, cujo nome eles usam em suas petições, mas eu nãoinsisto sobre isso, não só porque eu creio que tu não precisas ser assegurado demeu contínuo interesse em seu bem-estar, mas mais especialmente porque minha intercessão não será necessária. Meu Pai não necessitará ser solicitado a ouvir vocês, os homens que têm estado comigo em todas as minhas provações (Lc 22.28), que têm me amado com real afeição, que têm crido em mim como Cristo, o filho do Deus vivo, enquanto o mundo em geral me tem visto como impostor e blasfemador. Por esses serviços ao seu Filho, meu Pai ama vocês; ele lhes é grato – em um sentido, ele se considera seu devedor,' (Jo 16.26,27). Que coração, que humanidade, que poesia existe em tudo isso! – poesia e também verdade; verdade indizível, confortando, não só os onze companheiros fiéis de Jesus, mas todos os crentes sinceros nele.

Tendo aludido à fé de seus discípulos – tão louvável porque tão rara Jesus aproveita a ocasião, terminando o seu discurso, e no fim de sua vida, para declarar solenemente sua verdade. "Eu vim do Pai e entrei no mundo; agora deixo o mundo e volto para o Pai" (v.28). Os discípulos acreditavam somente

O TREINAMENTO DOS DOZE

na pior parte dessa declaração; a segunda eles ainda não entendiam: mas Jesus coloca as duas juntas, como as duas metades de uma verdade completa, ou como uma implicando necessariamente a outra. A declaração é muito importante; ela resume a história de Cristo; é a substância da fé cristã; ela afirma doutrinas totalmente compatíveis com uma visão meramente humana da pessoa de Cristo e faz da sua divindade o artigo fundamental do credo.

Essas últimas palavras de Jesus explodiram sobre os discípulos como uma estrela repentinamente brilhando por entre as nuvens em uma noite escura. Finalmente uma declaração luminosa tinha atravessado a névoa do misterioso discurso de seu Mestre e eles imaginaram que agora, finalmente, entenderiam seu peso. Jesus tinha acabado de lhes dizer que viera do Pai e entrara no mundo. Isso, pelo menos, eles entendiam; era porque eles tinham crido nisso que se tornaram discípulos. Alegres de terem ouvido algo a que podiam responder de coração, aproveitaram a ocasião e informaram seu Mestre de que esse falar claro e inteligível de sua parte e a inteligente apreensão da parte deles que ele tinha projetado no futuro já existiam. Eles disseram, com ênfase sobre a partícula temporal: "*Agora* estás falando claramente, e não por figuras. Agora podemos perceber que sabes todas as coisas e nem precisas que te façam perguntas. Por isso, cremos que vieste de Deus".

Como é impossível para crianças falar de outra forma que não como crianças, os discípulos, no momento que professam seu conhecimento, revelam sua grande ignorância. A declaração começando com o segundo "agora" indica um mal-entendido quase risível do que Jesus tinha dito sobre eles não perguntarem no dia em que fossem iluminados. Ele queria dizer que eles não precisariam fazer perguntas como estudantes: eles entenderam que ele mesmo não teria necessidade de ser perguntado quanto a quem ele era e de onde vinha; sua reivindicação de ser um ser celestial já era admitida, pelo menos por eles. E quanto à inferência tirada daquela afirmação "por isso cremos", não podemos dizer nada a respeito. Após muitas tentativas de entender a lógica dos discípulos, devemos nos confessar totalmente confusos. A única forma pela qual podemos dar algum sentido àquelas palavras é ver a frase traduzida por "isso" como advérbio de tempo, e ler "nesse presente momento": "nesse meio-tempo, qualquer luz adicional que possa estar guardada para nós no futuro, já agora cremos que tu vieste de Deus." Essa tradução, entretanto, não éfavorecida, ou mesmo sugerida, por nenhum dos críticos.[271]

---

[271] Winer, *Neutest. Grammatik*, afirma que ele não sabe de nenhum exemplo claro do uso de εν τουτω = por isso, ou por causa de seu uso = *interea*, ele dá vários exemplos dos autores clássicos, pp. 361-2 (tradução de Moulton, p. 484).

RECOMENDAÇÃO AOS FUTUROS APÓSTOLOS

Que os discípulos honestamente acreditavam no que professavam acreditar era verdade. Jesus tinha, havia pouco, admitido isso. Mas eles não entendiam o que estava envolvido em sua crença. Não entendiam que a vinda de Jesus do Pai implicava uma volta para lá. Eles não tinham compreendido isso no começo do discurso; não tinham compreendido isso quando o discurso acabou. Eles não compreenderiam isso até que seu Senhor tivesse partido e tivesse vindo o Espírito, que deixaria tudo claro. Em consequencia dessa ignorância, sua fé não os levaria através da hora má que estava chegando. A morte de seu Mestre, o primeiro passo no processo de sua partida, os pegaria de surpresa e os faria fugir aterrorizados como ovelhas atacadas por lobo. Então Jesus lhes falou claramente: "Agora vocês creem? Aproxima-se a hora, e já chegou, quando vocês serão espalhados cada um para sua casa. Vocês me deixarão sozinho".[272] Um fato duro anunciado de forma dura; mas por duro que fosse, Jesus não tem medo de encará-lo de frente. Seu coração está em perfeita paz, porque ele tem dois grandes consolos: ele tem a consciência limpa; e pode dizer: "eu venci o mundo".

Ele manteve firme sua integridade moral contra incessante tentação. O príncipe deste mundo não achou nada de seu espírito nele e, exatamente por essa razão, vai crucificá-lo. Mas, fazendo isso, Satanás não vai anular, mas antes selar a Sua vitória. A derrota externa diante do poder mundano será a evidência e medida de sua conquista espiritual. O mundo, por si mesmo, sabe bem que matá-lo é só a segunda melhor forma de vencê-lo. Seus inimigos teriam gostado muito mais se tivessem conseguido intimidá-lo ou comprá-lo. Os poderes ímpios do mundo sempre preferem corrupção a perseguição, como meio de livrar-se da verdade e da justiça; somente após fracassar nas tentativas de corromper a consciência é que recorrem à violência.

A outra fonte de consolo de Cristo diante da perspectiva da morte é a aprovação de seu Pai: "Eu não estou sozinho, porque o Pai está comigo". O Pai sempre esteve com ele. Em três ocasiões críticas – no batismo, no monte da transfiguração, no templo, poucos dias antes –, o Pai o tinha encorajado com uma voz aprovadora. Ele sente que o Pai ainda está com ele. Ele espera que o Pai esteja com ele quando for abandonado por seus escolhidos e durante toda a terrível crise iminente, mesmo naquele momento mais escuro e deprimente, quando a perda da presença sensível de seu Pai arrancará dele o grito: "Deus meu, Deus meu, por que me abandonaste?", ele espera que seu Pai esteja com

---

[272] Os comentaristas nos dizem que αρτι πιστευετε não é uma pergunta. Se não é, por que não há partícula adversativa na cláusula seguinte (ερχεται δε)? A cláusula é indubitavelmente interrogativa em efeito. Cristo questiona, não a realidade, mas a suficiência da fé de seus discípulos.

O Treinamento dos Doze

ele, então, não para salvá-lo do *sentimento* de abandono (ele não desejaria ser salvo disso, porque conhecia, por experiência, aquela mais dolorosa de todas as tristezas, para que nisso, como em todos os outros aspectos, ele pudesse ser como seus irmãos, e ser capaz de socorrê-los quando tentados ao desespero), mas para sustentá-lo sob a terrível aflição, e capacitá-lo, com fé filial, a gritar "Deus *meu*", mesmo quando lamentando ser abandonado.

Livre de toda ansiedade por si mesmo, Jesus exorta seus discípulos a também terem bom ânimo; e pela razão por que ele mesmo está sem medo, a saber, porque venceu o mundo. Ele os fará entender que a sua vitória é também deles. "Tenham bom ânimo: Eu venci o mundo, portanto, vocês também venceram" – isso é o que quer dizer. Pessoas de tendências socinianas interpretariam as palavras diferentemente. Elas leriam: "Eu venci o mundo, portanto, vocês também podem vencer. Sigam meu exemplo e, corajosamente, lutem na batalha da justiça apesar das tribulações."[273] O significado é suficientemente bom, mas pode ser melhorado. É um estímulo para a batalha da vida saber que o Senhor da glória passou por ela antes. É um pensamento inspirador ter ele sido sempre um combatente, porque quem não seguiria o divino Capitão da Salvação que lidera, através do sofrimento, para a glória? Então, quando pensamos que esse augusto combatente foi completamente vitorioso na batalha, seu exemplo se torna ainda mais animador. Vendo Jesus suportando a oposição dos pecadores até a morte e desprezando a vergonha da crucificação, seus seguido-res se animam mais para combater o bom combate da fé.

Mas, conquanto isso seja verdade, é a menor parte da verdade. O grande fato é que a vitória de Cristo é a vitória de seus seguidores, e garante que eles também vencerão. Jesus lutou não como uma pessoa em particular, mas como um personagem público, como um representante. E todos são autorizados a reivindicar os benefícios de sua vitória – o perdão do pecado, poder para resistir ao mal, admissão no reino eterno. Porque Cristo venceu, podemos dizer a todos: "Tenham bom ânimo." A vitória do Filho de Deus na natureza humana é uma fonte disponível de consolação para todos os que participam daquela natureza. É o privilégio de todo homem (bem como o dever) reconhecer Cristo como seu representante nessa grande batalha. "A cabeça de todo homem é Cristo". Todos os que sinceramente reconhecem o relacionamento se beneficiarão dele. Reivindique parentesco com o sumo sacerdote, e você receberá dele misericórdia e graça para ajudar em sua hora de necessidade. Tenha em mente que homens não são unidades isoladas, todos lutando sua própria batalha sem

---

[273] Sobre a teoria sociniana da expiação, veja *The Humiliation of Christ,* Lect. Vii. P.296, 2ª ed.

ajuda ou encorajamento. Somos membros uns dos outros e, acima de tudo, temos em Cristo um irmão mais velho. Temos pelo menos um relacionamento humano com ele, se não um regenerado. Portanto, olhemos para ele como nosso líder em todas as coisas: como nosso rei, e abandonemos as armas de nossa rebelião; como nosso sacerdote, e recebamos dele o perdão de nossos pecados; como nosso Senhor, para sermos governados por sua vontade, defendidos por seu poder e guiados por sua graça. Se fizermos isso, o acusador dos irmãos não terá chances de prevalecer contra nós. As palavras de João no Apocalipse se cumprirão em nossa história: "Eles o venceram pelo sangue do Cordeiro, e pela palavra do testemunho; e não amaram suas vidas diante da morte".

26
A oração intercessora
João 17

Quanto à oração feita por Jesus no final de seu Discurso de despedida, de sublimidade sem paralelo, se olharmos seu conteúdo ou as circunstâncias em que foi feita, foi por muito tempo nosso propósito estabelecido passar por ela em silêncio reverente e solene, sem nota ou comentário. Relutantemente mudamos nossa intenção agora, constrangidos pelas considerações de que a oração não foi feita mentalmente por Jesus, mas aos ouvidos e para instrução dos onze homens presentes; que ela foi registrada por um deles para o benefício da igreja em todas as épocas; e o que Deus quis preservar para nosso uso, devemos nos esforçar para entender e podemos tentar interpretar.

A oração tem naturalmente três divisões: na primeira, Jesus ora por si mesmo, na segunda por seus discípulos e, na terceira, pela igreja que devia ser trazida à existência pela pregação deles.

A oração de Jesus por si mesmo (vv. 1-5) contém só uma petição, com dois motivos anexados. A petição é: "Pai, chegou a hora. Glorifica o teu Filho", na qual é digna de nota a forma de tratamento simples, familiar, confidencial. "Pai" – é essa a primeira palavra da oração, seis vezes repetida, com ou sem epíteto ligado, é o nome que Jesus dá àquele a quem sua oração é dirigida. Ele fala com Deus como se já estivesse no céu; na verdade, ele expressamente diz que está um pouco mais à frente: "Agora não estou mais no mundo".

A frase significativa, "chegou a hora", não é menos digna de nota. O quanto ela expressa! – obediência filial, intimidade filial, esperança e alegria filial. A hora! É a hora pela qual ele esperou pacientemente, que tinha esperado com ansiosa expectativa, sem nunca, porém, ter procurado apressá-la; hora apontada por seu Pai, sobre a qual Pai e Filho sempre tiveram um entendimento, e da qual ninguém, senão eles, tinha tido qualquer conhecimento. Aquela hora chegou, e sua chegada é insinuada como um argumento em apoio da petição: "Tu sabes, Pai, quão pacientemente tenho esperado pelo que eu agora peço, não cansado do bom procedimento, nem evitando as dificuldades

O TREINAMENTO DOS DOZE

de minha condição terrena. Agora que minha obra está terminada, concede-me o desejo do meu coração e glorifica o teu Filho".

"Glorifica o teu Filho", isto é, "leva-me para estar contigo". A oração de Jesus é que seu Pai se agrade agora de levá-lo desse mundo de pecado e tristeza para o estado de glória que ele tinha deixado para trás quando se tornou homem. Assim ele explica seu próprio significado, quando repete seu pedido em uma forma mais expandida, como aparece no v.5: "E agora, Pai, glorifica-me junto a ti, com a glória que eu tinha contigo antes que o mundo existisse", isto é, com a glória que ele desfrutava no seio do Pai antes de sua encarnação, como Filho eterno de Deus.

Deve-se observar que Jesus não menciona seus sofrimentos iminentes. Muito rapidamente depois, no Getsêmani, ele orou: "Pai, se for possível, afasta de mim este cálice!"; entretanto aqui não há menção de cálice de sofrimento, mas só da coroa de glória. Porque, no presente, o céu está completamente diante dos olhos, e a antecipação de suas glórias o fazem esquecer tudo o mais. Só quando ele entrar na noite, as nuvens sulfurosas começarão a se reunir, escondendo o céu e tirando o mundo celestial de vista. Todavia, a paixão iminente, embora não mencionada, está virtualmente incluída na oração. Jesus sabe que deve passar por sofrimento em direção à glória. E que deve se comportar dignamente sob o último julgamento, para alcançar o objetivo desejado. Portanto, a oração feita inclui esta não feita: "Conduze-me pela tribulação que se aproxima; deixa-me passar pelo vale escuro para os campos de luz, sem hesitação ou medo".[274]

O primeiro motivo anexado à oração é: "Para que o teu Filho te glorifique". Jesus procura sua própria glorificação simplesmente como um meio para um fim mais elevado, a glorificação de Deus, o Pai. E ao assim ligar as duas glorificações como meio e fim, ele só repete ao Pai o que tinha dito aos discípulos no discurso de despedida. Ele tinha dito que era bom para eles que ele fosse embora, já que, antes de sua partida, nenhuma profunda impressão seria efetuada sobre a consciência do mundo com respeito a si mesmo e sua doutrina. Agora o que ele diz ao seu Pai é o seguinte: "É bom para a tua glória que eu deixe a terra e vá para o céu; porque, daí em diante, eu posso promover a tua glória melhor lá que por uma prolongada estada aqui". Para reforçar o motivo, Jesus, em seguida, declara que o que ele deseja é glorificar o Pai em seu ofício como Salvador de pecadores: "Pois lhe deste autoridade sobre toda a huma-

---

[274] Reuss (*Theologie Chretienne*, ii. 455) sustenta que o Evangelho de João nada sabe do estado de humilhação e, como prova, menciona o fato de que, nesse evangelho, a morte de Cristo é representada como uma glorificação. Sobre essa teoria veja *The Humiliation of Christ*, p.34. Sobre a importância teológica do v.5, veja a mesma obra na p.359.

396

nidade, para que conceda a vida eterna a todos os que lhe deste".[275] Interpretada à luz dessa sentença, a oração significa: "Tu me mandaste ao mundo para salvar pecadores, e até agora tenho estado constantemente ocupado em procurar o perdido e comunicar a vida eterna para os que a receberiam. Mas chegou a hora em que esse trabalho pode ser mais bem realizado por mim estando eu exaltado. Portanto, exalta-me ao teu trono para que de lá, como um príncipe Salvador, eu possa dispensar as bênçãos da salvação".

É importante notar como Jesus define sua comissão como Salvador. Ele a representa, ao mesmo tempo, com referência a toda carne e como especialmente relacionada a uma classe seleta, assim atribuindo a sua obra uma referência geral e uma particular, de acordo com o ensino de todo o Novo Testamento, que apresenta Cristo ora como o salvador de todos os homens, ora como Salvador de seu povo, do eleito, de sua ovelha, daqueles que creem. Essa forma de falar a respeito da obra redentora de nosso Salvador é nosso dever e nosso privilégio imitar, evitando extremos, tanto o de negar ou ignorar os aspectos universais da missão de Cristo, como o de afirmar que ele é, no mesmo sentido, o Salvador de todos, ou que ele quer e deve por fim salvar a todos. Esses extremos são excluídos pelas palavras cuidadosamente selecionadas por Jesus em sua oração intercessora. Por um lado, ele fala de toda carne como pertencendo a sua jurisdição como Salvador da humanidade em geral, como a massa na qual o fermento deve ser colocado com o objetivo de fermentar toda ela. Por outro lado, há uma restrição óbvia sob a universalidade da primeira cláusula nos termos da segunda. Os advogados da restauração universal não têm apoio para sua opinião aqui. De fato, eles podem perguntar: se Jesus tem poder sobre toda carne, é possível que ele não o usará ao máximo? Não devemos fugir à questão afirmando que o poder reivindicado é uma simples soberania mediatorial sobre o todo somente por causa de uma parte, porque nós

---

[275] João 17.2. "deste" poderia ser "tens dado". Não há dúvida de que alguns aoristos são, na verdade, perfeitos. Podemos citar a *Grammar of the New Testament Greek* de Buttmann: "Que o aoristo pode representar o perfeito tem sido negado por muitos gramáticos com referência ao uso grego comum, e por Winer com referência ao Novo Testamento também, porém com muito pouca base. Como em muitas outras instâncias, a questão depende simplesmente de ligarmos a ideia correta com a terminologia gramatical; ou seja, na medida em que a relação de tempo expressa pelo perfeito é composta, por assim dizer, da do aoristo e da do presente, em casos onde o aoristo é usado no sentido do perfeito, devemos entender o seguinte – que o aoristo não pretendia expressar ambas as relações do perfeito ao mesmo tempo, mas que o escritor no momento retirou-se do presente e se colocou no passado, consequentemente, na posição de um narrador. Essa posição é uniformemente a mais natural para o ato de composição e dela resulta, se não uma aversão positiva ao perfeito, pelo menos uma maior preferência pelo aoristo. A continuação da ação, portanto, e seu efeito até o tempo presente, reside, não de fato no tempo, mas na ligação; e a necessária inserção dessa relação é deixada em todo caso para o ouvinte". Pp. 197-8, edição americana.

O Treinamento dos Doze

sabemos que a parte eleita é escolhida, não *meramente* por sua própria causa, mas também por causa do todo, para ser o sal da terra, a luz do mundo e o fermento que deve fermentar a massa corrompida.[276] Nós simplesmente observamos que o poder do Salvador não é compulsório. Os homens não são salvos pela força, como máquinas, mas por amor e graça, como seres livres; e hámuitos a quem o amor acolhedor reuniria sob suas asas, que preferem conti-nuar do lado de fora para sua própria destruição.

A essência da vida eterna é definida na próxima sentença da oração e representada como consistindo no conhecimento do único Deus verdadeiro, e de Jesus Cristo, seu mensageiro, conhecimento esse que é tomado abrangentemente como incluindo fé, amor e adoração, e estando a ênfase sobre os *objetos* de tal conhecimento. A religião cristã é a que é descrita em oposição ao paganismo, por um lado, com seus muitos deuses, e ao judaísmo, por outro, que, crendo no Deus verdadeiro, rejeitava as reivindicações de Jesus de ser o Cristo. Ela é depois descrita de forma a excluir por antecipação as teorias ariana e sociniana da pessoa de Cristo. Os nomes de Deus e de Jesus são colocados em um nível, como objetos de atenção religiosa, de forma que é atribuída uma importância ao último incompatível com o dogma de que Jesus é um simples homem. Porque a vida eterna não pode depender de conhecer qualquer homem, por sábio e bom que seja: o máximo que pode ser dito do benefício derivado de tal conhecimento é que ele é útil para se conhecer a Deus melhor, o que pode ser afirmado não só de Jesus, mas de Moisés, Paulo, João e de todos os apóstolos.

Pode parecer estranho que, dirigindo-se ao seu Pai, Jesus ache necessário explicar em que consiste a vida eterna; e alguns, para livrar-se da dificuldade, têm suposto que a frase seja uma reflexão explicativa introduzida na oração pelo evangelista. Todavia, as palavras eram perfeitamente apropriadas na boca do próprio Jesus. A primeira cláusula é uma confissão pelo homem Jesus de sua própria fé em Deus, seu Pai, como o supremo objeto de conhecimento; e toda a frase é realmente um argumento em apoio da oração "Glorifica teu Filho." A força da declaração encontra-se no que ela implica acerca da ignorância existente entre os homens a respeito do Pai e seu Filho. É como se Jesus dissesse: Pai, tu sabes que a vida eterna consiste em conhecer a ti e a mim. Olha ao redor, então, e vê quão poucos possuem tal conhecimento. O mundo pagão não te conhece – ele adora ídolos; o mundo judaico é igualmente ignorante de ti em espírito e em verdade, porque, conquanto gabando-se de te conhecer, ele me rejeita. O mundo todo está coberto por um véu escuro de

---

[276] Sobre isso, veja Martensen, *Die Christleche Dogmatik*, §215.

ignorância e superstição. Tira-me dele, então, não porque eu esteja cansado de seu pecado e trevas, mas para que eu possa me tornar para ele um sol. Até agora meus esforços para iluminar as trevas têm tido pouco sucesso. Concede-me uma posição da qual eu possa derramar luz sobre toda a terra.

Mas por que o Salvador só aqui, em todo o evangelho, se chama de *Jesus Cristo*? Alguns veem nesse nome composto, comum na época apostólica, outra prova de que este versículo é uma interpolação. De novo, entretanto, sem razão, porque o estilo em que Jesus designa a si mesmo combina exatamente com o objetivo que ele tem em vista. Ele está pedindo ao Pai que o leve para a glória, para que possa mais efetivamente propagar a verdadeira religião. O que seria mais apropriado nessa hora do que falar de si mesmo objetivamente, usando o nome pelo qual ele devia ser conhecido entre os adeptos da verdadeira religião?

O segundo motivo a que Jesus recorre em apoio de sua oração é a fiel realização de sua incumbência, e agora reivindica seu prêmio: "Eu te glorifiquei na terra; completei a obra que me deste para fazer. Agora, portanto, glorifica-me" (João 17.4). O grande servo de Deus fala aqui não só com referência a sua paixão já sofrida no propósito; de forma que o "completei" da oração é equivalente em significado ao "está consumado" dito sobre a cruz. E o que ele diz a respeito de si mesmo é verdade; a declaração, embora sendo uma que nenhum ser humano poderia fazer sem frustração, é, da sua parte, não uma exagerada e orgulhosa peça de autoelogio, mas a sóbria e humilde afirmação de uma consciência vazia de ofensa para com Deus e os homens. Nem podemos dizer que a declaração, ainda que verdadeira, era espontânea e desnecessária. Era necessário que Jesus fosse capaz de fazer aquela declaração; e, posto que o fato declarado fosse bem conhecido para Deus, era desejável proclamarem na presença dos onze e a toda a igreja, por meio de seu registro, os fundamentos sobre os quais sua reivindicação de ser recompensado com glória se baseava, para o fortalecimento da fé. Porque, como nossa fé e esperança para com Deus estão fundadas no fato de que Jesus Cristo foi capaz de fazer essa declaração, assim elas são confirmadas pelo fazer real dela, sendo seu protesto de que ele tem mantido seu pacto de obra para nós, por assim dizer, um selo do pacto da graça, servindo ao mesmo fim que o sacramento da Ceia.

Tendo oferecido essa breve petição por si mesmo, Jesus ora por seus discípulos em muito maior extensão; tudo o que segue refere-se a eles princi-palmente, e, do sexto ao vigésimo versículos, exclusivamente. A transição é feita por uma declaração especial, aplicando o geral da frase anterior àquela parte da obra pessoal de Cristo que consistia no aprendizado desses homens:

O TREINAMENTO DOS DOZE

"Eu revelei teu nome àqueles que do mundo me deste" (v.6). Após essa declaração introdutória, vem uma breve descrição das pessoas pelas quais se ora. Jesus dá de seus discípulos um bom perfil. Primeiro, com muito cuidado para não exagerar a importância do serviço que tem feito ao prepará-los para o apostolado, ele reconhece que eles eram bons quando os recebeu: "Eles eram teus, e tu os deste a mim": eles eram homens piedosos, devotos, ensinados por Deus, guiados por Deus, dados por Deus. Então ele testifica que, desde que tinham estado com ele tinham sustentado o caráter que os marcava quando se juntaram a ele: "Eles têm obedecido à tua palavra". E finalmente ele dá testemunho de que os homens que seu Pai lhe tinha dado tinham sido verdadeiros crentes nele mesmo, e tinham recebido todas as suas palavras como a própria verdade de Deus, e a ele mesmo como um enviado de Deus ao mundo (vv. 7,8; cf. Lc 22.28,29). Aqui, seguramente, há um generoso elogio dos discípulos, que, conquanto sinceros e devotados ao seu Mestre, eram, como sabemos, muito faltosos na conduta e lentos para aprender.

Tendo assim generosamente louvado seus humildes companheiros, Jesus mostra sua intenção de orar por eles: "Eu oro por eles". Mas a oração ainda não vem; são necessárias algumas palavras introdutórias para dar à oração mais ênfase quando ela vier. Primeiro, as pessoas por quem se ora devem ser definidas como os únicos objetos de uma solicitude concentrada. "Eu oro por eles. Não estou orando pelo mundo" (v.9). O objetivo de Jesus ao fazer essa afirmação não é, obviamente, sugerir a exclusão absoluta do mundo de suas simpatias. Não exclusão, mas *concentração para eventual inclusão*, é seu propósito aqui. Ele quer que seu Pai fixe sua especial atenção sobre esse pequeno grupo, com o qual o destino do cristianismo estava ligado. Ele ora por eles como uma mãe morrendo pode orar exclusivamente por seus filhos – não que ela seja indiferente aos interesses dos outros, mas que sua família, em sua solene situação, é para ela o objeto legítimo de absorvente solicitude. Ele ora por eles como o precioso fruto de seu esforço, a esperança do futuro, os fundadores da igreja, a arca de Noé da fé cristã, os missionários da verdade para o mundo todo; por eles *somente, mas* por causa do mundo – sendo isso a melhor coisa que ele pode fazer pelo mundo, enquanto os recomenda aos cuidados do Pai.

O que Jesus tencionava pedir para esses homens, podemos prever, é que seu Pai os guardasse, agora que ele estava para deixá-los. Mas, antes do pedido, dois motivos por que devia ser atendido. O primeiro: "Tudo o que tenho é teu, e tudo o que tens é meu. E eu tenho sido glorificado por meio deles" (v.10); o significado é: "É do teu interesse manter estes homens. Eles são teus;

A ORAÇÃO INTERCESSORA

tu os deste a mim; guarda o que é teu. Embora, desde que se tornaram meus discípulos, eles têm sido meus, isso não faz diferença; eles ainda são teus, porque, entre mim e ti, não há distinção de meu e teu. Então eu sou glorificado neles: minha causa, meu nome, minha doutrina devem ser, de agora em diante, identificados com eles; e, se eles fracassam, meu interesse naufragará. Portanto, como tu valorizas a honra de teu Filho, guarda esses homens". O outro motivo é: "Não ficarei mais no mundo" (v.11). O Mestre, estando para partir do mundo, recomenda aos cuidados de seu Pai aqueles a quem ele está deixando para trás sem um líder.

E agora vem a oração pelos onze, introduzida com a devida solenidade por uma nova e enfática saudação a quem a oração é dirigida: "Pai santo, protege-os em teu nome, o nome que me deste, para que sejam um, assim como somos um" (v.3). O epíteto "santo" combina com o significado da oração, que é que os discípulos possam ser mantidos puros na fé e na prática, separados de todo erro e pecado existente, para que possam ser, por fim, um sal para o mundo corrupto no qual seu Senhor está para deixá-los. A oração em si abarca dois particulares. O primeiro é que os discípulos possam ser guardados *no* nome do Pai, que Jesus manifestou a eles; isto é, que possam continuar a crer no que ele lhes tinha ensinado de Deus, tornando-se assim seus instrumentos para difundir o conhecimento do verdadeiro Deus e da verdadeira religião por toda a terra. O segundo é para que sejam um, isto é, para que sejam mantidos em amor uns para com os outros, bem como na fé do nome divino; separados do mundo, mas não divididos entre si (v.11). Essas duas coisas, verdade e amor, Jesus pede para os seus, como de vital importância: verdade, como o símbolo de distinção entre sua igreja e o mundo; amor, como o elo que une crentes da verdade em uma irmandade santa de testemunhas da verdade. Essas duas coisas a igreja deve sempre ter em vista como de importância coordenada: não sacrificando o amor à verdade, dividindo aqueles que deveriam ser um por insistir em um testemunho muito minucioso e detalhado; nem sacrificando verdade ao amor, fazendo da igreja uma sociedade muito ampla e abrangente, mas sem uma vocação ou razão de ser, sem nenhuma verdade para guardar e ensinar, ou testemunho para dar.

Tendo recomendado seus discípulos aos cuidados do Pai, Jesus, em seguida, dá um relato de sua própria atividade como Mestre deles, e afirma que os tem fielmente guardado na verdade divina (v.12). Ele reivindica ter cumprido seu dever para com todos eles, inclusive Judas, em cujo caso ele admite fracasso, mas, ao mesmo tempo, se isenta de culpa. A referência ao falso discípulo mostra quão consciente ele está ao fazer seu relato. Ele se sente, por assim dizer, na defensiva com referência ao apóstata; e, supondo-se questionado, "O que tens a dizer sobre este homem?" Ele, na prática, responde: "Eu admito que não fui capaz de evitar que ele caísse, mas eu fiz tudo o que pude. O filho da perdição não se perdeu por minha culpa" (v.12). Sabemos o quanto Jesus tinha o direito de fazer essa declaração solene.

Na parte seguinte da oração (vv. 14-20), Jesus define o sentido em que ele pede que seus discípulos sejam guardados e, ao fazer isso, virtualmente oferece novos motivos por que a petição deve ser ouvida. Ele os deixa sob os cuidados de seu Pai como os depositários da verdade, dignos de serem guardados por esse motivo, e precisando ser guardados, por causa da aversão do mundo (v.14). E explica que, por guardar, ele quer dizer não serem tirados do mundo, mas serem preservados no mundo de seu mal moral, sendo sua presença nele como sal necessária, e sua pureza não menos necessária, para que o sal não fique sem sabor e virtude. Essa explicação ele dirigiu não só aos ouvidos do Pai, mas também aos discípulos. Ele queria que eles entendessem que duas coisas igualmente deviam ser evitadas – conformidade com o mundo e desprezo para com o mundo. Eles deviam permanecer na verdade e deviam permanecer no mundo, por causa da verdade; lembrando-os, para consolação deles, de que, quando sentissem mais o ódio do mundo, estavam fazendo o melhor e de que o peso da cruz que carregassem era a medida de sua influência.

O pedido de Jesus para que os seus fossem guardados é só a continuação e aperfeiçoamento de uma condição moral existente. Ele não precisa pedir ao seu Pai agora, pela primeira vez, para separar seus discípulos em espírito e caráter do mundo. Nessa condição eles já estão; o que já eram quando se juntaram a ele, continuaram sendo. Isso, em justiça a eles, seu Mestre foi cuidadoso em afirmar duas vezes mais nessa porção de sua oração. Ele testifica: "Eles não são do mundo, como eu também não sou" (João 17.14,16), colocando-os no mesmo nível que ele com magnanimidade característica, não sem verdade; porque as pessoas assim descritas, embora defeituosas em muitos aspectos, eram muito indiferentes ao mundo, não dando nenhum valor à trindade do mundo – riquezas, honras e prazeres –, mas somente valorizando as palavras de vida eterna.

Todavia, não obstante a sinceridade deles, os onze precisavam não só ser guardados, mas *aperfeiçoados;* e, portanto, seu Mestre ora pela santifica-ção deles na verdade, tendo em vista não só sua perseverança, crescimento e maturidade na graça como cristãos particulares, mas, mais especialmente, sua

A ORAÇÃO INTERCESSORA

capacitação espiritual para o ofício do apostolado. Por isso, ele vai logo em seguida, mencionar sua vocação apostólica, mostrando aquilo que tem principalmente em vista: "Assim como me enviaste ao mundo, eu os enviei ao mundo" (v.18). Que possam estar preparados para sua missão é seu intenso desejo. Então ele fala de sua própria santificação como um meio para a santificação apostólica deles como um fim, como se seu próprio ministério fosse meramente subordinado ao deles. "Em favor deles eu me santifico, para que também eles sejam santificados pela verdade" (v.19). Palavras notáveis, cujo significado é obscuro, e têm sido muito debatidas, mas nas quais podemos pelo menos, com confiança, descobrir uma manifestação singular de condescendência e amor. Jesus fala aqui como um pai que vive por causa de seus filhos, preocupando-se com a educação moral deles em todos os seus hábitos pessoais, negando a si mesmo prazeres por causa deles e fazendo o seu principal objetivo a formação do caráter deles, aperfeiçoar sua educação e prepará-los para os deveres da posição que estão destinados a ocupar.

A continuação da oração (com exceção das duas sentenças de conclusão, vv. 20-24) trata da igreja em geral – aqueles que devem crer em Cristo através da palavra dos apóstolos, ouvida de seus lábios, ou registrada em seus escritos. O que Jesus deseja para o corpo de crentes é parcialmente deixado para ser inferido; porque, quando ele diz: "Minha oração não é *apenas* por eles", sugere que deseja para os outros as mesmas coisas que já pediu para seus discípulos: preservação na verdade e do mal no mundo, e santificação pela verdade. A única bênção que ele expressamente pede para a igreja é "unidade". O desejo de seu coração para os crentes nele é "para que todos sejam um". Seu ideal de unidade da igreja é muito elevado, seu exemplo divino é a unidade que existe entre o Pai e o Filho, e sua base, a mesma unidade divina: "um *como* nós somos um, e *em* nós que somos um", ligados tão íntima e harmoniosamente pelo nome comum no qual são batizados e pelo qual são chamados (v.21).

Essa unidade desejável por sua própria causa, Jesus especialmente deseja por causa do poder moral que ela conferirá à igreja, como uma instituição, para propagar a fé cristã: "Para que o mundo creia que tu me enviaste" (vv.21,23). Agora, esse objetivo é um que não pode ser promovido a menos que a unidade dos crentes seja de alguma forma manifesta. Uma unidade que não é aparente não pode ter nenhum efeito sobre o mundo, mas deve necessariamente ser como uma vela debaixo de uma vasilha, que não dá luz, e mais, deixa de ser uma luz e desaparece. Não há dúvida, portanto, ele tem em mente uma unidade visível; e a única questão é como ela pode ser alcançada. A pri-

O Treinamento dos Doze

meira e mais óbvia forma é pela união em uma organização eclesiástica, com formas de representação do corpo inteiro e expressando sua mente unida; tais, por exemplo, como os concílios ecumênicos dos primeiros séculos. Esta, a mais completa manifestação de unidade, foi exibida na igreja primitiva.

Em nossos dias, uma associação em grande escala[277] não é possível, e outros métodos de expressar o sentimento de catolicidade devem ser utilizados. Um método que pode ser tentado é o da confederação, pela qual organizações eclesiásticas independentes podem ser unidas segundo o modelo dos Estados Unidos da América, ou das repúblicas gregas, que fundaram um centro de unidade na assembleia legislativa e judicial chamado de concílio Anfictiônico. Mas independentemente do que se pense sobre isso, uma coisa é certa, que a unidade dos crentes em Cristo deve ser feita mais manifesta como um fato inegável de alguma forma, se a igreja deve realizar sua vocação como uma nação santa, chamada das trevas para mostrar as virtudes daquele cujo nome ela porta e conquistar para ele a homenagem e a fé do mundo. É verdade, de fato, que a unidade da igreja acha expressão em seu credo, com o que queremos dizer não o credo seccional desta ou daquela denominação, mas o credo dentro dos credos, expressivo da ortodoxia *católica (universal)* da cristandade e abarcando os fundamentos, e só os fundamentos, da fé cristã. Há uma igreja dentro de todas as igrejas para a qual esse credo é a coisa de valor, na estima de seus membros, e a casca contém o caroço precioso. Mas a existência dessa igreja é um fato conhecido pela fé, não por vista: sua influência é pouco sentida pelo mundo; e, por gratos que sejamos pela presença no meio das organizações eclesiásticas dessa santa comunidade, não podemos aceitá-la como a realização do ideal que o Salvador tinha em mente quando pronunciou as palavras: "Para que eles possam ser um".

Nas duas sentenças seguintes (João 17.22,23), Jesus afetuosamente se demora sobre essa oração, repetindo, expandindo, reforçando a petição em linguagem muito profunda para nossa corda de sondagem, mas que claramente transmite a verdade de que, sem unidade, a igreja nunca pode glorificar a Cristo, recomendar o cristianismo como divino nem ter a glória de Cristo permanecendo nela. E essa é uma verdade que, meditada, mostra-se sensata. A briga não é uma coisa de Deus, e não precisa da influência divina para ser produzida. Qualquer um pode debater; e o mundo, sabendo disso, tem pouco

---

[277] Essa observação deve ser aplicada a toda a igreja visível, dividida não só pela diversidade de opinião sobre doutrinas de capital importância, mas por incompatíveis formas de governo eclesiástico. Uniões incorporadoras locais e parciais de grupos realmente aliados em doutrina e governo, não são só possíveis, mas obrigatórias.

A ORAÇÃO INTERCESSORA

respeito por uma igreja que é briguenta. Mas o mundo se admira com uma comunidade em que prevalecem a paz e a concórdia, dizendo: "Aqui está algo fora do normal" – egoísmo e obstinação arrancados da natureza humana: só a influência divina poderia dominar as forças centrífugas que tendem a separar as pessoas.

O afetuoso nome "Pai", com que começa a frase seguinte, marca o começo de um novo parágrafo final na oração do grande Sumo Sacerdote (v.24). Jesus, nesse ponto, dá uma olhada no fim das coisas e ora pela consumação final do propósito de Deus com respeito à igreja: que a igreja militante possa se tornar a igreja triunfante; que o corpo de santos, imperfeitamente santificados sobre a terra, possa se tornar perfeitamente santificado e glorificado no céu, com ele mesmo, onde ele estiver, contemplando sua glória, e transformado na mesma imagem pelo Espírito de Deus.

Então vem a conclusão, em que Jesus retorna do distante futuro para o presente, e reúne em seus pensamentos a igreja em geral ao grupo reunido no cenáculo, ele mesmo e seus discípulos (vv. 25,26). Essas duas frases de conclusão servem ao mesmo propósito na oração de Cristo que a frase "por Cristo" serve na nossa oração. Elas contêm dois apelos – o atendimento àqueles pelos quais se ora e a justiça do Ser ao qual se ora – a última vindo primeiro, incorporada no título "Pai justo". Os serviços, méritos e reivindicações de Jesus e seus discípulos são especificamente mencionados como assuntos aos quais o Pai justo, sem dúvida, dará a devida atenção. A ignorância de Deus por parte do mundo é mencionada, para destacar o valor do reconhecimento que ele recebeu de seu Filho e dos companheiros de seu Filho. Aquela ignorância explica por que Jesus considera necessário dizer: "Eu te conheço". Até o conhecimento *dele* não era uma coisa óbvia em tal mundo. Era um esforço para o homem Jesus reter Deus em seu conhecimento, tanto como manter-se imaculado das corrupções do mundo. Era tão difícil para ele conhecer e confessar Deus como Pai em um mundo que, de mil formas, na prática, negava aquela paternidade, como viver uma vida de amor em meio a múltiplas tentações de egoísmo. Na verdade, os dois problemas eram um. Ser luz no meio das trevas, amor no meio do egoísmo, santidade no meio da depravação são, na verdade, a mesma coisa.

Conquanto apelando por meio de seu próprio mérito, Jesus não esquece as reivindicações de seus discípulos. Deles ele na prática diz: "Eles têm conhecido a ti em segunda mão através de mim, como eu tenho conhecido a ti em primeira mão por intuição direta" (Jo 17.25). Não contente com essa de-

O Treinamento dos Doze

claração, ele se estende sobre a importância desses homens como objetos do cuidado divino, alegando que eles são dignos de serem guardados, como já possuidores do conhecimento do nome de Deus e destinados, em breve, a conhecê-lo ainda mais perfeitamente, de forma que serão capazes de fazê-lo conhecido como objeto de homenagens a outros, e Deus será capaz de amá-los assim como ele amou seu próprio Filho, quando estava no mundo fielmente servindo ao seu Pai celestial. "Eu lhes fiz conhecer o teu nome, e continuarei a fazê-lo, a fim de que o amor que tens por mim esteja neles, e eu neles esteja" (v.26). Maravilhosas palavras para serem pronunciadas a respeito de meros vasos de barro!

Apêndice aos capítulos 24-26

Apresentamos aqui uma análise do discurso de despedida e da oração que o acompanha.

Parte I – João 13.31-14.31

Seção I – palavras de consolo para os discípulos como *crianças,* dez (ou, no máximo, treze) frases no total:

1. *Primeira* palavra, 13.34,35: amem-se uns aos outros em minha ausência.

2. *Segunda* palavra, 14.1-4: tenham fé em Deus e em mim. Estarei cuidando de seus interesses enquanto estiver ausente, e voltarei para vocês.

3. *Terceira* palavra, 14.15-18: mesmo ausente estarei com vocês *por meio* do Espírito Santo (19-21, ampliação).

Seção II – perguntas das crianças com respostas:

1. pergunta de Pedro, 13.36-38: para onde tu estás indo?

2. Pergunta de Tomé, 14.5-7: como podemos saber o caminho?

3. Pedido de Filipe, 14.8-14: mostra-nos o Pai.

4. Pergunta de Judas, 14.22-24: como podes te revelar a nós, e não ao mundo?

Parte II – João 15, 16: incumbência aos futuros *apóstolos* feita à beira da morte (outro estilo)

1. Alegoria da videira, 15.1-16: os meios de os apóstolos de Cristo trabalharem no mundo. Eles trabalham por meio da vida Dele, que neles habita.

2. Tribulações dos apóstolos e encorajamentos, 15.18-27; 16.1-15: o mundo odiará, mas o Espírito convencerá o mundo e os iluminará.

3. O pouco tempo, e fim do discurso, 16.16-33: paradoxo de ver e não ver = ausência física, mas presença espiritual. Adeus.

Parte III – João 17: oração intercessora.

1. Ora por si mesmo, vv. 1-5.

2. Ora pelos discípulos, vv. 6-19.

3. Ora pela igreja, vv. 20-23.

4. Conclusão da oração, vv. 24-26.

27
O rebanho disperso
Seção I – "Então todos os discípulos o abandonaram e fugiram"
Mt 26.36-41,55,56,69-75; Jo 18.15-18

Do cenáculo, no qual ficamos tanto tempo, passamos para o mundo externo, para testemunhar o comportamento dos doze na grande crise final. As passagens citadas descrevem a atuação deles nas cenas solenes ligadas com o fim de seu Mestre. Uma atuação tristemente não heroica. Fé, amor, princípios, tudo desapareceu diante do instinto de medo, vergonha e autopreservação. Os melhores discípulos – os três que, como mais confiáveis, foram selecionados por Jesus para lhe fazer companhia no Getsêmani – falharam totalmente no que se esperava deles. Enquanto seu Senhor estava em agonia, eles dormiram, como tinham feito antes no monte da Transfiguração. Até os homens assim escolhidos se mostraram recrutas novatos, incapazes de se manterem acordados enquanto sentinelas. "Não pudestes vigiar comigo por uma hora?" Então, quando o inimigo apareceu, esses três e os outros oito correram em pânico. "Então todos os discípulos o abandonaram e fugiram." E finalmente, aquele deles que se achava mais corajoso que seus irmãos, não só abandonou, mas negou seu amado Mestre, declarando com um juramento: "Eu não conheço esse homem".

A conduta dos discípulos nessa crise em sua história, tão fraca e tão covarde, naturalmente gera duas perguntas: Como eles deviam ter agido? E por que agiram como agiram – quais foram as causas de seu fracasso?

Agora, tomando a primeira dessas perguntas, quando tentamos estabelecer para nós mesmos uma ideia clara do curso de ação exigido pela fidelidade, não é de imediato muito claro onde os discípulos, exceto Pedro, estavam errados. O que mais poderiam fazer quando seu Mestre foi preso senão fugir? Oferecer resistência? Jesus tinha claramente proibido isso pouco antes. Quando apareceu o bando de homens armados, "Ao verem o que ia acontecer, os que estavam com Jesus lhe disseram: 'Senhor, atacaremos com espadas?'" sem esperar uma resposta, um deles golpeou o servo do sumo sacerdote e decepou sua orelha direita. O combativo discípulo, João nos informa, era Simão Pedro. Ele tinha trazido uma espada consigo, uma das duas em posse do grupo, do cenáculo para o Getsêmani, pensando que poderia ser necessária e plenamente decidido a usá-la, se houvesse ocasião; e, covarde como se mostrou mais tarde entre os criados e criadas, não foi tão covarde no jardim. Ele usou sua arma corajosamente senão habilidosamente, e fez alguma execução, embora felizmente não do tipo mortal. Nisto Jesus se interpôs para evitar mais derramamento de sangue, pronunciando palavras registradas variadamente, mas, em todas as versões diferentes, claramente exigindo uma política de não resistência. "Guarde a espada!", ele disse a Pedro, adicionando, como argumento, "Pois todos os que empunham a espada, pela espada morrerão"; que era o mesmo que dizer: "Neste tipo de batalha, vamos necessariamente ser derrotados". Em seguida, falou dos motivos para a não-resistência superiores a meras considerações de prudência ou conveniência. Ele perguntou ao discípulo belicoso: "Você acha que eu não poderia pedir ao meu Pai, e ele não colocaria imediatamente à minha disposição mais de doze legiões de anjos? Como então se cumpririam as Escrituras que dizem que as coisas deveriam acontecer desta forma?" (Mt 26.52-54). Ele podia enfrentar a força humana com a força superior, celesti-al, se quisesse, mas não quis; porque vencer seus inimigos seria derrotar seu próprio objetivo ao vir ao mundo, que era conquistá-lo, não pela força física, mas pela verdade, amor e paciência divina; por beber o cálice que seu Pai tinha colocado em suas mãos, embora fosse amargo para carne e sangue (João 18.2).

Bastante de acordo com essas declarações são as que Jesus fez sobre o mesmo assunto antes de deixar o cenáculo, como registrado por Lucas (Lc 22.35-38). Ao pé da letra, de fato, essas afirmações parecem apontar para uma política muito oposta à da não resistência. Jesus parece dizer que o grande negócio e dever do momento, para todos que estão ao seu lado, é arranjarem espadas: tão urgente é a necessidade que aquele que não tem uma deve vender sua roupa para comprar uma. Mas a própria ênfase com que ele fala mostra que suas palavras não devem ser tomadas no sentido literal. É muito fácil ver o que ele quer dizer. Seu objetivo é, por uma linguagem vívida, dar uma ideia da gravidade da situação. Ele diria: "Agora, agora é o dia, sim, a hora da batalha: se meu reino fosse deste mundo, como vocês imaginaram, agora é a hora de lutar, não de sonhar; agora chegamos ao limite, e vocês precisam de todos os seus recursos: preparem-se com sapatos e bolsas e, acima de tudo, com espadas e coragem para a guerra".

Os discípulos não entenderam o que ele dizia. Eles apresentaram uma estúpida e banal interpretação sobre essa parte, como sobre outras partes, de seu discurso de despedida. Assim, com ridícula seriedade, eles disseram: "Senhor, eis aqui duas espadas". A tola observação provocou uma réplica que deveria seguramente ter aberto seus olhos e evitado que Pedro levasse a questão tão longe ao ponto de levar uma espada consigo. Jesus disse, provávelmente com um sorriso melancólico na face, ao pensar na estúpida simplicidade daqueles caros homens infantis: "É o suficiente". Duas espadas: bem, elas eram suficientes só para alguém que não está, de forma alguma, querendo combater. O que eram duas espadas para doze homens e para enfrentar uma centena de armas? A própria ideia de lutar nessas condições era ridícula: isso tinha somente que ser amplamente afirmado para ser um absurdo.

Os discípulos, então, não foram chamados para lutar por seu Mestre, para que ele não fosse entregue aos judeus. O que mais, então, eles poderiam ter feito? Deveriam sofrer com ele, e, cumprindo a palavra de Pedro, ir com ele para a prisão e morte? Isso também não foi exigido deles. Quando Jesus se entregou na mão de seus captores, ele proferiu o pedido que, conquanto o levassem sob custódia, deixassem seus seguidores irem embora (João 18.8). Isso ele não fez meramente por compaixão por eles, mas como o capitão da salvação fazendo o melhor para si mesmo e para os interesses de seu reino; porque era tão necessário para o reino que os discípulos vivessem quanto que ele mesmo morresse. Ele entregou-se à morte para que pudesse existir um evangelho para pregar; ele desejou a segurança de seus discípulos para que pudesse haver homens para pregá-lo. Manifestamente, portanto, não era dever dos discípulos expor-se ao perigo: seu dever estava antes, dir-se-ia, na direção de cuidar de sua própria vida para uso futuro.

Onde, então, senão em deixar de lutar ou sofrer por seu Senhor, estava o erro dos onze? Estava em sua falta de fé. "Creiam em Deus, e creiam também em mim", Jesus tinha dito a eles no começo de seu discurso de despedida, e, na hora crítica, eles não creram. Eles não creram que tudo terminaria bem para eles e seu Mestre, e, especialmente, que Deus cuidaria da segurança *deles* sem qualquer sacrifício de princípio, ou mesmo de dignidade, da parte deles. Eles confiaram somente na rapidez de seus pés. Se tivessem tido fé em Deus e em Jesus, teriam testemunhado a prisão de seu Senhor sem medo, certos de seu retorno e de sua própria segurança; e, como o sentimento pode deitar, teriam seguido os oficiais de justiça para ver o que aconteceria, ou, avessos a agitação e cenas dolorosas, teriam se retirado em silêncio para suas residências até a tragédia ter terminado. Carentes, no entanto, de fé, eles nem seguiram calmamente nem se retiraram calmamente, mas, sem fé e vergonhosamente, aban-

O Treinamento dos Doze

donaram seu Senhor, e *fugiram*. O pecado não se encontra tanto no ato externo, mas no estado mental interno do qual ele era o indicador. Fugiram na descrença e desespero, como homens cuja esperança estava arruinada, de um homem cuja causa estava perdida, e a quem Deus tinha abandonado aos seus inimigos.

Tendo verificado onde os discípulos estavam em falta, temos que perguntar agora pelas causas de sua má conduta; e aqui, no início, lembramos que Jesus antecipou a deserção de seus seguidores. Ele não contava com a fidelidade deles, mas esperava a deserção como algo natural. Quando Pedro se ofereceu para segui-lo onde quer que ele fosse, ele lhe disse que, antes que o galo cantasse na manhã seguinte, Pedro o teria negado três vezes; no fim do discurso de despedida, ele disse a todos os discípulos que eles o abandonariam. A caminho do monte das Oliveiras, repetiu a declaração nestes termos: "Ainda esta noite todos vocês me abandonarão. Pois está escrito 'ferirei o pastor, e as ovelhas do rebanho serão dispersas'" (Mt 26.31). E, em todas essas ocasiões, o tom era mais de paciência do que de censura. Ele esperava que seus discípulos entrassem em pânico, assim como se espera que ovelhas fujam quando aparece um lobo, ou mulheres desmaiem diante de uma cena de massacre. Dessa brandura podemos inferir que, na opinião de Jesus, o pecado dos discípulos era de falta de firmeza; e que essa era a opinião que ele tinha disto nós *sabemos* a partir das palavras que ele dirigiu aos três irmãos sonolentos no Getsêmani: "vigiem e orem para que não caiam em tentação. O espírito está pronto, mas a carne é fraca" (v.41). O tipo de julgamento assim expresso, embora pronunciado com especial referência à falha de Pedro, Tiago e João no jardim, manifestamente se aplica a toda a conduta de todos os discípulos (sem deixar de fora nem mesmo a negação de Pedro) durante a terrível crise. Jesus via os onze como homens cuja ligação consigo estava acima de qualquer suspeita, mas que eram passíveis de cair, pela fraqueza de sua carne, ao serem expostos a uma tentação repentina.

O que devemos, contudo, entender por fraqueza da carne? Simples amor instintivo da vida, medo do perigo, medo do homem? Não; porque esses instintos continuaram com os apóstolos por toda a vida, sem levar, exceto em um caso, a uma repetição de sua presente má conduta. Não só a carne dos discípulos, mas até o espírito disposto era fraco. Seu caráter espiritual, nessa oportunidade era deficiente em alguns elementos que dão firmeza aos bons impulsos, do coração e domínio sobre as fraquezas da natureza sensível. Esses elementos destituídos de força eram: *antecipação, clara percepção da verdade, autoconhecimento e a disciplina da experiência.*

Por ausência de antecipação, veio a acontecer que a prisão de seu Senhor pegou os onze de surpresa. Mal dá para acreditar nisso, após as frequentes insinuações que Jesus tinha feito de sua morte iminente; após a instituição da Ceia, o discurso de despedida, a referência ao traidor, o anúncio profético a respeito da fragilidade deles e o discurso sobre a espada, que era como um toque de trombeta chamando para a batalha. Todavia, não se pode duvidar de que este era o fato. Os onze saíram para o Getsêmani sem qualquer ideia definida do que estava vindo. Esses recrutas novatos, de fato, não sabiam que estavam marchando para o campo de batalha. O sono dos três discípulos no jardim é uma prova suficiente disso. Se as três sentinelas tivessem sido profundamente impressionados com a crença de que o inimigo estava perto, por cansados e tristes que estivessem, não teriam adormecido. O medo os teria mantido acordados. "Saibam isso, que, se o dono da casa tivesse sabido a que hora o ladrão viria, teria vigiado, e a sua casa não teria sido invadida".

A colapso dos discípulos na crise final foi devido, em parte, também à ausência de uma percepção clara da verdade. Eles não entendiam a doutrina a respeito de Cristo. Acreditavam que seu Mestre fosse o Cristo, o Filho do Deus vivo; mas sua fé estava ligada a uma falsa teoria da missão e carreira do Messias. Nessa teoria não havia lugar para a cruz. Enquanto só se falava da cruz, sua teoria continuava firmemente enraizada em suas mentes, e as palavras de seu Mestre eram rapidamente esquecidas. Quando a cruz, no final, realmente apareceu, quando as coisas que Jesus tinha predito começaram a se cumprir, então sua teoria veio abaixo como uma árvore repentinamente atingida por um turbilhão, levando a planta de sua fé junto com ele. Do momento em que Jesus foi preso, tudo o que estava de fé em suas mentes era simplesmente uma lamentação de que tinham sido enganados: "Nós acreditávamos que ele seria o redentor de Israel". Como alguém poderia agir heroicamente em tais circunstâncias?

Um terceiro defeito radical no caráter dos discípulos era a autoignorância. Quem conhece sua fraqueza pode tornar-se forte mesmo no ponto fraco; mas aquele que não conhece seus pontos fracos não pode ser forte em ponto nenhum. Ora, os seguidores de Jesus não conheciam suas fraquezas. Eles creditavam a si mesmos uma quantidade de fidelidade e valor que existia só em sua imaginação, todos adotando o sentimento de Pedro: "Mesmo que seja preciso que eu morra contigo, nunca te negarei" (Mt 26.35). Ai! Eles não sabiam quanto medo do homem havia neles, quanta abjeta covardia na presença do perigo. É claro, quando o perigo de fato aconteceu, seguiu-se a con-

O Treinamento dos Doze

sequencia normal do valor autoconsciente: todos esses discípulos valentes abandonaram seu Mestre e fugiram.

A última, e não a menor, causa de fraqueza era a sua inexperiência quanto a situações por que passariam agora. Experiência de guerra é uma grande causa da frieza e coragem de soldados veteranos em meio ao perigo. A familiaridade prática com os perigos da vida militar os deixa calejados e destemidos. Mas os discípulos de Cristo ainda não eram veteranos. Eles estavam no momento só entrando em seu primeiro combate. Até agora, eles tinham experimentado somente testes adequados apenas aos recrutas mais novatos. Eles tinham sido chamados para deixar casa, amigos, barcos de pesca e todos os seus bens terrenos para seguir Jesus. Mas essas dificuldades iniciais não fazem soldados, nem mesmo a disciplina do sargento instrutor nem a solenidade de um uniforme o fazem. Pois, veja o jovem inexperiente, com seu uniforme brilhante, posto face a face com a dura realidade da batalha. Seus joelhos batem um no outro, seu coração fica doente, talvez ele desmaie imediatamente e seja levado para a retaguarda, incapaz de tomar parte na batalha; o pobre rapaz – coitado dele! – não o censurem; ele ainda pode vir a ser um bravo soldado. Até Frederico, o Grande, fugiu de sua primeira batalha. Os mais bravos dos soldados provavelmente não se sentem muito heroicos na primeira vez em que estão sob fogo.

Essas observações nos ajudam a entender como aconteceu que o peque-no rebanho se dispersasse quando Jesus, o seu pastor, foi atingido. A explica-ção equivale, em substância, a uma prova de que os discípulos eram ovelhas,ainda não estavam prontos para serem pastores de homens. Se é assim, não nos espantamos com a brandura de Jesus já referida. Ninguém espera que ovelhas façam qualquer outra coisa que fugir quando lobo vem. Só nos pastores o medo é severamente repreensível. Tendo isso em mente, nós mais prontamen-te perdoamos Pedro por negar seu Senhor em um momento de descuido e também por sua covardia em Antioquia, alguns anos mais tarde, quando deu as costas aos seus irmãos gentios por medo dos sectários judeus vindos de Jerusalém. Pedro era um pastor então, e era seu dever guiar as ovelhas, ou até conduzi-las, contra sua inclinação, a amplos pastos verdes da liberdade cristã,em lugar de mansamente seguir aqueles que, por seus escrúpulos, se mostra-vam apenas cordeiros no rebanho de Cristo. Seu real comportamento era muito culpável e nocivo. Porque, embora na realidade não conduzindo, mas conduzido, ele, como apóstolo, usufruía a reputação e influência de um pastor-chefee, portanto, não tinha opção senão a de guiar ou de guiar incorretamente; e ele guiou incorretamente, em tal extensão, que até Barnabé foi levado por sua dissimulação. É uma coisa séria para a igreja quando aqueles que são pastores no ofício e influência são ovelhas na opinião e no coração; lideres no nome, ovelhas de fato.

Seção II – Peneirado como trigo
Lucas 22.31,32

Esse fragmento da conversa no cenáculo é importante, porque nos mostra a visão de Jesus da crise pela qual seus discípulos estavam para passar. Na forma, é um discurso para Pedro: na realidade, é uma palavra oportuna para todos e a respeito de todos. Isso é evidente do uso do pronome plural ao dirigir-se ao discípulos. Jesus diz: "Satanás pediu vocês (não você, mas vocês)". Você, Simão, e também todos os seus irmãos junto com você. A mesma coisa resulta da injunção colocada sobre Pedro de utilizar sua queda em benefício de seus *irmãos*. Os irmãos é claro, não são os outros discípulos então presentes somente, mas todos os que também creriam. Os apóstolos, entretanto, não devem ser excluídos da irmandade que devia ser beneficiada pela experiência de Pedro; ao contrário, eles são provavelmente as partes visadas principalmente e em primeiro lugar.

Vendo, então, nessa declaração, uma expressão do julgamento de Jesus sobre o caráter da crise seguinte na história dos futuros apóstolos, encontramos três particulares dignos de nota.

1. Primeiro, Jesus vê a crise como um tempo de *avaliação* para os discípulos. Satanás, o acusador dos irmãos, descrente da fidelidade e integridade deles, como da de Jó e de todos os homens de bem, estava para peneirá-los como trigo, esperançoso de que eles se mostrassem simples palha e se tornassem apóstatas como Judas, ou, pelo menos, de que teriam um miserável e escandaloso colapso. Nesse aspecto, essa crise final era como a de Cafarnaum um ano antes. Aquele também foi um tempo de avaliação para o discipulado de Cristo. Palha e trigo foram então também separados, a palha sendo em maior quantidade que o trigo, porque "*muitos* voltaram atrás e já não andavam mais com ele".

Junto com essa semelhança geral entre as duas crises – que poderíamos chamar de maior e menor – uma diferença importante deve ser notada. Na crise menor, os poucos escolhidos eram o trigo puro, a grande multidão era a palha; na maior, eles eram ambos trigo e palha em um, e a peneira não é entre homem e homem, mas entre o bom e o mau, o precioso e o vil, no mesmo homem. Os corações dos onze fiéis, devem ser analisados e toda a sua fraqueza

O Treinamento dos Doze

latente descoberta: o velho homem deve ser separado do novo; o vão, auto-confiante, egoísta e impetuoso Simão, filho de Jonas, do dedicado, educado e heroico Pedro de rocha.

Essa distinção entre as duas crises implica que a última foi de um caráter mais profundo do que a primeira; e que isso é verdade fica óbvio se refletirmos um momento. Considere somente quão diferente é a situação dos discípulos nos dois casos. Na crise menor, a multidão vai, mas Jesus fica; na maior, o próprio Jesus é tirado deles, e eles são deixados como ovelhas sem pastor. De fato, uma diferença poderosa, suficiente para explicar a diferença na conduta dos mesmos homens nas duas ocasiões. Foi, sem dúvida, muito desapontador e desanimador ver a massa de gente, que tinha recentemente seguido seu Mestre com entusiasmo, dispersando-se como uma multidão preguiçosa após ver um show. Mas, enquanto o Mestre permaneceu, eles não desanimariam com a debandada dos falsos discípulos. Eles amavam Jesus por causa dele próprio, não por sua popularidade ou qualquer outro interesse. Ele era o seu Mestre, e podia dar-lhes o pão da verdade eterna, o qual, e não o pão que perece, eles estavam buscando: ele era o líder deles, o Pai deles, o irmão mais velho, seu marido espiritual, e eles ficariam ligados a ele em qualquer situação, com fidelidade filial, fraternal e conjugal, ele sendo mais para eles do que todo o mundo exterior. Se as perspectivas eram escuras mesmo com ele, aonde poderiam ir que seria melhor? Não tinham escolha senão ficar onde estavam.

Consequentemente, eles ficaram, fielmente, corajosamente; firmados pela sinceridade, por uma clara percepção das alternativas e por um ardente amor pelo seu Senhor. Mas agora, quando não é a multidão mas o próprio Jesus que os deixa – não os abandonando de fato, mas arrancado deles pela forte mão do poder mundano – o que farão? Agora podem muito bem fazer a pergunta de Pedro: "A quem iremos?", desesperançados de uma resposta. Aquele cuja presença era seu conforto em uma ocasião desencorajadora e difícil, quem, no mínimo, mesmo quando sua doutrina era misteriosa e sua conduta, incompreensível, era mais para eles que tudo o tudo o mais de melhor que havia no mundo; exatamente ele é arrebatado do lado deles, e agora eles estão completamente desesperados, sem um Mestre, um campeão, um guia, um amigo, um pai. Pior ainda, ao perdê-lo, eles perdem não só seu melhor amigo, mas sua fé. Eles podiam crer que Jesus era o Cristo, embora a multidão o abandonasse; porque podiam ver tal apostasia como efeito de ignorância, frivolidade e falta de sinceridade. Mas como podem crer na messianidade daquele que é levado para a prisão em lugar de um trono; e, em lugar de ser coroado como um rei, vai ser executado como um criminoso? Separados de Jesus dessa forma, são também despojados de seu Cristo. O mundo descrente lhes pergunta; "Onde está o seu Deus?" e eles não têm resposta.

"Cristo e nós contra o mundo"; "Cristo em poder do mundo, e nós deixados sozinhos": tal, em resumo, era a diferença entre as duas fases de teste. Os resultados do processo de avaliação foram correspondentemente diversos. Em um caso, separou entre o sincero e o não sincero; no outro, descobriu fraqueza mesmo no sincero. Os homens que, na primeira ocasião, se mantiveram firmes, na segunda, fugiram em pânico, preocupando-se com sua segurança sem dignidade, e, em um caso pelo menos, com desrespeito vergonhoso pela verdade. Eis quão fracos até bons homens são sem fé! Com fé, por ingênua e mal informada que seja, você pode vencer o mundo todo; sem a fé que coloca Deus conscientemente ao seu lado, você não tem chance. Satanás tomará posse de você e o peneirará, e fará você mentir com Abraão, fingir loucura com Davi, disfarçar e jurar falsamente ou profanamente com Pedro. Ninguém pode dizer o quanto você pode cair sem fé em Deus. O justo vive justamente, nobremente, só por sua fé.

2. Jesus vê a crise que seus discípulos atravessarão como uma que, embora perigosa, não será mortal para sua fé. Sua esperança é que, embora eles fraquejem, sua fé não desapareça; embora o sol da fé seja eclipsado, não será extinto. Ele tem sua esperança mesmo com respeito a Pedro, tendo o cuidado de avisar sobre uma catástrofe tão desastrosa. "Mas eu orei por você, para que a sua fé não desfaleça". E o resultado foi como ele antecipou. Os discípulos se mostraram fracos na crise final, mas não corrompidos. Satanás passou a rasteira neles mas não os possuiu. Nesse ponto, diferiam completamente de Judas, que não só perdeu sua fé, mas jogou fora seu amor e, abandonando seu Senhor, foi para o inimigo e tornou-se uma ferramenta para realização de seus propósitos ímpios. Os onze, no mínimo, continuaram fiéis a seu Mestre no coração. Eles nem cometeram, nem eram capazes de cometer, atos de perfídia, mas, mesmo exatamente quando fugiam, se identificaram com o lado perdedor.

Mas e quanto a Pedro? Não era ele uma exceção a essa afirmação? Bem, certamente ele fez mais do que fracassar na fé; e não queremos atenuar a gravidade de sua ofensa, porém antes veríamos nele uma ilustração solene da íntima proximidade em que os melhores homens podem ficar dos piores. Ao mesmo tempo, é somente para observar que há uma ampla diferença entre negar a Cristo entre os servos do sumo sacerdote e entregá-lo nas mãos do próprio sumo sacerdote por uma quantia em dinheiro. O último ato é o crime de um traidor

O Treinamento dos Doze

desonesto; o primeiro pode ser cometido por quem seria verdadeiro com seu Mestre em todas as ocasiões em que seus interesses parecessem seriamente envolvidos. Ao negar Jesus, Pedro pensou que estava salvando a si mesmo por dissimulação, sem fazer qualquer injúria material a seu Senhor, seu ato assemelhavase ao de Abraão, quando fez circular a história mentirosa sobre sua esposa ser sua irmã, para proteger-se da violência de estrangeiros licenciosos. Esse foi certamente um ato baixo, egoísta, muito indigno do pai dos fiéis. O ato de Pedro não foi menos baixo e egoísta, mas também não mais. Ambos foram atos de fraqueza antes que de impiedade, porque poucos, até entre bons homens, podem jogar pedras no patriarca e no discípulo. Mesmo aqueles que são heróis em grandes ocasiões, em outras, agirão muito indignamente. Muitos que corajosamente ocultam e mentem sobre suas convicções à mesa, que corajosamente proclamariam seus sentimentos no púlpito. Estando no lugar onde se espera que os servos de Deus falem a verdade, eles desembainham suas espadas bravamente em defesa de seu Senhor ; mas, misturados na sociedade em termos iguais, eles, muitas vezes, dizem: "Não conheço o homem". A ofensa de Pedro, portanto, se grave, é certamente não incomum. É cometida virtualmente, se não formalmente, por multidões que são bastante incapazes de deliberada traição pública contra a verdade ou Deus. O discípulo culpado foi muito mais singular em seu arrependimento que em seu pecado. De todos os que, em meros atos de fraqueza, virtualmente negam Cristo, quão poucos, como ele, saem e choram amargamente!

O fato de Pedro não ter caído como Judas caiu, completa e irrevogavelmente, foi devido, em parte, a uma diferença radical entre os dois. Pedro era, de coração, um filho de Deus; Judas, no centro de seu ser, tinha sido sempre um filho de Satanás. Portanto, podemos dizer que Pedro não poderia ter pecado como Judas pecou, nem poderia Judas ter-se arrependido como Pedro se arrependeu. Todavia, enquanto dizemos isso, não podemos esquecer que Pedro foi guardado de cair por uma graça *especial* concedida a ele em resposta às orações de seu Mestre. Os termos exatos em que Jesus orou por Pedro não sabemos; porque a oração em favor daquele discípulo não foi, como aquela por todos os onze, registrada. Mas o impulso dessas intercessões especiais é claro, do relato dado delas por Jesus a Pedro. O Mestre tinha orado para que a fé do seu discípulo não desfalecesse. Ele não tinha orado para que ele pudesse ficar isento do processo de peneiração de Satanás, ou mesmo ser guardado de cair; porque ele sabia que uma queda era necessária, para mostrar ao discípulo autoconfiante sua própria fraqueza. Ele tinha orado para que a queda de Pedro não fosse uma completa ruína; para que seu grave pecado pudesse ser seguido por tristeza da parte de Deus, não por endurecimento de coração, ou, como no caso do traidor, pela tristeza do mundo, que leva à morte: o remorso de uma consciência culpada, que, como as fúrias, leva o pecador para a condenação. E no arrependimento de Pedro, imediatamente após suas negações, vemos o cumprimento das orações de seu Mestre, sendo graça especial dada para derreter seu coração, e esmagá-lo com generoso pesar, e levá-lo a explodir em lágrimas. O resultado salutar não foi produzido por sua piedade ou bondade de coração, mas pelo Espírito e providência de Deus, que conspirava para aquele fim. Mas, pelo cantar do galo, e as palavras de advertência que isso fez lembrar, e o olhar de Jesus, e a terna misericórdia do Pai no céu, quem pode dizer que sombrias e demoníacas disposições podem ter-se apossado do coração culpado do discípulo! Lembre-se de quanto tempo até o piedoso Davi deu lugar ao diabo e guardou, em seu coração, os demônios do orgulho, falsidade e impenitência, após sua grave queda; e veja quão longe isto estava de ser evidente que Pedro, imediatamente após negar Cristo, devia estar sob a abençoada influência de um espírito alquebrado e contrito, ou mesmo que a crise espiritual pela qual passou tivesse um resultado feliz. Pela graça ele foi salvo, como somos todos nós.

3. Jesus vê a crise iminente como uma que não só terá um final feliz, mas resultará em benefício espiritual para eles mesmos, e os qualificará para serem úteis a outros. Isso é visível na injunção que ele coloca sobre Pedro: "E, quando você se converter, fortaleça os seus irmãos". Jesus espera que o frágil discípulo se torne forte na graça e assim capaz e disposto a ajudar o fraco. Ele nutre essa expectativa com respeito a todos, mas especialmente com respeito a Pedro. Aceitando que o mais fraco pode e deve por fim se tornar o mais forte; o último, primeiro, o maior pecador, o maior santo; o mais tolo, o mais sábio, mais benigno e compreensivo dos homens.

Quão encorajadora essa visão cordial e bondosa da deficiência moral com alguém que errou! Na prática, o Salvador diz a eles: "Não há motivo para desespero: o pecado pode não só ser perdoado, mas pode até ser transformado em bem para vocês mesmos e para outros. Quedas, corretamente melhoradas, podem se tornar degraus para virtude cristã e um treinamento para o ofício de consolador e guia." Quão salutar é essa visão para a consciência atribulada! Homens que têm errado, e que sentem o peso de seu pecado, são capazes de consumir seus corações e gastar seu tempo em amargas reflexões sobre sua má conduta passada. Cristo lhes dá algo mais proveitoso para fazer. Ele lhes diz : "Quando você se converter, fortaleça os seus irmãos": deixe de lamentações preguiçosas sobre o passado que não pode ser mudado e dedique-se de coração e alma aos trabalhos do amor; e ajude a se perdoar para que, de suas próprias

O TREINAMENTO DOS DOZE

faltas e tolices você possa aprender a mansidão, paciência, compaixão e sabedoria necessárias para realizar tudo isso com sucesso.

Mas, conquanto muito encorajadoras para os que têm pecado, as palavras de Cristo para Simão não contêm nenhum encorajamento *para* pecar. É uma doutrina favorita para alguns – que podemos fazer o mal para que venha o bem; que devemos ser pródigos para que sejamos bons cristãos; que um *banho de lama* deve preceder a lavagem da regeneração e o batismo da alma no sangue do Redentor. Essa é uma doutrina falsa e perniciosa, da qual o Santo não poderia ser o patrono. Faça o mal para que venha o bem, é o que você diz? E se o bem não vier? Ele não vem, como temos visto, como algo natural; e nem é mais provável que venha para que você faça a esperança de sua vinda o pretexto do pecado. Se o bem vier, virá pelo estreito portão do arrependimento. Você pode se tornar sábio, gracioso, humilde, solidário, uma ajuda para o fraco, só se sair antes e chorar amargamente. Mas que chance há de tal comoção penitencial de coração surgir em quem adota e age sobre o princípio de que uma história de pecado é necessária para atingir o autoconhecimento, a compaixão e todas as virtudes humanas? O provável resultado de tal treinamento é um coração endurecido, uma consciência cauterizada, um julgamento moral pervertido, a extirpação de todas as convicções sérias a respeito da diferença entre certo e errado; a opinião de que o mal leva ao bem insensivelmente transformando-se na ideia de que o mal é bom e sendo usada como desculpa para cometer o pecado sem vergonha ou culpa.

> "E ousamos nós acreditar nessa ilusão,
> que se não tivesse sido semeada a aveia brava
> O solo, deixado estéril, mal tivesse crescido
> O grão pelo qual um homem pode viver?
>
> Oh, se mantivéssemos a doutrina sã,
> Porque a vida sobrevive às paixões da mocidade;
> Todavia, quem pregaria isso como uma verdade
> Para aqueles que remoinham girando e girando?
>
> Sustente o que é bom: defina-o bem:
> Porque temer a divina filosofia
> Empurraria para além dos limites dela, e seria
> Alcoviteira para os senhores do inferno."[278]

---

[278] Tennyson, *In Memória*, liii.

No caso de Pedro, o bem veio do mal. O tempo de teste foi um momento decisivo em sua história espiritual: o processo de teste teve como resultado uma segunda conversão, mais profunda que a primeira – um afastamento do pecado, não só em geral, mas no detalhe de pecados insistentes, e mais bem informado senão mais fervente arrependimento, e, com o propósito de nova obediência, menos autoconfiante, mas exatamente por isso, mais confiável. Uma criança até agora – um criança de Deus de fato, mesmo assim uma criança – Pedro tornou-se um homem forte na graça e pronto para carregar o fardo do fraco. Porém é digno de nota, para mostrar quão pouca simpatia o Autor de nossa fé tinha com a doutrina de que o mal pode ser feito por causa do bem, que Jesus, conquanto consciente de como a queda de Pedro terminaria, não a viu como desejável. Ele não disse: "*Eu* desejei avaliá-lo (peneirar)", mas a tarefa de avaliação foi atribuída ao mau espírito que, no começo, tentou nosso primeiro pai a pecar com o astucioso argumento: "vocês serão como deuses, conhecendo o bem e o mal", reservando para si mesmo a parte de um intercessor que ora para que o mal permitido possa ser transformado em bem. "Satanás desejou ter vocês": "Eu orei por você". Que palavras poderiam mais fortemente transmitir a ideia de culpa e perigo que essas? Palavras que sugerem que Simão estava apara realizar um ato objeto de desejo do maligno e que faz necessário que o Salvador de almas ore especialmente por ele? Deve-se ir a outros lugares em busca de apoio para teorias panteístas ou apologéticas do pecado.

Pode-se, porém, pensar que a referência a Satanás tende em outra direção a enfraquecer a seriedade moral, ao encorajar as pessoas a pôr a culpa de seus erros sobre *ele*. Teoricamente plausível, essa objeção é praticamente contrária ao fato; porque os expoentes de noções suaves de pecado são também os descrentes na personalidade do demônio. "Quanto mais a era tem-se afastado da ideia de um demônio, mais relaxada tem-se tornado na imputação e punição do pecado. Os tempos mais antigos, que não negavam as tentações e ataques do demônio, eram, porém, tão pouco inclinados a desculpar os homem por esse meio, que viam a negligência de resistência ao espírito do mal como o extremo grau de culpa e exercia contra isto uma severidade judicial da qual nos afastamos aterrorizados. O extremo oposto a esse rigor é a tolerância da recente jurisprudência criminal, na qual juízes e médicos devem estar muito inclinados a desculpar o culpado com base em motivos físicos ou psíquicos, enquanto o julgamento moral da opinião pública é indulgente e brando. É inegável que, para todo pecado, não só uma má disposição, mas também a sedução de alguma tentação contribui; e, quando a tentação não é atribuída ao demônio, o pecador nem por isso culpa sua má disposição, mas tentações que sur-

O TREINAMENTO DOS DOZE

gem de alguma outra área que ele não deriva do pecado, mas da *natureza*, embora a natureza tente somente quando é influenciada pelo pecado. O mundo e a carne são, de fato, poderes de tentação, não por meio de sua substância natural, mas por meio da influência do mal com que são infectadas. Mas quando, como atualmente, a sedução do mal é atribuída à sensualidade, temperamento, desejos e paixões físicas, circunstâncias ou ideias fixas ou monomanias, etc, a culpa é tirada dos ombros do pecador e colocada sobre alguma coisa eticamente indiferente ou simplesmente natural".[279] A visão apresentada por Jesus da queda dos seus discípulos não pode, portanto, ser acusada de enfraquecer o sentimento de responsabilidade; ao contrário, é uma visão que tende ao mesmo tempo a inspirar o ódio ao pecado e esperança para o pecador. Ela exibe o pecado a ser cometido como um objeto de medo e abominação; e o já cometido como não só perdoável, após arrependimento, mas como capaz de ser feito útil para o progresso espiritual. Ela nos diz, por um lado, não brinque com a tentação, porque Satanás está por perto procurando a ruína de sua alma – "tema, e não peque"; e, por outro lado, "se alguém pecar, temos um advogado junto ao Pai, Jesus Cristo o justo" – não se desespere: abandone seus pecados e você achará misericórdia.

Seção III – Pedro e João
João 18.15-18; 19.25-27

Embora todos os discípulos tenham abandonado Jesus no momento de sua prisão, dois deles logo recuperaram coragem suficiente para retornar da fuga e seguir seu Mestre, quando ele estava sendo levado para julgamento. Um desses era Simão Pedro, sempre original tanto no bem quanto no mal, de quem nos é dito, seguiu a Jesus "de longe até o pátio do sumo sacerdote ... para ver o que aconteceria" (Mt 26.58). O outro, segundo a visão geral – e pensamos que seja a correta – dos intérpretes, era João. Na realidade, o nome dele não aparece, mas é simplesmente descrito como outro, ou melhor, o outro discípulo; mas como o próprio João é nosso informante, o fato é quase evidência certa de que ele é a pessoa mencionada. "O outro discípulo, que era conhecido do sumo sacerdote, entrou com Jesus no pátio da casa do sumo sacerdote" (Jo 18.15): é o bem conhecido "sem nome" que tantas vezes encontramos no quarto evangelho. Se o homem cuja conduta era tão destacada fosse outro senão o evangelista, ele certamente não teria ficado sem nome em uma narra-

---

[279] Sartorius, *Die Lehre von der heiligen Liebe*, pp.79,80.

tiva tão minuciosamente exata, em que até o nome do servo cuja orelha Pedro decepou não é considerado tão insignificante para não ser registrado (Jo 18.10).

Esses dois discípulos, embora muito diferentes em caráter, parecem ter tido uma grande amizade. Em várias ocasiões encontramos seus nomes associados de forma a sugerir uma ligação especial. Durante a Ceia, quando o anúncio a respeito do traidor tinha sido feito, Pedro deu ao discípulo a quem Jesus amava um sinal para que ele perguntasse quem seria aquele de quem Jesus falava. Três vezes no intervalo entre a ressurreição e a ascensão, os dois estavam ligados como companheiros. Eles correram juntos para o sepulcro na manhã da ressurreição. Eles falaram confidencialmente entre si a respeito do estranho que apareceu de manhã nas praias do mar da Galileia, quando estavam em sua última expedição de pesca, o discípulo a quem Jesus amava, ao reconhecer o ressuscitado, dizendo a Pedro: "é o Senhor". Eles caminharam juntos logo depois na praia, seguindo Jesus – Pedro, por ordem, João, pelo impulso voluntário de seu próprio coração cheio de amor. Uma intimidade selada por tais associações sagradas devia ser permanente, e encontramos os dois discípulos ainda companheiros após terem entrado nos deveres do apostolado. Eles foram juntos ao templo na hora da oração; e, tendo entrado em dificuldades por causa da cura do aleijado na porta do templo, apareceram juntos diante do tribunal eclesiástico para serem julgados pelos próprios homens, Anás e Caifás, que se tinham sentado para julgar seu Senhor, companheiros agora no tribunal, como tinham sido antes no palácio do sumo sacerdote.

Tal amizade entre os dois discípulos, como esses fatos apontam, não é de forma alguma surpreendente. Como pertencendo ao círculo fechado dos três a quem Jesus honrou com sua confiança em ocasiões especiais, eles tinham oportunidades para se tornarem íntimos, e foram colocados em circunstâncias que tendiam a uni-los nos elos mais íntimos da irmandade espiritual. E, não obstante suas diferenças características, tinham tudo para se tornarem amigos especiais. Eram ambos de destacada originalidade e força de caráter e encontrariam um no outro mais fontes de interesse que nos membros mais comuns do grupo apostólico. E até as suas peculiaridades, também, longe de mantê-los separados, antes os aproximariam. Eles eram de tal forma constituídos que cada um encontraria no outro o complemento de si mesmo. Pedro era masculino, João era feminino, em temperamento; Pedro era o homem de ação, João, o homem de pensamento e sentimento; a parte de Pedro era ser um líder e campeão, a de João era ser fiel, e confiar, e ser amado; Pedro era o herói, e João, o admirador do heroísmo.

O TREINAMENTO DOS DOZE

Em seu respectivo comportamento nessa crise, os dois amigos foram iguais e diferentes um do outro. Eram iguais no fato de que ambos manifestaram uma solicitude generosa pelo destino de seu Mestre. Enquanto os outros se retiraram completamente de cena, eles o seguiram para ver o fim. A ação comum procedeu em ambos provavelmente pelos mesmos motivos. Não nos é dito que motivos foram esses, mas não é difícil adivinhar. Uma certa influência pode ser atribuída, em primeiro lugar, à atividade natural do espírito. Não estava na natureza de nenhum deles ser indiferente e passivo, enquanto eventos tão graves estavam acontecendo. Não podiam se sentar em casa, enquanto seu Senhor estava sendo julgado, sentenciado e tratado como um criminoso. Se não podiam impedir, pelo menos testemunhariam seus últimos sofrimentos. A mesma energia mental irrepreensível que, três dias depois, fez esses dois discípulos correrem para ver o túmulo vazio, agora os impele a ir à sala de julgamento testemunhar o que acontece lá.

Além de atividade mental, percebemos, na conduta dos dois discípulos, um certo espírito de ousadia na obra. Aprendemos em Atos dos Apóstolos que, quando Pedro e João apareceram diante do conselho em Jerusalém, os governantes ficaram chocados com sua coragem. Sua coragem era então só o que se podia esperar de homens que tinham se comportado como fizeram nessa crise. Naquele tempo, é verdade, eles tinham, em comum com todos os seus irmãos, experimentado uma grande mudança espiritual; mas não podemos deixar de reconhecer a identidade de caráter. Os apóstolos só tinham chegado a essa coragem espiritual que tinham sinalizado nos dias de seus discipulado. Porque foi um ato de coragem deles seguir, mesmo à distância, o bando que tinha levado Jesus como prisioneiro. Pelo menos os rudimentos do caráter de mártir estavam em homens que podiam fazer isso. Meros covardes não teriam agido assim. Eles teriam ansiosamente se aproveitado da sanção dada por Jesus para fugir, confortando seus corações com o pensamento de que, ao cuidarem de sua segurança, estavam só cumprindo o seu dever.

Mas a conduta dos dois irmãos surgiu, como cremos, principalmente de seu ardente amor por Jesus. Quando passou o primeiro paroxismo de medo, a solicitude pela segurança pessoal deu lugar a uma generosa preocupação com o destino daquele a quem eles realmente amavam mais que a vida. O amor de Cristo os constrangeu a pensar, não em si mesmos, mas naquele cuja hora de sofrimento tinha chegado. Primeiro, diminuíram o passo, depois pararam, então olharam para trás; e, quando viram o grupo armado se aproximando da cidade, seu coração partiu, e disseram consigo: "Não podemos abandonar nosso Mestre nessa hora de perigo; devemos ver o resultado dessa coisa dolorosa". E assim, com espírito angustiado, foram para Jerusalém, Pedro, primeiro, e João, atrás.

Os dois irmãos, companheiros até agora, divergiram amplamente sobre a chegada do lugar de julgamento e sofrimento. João se prendeu ao seu amado Senhor até o fim. Ele estava presente, parece, aos vários interrogatórios aos quais Jesus foi submetido e ouviu, com seus próprios ouvidos, o processo judicial do qual ele deu um relato tão interessante em seu evangelho. Quando a iníqua sentença foi executada, era um espectador. Estava ao lado da cruz, de onde tudo podia ser visto, e não só ser visto, mas até ser narrado, com seu Mestre agonizante. Lá ele viu, entre outras coisas, o estranho fenômeno de sangue e água fluindo do ferimento no lado do Salvador, que ele tão cuidadosamente registra em sua narrativa. Lá ele ouviu as palavras de Cristo agonizante e, entre elas, aquelas dirigidas a Maria de Nazaré e a ele mesmo: para ela, "Mulher, aí está o seu filho", e para ele, "Aí está a sua mãe".

João, então, foi persistentemente fiel em todo o tempo. E o que dizer de Pedro? É preciso falar da conhecida história de sua deplorável fraqueza no pátio do palácio do sumo sacerdote? Como, tendo conseguido uma entrada pela porta da rua por intercessão de seu condiscípulo, ele primeiro negou à porteira sua ligação com Jesus; então repetiu essa negação a outros, com o acréscimo de um juramento solene; depois, irritado pela repetição da acusação, e talvez pela consciência de culpa, uma terceira vez declarou, não com um juramento solene, mas com o degradante acompanhamento de juramento profano: "Eu não conheço este homem"; então, finalmente, ouvindo o cantar do galo, e percebendo o olhar de Jesus, e lembrando-se das palavras: "Antes que o galo cante você me negará três vezes", saiu para a rua e chorou amargamente!

O que aconteceu com Pedro após essa deprimente exibição não sabemos. Com toda probabilidade ele se retirou para sua residência, humilhado, desanimado, esmagado, para ficar lá esmagado pelo remorso e vergonha, até que fosse levantado do estupor pelas notícias animadoras da manhã da ressurreição.

Essa diferença de conduta entre os dois correspondia a uma diferença de caráter. Cada um agiu conforme a sua natureza. É verdade, de fato, que as circunstâncias não eram as mesmas para ambas as partes, sendo favorável para um, desfavorável para outro. João tinha a vantagem de um amigo na corte, sendo de alguma forma conhecido do sumo sacerdote. Isso lhe deu permissão para entrar na sala de julgamento e segurança contra todo risco pessoal. Pedro, por um lado, não só não tinha amigos na corte, mas podia naturalmente temer lá a presença de inimigos pessoais. Ele se tinha feito antipático pelo seu ato

O Treinamento dos Doze

brutal no jardim e podia estar com medo de ter problemas por isso. Que tais medos não teriam sido sem base ficamos sabendo, do fato relatado por João, que uma das pessoas que acusaram Pedro de ser discípulo de Jesus era parente do homem cuja orelha Pedro tinha decepado, e que o acusou assim: "Eu não o vi com ele no olival?" É, portanto muito provável que a consciência de ter cometido uma ofensa que podia ser punida fez Pedro ansioso de escapar de identificação como um dos discípulos de Cristo. Sua coragem inoportuna no jardim ajudou a fazê-lo um covarde no pátio do palácio.

Descontando, porém, o efeito das circunstâncias, pensamos que a diferença no comportamento dos discípulos era devida principalmente a uma diferença neles mesmos. Mesmo que não tivesse sido culpado de nenhuma imprudência no jardim, Pedro, nós tememos, teria negado a Jesus no pátio; e, por outro lado, supondo que João tivesse sido colocado na posição de Pedro, não cremos que ele teria cometido o pecado de Pedro. A disposição de Pedro o deixava aberto à tentação, enquanto a de João, por outro lado, era uma proteção contra a tentação. Pedro era franco e familiar, João era digno e reservado; a tendência de Pedro era estar em termos de intimidade com todo mundo, João podia manter seu próprio lugar e fazer as outras pessoas ficarem nos seus. É fácil ver que efeito importante essa distinção teria sobre a conduta de outros colocados na posição de Pedro. Suponha João no lugar de Pedro, e vamos ver como ele poderia ter agido. Algumas pessoas na corte, sem autoridade nem influência, o interrogam sobre suas ligações com Jesus. Ele não tem medo nem vergonha de reconhecer seu Senhor, mas, não obstante, ele se vira e nada responde. Eles não têm direito de interrogá-lo. O espírito que os leva a perguntar é um pelo qual ele não tem nenhuma simpatia, e ele sente que não ajudará em nada confessar seu discipulado a tais pessoas. Portanto, como seu Mestre, confrontado com as falsas testemunhas, ele fica firme e se afasta dessas companhias com quem nada tem em comum e a quem não respeita.

Proteger-se de interrogatório inconveniente por essa digna reserva está além da capacidade de Pedro. Ele não consegue manter à distância gente que não é adequado estar por perto; é franco demais, familiar demais, sensível demais à opinião pública, não importa sua qualidade. Se uma criada lhe pergunta sobre sua relação com o prisioneiro no tribunal, ele não consegue deixar passar como se não tivesse ouvido. Tem que dar uma resposta; e, como sente instintivamente que a intenção da pergunta é contrária a seu Mestre, sua resposta precisa necessariamente ser uma mentira. Então, não advertido por esse encontro do perigo que surgia de tão íntimo contato com os que estavam ao redor do palácio, o tolo discípulo envolve-se mais fortemente na rede, por misturar-se elegantemente com os servos e oficiais reunidos junto ao fogo que tinha sido aceso no pavimento, no pátio aberto. É claro que ele não tem chance de escapar daqui; é como uma pobre mosca presa na teia da aranha. Se esses homens, com o tom insolente de empregados da corte, o acusam de ser um seguidor do homem a quem seus mestres têm agora em seu poder, ele não pode fazer nada mais que soltar uma negação baixa e indigna. Teria sido mais sábio ter ele ficado em casa, controlando sua curiosidade de ver o fim. Mas, como a maioria das pessoas, devia aprender a sabedoria somente pela amarga experiência.

O contraste que temos traçado entre os dois discípulos sugere o seguinte pensamento: quão diferente o crescimento na graça pode ser para diferentes cristãos! Nem João nem Pedro eram maduros ainda, mas a falta de maturidade se mostrou neles de formas opostas. A fraqueza de Pedro encontrava-se na sua característica de cordialidade indiscriminada. Sua tendência era ser amigável com todo mundo, João, por outro lado, não corria o perigo de estar em relações amigáveis com todos. Era antes *muito fácil* para ele fazer diferença entre amigos e inimigos. Ele podia tomar um lado e mantê-lo; ele podia até odiar com intensidade fanática, bem como amar com bela devoção feminina. Testemunho disso é sua proposta de chamar fogo do céu para consumir as aldeias samaritanas! Essa é uma proposta que Pedro não poderia ter feito; não estava em sua natureza ser tão truculento contra qualquer ser humano. Até aqui, sua boa natureza era um exemplo a ser recomendado, se, em outros aspectos, não o deixasse aberto à tentação. As faltas dos dois sendo tão opostas, o crescimento na graça naturalmente assumiria duas formas opostas em suas respectivas experiências. Em Pedro, tomaria forma de concentração; em João, de expansão. Pedro se tornaria menos caridoso; João se tornaria mais caridoso. Pedro avançaria de indiscriminada boa vontade para uma determinação que distinguiria entre amigos e inimigos, a igreja e o mundo; o progresso de João, por outro lado, consistiria em deixar de ser intolerante e em tornar-se imbuído do espírito cordial, humano, simpático de seu Senhor. Pedro, em seu estado maduro, se preocuparia muito menos com as opiniões e sentimentos das pessoas do que no estágio atual; João, de novo, se preocuparia muito mais.

Acrescentamos uma palavra sobre a pergunta: "Foi certo ou errado da parte desses dois discípulos seguir seu Senhor até o lugar de julgamento?" Acreditamos que, em si mesmo, o fato não foi nem certo nem errado. Foi certo para aquele que era capaz de fazer isso sem dano espiritual; errado para quem tinha motivo para crer que, ao fazê-lo, estava se expondo a prejuízo. O último era o caso de Pedro, como o primeiro parece ter sido o de João. Pedro tinha sido claramente advertido de sua fraqueza; e, se tivesse valorizado a advertência, teria evitado dar lugar à tentação. Por desconsiderar a advertência, ele propositalmente correu para os braços do tentador e, é claro, caiu. Sua queda ensina uma lição a todos que, sem procurar conselho de Deus ou desrespeitando o conselho dado, entram em empreendimentos além de suas forças.

28

O pastor restaurado

Seção I — Notícias muito boas para serem verdadeiras

Mt 28.17; Mc 16.11-15; Lc 24.11, 13-22, 36-42; Jo 20.20, 24-29.

O dia negro da crucificação passou; o dia seguinte, o Sábado judaico, quando o Oprimido ficou em sua sepultura cavada na rocha, também passou; o primeiro dia de uma nova semana e de uma nova era amanheceu, e o Senhor ressuscitou dos mortos. O pastor retornou para reunir suas ovelhas que estavam dispersas. Certamente, um dia feliz para discípulos infelizes! Que alegria arrebatadora deve ter comovido seus corações pela ideia de uma reunião com seu amado Senhor! Com que ardente esperança devem ter aguardado aquela manhã da ressurreição!

Pode-se pensar assim; mas o estado real deste caso não era assim. Essas ardentes expectativas não tinham lugar na mente dos discípulos. O estado real de suas mentes na ressurreição de Cristo mais parecia o dos exilados judeus na Babilônia, quando ouviram que deveriam ser restituídos à sua terra natal. O primeiro efeito das boas novas foi o de que eles ficaram como homens que sonhavam. As notícias pareciam muito boas para serem verdadeiras. Os cativos que se assentavam à margem dos rios da Babilônia, e choravam ao se lembrarem de Sião, deixaram de ter esperança no retorno à sua própria terra e, na verdade, de serem até mesmo capazes de esperar por qualquer coisa. Dentro deles "a dor era serena e a esperança estava morta". Então, quando os exilados se recuperaram do estupor da surpresa, o efeito seguinte das boas notícias foi o de uma manifestação de extrema alegria. Eles irromperam em gargalhadas histéricas e em canto irreprimível.[280]

Muito semelhante foi a experiência dos discípulos em relação à ressurreição de Jesus. Sua dor, de fato, não era serena, mas sua esperança estava morta. A ressurreição de seu Mestre não era esperada por eles de modo algum e eles receberam as notícias com surpresa e incredulidade. Percebe-se isso nas declarações de todos os quatro evangelistas. Mateus declara que, na ocasião do

---

[280] Sl 137. A experiência dos exilados e dos apóstolos lembra as linhas do poeta grego Eurípides: "πολλαι μορφαι των δαιμονιων πολλα δ' αελπτως κραινουσι θεοι και τα δοκηθεντ' ουκ ετελεσθη των δ' αδοκητων πορον ευρε θεος."

O TREINAMENTO DOS DOZE

encontro de Cristo com seus seguidores na Galileia, após a ressurreição, alguns duvidaram, enquanto outros o adoraram (Mt 28.17). Marcos relata que, quando os discípulos ouviram de Maria Madalena que Jesus estava vivo e fora visto por ela, "eles não acreditaram" (Mc 16.11); e que, quando os dois discípulos que viajavam para Emaús contaram a seus irmãos seu encontro com Jesus no caminho, "não acreditaram neles" (Mc 16.13). Além disso, ele relata como, em uma ocasião posterior, quando o próprio Jesus se encontrou ao mesmo tempo com os onze, Ele "os repreendeu por sua descrença e dureza de coração, pois não acreditaram nos que o tinham visto depois que ele ressuscitou" (Mc 16.14).

Em plena concordância com essas declarações dos dois primeiros evangelistas, estão as de Lucas, cuja representação da atitude mental dos discípulos para com a ressurreição de Jesus é muito vívida e animada. De acordo com ele, os relatos das mulheres lhes pareceram "loucura, e eles não acreditaram" (Lc 24.11). Os dois irmãos, aos quais Marcos faz vaga alusão, enquanto andavam pela região quando Jesus lhes apareceu, são descritos por Lucas como tendo os rostos entristecidos, ainda que conscientes dos rumores da ressurreição; sim, como muito deprimidos no espírito, a ponto de não reconhecerem Jesus quando Ele lhes fez companhia e conversou com eles (Lc 24.16). A ressurreição, para eles, não era um fato: tudo o que sabiam é que seu Mestre estava morto, e que em vão eles tinham confiado que ele seria Aquele que redimiria a Israel. O mesmo evangelista também nos informa que, na primeira ocasião em que Jesus se apresentou no meio de seus discípulos, eles viram que a aparição tinha semelhança com o seu Senhor falecido, mas pensaram que era apenas seu espírito e, por causa disso, ficaram aterrorizados; a tal ponto que, para dissipar seu temor, Jesus lhes mostrou suas mãos e pés e pediu-lhes que tocassem seu corpo, e assim lhes mostrou que não era um espírito, mas um ser humano real, de carne e osso, como um homem qualquer (Lc 24.36-37).

Ao invés de declarações gerais, João dá um exemplo da incredulidade dos discípulos a respeito da ressurreição, como exibida em sua forma extrema por Tomé. Este discípulo é descrito por João como tão incrédulo, que se recusava a crer enquanto não pusesse seu dedo nas marcas dos pregos e sua mão na ferida provocada pela lança no lado do Salvador. O fato de que os outros discípulos compartilhavam da incredulidade de Tomé, embora em menor grau, está implicado na declaração feita por João, em uma parte anterior de sua narrativa, de que, quando Jesus encontrou seus discípulos ao cair da tarde do dia em que ressuscitou, "mostrou-lhes suas mãos e seu lado" (João 20.20).

As mulheres que tinham acreditado em Cristo não tinham mais expectativa da sua ressurreição do que os onze. Elas foram ao sepulcro na manhã do primeiro dia da semana com a intenção de embalsamar o corpo daquele a quem elas amavam. Elas buscavam o vivo entre os mortos. Quando Madalena, que chegou ao sepulcro antes das demais, encontrou o túmulo vazio, sua ideia foi que alguém tivesse levado o corpo de seu Senhor (João 20.2).

Quando a incredulidade dos discípulos finalmente deu lugar à fé, eles passaram, como os exilados hebreus, da extrema depressão à alegria extravagante. Quando a dúvida de Tomé foi removida, ele exclamou extasiado: "Meu Senhor e meu Deus!" (João 20.28). Lucas relata que, quando reconheceram o seu Senhor ressuscitado, os discípulos "não creram por causa da alegria" (Lc 24.41), como se brincassem com a dúvida como um estímulo para a alegria. Os dois discípulos com quem Jesus conversou no caminho para Emaús disseram um ao outro quando ele os deixou: "nosso coração não queimava dentro de nós enquanto ele falava conosco pelo caminho e enquanto nos expunha as Escrituras?" (Lc 24.32).

Em um outro aspecto ainda mais importante, os onze se parecem com os antigos exilados hebreus no tempo de sua chamada. Enquanto sua fé e esperança estavam paralisadas durante o intervalo entre a morte e a ressurreição de Jesus, seu amor permaneceu com vitalidade inabalável. O judeu expatriado não se esqueceu de Jerusalém quando estava na terra dos estrangeiros. A ausência só fez seu coração ficar mais carinhoso. Enquanto ele se assentava à margem dos rios da Babilônia, sem motivação, imóvel, como que sonhando, olhando fixamente com olhos vidrados as águas vagarosas, grandes lágrimas desciam silenciosamente por sua face, pois pensava em Sião. O exílio da alma poética não esqueceu qual era a honra devida a Jerusalém. Ele era incapaz de cantar as canções do Senhor para uma audiência pagã, que não se importava com seu significado, mas somente com o estilo da execução. Ele não queria prostituir seus talentos para o entretenimento dos voluptuosos opressores de Israel, ainda que, com isso, ele pudesse conquistar sua restituição ao amado país de seu nascimento, como os cativos atenienses na Sicília fizeram ao recitar os versos de seu poeta favorito, Eurípedes, aos ouvidos de seus dominadores sicilianos.[281]

Os discípulos não eram menos fiéis à memória de seu Senhor. Eles eram como uma "verdadeira viúva", que permanece fiel a seu marido falecido e zela

---

[281] A história é contada por Plutarco em sua παραλληλα (*Nikias*), e citada e comentada por Gillies, *History of Greece*, cap. XX.

por suas virtudes, ainda que sua reputação seja má na estima geral do mundo. Chame-o enganador quem quiser, eles não podiam acreditar que Jesus fora um enganador. Eles podiam ter-se enganado a respeito dele, mas ele ser um impostor — *jamais*! Portanto, ainda que ele esteja morto e eles sem esperança, ainda agem como homens que nutrem a devoção mais profunda ao seu Mestre a quem tinham perdido. Eles se mantêm juntos como uma família de luto, fechando e trancando suas portas com receio dos judeus, identificando-se com o Crucificado e, como Seus amigos, temendo a má vontade do mundo incrédulo. Exemplo admirável para todos os cristãos de como se comportarem no dia da tribulação, da repreensão e blasfêmia, quando a causa de Cristo parece perdida, e os poderes da escuridão, por um momento, têm todas as coisas em suas mãos. Ainda que a fé seja eclipsada e a esperança, extinguida, o coração deve ser sempre leal a seu verdadeiro Senhor!

O estado de espírito no qual os discípulos se encontravam na ressurreição de Jesus Cristo é de grande importância do ponto de vista apologético. Seu desespero após a crucificação de seu Senhor dá grande peso ao testemunho dado por eles ao *fato* de sua ressurreição. Homens em tal estado provavelmente não estariam dispostos a crer no último evento, a não ser porque esse mesmo não poderia razoavelmente ser desacreditado. Eles não aceitariam facilmente sua verdade, da maneira como os homens são capazes de aceitar no caso de eventos não só desejados, mas esperados: eles exigiriam, de maneira cética, muitas evidências, como os homens fazem no caso de eventos desejados, mas não esperados. Eles demorariam a crer no testemunho de outros e podiam até mesmo hesitar em crer em seus próprios olhos. Eles não seriam capazes, como Renan supõe, de chegar a uma crença na ressurreição de Jesus a partir do simples fato de que seu túmulo fora encontrado vazio, no terceiro dia após sua morte, por mulheres que foram embalsamar seu corpo. Esta circunstância, ao ser relatada, podia fazer com que um Pedro e um João corressem ao sepulcro para ver o que ocorrera; mas, depois que eles tivessem confirmado o relato das mulheres, ainda permaneceria a questão de como o fato seria explicado; e a teoria de Maria Madalena, de que alguém tinha carregado o cadáver, não pareceria, de modo algum, improvável.

Estas nossas inferências, do que nós sabemos a respeito da condição mental dos discípulos, são plenamente provadas pelos relatos dos evangelhos sobre a recepção que eles deram ao Jesus ressuscitado em suas primeiras aparições a eles. Todos eles viram essas aparições ceticamente e tiveram dificuldade para se convencer, ou fizeram necessário que Jesus se esforçasse para convencê-los de que o objeto visível não era uma aparição fantasmagórica, mas um homem vivo, e nenhum outro senão aquele que tinha morrido na cruz. Os discípulos duvidavam agora da materialidade, da identidade, da pessoa que lhes tinha aparecido. Portanto, eles não estavam contentes em ver Jesus; no entanto, a seu próprio pedido eles o tocaram. Um deles não somente tocou o corpo para se certificar de que ele possuía a incompressibilidade da matéria, mas insistiu em examinar com curiosidade cética aquelas partes que tinham sido feridas pelos pregos e pela lança. Todos perceberam a semelhança entre o que estavam vendo e Jesus, mas eles não podiam ser persuadidos quanto à identidade, tão completamente estavam despreparados para ver o Morto que vive novamente; e a teoria deles, no início, era como a de Strauss, de que o que eles viam era um espírito ou espectro. E o próprio fato de que eles tinham em mente esta teoria torna impossível para nós tê-la. Nós não podemos, em face deste fato, aceitar o dogma straussiano de que "a fé em Jesus como o Messias, que, por sua morte violenta, recebeu aparentemente um choque fatal, foi subjetivamente restaurada pela instrumentalidade da mente, o poder da imaginação e excitação nervosa." O poder da imaginação e a excitação nervosa, nós sabemos que podem fazer muita coisa. Frequentemente tem acontecido a homens em um estado anormal e excitado verem projetadas no espaço externo as criações de um cérebro aquecido. No entanto, as pessoas em um estado de loucura como este — sujeitas à alucinação — não são, de modo geral, racionais e suficientemente frias para *duvidar* da realidade daquilo que veem; nem é necessário, neste caso, esforçar-se para dissipar tais dúvidas. Aquilo de que elas mais precisam é serem informadas de que o que pensam ver *não* é a realidade: o próprio reverso do que Cristo tinha a fazer para os discípulos, e *fez*, pela solene afirmação de que não era um espírito, por convidá-los a tocá-lo, e assim se convencerem da sua realidade material, e por comer na presença deles.

Quando nós mantemos prontamente diante de nossos olhos as condições mentais dos onze na ocasião da ressurreição de Cristo, vemos a transparente falsidade e o absurdo da teoria do *furto* inventada pelos sacerdotes judeus. Os discípulos, de acordo com esta teoria, vieram de noite, enquanto os guardas dormiam, e roubaram o corpo de Jesus, para que eles pudessem ser capazes de fazer circular a crença de que ele tinha ressuscitado. Mateus conta que mesmo antes da ressurreição os assassinos de Nosso Senhor temiam que isso pudesse acontecer; e então, para evitar qualquer fraude deste tipo, pediram a Pilatos que colocasse uma guarda junto ao túmulo; ele, concordando desdenhosamente, deu-lhes permissão de fazer o que lhes fosse adequado para evitar qualquer procedimento de ressurreição, quer da parte de mortos, quer

O Treinamento dos Doze

de vivos, respondendo com desdém, "Levem um destacamento. Podem ir e mantenham o sepulcro em segurança como acharem melhor." Eles fizeram isso, selando a pedra e colocando uma guarda. Suas precauções, no entanto, não evitaram nem a ressurreição nem a crença nela, mas somente forneceram uma ilustração do desvario daqueles que tentaram guiar a providência e controlar o curso da história do mundo. Eles arrumaram para si mesmos muito trabalho, e tudo isso de nada serviu. Não que nós estejamos dispostos a negar a astúcia desses políticos eclesiásticos. O plano deles para evitar a ressurreição era bastante prudente, e seu modo de explicá-lo posteriormente bastante plausível. A história que eles inventaram foi realmente uma fabricação merecedora de respeito, e era adequada para satisfazer todo aquele que queria uma teoria decente para justificar uma conclusão à qual já tinham chegado antes, como, de fato, parece ter ocorrido; porque, de acordo com Mateus, foi comumente relatada nos anos posteriores (Mt 28.15). Não era improvável que os soldados caíssem no sono à noite durante a vigília, principalmente quando guardavam um cadáver, o qual possivelmente não lhes causaria nenhum problema; e, aos olhos do mundo descrente, os seguidores do Nazareno eram capazes de utili-zar qualquer meio para promover seus fins.

Mas admitindo-se tudo isso, e até admitindo-se que o sinédrio estava correto em sua opinião quanto ao caráter dos discípulos, sua teoria do furto é ridícula. Os discípulos, mesmo que fossem capazes de praticar tal furto, até onde os escrúpulos da consciência importavam, não estavam em um estado de espírito adequado para pensar nisto, ou tentar fazê-lo. Eles não tinham força de espírito para ousar praticar tal ação. A tristeza era como um peso sobre seus corações, e os tornava quase tão inanimados quanto o cadáver que supostamente teriam roubado. Consequentemente, o motivo para o furto é algo que não poderia tê-los influenciado. Roubar o corpo para propagar uma crença na ressurreição! Que interesse teriam eles em propagar uma crença que eles mesmos não tinham? "Eles ainda não compreendiam as Escrituras, que ele devia ressuscitar dos mortos" (João 20.9); nem lembravam de coisa alguma que seu Mestre dissera sobre este assunto antes de seu falecimento. Para alguns esta última declaração parece difícil de crer; e, para superar a dificuldade, sugeriu-se que as predições de Nosso Senhor concernentes à sua ressurreição podem não ter sido tão claras quanto aparecem nos evangelhos, assumindo esta forma definida depois do acontecimento, quando seu significado foi claramente compreendido.[282] Nós não vemos ocasião para tal suposição. Não pode haver dú-

---

[282] Veja Neander, *Life of Jesus*.

vida de que Jesus falou de maneira suficientemente clara sobre sua morte pelo menos; e mesmo sua morte, quando ocorreu, causou aos discípulos tanta surpresa quanto o fez a ressurreição.[283] Basta apenas uma explicação para ambos os casos. Os discípulos não eram homens inteligentes, sagazes e sentimentais como Renan os faz. Eles eram pessoas estúpidas e lentas de raciocínio; muito honestos, mas bastante incapazes de entender novas ideias. Eles eram como cavalos com antolhos e só podiam olhar em uma direção — a saber, a de seus preconceitos. Isso exigiria a ocorrência de eventos para inserir uma nova verdade em suas mentes. Nada poderia mudar o curso de seus pensamentos a não ser uma obra de fato inegável. Eles poderiam ser convencidos de que Cristo deveria morrer somente por Sua morte, de que ele ressuscitaria somente por sua ressurreição, que seu reino não era deste mundo, somente pelo derramar do Espírito no Pentecostes e pela vocação dos gentios. Sejamos gratos pela honesta estupidez desses homens. Ela dá grande valor ao seu testemunho. Nós sabemos que nada, a não ser fatos, poderia fazer com que tais homens acreditassem naquilo que eles recebem o crédito de terem inventado.

O uso apologético que nós temos feito das dúvidas dos discípulos com respeito à ressurreição de Cristo não é somente legítimo, mas manifesta o que foi pretendido ao serem registradas. Os evangelistas cuidadosamente fizeram as crônicas destas dúvidas para que nós pudéssemos não ter dúvida. Essas coisas foram escritas para que nós pudéssemos crer que Jesus realmente ressuscitou dos mortos; porque os apóstolos davam suprema importância ao fato de que eles tinham duvidado disso nos dias de seu discipulado. Isto era o fundamento de seu edifício doutrinal, uma parte essencial de seu evangelho. O apóstolo Paulo corretamente sintetizou o evangelho pregado pelos homens que tinham estado com Jesus, assim como por ele mesmo, nestes três itens: "que Cristo morreu por nossos pecados de acordo com as Escrituras; e que Ele foi sepultado; e que surgiu novamente ao terceiro dia, de acordo com as Escrituras." Os onze concordavam inteiramente com o sentimento de Paulo, de que, se Cristo não ressuscitasse, a pregação deles seria vã, e a fé dos cristãos também

---

[283] Colani (*Jesus Christ et les Croyances messianiques de son Temps*, 2a. ed. p. 164) se empenha em diminuir a força deste argumento ao salientar que a morte de Jesus, sendo um evento não desejável, era uma coisa da qual os discípulos não queriam se lembrar ou nela crer, pois envolvia a ruína de suas esperanças messiânicas; ao passo que na ressurreição, sendo um evento alegre, com mais contentamento, teriam acreditado se tivesse sido realmente pré-anunciada. O autor se esquece de que a ressurreição implicava a morte como seu antecedente; se cressem nela, teria feito a morte ser vista por uma luz totalmente diferente e que se não fosse crida, compartilharia, de antemão, do mesmo destino da morte, ou seja, seria desconsiderada; e posteriormente pareceria "uma noticia muito boa para ser verdadeira."

O Treinamento dos Doze

seria vã. Não haveria evangelho nenhum, a menos que aquele que morreu pelos pecados dos homens ressuscitasse para a justificação deles. Com essa convicção em suas mentes, eles constantemente deram testemunho da ressurreição de Jesus aonde quer que fossem. Este testemunho pareceu-lhes parte tão importante de sua obra que, quando Pedro propôs a eleição de alguém para preencher o lugar de Judas, ele destacou isto como a função característica do ofício apostólico. "Destes homens," disse, "que estiveram conosco todo o tempo em que o Senhor Jesus entrou e saiu dentre nós,... deve um se tornar uma testemunha conosco de Sua ressurreição."

Com este supremo valor atribuído ao fato da ressurreição de Cristo na pregação apostólica é nosso dever mais cordial concordar. Os incrédulos modernos, como alguns na igreja de Corinto, nos convenceriam de que não importa se Jesus ressuscitou ou não; tudo o que é valioso no cristianismo é completamente independente da mera verdade histórica. Com esses praticamente concordam muitos crentes que preferem um espiritualismo altaneiro, que tratam meros fatos sobrenaturais com negligência desdenhosa, julgando dignas de respeito só as supremas doutrinas da fé. Para pessoas dessa índole, estudos como estes dos quais nos ocupamos neste capítulo parecem uma simples perda de tempo; e se eles falassem como sentem, diriam: "Deixe estas ninharias de lado, e dê-nos o puro e simples evangelho." Cristãos inteligentes, sóbrios e honestos diferem completamente de ambas as classes mencionadas de pessoas. No seu ponto de vista, o cristianismo é, em primeiro lugar, uma religião de fatos sobrenaturais. Estes fatos ocupam o lugar principal em seu credo. Eles sabem que se crê honestamente nesses fatos, todas as grandes doutrinas da fé devem, mais cedo ou mais tarde, ser aceitas; e, por outro lado, compreendem claramente que uma religião que menospreza, para não dizer desacredita, esses fatos é apenas uma névoa, que deve, em breve, ser dissipada, ou uma casa construída na areia que a tempestade logo varrerá. Portanto, enquanto reconhecem a importância de toda verdade revelada, eles colocam muita ênfase sobre fatos revelados. Crendo de coração na preciosa verdade de que Cristo morreu por nossos pecados, eles são cuidadosos, juntamente com os apóstolos, em incluir, em seu evangelho, estes itens quanto ao fato: que ele foi sepultado e que ele ressuscitou ao terceiro dia.[284]

---

[284] Baur, negando, ou tacitamente ignorando, o *fato* da ressurreição, admite que a *crença* nela da parte dos apóstolos era a necessária pressuposição de todo o desenvolvimento histórico do Cristianismo. Ele não procura explicar como esta crença surgiu em suas mentes, mas antes declara ser inexplicável por meio da análise psicológica (veja *Kirchengeschichte der Drei Ersten Jahrhunderte*, 3 ed., p. 40). O ponto de vista de Keim é peculiar. Sustentando, com Baur e Strauss, a impossibi-

Seção II — Os Olhos dos Discípulos se Abriram
Mc 16.14; Lc 24.25-32, 44-46; Jo 20.20-23

Jesus mostrou-se vivo após sua paixão aos seus discípulos em um corpo, pela primeira vez, na tarde do dia de sua ressurreição. Foi a quarta vez que ele se tornou visível desde que ressuscitou dos mortos. Primeiramente, ele apareceu pela manhã a Maria Madalena. Ela tinha merecido a honra assim conferida a ela por sua devoção proeminente. Aparentada no espírito com Maria de Betânia, ela tinha estado anteriormente entre as mulheres que vieram ao túmulo de José para embalsamar o corpo do Salvador. Encontrando o túmulo vazio, ela chorou amargamente, pois teriam levado seu Senhor, e ela não sabia para onde o tinham levado. Aquelas lágrimas, certamente sinal de amor profundo e verdadeiro, não ficaram despercebidas do Ressuscitado. As tristezas de sua alma fiel tocaram Seu terno coração, e levaram-no a seu lado para confortá-la. Voltando-se com tristeza do sepulcro, ela o viu de pé, mas não o conheceu. "Jesus lhe disse: 'Mulher, porque está chorando? Quem você está procurando?' Ela, pensando que fosse o jardineiro, disse: 'Se o Senhor o levou embora, diga-me onde o colocou, e eu o levarei'. Jesus lhe disse: 'Maria'" (Jo 20.15-16). Espantada com a voz familiar, ela olha com mais atenção e imediatamente faz uma saudação com uma palavra expressiva de reconhecimento: "Rabboni". Desse modo "às santas lágrimas, de horas solitárias, Cristo ressuscitado aparece."

A segunda aparição foi concedida a Pedro. Com relação a esse encontro específico entre Jesus e seu discípulo pecador, não temos mais detalhes: ele é apenas mencionado por Paulo em sua Epístola aos Coríntios, e por Lucas, em seu evangelho; contudo não podemos ter dúvida quanto ao seu assunto. O Mestre Ressuscitado lembrou o pecado de Pedro; Ele sabia quão perturbado ele

---

lidade de uma ressurreição no sentido comum, ele ainda difere de Strauss ao considerar as aparições de Jesus após sua morte como algo mais do que alucinações, como ocorrências objetivas, comunicações "telegráficas" do mundo espiritual para fazer os discípulos desanimados saberem que tudo estava bem (*Jesu von Nazara*, Band iii., p. 605). Esta hipótese, que parece ter sido sugerida pelos fenômenos do espiritualismo moderno, acrescenta uma quarta à lista das tentativas naturalistas de descartar o grande fato cardeal considerado neste capítulo. Para o proveito do leitor podemos dar a lista:

1. Jesus nunca esteve morto: a ressurreição foi só reanimação após um desmaio.

2. O corpo foi roubado, e a mentira de que Jesus tinha ressuscitado circulou.

3. Os discípulos acreditavam honestamente que Jesus tinha ressuscitado, mas sua crença era uma pura alucinação causada por uma cabeça quente.

4. Jesus, depois da morte, fez comunicações espirituais com os seus discípulos, que naturalmente foram levados a crer que ele havia ressuscitado.

estava no espírito por causa disso; ele desejava sem demora fazê-lo saber que o pecado tinha sido perdoado; e por delicada consideração pelos sentimentos do pecador, Jesus planejou encontrá-lo pela primeira vez após sua queda, *a sós*.

No decorrer do dia, Jesus apareceu, pela terceira vez, aos dois irmãos que viajavam para Emaús. Lucas deu maior importância a esse aparecimento do que a qualquer outro em sua narrativa, provavelmente porque era uma das histórias mais interessantes concernentes à ressurreição que encontrou nas coleções de onde compilou seu evangelho. E, na verdade, não se pode imaginar nada mais interessante do que esta bela história. Quão impressionante é toda a situação dos discípulos, posta diante de nós pela descrição dos dois amigos que andam pelo caminho, e que falam das coisas que tinham ocorrido, dos sofrimentos de Jesus três dias antes e dos rumores que chegaram a seus ouvidos a respeito de sua ressurreição; e, enquanto eles falavam, oscilando entre desespero e esperança, ora chocados e desconsolados pela crucificação daquele a quem até então eles tinham visto como o Redentor de Israel, ora se perguntando se seria possível que ele tivesse ressuscitado! Quão indizivelmente comovedor é o comportamento de Jesus durante esta cena! Por um artifício de amor ele assume a figura do *incógnito* e, juntando-se aos dois homens entristecidos, pergunta-lhes descuidadamente qual é o assunto sobre o qual eles estão falando de maneira tão triste e séria; e, ao receber como resposta uma pergunta expressiva de surpresa, pois nem mesmo um estrangeiro em Jerusalém poderia ignorar as coisas que tinham ocorrido, novamente pergunta seca e indiferentemente: "Que coisas?" Tendo assim tirado deles sua história, ele passa a mostrar-lhes que um leitor inteligente do Antigo Testamento não deveria ficar surpreso pelas coisas que aconteceram àquele a quem eles acreditavam ser Cristo, aproveitando a ocasião para expor-lhes "em todas as Escrituras as coisas relativas a si mesmo," sem dizer que era de si mesmo que falava. Na chegada dos viajantes à cidade para onde os dois irmãos estavam indo, o Desconhecido assume o ar de que está indo mais longe, para não se tornar como um estranho que procura companhia sem ser convidado; mas, ao receber um convite insistente, ele o aceita, e, por fim, os dois irmãos descobrem, para sua alegria, com quem eles conversavam sem saber.

Esta aparição de Jesus aos dois irmãos pelo caminho era um tipo de prelúdio àquela que ele fez, ao cair da noite do mesmo dia, em Jerusalém, aos onze, ou melhor, aos dez. Tão logo descobriram a quem eles tinham convidado, Cleopas e seu companheiro partiram de Emaús para a Cidade Santa, ansiosos por contar ali aos amigos as notícias surpreendentes. E, então, enquanto

O PASTOR RESTAURADO

ainda contavam que coisas haviam acontecido no caminho e como Jesus se tornou conhecido por eles ao partir o pão, o próprio Jesus apareceu no meio deles, expressando a amável saudação, "A paz esteja com vocês!" Ele veio para fazer pelos futuros apóstolos o que já fizera pelos dois amigos: mostrar-se vivo a eles depois de sua paixão e abrir-lhes o entendimento para que pudessem compreender as Escrituras e ver que, de acordo com o que tinha sido escrito antes a respeito do Cristo, convinha que ele sofresse e ressuscitasse dos mortos ao terceiro dia.

Conquanto o desígnio geral das duas aparições seja o mesmo, nós observamos uma diferença na ordem do procedimento seguido por Jesus. Em um caso, primeiramente ele abriu os olhos do entendimento e depois os olhos do corpo; no outro, ele inverteu essa ordem. Em sua conversa com os dois irmãos, primeiro ele lhes mostrou que a crucificação e a ressurreição estavam em perfeito acordo com as Escrituras do Antigo Testamento e, no final, se fez visível aos seus olhos corporais como Jesus ressuscitado. Em outras palavras, primeiramente lhes ensinou a verdadeira teoria bíblica da experiência terrena do Messias e, em seguida, mostrou-lhes o *fato*. No encontro à noite com os dez, por outro lado, ele utilizou primeiramente o fato e, em seguida, apresentou-lhes a teoria. Ele convenceu seus discípulos, ao lhes mostrar suas mãos e seus pés, e ao comer, de que ele realmente havia ressuscitado; e então passou a explicar que o fato era apenas o que eles deviam ter esperado quanto ao cumprimento da profecia do Antigo Testamento.

Variando desta maneira a ordem da revelação, Jesus estava somente adaptando seu procedimento às diferentes circunstâncias referentes às pessoas com quem ele tinha que tratar. Os dois amigos que viajavam para Emaús não notaram qualquer semelhança entre o estrangeiro que se uniu a eles e seu amado Senhor, em quem eles estavam pensando e de quem falavam. "Seus olhos foram impedidos de reconhecê-lo" (Lc 24.16). A causa principal disso, cremos, era diminuir o seu abatimento. A tristeza os tornou desatentos. Eles estavam tão absorvidos por seus próprios pensamentos tristes que não tinham olhos para ver as coisas externas. Eles não se deram ao trabalho de ver quem era aquele que os acompanhava; não teria feito nenhuma diferença se o estranho fosse seu próprio pai. É óbvio como se deve tratar com homens em tal situação. Eles só conseguem ter visão externa quando se abre o olho interno. A mente enferma deve ser curada, para que eles possam ser capazes de olhar para aquilo que está diante deles e de ver a coisa como ela é. Baseado neste princípio, Jesus procedeu assim com os dois irmãos: Ele se acomodou ao humor

439

deles e os conduziu do desespero à esperança e, em seguida, os sentidos externos recuperaram seu poder perceptivo, e ele revelou quem era o estranho. "Vocês ouviram," disse ele na prática, "um boato de que aquele que foi crucificado três dias atrás ressuscitou. Vocês consideraram este boato como uma história incrível. Mas, por que deveriam? Vocês acreditam que Jesus é o Cristo. Se ele era o Cristo, sua ressurreição deveria ser esperada tanto quanto sua paixão, porque ambas igualmente foram preditas pelas Escrituras que vocês acreditam ser a Palavra de Deus." Tendo esses pensamentos tomado suas mentes, os corações dos dois começam a arder com o poder amável de uma nova verdade; a aurora da esperança irrompe em seus espíritos; eles despertam como de um sonho opressor; olham para fora, e, então, o homem que está conversando com eles é o próprio Jesus!

Com os dez o caso foi diferente. Quando Jesus apareceu no meio deles, eles ficaram imediatamente espantados com a semelhança que ele tinha com o Mestre falecido. Eles estavam ouvindo a história de Cleopas e seu companheiro, e estavam mais atentos. No entanto, eles não podiam crer que o que viam realmente era Jesus. Ficaram aterrorizados e amedrontados e imaginaram que viam um espírito — o fantasma ou espectro do Crucificado. A primeira coisa a se fazer, neste caso, portanto, era evidentemente amenizar o temor despertado e convencer os discípulos aterrorizados de que o ser que havia repentinamente aparecido não era um fantasma, mas um homem: o próprio homem que ele parecia ser, ou seja, o próprio Jesus. Antes que isso tivesse sido feito, nenhum discurso proveitoso poderia ser pronunciado a respeito do ensino do Antigo Testamento sobre o tema da história terrena do Messias. Consequentemente, Jesus de imediato se entregou a essa tarefa e, somente quando foi bem sucedido ao realizá-la, passou a expor a verdadeira teoria messiânica.

Algo análogo à diferença que nós salientamos na experiência dos dois e dos dez discípulos em relação com a crença na ressurreição pode ser encontrado nas maneiras pelas quais diferentes cristãos agora são trazidos à fé. As evidências do cristianismo são, em geral, divididas em duas grandes categorias — a externa e a interna; uma é extraída dos fatos históricos externos, a outra, da adaptação do evangelho à natureza e necessidades dos homens. Os dois tipos de evidências são necessários para uma fé perfeita, assim como ambos os tipos de visão, o exterior e o interior, foram necessários para tornar os discípulos crentes completos no fato da ressurreição. Mas alguns começam com um, outros, com outro. Alguns são convencidos primeiramente de que a história do Evangelho é verdadeira, e em seguida, talvez bem depois, despertam para o

O PASTOR RESTAURADO

sentido da importância e preciosidade das coisas que ele relata. Outros, ainda, são, como Cleopas e seu companheiro, tão absorvidos em seus próprios pensamentos que se tornam incapazes de apreciar ou perceber os fatos, precisando primeiramente ter os olhos de seu entendimento iluminados para verem a beleza e o valor da verdade como ela está em Jesus. Eles podem, alguma vez, ter tido um tipo de fé tradicional nos fatos como sendo suficientemente bem atestados. Contudo, perderam aquela fé, o que pode ser lamentável. São céticos e, todavia, estão tristes por estarem assim e sentem que era melhor quando, como outros, eles acreditavam. Mas, embora tentem, não conseguem restaurar sua fé mediante um estudo das meras evidências externas. Leem livros que tratam de tais evidências, contudo não se impressionam muito com elas. Seus olhos estão fechados e não percebem Cristo vindo até eles por esse caminho externo. No entanto, ele se revela a eles de uma outra maneira. Pelo discurso secreto com seus espíritos, ele transmite às suas mentes um poderoso sentido da grandeza moral da fé cristã, fazendo-os sentir que, verdadeira ou não, é, pelo menos, *digna de ser verdadeira*. Então seus corações começam a arder: eles esperam que o que é tão belo possa, de alguma maneira, ser objetivamente verdadeiro; a questão das evidências externas assume, para as suas mentes, um novo interesse; eles pesquisam, leem, olham; e, então, veem Jesus revivido, para eles uma verdadeira pessoa histórica: elevada do túmulo da dúvida para viver para sempre no sol de suas almas, mais precioso pela perda temporária; vindo

> "Paramentado com o hábito mais precioso,
> Mais comovente, mais delicado e cheio de vida,
> No olho e perspectiva de suas almas,"
> do que jamais ele fez antes que eles duvidassem.

Dessas observações sobre a ordem das duas revelações feitas por Jesus a seus discípulos — de si mesmo aos olhos materiais e da doutrina bíblica do Messias aos olhos de suas mentes — nós passamos a considerar a questão: Qual foi o significado desta última revelação? Qual foi o efeito preciso das exposições das Escrituras com as quais o Cristo ressuscitado favoreceu seus ouvintes? Os discípulos tiraram delas luz suficiente a ponto de superar a necessidade de qualquer outra iluminação? O próprio Jesus teria feito a obra do Espírito de Verdade, cujo advento ele havia prometido antes de seu sofrimento, levando-os a toda a verdade? Certamente não. O abrir do entendimento que teve lugar nessa ocasião de forma alguma significou uma plena iluminação

O TREINAMENTO DOS DOZE

espiritual na doutrina cristã. Os discípulos ainda não compreendiam as bases morais do sofrimento e da ressurreição de Cristo. Eles não sabiam por que ele tinha passado por tais experiências; as palavras "deve" e "convém" significam para eles nada mais do que isto: de acordo com as profecias do Antigo Testamento corretamente entendidas, as coisas que tinham acontecido podiam e deveriam ter sido antecipadas. Eles estavam no mesmo estado de espírito que nós – podemos conceber – era o mesmo dos cristãos judeus a quem foi dirigida a Epístolas aos Hebreus, depois de lerem cuidadosamente o conteúdo daquele escrito profundo. Esses cristãos estavam mal fundamentados na verdade do evangelho: eles não viam a glória da dispensação do evangelho, nem sua harmonia com aquilo que ocorrera antes e sob o que eles haviam sido educados. Em particular, a dignidade divina do Autor da fé cristã parecia-lhes incompatível com sua humilhação terrena. Consequentemente, o escritor da epístola propôs provar que a divindade, a humilhação temporária e a subsequente glorificação do Cristo eram todas ensinadas pelas escrituras do Antigo Testamento, citando-as muito, com esse propósito, nos primeiros capítulos de sua epístola. Ele fez, de fato, mediante suas exposições escritas para seus leitores, o que Jesus fez mediante suas exposições orais para seus ouvintes. Qual terá sido o efeito imediato do argumento do escritor sobre as mentes daqueles que o leram com atenção? Imaginamos que o crente imaturo ao fechar o livro seria constrangido a admitir: "Bem, ele está certo; estas coisas estão todas escritas nas Escrituras acerca do Messias; e, portanto, nenhuma delas, nem mesmo a humilhação e o sofrimento nos quais eu tropeço, pode ser uma razão para rejeitar Jesus como o Cristo." Um resultado muito importante, ainda que elementar. A partir da simples concessão de que a vida real de Jesus correspondeu à vida ideal do Messias como retratada no Antigo Testamento, para a admirada, entusiasmada e perfeitamente inteligente apreciação da verdade do evangelho, exibida pelo próprio escritor em cada página de sua epístola, que vasta distância!

Não menor era a distância entre o estado de espírito dos discípulos depois que Jesus lhes expôs as coisas da lei, dos profetas e dos salmos que diziam respeito a si mesmo, e o estado de iluminação que eles atingiram como apóstolos após o advento do Consolador. Num momento, eles conheciam apenas o alfabeto da doutrina de Cristo; num outro, chegam à perfeição e são perfeitamente iniciados no mistério do evangelho. Agora, um único raio de luz era lançado em suas mentes obscurecidas; depois, a plena luz da verdade inundou suas almas. Ou podemos expressar a diferença nos termos sugeridos pela narrativa dada por João dos eventos relacionados com esta primeira aparição de Jesus a seus discípulos. João relata que, em certo ponto, Jesus soprou sobre os discípulos e lhes disse: "Recebam o Espírito Santo". Nós não precisamos entender que eles ali, naquele momento, receberam o Espírito com a plenitude prometida. O sopro era só um sinal e garantia do que havia de vir. Era apenas uma renovação emblemática da promessa, e uma primeira prestação de seu cumprimento. Era apenas uma pequena nuvem do tamanho da mão de um homem que predizia uma chuva fortíssima, ou o primeiro sopro de vento suave que precede uma poderosa ventania. Agora eles possuem o pequeno sopro da influência do Espírito, mas, somente no Pentecoste sentiriam o vento impetuoso. Tão grande é a diferença entre o presente e o futuro: entre a iluminação espiritual dos discípulos na primeira tarde do Sábado cristão e aquela dos apóstolos nos dias subsequentes!

Este era apenas o dia das pequenas coisas para estes discípulos. As pequenas coisas, no entanto, não deviam ser desprezadas; e não foram. Que valor os *dez* deram à luz que receberam, na verdade, não nos é dito, mas podemos seguramente supor que seus sentimentos fossem semelhantes àqueles dos dois irmãos que viajavam para Emaús. Falando sobre o discurso de Jesus após sua partida, eles disseram um ao outro: "não ardia nosso coração enquanto ele falava conosco no caminho e enquanto nos abria as Escrituras?" A luz que eles tinham conseguido podia ser pequena, mas era uma *nova* luz, e tinha todo o poder de animar o coração e estimular o pensamento de uma nova verdade. Esta conversa na estrada causou uma crise em sua história espiritual. Era a aurora do dia do evangelho; era a pequena faísca que acende um grande fogo; ela depositou em suas mentes um pensamento que deveria formar o germe ou o centro de um novo sistema de crença; ela tirou o véu que tinha estado sobre suas faces na leitura do Antigo Testamento, e foi assim o primeiro passo de um processo que devia resultar em contemplação, com o rosto descoberto, como em um espelho, da glória do Senhor, e em serem transformados na mesma imagem, de glória em glória, pelo Senhor, o Espírito. Feliz o homem que chegou até onde chegaram estes dois discípulos nessa ocasião!

Alguma alma desconsolada pode dizer: "Quem dera eu tivesse essa felicidade!" Para o conforto de tal irmão desamparado, notemos as circunstâncias nas quais esta nova luz surgiu para os discípulos. Seus corações foram incendiados quando se tornaram muito secos e murchos: desesperados, doentes e cansados, por causa da tristeza e do desapontamento. É sempre assim: o combustível deve estar seco para que a faísca possa pegar. Foi quando o povo de Israel se queixou: "Nossos ossos estão secos e nossa esperança perdida, nós fomos cortados de nossas partes" que veio a palavra: "Ó meu povo, eu abrirei vossos túmulos, e os farei sair deles, e os levarei para a terra de Israel." Isso é o que ocorreu com estes discípulos de Jesus. Foi quando cada partícula da seiva da esperança saiu deles, e sua fé foi reduzida a isto: "Nós esperávamos que seria ele que iria trazer a redenção a Israel" que seus corações foram incendiados pelo poder inflamável de uma nova verdade. Assim tem sido em muitos casos desde então. O fogo da esperança tem sido aceso no coração, para jamais ser extinto, bem no momento em que os homens caem em desespero; a fé tem sido revivida quando o homem parecia a si mesmo ser um infiel; a luz da verdade tem surgido para quem havia deixado de esperar pela aurora; o conforto da salvação tem retornado para almas que tinham começado a pensar que a misericórdia de Deus havia desaparecido para sempre. "Quando o Filho do Homem vier, acaso encontrará fé sobre a terra?"

Não há nada de estranho nisto. A verdade é: o coração necessita ser ressecado pela provação antes que possa ser capaz de queimar. Até que a tristeza venha, os corações humanos não podem pegar o fogo divino; há muito desta seiva vital do mundo neles. Isso foi o que tornou os discípulos tão vagarosos de coração em acreditar em tudo o que os profetas haviam dito. Sua ambição mundana impediu-os de aprender a respeito da espiritualidade do reino de Cristo, e o orgulho os tornou cegos para a glória da cruz. Daí Jesus corretamente tê-los repreendido por sua descrença e estupidez. Tivessem seus corações sido puros, eles poderiam ter sabido, de antemão, o que estava para acontecer. Mas eles não compreenderam nada até que a morte de seu Senhor tivesse manchado suas esperanças e destruído sua ambição, e a tristeza mais amarga os tivesse preparado para receber a instrução espiritual.

Seção III — A Dúvida de Tomé
Jo 20.24-29

"Tomé, um dos doze, chamado Dídimo, não estava com eles quando Jesus apareceu" naquela primeira tarde do Sábado cristão e mostrou-se a seus discípulos. Espera-se que ele tivesse uma boa razão para sua ausência; contudo, é bem possível que ele não tivesse. Em seu humor melancólico, poderia simplesmente se ter dado ao luxo de uma tristeza solitária, assim como alguns para quem Cristo está morto agora passam seus Sábados em casa ou em lugares solitários, evitando a ofensiva boa disposição ou a sonolenta estagnação do culto social. Seja como for, em qualquer caso, ele perdeu um bom sermão; o único, até onde sabemos, em toda a carreira do ministério de Nosso Senhor, no qual ele se dedicou de maneira formal, à tarefa de expor a doutrina messiânica do Antigo Testamento. Ah, se ele soubesse que tal discurso ocorreria naquela noite! Contudo, nunca se sabe quando as boas coisas acontecerão, e o único modo de ter certeza de se obtê-las é estar sempre em nosso posto.

O mesmo humor melancólico que provavelmente levou Tomé a se ausentar na ocasião do primeiro encontro de Cristo com seus discípulos após ter ressuscitado dos mortos também o fez cético sobre tudo o que diz respeito às notícias da ressurreição. Quando os outros discípulos, em seu retorno, lhe contaram que eles tinham acabado de ver o Senhor, ele respondeu com veemência: "A não ser que eu veja as marcas dos pregos em suas mãos, e toque nelas, e coloque minha mão em seu lado, eu não acreditarei" (v.25). Ele não ficaria satisfeito com o testemunho de seus irmãos: precisava ter evidências palpáveis por si mesmo. Não que ele duvidasse de sua veracidade; mas não podia se livrar da suspeita de que o que eles disseram ter visto era apenas uma mera aparição fantasmagórica, pela qual seus olhos haviam sido enganados.

O ceticismo de Tomé era, pensamos, principalmente, uma questão de temperamento e tinha pouco em comum com a dúvida de homens de tendências racionalistas, que são inveteradamente incrédulos quanto ao sobrenatural e evitam tudo o que tenha ar de miraculoso. Tem sido costume chamar Tomé de "o racionalista" entre os doze, e tem, até mesmo, sido sugerido que ele tinha pertencido à seita dos saduceus antes de se unir à sociedade de Jesus. Depois de consideração cuidadosa, nós somos constrangidos a dizer que vemos muito pouco fundamento em tal ponto de vista quanto ao caráter deste discípulo, também que certamente não invejamos os céticos modernos em relação a qualquer conforto que eles possam derivar disso. Nós estamos completamente conscientes de que entre os sinceros, e até entre os de tendência espiritual, existem homens cujas mentes são de tal maneira constituídas que encontram muita dificuldade para crer no sobrenatural e no miraculoso: é uma questão muito difícil saber se, caso estivessem no lugar de Tomé, o toque mais livre e a inspeção mais detalhada dos ferimentos no corpo do Salvador ressuscitado teriam levado a tirar deles uma expressão de fé, *sem hesitação*, na realidade de sua ressurreição. Nem vemos qualquer razão *a priori* para afirmar que nenhum discípulo de Jesus *poderia* ter sido uma pessoa de semelhante disposição mental. Tudo o que dizemos é que não há evidência de que Tomé, na verdade, fosse um homem deste tipo. Em nenhuma parte da história do evangelho descobrimos qualquer indisposição de sua parte para crer no sobrenatural ou no miraculoso *como tal*. Não encontramos, por exemplo, que ele foi cético quanto à ressurreição de Lázaro: é-nos dito apenas que, quando Jesus propôs visitar a

O Treinamento dos Doze

família aflita em Betânia, ele viu a viagem como cheia de perigo para seu amado Mestre e para todos eles e disse: "Vamos nós também, para que possamos morrer com ele." Então, como agora, ele se mostrou não tanto o racionalista como o homem de temperamento obscuro, disposto a olhar para o lado negro das coisas, vivendo mais na melancólica luz da lua do que na alegre luz do sol. Sua dúvida não surgiu de seu sistema de pensamento, mas do estado de seus sentimentos.

Uma outra coisa também devemos dizer aqui com respeito à dúvida deste discípulo. Ela não procedia da *indisposição* para crer. Ela era a dúvida de um homem triste, cuja tristeza se devia a isto: que o acontecimento do qual ele duvidava era aquele no qual teria mais prazer em acreditar. Nada poderia dar a Tomé maior prazer do que se certificar de que seu Mestre, na verdade, havia ressuscitado. Isso se torna evidente pela alegria que manifestou quando finalmente foi convencido. "Meu Senhor e meu Deus!" não é a exclamação de alguém que foi forçado relutantemente a admitir um fato que preferiria negar. É comum para homens que nunca tiveram qualquer dúvida pensar que toda as dúvidas surgem de maus motivos e denunciá-las indiscriminadamente como crime. Agora, inquestionavelmente, muitos duvidam por maus motivos, pois eles não querem e não podem crer. Muitos negam a ressurreição dos mortos, porque seria para eles uma ressurreição para a vergonha e o desprezo eternos. Mas isto, de modo algum, é verdadeiro em relação a todos. Alguns que duvidam desejariam crer; sim, sua dúvida se deve à sua excessiva ansiedade de crer. Eles estão tão ansiosos em saber a própria verdade, e sentem tão vivamente a imensa importância dos interesses em jogo, que não se convencem de nada e, por um momento, suas mãos tremem tanto que não podem segurar com firmeza os grandes objetos da fé — um Deus vivo; um Salvador encarnado, crucificado, ressurreto; um futuro eterno de glória. Sua dúvida é a dúvida peculiar aos homens honestos, conscientes e de coração puro, muitíssimo dis-tante da dúvida dos frívolos, mundanos e viciados: uma dúvida nobre e santa, não uma dúvida vil e profana; se não deve ser louvada como positivamente meritória, muito menos deve ser condenada e excluída dos limites da compai-xão cristã — uma dúvida que, no máximo, é uma debilidade e que sempre termina numa fé forte e inabalável.

O fato de que Jesus via a dúvida do discípulo magoado dessa forma, podemos inferir por seu modo de tratá-lo. Tendo Tomé estado ausente na ocasião de sua primeira aparição aos discípulos, o Senhor ressuscitado faz uma segunda aparição em benefício especial daquele que estava ausente e lhe oferece a prova desejada. Terminada a saudação introdutória, Ele volta-se imediatamente para o incrédulo e dirige-se a ele em termos adequados para lembrar-lhe suas próprias declarações aos seus irmãos, dizendo: "Coloque o seu dedo aqui; veja as minhas mãos; estenda a mão e coloque-a no meu lado. Pare de duvidar e creia." É possível que haja um pouco de censura aqui, mas há muito mais de compaixão. Jesus fala a um discípulo sincero, cuja fé está fragilizada, não a alguém que tem um coração mau de descrença. Quando exigências de uma evidência eram feitas por homens que simplesmente queriam uma desculpa para a descrença, Ele os tratava de uma maneira bem diferente. "Uma geração má e adúltera" ele costumava dizer em tais casos, "pede um sinal, mas não lhe será dado nenhum sinal a não ser o sinal do profeta Jonas."

Agora que nos certificamos quanto ao caráter da dúvida de Tomé, olhemos para sua fé.

As dúvidas do melancólico discípulo foram logo removidas. Mas como? Tomé se aproveitou das facilidades oferecidas para se certificar da realidade da ressurreição de seu Senhor? Ele realmente colocou seus dedos e sua mão nos ferimentos dos pregos e da lança? As opiniões diferem neste ponto, mas nós pensamos que a probabilidade está do lado daqueles que sustentam a negativa. Muitas coisas nos inclinam a este ponto de vista. Primeiro, a narrativa parece não deixar espaço para o processo de investigação. Tomé responde à proposta de Jesus com o que parece ser uma profissão imediata de fé. Assim, a forma na qual essa profissão é feita não é como nós esperaríamos ser o resultado de um inquérito deliberado. "Meu Senhor e meu Deus!" é mais uma linguagem afetuosa e apaixonada de um homem que sofreu uma repentina mudança de sentimento, do que de alguém que acabou de concluir um experimento científico. Além disso, nós observamos que não há nenhuma alusão a tal processo na observação feita por Jesus com relação à fé de Tomé. O discípulo é apresentado como crendo porque viu os ferimentos, não porque os tocou. Finalmente, a ideia de que realmente examinou as feridas é inconsistente com o caráter do homem a quem a proposta foi feita. Tomé não era um desses homens calmos e de sangue frio que fazem perguntas pela verdade com a fria imparcialidade de um juiz, e que teria examinado os ferimentos no corpo do Salvador ressuscitado com toda a frieza com que anatomistas dissecam carcaças mortas. Ele era um homem de temperamento apaixonado e poético, do mesmo modo veemente em sua crença e em sua descrença, e levado à fé ou à dúvida mais pelo sentimento de seu coração do que pelos raciocínios de seu intelecto.

O TREINAMENTO DOS DOZE

Imaginamos que a verdade sobre Tomé era mais ou menos isso. Quando, oito dias antes, ele fez aquela ameaça aos seus irmãos, não queria deliberadamente dizer tudo o que disse. Foi a declaração excêntrica de um homem melancólico, que estava tão desconsolado e miserável quanto possível. "Jesus ressuscitou! Isso é impossível; está tudo acabado. Eu não acreditarei a menos que eu faça assim e assim. Eu não sei se acreditarei quando tudo estiver feito." Mas oito dias se passaram, e, então, Jesus aparece no meio deles, visível ao discípulo que estava ausente na ocasião anterior, como também aos demais. Tomé ainda insistirá em aplicar seu teste rigoroso? Não, não! Suas dúvidas se dissipam, como a névoa da manhã com a luz do sol, assim que vê Jesus. Mesmo *antes* de o Ressuscitado ter mostrado seus ferimentos e ter dito aquelas palavras meio reprovadoras, porém boas e simpáticas, que revelam um conhecimento íntimo de tudo o que tem passado pela mente cheia de dúvidas de seu discípulo, Tomé é virtualmente um crente; e, *depois* que ele viu os terríveis ferimentos e ouviu as palavras generosas, ficou envergonhado de sua imprudência e de falar precipitadamente a seus irmãos, e, cheio de alegria e de lágrimas, exclama: "Meu Senhor e meu Deus!"

Foi uma nobre confissão de fé — a mais avançada, de fato, jamais feita por qualquer um dos doze durante o tempo em que eles estiveram com Jesus. O último é o primeiro; o maior incrédulo atinge a crença mais plena e mais firme. Sempre aconteceu isso na história da Igreja. Baxter relata como sua experiência, que em nada se crê tão firmemente quanto aquilo de que, uma vez, foi duvidado. Muitos Tomés têm dito, ou poderiam dizer, a mesma coisa de si mesmos. Os incrédulos, por fim, têm se tornado os crentes mais seguros e até mesmo os mais sinceros. A dúvida em si é uma coisa fria e, como no caso de Tomé, frequentemente diz palavras duras e cruéis. Isto não deve ser surpresa para nós; porque, quando a mente está em dúvida, a alma está em trevas, e, durante a fria noite, o coração se torna gelado. Mas, quando a luz da fé de um novo dia surge, o gelo se derrete, e os corações que outrora pareciam duros e empedernidos mostram-se capazes de entusiasmo generoso e ardente devoção.

Os socinianos, cuja teoria é completamente destruída pela confissão naturalmente enunciada por Tomé, nos dizem que as palavras "Meu Senhor e meu Deus!" não se referem absolutamente a Jesus, mas à Divindade nos céus. Elas são meramente uma expressão do pasmo da parte do discípulo, ao descobrir que aquilo que ele tinha posto em dúvida realmente acontecera. Ele eleva seus olhos e mãos aos céus, por assim dizer, e exclama, "Meu Senhor e meu Deus!" é um fato: o Jesus crucificado é novamente restaurado à vida. Esta interpretação é totalmente desesperada. Ela não leva em consideração a declaração do texto, de que Tomé, ao pronunciar essas palavras, estava respondendo e falando com Jesus, e faz com que um homem que está explodindo de emoção fale friamente; porque, enquanto a expressão "Meu Deus" podia ser uma ex-pressão apropriada de espanto, as duas frases, "Meu Senhor e meu Deus," são, para esse propósito, fracas e antinaturais.

Temos aqui, portanto, não uma mera expressão de surpresa, mas uma profissão de fé muito apropriada ao homem e às circunstâncias; tão impregnada de significado quanto forte e vigorosa. Tomé declara imediatamente sua aceitação de um fato miraculoso e sua crença em uma doutrina importantíssima. Na primeira parte de suas palavras a Jesus, ele admite que aquele que estava morto está vivo: Meu Senhor, meu amado Mestre! É mesmo Ele – a mesma pessoa com quem nós desfrutamos de abençoada companhia antes que fosse crucificada. Na segunda parte, ele reconhece a divindade de Cristo, se não pela primeira vez, pelo menos com inteligência e ênfase totalmente novas. Partindo do fato, ele chega até a doutrina: Meu Senhor ressuscitado, sim, e, portanto, meu Deus; porque ele é Divino sobre quem a morte não tem poder. E a doutrina por sua vez ajuda a dar ao fato da ressurreição certeza adicional; porque, se Cristo for Deus, a morte não *poderia* ter poder sobre ele, e sua ressurreição era uma decorrência. Tomé, tendo alcançado a sublime afirmação, "Meu Deus" fez a transição da baixa plataforma de fé sobre a qual estava quando exigiu uma evidência sensível para a mais alta, sobre a qual sente que tal evidência é supérflua.

Temos que notar agora, em último lugar, a observação feita pelo Senhor a respeito da fé professada por seu discípulo. "Jesus lhe disse: Porque me viu, você creu? Felizes os que não viram e creram."

Esta reflexão sobre a felicidade daqueles que acreditam sem ver, embora expressa no tempo pretérito, realmente tem relação com o futuro. O caso suposto por Jesus deveria ser o caso de todos os crentes de após a era apostólica. Desde aquele tempo, ninguém viu, e ninguém pode crer porque viu, como os apóstolos viram. Eles viram, para que nós pudéssemos ser capazes de fazê-lo sem ver, crendo em seu testemunho.

Mas o que Jesus quer dizer ao pronunciar uma bênção sobre aqueles que não veem, contudo creem?

Ele não quer dizer que elogia aqueles que acreditam sem qualquer investigação. Uma coisa é crer sem ver, outra coisa é crer sem examinar. Crer sem ver é ser capaz de se convencer com algo menos do que uma demonstração absoluta, ou ter uma tal iluminação interna que nos tornamos, até certo ponto, independentes da evidência externa. Esta faculdade da fé é muito necessária, porque, se a fé fosse possível somente para aqueles que veem, a crença no cristianismo não poderia ir além da era apostólica. Mas crer sem examinar é totalmente diferente. Isso é simplesmente não se importar se a coisa em que se crê é verdadeira ou falsa. Não há nenhum mérito nisto. Tal fé tem sua origem no que é vil nos homens – em sua ignorância, preguiça e indiferença espiritual; e não pode trazer nenhuma bênção aos seus possuidores. Sejam as verdades admitidas sempre tão elevadas, santas, abençoadas, que bem podem fazer uma fé que as recebe como algo natural, sem investigação, ou sem mesmo saber o que essas verdades significam?

Dessa maneira, o Senhor Jesus não concede aqui uma bênção à credulidade.

Tampouco ele quer dizer que toda a felicidade pertence ao grupo daqueles que nunca duvidaram como Tomé. O fato não é assim. Aqueles que acreditam com facilidade, certamente, desfrutam de uma bênção toda especial. Eles escapam do tormento da incerteza, e o curso de sua vida espiritual flui muito suavemente. Mas os homens que duvidaram, e agora finalmente creem, também possuem suas alegrias peculiares, nas quais nenhum estranho pode interferir. A alegria deles é a que é experimentada quando aquele que estava morto vive novamente, e aquele que estava perdido é encontrado. A eles pertence o arrebatamento de Tomé quando esse exclamou, com referência a um Salvador que se pensava ter ido para sempre: "Meu Senhor e meu Deus." A eles pertence a felicidade do homem que, tendo mergulhado em um mar profundo, traz consigo uma pérola de grande valor. A eles pertence o conforto de ter suas próprias dúvidas disponibilizadas para o fortalecimento de sua fé, sendo que cada dúvida se torna uma pedra no fundamento oculto sobre o qual a superestrutura de seu credo está edificada, e as perturbações da fé são convertidas em confirmações, assim como as perturbações dos movimentos planetários, que, no início, lançavam dúvida sobre a teoria gravitacional de Newton, foram convertidas, por uma investigação mais precisa, na prova mais contundente de sua verdade.

O que, então, o Senhor Jesus quer dizer com essas palavras? Simplesmente isto: Ele quer que aqueles que devem crer sem ver entendam que eles não têm motivo para invejar aqueles que tiveram a oportunidade de ver, e que acreditaram somente depois que viram. Nós, que vivemos muito longe dos acontecimentos, somos bastante capazes de imaginar que estamos colocados em posição de grande desvantagem quando comparados com os discípulos de

Jesus. Assim, em alguns aspectos, nós somos, e especialmente nisto: a fé é mais difícil para nós do que para eles. No entanto, nós não devemos esquecer que, na proporção em que a fé é difícil, ela é meritória, e preciosa ao coração. É uma realização mais elevada ser capaz de crer sem ver, do que crer porque temos visto; e, se custa mais, a prova da fé apenas realça seu valor. Além disso, deve-mos lembrar que nós jamais alcançamos a plena bênção da fé até que o que cremos brilhe na luz de sua própria autoevidência. Você pensa que os discípulos eram homens felizes porque tinham visto o seu Senhor ressuscitado e crido? Eles foram bem mais felizes quando atingiram uma tão clara compre-ensão de todo o mistério da redenção que a prova deste ou daquele fato parti-cular, ou doutrina, era vista como completamente desnecessária.

Jesus queria que seu discípulo que duvidava aspirasse a esta felicidade; e, ao contrastar seu caso com aquele dos que creem sem ver, ele nos informa que ela é alcançável também para nós. Nós, também, podemos alcançar a bênção de uma fé elevada acima de toda dúvida por sua própria compreensão clara da verdade divina. Se somos fiéis, podemos nos elevar a esse ponto a partir de coisas bastante humildes. Nós podemos começar, em nossa fragilidade, como Tomés, agarrando-nos ansiosamente a cada vestígio de evidência externa para salvar a nós mesmos de afogamento, e terminar com uma fé quase equivalente à visão, regozijando-nos em Jesus como nosso Senhor e Deus, com alegria inefável e cheia de glória.

29
Os subpastores admoestados
Seção I — Dever Pastoral
João 21.15-17

"Vou pescar," disse Simão a seus companheiros, algum tempo depois de eles e ele terem retornado de Jerusalém para as proximidades do lago da Galileia. "Nós vamos com você", responderam Tomé, Natanael, Tiago e João, e dois outros não nomeados, formando com Pedro sete, provavelmente todos, entre os onze, que eram pescadores de profissão. Todos partiram para aquela expedição pesqueira *con amore*. Foi uma expedição, presumimos, em primeiro lugar, em busca de comida, mas também foi algo mais: uma volta aos bons e velhos tempos, em meio a cenas familiares, que evocavam agradáveis reminiscências de tempos passados. Foi uma recreação e um conforto, mais adequado e mais necessário a homens que tinham passado por experiências muito dolorosas e agitadas; um descanso para homens fatigados pela tristeza, pela surpresa e pela vigília. Todos os estudantes com a mente sobrecarregada, todos os artesãos com os músculos sobrecarregados podem conceber o *abandono* com o qual aqueles sete se lançaram a seus barcos e navegaram para as profundezas do mar de Tiberíades para exercerem seu antigo ofício.

Navegando naquela noite, quais eram os pensamentos desses homens? A partir da significativa alusão feita por Jesus à juventude de Pedro na conversa da manhã seguinte, inferimos que eles eram mais ou menos estes: "Depois de tudo, não era melhor sermos simples pescadores do que apóstolos da religião cristã? O que nós ganhamos seguindo Jesus? Certamente não o que esperávamos. E temos nós algum motivo para esperar coisas melhores no futuro? Nosso Mestre nos disse que nossa sorte futura será como a dele — uma vida de tristeza, que terminará provavelmente em martírio. Mas aqui, em nossa província natal da Galileia, vivendo nossa antiga vocação, podemos pensar, crer e agir como nos agradar, protegidos de todo perigo pela obscuridade. E quão deliciosamente livre e independente é esta vida rústica nas praias do lago! Antigamente, antes de deixarmos nossas redes e seguirmos Jesus, nós nos cobríamos com nossas capas de pescadores e andávamos para onde quiséssemos. Quando nos tornarmos apóstolos, tudo isto terá um fim. Nós seremos

O Treinamento dos Doze

sobrecarregados com uma pesada carga de responsabilidade; obrigados continuamente a pensar nos outros e não agradarmos a nós mesmos; obrigados a ter nossa liberdade pessoal tirada, sim, até nossa própria vida."

Ao colocar essas palavras na boca dos discípulos, nós não violamos a probabilidade; porque sentimentos como os expressos por essas palavras são tão naturais como comuns em vista das graves responsabilidades e perigos nos quais eles incorreriam. Talvez ninguém jamais colocasse suas mãos no arado de uma árdua tarefa, sem, pelo menos por um breve momento, olhar para trás. Essa é uma fraqueza que facilmente assalta a natureza humana.

Ainda que possa ser natural aos homens olhar para trás, não é sábio fazê-lo. Pensamentos de arrependimento sobre o passado são, na maioria das vezes, ilusórios; assim eles eram, certamente, no caso dos discípulos. Se a vida simples que eles deixaram para trás era tão feliz, por que a deixaram? Por que foram tão dispostos a abandonar suas redes e seus barcos, e seguir a Jesus? Ah! Pescar nas águas azuis do mar da Galileia não satisfazia o homem como um todo. A vida é mais do que uma refeição, e o reino de Deus é a meta principal para o homem. Além disso, a vida de pescador tem suas desvantagens e não é, de maneira nenhuma, tão romântica quanto parece vista à distância no tempo. Por vezes, pode-se sair com as redes, e trabalhar a noite inteira e não pegar nada.

Isso foi o que realmente aconteceu na presente ocasião. "Naquela noite, eles não pegaram nada" (Jo 21.3). A circunstância provavelmente ajudou a quebrar o tom de romance e a despertar os sete discípulos de um sonho otimista. Seja como for, havia Alguém que conhecia todos os seus pensamentos, e que faria com que eles não se dessem ao luxo, por muito tempo, de ter sentimentos reacionários. "Ao amanhecer, Jesus estava na praia" (Jo 21.4). Ele vem para mostrar-se pela terceira vez[285] a seus discípulos – não, como antes, para convencê-los de que havia ressuscitado, mas para induzi-los a dedicar toda a mente e todo o coração à sua futura vocação como pescadores de homens, e como subpastores do rebanho, uma preparação antes de Sua partida deste mundo. Toda sua conduta nesta ocasião é dirigida a essa finalidade. Primeiro, ele lhes dá instruções para que façam uma grande pesca, para lembrá-los de seu antigo chamado para serem seus apóstolos e como um sinal ou símbolo de seu êxito na obra apostólica. Em seguida ele os convida para comerem do peixe que ele tinha pecado[286], assado no fogo que ele mesmo acendera, para curá-los de preocupações terrenas e assegurá-los de que, se eles procuras-

---

[285] A *sexta* aparição desde que ressuscitou.

[286] Quando os discípulos aportaram, viram o fogo e o peixe *já* sobre ele, e também perto o pão.

Os subpastores admoestados

sem servir ao reino com todo o coração, todas as suas necessidades seriam atendidas. Finalmente, quando a refeição matinal terminou, ele começa a conversar, sendo ouvido por todos, com o discípulo que tinha sido o líder da aventura noturna no lago, e se dirige a ele de maneira adequada a suscitar todo o seu entusiasmo latente, com a intenção de causar um efeito similar sobre o espírito de todos ali.

Superficialmente, as palavras proferidas por Jesus parecem referir-se somente a Pedro; e o objetivo parece ser o de restaurá-lo à posição de apóstolo, que ele podia naturalmente pensar ter perdido por causa de sua conduta no palácio do sumo sacerdote. Assim, consequentemente, é como geralmente é entendida esta cena impressionante à beira do lago. E quer nós concordemos com este ponto de vista, quer não, devemos admitir que, por uma razão ou outra, o Senhor Jesus quis fazer Pedro lembrar-se de suas recentes falhas. Os traços de alusão aos incidentes ocorridos na história do discípulo durante a última crise são inequívocos. Até mesmo a ocasião escolhida para a conversa é significativa. Foi depois de comerem que Jesus perguntou a Pedro se ele o amava; e foi depois da ceia que Jesus deu a seus discípulos seu novo mandamento de amor, e que Pedro fez seu veemente protesto de devoção à causa e pessoa de seu Mestre. O nome pelo qual o Senhor ressuscitado se dirige a seu discípulo — não Pedro, mas Simão filho de João — era adequado para fazê-lo lembrar de sua fraqueza e daquela outra ocasião na qual, chamando-o pelo mesmo nome, Jesus o alertou de que Satanás estava querendo peneirá-lo como trigo. A pergunta três vezes repetida, "Você me ama?" não deixaria de dolorosamente fazer Pedro se lembrar de sua tripla negação, e assim renovar sua dor. A forma na qual a pergunta primeiramente foi formulada — "você me ama mais do que estes?" — contém uma clara alusão à declaração de Pedro, "Embora todos se escandalizem por sua causa, contudo, eu jamais me escandalizarei." A injunção "alimente minhas ovelhas" aponta para o anúncio profético feito por Jesus a caminho do monte das Oliveiras: "Todos vocês se escandalizarão por minha causa esta noite; porque está escrito: ferirei o Pastor, e as ovelhas do rebanho se dispersarão", e significa, "que as ovelhas não sejam espalhadas, assim como vocês mesmos (os discípulos), por um tempo, o foram. A injunção, "Alimente meus *cordeiros*," associada à primeira pergunta, "você me ama mais do que estes?" nos faz pensar na responsabilidade, "quando você se converter, fortaleça seus irmãos"; a ideia sugerida em ambos os casos é a mesma, a saber, que o homem que caiu mais profundamente, e aprendeu mais perfeitamente com sua própria fraqueza, é, ou deve ser, o mais qualificado para fortalecer o fraco – para alimentar os cordeiros.

O TREINAMENTO DOS DOZE

Não obstante todas essas alusões à queda de Pedro, nós somos contrários a aceitar o ponto de vista de que a cena aqui relatada significou a restauração formal do discípulo caído à sua posição de apóstolo. Nós não negamos que, depois do que ocorreu, este discípulo precisava de restauração para seu próprio conforto e paz de espírito. Contudo, nossa dificuldade é esta: ele já não tinha sido restaurado? Qual foi o significado daquele encontro particular entre ele e Jesus, e qual foi seu resultado necessário? Quem pode duvidar que, após esse encontro, o espírito do discípulo ficou sossegado, e que, desde então, ele ficou em paz, tanto consigo mesmo quanto com seu Mestre? Ora, se é necessária uma evidência do fato, olhemos para o comportamento de Pedro ao reconhecer Jesus do barco, enquanto ele estava na margem naquela manhã, lançandose como estava no mar, em sua pressa de se aproximar de seu amado Senhor. Acaso esse seria o comportamento de um homem afligido por uma consciência culpada? Contudo, pode-se replicar que ainda havia necessidade de uma restauração formal pública, pois o escândalo causado pelo pecado de Pedro foi público. Disso nós duvidamos; mas, mesmo admitindo a hipótese, o que decorre disso? Por que a restauração não aconteceu mais cedo, no primeiro ou no segundo encontro em Jerusalém? Assim, a cena às margens do lago realmente parece uma transação formal? Podemos ver este encontro e conversa casual, calma, íntima, depois de uma refeição, com dois terços dos discípulos como uma assembleia eclesiástica, para o solene propósito da restauração de um irmão caído à comunhão dos irmãos e à posição na igreja? A ideia é bastante fria e pedante para ser seriamente considerada. Ainda mais uma objeção a esta teoria precisa ser feita, a saber: ela deixa de dar unidade às várias partes da cena. Ela pode explicar o questionamento ao qual Jesus submeteu Pedro, mas não explica a referência profética à sua futura história com a qual ele prosseguiu. Entre "Eu lhe permito, não obstante os erros passados, ser um apóstolo" e "Eu o alerto de que, neste ofício, você não terá a liberdade de ação da qual desfrutou nos dias passados", não há conexão perceptível. A queda de Pedro não sugeriu tal mudança de pensamento; porque ela brotou não do amor à liberdade, mas do temor do homem.

Nós não encontramos nesta cena a restauração de Pedro a uma posição confiscada, mas seu chamado a um sentido mais solene de sua sublime vocação. Parece-nos que a essência das palavras de Cristo a este discípulo, e, por meio dele, a todos os seus irmãos, não é "Eu te permito," mas "Eu insisto." Por todas as considerações, ele os levaria a entregar seus corações e almas à obra apostólica e a abandonar barcos e redes e tudo mais para sempre. "Pela lembrança de sua própria fraqueza", ele diria a Simão com essa finalidade; "por meu amor perdoador e, por sua gratidão a ele; pela necessidade dos discípulos irmãos de sua própria fraqueza passada possa ensinar você a entender e ter compaixão; pelo ardente afeto que eu sei que você sente para comigo: por essas e por todas as considerações semelhantes, eu o encarrego, na véspera de minha partida, de ser um herói, proceder como homem, ser forte para os outros, e não para si mesmo, de 'alimentar o rebanho de Deus, cuidar dele, não por constrangimento, mas voluntariamente.' Não fuja da responsabilidade, não ambicione o que é fácil, curve seu pescoço ao jugo, e que o amor o faça leve. Doce é a liberdade para o seu coração humano; mas o coração paciente e responsável, embora menos agradável, é muito mais nobre."

Sendo essa a mensagem que Jesus quer passar a todos os presentes, Pedro é apropriadamente escolhido como o melhor meio para transmiti-la. Ele era um texto excelente sobre o qual pregar um sermão sobre autoconsagração. Seu caráter e conduta forneciam toda a poesia, argumento e ilustração necessários para dar fervor e indicar o tema. Quão cara ao seu espírito impetuoso e apaixonado, a liberdade não refreada! E que coração não é tocado pela ideia de um homem que instrui sua alma intensa e ardorosa na paciência e na submissão? O pescador jovem e alegre, que veste sua capa, e vai de um lado para outro por sua própria e doce vontade; o idoso apóstolo santo, manso como um cordeiro, que estende seus braços para ser preso para a condenação do martírio: que contraste comovente! Tivesse este homem apaixonado, em algum sentido, o caráter mais forte entre os doze, sido, em outros sentidos, o mais fraco, então quem poderia ilustrar melhor a necessidade dos homens de pastores? Acaso ele aprendeu com sua própria fraqueza e, mediante seu conhecimento dela, se tornou mais forte? Então quão melhor afirmar o dever geral do mais forte de ajudar o fraco, do que atribuir a este discípulo em particular o dever especial de cuidar do mais fraco? Dizer a Pedro: "alimente meus cordeiros", era dizer a todos os apóstolos, "alimentem minhas ovelhas."

Ao pedir a Pedro que mostrasse seu amor executando a parte do pastor para com o pequeno rebanho de crentes, Jesus adaptou sua ordem à capacida-de espiritual do discípulo. O amor ao Salvador não toma necessariamente a forma de alimentar as ovelhas; em discípulos imaturos e inexperientes, este amor prefere tomar a forma de ovelhas. Somente depois que os fracos se tor-nam fortes, e são estabelecidos na graça, é que eles devem se tornar pastores, encarregando-se do cuidado para com os outros. Ao colocar sobre Pedro e seus irmãos os deveres pastorais, portanto, Jesus virtualmente anuncia que eles ago-ra passaram, ou estão a ponto de passar, da categoria do fraco para a categoria

O TREINAMENTO DOS DOZE

do forte. "Até aqui," ele virtualmente lhes diz, "Vocês têm sido como ovelhas, necessitando de direção, de assistência de defesa pela sabedoria e a coragem de outro. Agora, no entanto, chegou o tempo de vocês tornarem-se pastores, hábeis e dispostos a fazer pelo fraco o que eu fiz por vocês. Até aqui me têm deixado cuidar de vocês; daqui em diante, devem se acostumar a serem vistos como guardiães de outros assim como tenho sido de vocês. Até aqui vocês têm sido como crianças para mim, seu pai; daqui em diante, vocês mesmos devem ser pais, cuidando das crianças. Até aqui vocês têm sido soldados inexperientes, suscetíveis ao pânico e à fuga do perigo; daqui em diante, vocês devem ser capitães superiores ao medo e, por sua serena determinação, inspirar os soldados da cruz com heroica ousadia." Em resumo, Jesus aqui anuncia a Pedro e aos demais que eles agora devem fazer a transição da infância para a maturidade, do aprendizado ao autodomínio, de uma posição de dependência e isenção de preocupação para uma de influência, autoridade e responsabilidade, como líderes e comandantes da comunidade cristã, fazendo a obra para a qual ficaram muito tempo em treinamento. Tal transição e transformação consequentemente ocorreu pouco tempo depois na história dos discípulos. Eles assumiram a posição de representantes ou substitutos de Cristo depois de sua ascensão, Pedro sendo o homem de liderança ou representante, embora não o Papa, da Igreja infante; e o caráter deles foi alterado para capacitá-los para suas elevadas funções. Os tímidos discípulos tornaram-se ousados apóstolos. Pedro, que covardemente negou o Senhor no pátio do tribunal, heroicamente o confessou diante do Sinédrio. Os discípulos ignorantes e estúpidos, que continuamente não compreendiam as palavras de seu Mestre, tornaram-se cheios do Espírito de sabedoria e entendimento, de maneira que os homens ouviam as suas palavras como tinham ouvido as palavras do próprio Jesus.

Nós dissemos que o amor a Cristo não impõe a todos os seus discípulos o dever de um pastor; a maior parte simplesmente prefere ouvir a voz do pastor e segui-lo e em geral mostra boa vontade para ser guiada por aqueles que são mais sábios do que eles. Nós devemos acrescentar que todos aqueles que são animados pelo espírito de amor para com o Redentor serão ou pastores ou ovelhas, ativamente úteis para cuidar das almas dos outros, ou gratamente se utilizando da provisão feita para o cuidado de suas próprias almas. Muitos, no entanto, não se encontram em nenhuma classe. Na verdade, alguns são ovelhas, mas ovelhas perdidas; outros não são nem ovelhas nem pastores, sendo autoconfiantes, mas indispostos para ajudar; muito obstinados para serem conduzidos e não inclinados a tornarem sua força e experiência disponíveis a

Os subpastores admoestados

seus irmãos, utilizando todo o seu talento para o uso exclusivo de seus interesses particulares. Tais homens são encontrados na Igreja e no estado, diligentemente se abstendo do ofício e da responsabilidade e criticando severamente aqueles que se têm colocado sob o jugo; censurando a timidez e escravidão desses – como potros indomados, se pudessem falar, poderiam censurar a mansidão de cavalos presos ao arreio – às peças e às rédeas que fazem parte dos arreios da igreja, traduzidos em fórmulas e confissões, sofrendo uma dupla forma de censura.[287]

Agora, está tudo muito bem enquanto são potros selvagens, desfrutando de liberdade irrestrita, pelo tempo da juventude; mas não se vai ficar rejeitando o jugo a vida toda. "Sim, para que sejam fortes devem suportar as inseguranças da fraqueza, e não agradar a si mesmos." Sem dúvida é melhor ser livre de preocupação, e andar com liberdade de opinião e ação, e, sacudindo aqueles que se agarram às nossas vestes, viver a vida de deuses, sem se importar com a humanidade. Mas não é o fim principal de qualquer homem, menos ainda do homem sábio e forte, ficar livre de preocupação ou de problemas. Aquele que tem um coração cristão deve sentir que é forte e sábio por amor daqueles que carecem de força e sabedoria; e ele empreenderá o ofício de pastor, ainda que esquivando-se com temor e tremor de suas responsabilidades e ainda que também consciente de que, ao assim fazer, ele está consentindo em ter sua liberdade e independência grandemente reduzidas. O jugo do amor que nos une aos nossos companheiros às vezes não é fácil, e o fardo de cuidar deles não é leve; mas, no todo, é melhor e mais nobre ficar cansado e ser um servo por amor, do que ser um homem livre mediante o poder emancipador do egoísmo. Melhor é Pedro prisioneiro e mártir pelo evangelho, do que Simão inculcando em seu Senhor a política egoísta, "Salva a ti mesmo", ou preferindo a tranquila boa vida no monte da Transfiguração, exclamando, "Senhor, é bom estarmos aqui." É melhor Pedro preso por outros, e levado para onde não quer, como um bom pastor a ser sacrificado pelas ovelhas, do que Simão usando sua própria roupa e caminhando com um ar confiante e descuidado de um moderno *indiferente*. Uma vida nas ondas do Oceano, uma vida nas florestas, uma vida nas montanhas ou nas nuvens pode ser boa para se sonhar e cantar; mas a única vida da qual o heroísmo e a poesia genuínos

---

[287] É uma questão justa se nossa venerável confissão não é muito minuciosa e rigorosa, um tipo de duplo cabresto, até para ministros; e se subscrição deve ser exigida de qualquer forma de irmãos leigos, que não ensinam, carentes do conhecimento profissional necessário para uma inteligente subscrição em todos os detalhes, e são tão receptivos para disciplina na crença como para *conduta* sem subscrição. Ninguém assina uma obrigação de guardar os dez mandamentos para ficar sujeito à disciplina por imoralidade.

O Treinamento dos Doze

provêm é aquela que é passada sobre esta terra sólida e prosaica, na modesta obra de fazer o bem.

Observe-se agora, finalmente, a evidência, fornecida pelas respostas de Pedro às perguntas do Senhor, de que, na verdade, ele é capacitado para a obra responsável à qual é chamado. Não é só porque ele pode apelar ao próprio Jesus, como alguém que sabe de todas as coisas e diz: "tu sabes que eu te amo;" já que, como já salientamos, todo discípulo sincero pode fazer isso. Dois sinais específicos de maturidade espiritual que são aqui discernidos, não são encontrados naqueles que são fracos na graça, nem encontrados anteriormente no próprio Pedro. Existe, primeiramente, notável modéstia — bastante perceptível em um homem tão presunçoso. Pedro agora não faz qualquer comparação entre ele mesmo e seus irmãos como fizera anteriormente. Apesar das aparências, ele ainda protesta para dizer que ama Jesus; mas toma cuidado para não dizer "eu te amo mais do que estes." Ele não somente não o diz, mas patentemente não o pensa: o espírito jactancioso o deixou; ele é um homem humilde, submisso e sábio, espiritualmente preparado para o pastorado, tão somente porque deixou de pensar em si mesmo como sumamente competente para isto.

A segunda marca de maturidade discernível nas réplicas de Pedro é a tristeza piedosa pela falha do passado: "Pedro ficou magoado por Jesus lhe ter perguntado, pela terceira vez, você me ama?" Ele ficou magoado pela tripla interrogação que o fez lembrar da tripla negação da qual tinha sido culpado e que deu motivo a que seu amor fosse questionado. Observe-se em particular o sentimento produzido por esta delicada referência aos seus pecados passados. O que ele sentia era *mágoa*, não irritação, ira ou vergonha. Não há orgulho, paixão e vaidade na alma deste homem, mas somente contrição santa e humilde; nenhuma coloração repentina é percebida em sua expressão, mas somente a expressão suave e graciosa de um espírito penitente e castigado. O homem que pode, desse modo, fazer alusões aos seus pecados não é somente capaz de vigiar as ovelhas, mas até mesmo da alimentar os cordeiros. Com espírito brando, restaurará aqueles que caíram. Ele será terno para com os transgressores, não com a caridade espúria que não consegue condenar o pecado com vigor, mas com a caridade genuína de alguém que recebeu em si mesmo a misericórdia pelos pecados dos quais sinceramente se arrependeu. Por sua benévola compaixão, os pecadores serão convertidos a Deus em tristeza sincera por suas transgressões e em humilde esperança de perdão; e, por seu cuidado, vigilante, muitas ovelhas serão guardadas de se extraviarem do aprisco.

Seção II — O Pastor dos pastores
Jo 21.19-22

Ser um subpastor atencioso é, de outro ponto de vista, ser uma ovelha fiel, seguindo o Pastor Principal para onde quer que ele vá. Pastores não são senhores sobre a herança de Deus, mas apenas servos de Cristo, o grande Cabeça da Igreja, obrigados a reconhecer Sua vontade como sua lei, e Sua vida como seu modelo. Na cena do lago, Jesus se esforça para fazer com que seus discípulos entendam isso. Ele não lhes permitiu supor que, ao entregar seu rebanho à responsabilidade pastoral deles, estava abdicando de sua posição como Pastor e Bispo das almas. Tendo dito a Pedro: "Cuide das minhas ovelhas", "Pastoreie as minhas ovelhas", ele lhe diz, como sua palavra final, "Siga-me."

Está contido na narrativa que, enquanto Jesus dizia isso, ele se levanta e sai do lugar onde os discípulos tinham acabado de fazer sua refeição matinal. Não nos é dito para onde foi, mas pode ter sido para aquela "montanha na Galileia", ao lugar onde o Salvador ressuscitado encontrou "mais de cinco mil irmãos de uma vez." Sem dúvida, as ovelhas se dirigiram para lá para encontrar seu Pastor divino, como um aprisco isolado em lugar montanhoso; e é mais do que possível que o objetivo da viagem na qual Pedro é convidado a se unir a seu Mestre seja apresentá-lo ao rebanho que tinha sido entregue aos seus cuidados.

Seja como for, Pedro obedeceu à convocação, e imediatamente se levantou para seguir Jesus. Sua primeira impressão provavelmente foi de que ele deveria ser um assistente solitário de seu Senhor, e um desejo natural de certificar-se do caso levou-o a olhar para trás para ver o que seus companheiros estavam fazendo. Ao voltar-se, ele observou o discípulo a quem Jesus amava, e a quem ele também amava, seguindo de perto seus passos; e imediatamente sai a pergunta de seus lábios: "Senhor, e quanto a ele?" A pergunta era elíptica, mas queria dizer: "João está vindo atrás de nós; está destinada a ele a mesma sorte que tu profetizaste para mim? Ele também será amarrado e levado para onde não quer; ou será ele, enquanto o discípulo mais ternamente amado, isento das dificuldades as quais estou fadado a enfrentar?

Que uma outra e mais feliz sorte estava reservada para João parecia, cremos, provável a Pedro. Ele não podia senão lembrar-se daquela cena memorável na qual a mãe de João fez seu ambicioso pedido para seus dois filhos; e a despeito do que Jesus tinha dito a eles sobre provar de seu cálice e ser batizado com seu batismo, ele, Pedro, podia muito bem imaginar que o desejo de João seria realizado, e que ele viveria para ver o reino futuro e compartilhar de suas

O Treinamento dos Doze

glórias; principalmente quando todos os discípulos, até o último dia da estada de seu Senhor sobre a terra, ainda esperavam que o reino fosse restaurado, em breve, para Israel. Se este fosse o pensamento de Pedro, não seria surpreendente que ele perguntasse, se não com inveja, pelo menos com um sentimento mais triste de sua própria perda: "Senhor, e quanto a ele?" A adversidade, no máximo, é difícil de suportar, mas o mais difícil é quando a má sorte pessoal está em claro contraste com a prosperidade de um irmão que começou sua carreira ao mesmo tempo e sem perspectivas melhores do que o homem a quem ele de longe ultrapassou na corrida.

A tais considerações, no entanto, Jesus deu pouca importância em sua resposta à pergunta de Pedro. "Se eu quiser", disse ele, "que ele permaneça vivo até que eu volte, o que lhe importa? Siga-me." "Quão duro e sem sentimento!" alguém poderia exclamar. Não podia Jesus pelo menos ter lembrado a Simão, para seu conforto, das palavras que uma vez proferiu dirigindo-se a Tiago e João: "Podeis beber do meu cálice?" Isso não teria ajudado Pedro a estar mais disposto a seguir seu Mestre no árduo caminho da cruz, ter-lhe dito que, qualquer que fosse a morte de João, ele também teria que sofrer pelo evangelho; que sua vida, longa ou curta, seria cheia de tribulação; que a participação na glória do reino não depende de longevidade; que, de fato, o primeiro a morrer seria o primeiro a entrar na glória? Mas não, não podia ser. Ministrar esse consolo teria sido favorecer a fraqueza do discípulo. Alguém que tenha de agir como soldado deve ser treinado com rigor militar. A efeminação, suspiro por felicidade, choro pela felicidade perdida não têm lugar no caráter do apóstolo; e Jesus, para quem tais disposições são mais detestáveis, terá todo o cuidado de não lhes dar nenhum apoio. Ele terá todos os seus seguidores, e principalmente os líderes de seu povo, como heróis — "Cavaleiros", prontos cumprir a ordem, sem temor do perigo, pacientes no cansaço, sem qualquer traço de fraqueza egoísta. Ele não dará espaço nem mesmo à fragilidade natural, não levará em conta a dor atual, não se importará com a maneira como nos saímos sob a repreensão, contanto que alcance seu objetivo — a produção de um caráter à prova de tentação.

Tendo esse fim em vista, Jesus não tem problemas para corrigir os mal-entendidos de Pedro sobre seu irmão e discípulo. Dizemos mal-entendidos, porque, na verdade, eram. João não permaneceu até que o Senhor viesse no sentido em que Pedro entendeu as palavras. Na verdade ele viveu até o fim do primeiro século cristão, portanto, muito tempo depois da vinda do Senhor para executar o juízo sobre Jerusalém. Mas, a não ser pela longevidade que ele desfrutou, o último dos apóstolos não tinha nada a ser invejado. A Igreja foi militante durante toda a sua vida: ele tomou parte em muitas de suas batalhas e recebeu, por isso, muitas cicatrizes. Companheiro de Pedro no primeiro conflito da igreja com o mundo, ele se tornou prisioneiro em Patmos por causa da palavra de Deus e pelo testemunho de Jesus Cristo, depois que Pedro partiu deste mundo. Talvez possa se dizer que, devido ao temperamento, a vida de João foi menos agitada do que a de seu irmão apóstolo. Ele era um homem de menor impetuosidade, embora não de menor intensidade; e talvez não houvesse muita em seu caráter que provocasse oposição do mundo. Tanto por suas virtudes quanto por suas deficiências, Pedro foi predestinado a ser o *defensor* da fé, o Lutero da era apostólica, dando e recebendo os golpes mais duros e suportando o peso da batalha. João, por outro lado, era o Melanchthon entre os apóstolos, sem, no entanto, a tendência de Melanchthon para ceder; e, como tal, provavelmente desfrutou uma vida mais sossegada, e, no todo, mais pacífica. Mas essa diferença entre os dois homens era, apesar de tudo, bastante atenuada; e, considerando todas as coisas, podemos dizer que João não tomou menos do cálice de Cristo do que Pedro. Não havia nada de glorioso ou invejável em sua sorte sobre a terra, exceto a visão em Patmos da glória a ser ainda revelada.

Ainda que tudo isto fosse claro ao seu olhar presciente, Jesus não condescendeu em dar qualquer explicação com respeito à sorte do discípulo amado, mas permitiu a Pedro pensar o que quisesse acerca do futuro de seu amigo: "Se eu quiser", disse ele, "que ele permaneça até que eu volte, o que lhe importa?" não significa dar qualquer informação, como os crentes contemporâneos imaginaram, mas antes uma recusa em informar algo, expressa da maneira mais grosseira e peremptória. "Imagine" — este é o significado das palavras — "Imagine que fosse do meu agrado que João devesse permanecer na terra até que eu retornasse, que você tem com isso? Imagine que eu concedesse a ele assentar-se à minha direita em meu reino messiânico, o que, eu pergunto novamente, você tem com isso? Imagine que João não provasse a morte, mas, sobrevivendo até o meu segundo advento, fosse, como um outro Elias, levado suavemente pelo ar diretamente ao céu, ou dotado, em seu corpo, do poder de uma vida eterna, o que ainda você tem com isso? SIGA-ME!"

A repetição enfática desta injunção é muito significativa. Ela mostra, em primeiro lugar, que, quando Jesus disse a Pedro: "Pastoreie as minhas ovelhas", ele não tinha a intenção de torná-lo um pastor dos pastores, um pastor ou bispo sobre seus condiscípulos. Na teologia católico-romana os cordeiros são os membros leigos da igreja, e as ovelhas são os subpastores — todo o corpo do

O TREINAMENTO DOS DOZE

clero, com exceção do Papa. Quão estranho, se for verdade, que Pedro fosse censurado por olhar para alguém do rebanho, e por fazer esta simples pergunta, "Senhor, e quanto a ele?" Jesus lhe responde como se ele fosse uma pessoa intrometida, importando-se com questões que não lhe dizem respeito. E, na verdade, a intromissão era uma das falhas de Pedro. Ele gostava de cuidar dos outros e dirigi-los; ele procurava, vez ou outra, controlar o próprio Senhor. Curiosamente, é deste apóstolo que a igreja obtém o alerta indispensável contra o vício muito comum já nomeado. "Se algum de vocês sofre," escreve ele em sua primeira epístola, "que não seja como assassino, ladrão, criminoso, ou *como quem se intromete em negócios alheios*"; literalmente, como um bispo que se intromete na diocese de outro.[288] Evidentemente, as frequentes censuras feitas a Pedro por seu Mestre causaram uma impressão duradoura sobre ele.

Por mais pesada que fosse a carga de responsabilidade posta sobre este discípulo nessa ocasião, não era uma coisa tão formidável como ser um Cristo visível, por assim dizer, para toda a Igreja. Nem Pedro nem qualquer outro homem é capaz de suportar esse fardo, e felizmente de ninguém isso é exigido. A responsabilidade mesmo do mais importante na Igreja está restrita dentro de limites comparativamente estreitos. A tarefa principal, mesmo dos principais subpastores, não é fazer os outros seguirem a Cristo, mas seguirem a Ele eles mesmos. Foi muito bom que nosso Senhor tenha deixado isso claro mediante as palavras dirigidas ao representante dos apóstolos; porque cristãos de natureza ativa, enérgica e honesta costumam ter ideias muito exageradas sobre suas responsabilidades, e tomam para si mesmos o cuidado de todo o mundo, e impõem a si mesmos o dever de remediar todos os males que são feitos debaixo do sol. Eles seriam os defensores gerais da fé onde quer que ela fosse atacada, redirecionadores de todos os erros, curadores de todas as almas. Há algo nobre assim como quixotesco nessa índole; e não seria o melhor sinal da seriedade moral de um homem o fato de ele não ter, em algum tempo de sua vida, conhecido um pouco desse espírito ultrazeloso e exagerado. Ainda seria necessário compreender que o Cabeça da Igreja não impõe a nenhum homem essa responsabilidade ilimitada, e que, quando autoimposta, ela não leva ao homem nenhuma utilidade real. Nenhum homem pode fazer a obra de todos os outros homens, e nenhum homem é responsável pelos erros e fracassos de todos os outros homens; e cada um contribui mais efetiva e certamente para o bem de todos ao conduzir sua própria vida sob princípios piedosos. O mundo está cheio de males — ceticismo, superstição, ignorância, imoralidade, em

---

[288] I Pe 4.15: αλλοτριοεπισκοπος é a palavra grega.

toda parte — uma visão terrível ao extremo. "O que, então, devo fazer?" Uma coisa acima de tudo: seguir a Cristo. Seja um crente, deixe quem quiser ser infiel. Que a sua religião seja racional: deixe quem quiser unir sua fé a uma autoridade humana falível e colocar sua religião em ritualismos fantásticos e idolatrias grosseiras. Seja santo. Um exemplo de sobriedade, justiça e piedade, ainda que todo o mundo se torne um caos de impureza, fraude e impiedade. Diga com Josué: "Se parecer bem a vocês servir o Senhor, escolham hoje a quem servirão, quanto a mim e a minha casa, *nós* serviremos ao Senhor."

A repetida injunção, "Siga-me," enquanto restringe a responsabilidade individual prescreve atenção total ao dever pessoal. Cristo exige de seus discípulos que eles o sigam com integridade de coração, sem distração, sem murmúrio, inveja, ou cálculo das consequencias. Pedro ainda não estava, é de temer, no ponto certo nesse aspecto. Ainda subsistia, em seu coração, uma ânsia vulgar por *felicidade* como a principal finalidade do homem. Isenção da cruz ainda lhe parecia supremamente desejável, e ele provavelmente supunha que um favor especial da parte de Cristo para com um discípulo em particular se mostraria na concessão de tal isenção. Ele ainda não entendia que Cristo mais frequentemente mostra favor especial a seus seguidores, tornando-os, de um modo notável, participantes de seu cálice amargo e de seu batismo de sangue. O grande entusiasmo de Paulo, que o fez desejar conhecer Jesus na comunhão de seus sofrimentos, ainda não tinha tomado posse do coração de Simão. Quando uma parte árdua e perigosa do serviço devia ser feita, aqueles que eram escolhidos para ser a esperança desamparada pareciam-lhe mais objetos de piedade do que de inveja. Longe de se oferecer para tal serviço, ele preferiria congratular-se de ter escapado dele; e a virtude mais altamente concebível, caso alguém fosse tão infeliz a ponto de não escapar, seria, em sua opinião, submissão ao inevitável.

Pedro era deficiente ainda na virtude militar da obediência inquestionável às ordens, que é o segredo da força de um exército. Um general diz a alguém, "vá", e ele vai; a outro, "vem", e ele vem: ele designa a um batalhão, "seu lugar é aqui", e a um outro, "seu lugar é ali"; e ninguém se aventura a perguntar por quê, ou a fazer comparações invejosas. Existe uma rendição absoluta da vontade individual à vontade do comandante; e até onde importam os pensamentos da preferência, cada homem é uma máquina, tendo vontade, cabeça, mão e coração apenas para a execução efetiva da tarefa designada. Pedro ainda não tinha atingido este ponto de abnegação. Ele não poderia fazer simplesmente o que lhe era ordenado, mas precisava olhar ao redor para ver o que um outro estava fazendo. Nem pensemos que isso fosse um defeito pequeno nele.

O TREINAMENTO DOS DOZE

Era uma brecha na disciplina que não podia ser deixada de lado pelo Comandante do fiel. A obediência implícita é tão necessária na Igreja quanto o é no exército. O velho soldado Loyola compreendeu isso, daí ter introduzido um sistema de disciplina militar na constituição da chamada "Companhia de Jesus". E a história desta sociedade mostra a sabedoria do fundador; porque, seja o que for que pensemos a respeito da qualidade da obra praticada, não podemos negar a energia da fraternidade jesuítica, ou a devoção de seus membros. Devoção tal como o jesuíta rende à vontade de seu superior espiritual, Cristo exige de todo seu povo; e a ninguém, a não ser a Ele mesmo, ela pode ser rendida sem que se pratique impiedade. Ele deveria ter todo crente submisso a sua vontade em obediência bem disposta, exata, habitual, considerando todas as suas ordens sábias, todos os seus planos bons, reconhecendo seu direito de dispor de nós como lhe agradar, contentes em servi-lo em um lugar pequeno ou grande, ao fazer ou ao sofrer, por um período longo ou curto, na vida ou na morte, se somente Ele for glorificado.

Este é nosso dever, e é também nossa bênção. Com esta intenção, seremos libertos de todos as preocupações com as consequencias, dos pontos de vista ambiciosos de nossas responsabilidades, das dores imaginárias, da inveja, da agitação e da inquietude da obstinação. Nós mais nos distrairemos ou seremos atormentados pelo incessante olhar ao redor para ver o que está acontecendo com este ou aquele condiscípulo, mas seremos capazes de continuar com nossa própria obra com compostura e paz. Nós não nos atribularemos por causa de nosso próprio futuro ou pelo de qualquer outra pessoa, mas viveremos saudável e felizmente no presente. Nós deixaremos para sempre o medo, a preocupação, as intrigas, os desapontamentos e as contrariedades, e, como cotovias nos portões do céu, cantaremos:

> "Pai, eu sei que toda a minha vida
> É dividida por ti,
> E as mudanças que certamente virão
> Não temerei ver;
> Mas eu te peço, por ora,
> a intenção de servir-te.
> Eu não deveria ter a vontade inquieta
> Que se apressa pra lá e pra cá,
> Procurando fazer alguma coisa de grande,
> Ou coisa secreta a descobrir;
> Eu deveria ser tratado como uma criança,
> E guiado para onde ir."

Assim, irmão, "siga seu caminho até o fim"; e "você descansará e, no final dos dias, você se levantará para receber a herança que lhe cabe".

30
Poder do alto

Mt 28.18-20; Mc 16.15; Lc 24.47-53; At 1.1-8.

Da Galileia os discípulos, por seu próprio acordo ou por orientação, fazem seu caminho de volta para Jerusalém, onde seu Senhor ressuscitado mostrou-se mais uma vez, e pela última vez, para dar-lhes suas instruções finais e para despedir-se deles.

Nenhuma informação bem definida pode ser tirada desse encontro nos evangelhos. Cada um dos evangelistas sinóticos, no entanto, preservou algumas das últimas palavras proferidas por Jesus para seus discípulos antes de subir ao céu. Entre essas, estão os versículos que encerram o Evangelho de Mateus, onde lemos: "Foi-me dada toda autoridade nos céus e na terra. Portanto, vão e façam discípulos de todas as nações, batizando-os no nome do Pai, do Filho e do Espírito Santo; ensinando-os a obedecerem a tudo o que eu lhes ordenei. E eu estarei sempre com vocês, até o fim dos tempos" (Mt 28.18-20). Deste último discurso, Marcos, no encerramento de seu Evangelho, dá uma versão abreviada, nestes termos: "Vão pelo mundo todo e preguem o evangelho a todas as pessoas."[289] Na narrativa de Lucas, as palavras ditas por Jesus na ocasião de sua aparição final aos onze estão tão entrelaçadas com aquelas que ele lhes disse na tarde do dia de sua ressurreição, que nós nunca teríamos pensado em fazer distinção entre elas se um relato suplementar e mais circunstancial não fosse dado pelo mesmo autor no Livro de Atos, muito menos teríamos conhecimento de onde estabelecer a linha divisória no tempo. Ao comparar os dois relatos, no entanto, nós podemos ver que as palavras ditas em duas ocasiões diferentes são construídas juntas em um discurso contínuo; e não temos grande dificuldade de determinar qual pertence à primeira aparição e qual à última. De acordo com o Livro de Atos, Jesus, em sua última conversa com seus discípulos, falou-lhes de seus deveres apostólicos como suas testemunhas e pregadores de seu evangelho; da promessa do Espírito, cuja descida os capacitaria para sua obra; e do que eles deveriam fazer até que a

---

[289] Marcos 16.15. A ARA diz "toda criatura", traduzindo παση κτισει, sem o artigo. Não vamos entrar na discussão da autenticidade de Marcos 16.9-20.

O TREINAMENTO DOS DOZE

promessa fosse cumprida. Ora, esses são exatamente os tópicos aludidos nos versículos citados do último capítulo do Evangelho de Lucas. Primeiro, há a comissão apostólica para pregar o arrependimento e a remissão dos pecados no nome de Jesus a todas as nações começando por Jerusalém; e uma injunção virtual dada aos discípulos para serem testemunhas fiéis de todas as coisas que eles tinham visto e ouvido na companhia de seu Senhor, especialmente quanto à sua ressurreição dos mortos. Em seguida, há uma renovação desta promessa, aqui denominada a "promessa de meu Pai". Finalmente, é dada a orientação para se aguardar pela bênção prometida na cidade santa: "mas permaneçam em Jerusalém até que sejam revestidos com o poder do alto."

Todos esses ditos têm a evidência interna de serem as últimas palavras, por sua adequação à situação. Era natural e necessário que Jesus falasse dessa maneira aos seus agentes escolhidos no momento final de sua partida, dando-lhes instruções para sua atuação em suas futuras obras apostólicas e no breve intervalo que decorreria antes que aquelas obras tivessem início. Mesmo a brevidade prática e o tom objetivo destas últimas palavras revelam a ocasião na qual foram proferidas. De início, nós talvez devêssemos ter esperado um estilo mais comovente de discurso no contexto de um encontro de despedida; mas, ao refletir, percebemos que tudo o que tem aspecto de sentimentalismo estaria abaixo da dignidade da situação. No discurso de despedida antes da paixão, patético era adequado; contudo, nas palavras de despedida antes da ascensão, ele não deveria aparecer. No primeiro caso, Jesus era um pai dizendo suas últimas palavras de conselho e conforto a seus filhos entristecidos; no último, ele era "como um homem que sai de viagem. Ele deixa sua casa, encarrega de tarefas cada um de seus servos e ordena ao porteiro que vigie" (Mc 13.34); e sua maneira de falar foi adaptada ao tom que ele transmitiu.

Contudo, o tom adotado por Jesus em sua última conversa com os onze não foi puramente magisterial. O Amigo não estava totalmente perdido no Mestre. Ele tinha para os seus servos tanto palavras amáveis quanto ordens. O que poderia ser mais amável e mais encorajador do que esta palavra: "Eis que estou convosco sempre, até o fim do dos tempos?" E não há um tom de amizade na declaração na qual Jesus, agora a ponto de ascender à glória, parece, por antecipação, vestir o manto da divina majestade que ele tinha deixado de lado quando se tornou homem: "Toda autoridade me foi dada no céu e na terra." Por que ele diz isso agora? Não para se exaltar; não para colocar uma distância entre si e seus companheiros de outrora e, por assim dizer, degradá-los de uma posição de amigos à de meros servos. Não; mas para prepará-los para irem pelo

PODER DO ALTO

mundo como os mensageiros do reino; para fazê-los sentir que a tarefa atribuída a eles não era, como poderia parecer, uma tarefa impossível. "Eu tenho todo o poder," diz ele com efeito, "no céu, e jurisdição sobre toda a terra: vão, portanto,[290] a todo o mundo, fazendo discípulos de todas as nações, não tendo dúvidas de que todas as influências espirituais e todas as atuações da providência se tornarão subservientes à grande tarefa para a qual eu os envio."

Jesus tinha tanto ações amáveis como palavras amáveis para seus amigos ao partir. Na verdade, não houve nenhum beijo de despedida, ou aperto de mãos, ou qualquer outro ato simbólico em uso entre os homens quando se despedem uns dos outros; no entanto, o modo como se deu sua ascensão foi o mais gracioso e benigno para com aqueles a quem ele deixou para trás. Jesus moveu-se para cima como que puxado da terra por alguma atração celestial, com seu rosto voltado para baixo olhando seus amados companheiros e com sua mão estendida em uma atitude de bênção. Assim, os onze não sofreram com o desaparecimento de seu Senhor. Eles, na verdade, se maravilharam e olharam fixamente, com ansiedade e admiração, para os céus, como que tentando penetrar a nuvem que recebeu a pessoa de seu Mestre; mas a partida não deixou tristeza para trás. Eles curvaram a cabeça em adoração ao Cristo elevado ao céus e retornaram a Jerusalém com grande alegria, como se tivessem *ganhado*, não *perdido* um amigo e como se a ascensão não fosse um *pôr-do-sol*, mas uma *aurora* — como, de fato, foi, não somente para eles, mas para todo o mundo.

Daquele evento miraculoso, pelo qual nosso Sumo Sacerdote passou pelo véu para dentro do santuário celestial, nada podemos dizer. Como a transfiguração, é um tópico sobre o qual não sabemos o que dizer; um evento que não deve ser explicado, mas em que se deve ter devota e alegremente crido, juntamente com a verdade declarada pelos dois homens vestidos de branco aos discípulos; eles disseram: "Galileus, por que vocês estão olhando para o céu? Este mesmo Jesus, que dentre vocês foi elevado aos céus, voltará da mesma forma como o viram subir" (At 1.11). Por isso, passaremos da ascensão a fazer algumas observações sobre a grande comissão dada pelo Senhor a seus apóstolos pela última vez, pouco antes de ser recebido na glória.

Esta comissão era digna daquele que a concedeu, quer nós o olhemos como Filho de Deus, quer como Filho do homem. "Vão pelo mundo todo e preguem o evangelho a todas as pessoas." Com certeza este tipo de linguagem pertence a um Ser Divino. Que homem, alguma vez, teve em mente um plano de beneficência que abrangesse, em seu escopo, toda a raça humana? E quem,

---

[290]Oυν é uma leitura discutível, mas a ideia que ela expressa está implicada no contexto.

471

O Treinamento dos Doze

senão alguém que possui todo o poder no céu e na terra, ousaria acreditar no, sucesso de tão gigantesco empreendimento? E quão cheia de graça e amor é a matéria da comissão! A tarefa para a qual Jesus envia seus apóstolos é pregar o arrependimento e a remissão dos pecados em seu nome e fazer uma conquista pacífica do mundo para Deus por meio da palavra de reconciliação, ligada a sua morte. Tal filantropia prova ser, a um só tempo, divina e muito intensamente humana. E note, como especialmente característico do Gracioso, a orientação, "começando por Jerusalém". As palavras indicam um plano de operações adaptado, ao mesmo tempo às circunstâncias do mundo e às capacidades e às características dos agentes; mas elas fazem mais. Elas abrem uma janela para o coração de Jesus e mostram que ele é o mesmo que orou na cruz: "Pai, perdoa-lhes; porque eles não sabem o que fazem". Por que começar por Jerusalém? Porque "os pecadores de Jerusalém" necessitavam mais de arrependimento e de serem perdoados; e porque Jesus mostraria neles, no início, a plena extensão de seu longo sofrimento, como um modelo para aqueles que posteriormente creriam em Samaria, Antioquia e nos confins da terra.

Ela foi, em cada aspecto, uma comissão digna de ser dada por Jesus, como o Filho de Deus e o Salvador dos pecadores. Mas que comissão para pobres pescadores da Galileia *receberem*! Que carga de responsabilidade a ser colocada sobre os ombros de qualquer pobre mortal! Quem é capacitado para essas coisas? Jesus sabia da insuficiência de seus instrumentos. Portanto, tendo investido com autoridade oficial, ele continuou a falar de um revestimento com outro tipo de poder, sem o qual o oficial seria completamente ineficaz. Ele disse: "Eu lhes envio a promessa de meu Pai; mas fiquem em Jerusalém até serem revestidos do poder do alto."

"Poder do alto". A expressão tem um tom místico, e seu sentido parece ser difícil de definir; contudo, o significado geral é claro o suficiente. A coisa significada não é total ou principalmente um poder para operar milagres, mas apenas aquilo de que Jesus tinha falado em tal extensão em seu discurso de despedida, antes de sua morte. "Poder do alto" significa: tudo o que os apóstolos obteriam da missão do Consolador — esclarecimento, bom coração, santificação de suas faculdades e transformação de seu caráter, de modo que eles se tornassem espadas afiadas e lanças polidas para subjugar o mundo à verdade; essas, ou o efeito dessas combinado, constituíam o poder pelo qual Jesus orientou que os onze aguardassem. O poder, portanto, era um poder espiritual, não *mágico*; uma inspiração, não uma possessão; um poder que não deveria agir como uma força cega e fanática, mas manifestar-se como um espírito de amor e de uma mente sã. Depois que o poder descesse, os apóstolos não deveriam ser menos racionais, mas mais; não loucos, mas de mente sóbria; não poetas exaltados, mas serenos, claros, dignos expositores da verdade divina, como eles aparecem na história de Lucas sobre seu ministério. Em uma palavra, eles deveriam ser menos parecidos com seus próprios passados e mais como seu Mestre: não sendo mais ignorantes, débeis, carnais, infantis, mas iniciados nos mistérios do reino e habitualmente debaixo da liderança do Espírito de graça e santidade.

Sendo esse o poder prometido, era evidentemente indispensável se obter êxito. De nada valeriam os títulos oficiais — apóstolos, evangelistas, pastores, mestres, líderes; de nada valeriam as vestes clericais, sem essa vestimenta do poder divino para revestir as almas dos onze. De nada valiam então e igualmente, nada valem agora. O mundo deve ser evangelizado, não por homens revestidos de dignidades eclesiásticas e vestes coloridas, mas por homens que experimentaram o batismo do Espírito Santo e que são visivelmente dotados do poder divino de sabedoria, amor e zelo.

Como o poder prometido era indispensável, assim era, por sua natureza, simplesmente uma coisa a ser aguardada. Os discípulos foram instruídos a permanecer até que ele viesse. Eles não deveriam tentar fazer nada sem ele, nem deveriam tentar *obtê-lo*. E eles foram suficientemente sábios para seguir suas instruções. Eles entenderam plenamente que o poder era necessário e que não poderia ser alcançado, mas que deveria vir sobre eles. Nem todos são igualmente sábios. Muitos praticamente imaginam que o poder do qual Cristo falou pode ser dispensado, e que, de fato, não é uma realidade, mas uma quimera. Outros, mais devotos, acreditam no poder, mas não na impotência do homem de consegui-lo. Eles tentam alcançar o poder levando a si mesmos e a outros a um estado de grande agitação. O fracasso, mais cedo ou mais tarde, convence ambas as partes de seu equívoco, mostrando a um que, para produzir resultados espirituais, algo mais é necessário do que eloquência, intelecto, dinheiro e organização; e mostrando ao outro que o verdadeiro poder espiritual não pode ser produzido, como faíscas elétricas, pela fricção da agitação, mas deve vir soberana e graciosamente do alto.

31
Aguardando
At 1.12-14[291]

Depois que o Senhor os deixou e foi levado para o céu, os onze retornaram a Jerusalém e fizeram como lhes tinha sido ordenado. Eles se reuniram em um cenáculo na cidade e, na companhia das mulheres crentes e de Maria, a mãe de Jesus, e seus parentes e outros irmãos, sendo ao todo uns cento e vinte, esperaram pelo Poder e pela Luz como homens que esperam pelo amanhecer; ou como homens que vêm para ver um paisagem e esperam pela abertura das cortinas que ocultam da vista as cenas que seus olhos não viram, nem seus ouvidos ouviram, nem entrou em seus corações para serem consideradas. Esses versículos, desde o primeiro capítulo de "Atos", nos mostram os discípulos e os outros no ato de esperar.

Quão solene é a situação desses homens nesta crise em sua história! Eles estão a ponto de experimentar uma transformação espiritual; para passar, por assim dizer, da crisálida para o estado alado. Eles estão na véspera da grande iluminação prometida por Jesus antes de sua morte. O Espírito da Verdade está para chegar e conduzi-los a toda verdade cristã. A estrela da manhã está para surgir em seus corações, depois de uma noite lúgubre e negra de perplexidade mental e de tristeza desesperada pela qual eles recentemente passaram. Eles estão a ponto de serem dotados com poder de expressão e de caráter proporcional à sua compreensão aumentada das palavras e obra de Cristo, de maneira que os homens, ao ouvi-los, ficarão espantados e dirão uns aos outros: "Acaso não são galileus todos estes homens que estão falando? Então, como os ouvimos, cada um de nós, em nossa própria língua materna declarar as maravilhas de Deus?" (At 2.7-11). Com um fraco pressentimento do que está por vir, com corações que palpitam com a excitação da expectativa e em suspense com pensamentos incríveis sobre as grandes coisas que estão para serem reve-

---

[291] As partes da história evangélica e dos Atos dos Apóstolos citadas neste capítulo contêm questões bastante discutidas. Mas, como seria completamente inadequado ao caráter desta obra entrar em questões disputadas em geral, nós damos nossa própria construção dos eventos sem fazer referência aos pontos de vista céticos de muitos críticos modernos.

O TREINAMENTO DOS DOZE

ladas, eles se assentaram ali naquela sala por dez longos dias e esperaram pela promessa do Pai. Verdadeiramente esta é uma cena impressionante e sublime.

Mas, como eles esperaram? Eles se assentaram calados e em silêncio, à moda Quaker, o tempo todo esperando a descida do Poder? Não; o encontro naquela sala não era um encontro Quaker. Eles oraram, eles até realizaram coisas importantes; porque, naqueles dias, Pedro tomou a frente e propôs a eleição de um novo apóstolo no lugar de Judas, que havia ido para seu próprio lugar. O encontro deles também não foi um encontro monótono, como podem imaginar aqueles que jamais passaram por qualquer grande crise espiritual, e para quem esperar em Deus é sinônimo de preguiça. Os cento e vinte crentes não sofreram, podemos ter certeza, de tédio. Orações e súplicas preenchiam muitas dessas benditas horas. Porque, para homens na situação em que se encontravam esses discípulos, orar não é a forma "devocional" monótona com a qual nós estamos muito familiarizados nestes dias degenerados. É, antes, uma luta com Deus, durante a qual as horas passam rapidamente, e o dia irrompe antes que se tenha consciência. "Todos eles se reuniam sempre em oração." Eles oravam sem fraquejar, sem se cansar, com um só coração e mente.

Além de orar, os discípulos, sem dúvida, passavam parte de seu tempo lendo as Escrituras. Isto não é declarado; mas pode se supor como algo natural, e também pode ser inferido pela maneira com a qual Pedro manuseia os textos do Antigo Testamento em seu discurso ao povo no dia de Pentecostes. Este sermão pentecostal dá mostras de ter sido preparado antes. Em certo sentido, foi uma efusão de improviso, sob a inspiração do Espírito Santo, mas, por outro, foi fruto de estudo cuidadoso. Pedro e seus irmãos tinham, sem dúvida, relido todas aquelas passagens que Jesus havia exposto na tarde do dia no qual Ele ressuscitou dos mortos, e entre elas este salmo de Davi, cujas palavras o apóstolo citou em seu primeiro sermão evangélico, para apoiar a doutrina da ressurreição de Cristo. Podemos encontrar evidência de atenção cuidadosa e minuciosa concedida a esta e a outras partes messiânicas das Escrituras na exatidão com que é feita a citação. Os quatro versículos do salmo apresentam-se, palavra por palavra, no discurso de Pedro, assim como aparecem no texto original — um fato ainda mais notável porque os narradores e escritores do Novo Testamento, via de regra, não se submetem servilmente à *ipsissima verba* em suas citações do Antigo Testamento, mas citam os textos um tanto livremente.

Os exercícios espirituais daqueles dez dias teriam sido também diversifi-cados pela conversa religiosa. A leitura das Escrituras naturalmente suscitaria comentários e dúvidas. Os irmãos que tiveram o privilégio de ouvir Jesus expondo as coisas que foram escritas na lei, nos profetas e nos salmos, no que dizia respeito a ele, na noite do dia da sua ressurreição, não deixariam de entregar a seus coirmãos o benefício das instruções através das quais seus próprios entendimentos teriam sido iluminados. Pedro, que foi tão diligente em propor a eleição de uma nova testemunha da ressurreição de Jesus, não seria menos diligente em dizer aos companheiros que estavam naquela sala o que dissera Jesus ressuscitado a respeito desses textos do Antigo Testamento. Ele livremente lhes falaria sobre o significado que Jesus ensinou a descobrir no salmo dezesseis, assim como tomou a liberdade de fazer posteriormente, ao se dirigir à multidão nas ruas de Jerusalém. Quando este salmo fosse lido, ele diria: "Irmãos, nestes termos o Senhor Jesus interpretou estas palavras"; como, quando o salmo cento e nove foi lido, ele se levantou e disse: "Irmãos, era necessário que se cumprisse a Escrituras que o Espírito Santo predisse por boca de Davi, a respeito de Judas, porque está escrito: 'Fique deserto o seu lugar, e não haja ninguém que nele habite; e que outro ocupe o seu lugar. Portanto — escolhamos um outro para ocupar seu lugar."

Desse modo os irmãos se ocuparam durante esses dez dias. Eles oraram, leram as Escrituras, conversaram sobre o que leram e sobre o que esperavam ver. Assim continuaram esperando com um só pensamento, em um único, lugar, até que o dia de Pentecostes chegasse, quando repentinamente veio um som do céu como o de um vento muito forte, enchendo toda a casa onde estavam assentados; e ali surgiram sobre eles línguas bifurcadas, semelhante a línguas de fogo, e eles ficaram todos cheios do Espírito Santo, e começaram a falar em outras línguas, da maneira como o Espírito lhes concedia que falassem. Assim, cumpriu-se a promessa; o Poder descera do alto, de maneira a ilustrar as palavras do profeta: "Desde o início do mundo, os homens não ouviram, nem perceberam com o ouvido, nem tinha o olho visto, ó Deus, além de ti, o que ele preparou para aquele que nele espera."

Os eventos do Pentecostes foram a resposta às orações daqueles dez dias, que nós podemos chamar de "o período de incubação da Igreja Cristã." E, para que a lição de encorajamento que se pode tirar deste fato não se perca, deve ser lembrado ainda que as orações daqueles que se reuniram naquela sala não eram essencialmente diferentes das orações dos santos de qualquer outro período da história da Igreja. Elas se referiam aos mesmos assuntos. Os onze e os outros oraram pelo Poder prometido, por mais luz sobre o significado das Escrituras, pela vinda do reino divino à terra. E, enquanto eles oravam por

O TREINAMENTO DOS DOZE

essas coisas, cremos, com fervor singular, eles não oravam com uma inteligência extraordinária. Deles, talvez mais enfaticamente do que da maioria, podia-se dizer que não sabiam sobre o que orar como deviam. Eles tinham muitas ideias confusas, cremos, a respeito do "poder", de sua natureza e dos efeitos que ele produziria. Que eles tinham ideias rudes, e até mesmo errôneas acerca do "reino", nós sabemos; porque foi registrado que, no próprio dia de sua ascensão, eles ainda perguntaram a Jesus, "é neste tempo que restaurarás o reino a Israel?" (At 1.6). Nesta breve pergunta, estão contidas três concepções grosseiras e errôneas. Presumia-se que Cristo reinaria pessoalmente sobre a terra, um grande rei, como Davi. Os discípulos não tinham nenhuma ideia de uma ascensão aos céus. Portanto, o reino que eles esperavam era meramente um reino nacional judeu. Eles perguntaram: "vais restaurar o reino *a Israel?*" Finalmente, o reino buscado por eles é político, não espiritual: não é uma nova criação, mas um reino da terra, *restaurado* de uma condição atual prostrada a um poder e esplendor anteriores.

As noções dos onze, concernentes ao reino, continuaram a ser quase as mesmas até o dia de Pentecostes, como tinham sido no dia da ascensão. É verdade que Jesus tinha feito, em sua resposta à pergunta, uma declaração que, se corretamente compreendida, era adequada para corrigir suas más concepções. Formalmente uma recusa em conceder informação sobre um assunto a respeito do qual os discípulos estavam curiosos, a resposta proporcionava uma explicação plena e suficientemente clara acerca da questão. Quando ele falou do poder que *eles* receberiam, Jesus claramente sugeriu que a obra da inauguração do reino deveria ser feita pelos apóstolos como seus representantes, não por ele mesmo em pessoa. E a mesma coisa está implicada nas palavras, "vocês serão minhas testemunhas", porque testemunhas seriam necessárias somente para alguém que fosse invisível. Ao relacionar o "poder" com a descida do Espírito Santo, Jesus, com efeito, corrigiu o terceiro equívoco dos onze a respeito do reino — a saber, a noção de que ele deveria ser de natureza política. O poder que surge do batismo do Espírito é moral, não político, em seu caráter; e um reino fundado através deste poder não é um reino deste mundo, mas um cujos súditos e cidadãos são homens que acreditam na verdade: "da verdade", como o próprio Jesus esclareceu ao falar de seu reino diante de Pilatos. E, em último lugar, as palavras, "minhas testemunhas em Jerusalém, em toda a Judeia e Samaria, e até os confins da terra", certamente eram adequadas para banir das mentes dos onze o sonho de um reino meramente nacional e judeu. Se apenas o reino de Israel seria restaurado, para que propósito dariam testemunho de Jesus nos confins do mundo? Tal testemunho fala de um reino de

AGUARDANDO

natureza universal, que abrange povos de todas as línguas e famílias debaixo do céu.

A partir da resposta de seu Senhor, os discípulos poderiam, dessa maneira, ter captado a verdadeira ideia do reino, como um reino fundamentado sobre a fé em Cristo; presidido por um rei não mais presente corporalmente, mas espiritualmente onipresente; não limitado a um país, mas abrangendo todos os que fossem da verdade em todas as partes do mundo. Esta grande ideia, no entanto, eles não extraíram das palavras que temos comentado. Eles deveriam aprender sobre a natureza do reino, não a partir do ensino de Jesus, mas a partir dos eventos da providência. O panorama do reino de Deus deveria ficar oculto a seus olhos até que a cortina fosse levantada em três movimentos históricos distintos — a *ascensão,* a *descida do Espírito* no Pentecostes sobre a multidão que se reuniu para celebrar a festa e a *conversão de samaritanos e gentios.*[292] O primeiro desses movimentos já tinha acontecido quando os discípulos se reuniram no cenáculo para aguardar a promessa do Pai. Jesus tinha ascendido, de maneira que eles agora sabiam que o lugar do império, a capital do reino, deveria estar nos céus, não em Jerusalém. Essa era uma informação valiosa no entanto, não era tudo o que era necessário. Somente uma pequena parte do panorama era visível aos espectadores, e eles ainda permaneciam nas trevas quanto à natureza e extensão do reino vindouro. Eles esperavam ver um panorama de uma nova Palestina, não de um novo céu e de uma nova terra onde habitaria a justiça; e indubitavelmente continuaram a acalentar esta expectativa até que a cortina foi retirada, e os fatos mostraram aquilo por que eles tinham involuntariamente orado, quando finalmente aprenderam que o Ouvinte da oração não somente faz por seu povo o que ele pede, mas muito mais do que aquilo que ele pensa.

Esta cena da espera, vista em relação com os acontecimentos subsequentes relatados nos Atos dos Apóstolos, para não dizer em toda a história da Igreja, sugere uma outra observação. Nós podemos aprender disso que pode haver significado em coisas aparentemente muito insignificantes. Nós tivemos oportunidade de fazer essa observação em relação ao primeiro encontro deJesus com cinco daqueles que posteriormente se tornariam membros do gru-po dos doze escolhidos, e achamos que é oportuno repeti-la aqui. Para o mun-do judaico da época, este encontro no cenáculo, se eles soubessem de sua existência, seria algo desprezível, todavia era a única coisa de interesse perene na

---

[292] Compare as observações sobre a lentidão de raciocínio dos discípulos, que os impedia de compreender as palavras de Cristo até que elas foram interpretadas e iluminadas pelos eventos.

O Treinamento dos Doze

Judeia daquele tempo. A esperança de Israel, sim, do mundo, estava naquela pequena congregação. Por menor que ela fosse, Deus estava com aqueles que a formavam. Os incrédulos que não acreditam na influência sobrenatural riem dessas palavras; mas até eles devem reconhecer que alguma fonte de poder estava centrada naquela pequena comunidade, porque esses cristãos se multiplicaram com uma rapidez maior que a dos israelitas no Egito. Aqueles que rejeitam a influência divina impõem a si mesmos o fardo de uma explicação bastante difícil desse fato. Para aqueles que acreditam nesta influência é suficiente dizer que o pequeno rebanho cresceu, não pelo poder, nem pela força deste mundo, mas pelo Espírito de Deus. Foi do agrado de seu Pai dar-lhes o reino.

E agora, despedindo-nos daqueles homens com quem nós temos, por tanto tempo, mantido piedosa comunhão, pode ser bom aqui indicar em uma frase, a título de resumo, a soma do ensino que eles receberam de seu Mestre. Na verdade, por meio deste sumário é impossível transmitir uma ideia adequada da preparação que receberam para suas futuras carreiras, visto que a parte mais importante desta preparação consistiu no simples fato de estar por anos *com alguém como Jesus*. Todavia, pode ser bom levar nossos leitores a ver, num relance, que, por mais assistemática e ocasional que fosse a instrução transmitida por Jesus aos seus discípulos, quanto a isso diferindo inteiramente do ensino dado nas escolas teológicas, ainda assim no decurso do tempo durante o qual Ele e eles estiveram juntos lições de inestimável valor foram dadas pelo Mestre Divino a seus alunos sobre muitos assuntos de extrema importância. Enumerando os tópicos, até onde possível na ordem em que eles foram considerados nesta obra, Jesus deu a seus discípulos lições sobre a natureza do reino divino[293]; sobre a oração[294]; sobre liberdade religiosa, ou sobre a natureza da verdadeira santidade[295]; sobre sua própria Pessoa e reivindicações[296]; sobre a doutrina da cruz e o valor de sua morte[297]; sobre humildade e virtudes semelhantes, ou sobre a índole cristã correta exigida dos discípulos tanto em sua vida particular quanto em sua vida eclesiástica[298]; sobre a doutrina da abnegação[299]; sobre o fermento do fariseísmo e saduceísmo e sobre as desgraças que viriam sobre a nação judaica[300]; sobre a missão do Consolador, para convencer

---

[293] Caps. 5, 8.
[294] Cap. 6.
[295] Cap. 7.
[296] Cap. 11.
[297] Cap. 12, 17, 18, 22, e também 9.
[298] Cap. 14, 15, 17, 21, 29.
[299] Cap. 16.
[300] Caps. 7, 10, 20.

o mundo e iluminá-los.[301] O ensino transmitido, supondo que tenhamos pelo menos um relato aproximadamente correto dele nos evangelhos, foi adequado para fazer dos discípulos o que deles seria exigido para serem apóstolos de uma religião espiritual e universal: iluminados na mente, dotados com uma caridade suficientemente ampla para abranger toda a humanidade, tendo suas consciências extremamente sensíveis a todas as reivindicações do dever, contudo libertos de todos os escrúpulos supersticiosos, emancipados dos elos do costume, tradição e mandamentos de homens e possuindo índoles purificadas do orgulho, egoísmo, impaciência, paixões irascíveis, vinganças e implacabilidade. Que eles eram lentos em aprender, e, mesmo quando o seu Mestre os deixou, estavam longe da perfeição, nós francamente já admitimos; entretanto, eles eram homens de uma qualidade moral tão excelente, que poderia ser confiantemente antecipado que, tendo estado por muito tempo com Jesus, eles se mostrariam homens excepcionalmente bons e nobres quando chegassem diante do mundo como líderes de um grande movimento, chamados a agir por sua própria conta. Não, certamente, como cremos, sem a ajuda do prometido poder do alto, não sem a influência iluminadora e santificadora do Paracleto; todavia, mesmo aqueles que não têm fé na influência sobrenatural devem admitir, em bases puramente psicológicas, que homens que receberam preparo excepcional como este seriam capazes de se comportar sábia, brava e heroicamente como personalidades públicas. De acordo com a narrativa objetiva nos Atos dos Apóstolos, eles o fizeram. De acordo com uma famosa escola de críticos, na verdade, eles se comportaram muito mal — de maneira completamente indigna de seu grande Mestre. Que ponto de vista é mais crível, o do evangelista Lucas, ou o do Dr. Baur?

---

[301] Caps. 29, 25.

Índice de passagens dos evangelhos

MATEUS
4.18 – 22 . . . .
5 – 7 . . . .
8.16 – 17 . . . .
9.9 – 13 . . . .
9.14 – 17 . . . .
10.1 – 4 . . . .
10.5 – 42 . . . .
12.1 – 14 . . . .
13.1 – 52 . . . .
14.13 – 21 . . . .
14.22 – 33 . . . .
15.1 – 20 . . . .
16.1 – 12 . . . .
16.13 – 20 . . . .
16.21 – 28 . . . .
17.1 – 13 . . . .
17.24 – 27 . . . .
18.1 – 14 . . . .
18.15 – 20 . . . .
18.21 – 35 . . . .
19.1 – 26 . . . .
19.27 – 29 . . . .
19.30 . . . .
20.1 – 16 . . . .
20.17 – 28 . . . .
21 – 25 . . . .
26.6 – 13 . . . .
26.20 – 25 . . . .
26.26 – 29 . . . .
26.33 – 35 . . . .
26.36 – 41 . . . .
26.55,56 . . . .
26.69 – 75 . . . .
28.16,17 . . . .
28.18 – 20 . . . .

MARCOS
1.16 – 20 . . . .
2.15 – 17 . . . .
2.16 – 22 . . . .
2.23 – 28 . . . .
3.1 – 6 . . . .
3.13 – 19 . . . .
3.20,21 . . . .
4.1 – 34 . . . .
6.7 – 13 . . . .
6.30 – 32 . . . .
6.33 – 44 . . . .
6.45 – 52 . . . .
7.1 – 23 . . . .

8.10 – 21 . . . .
8.27 – 30 . . . .
8.31 – 38 . . . .
9.2 – 29 . . . .
9.33 – 37 . . . .
9.38 – 41 . . . .
9.42 – 50 . . . .
9.49,50 . . . .
10.1 – 27 . . . .
10.28 – 30 . . . .
10.31 . . . .
10.32 – 45 . . . .
11 – 13 . . . .
14.3 – 9 . . . .
14.17 – 21 . . . .
14.22 – 25 . . . .
14.29 – 31 . . . .
14.32 – 38 . . . .
14.50 – 52 . . . .
14.67 – 72 . . . .
14.11 – 13 . . . .
16.14 . . . .
16.15 . . . .

LUCAS
1.1 – 4 . . . .
5.1 – 11 . . . .
5.27 – 32 . . . .
5.33 – 39 . . . .
6.1 – 11 . . . .
6.12 – 16 . . . .
6.17 – 49 . . . .
7.36 – 50 . . . .
9.1 – 11 . . . .
9.12 – 17 . . . .
9.18 – 22 . . . .
9.23 – 27 . . . .
9.28 – 42 . . . .
9.46 – 48 . . . .
9.49,50 . . . .
9.51 – 56 . . . .
10.17 – 20 . . . .
10.23,24 . . . .
11.1 – 13 . . . .
11.37 – 41 . . . .
12.41 – 48 . . . .
13.10 – 16 . . . .
14.1 – 6 . . . .
15 . . . .
18.1 – 8 . . . .
18.15 – 27 . . . .

18.28 – 30 . . . .
18.31 – 34 . . . .
19.11 – 28 . . . .
19.29 – 48 . . . .
20 – 21 . . . .
22.17 – 20 . . . .
22.28 . . . .
22.31,32 . . . .
22.35 – 38 . . . .
22.39 – 46 . . . .
22.54 – 62 . . . .
24.11 – 22 . . . .
24.36 – 42 . . . .
24.25 – 32 . . . .
24.44 – 46 . . . .
24.47 – 53 . . . .

JOÃO
1.29 – 51 . . . .
4 . . . .
5.1 – 18 . . . .
6 . . . .
10.39 – 42 . . . .
12.1 – 8 . . . .
12.20 – 33 . . . .
13.1 – 11 . . . .
13.12 – 20 . . . .
13.21 – 30 . . . .
13.31 – 35 . . . .
13.36 – 38 . . . .
14.1 – 4 . . . .
14.5 – 7 . . . .
14.8 – 14 . . . .
14.15 – 21 . . . .
14.22 – 31 . . . .
15.1 – 17 . . . .
15.18 – 27 . . . .
16.1 – 4 . . . .
16.5 – 15 . . . .
16.16 – 33 . . . .
17 . . . .
18.15 – 18 . . . .
19.25 – 27 . . . .
20.20 – 23 . . . .
20.24 – 29 . . . .
21.15 – 17 . . . .
21.19 – 22 . . . .

ATOS
1.1 – 8 . . . .
1.12 – 14 . . . .